Social Psychology
(Third Edition)

社会心理学
（第三版）

【美】Thomas Gilovich, Dacher Keltner, Serena Chen, Richard E. Nisbett 著
侯玉波 等 译

中国轻工业出版社

图书在版编目（CIP）数据

社会心理学：第三版／（美）托马斯·吉洛维奇（Thomas Gilovich）等著；侯玉波等译. —北京：中国轻工业出版社，2016.10
ISBN 978-7-5184-1058-3

Ⅰ. ①社… Ⅱ. ①托… ②侯… Ⅲ. ①社会心理学 Ⅳ. ①C912.6

中国版本图书馆CIP数据核字（2016）第187517号

总 策 划：石　铁
策划编辑：孙蔚雯　　　　责任终审：杜文勇
责任编辑：孙蔚雯　　　　责任监印：刘志颖

出版发行：中国轻工业出版社（北京东长安街6号，邮编：100740）
印　　刷：三河市鑫金马印装有限公司
经　　销：各地新华书店
版　　次：2016年10月第1版第1次印刷
开　　本：850×1092　1/16　印张：40.50
字　　数：600千字
书　　号：ISBN 978-7-5184-1058-3　定价：98.00元
著作权合同登记 图字：01-2014-0399
读者服务部邮购热线电话：400-698-1619　010-65125990　传真：010-65181109
发行电话：010-65128898　传真：010-85113293
网　　址：http://www.wqedu.com
电子信箱：1012305542@qq.com
如发现图书残缺请直接与我社读者服务部（邮购）联系调换
131518Y2X101ZYW

译者序

本书是我组织翻译的第三本社会心理学教材，前两本分别是阿伦森的《社会心理学》和迈尔斯的《社会心理学》，其中阿伦森的书已经出到了第8版，迈尔斯的书出版到了第11版。上述两本社会心理学教材对学习心理学的人来说已经成为必读之书，不论是发行数量还是影响范围几乎达到了顶峰。尽管如此，当我第一次看到这本书的时候，我还是觉得有必要让国内的读者有机会看到它，有几个理由促使我做这件事：

第一，这本书的作者都是新生代社会心理学的代表人物，他们不仅在研究方面具有天赋，而且在教学方面也很杰出。Gilovich在美国康奈尔大学教了30多年的社会心理学，在行为经济学领域的建树使得社会心理学成为经济学的重要基础。Keltner和Chen是美国加州大学伯克利分校的社会心理学教授，他们的教龄都超过了15年，并且在教学方面获得了诸多荣誉。Nisbett是美国密西根大学的社会心理学教授，也是美国国家科学院和人文社会科学院唯一的两院院士。他们合作完成的这本书一方面继承了传统社会心理学的衣钵，同时也反映了社会心理学在当代的发展，我们将在阅读的时候看到，他们各自的研究为社会心理学的发展提供了最新的资料和素材。

第二，这本书真正反映了社会心理学与现实生活的结合，不论是内容体系还是聚焦的材料都反映了这样的思路。作为读者或者学生，我们常常关心的问题是社会心理学能给我们带来什么？是理论？是应用？还是好玩的东西？每个时代都有自己的特色和问题，这本书的体系和内容就是为我们适应自己所处的时代而设计的。自我、社会认知、社会归因、情绪、态度、说服、人际吸引、刻板印象、团体、利他与合作都是我们生活中必然会遇到的问题，社会心理学如何帮助我们解释与解决这些问题对我们的生活有着极大的影响。这本书最后的四个模块就反映了社会心理学的四个应用领域：健康、金融、教育和法律。社会心理学与这些问题的结合不仅扩展了这一学科自身的视野，更为重要的是，社会心理学为解决这些领域的难题提供了切实可行的理论和方法。

第三，这本书所倡导的批判性思维的方法。批判性思维是近几年心理学家十分感兴趣的一个问题，很多学者把它和创造力等问题结合起来。武汉大学前任校长刘道玉教授在谈到高等教育时提出把个性、智力、求异、质疑、批判和冒险精神作为目标。本书讲到研究方法的时候，就是以批判性思维的眼光来看待其作用的，作者期待这样的写作思路能提升学生批判性思考的能力。因此，这是一本内容新颖、语言睿智、结构严谨的社会心理学教材，这也是美国的许多大学以这本书为社会心理学教材的原因，相信国内的读者也能够体会到这些。

北京大学心理学系的研究生朱颖、王

婷、姜佟琳、王易之、张翼、邵晓琳等参加了本书最初的翻译，我对整个翻译的稿件做了修改，现在呈现给读者的应该是一本翻译质量较高的书籍。希望读者对翻译中的问题进行批评指正。特别感谢万千心理的石铁先生，他独特的眼光使我们有机会看到这本书。

侯玉波

2015年9月1日于北京大学

前　言

社会心理学的一个新的视角

社会心理学解释和阐明了人类和人类社会的本质。社会心理学作为一门科学，为人类道德情感的基础、暴力的起源以及人们为什么会恋爱等现象提供了新颖的解释；社会心理学所提供的工具，还帮助人们更好地理解怎样说服他人、为什么会产生信任和合作，以及怎样为不良的行为找借口等；同时社会心理学也为这些问题提供了基于科学的答案。回答了“人类是理性的生物吗”、“怎样寻找幸福”、“什么是个体和社会之间最适当的关系”、“人类如何被成长的环境所塑造”等自从人类诞生就在自我反省并一直在进行思考的问题。

经过数十年的社会心理学教学，我们积累了丰富的教学经验，因而我们决定在21世纪来临之际开始着手写下在我们看来引人入胜的社会心理学教材。现在正好是完成这件事情的理想时刻，因为在这个领域里，很多新的研究和发展正在重塑社会心理学这门学科。最近十年的研究已经揭示出各种各样的文化（国家的起源、地域文化、社会等级）是如何塑造人们的思想、感觉和行动的。进化论有助于指导社会心理学研究类似于杀人、品德和合作等问题。社会心理学家们目前也开始积极进行有关人脑的研究。我们感兴趣的特定的领域包括判断、决策、情绪、利他和幸福等，已经成为定义明确的值得深入探究的领域。促使我们撰写这本书的，是一项新的挑战——将社会心理学领域的新发展与经典的社会心理学理论进行整合。

Serena Chen 答应合著这本书，大大提升了我们在社会心理学的教学和研究上的整合。Serena 有十多年的社会心理学教学经验，她主要研究的几个核心领域包括：自我、社会认知、态度与说服以及亲密关系，她的这些经验和研究给予这本书更加综合而全面的关于社会心理学的观点。作为一个由四个人组成的团体，撰写本书的第三版具有深刻的意义。作为这本书的一部分，我们对于这个领域的迷恋和作为其中一员的骄傲重新燃起了下一代学习社会心理学的学生的热情，这本身就是一件令人满足的事情。

我们的科研故事

学生们走出校园之后，无论是成为教师、销售人员、经纪人、软件工程师、森林保护员还是作家，每个人都将逐渐成为他们生活的中心。我们所有人的成长都依赖于自己的核心家庭（或在很多文化环境中是一个较大的延伸的家庭）中的成员；我们经历的青春期，伴随着我们对于社会地位的痴迷和对于浪漫与性的展望；作为成人时，我们在工作单位、俱乐部、朝拜地或者假期里寻找朋友。社会心理学家将他们的职业生涯用在研究这种强大的社会性上，检验人们在这些社会情境中是怎样反应、思考和感受的，以及为什么是以这种模式进行反应、思考和感受的。比这些更重要的是，我们希望本书能够捕捉人类生活根本的社会性质，同时展现社会心理学家们用来研究和理解人们的社会生活的方法，这些方法睿智且提供了丰富的信息，可以启发人的灵感。

在教学中，我们发现社会心理学领域的很多重要研究可以总结为一个个简单的故事：有关一个人认为以科学的名义去伤害他人是理所应当的故事，有关牧师因为时间紧急而不顾需要帮助之人的故事；有关美国南方人在走廊里被侮辱时血压升高的故事；有关年轻的研究者在新几内亚的狩猎采集民族中发现了通用的面部表情的故事。根据我们的经验，教授社会心理学之所以不时让人惊呼“啊哈”，恰恰是因为这些故事存在于我们的科学研究之中，并为我们的研究带来了灵感。

为了确保学生们理解科学研究的过程，同时磨炼其批判性思维的能力，我们通过两种方法来介绍研究方法这一主题。第2章“社会心理学的研究方法”是一篇对进行社会心理学研究最为重要的基础原理的综述，这一章通过展示社会心理学的研究方法如何解决类似于幽默的文化本质等问题，来进行阐述和指导。这一章以及本书的大部分内容是以社会心理学的特点为导向的，为学生提供了批判性思考的机会。我们将说明社会心理学的知识可以怎样用于解释见诸网络、杂志和报纸的行为科学研究和医学研究。更为重要的是，我们还展示了怎样通过社会心理学的方法来理解我们的日常生活，并找到适应新形势的问题解决方法。我们对于方法论问题的讨论纵贯全书，涉及不同背景下的研究，整合了社会心理学的内容和发现问题的方法，展示了如何使用基础研究的理论来理解人们生活中的一般事件。

我们在本书中关于研究方法以及书里介绍每件事时的看法，都旨在向学生们传递这样的理念：社会心理学是一个成果丰硕的科学事业。社会心理学的很多研究主题（比如吸引力、一致性、偏见等）容易吸引学生们的关注和想象，这些主题本身就很有吸引力。但是在很多概述社会心理学的课本里，这些内容给人的印象是一系列不相关的议题。结果，学生们通常会认为社会心理学就是一些有趣好玩的东西。在一定程度上，这没什么关系。社会心理学确实有趣。但是它并不限于有趣，我们要做的是向读者展示，这一领域最突出的亮点（比如一些经典的研究和令人兴奋的新发现）亦是有关人类本质的科学研究的一部分，与生物学、化学、物理学等学科拥有同等重要的地位，并且绝对值得最有天赋的人士进行学习和探究。

这本书的图表旨在补充和加强书中的内容。我们相信，当学生看到社会心理学的方法应用在那些能引起他们兴趣的问题上时，他们也能够更好地理解有关方法论的问题。所以，书中名为“科学方法……”的图旨在突出内容丰富的实验细节，将社会心理学的语言带入生活中。而名为“你来做被试……”的图旨在帮助学生们作为实验的参与者来认识社会心理学实验是如何运作的。有评注的图可以帮助学生们更好地阅读数据图形和理解研究的可取之处。纵观整本书，“聚焦……”专栏涉及社会心理学研究的具体途径，包括近期的研究发展，比如幸福或者积极心理学。这些专栏使得学生可以了解到社会心理学领域最新的发展趋势，并且能够得到详尽的指导。我们尝试对本领域的多种研究方法（比如，文献研究法、语义和情绪启动、脑成像以及参与观察等）进行有足够深度的讨论，目的是使读者更好地理解该如何使用这些方法，以及每种方法的优势和劣势。

社会心理学在日常生活中的应用

对于编写一本社会心理学教材来说，要告诉学生们社会心理学有广阔的应用空间可能是最容易的事情了。在整本书中，我们对此做了大量的工作。每一章节均以在现实世界中发生的和主题相关且具有社会心理学智慧的真实事件作为开始。比如，第3章“社会自我”就以Eminem和他的另一个自我——瘦小怪人——的故事作为开始；第14章“利他主义与合作”以韦斯利·奥特里在地铁来临前跳入铁轨中拯救了卡梅伦·豪洛彼德的故事作为开始。对于学生来说，还有什么方法比用现实生活中的事件去促使他们对于社会心理学的研究进行思考更有效呢？大多数“聚焦……”专栏也都描述了如何在现实世界中运用社会心理学的智慧——比如，解释黑色的队服为什么会使得职业运动员更加具有攻击性，或者冥想是如何改变脑中的化学物质的。

为了进一步吸引学生把焦点放在社会心理学和日常生活之间的关系上，在本书的最后有四个应用模块。这些模块涉及社会心理学对于与所有人都息息相关的四个领域的科学见解和看法，这四个模块分别是：(1) 有关健康的最新研究以及这些科学依据和实践技术如何帮助我们处理由于困境产生的压力；(2) 有关行为经济学的最新研究以及它将如何帮助我们过上经济稳定且有价值的生活；(3) 有关人类智力和教育的最新研究；(4) 有关法律制度如何产生作用和它的作用何以提升社会心理学的视角。从某些角度来说，社会心理学的研究发现与人类福祉的提升具有很高的相关性。我们相信这四个应用模块能够清楚地阐述社会心理学领域过去所取得的伟大成就和对未来的展望。

第三版中的新内容

自然科学的进步和发展要求对于教材的内容进行不断的修正，从而充分展现最新研究的价值和社会心理学领域最新的观点。就这一点而言，本书第三版改进和补充了很多新的内容，学生们可以了解到社会心理学领域的众多新发现。具体的新内容包括：

在第3章“社会自我”，关于自我具有根本的社会性和可以被社会情境改变这一核心理论，我们补充了一些新的理论和研究。我们还补充了证明社会比较的过程和自我控制的策略能够自行发生的研究。

在第4章“社会认知：考虑人与情境”中，我们介绍了一个曾被社会心理学教材忽略的主题——解释水平理论。相关研究表明，人们有时会从一个较低的水平上依据具体的细节解释事件，有时会从一个较高的水平上依据更加抽象的特征解释事件。解释水平理论的主要内容是人们怎样解释发生的事情，人们的解释又如何影响他们对于结果满意与否，或者如何影响人们对于即将发生的事情持乐观的态度还是悲观的态度。

在第5章“社会归因：对行为的解释”中，我们呈现了一项重要的研究工作：人们如何通过想象自己是外面的“旁观者”或里面的“当事人”，来回忆他们过去的行为或者模拟他们将来的行动。观察视角的简单转换即可对于人们的思考、感觉和行为产生巨大的影响。

在第6章“情绪”中，我们呈现了以下方面的新研究：接触的社会重要性（比如可以提高NBA队员之间的合作性）；模仿对于友谊的重要性；厌恶之类的情绪如何引导道德判断。

在第8章“说服”中，包含有关政治意识形态的最新的社会心理学研究和有关说服的阻碍因素的最新研究。

在第9章“社会影响”中，增加了一节内容，介绍基于规范的方法如何在投票、能源节约和酗酒等行为中产生影响。

在第12章“群体”中，增加了一部分关于权力的内容，主要探索谁更可能握住权力的缰绳和权力会如何影响一个人对于他人的行为。

在第13章“攻击性”中，我们呈现了惊人的新证据来证明某文化中的不平等水平和攻击性水平之间的联系，并且从更深的层次探讨了针对妇女的暴力和解决冲突的障碍这两个主题。

在第14章“利他主义与合作”中，新的研究探讨了为什么在很多方面上层阶层的人比下层阶层的人更少做出利他行为，以及为什么利他和合作具有感染性，能够在人际中传播。

在进行上述修订时，本书仍旧力求让各章节之间互相独立，读者可以单独阅读任一章节。我们的章节排序也有自己的逻辑，紧密围绕着社会心理学重点强调的情境决定行为论、解释和自动性，并且通过强调哪些人类行为具有跨文化的普遍性以及什么具有文化多样性来突出重要的问题。所以即使目录是按一定的阅读顺序编排的，指导教师将会发现他们完全可以根据自己的需要按自己的顺序教授本书。

目 录

第 1 章 走进社会心理学

第 2 章 社会心理学的研究方法

第3章 社会自我

第4章 社会认知：考虑人与情境

第5章 社会归因：对行为的解释

第6章 情绪

第7章 态度、行为与合理化

第8章 说　服

第 9 章 社会影响

第 10 章 人际吸引

第 11 章 刻板印象、偏见和歧视

第12章 群 体

第13章 攻 击 性

第 14 章 利他主义与合作

应用模块 1 社会心理学与健康

应用模块 2 社会心理学与个人财务

应用模块 3 社会心理学与教育

应用模块 4 社会心理学与法律

第 1 章

走进社会心理学

本章要点

- 社会心理学概述
- 情境的力量
- 解释的作用
- 自动加工与控制加工
- 进化和人类行为：我们何其相似
- 进化和人类行为：我们何其不同

本书的作者之一在他只有十几岁的时候发现，他所居住的美国西南部城市的每辆公交车上都设有一排标示着“有色人种区域”的座位。与此同时，今天最著名的社会心理学家之一——非裔美国人Claude Steele，囿于自己的种族，被禁止在芝加哥的公共泳池内游泳（周三除外）。此外，即便是取得了博士学位的黑人，也只能被埋没在做卧铺车厢搬运工或邮局职员一类的低端工作中。

然而，让今天的大部分美国人感到十分震惊的是，在当时，大部分白人都能坦然接受这些不公正的现象，并且从未想过去反对这类公共政策。当美国南方的黑人开始为自己争取获得平等的选举权，以及正常进入更衣室或餐馆等公共场所的权利时，许多白人都认为这样的示威游行是一种对平静现状的扰乱。难道这些都是因为这些白人道德低下吗？正相反，他们中的大部分人都十分正派和友善，而且在单独和黑人打交道时也是友善的。

此后不久，报纸和电视就开始播放那些争取公民权利的示威者被狗和消防水枪攻击的画面。在美国伯明翰市，一座黑人教堂被炸，导致了4个小女孩的不幸罹难，这几乎让美国大部分地区的民意在一夜之间都转向了支持示威者的一方。这些人在几年前还仅仅能够接受社会现状，现在却转而倡导公民权利。1964年，《权利法案》（*the Civil Rights Act*）在美国国会以压倒性优势通过，并由来自传统保守的得克萨斯州的美国总统林登·约翰逊（Lyndon Johnson）签署实施。

几十年的时间转瞬即逝。现如今，一些黑人已经成为了资产价值达数十亿美元的公司的执行总裁，以及知名大学的校长。在过去的20年中，美国每10位最卖座的电影明星中就有4人是黑人。科林·鲍威尔（Colin Powell）作为一名黑人，成为了美国国务卿，并当选为美国最高军事机构参谋长联席会议的主席。另一位美国前国务卿康多莉扎·赖斯（Condoleezza Rice）是一位黑人女性，她和丧生于伯明翰教堂大火中的女孩们出生在同一时期，甚至还居住在相邻的街区。而她职务的继任者是由巴拉克·奥巴马（Barack Obama）——第一位带有非裔血统的美国总统所指定的。

美国种族关系的历史充满了既令人不安又引人振奋的插曲。对于社会心理学家来说，其中更是充满了令人着迷的问题。是什么使得这个国家的建立者在写下“所有人生而平等，不证自明”的同时，又保留了奴隶制的旧痕？为什么美国北方各州在独立战争之后未能更加宽容地对待战败的南方？为什么一场发生在南方的戏剧性社会变革能够在不带来流血冲突的前提下，彻底颠覆已根深蒂固地存在于社会中的种种习俗？为什么消除了对黑人走向成功的各种阻碍，反而令数百万黑人陷于极端贫困之中？是什么使得无数的白人在大约几年的时间里，对于种族隔离问题从接受转为道德层面上的厌恶？

这本书可以向你介绍解释了上述问题的理论和研究成果。你会读到有关说服、态度转变、人们对自欺欺人行为的容忍、社会行为的经济基础、文化影响、种族偏见的根源和纠正办法、暴力的起源和能够制约暴力的力量等内容。你也会学到社会心理学家用于解决这些问题的途径——用科学的方法对历史学分析、人类学研究和常识进行补充。这一章将会解释什么是社会心理学，以及社会心理学的研究对象是什么。同时，本章也会展示社会心理学的一些基本概念：社会情境对行为的惊人影响，人们用以理解情境的解释过程，以及有意识和无意识思维

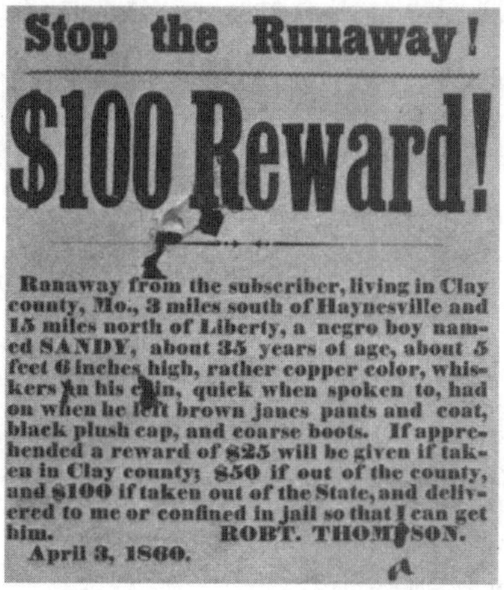

①

②

---

① 这则告示上写着：抓住逃跑者！悬赏 100 美元！逃跑者的雇主家位于克莱县，在海恩斯维尔以南 5 千米、利伯蒂以北 24 千米。这是一名叫桑迪的男孩，大约 35 岁，1.68 米，皮肤是很深的古铜色，脸颊上有胡子，语速很快，逃跑时穿着棕色短裤和外衣，戴着黑色长绒毛帽子，并穿着劣质的鞋。如果在克莱县境内抓到他，将得到 25 美元奖赏；在县界外抓到他将得到 50 美元奖赏；从国界外抓到并交给我或是送到监狱里让我可以找到，则可获得 100 美元。罗伯特·托马森于 1860 年 4 月 3 日。——译著注

② 门上写着“有色人种候车室”。——译著注

对我们理解社会生活产生的影响。这里也将描述一些社会心理学的近期研究成果——将进化论观点应用于人类行为研究，以及常常使得不同社会中的人们对“相同”情境做出不同反应的跨文化差异。

社会心理学概述

长久以来，人们都在寻找方法去解释人类的行为。故事、寓言和民间智慧代代相传，试图解释人们做事的原因，并对人们该做和不该做的事情做出规定。社会心理学家超越了民间智慧，试着去建立理解人类行为的科学基础。**社会心理学**可以被定义为对社会情境中个体情感、思维和行为的科学研究。

社会心理学（social psychology）：关于社会情境中个体的情感、思维和行为的科学研究。

为什么人们倾向于对不同群体中的成员抱有成见？为什么人们会冒着生命危险救助他人？为什么有些婚姻成功、有些却失败？为什么本来有秩序的人群会变成疯狂的暴徒？这类问题盘桓于社会心理学家心中，而谨慎的研究已提供了一部分的解答。一些答案可能并不会令你感到惊讶。例如，我们倾向于喜欢那些喜欢我们的人，而我们喜欢的人对问题的看法和兴趣爱好一般与我们相似。当实验发现恰好反映出我们的直觉和民间智慧所表达的观点时，社会心理学家将会阐明那些民间智慧的适用范围和相关现象背后的本质。相反，其他一些答案可能有悖于我们的直觉判断，甚至会令进行研究的社会心理学家都感到惊讶。正如你将在这本书中看到的那样，我们所坚持抱守的许多民间理论和直觉都无法对重要的问题给出全面的解释，另外一些则全然是错误的。社会心理学家通过精心设计的研究和实验，分离出社会情境中行为发生的原因，来检测这些直觉是否正确。

“对社会心理学学习成果的检验，应该是你对所遇到的社会情境的理解是否有所改变，而非是否学到了一些事实性知识。”

——诺贝尔奖得主、心理学家丹尼尔·卡尼曼（Daniel Kahneman）

解释行为

2004年4月，当时伊拉克战争已爆发一年多，美国哥伦比亚广播公司在《60分钟Ⅱ》（*60 Minutes Ⅱ*）节目中播报了一则新闻，揭露了美军对地处巴格达附近的阿布格莱布监狱中的战俘所实施的暴行。哥伦比亚广播公司披露了一组照片，照片中裸体的战俘头上套着塑料袋，被摞成金字塔状，旁边有大笑围观的美军士兵。在其他照片中，戴着头套的俘虏被要求站在狭小的基座上，伸直双臂，身上还连接着电线。哥伦比亚广播公司还报道，这些战俘还会被迫模拟进行性行为。

包括很多伊拉克人在内的阿拉伯世界将这些虐囚行为看作美国对阿拉伯人怀有恶意的证据（Hauser，2004）。大部分美国人也为这些美国士兵的行为感到惊骇和羞耻。在电视或报纸上看到了这些照片的很多人都认为做出此等恶行的士兵是

(A)

(B)

监狱情境和恐吓。(A)伊拉克阿布格莱布监狱的军方看管者试图使用拷打、侮辱和恐吓手段从战俘口中获得情报，包括脱去他们的衣物，并让他们裸体躺在监狱走廊中。(B)此种堕落行为再现了津巴多监狱实验中的场景，如图中所示，在模拟监狱中，一名“看守”正在试图侮辱他的一名“狱囚”。

“烂苹果”[①]，是一些不遵守军队和大众的一般道德标准的例外。

但是社会心理学家并没有很快做出这样的假设。事实上，在阿布格莱布监狱的恶行发生的30年前，菲利普·津巴多（Philip Zimbardo）及其同事曾雇用24名斯坦福大学的学生进行了一项模拟监狱的实验研究（Haney，Banks，& Zimbardo，1973）。研究者通过扔硬币的方式来决定哪些人会成为“看守”，哪些人会成为“狱囚”。看守们穿着绿色的杂役制服，并戴着反光太阳镜。狱囚们则身穿束腰外衣，头戴尼龙绒线帽，脚上戴着锁链。“监狱”设在心理学系的地下室里，研究者们预期实验会进行2周左右。然而，看守们很快便开始对狱囚展开口头和肢体上的羞辱，他们要求狱囚把袋子套在头上，剥去他们的衣服，甚至要求他们做出模拟性爱的动作。由于看守的行为给好几位狱囚带来了严重的应激反应，实验在6天之后就被迫中止了。

津巴多如今认为，由于监狱中力量分布得过于不平衡，导致它有可能成为充满暴力的地方，除非应用强有力的约束手段来抑制那些看守的不良冲动。因此，不论是在阿布格莱布监狱还是在斯坦福大学，“并不是我们将坏苹果放到了好桶里，而是把好苹果放到了坏桶里。这样的桶会使接触到它的一切事物腐烂（引自 Schwartz，2004）”。一些人可能会争辩说，那些在伊拉克的士兵只是执行命

① 来自烂苹果定律。烂苹果用以形容组织机构中难以管理的人物，他们就像苹果箱里的烂苹果，需要及时处理，否则会迅速带坏组织中的其他成员。——译著注

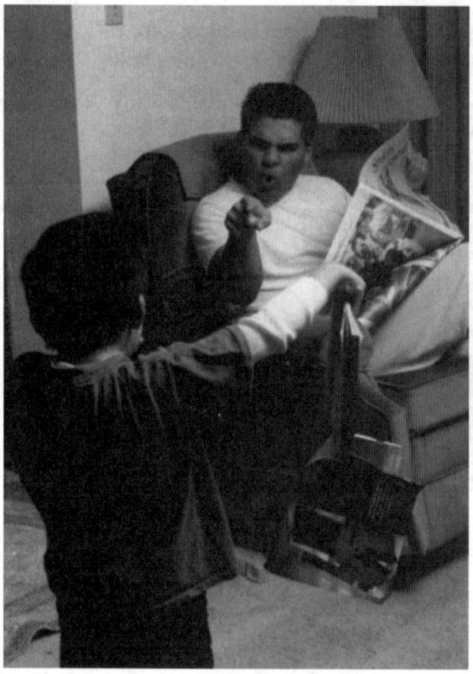

解释情境。社会心理学家希望理解个体在社会情境中是如何对与自己有关系的人做出回应的，并试图找到他们这样做的原因。图中这位父亲表现出这样的行为到底是因为他是一个非常缺乏耐心的人，还是因为他儿子的所为实在令人无法忍受？如果答案是后者，那这位父亲该如何做才能促使儿子做出更好的行为？

令罢了，如果让他们自己做决定，他们不会选择做出这样的事。事实的确可能如此，但这只是把问题又往前推进了一步：他们为什么要执行这样的命令？

社会心理学家试图找到这类问题的答案。他们研究人们对其他人施加影响的情境，以及人们面对不同影响时的回应方式。社会心理学家也对人们如何解释他们所处的世界感兴趣——他们如何决定相信谁、相信什么，他们怎样对他人的动机、人格和能力做出推理，以及他们是怎样对事件进行归因并得到结论的。

社会心理学家关于人类行为的研究成果大多具有很大的价值。社会心理学现已成为商业、公共卫生、社会福利、教育、法律和医学等专业的重要组成部分。在社会心理学中，对于评价和决策、社会影响以及人们如何进行团队合作等主题的研究，和上述各学科及领域都有很大关系。社会心理学家会将他们的知识应用于一些与个体和社会整体有关的重要问题上，研究如何在教室和工作场合减少刻板印象和偏见；如何使目击者的证词更加可信；医生们如何才能凭借不同来源的信息做出正确的诊断；在空难发生或濒临发生时，驾驶舱中究竟出现了怎样的问题；商业、政府和个人如何才能更好地做出决策。

社会心理学家的研究常常会影响政府的政策。例如，对不同种类福利项目效果的研究，在制定政府援助政策的时候便得到了应用。这些研究也会影响法庭的判决结果。里程碑式的布朗起诉托皮卡教育局案（1954）[①] 的裁决结果取缔了美国的教育隔离制度，这在很大程度上建立在一项社会心理学的研究成果之上的，该研究表明，隔离的学校会带来不公平的教育结果（因而是违反宪法的）。

在你读完这本书的时候，便可以加深对自己和他人的了解。你也会拥有更多知识，它们将会在你的教育、工作以及人际关系中发挥作用。

社会心理学和有关学科的比较

对与阿布格莱布监狱类似的事件可以从多个角度进行研究，包括来自于人类学家、犯罪学家、社会学家和人格心理学家等的多种视角。每个专业都会从不同途径探究事实，并给出不同的解释。

人格心理学和社会心理学是近亲，但前者着重于研究行为的个体差异，而非

① 奥利弗布朗为让女儿就近入学起诉堪萨斯州托皮卡教育区设立的种族隔离公立中小学。——译著注

社会情境。人格心理学家试图寻找个体在不同情境中一致的行为表现模式，以及在人格特质维度中为个体定位。社会心理学家会检视阿布格莱布监狱的整体情境，在那里，命令并不明晰，但是看守们却被要求“软化”战俘，以获得有关叛乱者和袭击的情报。人格心理学家们则会注意某种人格特质和倾向（例如，虐待倾向和敌意）是否能够在一系列情境中预测暴力行为。

社会心理学也和认知心理学有关，后者研究人们如何感知、思考以及记忆世界的方方面面。事实上，很多心理学家都把自己叫作认知社会心理学家。社会心理学家和认知心理学家的主要区别在于：前者所研究的主题一般是社会性的，例如，社会行为以及对他人的认知；后者更可能研究个体的归类加工过程、对于词汇或对象的记忆过程。

社会学是对人们总体行为的研究。社会学家研究公共机构、亚群体、官僚主义、群众运动以及群体的人口统计学特征（例如，年龄、性别和社会经济状况）。社会心理学家有时也会研究社会学问题，但是他们更倾向于将对个体行为的研究兴趣纳入对总体的研究之中。社会学家可能会研究经济或政府政策是如何在人群中影响人们结婚和离婚率的，而社会心理学家则会对个体相恋、结婚以及可能将要离婚的原因更感兴趣。

情境的力量

我们每个人都有能力实施暴行吗？1963年，哲学家Hannah Arendt在她饱受争议的作品《艾希曼在耶路撒冷》（*Eichmann in Jerusalem*，1963）中讨论了这个问题。Arendt叙述了对臭名昭著的阿道夫·艾希曼（Adolf Eichmann）的审判，此人是希特勒消灭欧洲以及纳粹占领区内犹太人的计划的实施者。在Arendt所提出的尖锐观点中，她将艾希曼描绘成一个仅仅是在完成本职工作的幕僚。尽管没有宽恕他的罪行（Arendt本人就是犹太人），Arendt认为艾希曼并不是人们所认为的（也是公诉人所宣称的）疯狂的、有虐待倾向的人，他不过是其所供职的机构里的一个无聊且没有想象力的零件，具备顺从的（虽然也可能是堕落的）责任感。更令人不安的是，根据Arendt理论的逻辑所得出的结论是，我们当中的每个人都可能做出残暴的行为。看一看现在坐得离你最近的人吧。你认为他有可能实施暴行吗？在你看来，会有足够强大的情境使得每个

是因为人还是因为情境？阿道夫·艾希曼是在阿根廷被逮捕的，他在第二次世界大战结束后逃亡到此处，并被押送到以色列，为夺去600万犹太人生命而接受审判。图中显示他在以色列警察的看押下，站在防弹玻璃牢笼中受审的情景。艾希曼到底是一个残暴的杀人犯，还是一个仅仅在服从并执行长官命令的幕僚呢？

普通的人——甚至包括你自己——做出和艾希曼或阿布格莱布监狱中的看守们同样的行为吗？

Arendt 的著述引起了一系列的反对浪潮，很多人认为她是在试图给一个恶魔辩解脱罪，并据此谴责她。但是一些研究结果却支持了被 Arendt 称为“平民之恶”的异端观点。这个研究提出了社会心理学研究中的一个关键问题：人们所处的情境是如何影响他们的行为的？

现代社会心理学的奠基者库尔特·勒温（Kurt Lewin）就曾是一位犹太裔的柏林市民，他在20世纪30年代逃离了纳粹德国，并先后在爱荷华大学和麻省理工学院担任教授。勒温在成为一名心理学家前曾是一位物理学家，他将物理学中一个很有影响力的观点应用到了对心理学的理解之中。他认为，人类的行为就像物体的运动一样，总是它们所处的力场作用的结果（Lewin，1935）。为了了解物体在介质中可以运动得多快，我们必须了解介质的黏度、引力强度以及其他作用于物体的原始作用力。对于人类来说，上述作用力既有心理上的，也有物理上的。当然一个人自身的属性也是行为的重要决定因素，但是这些特质也总是要和情境相互作用，才能产生行为的结果。

库尔特·勒温（Kurt Lewin）。现代社会心理学的先驱人物，勒温强调力场的重要性，包括社会情境对人类行为的影响作用。

勒温的力场概念在社会中所对应的是情境，特别是对行为有引导作用的社会情境。最常导致我们错误地做出评判或片面地看待事物的情境影响往往是他人的行为或仅仅是他人的存在。朋友、爱侣、甚至完全陌生的人都能让我们变得更友善或更刻薄、更聪明或更愚钝、更懒惰或更勤奋、更大胆或更谨慎。能让我们的信仰和行为发生巨大转变的不仅是他人明确告诉我们的东西，还有我们在他人的行为榜样中获得的反思，或者是我们微妙地觉察到要想和某人成为朋友或加入某个群体，就必须和他们言行一致，甚至是感觉我们的自由被他人试图施加影响所侵犯；以上种种都会导致我们做出违背本意的行为。我们依靠他人来了解在不同情境中应有的情绪和感受，甚至确定我们究竟是怎样的个体。上述效应在许多关于情境的力量的研究中都已被论及。

米尔格拉姆实验

在 Arendt 的作品出版的同年，斯坦利·米尔格拉姆（Stanley Milgram，1963，1974）就社会影响发表了一些经典的实验结果。米尔格拉姆在当地报纸上刊登广告，征集被试参加在耶鲁大学进行的一项关于学习和记忆的实验，并付予适当报酬。被试由20～50岁的劳工、中产阶级人士和专业人士组成，当他们到达实验室时，得知将参加的实验旨在研究惩罚在学习中的作用。实验中将会有一位“老师”和一位“学习者”，“学习者”要试着记忆成对的单词（例如“狂野的——鸭子”）。被试和另外一个人——一位年近50岁的、身材魁梧、相貌和悦的男人，通过抽签决定各自扮演哪个角色。然而，事情不是表面上看到的那样：面目

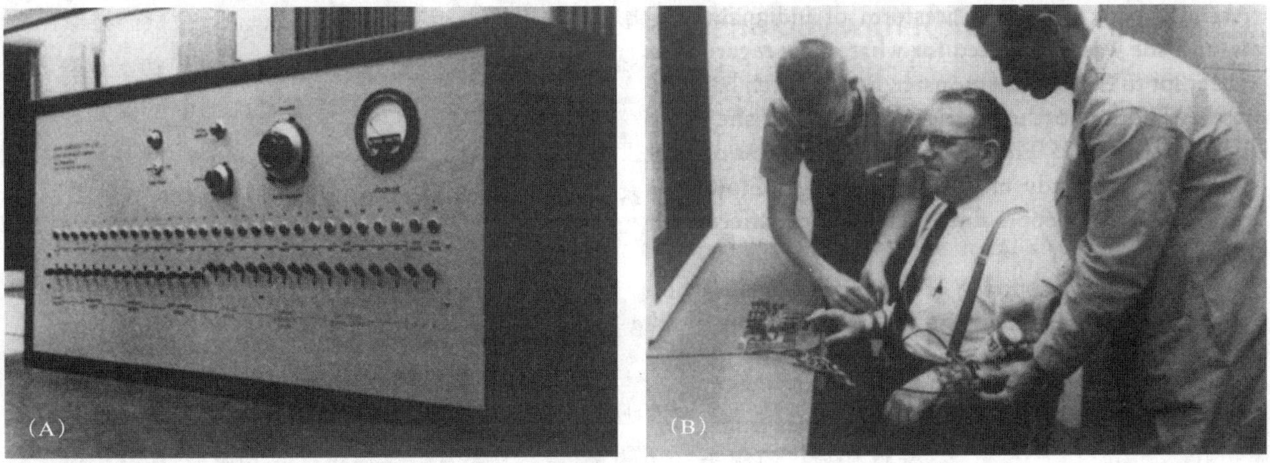

米尔格拉姆实验。为了研究社会影响的作用，斯坦利·米尔格拉姆设计了一个实验，在其中，被试相信他们正在测试一名学习者(实际上是实验者的同谋)，并会在他回答错误时施加电击进行惩罚。(A)米尔格拉姆的“电击装置”。(B)被试和主试在测试开始前给“学习者”连上电线。

和善的男人实际上是实验者的同谋，而抽签的过程可以被操纵，以使这个男人总是充当学习者。

其后，由被试扮演的“老师”要求在学习者每次犯错时向他施加电击——电压范围是15～450伏。电击开关下面的标签从“轻微电击”到“危险：强烈电击”，直到“XXX”。按实验者的说明，老师每次施加的电击应有15伏的增幅：在学生第一次犯错时施加15伏，第二次施加30伏，以此类推。老师会接受一次45伏的电击刺激，以对电击的痛苦程度有所认识。被试并不知道在另一个房间的学习者实际上并没有受到任何电击刺激。

大部分被试在电击等级增加时都会感到担忧，并向实验者询问接下来该怎么做。但实验者总是坚持继续实验。最初被试的态度都有所保留，但他们总会被告知“请继续实验。”如果被试有所退却，实验者便会说：“这个实验要求你继续下去。”如果被试仍然表现得很犹豫，实验者则会说：“继续下去是完全必要的。”需要的话，实验者还会加强语气：“你没有别的选择。你必须继续实验。”如果被试问及学习者的身体是否会遭受到不可逆的伤害时，实验者则会回答：“尽管这些电击会让人感到很痛苦，但不会带来永久性的组织损伤，请继续实验。”

最终，尽管在电压增加的过程中，学习者不断呻吟、恳求、尖叫，并最终不再发出声音，80%的被试仍将电压加到了150伏以上——这还是在学习者提到他的心脏有问题并喊叫着“让我离开这里”的时候。共有62.5%的被试将电压加到了最高的450伏，发挥出了发电机的全部效能。被试平均施加的最高电压达360伏，即便学习者发出了极度痛苦的叫声并变得歇斯底里起来。

米尔格拉姆和其他专家并没有想到会有这么多被试在这么长的时间内持续施

加电击。（一个由39名精神病学家组成的小组预测，只有20%的被试会持续施加超过150伏的电击，且仅有1%的被试会施加超过330伏的电击。）最初，一些研究者甚至怀疑米尔格拉姆的被试是否真的相信他们在对学习者施加电击。为了使科学界相信这些被试真的全情投入了实验，米尔格拉姆邀请许多社会科学家在单向玻璃后面观察实验过程。观察者们感到难以相信他们所看到的景象，其中一位后来写道：

> "我看到一位成熟稳重的商人面带微笑、自信地走进了实验室。不到20分钟，他就退化成了一个浑身发抖、口齿不清的人，好像到达了紧张崩溃的边缘。他不停地拉着自己的耳垂，揉搓着双手。他还一度用拳头捶打自己的额头，喃喃自语：'上帝啊，快停止这一切吧。'然而，他却继续执行着实验者的每一句指令，并一直坚持到了最后。"（Milgram，1963，p.377）

"罪恶只有在回顾时才会明晰。"

——美国女权运动先锋格洛丽亚·斯泰纳姆（Gloria Steinem）

我们将会在第9章中详细讨论米尔格拉姆的研究及其内在含义。目前，最重要的问题是，是什么使得米尔格拉姆实验的被试在完全有理由怀疑自己的行为的危害性时，仍然做出了那样的行为？这些被试并非无情无义的人。然而，实验情境却有效地引导他们做出了在平时会令他们感到极端恐惧和厌恶的事。具体而言，实验被以科学研究的面貌呈现给被试——这对于大部分被试来说，都是很陌生的情境。被试极可能在以前从未参加过心理学实验，也从未被要求做出像这样可能严重伤及他人的事。很明显，实验者应对发生的一切负责任（希特勒在将他的民族带入险境的过程中也常常做出这样的承诺）。此外，被试一开始并不能猜出实验的真正目的，因而，他们并没有准备去违背任何人的要求。正如米尔格拉姆所强调的，实验过程中循序渐进的设定是十分重要的。如果被试在实施225伏电击的时候没有退出实验，那又为何要在255伏时退出呢？如果420伏时没有退出，那又何必选在435伏的时候退出呢？

神学院学生是否乐善好施

John Darley 和 Daniel Batson（1973）进行的一项实验更简明地展现出了情境的重要性。研究者们拿信仰选择的问题询问了美国普林斯顿大学神学院的学生，以确定每个学生是从根本上将宗教视为一种自我救赎的方式，还是更看重其道德、精神层面上的价值。在确定了他们宗教关怀的基础后，心理学家们请每位学生去另一座大楼里进行一次简短的布道，主题是《乐善好施者》。研究者让学生们走某条通往目的地的捷径。一些人被告知他们还有充裕的时间到达布道的地点，另一些则被提醒他们已经迟到了，需要快点过去。在去布道的路上，每位神学院学生都会路过一个坐在走廊里的男人，他低着头，不停地咳嗽并发出呻吟，很明显需要他人的帮助。然而，结果显示，信教的初衷并不能预测这些神学院学生是否会伸出援手。如同你可以在图 1.1 中看到的，行为的重要预测指标是这些学生是否赶时间。实验结果表明，这些学生的确是一群非常乐善好施的人——但只有在他们时间宽裕时才如此。

图 1.1　科学方法：情境的力量与助人行为

假设：个体为有需要的人提供帮助的可能性，在很大程度上取决于情境因素，例如他们是否在赶时间。

研究方法：

1. 通过要求来自神学院的被试就《乐善好施者》发表布道，来启动他们对于帮助他人的思考。
2. 一些被试被告知他们的时间很紧，另一些则还有充足的时间到达布道地点。
3. 被试路过一位明显需要帮助的可怜人。

结果：

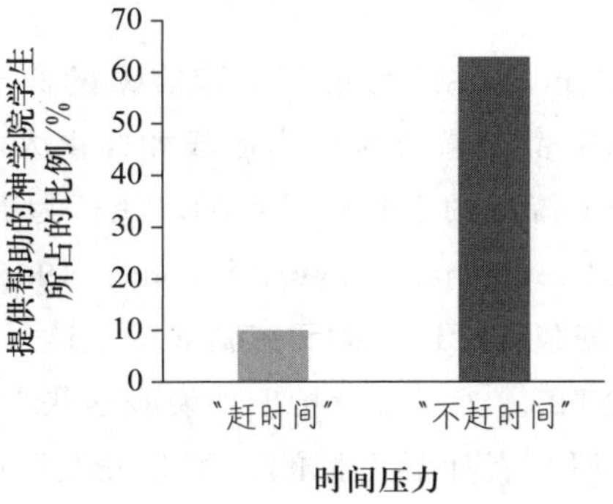

结论：世俗世界中时间紧急的情况是如此强大的情境因素，以至完全盖过了人们帮助他人的倾向。

来源：Adapted from Darley & Batson，1973.

基本归因偏差

因此，人们会被情境因素（例如，他们是否是被迫的，是否快要迟到了）所左右，而且情境的影响力远远超乎他们的想象。而内在因素（即一个人是怎样的人）对人们的影响力却比人们预估的小得多。你可能会对本书中介绍的许多研究发现感到吃惊，因为大部分人都会低估施加于个体的外部因素的力量，而常常错误地认为行为的原因大多源于一个人的内在特点。

气质（dispositions）：引导人类行为的信念、价值观、个人特质及能力等内在因素。

心理学家将内部的因素称作**气质**——即信念、价值观、人格特质和能力，不论是真实的还是幻想的。人们倾向于认为气质是行为的潜在原因。当人们看到一个监狱看守羞辱一个囚犯时，可能会推断这名看守是一个残暴的人。当看到一个陌生人在街上发怒时，我们会推断这个人生性好斗或是脾气不好。在看到一个熟人热心助人时，我们会推断他可能比我们所认为的更友善。这样的评判常常没有我们预想的准确。看到熟人给乞丐一美元会让我们认为他很慷慨，但是在不同的情境里，对这个人的后续观察却会与这样的假设相悖。

基本归因偏差（fundamental attribution error）：未能认识到情境对行为的重要性，以及过度强调气质或特质对行为的重要性的一种趋势。

未能认识到情境对行为的重要影响，以及过度强调气质或特质的重要性，这一趋势被 Lee Ross（1977）称为**基本归因偏差**。很多社会心理学领域的发现都表明，人们在假设某人具有和某行为相匹配的气质之前，应该先寻找可能影响其行为的情境因素。在阅读这本书的过程中，你会更习惯于寻找情境因素，而不再坚定地认为固有的个人特点足以解释人们的行为。因此，社会心理学最终要带给我们的东西是十分慈悲的。社会心理学鼓励我们去了解他人所处的境遇——试着理解作用于他人的复杂力场——以最终理解一个人的行为。

“如果你像大多数人一样，那么和他们一样，你并不知道自己同大多数人一样。”

——社会心理学家丹·吉尔伯特（Dan Gilbert）

渠道因素

渠道因素（channel factors）：某些表面上看起来不太重要的情境可以对行为产生很大的影响，它们可能会促进行为、阻碍行为，或者将行为引导到特定的方向上。

库尔特·勒温（Lewin，1952）引进了**渠道因素**的概念，来解释为什么某些表面上看起来不重要的情境因素会对行为造成如此重大的影响。这个名词也用来表示环境有时会向一个特定的方向引导行为，使行为更易于偏向特定的轨迹。Howard Leventhal 等人（Leventhal，Singer，& Jones，1965）就如何鼓励人们使用卫生机构提供的预防保健服务所进行的研究就表明了这一点。他们试图劝说耶鲁大学的学生接种破伤风疫苗。为了最有把握地说服这些学生，让他们相信选择接种疫苗对他们有好处，研究者让学生们阅读了有关人们可能患破伤风的几种途径（不单是大家都知道的生锈铁钉）的材料。为了确认他们的行动引起了这些学生的足够重视，研究小组给学生们展示了破伤风末期患者的照片。学生们只需随时去学生健康中心接种免费的疫苗，就可避免这种命运。谈话显示，大部分被试都有了接种疫苗的想法，但是其中只有3%的人最终将其付诸行动。另有一些被试收到了一份耶鲁大学的校园地图，上面圈出了健康中心的位置，并且被告知可以先看一下自己的每周日程安排，再选定一个方便的时间和路线去那里接种疫苗。实验者明白这些毕业班的学生都很清楚健康中心在哪里，所以认为这样故意讨好式地对待学生可能会让他们心生厌烦。但事实上，这样的做法使得去打疫苗的学生增加了9倍，达到了28%。

在这个案例中，渠道因素要求将一个模糊的意图放到具体的计划中。另一个相似的渠道因素更一般化地描述了人们对公共卫生服务的使用情况。对健康的态度、人格测试、人口统计学变量（包括年龄、性别和社会经济地位等）以及其他个体差异都不能很好地预测哪些人会使用这些服务，目前发现的最强大的影响因素就是距离公共卫生设施的远近（Van Dort & Moos，1976）。

小　结

情境对行为的影响程度往往超过我们的预期。人们是否对他人表现出友善、是否选择做最有利于自身利益的事，常常取决于情境等微妙的因素。我们在试着理解自己或他人的行为时，常常会忽略这类情境因素，也经常错误地将某种行为归因于某种内在的特质或一个人的气质（基本归因偏差）。

解释的作用

在米尔格拉姆的实验中，实验者操纵了被试对于自己所处情境的理解，通过对事件进行具有安抚作用的解释，使被试变得心安理得，而这些解释是经过精心设计的，以使他们感受不到任何危险的气息。因此，被试将所处的情境理解为：一位通过“抽签选择角色”参与“实验”的“学习者被试”在“学习”一系列单词，并会收到来自真正被试以电击形式呈现的“反馈”。

被试会展现出真实的自我，学习是一个需要反馈的平常过程，而反馈常常是以无害的方式呈现的。所有这一切都发生在一个实验情境中，而实验是一种由可信赖的科学家们进行的良性行为。我们对于情境和行为的**解释**常常依照我们的阐释和推断而定，也总是在无意识状态下形成。我们将一个人看作自由职业者还是高失业率的受害者、自由斗士还是恐怖分子、外侨工人还是非法移民，都会影响我们对于他们行为的认知。而我们的认知又会引导我们对他们采取的行为。

解释（construal）：人们对于他们所受刺激或所遇情境的阐释和推断。

解释现实

请看图1.2。你是否能看到一个白色的三角形？大部分人都能看到。但事实上，图中并没有白色三角形。我们通过图中的空白区域，在头脑里构建了一个三角形。这完全是我们的知觉器官与对视觉世界的背景假设共同作用的产物。这个过程是自动化和无意识的，也几乎是不可能被忽略的。既然你已经知道了图中的三角形来自你头脑中的“眼睛”，并不存在于纸上，你是否还能看到它呢？现在请看图1.3中超现实艺术家萨尔瓦多·达利（Salvador Dali）的画作。人脑有一种将图片中的空白构建成有意义图形的趋势，达利就很善于利用这一点来创作画作。他创作了许多著名的双重意象作品，这些作品像这幅画一样可以用两种不同的方式去理解。

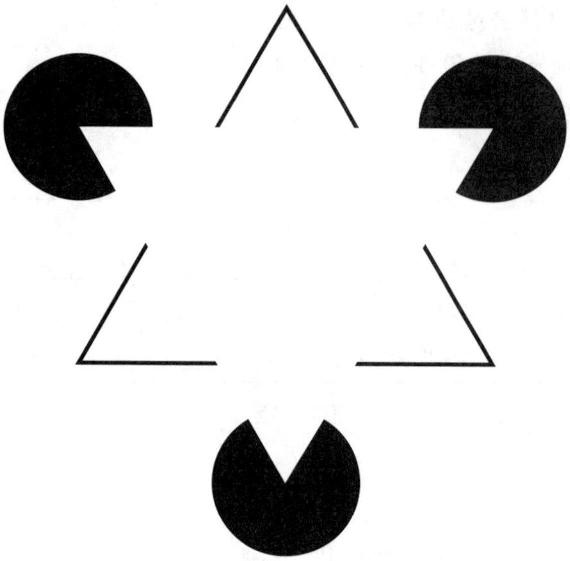

图 1.2　格式塔原则与知觉。在看这个称为"卡尼萨三角形"的图形时，人们在头脑中为空白区域填充上了内容，将它认知为一个白色的三角形。

图 1.3　格式塔原则与艺术。在作品《消失在奴隶市场上的伏尔泰半身像》中，萨尔瓦多·达利令观看者面对着法国哲学家伏尔泰的半身像（位于图片中央）。但是经过仔细的审视，观看者会发现这座半身像主要是由两个商人背后墙上的空白区域组成的。两个人的脸构成了伏尔泰的眼睛，他们的领子构成了伏尔泰的鼻子和脸颊。

格式塔心理学（Gestalt psychology）：来源于德语单词"Gestalt"，意思是"形状"或"图形"。这种研究方法所强调的事实是，人们并非通过某些自动的感觉登记装置来知觉事物，而是通过主动的、无意识的、对于客体所代表的事物的整体解释来完成的。

囚徒困境（prisoner's dilemma）：一个要求两人决定是"合作"还是"背叛"并与两人利益得失挂钩的情境。最终，信任和合作会带来比不信任和背叛更高的收益。

我们的知觉一般和真实世界相类似，但是知觉也需要大量来源于我们自身的解释工作，在某些情况下，这容易导致明显的错误。我们所看到的并一定是真实存在的事物，而是一个貌似可信的东西，是根据我们先前形成的对于世界的表征方式，根据对在当下环境中合乎情理的解释，而形成一个良好的可预测的"图形"。20世纪早期，德国心理学家们曾在视觉知觉领域中强有力地倡导了这一观点。这些心理学家的理论建立在对"格式塔"这一概念的重视上。格式塔亦即德语中的"形状"或"图形"。**格式塔心理学**的基本理念是：物体并不是通过某些自动的感觉登记装置而被知觉到的，而是通过对客体所代表的事物的无意识解释被知觉的。

视知觉所遵循的原则对社会环境的判断来说更加适用。我们的判断和信念来源于认知和思考，但它们并不仅仅来源于现实。一项由 Liberman、Samuels 和 Ross（2002）进行的研究显示，运用一个被称作**囚徒困境**（将在第14章详细讨论）的游戏，可用一种很具体的方式展现解释在定义情境和指导行为时是如何发挥作用的。这个游戏因两名共犯陷入的一种困境而得名，他们被逮捕后遭到了单独审讯。每个囚犯可以选择两种行为中的一种：一是认罪并争取得到检察官的宽大处理；二是拒不认罪，寄希望于公诉人不会发起诉讼，或是不能说服陪审团为其定罪。不过，一位囚犯的选择将会带来什么结果取决于另一位囚犯的选择。如果两人都不认罪（即都采取"合作策略"），那么两人很有可能同时免受严厉的惩罚。如果一个人认罪而另一个人没有（即“背叛策略”），那么认罪者会受到宽大处理，另一个人则会承受极其恶劣的后果。如果两人都认罪，那么两人都会入狱。

在心理学实验中，这个游戏的结果常常以得失金钱的方式来呈现（而不是入狱时间）。图1.4的矩阵展示了Liberman及其同事所采用的回报类别。如果两个被试在给定的实验中选择合作（不认罪），他们都会获得一定数额的金钱；如果两人相互背叛（认罪），则都不会得到一分钱。如果其中一个人选择背叛而另一个人却没有，背叛者会得到一大笔钱，而合作者会失去一小笔钱。正如在第14章中详细讨论的那样，每个玩家在选择背叛时都会获得较大的利益，无论另一个玩家选择什么策略（如果另一方合作，则得到80美分，这多于40美分；而如果另一方也背叛，则不会失去一分钱，而非失去20美分）。然而，如果每个玩家都遵照背叛逻辑并据此采取行动，则相比于共同合作而言（两人都会得到40美分），两个人都会得到恶果（他们都得不到任何东西）。

2 号玩家的选择

1 号玩家的选择	合作	背叛
合作	1 号玩家得到 40 美分 / 2 号玩家得到 40 美分	1 号玩家失去 20 美分 / 2 号玩家得到 80 美分
背叛	1 号玩家得到 80 美分 / 2 号玩家失去 20 美分	1 号玩家一无所获 / 2 号玩家一无所获

图 1.4 囚徒困境的收益矩阵。收益的区别取决于两人选择同时合作、同时背叛，还是一方合作而另一方背叛。

Liberman、Samuels 和 Ross（2002）还做了一项研究，他们请斯坦福大学的宿舍助理们从其管辖的宿舍中选出一些看起来乐于合作或乐于竞争的学生。然后，两种类型的学生都被招募去参加一个应用囚徒困境的心理学实验。被试玩游戏时处于以下两种实验条件之一：对一半被试来说，这个游戏被形容为“华尔街游戏”；对另一半被试来说，这个游戏则被解释为“社区游戏”。图1.5显示了解释是如何影响游戏结果的：被告知在玩华尔街游戏的大部分学生都表现出了较强的竞争意识；而被告知玩社区游戏的大部分学生则更倾向于相互合作。我们可以进行合理的推测，认为使用的不同术语引发了不同的解释：词语“华尔街”带来了一幅竞争者们彼此较量以获得更多金钱和利益的景象；词语“社区”则唤起了分享与合作的想法。情境所施加的影响是通过影响被试对活动含义的解释而实现的。宿舍助理对被试的气质类型（无论是高度合作，还是高度竞争）的推测在预测行为时都没有产生任何作用。

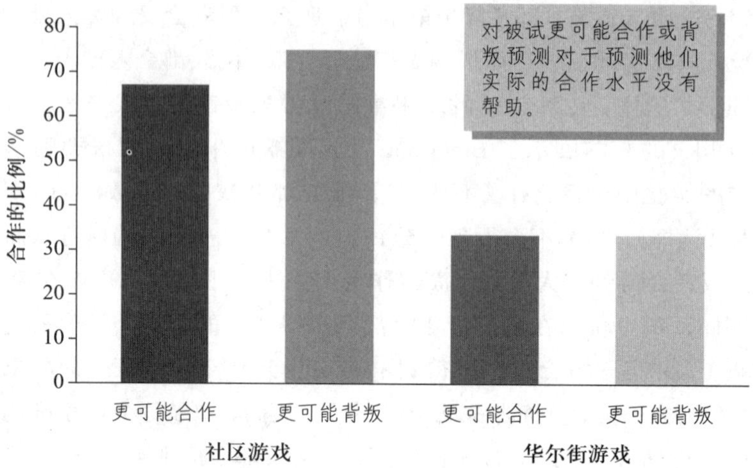

图 1.5 解释与囚徒困境。图中显示在“华尔街游戏”与“社区游戏”中相互合作的斯坦福学生的百分比。宿舍助理已将他们形容为更可能合作或更可能背叛（竞争）类型的人。

来源：Adapted from Liberman，Samuels，& Ross，2002.

图　式

我们是怎么知道在不同的情境里应该如何表现的？举例来说，如果我们正坐在一趟不太拥挤的火车上，有人要求我们把座位让给他，是什么使得我们以一种特定的方式进行回应的？提到这一点，哪怕是在一些最平常的情境里，我们是怎么知道应该怎样表现的，比如在参加一次大学研讨会时？尽管我们看似能够迅速而直接地理解社会情境，但实际上，我们是依靠详尽而系统的知识储备来理解情境的，哪怕是最简单和“显而易见”的情境。这些知识储备被称为**图式**，它是关于物理世界和社会生活的一般化知识，比如应该以怎样的行为举止和一位官员、销售员、教授或是乞丐打交道，以及在研讨会、葬礼、麦当劳或四星级餐厅、拥挤或空无一人的地铁里，应该如何表现。甚至还存在一种图式——据说具有普遍性——可应用于我们坠入爱河的时候。

图式（schema）：由知识储备的任意组织形式所组成的知识结构。

图式帮助我们捕捉生活的规则，并引导我们提前具有某些可以依据的想法，因此我们不需要一遍又一遍地在脑海中重新构建世界。例如，我们对“派对”就存在这样一种图式：期待人们在派对中表现得快乐、激动，甚至还有些滑稽；而如果这是个年轻人参加的派对，那么派对上可能会放吵闹的音乐、大家会一起跳舞，现场多少会有些嘈杂。

很早以前一项由所罗门·阿希（Solomon Asch；另一位在20世纪30年代从德国移居美国的社会心理学奠基者）所进行的实验（Asch，1940）显示出图式有时会以一种很微妙的方式影响人的判断。阿希请两组大学生根据声望为几位教授排

图式。对于物理世界和社会生活的一般化知识，它帮助我们明白我们应该做些什么以及在特定的情境中应该如何表现。(A)我们对于一家比萨饼店的图式让我们明白要在柜台点餐，等待比萨饼准备好，之后要么把它带到一张空桌子上用餐，要么把它带回家去吃。(B)但是，我们对于高档餐厅的图式会让我们端坐在配有银质餐具、高脚杯和桌布的桌子边，从菜单上选择想要的菜品，在座位上点餐，并享用由侍者呈上的食物和美酒。

序，其中一位教授是一位政客。在他们给出排序前，其中一组学生被告知，之前由其他同学组成的一个样本进行的声望排名已将这位政客列在了接近顶端的位置，而另一组被试则被告知政客被排在接近底端的位置。这项操作在很大程度上影响了被试的判断，但并不是因为它改变了被试对于政客的想法或是因为被试想要遵循一定的规则。阿希成功地证明，第一组被试将词语“政客”理解为具有托马斯·杰弗逊或富兰克林·罗斯福那样具有才干的政治家；第二组被试则将“政客”理解为对腐败的受雇政客之流进行的评价。被试并没有盲目跟从同伴的评分。实际情况为，是同伴的评价启发的不同图式决定了他们以为自己评价的究竟是什么人。我们在媒体中接触到的许多劝说尝试并不是试图改变我们对事物的评价，而是试图改变评价的对象。比如，流产合法化的支持者试图唤起有关自由选择的图式，而反对者则希望启发与谋杀相关的图式。平权行动[1]的支持者提倡与多样性有关的图式，而那些反对者却试图启发有关公平的图式。

刻板印象

社会心理学领域的很多研究者都曾致力于研究刻板印象——我们对不同种类的人所具有的图式。对于刻板印象的研究考察这些个人图式的内容，以及它们是如何被正确地用于促进人际交往或错误地误导人际交往过程的。我们倾向于根据特定的个人图式（例如，有关一个人的国籍、性别、宗教、职业、所生活的社区或女子俱乐部[2]的刻板印象）来评判个体。这种总结概括有助于高效地行使社会职能，但是它们也可能是错误的，用在错的人身上，使我们过分看重特定个体的具体信息（如果我们不认为刻板印象是我们需要了解的一切，可能就不会发生这种情

① 由美国总统约翰逊在20世纪60年代推动的一场社会革新，要求在教育、就业等方面给予少数民族和妇女特殊照顾，旨在推动实现社会平等。——译著注

② 美国大学中由女生组成的联谊会。—— 译著注

况）。刻板印象常见的消极作用是本书第11章将讨论的主题。

刻板印象与解释。刻板印象指的是对某一类人的图式。我们常根据刻板印象分析一个人。当你发现图中这个人居然是一个会打马球、常出入曼哈顿别致酒吧的富有律师时，你会感到惊讶吗？当然这些都是假设的，而你也信赖你的刻板印象不致让你撞上这些有趣的可能性。

小　结

尽管我们对情境的理解看起来总是直接的意义登记的结果，但就连对最简单的物理刺激的理解都是解释过程的结果，需要应用到良好的知识结构——图式。图式总结了我们平常遇到的情境，在描述不同类型的人时，则被称为刻板印象。

自动加工与控制加工

自动加工过程。人们对于可怕的情境总是会反应得很快，以保证他们能够立即采取行动，必要时在危险面前保护自己。图中的男孩正在老师的监管下拿着一条蛇，但是从自发产生的反应中仍然可观察到，如果这个男孩是在草丛里遇到一条蛇，他可能会产生更强烈的自发的恐惧反应。

如果你在机场看到一个拿着背包、看上去很焦躁、流了很多汗的陌生人，你会做何反应？在“9·11”事件发生后，你可能会担忧这样的人正带着炸弹，而你可能成为一次恐怖袭击的受害者。你在遇到某种社会情境时，头脑会以两种方式加工信息：一种是自动和无意识的，经常来源于情绪性因素；而另一种是有意识的和系统性的，更可能受控于精细的思考。一般来说，情绪反应会先发生，之后由有意识的思考所接管。因此，你对带着背包的人的恐惧反应可能在任何具体想法出现前就闯入你的脑海。但是在你开始系统思考之后，你意识到他可能是刚刚在外面炎热的夏日天气中抵达机场，表现焦躁则可能是因为误了航班，而怀疑他带着炸弹或可能以其他方式危及你的安全是完全没有道理的。

Patricia Devine 和她的同事们所进行的研究显示了自动加工和控制加工过程是如何引起同一个人在面对外团体成员时相互矛盾的态度的（Devine，1989a，1989b ；Devine，Monteith，Zuwerink，& Elliot，1991；Devine，Plant，Amodio，Harmon-Jones，& Vance，2000）。对于外团体明确表示没有偏见的人，可能同时对其表露出带有偏见的感受，其程度和那些承认很讨厌外团体的人几乎相同。举例来说，在要求一些白人被试阅读一些会使人联想到非裔美国人的文字之后，请他们对某位不明种族的个体进行评价。与那些没有阅读这些文字的人相比，受到文字启动的被试更可能报告这个人是具有敌意的。无论他们在问卷中是否明确表达出对黑人的敌对态度，上述事实都不会改变。因此，在用自动加工过程的实验方法进行研究时，可以揭露“没有偏见的人”的评判到底有没有偏见。此外，Anthony Greenwald 和同事们的研究发现，大部分白人在愉快刺激下辨认黑人面孔都比在愉快刺激下辨认白人面孔耗时更长（Greenwald，McGhee，& Schwartz，1998）。即便对于事先没有表现出明显歧视态度的被试来说，结果也是一样的。一般来说，自动加工对那些不能轻易被意识过程控制的内隐态度和信念起作用；而可控制的、有意识的加工则作用于我们所知道的外显态度和信念，尽管随着时间流逝它们也可能会变得内隐和无意识。弄清楚这些实验中的被试没有必要欺瞒是很重要的。他们很可能完全不知道由对态度的内隐测量所透露出的态度偏差的程度。

作为无意识认知加工的另一个例子，让我们再来看看社会分类对判断和行为的影响。易于辨别的个人特征，例如性别、种族和年龄，容易触发人们在对他人形成评价时所使用的刻板印象，这甚至会发生在人们完全没有意识到这些社会分类正在影响判断的情况下（Blair，Judd，& Fallman，2004；Brewer，1988；Macrae，Stangor，& Milne，1994）。连个体的行为都会在无意识中受社会分类影响。Bargh、Chen 和 Burrows（1996）发现，仅仅提到会使人联想起老人的词语（如手杖、佛罗里达州[①]），就会使得大学生在走过大厅时放慢速度。其他研究者也发现，实际上，激活“教授”的概念会使学生们在小测验中表现得更好（Dijksterhuis & van Knippenberg，1998）。

无意识加工的类型

无意识加工主要被分为两类，在产生信念和行为时都发挥着重要作用。在100多年前，心理学家威廉·詹姆斯（William James）就已经确定了其中一个类别，它参与了现在被称为“技能习得”过程的无意识加工。如果你曾有过这样的

① 在美国，佛罗里达州是老年人休闲和养老的胜地。—— 译著注

威廉·詹姆斯。作为心理学的创始人之一，詹姆斯致力于研究注意、记忆和意识，并审视了超量学习的行为是怎样从有意识的觉知中分离的。

经历，就是在开车的时候突然发现自己完全不记得在过去的几秒钟里做了什么（甚至是看到了什么），那么你就已经对这一类自动的心理加工过程有所了解了。我们在学习以及超量学习某种技能后，便能够在不假思索的情况下进行操作，甚至可以在不被其他有意识思考和加工影响的情况下操作这些技能。

另一种自动心理过程（与西格蒙德·弗洛伊德有关，但是要追溯到19世纪）是在对其背后的认知过程尚未觉知，信念和行为就已产生的情况下发生的。在解决问题时，有时我们很清楚自己面对的是什么，以及应采取的步骤和流程。例如，在解数学题时，我们常常清楚地知道自己正在使用的公式。在运用这种类型的认知过程时，我们能够意识到大部分的认知过程，但这种情况比你可能认为的要少得多。我们常常不能正确地解释自己对别人做出评判的原因、对于物理和社会事件原因的理解，或是我们为何选中一位应聘者而非另一个（说到这一点，也可以是为何选择了一个人作为伴侣而不是另一个）。

在一项研究意识的实验中，一座购物中心的顾客被要求评价一些展出的睡衣，这些睡衣被排成一排放在展柜上（Nisbett & Wilson，1977）。无论怎么排列这些睡衣的展示顺序，顾客都最愿意给最后一件睡衣评最高分。然而，在顾客们被问及睡衣的展示位置是否影响到了他们对于睡衣质量的评价时，他们都惊讶于实验者居然认为他们会受到这种琐碎的无关因素的影响！我们经常无法有意识地察觉到一些影响我们的信念和行为的决定性因素。实验表明，即便非常快速地呈现视觉刺激，且被试也报告并没有看到它们，这些刺激仍会影响被试的信念和行为（Zajonc，2001）。

无意识加工的功能

为什么有那么多脑部神经的加工过程在我们意识不到的情况下发生？在一定程度上，这是出于效率的考量。我们能意识到的加工通常是缓慢的，并且只能一个接一个地进行——在同一时间里只能进行一个步骤或者解决一个问题；相比之下，自动的、无意识的加工通常迅速得多，而且可以同时进行多个加工过程。例如，当我们辨认小学四年级时的同学的面孔时，我们就需要同时加工许多容貌特征（额头、眼睛、下巴、肤色等），同时辨别这么多容貌特征会使我们大脑的计算陷入混乱；在你欣赏景致或进行谈话时，跟随自动导航仪继续开车也是一件很困难的事情（请确保你是在与和你一起坐在车里的人谈话。从许多方面来讲，开车打电话不同于和车里的乘客聊天，会大大增加你出事故的概率）。

无意识加工不仅便利，而且对我们的生存有利。让我们来看看一些生理学因素上的细微影响，比如肢体位置和动作。若一个人在接收新异刺激时手臂弯曲（向肩膀方向弯曲），他对这个刺激的态度会更趋向于赞成（Cacioppo，Priester，& Berntson，1993）；但若一个人接收新异刺激时手臂向前伸展，他对这个刺激的评价则趋于负面。尽管人们完全没有意识到他们通过这样的肢体语言反映了他们对事物的判断，但他们手臂的姿态报告了他们对事物是否满意的“信息”（基于人一生中想要接受积极的事物，推开消极的事物的经验）。对我们的祖先而言，能否迅速无意识地收集大量不同来源的信息来对不利的刺激快速做出决策，经常决定着他们的生死。

在社会心理学的研究中，区分那些需要付出意志努力、仔细考虑、经过有意识的加工而产生的社会行为，和那些不费力的、自动化的、无意识加工而产生的社会行为是很重要的，对人类行为的系统化研究正是其基础所在。我们不能仅仅询问人们什么使他们这样做，他们常常无法说出真相，而且这些话很可能会误导而非启发研究者。因此，社会心理学家必须设计严谨的实验来分离出人们行为的真正原因。

小　结

我们的许多行为和解释过程都在我们意识不到的情况下进行着，有时，就连我们自己都没有意识到我们对刺激做出了反应。在与意识比较后，我们倾向于高估我们心理过程的可理解程度。

进化和人类行为：我们何其相似

为什么人类通常以家族形式聚居、根据年龄分配任务、打扮自己、要区分植物和动物、逢人生大事有庆祝仪式，还有热衷于编造神话传说？进化也许能解释这一系列行为（Conway & Schaller，2002）。

查尔斯·达尔文（Charles Darwin）经历了著名的加拉帕戈斯群岛航行后，发现了随着时间的推移，动植物的特征也在改变。至今，进化论已经存在150多年了。在理解为什么各种生物体有它们的特性以及它们如何拥有这些特性上，进化论学说做出了巨大的贡献。进化论的核心观点是**自然选择**的过程作用于动植物，使能提高它们生存和繁殖概率的特性被传递到下一代。生物体也许会在繁殖前因为不幸而死亡，但是这也可能是由于它们拥有的不是对它们的生存环境来说最佳的特性。因此这些没有繁殖的生物体就无法将这些不适应环境的特性（通过它们的基因）继续传递到下一代了，而那些幸存下来

自然选择（natural selection）：塑造动植物，使能提高它们生存和繁殖概率的特性传递给下一代的进化过程。

并繁衍的生物体使得它们的基因有机会在其后代身上存在下去，它们的特性至少能在下一代的身上表达。就这样，不利的性状被筛掉了，更好的、能适应环境的性状被选择了出来。

达尔文认为，自然选择对行为倾向来说很重要。我们达成的共识是，我们至少在一定程度上共用着自然选择的结果，并将其编码在我们的基因中。最近随着进化论和比较生物学的发展，以及心理学家所做的人类学调查研究，这个观点找到了强有力的证据，证明进化论在解释人们为什么做出种种行为上非常有帮助。

"这种生命观是壮丽的……在这个行星按照引力的既定法则继续运行的时候，最美丽和最奇异的生命从如此简单的开始，曾经而且现今还在进化着。"

——查尔斯·达尔文

人类的共性

与进化论一致的一种学说认为，人类的行为体系是通用的，或者说基本上是通用的（Schaller，Simpson， & Kenrick，2006）。在人类进化过程中，我们形成了基本的行为倾向——如同我们形成的身体的特性（如有两条腿）一样，帮助我们适应物质和社会环境。表1.1中包含了一系列普遍被认可的共性。在表1.1列出的行为体系中，除了所谓的普遍性，还需要注意两件事：第一，人类与其他动物（尤其是灵长类动物）共有的部分特性，包括面部表情（我们几乎都与黑猩猩和部分其他动物一样）、支配和服从、食物共享、群居（除猩猩外的所有灵长类动物）、偏向自己的家人（几乎所有的动物）、对蛇警惕（所有大型灵长类动物，包括人类）；第二，表1.1呈现出的更令人吃惊的一点是，就我们目前所知，我们与其他动物的共性其实非常少。表1.1中的大多数行为体系是为了有效地适应高智力、群居生活、直立行走、语言应用、应对强大的动物而出现的。后面的这些共性与进化论的解释是兼容的（我们是在性质上有别于其他物种的独特物种，我们的许多适应性状非常有效）。但有一些学说认为，这些共性仅仅是由于我们物种出众的智力水平。例如，每一个人类族群都理解乱伦是不好的，而植物分类是有用的。

(A)

(B)

通用的面部表情。黑猩猩和人类通过相同的面部表情表达支配和服从、生气和恐惧。（A）正在尖叫的黑猩猩和（B）篮球教练 Bobby Knight 都张大了嘴、龇着牙表达支配力。

表 1.1　通用的行为、反应和体系

人类学家认为，一些行为和特质适用于所有的文化，表中将其分成了不同类别，来展示不同领域的共性。

性、性别和家庭		
交配通常事关隐私	性嫉妒	性规则
以家庭为单位生活	结婚	丈夫通常比妻子年龄大
性害羞	性别分工	男性通常好斗
女性更多地承担了照顾孩子的责任	母子乱伦是无法想象的	禁止近亲通婚
偏向自己的家人	空间认知上的性别差异	
社会分化		
年龄规则	家庭成员分级	领导者
族内区别于族外	按年龄进行劳动分工	
社会风俗		
儿语	假扮游戏	群居
舞蹈	人生大事及其庆祝仪式	法律（权利和义务）
支配和服从	禁忌的食物	宴会
练习提升技能	身体装饰	财产
卫生习惯	葬礼	宗教仪式
渴望维持并改善生活	礼节	禁忌词语
渴望赢得爱	闲话	玩具
装饰性的艺术	分享食物	
情感		
孩子害怕陌生人	对蛇产生警惕	韵律
害怕、生气、厌恶、高兴、伤心、吃惊的面部表情	嫉妒	旋律
认知		
美学	动物拟人	神话
相信超自然现象和宗教	医药	分类学
对动植物进行分类	语言	叙述故事

来源：Comiled by Donald Brown (1991)，appearing in Pinker (2002).

群体生活、语言和心理理论

在过去，群体生活有助于长期生存，保护成员免受捕食者的侵害，因而更容易找到觅食区，便于交配，还有其他适应性功能。产生和理解语言的能力可以提高群体的生存能力，成员间不仅能传达情绪和意图，还能传递信仰、态度和复杂的想法。强有力的证据表明，婴儿生来就有获得语言的先天能力，也许是因为这对群居很重要（Pinker，1994）。在所有文化中，所有正常的孩子在启蒙时期学习的语言几乎是相同的。在出生时，所有的婴儿就能够发出全音域的声音（音位），地球上所有使用语言的地方皆如此，因为他们在婴儿床里就含混不清地发出过这些声音。语言的获得由没有被孩子用特别的语言说出的所有“错误”的音位组成。因此孩子可以学会任何语言，具体学会什么则取决于他们在哪里成长。即使父母是聋人，并且从来都不说话，孩子也可以把母语说得很流利。在婴儿床里，双胞胎有时可以发明他们独一无二的语言，一种与正式语言一样有语法规则的语言（Pinker，1994，2002）。这些发现表明，符合语法规则的语言存在普遍的、可遗传的偏好性。

心理理论（theory of mind）：理解他人的想法和愿望的能力。

就像进化能使人们适应群居生活，并通过交流来提升生存繁殖的概率一样，它也为人们提供了**心理理论**——理解其他人的想法和愿望的能力。两岁以前，孩子就认识到明白其他人行为的方式是理解他们的想法和愿望（Asch，1952；Kuhlmeier，Wynn，& Bloom，2003；Leslie，2000；Malle，Moses，& Baldwin，2001）。三四岁时，心理理论变得足够复杂，孩子可以意识到他人的有些观念是错误的或虚假的（Wellman，1990）。一些更有力的证明心理理论有生物学基础的证据来源于在出生前后经历过一系列生理或心理创伤的人。自闭症患者在与他人互动和交流上存在缺陷。他们不能领会他人的想法和愿望，包括他人错误或虚伪的想法（Perner，Frith，Leslie，& Leekam，1989）。患自闭症的儿童拥有正常甚至超常的智力，但与患唐氏综合征的儿童（智力远远低于正常水平）相比，他们理解其他人的想法和愿望的能力则弱很多。进化给我们提供了普遍的必不可少的进行

心理理论。Temple Grandin是高机能的自闭症患者，也是一位动物学家和教授。在童年时期，由于她有不断重复东西的习惯，曾被称为“磁带录音机”。她曾描述过自己很难理解其他人的想法和愿望，这让她感觉自己就像“火星来的人类学家”。但是，她能充分理解动物的痛苦和惊恐，她可以据此设计出更人道的方法来进行动物屠宰。

尝试—错误学习的信息，赋予我们准确地理解他人的想法和愿望的能力。这样一来，心理理论先天就存在的观点就显得不那么令人惊奇了。

进化和性别角色

为什么一夫多妻比一妻多夫普遍？为什么女人比男人更关心未来伴侣的财务状况？进化的**亲代投资**学说可能提供了这些问题的答案。在哺乳动物中，两性在结合并养育后代时，代价和收益是不同的，这在很大程度上取决于一只雌性动物能拥有的后代的数量是有限的。为了让她的基因传递下去，她必须努力使每个婴儿都健康成长直至成熟。但对雄性动物来说，从理论上讲，他们后代的数量是无限的，因为他们在创造后代上只需投入很少的精力。一只雄性动物可能在交配结束后，就再也不看他的对象和后代一眼了。即使雄性和雌性以及它们的后代生活在一起，雄性动物对后代的付出也比雌性要少。我们在第10章中将讨论到，雌雄两性的许多不同之处都与这种不对等性的影响相一致。因此，进化为我们提供了一种视角，去看待那些与性、性别、后代抚养相关的看似普遍的趋势。

亲代投资（parental investment）：一个进化原则，即两性结合并养育后代有典型的代价和收益。因为代价和收益对雌性和雄性是不同的，雌性通常比雄性为后代付出得更多。

避免自然主义谬误

将进化论应用于人类行为是存在争议的。一些人主张，男性和女性在选择伴侣时的行为有不同的生物学基础。这些主张之所以有争议，一部分是因为在历史上有很长一段时间，这种关于性别差异的错误断言一直被用来确保男性特权的合法化和不朽性（Bem，1993）。

更有争议的是，进化论曾被作为对“人种论”的辩护。确实，在20世纪初，达尔文的观点被一部分人用来证明自己的人种是最优秀的。这使社会达尔文主义者做出了一些错误的行为，他们把“适者生存”的意思扭曲为一群人与另一群人去竞争，而不是个体在生活环境中为了生存和繁殖而奋力挣扎。同样，法西斯主义和弱肉强食主义也曾扭曲达尔文学说来为其暴行辩护。

进化论关于人类行为的主张也会引导人们走入误区，认为生物性决定命运——我们生理上倾向于做的事情是我们必然会做的事情，甚至应该去做的事情。这种主张——事物应该以其本来的方式存在——被认为是**自然主义谬误**，是没有逻辑基础的。我们可以克服自己在许多事情上的先天倾向。例如，虽然所有人类社会每天都被暴力所侵扰，但是暴力事故的发生率在最近几个世纪一直在下降。从13世纪到20世纪，人在英国各地被杀害的概率下降了10% ～ 100%（Pinker，2011，p.60）。敲碎人所有骨头的这种可怕的酷刑在欧洲已然消失了。像西奥多·罗斯福、温斯顿·丘吉尔这样的政治领袖曾对殖民战争及其给属民带来的伤害毫不犹豫地加以赞赏，但他们的现代后继者绝不会发表这样的感想。文明就是永不会停止地修正自然本能的尝试，让人类生活不再如17世纪的哲学

自然主义谬误（naturalistic fallacy）：事物应该以其本来的方式存在。

家托马斯·霍布斯（Thomas Hobbes）说的那样“贫穷、下流、粗野和短视”。

一个学说虽然可能被大肆滥用，但这并不能成为我们全盘拒绝这一学说本身的理由。确实，进化留给人类的最重要的遗产是我们拥有了极好的适应性以适应不同的环境。我们应该谨慎对待进化论的观点，但不应该完全拒绝进化论的观点。

社会神经科学

进化论对社会行为的研究使我们意识到人类做的每件事都发生在生物学的基础上。近年来，社会心理学家开始研究所有行为的生物基础——脑。例如，研究发现，有的脑区可以在我们觉得生气、害怕、恋爱时发生作用（Heatherton，Macrae，Kelley，2004；Ochsner Lieberman，2001）；当我们为将赢得某一东西而兴奋，或为将来失去它而担心时发生作用（Knutson et al.，2008；Tom，Fox，Trepel，& Poldrack，2007）；当我们判断某一行动在道义上应该被谴责时发生作用（Borg，Hyunes，Van Horn，Grafton，& Sinnot-Armstrong，2006；Borg，Lieberman，& Kiehl，2008；Greene，Sommerville，Nystrim，Darley，& Cohen，2001）；当我们解决多种认知的和社会的问题时发生作用。当一个人在经历不同的情感或解决多样的问题时，血液流过的脑区会非常活跃。利用功能性磁共振成像（fMRI）技术，科学家可以得到脑的图片，它可以反映脑的血流量，展示哪一脑区传达着什么样的感受。

另一方面，神经系统科学家通过追踪大脑内的生理变化，开辟了推断社会行为的新途径。例如，研究发现了让人们察觉到危险的脑区直至成年早期方能得到良好发展（Decety & Michalska，2010）。这一重要脑区的晚发育也许能解释为什么与25岁以上的人相比，青少年更可能铤而走险（比如，想想他们是如何开车的）。神经系统科学还显示，在以后的生活中，控制学习的脑区，尤其是前额叶部分，会随着年龄的增长而迅速衰退。这帮助人们揭示了为什么老年人学东西比年轻人要慢（Dempster，1992；Raz et al.，1997；Shimamura，1994）。

“年轻人，回到你的房间，待在那儿，直到你的大脑皮层发育成熟。”

神经系统科学不仅告诉我们，在我们做特定的活动时哪部分脑最活跃，而且还告诉我们，脑、思想和行为如何组成了一个功能整体，而各种社会因素又是怎样同时影响它们的。

小 结

进化论告诉我们，理解人类的行为就像理解动植物的生物特征。许多普遍的人类行为可能是先天的——尤其是语言和心理理论。对男性和女性在亲代投资中的差异的研究可以帮助我们理解男人和女人的区别。尽管人们有时对进化论有误解、会滥用，但这一学说在社会心理学中具有重要的启示。

进化和人类行为：我们何其不同

尽管人类普遍具有一些倾向——拥有各种各样的情感、习俗和社会组织，但人类在如何表达这些倾向上具有很大的差异。这些差异基于这样一个事实——人类（还有老鼠）是生活在地球上的最成功的哺乳动物，依靠我们自身的能力生存于各种生态系统中。我们的适应能力和所适应的环境的多样性使人类文化具有巨大的差异。而因为共通的文化，才有人类或多或少都喜欢与他人合作，男性和女性扮演着不同的角色，或将他们自己视作一个个体。

图 1.6 你来做被试：自我定义

写下 10 句话来描述你自己，你将有机会在后面来回顾这些描述。

1. 我是__________
2. 我是__________
3. 我是__________
4. 我是__________
5. 我是__________
6. 我是__________
7. 我是__________
8. 我是__________
9. 我是__________
10. 我是__________

在你开始探索文化对人类行为的影响之前，请先认真地完成图 1.6 中的练习。如果你这样做了，你就会从下面的讨论中收获更多。

社会关系和自我理解中的文化差异

最近，心理学家将文化差异看作观念、选择和价值观的首要影响因素。一些文化认为世界是由超自然力量创造的，一些文化则认为世界是由客观自然的力量创造的，还有一些文化则没有考虑过这个问题。法国人喜欢吃肥鹅肝，中国人喜欢吃鸡爪，美国人喜欢吃棉花糖——每一群体都有在另一个群体眼中难以理解的美味。文化间的这些差异（虽然十分有趣）并不会让人质疑人们在不同的社会中的不同行为需不需要运用完全不同的心理学理论加以解释。

但是最近的研究显示，文化差异比人们的看法和价值观要深刻得多。事实上，它们包罗万象，从基本的自我概念和社会存在的形成，到人们产生新想法和观念的知觉和认知的过程（Henrich，Heine，& Norenzayan，2010）。对许多差异的讨论将贯穿本书。

让我们开始吧，阅读下面这些命题。对你而言，它们有道理吗？

- 人们能根本把握自己的命运，他们也更喜欢由自己来选择和掌控。
- 人们想获得成功。他们发现与他人的人际关系有时会阻碍他们达成目标。
- 人们想成为特别的人，在某些重要的方面与其他人不同。
- 人们想自我感觉良好。在某些方面超群并确信自己的长处对个人幸福至关重要。
- 人们喜欢与别人相互平等的关系，但如果有人可以有比别人更大的权力，许多人会喜欢处于权力较高的位置。
- 人们认为同样的规则应该对每个人适用——个人不应该由于他们的个人特征或和重要人物的关系而被特殊对待。

独立（个人主义）文化 [independent（individualistic）cultures]：在这种文化中，人们认为自己是一个独特的社会实体，人与人之间虽然通过情感纽带和社会组织联系在一起，但在本质上都是一个个单独的个体。

成千上万的人合理地描述了这些命题，但是这些人一般来自于某些地区，即欧洲和许多曾经的英联邦国家，像美国、加拿大、澳大利亚。这些社会文化倾向于高度的**独立（个人主义）文化**（Fiske，Kitayama，Markus，& Nisbett，1998；Hofstede，1980；Hsu，1953；Markus & Kitayama，1991；Triandis，1995）。西方人认为，自己是一个独特的社会实体，人与人之间虽然通过情感纽带和社会组织联系在一起，但在本质上都是一个个单独的个体。他们倾向于将自己与他人（甚至是家庭成员间）的联系视为自愿的行为，一旦这种联系变成让其无法忍受的麻烦或失去了价值，就可以随时断绝这种联系（见表1.2）。

相互依存（集体主义）文化 [interdependent（collectivistic）cultures]：在这种文化中，人们趋向于把自己定义为整体的一部分，以组织的形式联系其他人，不太注重个人自由和对自己人生的掌控。

但是这些特点不能用来描述另一群人。事实上，世界上的绝大部分人都不是这样的，特别是来自东亚国家的人，如中国（Triandis，McCusker，& Hui，1990）、日本（Bond & Cheung，1983）和韩国（Rhee，Uleman，Lee，& Roman，1995）；来自南亚的国家的人，如印度（Dhawan，Roseman，Naidu，Thapa，& Rettek，1995；Savani，Markus，& Conner，2008）和马来西亚（Bochner，1994）；来自中东的人（Greenberg，Eloul，Markus，& Tsai，2012）；还有许多来自拉丁美洲国家的人。这些社会更强调**相互依存（集体主义）文化**。人们在这种文化中不需要特别多的自由或个人对生活的掌控，他们不觉得这些是必要的（Sastry & Ross，1998）。

表 1.2　独立社会和相互依存社会

来自独立（个人主义）文化的人与来自相互依存（集体主义）文化的人有不同的特点。

独立社会	相互依存社会
自我是区别于他人的，拥有不变的特征	自我与他人是捆绑在一起的，拥有什么特征要取决于情境
强调个人有能力按照自己的意愿行事	更喜欢集体行动
需要个人特殊性	渴望团体内部和谐的关系
更喜欢平等主义，以及根据个人成就来获得地位	接受基于年龄、所属团体、关系及其他属性的等级制度
确信规则可以约束每个人的行为	偏爱在特定条件下可以变动的规则

在独立文化和相互依存文化中，人们对自己不同的自我定义是对其的目标、看法、观点、价值观的重要提示。成功对东亚人来说很重要，但这是因为这会使其家庭和所属的组织获益，而不仅仅因为成功反映了个人的优点。个人的独特性在相互依存社会中不那么重要，甚至可能是不受社会赞许的。Kim 和 Markus 进行了一项研究（1999），请韩国人和美国人参与一项研究，每个被试都能得到一支笔作为参加研究的奖励，而在作为奖品的笔中，只有一支笔的颜色有别于其他笔。研究结果显示，美国人更愿意选择那支颜色特别的笔，而韩国人则更愿意选择颜色占多数的笔。对于来自西方或独立文化的人来说，变得独一无二或比别人好，将让他们对自己充满信心；但在相互依存社会中，独一无二或比别人好对一个人来说并不那么重要（Heine，Lehman，Markus，& Kitayama，1999）。来自相互依存文化的人倾向于不期望互相平等的关系；相反，他们更偏爱等级关系（Hsu，1953；Triandis，1987，1995）。他们在对其社会规范的理解中往往不是万事通，相反，他们会各司其职。因此，何为公平正义，在不同的文化下，应有不同的解读。

你　是　谁

当让西方人简单描述一下自己是什么样的人时，他们会认为自己是能独立的、不受他人影响的。Kuhn 和 McPartland（1954）发明了一个简单的“我是谁”的测试，让人们用20个陈述来描述他们自己是谁。美国人的自我描述通常是与上下文无关的对个人特质（例如，“我很友好”，“工作认真”，“害羞”）和个人爱好（例如，“我喜欢野营”）的描述。当来自相互依存文化的人参与这个测试时，他们的回答更多涉及和他人或组织的关系的（例如“我是珍的朋友”），经常与背景相关联（例如，“我对待工作的态度很严肃”，“我爱我的朋友”）（Cousins，1989；Ip & Bond，1995；Markus & Kitayama，1991）。花点时间回顾一下你自己在图1.6中写下的答案，看看你是什么类型的人。

“文化是一种继承而来的习惯。”

——政治经济学者弗朗西斯・福山（Francis Fukuyama）

社会心理学家 Vaunne Ma 和 Thomas Schoeneman（1997）在美国大学生中和来自肯尼亚的4个族群中进行了“我是谁”的测试，来自肯尼亚的4个族群分别是大学生、肯尼亚首都内罗毕的工人、传统的马萨（Masai）部落成员和萨布鲁（Samburu）牧民。肯尼亚曾经是英国殖民地，城市居民（尤其是受过教育的人）大量地接触西方文化。肯尼亚的学生同样接受西方文化，并接受西方的传统教育。相反，传统非洲部落成员普遍不认为自己是独立的个体，当然，他们对自己的定义来自家庭、财产和他们在团体中的位置。部落成员经常记着他们在家庭和族群中的角色和地位（Mwaniki，1973）。

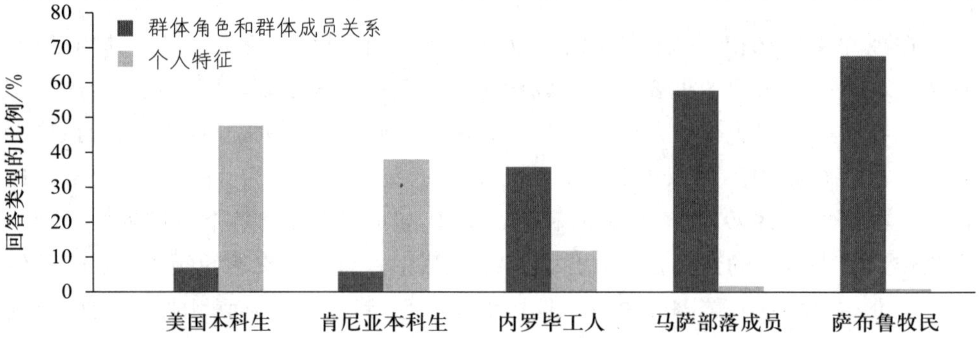

图 1.7 自我特性描述。图中展示了美国本科生、肯尼亚本科生、内罗毕工人、马萨部落成员和萨布鲁牧民在“我是谁”测试中做出的回答类型（“群体角色和群体成员关系”与“个人特征”）所占的百分比。

来源：Adapted from Ma & Schoeneman，1997.

图1.7展示了4组非洲人对待自己的不同看法。传统的马萨族和萨布鲁族按照群体角色和群体成员关系描述他们自己；肯尼亚大学生，只与美国大学生有些微不同；内罗毕工人介于学生和部落成员之间。这一证据表明，当考虑到东亚学生和西方学生在人际关系上的巨大差异时，现代化程度并不是自我概念产生差异的本质原因，而是由一种对于独立的自我概念至关重要的西方化取向决定的。

“在传统肯尼亚部落成员中，个人主义’会被认为是可疑的……这里没有真正的私人事务，每一件事都有一定的道德和社会影响’。”

——肯尼亚独立后第一任总统乔莫·肯雅塔（Jomo Kenyatta）

工作中的个人主义与集体主义

第一个测量独立（个人主义）与相互依存（集体主义）维度的社会学家是 Geert Hofstede（1980），他调查了世界上万名 IBM 公司雇员的价值观。表1.3展示了这些价值观的种类和 Hofstede 对他观察到的个人主义与集体主义文化的不同的解释观点。图1.8（彩）显示了地理分布的结果，展示了67个国家的公民所表达的个人主义的平均水平。你可以看到，曾经的英联邦国家是最个人主义的，其次是欧洲大陆的其他国家。东亚、南非、小亚细亚、拉丁美洲都十分集体主义。

专栏1.1 聚焦文化

迪克和简，邓和剑星

20世纪30年代，美国的一本读物的第一页展示了一个小男孩在和他的狗一起跑步，识字课本上写着“看到迪克在跑”，而在一本同时代的中国读物的第一页展示了一个小男孩坐在一个大男孩的肩膀上，写着“哥哥爱弟弟，弟弟爱哥哥”。在20世纪30年代，中、美孩子在上学第一堂课读到的东西是如此不同，充分说明了他们生活的世界是多么大相径庭。美国人教孩子确定方向，然后行动，允许他们做好准备生活在能自己掌控并做出选择的世界中。而中国的孩子则着重接受人际关系教育。对西方人来说，一个人是独立存在于组织之外的。而对东亚人（例如，中国人、日本人、韩国人）和其他很多国家的人来说，个人仅仅是作为大集体中的一员而存在的。家庭、朋友、村子、公司，人们与其他人是相关联的，像绳子结成网一样，没有联系就不再存在（Munro，1985）。

注意行动和关系的对比。（A）美国的《迪克和简》读物强调行动和个人主义，就像这页所展示的迪克在跑的图画，文字写道：“看到迪克”，“看到迪克在跑”。（B）东亚的读物则更强调关系，就像这两个小孩手挽着手走在街上。

虽然Hofstede没怎么研究东亚社会，但现在已经有了大量的相关证据。研究数据表明，这些地区的文化与西方文化存在很大的差异。在另一个相似的研究中，两位荷兰商学院的教授Charles Hampden-Turner和Alfons Trompenaars对来自加拿大、美国、英国、澳大利亚、瑞典、荷兰、比利时、德国、法国、意大利、日本和韩国的15 000个中层管理者进行了研究（Hampden-Turner & Trompenaars，1993）。与Hofstede的研究结果一致，他们发现东亚、南非、拉丁美洲的管理人员多倾向集体主义；英国和前英国殖民地国家多为个人主义；来自其他欧洲国家的人两者均有。专栏2.1中是该研究的部分问题样例。

表 1.3 工作中的独立文化和相互依存文化

来自独立文化和来自相互依存文化的人，在与工作有关的问题上，有着不同价值观和信念。

独立文化	相互依存文化
工作做得好时想得到应得的表扬	希望由雇主来为他们的健康和福利提供主要的保障
想在他们的工作领域有思考的空间	想在和谐友好的氛围下工作
想在工作上充分利用他们的技能	想对公司完全忠诚
希望在一个有效率的环境下工作	认为认识有影响力的人比有能力更重要
认为个人决策优于集体决策	认为好的经理是待在公司时间最长的人

来源：Adapted from Hofstede，1980.

文化和性别角色

很早以前人们就开始广泛讨论性别角色方面的问题了。但是性别角色在世界范围内的差异很大，就连在一个国家的不同亚文化中也有差异。男性是否占统治地位是差异最大的问题之一。一些没有文字的民族至今还过着与几千年前刚进化为人类时相同的生活。男性主要的工作是打猎，女性主要的工作是采集植物。不管有没有明确的性别分工界限，这种社会性别分工是相对平等的。现代西方文化同样让不同性别变得相对平等，女性在瑞典国会内占到了一半的席位（顺便一提，斯堪的纳维亚人的性别平等已有一千多年的历史，歌剧和动画片中戴头盔的北欧女海盗就是最真实的写照）。纵观世界，女性有像在斯堪的纳维亚地区一样享有绝对的平等，也有遭受着奴役般的对待。

什么样的两性关系是正常而合适的呢？对这一问题的观点也是迥然各异的。在全世界各种亚文化中，绝大多数文化支持一夫多妻制和一夫一妻制，这些传统可能已经存在上千年了。传统美国式的终身一夫一妻制是很罕见的。很多西欧国家都认为美国真是假正经，因为对他们来说，婚外情非常普遍。最近在一位法国总统的葬礼上，她的妻子和情妇就同时出席，且站在了一起。但在另一些文化中，如果一个女性（有时甚至包括男性）被怀疑有婚外情，就会被处死。确实，在一些文化中，被强暴的女人会被逐出家门甚至被处死。同性恋者在一些文化中也会被判刑坐牢。

很多社会学家之间存在一个争论：塑造了各自文化的不同的两性道德仅仅是随意产生的吗？还是说，它们大多数具备经济基础或其他具有现实意义的根基？比如，一个可用经济观点解释的例子就是尼泊尔和中国西藏的一妻多夫制——一位女性可以有多个丈夫，而且她的丈夫们互为兄弟。这种模式可以让一户家庭持续保有稀有的土地资源，因为在这个家庭的每一代人中，只会有一位继承人来继承整片土地——这就是婚姻的经济目标。而西方普遍采用的长子继承权——只有第一个出生的男性才能继承土地——也是在为这一目标服务。如果不这样做，大家族的土地会因为被几个人分别继承而分为若干块，原来那些实力雄厚的大地主家庭的地位则会降为普通的农民阶级。

这本书将多次提到关于性别的讨论。然而，尽管男人和女人会用不一样的方式理解自己的情感和动机，但是这些差异还是远远小于文化之间的差异——性别分工在不同的社会中完全不同。

一些限定条件

不同社会间在很多方面是不一样的，将社会完全套入一种模式是不可能的。另外，在一个大的社会中，还有着地区差异和亚文化差异。例如，美国南方人就比美国其他地方的人更互助、更注重家庭和与社区的联系（Vandello & Cohen，1999）。然而与其他更有个人主义倾向的地区相比，美国南方人曾被认为过于容忍各种社会异常现象与怪癖（Reed，1990）。

此外，在一个既定的社会内，一些特定的个体或某类个体的社会化可能趋向于变得更独立或更相互依存。在我们的社会中，性别社会化就是一个绝佳的例子（Kashima et al.，1995）。在儿童读物中，当迪克又跑又跳的时候（独立），简常常在照顾娃娃或为大家做饭（相互依存）。

在很多文化中，独立文化和相互依存文化也存在很多社会阶级的差异。现代社会中的工人阶级比中产阶级更加相互依存。来自工人阶层的人与他们家庭成员之间的互动和交流比中产阶级多（Allan，1979）；他们的家庭教育也比中产阶级更强调从众和服从（Kohn，1969）；但比中产阶级更不看重个人的独特性。Stephens及其同事进行的研究特别引人注目，说明了不同的价值观是如何影响人们对于个人独特性的看法的（Stephens，Markus & Townsend，2007）。研究者问被试，当他们看到好朋友新买的车与自己前不久刚买的车一模一样时，有什么感受。中产阶级的报告显示他们会趋于沮丧，因为他们想成为独一无二的人，而来自工人阶层的人则表示他们会很开心，因为他们乐于把自己的经验与伙伴分享。与工人阶级相比，中产阶级更关心对健身方式的选择。中产阶级也更喜欢他们自己选择的目标，而不是别人为他们制定的；工人阶级则恰恰相反（Stephens，Fryberg，& Markus，2011）。阶级差异看起来广泛而深刻，让我们有足够的理由将它视为一种真实的文化差异。

最后，研究人员发现，一般来说，同一个人在一些情况下可以有相当的独立倾向（例如，在辩论赛中），而在另一些情况下则会表现出强烈的相互依存倾向（例如，在唱诗班进行合唱时）（Gardner，Gabriel，& Lee，1999；Kühnen & Oyserman，2002；Trafimow，Triandis，& Goto，1991）。

专栏1.2 聚焦文化

业务经理的个人主义或集体主义

Charles Hampden-Turner 和 Alfons Trompenaars（1993）在上千名业务经理中研究了个人主义和集体主义。为了检验业务经理是更看重个人独特性和个人成就，还是更看重群体内人际关系的和谐，他们问这些业务经理更偏向以下哪个观点：

工作中应该鼓励个人的积极性；

或

在工作中不应该突出个人荣誉，而应该突出集体荣誉。

为了测量对将先赋地位（如年龄、家庭、宗教背景）作为员工奖励基础的接受度，Hampden-Turner 和 Trompenaars 询问经理们是否同意下列观点：

对经理来说，比他的下属年长很重要，年长者比年轻人更应该受到尊敬。

为了了解调查对象是否认为雇主与雇员的关系应该具有统一的规则，或者是否应该顾及特殊情况，研究者问业务经理们：作为一个经理应怎样处理一个 15 年都表现良好但最近不干活的员工；如果情况不改善，是否该辞退这个员工：

工作表现应保持一定水平，不管这个人工作了多少年或他以前的记录有多么好；

或

辞退一个为公司工作 15 年的员工是不对的。我们需要对他的生活负责。

对文化的研究揭示出三个主要的群体，从东亚经理表达出的价值观可以看出，他们是最集体主义的；英国和前英国殖民地国家多奉行独立文化或个人主义（美国和加拿大也很独立）；欧洲的其他国家表现中庸。另外，研究者发现，在欧洲国家内，也有有趣的差异：西欧和北欧国家（例如，瑞典、荷兰、比利时）比南欧国家（如法国、意大利、德国）更趋于个人主义。

文化和进化是帮助人们理解情境的工具

文化和进化都影响着人们怎么看待这个世界以及会如何采取行动。在理解社会关系上，二者也会相互补充。在人类存在的最初几年里，我们的祖先面临着巨大的生存挑战，这样的挑战导致人类进化出了先天的趋向。但这样的趋向只是工具，你既可以灵活地运用它，也可能一点也不会用。而文化能对许多类似的工具进行改造（Sperber，1996）。的确，这些工具在一定程度上确实需要经过文化的加工，从而自然而然地演变。不同的生态和经济状况使得人类生存的环境各异，进而形成了不同的社会体系和习俗。

进化赋予我们的能力使我们能表现出千姿百态的行为。但是这个社会是否朝着特定的预置选择发展，取决于人们的行为在多大程度上适应他们所面对的社会环境（Sperber，1996）。自然赋予了发展的倾向性，但文化决定发展方向。进化绝不是让我们自动按预设的进程发展，而是为我们装备了用来应对人类会面对的各种生存环境的全部技能。而文化环境和我们高超的智力可以帮我们决定发展哪些技能，以及尝试驾驭哪种倾向性。

小 结

西方社会的人们趋向于个人主义，或者说独立文化；而其他社会的人们更倾向于集体主义，或者说相互依存文化。西方人倾向于将自己定义为拥有与他人不同的特质，而来自其他社会的人倾向于用自己与他人的关系来定义自己。这些差异为社会心理学中的许多重要现象带来了重要启示。性别角色与性道德就是一个例子，说明在不同文化间，行为有巨大差异。进化论和文化观都有助于我们更好地理解人的社会行为：进化使我们倾向于做出特定的行为，而文化决定了我们在特定的情境中应该发展哪种行为。

本章总结

社会心理学概述

- 社会心理学是对社会情境中个体情感、思维和行为的科学研究。

情境的力量

- 社会心理学强调情境影响行为。人们经常难以觉察强大的情境因素能决定他自身或其他人做出何种行为；人们也常过于强调个人气质对行为的影响。这两种倾向合称为基本归因偏差。

解释的作用

- 社会心理学同样关注解释在理解情境时的作用。人们通常以为他们对情境的理解是直接的，自己的想法不会掺杂其中。事实上，就连对最简单物体的知觉都依赖于大量的推理和复杂的认知结构。
- 人类用以理解社会情境和物理刺激的主要工具是图式。图式是人脑储存的关于重复出现的高度相似的物理刺激与情境的表征。图式能够告诉我们如何解释情境以及在其中应如何表现。刻板印象是对不同类型的人（如警察、西班牙裔、雅皮士）的图式。刻板印象能引导人们的解释和行为，但也经常被误用和曲解，甚至会破坏人际交往或导致人们的不公。

自动加工与控制加工

- 人们对情境的解释有一大部分是自动化和无意识的。结果导致人们有时并不知道自己是如何得出一个结论或为什么如此行事的。

进化和人类行为：我们何其相似

- 进化论关注人类通用的、似乎不可或缺的实践和认识，说明人类具有从事这种实践的倾向。
- 一些进化理论家声称，雄性和雌性的差异可以用亲代投资学说解释。他们还提到了在不同文化中，其他共同的认知特性，包括语言，是在同一发展阶段出现的；还有心理理论，对各种文化中的普通人来说，也都是在生命早期发展出来的。

进化和人类行为：我们何其不同

- 在不同的文化中，行为及其含义可能完全不同，包括一个社会的成员在其社会关系上是更相互依存（集体主义）还是更独立（个人主义）。这些不同会影响自我概念和人际关系的性质，甚至影响基本的认知和知觉过程。

■ 性别角色和性道德在不同文化中非常不同。即使在西方，性别和性活动还是分离的。理论家们仍在争论这种差异是随性出现的还是根植于文化中的经济因素或其他客观环境的。

关键概念

独立（个人主义）文化（p28）
格式塔心理学（p14）
基本归因偏差（p12）
解释（p13）
气质（p12）
亲代投资（p25）
囚徒困境（p14）
渠道因素（p12）
社会心理学（p4）
图式（p16）
相互依存（集体主义）文化（p28）
心理理论（p24）
自然选择（p21）
自然主义谬误（p25）

第 2 章

社会心理学的研究方法

①

本章要点

- 为什么社会心理学家要做研究（你又为什么需要阅读与之相关的内容）
- 社会心理学家如何检验想法
- 有助于理解研究的其他概念
- 基础研究与应用研究
- 社会心理学中的伦理问题

美国北部和南部的各个零售商都收到了一封求职信。该求职者称自己是一个27岁的勤奋的小伙子，他刚从密歇根搬迁到了收信者所在的地区附近。他在信件中罗列了一系列自己应征这份工作的优势，此外，他也提到了一个相当明显的问题：

“有一件事必须说清楚，因为我觉得我必须诚实做人，不想让别人对我有误解。我曾被判过失杀人罪。在您聘请我之前，我需要对此做出

①广告中写道：“尽在PHILIP MORRIS牌香烟！权威医生发现：改抽PHILIP MORRIS牌香烟以后，吸烟对吸烟者鼻部和喉部的刺激将被彻底清除或得到明显改善。尽享吸烟的乐趣，咽喉刺激不再有！美国最好的香烟！”——译著注

解释，因为您或许想知道其中的缘由。我和一个与我未婚妻有奸情的人发生了争执。当时，我住在一个小镇上，有一天，这个人在酒吧当着我朋友的面戳穿了这件事。他告诉所有人，他和我的未婚妻上床了。他贴着我的脸嘲笑我，并且说如果我还是个男人的话就跟他一起出去打一架。那时我还年轻，不想当着所有人的面在挑衅者面前退缩不前。我们一起走到了走廊上，于是他就开始打我。他把我打倒在地，然后拿起一个瓶子……我本可以逃走，法官也说我应该这样做的，但是我的自尊心不允许我那样。所以，我捡起一根放在走廊里的管子，用它痛打了那个人。我不是有意要杀他的，但几小时后，他还是死在了医院里。”

一些收信的人对这封信做出了回应，遵从求职者的意愿，提供了一份工作申请表，其中包含联系人的姓名和电话号码。有些人甚至寄送了附有他们回复的便条。

事实上，这个求职者是两个社会心理学家在研究中虚构的一个人物（Cohen & Nisbett，1997）。调查者希望测量潜在的雇主的合作性。

如果收到回复，研究者就会对这些回复做出评价：该回复有多富同情心？有多激励人心？有多个人化？雇主是否会表露出对求职者的坦诚的欣赏？

Cohen 和 Nisbett 在回复中发现了不同的趋势。美国南方的零售商比北方的零售商更遵从求职者的请求。而且南方的零售商的回复更温暖并富有同情心。一个南方的零售商在她的信中写道：

“至于你过去遇到的问题，任何人都可能遇到。这不过是一件不幸的意外，不该因此降低对你的评价。你的坦诚表明你是个诚实的人……

我衷心祝愿你的未来有好运。你积极的态度和对工作的意愿——这些优良品质都是商人所希望在他们的雇员身上看到的。等你定居了，如果你住得离这儿近，请顺便来我家一聚。”

而北方雇主的信件没有一封像这样表现出对求职者的同情的。

为什么南方人看上去更可以接受误杀他人的事实？你可以在本章找到原因。更重要的是，你将会知道调查者是如何发现这个原因的。他们使用了社会心理学家常用的方法，这些方法能够加深我们对人类行为的理解，并且帮助我们改善很多类型的社会结果。

为什么社会心理学家要做研究（你又为什么需要阅读与之相关的内容）

在大多数情况下，即使没有社会心理学家的那些发现，人们每天依旧可以过得很好。这个世界还算是合乎预料的：我们身处的大多数情境都与其他情境相似，我们对于人们在每种情境下的行为的观测结果足够精确，使得我们可以带着一份能准确做出预测的自信生存在这个世界上。

但是很多情境（如面试、入会仪式、约会）可能包含意外和陷阱，社会心理学研究能够帮助我们有所预见并做好准备，以避免遭遇这些困境。而且即使在相似的情境下，我们对于人们将做出什么行为的预测也可能是错的。第4章、第5章以及第12章就描述了一些关于社会行为的错误想法，并且描述了这种想法是如何形成的。

我们对于自己为何会做出某些行为的理解也有可能是错误的（Nisbett & Wilson，1977）。正如第1章所言，许多影响我们行为的因素实际上是我们无法得知的：这些因素无法以有意识的言语来表达，只能以无意识的非语言形式表达，我们无法对这种形式的表达做出内省。然而幸运的是，社会心理学家不仅能够告诉我们他人做出这些行为的原因，还能道出我们自己做出某些行为的原因。

想知道社会心理学研究是如何阐明人类平常的行为及其原因的，请看专栏2.1。请你来猜测一下该专栏所描述的研究会有怎样的结果，然后翻到第41页，看看自己的猜测是否准确。当你不得不预测研究结果，然后得知研究结果到底是什么时，你就避免了**事后聪明偏见**，即指人们在事后过于自信地说他们本可以预测到一个既定结果的倾向（Bradfield & Wells，2005；Fischhoff，Gonzalez，Lerner，& Small，2005；Guilbault，Bryant，Brockway，& Posavac，2004）。把你对专栏2.1的预测与实际发现相比较，可以反驳认为“社会心理学的发现都是明摆着的事”的观点，即认为“社会心理学的发现都显而易见、没什么了不起”的评论只是事后诸葛，而不是先见之明。

事后聪明偏见（hindsight bias）：人们倾向在事后认为自己在事前就准确地预测了这一结果。

专栏2.1　聚焦直觉性的社会心理学

预测社会心理学研究的结果

预测人们在下述情况下将有何种行为（答案见第41页）：

1. 熟悉会导致日久生情还是熟视无睹？你更喜欢听过了很多遍的歌，还是不常听的歌？

2. 假设要说服一些人为他们对某件事的信念说谎。在哪种情况下人们更倾向于朝他们撒谎的方向调整其信仰？是给其很少的报酬时、很多的报酬时，还是压根儿不给报酬时？

3. 假设你知道一个熟人想从你那儿得到一些帮助。在下列哪种情况下，你会更喜欢这个人？（a）这个人忍着不向你寻求帮助，（b）这个人向你发出请求，你同意了，（c）这个人向你发出请求但被你拒绝了。

4. 假设你让某人认真思考一会儿死亡的必然性这一问题。这些想法会让这个人变得（a）更加无助，（b）对他的同胞更不友善，还是（c）更加爱国？

5. 假设一个人正忍受痛苦的药物治疗过程。这个人在哪种情况下更不愿意再次接受这种治疗？（a）痛苦持续了很久，（b）每到疼痛的高潮尤为痛苦，（c）治疗的第一阶段尤为痛苦，（d）治疗过程的最后一个阶段尤为痛苦。

6. 假设要求男大学生为英语课的一篇作业文章评分，文章附有一张据称是作者的女生照片。在哪种情况下，男大学生的评分更高？（a）该女生相当漂亮，（b）该女生相貌一般，（c）该女生长得不好看，（d）该女生和评分人的相貌水平相当。

7. 假设询问人们：如果有两个选择，一个能带来可观的潜在收益，但同时具有很大的风险；另一个能带来较少的潜在收益，但风险也较小，人们该怎么选择？在下列哪种情况下，人们会更推崇风险大的选择？（a）他们自己考虑做何选择，（b）他们进行小组讨论并考虑选择，（c）用上述两种方式做出的选择没区别。

8. 假设你要求一组人在短暂思考后，给出他们对于一件事情的观点；要求另一组人花上一段时间尽可能从多个方面思考这件事，然后再给出他们的观点。你认为在这个问题上，哪个小组将会给出更多极端的观点？（a）立刻回答的小组，（b）仔细考虑一段时间的小组，（c）两者无区别。

9. 假设你给一些用变色马克笔画画的幼儿园孩子一些奖励，并且只要你给了奖励，他们就会照做。下列哪种情况更可能发生？（a）这些孩子比没有获得奖励的孩子更愿意在随后的时间里用这支马克笔玩耍，（b）他们更加不愿意用这支马克笔，（c）喜爱程度都一样。

10. 假设你要求第一组人写出 6 个证明自己行为坚定的例子；第二组人写出 12 个相同的例子；第三组人写出 6 个其他类型行为（比如内向行为）的例子。哪一组人将会报告说他们是最坚定、最自信的？是（a）第一组，（b）第二组，（c）第三组，还是（d）三组差不多。

小 结

社会心理学告诉我们：我们对于人们的行为的刻板印象有一部分是错误的；它也向我们展示了这些观念是如何通过不可靠的过程形成的。就连我们对于自身行为的理解也可能是错误的。我们常会在事后认为社会心理学的发现是显而易见的。事后聪明偏见让我们错以为我们一直都知道事情究竟是怎么一回事。

社会心理学家如何检验想法

“科学方法本身并不能带来任何结果，只有充满激情地努力寻找确切的理解，科学方法才会产生。”

——阿尔伯特·爱因斯坦
《爱因斯坦晚年文集》

社会心理学家广泛运用各种方法来检测关于人类行为的假设。当你阅读本章介绍的这些方法并且看到它们在其他地方的应用时，请谨记：这些方法背后的逻辑基础对于理解一个社会行为命题的真伪是至关重要的。即使你不能真的进行一项研究来测试特定的命题，你也可以假想如何检验特定的想法，也许这会启发你产生新的假设，没准经过再三思考后，你会发现它比你最初的假设更好。

假设就是对于在特定情况下会发生什么状况的预测。假设常用于检验关于行为的一般性理论。**理论**就是相关命题的主体，旨在描述这个世界的某些方面。在日常生活中，人们说某件事“仅仅是一个理论”，意思是说它是一个没有得到多少事实支持的想法。然而，对科学而言，包括社会科学，它们的理论通常有实验数据支持，而且理论做出的预测可能是出人意料的，只有该理论才能解释得通。在科学的历史上，许多理论提供了对自然现象或者对重要现实结果更为合理的理解。进化论被大量事实和已被实验观察所证实的间接预测支持。例如，按照进化论，很好理解细菌对于药物的适应。物理中的相对论同样被大量的事实和精准的预测所支持，推动了原子弹的发展。

举个例子，源于社会心理学理论的一个假设是，如果 A 喜欢 B，B 不喜欢 C，那么 A 要么会不喜欢 C，要么会开始不喜欢 B。这个假设其实就是认知平衡理论——人们喜欢保持思想与行为的始终如一，并且会做大量思想斗争来达到这种认知的一致性——的一个例子，且可以用多种方式进行检验，即用研究来验证假设能否预测在具体环境下会发生什么。因此，可以说理论比假设更具概括性，而假设也比检验它们的特定研究结果更具概括性。

假设（hypothesis）：对于在特定情况下会发生什么状况的预测。

理论（theory）：描述世界的某些方面的相关命题的主体。

第 39 页专栏 2.1 的答案

1. 通常来说，越熟悉越喜爱。在广泛的范围内，一个人暴露在某一刺激条件下越久，这个人就越喜欢它。见第 10 章。
2. 与报酬很多相比，如果他们没有得到报酬或者报酬很少，人们更容易被他们所说的谎言说服。见第 7 章。
3. 如果我们给予某人帮助，我们将会更喜欢这个人。见第 7 章和第 9 章。
4. 如果提醒人们，人终有一死，他们就会关注最珍视的价值，比如宗教和爱国心。见第 7 章。
5. 痛苦的持续时间对人们再次经历治疗过程的意愿影响很小。见第 6 章。
6. 男大学生会给长得漂亮的女作者更高的分数。见第 10 章。
7. 通常，若进行小组讨论，人们会转向更有风险的抉择。见第 12 章。
8. 越多思考一件事，会使人们对该事的观点越极端。见第 9 章。
9. 因为孩子做了某些他们本来就要做的事而奖励孩子，会使他们更加没有兴趣做这件事。约定使玩耍变成了工作。见第 7 章。
10. 如果要求人们想出少量（而不是大量）的能证明他们坚定自信的例子，人们会报告说他们更加自信。想出少量的例子比想出大量的例子更容易，而人们正是用他们所付出的努力证明他们是什么样的人的。见第 4 章。

观察研究

最简单的研究可能仅仅是用合理系统的方法观察某一现象，旨在理解将会发生什么和得出解释为什么事情会这样的假设。查尔斯·达尔文是第一个也是最重要的一位自然生命观察者，他对南美洲加拉帕戈斯群岛上的雀类的观察使他提出了遵从自然选择的进化论学说。

社会心理学家们也从观察中得知了很多信息。心理学家和人类文化学家常使用参与观察法，来近距离地观察一些现象。人类学家也许会和一群人一起生活很长一段时间，留心观察他们做了什么事，并且提出一个猜测——有时是受到他们与研究对象的谈话的启发——关于为什么这些人会做特定的事和有特定的信仰。例如，在 20 世纪 70 年代，人类文化学家 Shirley Brice Health 使用参与观察法研究了在美国北卡罗莱纳州的一个小镇里，中产阶级和工人阶级家庭的学前准备。她和这里的家庭生活在一起，观察并参与他们的日常活动。通过长期地和他们生活，她发现了这两类家庭之间的明显差别。中产阶级的家庭给他们孩子读很多东西，包括在吃晚餐的时候，他们用这些印出来的文字（如食谱、游戏规则）来引导孩子们的行为，告诉他们如何给物品分类，如何去回答关于“为什么”的问题，如何去评估并判断事物。工人阶级的家庭做得没有这么多，虽然他们的孩子也为低年级的学习做了适度准备，但是当他们面临更加复杂的任务（包括分类和评估）时，他们在准备上的缺乏还是会在后来的学习中显现出来。

在 20 世纪 50 年代，社会心理学家 Roger Barker 和 Herbert Wright 研究了

观察研究。图中是进化心理学家与人类行为生态学家Lawrence Sugiyama。他拿着弓箭，在参与观察中与被观察对象一起从事某个活动。

美国中西部一个小镇里的孩子们是如何与他们周边的环境相互影响的（Barker & Wright，1954）。他们一路跟随着这些孩子，观察孩子们递送早报、去学校、踢罐头盒、做作业或是参加教堂晚宴。这项研究揭示了很多东西，让人们更了解年轻人与他们的周边环境相互作用的方式（包括随环境而来的机会和限制），以及塑造他们性格的因素。

社会心理学家经常以半正式的方式（如记笔记、采访参与者）观察社会情境，但他们通常还会设计额外的研究来验证他们在“参与观察”中形成的印象。因为观察经常具有误导性，所以任何从观察中得来的初步结论都应当用其他方法进行验证。

文献研究

这种研究方法离不开图书馆（或计算机）。通过这种方法，研究者在各种各样的文献（例如，记录簿、警方报告、运动数据、报纸文章，以及记录了不同文化的人种志或人类学描述的资料库）中寻找证据。例如，Nisbett 及其同事（1993）研究美国联邦调查局的杀人案件报告时发现，正如他们料想的那样，杀人犯在南方比北方更常见。联邦调查局的杀人案件报告也记录杀人犯罪的背景——同时犯有其他重罪（比如抢劫便利店）的凶手以及激情犯罪（比如在与邻居激烈争吵时杀人，或出于三角恋关系杀人）的凶手。Nisbett 和同事 Dov Cohen 分析了各种各样的谋杀案，他们发现在南方，最常见的杀人案件往往涉及某类侮辱——例如，在酒吧争吵或者一个男人的女朋友或妻子为了另一个男人而离开了他（Nisbett & Cohen，1996）。事实上，与北方相比，其他类型的杀人案件在南方更少见。（有个研究者发表评论说，只要一个南方人不待在错误的酒吧或是卧室里，他就会比北方人更安全；Reed，1981。）涉及侮辱的杀人案件在南方更常见，这一观察结果使得 Cohen 和 Nisbett 开始进行一项关于南方人对侮辱的反应是否更具攻击性的研究，调查涉及侮辱的杀人案件在南方如此高发是源于炎热的气候因素还是源于宽容的司法体制因素。

调　查

社会心理学研究最常用的方法之一就是简单地问别人问题，即调查。调查可以用访谈或填写调查问卷的方式进行。参与者可能是一小群学生或一大群国民。当调查者努力去辨清某群人——例如某校的新生、美国加州的西班牙裔居民或全美人口——的信仰或态度时，调查的样本应当是总体人群的随机样本，这很重要。

获得随机样本的唯一办法就是让总体中的每个人有相等的机会被选中。如果大学有学生名录，随机样本就可以通过计算出新生的总数（比如1000）、决定需要调查多少人（比如50），然后从姓名录里在每20个人中选取一个，并邀请这些人来参与调查（图2.1）。

图 2.1　抽样。

便利抽样——比如当人们走进图书馆时与他们取得联系，或给大学生联谊会和女生联谊会的成员发电子邮件——不是随机抽取的，且在一定程度上有偏差。也就是说，这个样本可能包含太多的某类人，而另一类人则太少。基于有偏差的样本得到的信息有时还不如没有信息。一个著名的例子就是由美国《文学文摘》(*Literary Digest*)杂志进行的一项调查，有超过100万的回答者，错误地预测了共和党候选人阿尔夫·兰登将会在1936年总统竞选中击败富兰克林·德拉诺·罗斯福。事实上，此次竞选是历史上最具有戏剧性的以压倒性优势获胜的竞选之一：因为兰登仅在两个州获得了多数票支持。这份调查怎么会这么不准确呢？原因就在于样本有偏差。因为样本是从电话号码簿上和机动车登记记录中选取的。在1936年，拥有电话和汽车的富人比穷人多很多，同时富人也更有可能倾向于共和党。

你也许在多种杂志上看到过读者调查结果。2/3坚持素食主义的《时尚》[①]杂志读者说他们体重减轻了 。3/4的《户外》[②]杂志读者说在户外进行性行为更让人快乐。在《文学文摘》的民意调查中，60%的回答者说，与待在家里看足球比赛相比，周末去教堂会让他们更愉快。事实上，这三个调查结果都是虚构的，你不必相信。但即使这些结果不是虚构的，你也不应该盲目相信。会花时间回答这种民意调查的人可能本来就和那些没有进行回答的人有所不同，因此，这些人也许不能代表总体。比如，体重减轻的《时尚》杂志读者也许比体重没减轻的读者更可能回答有关减肥的调查。显然，不是每个人都有均等的机会出现在样本中，这就导致了调查结果会出现偏差。

为了对一大群人做出推断，你需要选取多少人作为样本？事实上，为了得到一个准确的结果，所需要的人数还要看调查的问题是什么，例如，有关总统的偏好就和总体规模没什么关系。从美国成年人口中抽取一个1200人左右的样品足够用来在上下3%的误差范围内估计总体的值是多少了，而且有95%的把握相信

① 全球著名的主要针对女性读者的时尚类杂志。——译著注

② 美国发行量最大的户外杂志。——译著注

真实值就在这个范围内。在总统竞选之前进行的全国性民意调查大致上与实际投票结果相差不到2%。

Cohen 和 Nisbett（1996）用调查法来详细考察与对暴力的态度有关的社会心理学问题。有一个关于为什么南方人更有可能犯杀人罪的猜想是南方人对暴力的接受程度更高。但是在查看已经出版了的有关暴力态度的全国调查后，他们发现了一些地区差异。比如，南方人并不比北方人更同意“以牙还牙”是公平的反击，事实上，南方人更同意“当一个人打你的左脸时，你应该原谅他，并且把你的右脸伸过去”。然而，研究者发现南方人更支持对侮辱进行暴力反击，也更认为如果一个男人的熟人老是上下打量他的女朋友，还污言秽语，那么这个男人打他的熟人就是合理的。南方人同样更支持对威胁其住所或家人的行为进行暴力反击，例如，他们认为：“为了保卫家庭，一个男人有权利杀人。”研究人员还发现，南方人在让孩子适应社会的过程中比北方人更赞成暴力：他们更可能说打屁股对于处罚孩子的过错是一种合适的方法，也更可能说他们将会鼓励孩子去打那些欺负他的人（参考图2.2，举例介绍了 Cohen 和 Nisbett 提出的问题）。

图 2.2　你来做被试：对暴力的态度

冲突有时是通过暴力方式解决的，有时是通过非暴力方式解决的。

想象一个叫弗雷德的人发现自己处于下列情况中。请指出他是非常有理由打架，有一定理由打架，还是一点也没有理由打架。

1. 弗雷德打了一个熟人，因为那个人老是看他的女朋友并且用言语轻薄她。
2. 弗雷德打了一个熟人，因为那个人侮辱他的妻子，说她水性杨花。
3. 弗雷德打了一个熟人，因为那个人在背后跟别人说弗雷德是个骗子。

有时，暴力冲突涉及枪击他人。想象一个叫弗雷德的人处于下列情况下，请指出他枪击他人的行为是非常合理，在一定程度上合理，还是一点也不合理。

4. 弗雷德枪击他人，因为那个人和她妻子偷情。
5. 弗雷德枪击他人，因为那个人性侵了弗雷德 16 岁的女儿。

结果：翻到第 46 页来查看你的回答表示什么。

为了解释在特定情境下人们对暴力的接受度，Cohen 和 Nisbett 找到了人类学家和历史学家。一些人猜测南方可能有一种“重视荣誉的文化”。美国北方的居民是来自英国英格兰、荷兰和德国的农民，而南方的居民是来自英国边远地区的游牧民族，如苏格兰人、爱尔兰人和爱尔兰阿尔斯特省的苏格兰与爱尔兰混血。全世界的游牧民族都是坚强的人。他们必须坚强，因为他们可能瞬间失去生计——他们的畜群。他们养成了一种习惯，在刚刚出现迹象暗示他们可能无法保护自己、家庭和财产时，就做好实施暴力的准备。对一个人来说，必须被阻止或报复别人的侮辱，以此来建立威信——他是不能随便被嘲弄的。培养孩子不是让他们惧怕暴力，而是让他们知道如何保护自己。这样一个历史性假设指导着 Cohen 和 Nisbett 进行了剩下的研究。

相关研究（correlational research）：研究并没有针对不同的条件随机分配被试，心理学家只是想了解变量之间的相关程度。

相关研究

在理解不同种类的研究方法时，最重要的就是区分相关研究和实验研究。在**相关研究**中，心理学家只是要简单地确定两个或多个变量之间是否存在关系。**实验研究**更进一步，使研究者能够对在不同情况或条件下如何影响人的行为做出强有力的推断。

实验研究（experimental research）：在社会心理学中，研究会把被试随机分配到不同的情境中，这样研究者就可以得到不同情境如何影响人们行为的推论。

相关关系不是因果关系

寻找相关关系是开始一系列探究的重要方法。然而，一旦相关关系建立起来，就要求进一步的探索。变量1是否为变量2的原因，是否存在**逆因果**关系，或者有**第三变量**影响了这两个变量？在相关研究中，我们永远不能确定因果关系。例如，2004年2月《时代》杂志的封面故事，致力于验证爱情和性有益于身心健康的命题。文章引用的统计资料表明，已婚人士比未婚人士更开心。但这篇文章也留下了一系列悬而未决的问题，使得细心的读者对杂志声称的因果关系产生怀疑。比如，开心的人更吸引人，也因此更可能结婚，所以也许是开心带来婚姻，而不是婚姻带来开心。这就是一个逆因果关系的例子。再或许，好的身心状态让人更有可能结婚和感觉开心。在这种情况下，第三变量才是原因。

逆因果(reverse causation)：假设的是变量 1 影响变量 2，但其实因果关系是相反的。

第三变量（third variable)：并非变量 1 影响变量 2，也非变量 2 影响变量 1，而且其他变量对它们产生了因果影响。

相关研究之所以不能证明存在因果关系，是因为存在**自身选择**问题，即调查者无法控制一个特定的参与者在某一既定变量上的得分水平。实际上，参与者已经选择了自己在所有变量上的水平，包括那些经测量的和未经测量的变量。例如，在《时代》杂志的研究中，调查者无法决定某人是已婚还是未婚；研究中的参与者要么结了婚，要么没结婚。而且调查者不知道伴随每个参与者的婚姻情况而来的其他情况——性情阳光还是阴郁，身体是好还是坏。这些林林总总的品质就是被调查者自身选择的，而不是调查者选择的。

自身选择（self-selection)：当被试而非调查者自己选择了他们在每个变量上所处的水平时，这会给该水平带来其他的未知特性，从而无法解释因果关系。

在相关研究中，调查者可以关注两个或多个变量之间的关联程度。相关程度可以从0（完全无关）到1（完全相关——一个变量水平越高，另一个变量水平也越高）。（在后一种情况下，相关系数是 +1。如果一个变量水平越高总是与另一变量水平越低联系在一起，相关系数就是 −1。）根据惯例，相关系数为0.2，说明有微弱的相关；相关系数为0.4，说明有中等强度的相关；相关系数为0.6或更高，说明有非常强烈的相关。图2.3展示了所谓的散点图。变量1在 X 轴上，变量2在 Y 轴上，每个点代表一个案例——例如，一个研究的参与者在变量1和变量2上的得分，其中 A 图展现了一个完全负相关，E 图展现了一个完全正相关。

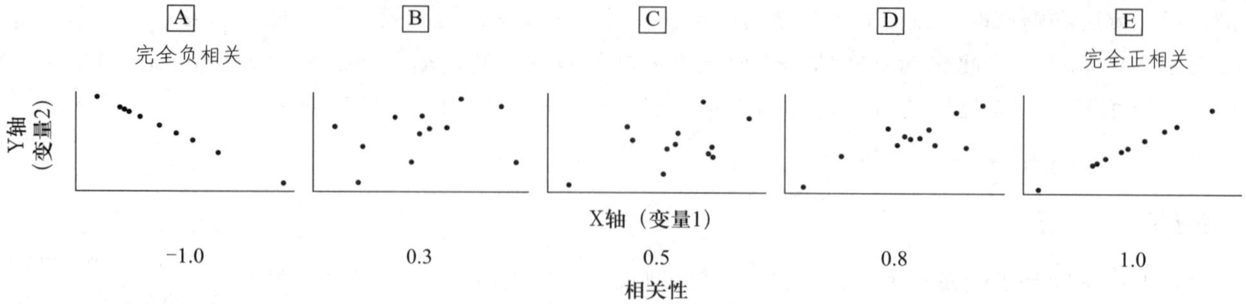

图 2.3　散点图和相关性

在图2.3中，B图展现了0.3的相关性，举例来说，一个个体的体重低于正常、处于平均水平或是高于正常水平的程度与早期心血管疾病的关系就符合这样的相关性。点明显地散布（它们的分散）和最适合散点图的线性相关直线的小斜率表明，两个变量之间的关系相当弱。如果B图中呈现的关系可能是因果关系，那将是怎样一种情况呢？可能是与超重有关的某些事情导致了心血管疾病，但也有可能是处于压力之下的人趋向于体重增加，也趋向于表现出心血管疾病的症状。也有可能是某些潜在的综合特征使得人们趋向于体重增加，并发展出心血管疾病。不管是哪种情况，超重可能都和心血管疾病没有因果关系（Jeffery，1996）。

第 44 页图 2.2 的答案
如果你对大部分题目的回答是“非常有理由”或者“有一定理由”，那么你和美国南方人及其他有重视荣誉的文化的人就是很相似的，认为暴力是对侮辱或冒犯的一种恰当反击。

C图展现了0.5的相关性，大致相当于身高和体重之间的相关性。这样的相关关系帮助我们理解模糊的相关发现。身高可以预测体重，体重可以预测身高，但你不能说一个决定了另一个。宁可说，一系列基因和环境因素决定了这两个变量。其中一些因素无疑使得某些人比别人身材更魁梧——同时影响了他们的身高和体重。但有些因素对体重的影响更多些，或者正好相反。不论何种情况，都不是身高决定体重，也不是体重决定身高。

D图展现了0.8的相关性。这就相当于一个人在学习能力倾向测验的数学科目中，第一次的得分和一年之后的得分之间的相关性。就像图中的点在最佳拟合直线周围轻微分散和这条直线较大的斜率所显示的那样，两个变量之间的相关性相当强。但不能说第一次测试的得分决定了第二次的得分，只能说一个潜在且无疑高度复杂的一系列因素（其中包括了遗传因素和社会因素）让某人的两次得分如此相近。

请你试着说明专栏2.2中的相关结果，其中展示了大量的相关研究结果，而科学家或媒体则暗示其中有清晰的因果关系。为了证明你能很好地理解相关研究，你需要有能力小心地评估这样的因果性断言。（第49页展示了对待那些因果性断言的可能反应。）对于专栏2.2列举出的每一项相关研究，看看你能不能想到可用实验来验证这些因果假设的方法。

专栏2.2　聚焦科学方法

思考相关关系

判断下列情境中的相关关系的本质（答案请参见第 49 页）：

1.《时代》杂志（June 23，2008，p.102）报道，父母试图控制孩子的食量将导致孩子超重。假如超重孩子的父母不再控制孩子的食量，他们的孩子会变得苗条起来吗？

2. 以人均国民生产总值来计算，人均智商高的国家要比人均智商低的国家更富有。是聪明使得一个国家变得富有的吗？

3. 与不去教堂的人相比，去教堂的人死亡率较低（Schnall et al.，2008）。宗教信仰能使人们长寿吗？

4. 养狗的人得抑郁症的可能性较低。如果给一个抑郁症患者一条狗去养，他会变得开心吗？

5. 在采取禁欲主义性教育的国家，谋杀犯罪率更高。是禁欲主义性教育导致了攻击性吗？如果这些国家对学生采取开放的性教育，其谋杀犯罪率就会下降吗？

6. 聪明的男性拥有更优质的精子——其精子数量众多而且活力充沛（Arden，Gottfredson，Miller，& Pierce，2008）。这项发现是否可以表明，既然上大学可以提高人的智力，那么上大学也可以提高男性精子的质量？

7. 与不吸大麻的人相比，吸大麻的人随后更有可能使用可卡因。是吸大麻导致了这些人使用可卡因的吗？

相关结果的价值

相关研究能有效地提示研究者，对于世界上的自然现象，有多种可能的因果解释。而且，有些时候，当实验研究过于困难或者面临道德困境时，相关研究就成为了研究人员的最佳选择。对于某些变量（比如性别、社会阶层和智力），研究人员无法将人们随机分配到不同的水平上，而且他们也不愿意将被试安排到具有长期风险的条件中。然而，相关研究既不能告诉我们谁是因，谁是果；也无法说明在我们关心的两个变量之间，是否还存在第三变量导致了前两者的联系。

即使相关研究无法证明因果关系是否存在，对相关数据的精确分析仍能颇具说服力地指出某种关系的意义。请思考下面两个例子：

1. **观看当地晚间新闻（包含了关于谋杀、纵火以及其他具有新闻价值的蓄意伤害的消息）的人比其他人更能看到世界上存在的危险**。最明显的解释是，看到电视节目里播报的危险的人，也在生活中感受到了更多的威胁。但对此的解释会不会是焦虑的人更可能观看当地新闻，而新闻恰又证实了他们的恐惧呢？或者会不会存在着某些第三变量？举个例子，年纪更大的人对生活更感到不安，而他们又恰恰拥有更多的时间去看电视。这项研究可以进一步完善，这样就有可能排除后面的那些假设了。比如，年纪大的人并不一定比年轻人更常看电视，而且他们也不一定比年轻人对生活更感不安。这些可能性是可以经由研究评估的。但是排除一条假设并不能证明两个变量的关系就是因果关系，但既然其他解释已被检验且被拒绝了，真相就离浮出水面更近了一步。

纵向研究。3位被试参与了由Michael Apted导演的成长系列纪录电影。这一系列电影就是一次持续性的纵向研究，从1964年起，记录了14位来自不同社会经济背景的英国人的成长。

2. **一个人在8岁时如果观看了大量的暴力电视节目，等他长大后，就更有可能会因暴力和其他犯罪行为入狱**。乍一看，观看暴力行为似乎会使人们去实施暴力行为。但同时，另一种解释也很合理，即具有暴力气质的人在小时候更喜欢看暴力节目，而长大后也更容易涉足犯罪行为。但要记住，这种**纵向研究**（即在两个不同的时间点上研究人们）排除了相反的因果关系方向：也就是说一个人30岁时的遭遇，不会反过来影响30岁之前的他。再次强调，正如在第13章中将讨论的那样，对数据精确的分析会使得某些解释的可信度大大降低。

纵向研究（longitudinal study）：对同一样本进行的长期研究，会定期地对某项行为做出评估。

在这本书中，你会看到众多从相关关系中推导出来的不同类型的虚假推论。你也将发现，社会心理学家采用了一些聪明的方法来规避相关研究特有的问题。

实验研究

自变量（independent baria-ble）：在实验研究中，受研究者操纵的、被假设会导致特定结果的变量。

因变量（dependent vari-able）：在实验研究中，被研究者测量（与受操纵相反）的、被假设是由特定原因导致的结果的变量。

随机分配（random assign-ment）：在实验研究中，随机将被试分配到不同的条件中，被试被分配到不同条件中的可能性是相同的。

对照条件（control condi-tion）：除了在假设上会影响因变量的那个因素之外，对照条件与实验条件在其他方面完全相同。

确认因果关系的最佳方案就是进行一项实验研究。实验研究需要一个自变量和一个因变量。**自变量**是受研究者操纵的、被假设会导致特定结果的变量。**因变量**是被研究者测量（与受操纵相反）的、被假设是由特定原因导致的结果的变量。在实验研究中，实验者决定自变量是什么以及自变量的水平。因变量可以通过多种方法测量，包括口头报告（比如，陈述愤怒或焦虑的程度）、行为观察（是否采取帮助行为，是否接受了预防接种）、生理测量（测量心率或压力水平，如皮质醇水平）以及神经学测量（杏仁核的活动性增加）。

实验研究的强大之处在于，它可以通过随机分配让被试暴露在自变量的不同水平之下。**随机分配**确保了被试被分配到不同条件中的可能性是相同的，并且平均来看，除了被操纵的自变量之外，实验的各组之间就没有其他的差别了。随机分配也排除了取样中自我选择偏差出现的可能性。对于实验研究同样起决定性作用的是精心设置的**对照条件**。这个条件下的组与实验组相比，除了缺少被假设会对因变量产生预期影响的成分外，其他的各个方面都是相同的。

作为精心设计的实验研究的一个例子，让我们回顾前面所提到过的一些研究结果：当处于被羞辱的情境中时，美国南方人更容易杀人犯罪；并且南方人更会将暴力看作受羞辱时的适当反应。这两项研究结果都是相关性的：南方属性与羞辱引起的杀人犯罪之间相关，还有南方属性和确信暴力是应对羞辱的合理反应相关。为了进一步研究美国南方人对于羞辱的反应是否真的更具有攻击性，Cohen 及其同事进行了一系列的实验研究（Cohen，Nisbett，Bowdle，& Schwarz，1996；参见图2.4）。这项研究里的被试全部都是来自美国密歇根大学的中产阶级学生，有些学生是南方人，而另一些是北方人。他们都相信自己是在参与研究时间限制对于多类判断力的影响。在填过调查问卷后，他们被要求带着问卷经过了一条放有一排文件柜的狭长走廊，并把问卷放到走廊尽头的桌子上。

图 2.4　科学方法：荣誉实验

假设：具有荣誉文化的人（如美国南方人）与其他人（如美国北方人）相比，在受到羞辱时会以更加愤怒，用更有进攻性的方式回应。

研究方法：

1. 要求被试填一张调查问卷，带着它通过一条狭长的摆放着一排文件柜的走廊，并将问卷放在走廊尽头的桌子上。
2. 有一些被试必定会与拉开了文件柜抽屉的学生擦肩而过。每次当被试经过的时候，这个学生都必须合上抽屉，并让开路。当被试第二次经过走廊的时候，那个学生将抽屉猛地合上，猛推被试的肩膀并骂道“浑蛋”。

结果：当受到羞辱时，美国南方学生用更愤怒的表情和肢体表达来回应，并且他们的雄性激素水平升高了。北方人则没有出现上述反应。

结论：当受到激怒时，美国南方人确实感受到了更多的愤怒，并在生物学层面做出了攻击准备。

对于一些被试来说，在走廊的尽头等待他们的是一次不怎么愉快的意外。有另一名学生站在走廊里，拉开了一个文件柜的抽屉。为了让被试得以通过，那个学生必须要合上抽屉并让开道路才行。片刻之后，当被试开始返回时，那名学生还得再让一次路。这次，那名学生猛地关上抽屉，猛推被试的肩膀，并说道：“浑蛋！”（他接下来会迅速躲进写有“照片室”的门后，以避免身体对抗。事实上，有一个被试真的追着这个学生跑了起来，并把“照片室”的门栓拉得咔咔作响，试图捉到他。你能猜猜那个被试是从哪个地区来的吗？）对照组的被试可以顺利地将问卷放在走廊尽头的桌子上并离开，没有遭遇任何“意外”。（当然，被试是随机分配到各个组中的。）这项研究有两个自变量：被试来自南方还是北方，被试是否遭遇了羞辱事件。

在羞辱事件发生时以及过后，实验者测量了一些因变量：

1. 观察者待在特定的位置上，以便当羞辱事件发生时，可以立刻观察到被试的反应。受到羞辱的南方人通常闪现出了愤怒；而受到羞辱的北方人则更有可

第 47 页专栏 2.2 的答案

1. 有可能是儿童超重，才使他们的父母去控制他们的食量。如果是这样，因果关系就和《时代》杂志所假设的完全相反。另一种可能是，在不快乐的压力较大的家庭里，父母更有控制欲，孩子也更可能超重。因此，父母的控制欲与孩子超重之间并没有什么联系，是第三变量导致了二者之间存在相关。
2. 可能是富庶的国家拥有更好的教育系统，使人们的智商更高。如果是这样，就是富庶导致了较高的智力，而不是反过来。也有可能存在第三变量的影响，比如身体健康的程度。
3. 也许是更健康的人会更多地参加各种各样的社会活动，包括去教堂。如果是这样，因果关系的方向就恰恰相反了。或者是良好的社会认同——一个第三变量——导致人们既有更多的社交活动，又有更好的身体。
4. 也许抑郁的人不太想找乐子，比如买一条狗。如果是这样，因果关系的方向就会反过来。（但事实上，给一个抑郁的人一条狗，确实可以使他的心情改善。）
5. 也许是因为贫穷的国家更有可能拥有较高的杀人犯罪率，而贫穷国家的性教育又恰恰很保守。事实上，这两点都是事实。所以，谋杀犯罪率与性教育方式之间可能根本就没什么关系，而是有一个第三变量，比如贫穷或其他因素，是这二者的原因，从而造成了二者的相关。
6. 也许是更佳的身体状况——一个第三变量——让男性头脑机智，让精子品质上乘。或者是其他什么因素与智力和精子质量都有关系，比如药物和酒精的使用。所以智力和精子质量之间可能并没有什么关系。
7. 也许吸食任意一种毒品的人比其他人更追求感官刺激，从而会参与更多违法的寻求刺激的行为。吸食大麻并不导致吸食可卡因，吸食可卡因也不导致吸食大麻。而是存在第三变量同时影响二者。

能耸耸肩或者看上去像是被逗乐了。

2. 要求被试阅读一个故事（在这个故事里，一个人挑逗了另一个人的未婚妻），并要求被试为这个故事补一个结尾。相比未受羞辱的南方人，受到羞辱的南方人更有可能为这个故事补上一个暴力的结尾，而北方人提供的结局则未受到羞辱事件的影响。
3. 在羞辱事件前后，测量了被试体内调节攻击性的雄性激素水平。受到羞辱的南方被试体内的雄性激素水平有所升高，而没有受到羞辱的南方人体内的雄性激素水平则没有升高。而北方人无论是否受到羞辱，其体内的雄性激素水平都未见升高。
4. 当被试从那条狭长的走廊回来时，实验者的另一名助手走向了他。这名助手身高 1.9 米，体重 113 千克，他的任务就是走到走廊中间，迫使被试让路。测量的因变量是当被试最终让路时，他距离实验助手有多远。研究人员认为，受到羞辱的南方人将气急败坏，会对实验助手进行挑衅威胁，不到最后一刻绝不让路。而这些被试也确实这样做了。而北方人，无论是否受到羞辱，都在距离助手大约 1.5 米的地方让开了路。南方人因礼貌而著称，他们在未被激怒的情况下，距离实验助手 2.7 米时就会让开道路；但被激怒时，他们会一直冲到距助手 0.9 米的地方才选择让开路。

Cohen 及其同事进行的这项实验并不是完全意义上的实验研究。自变量里只有一个是可随机分配的，即被试是否受到羞辱。另一个自变量是被试是南方人还是北方人。这样一来，从技术上来讲，Cohen 的研究其实是相关研究。基本的发现是，南方人这一特性与大学生倾向对羞辱采用攻击性的回应有某些关系。这项研究并不能告诉我们与南方人属性有因果关系的是什么。

然而，在许多情况下，实验研究可以在两个变量间得出因果关系。回想一下第 1 章里 John Darley 和 Daniel Batson（1973）发现匆忙行路的神学院学生对需要帮助者进行救助的可能性更小的那项研究。在那个实验里，主要的因变量是学生是否会停下来去救助需要帮助的人。神学院学生被随机分配到“迟到组”或对照组（“没迟到”）。这种做法确保了两个组的被试平均来讲是同一种人，这样就说明了与迟到有关的某种因素就是导致大部分的迟到组学生都未能救助需要帮助者的原因。另一个例子是关于暴力媒体内容对孩子有何影响的研究。一个研究者会把一组年幼的孩子暴露在播放着暴力电视节目的环境中度过几个小时，而将对照组的孩子暴露在播放着无害的电视节目的环境中，尽管这种节目能引发人们的情感，但是并不暴力。研究者观察“暴力节目组”的孩子之后会不会具有比对照组孩子更加暴力的行为。如果会的话，这些发现就会支持观看暴力电视节目会导致个体以后生活中的暴力行为这一假设（参见第 13 章）。

实验研究有时可以回答由单纯的相关研究所遗留下来的不确定因果关系的问题，但也并不总能解决问题。正如前面所提到的，在有些情况下是不可能进行实验研究的。比如，我们不能让一个10岁的孩子长时间大量观看暴力电视节目；也不能随机安排一些人结婚，让剩下的人都保持单身。然而，调查者可以利用**自然实验**的优势。例如。我们可以测量人们在结婚前后的快乐程度。而且事实上，人们结婚后会比结婚前更快乐（Argyle，1999）。这些结果并不具有决定性意义，但它们强烈地暗示着是结婚让人们更为快乐的，而不是因为更快乐的人才会选择结婚。另外一个例子是，当电视最初被引进美国的时候，电视节目并不是面向全国所有社区播放的。有些社区能看电视而有些不能。一个社区是否接收电视节目不是由自我选择决定的。这个自然实验让研究者得以就电视对人们的习惯和观点的影响得出颇具说服力的结论。

自然实验（natural experiments）：自然发生的事情或者现象，且包括几种略有不同的条件将人自然随机分组，这种分组的严苛性可与由研究者操控的实验研究媲美。

小　结

社会心理学家通过观察法来研究现象（尽管他们这样做通常是为了获得直观的理解，进而应用其他方法进一步研究），文献研究涉及各种各样的记录档案，调查研究则向人们提问。调查研究的准确性通常取决于能否找到可代表总体的由随机抽样抽取出来的应答者。在相关研究中，研究者要搞清楚两个变量间是否存在关联，可能会遇到自我选择的问题——被研究的个体“选择”了自己在每一个变量上的水平，而不是由研究者对其进行分配的。实验研究操纵自变量并且观察这种操纵在因变量上造成的影响。

有助于理解研究的其他概念

并不是所有研究都能称得上“好研究”。不要仅仅因为有人做了一项研究就将这一研究结果当作无法改变的事实全盘接受。设计良好的研究和有缺陷的研究有什么区别呢？在一个实验中，随机分配和设置对照组在消除潜在问题上发挥了很大的作用。但是在设计一项研究时，研究者还需要仔细考虑一些信度和效度问题，以及研究结果的统计显著性。

“科学在用两只脚前行：一只叫理论，另一只叫实践。有时候一只脚会走快一步，有时候另一只脚会走快一步，但是要想持续前进永不停止，双脚必须一同前行。”

——1946年诺贝尔物理学奖获得者罗伯特·米利肯（Robert Millikan）

实验的外部效度

前一部分指出了相关研究的缺点，但是实验研究同样具有缺点。有的时候，实验太远离现实生活了，因此我们很难将实验结果推广到实际生活中（Aronson，Ellsworth，Carlsmith，& Gonzalez，1990）。当实验者们不知道如何将从实验中得出的结论推广到实际生活中并加以应用时，他们就说这个实验的**外部效度**很差。当把被试放到一个与真实生活情境几乎没有相似之处的实验情境中时，实验的外部效度就比较差。如果实验者希望直接将实验结果应用到外部世界中，那么外部

外部效度（external validity）：实验设置与真实生活情境紧密相连，所以可以稳妥地将实验结果应用到这类真实情境中。

效度就至关重要。举例来说，如果我们想要弄清楚暴力电视节目是否会导致儿童更具攻击性，儿童在实验中接触到的电视节目及其中的所谓攻击行为必须模拟真实的电视节目，而且所测量的行为应该是儿童真的可能做出的行为。

但是，外部效度不佳并不总是致命伤。在第1章和第9章中，我们讨论了米尔格拉姆的研究，其外部效度就很差，因为社会中的绝大多数人几乎永远都不会置身于由一个权威要求他们去伤害他人的情境中。然而，世界上确实发生过这种事情，而且未来这种事情还会重演。在其他情况下，研究者们也会故意一层层地去掉实验情境因素，到只剩下最本质的要素来进行理论化的分析，因为很难直接用实际生活材料进行分析。举个例子，为了了解对刺激的熟悉度是否会影响其吸引力，Robert Zajonc（1968）及其同事通过耳机向美国被试播放土耳其语单词，其中一些单词播放的次数多，另一些播放的次数少。这个实验的外部效度很差，在实际生活中根本不会出现实验中的情境。但是对实验条件的简化以及被试对土耳其语材料完全不熟悉的初始条件也保证了单词出现的次数是唯一影响吸引力的因素，而刺激的其他方面因素（比如被试在实验前对单词的喜爱程度）不会成为干扰。像 Zajonc 的实验这样意在证明一个一般性观点或理论的实验，其外部效度就显得不那么重要了。

现场实验（field experiment）：实验设置在现实生活中；通常，参与实验的被试在实验期间并不知道他们正在参与实验。

确保实验外部效度的最好方法就是去做**现场实验**。现场实验在概念上类似于实验室实验，但它是在真实世界中进行的，被试通常并没有意识到他们是在参与一项实验研究。例如，实验者要研究在拥挤的公交车或火车上要求被试让座，被试会有什么反应。

在本章开头描述的一个现场实验中，Cohen 和 Nisbett（1997）研究了美国南北两地的商人会如何对待一名据称曾犯重罪的人寄来的求职信。实验设计的罪责条件包括偷窃摩托车或者像你在前面所读到的那样杀了情敌。因变量是对于信件的响应程度，从没有响应到回信给予鼓励并附上一张求职申请表。南方商人给杀人犯的鼓励远远超出了北方商人。这项实验在现场情境中证明了美国南方的社会规范比美国北方更能接受以暴力回应羞辱。由于在偷窃罪条件下，南北方人的反应并没有太大差别，所以我们知道南方人并不是对犯罪普遍具有更宽容的态度。因此，在这个现场实验中，在信件中坦白了偷窃罪的条件就构建了一个对照组。而且由于这个实验的参与者（潜在的雇主）都确信他们是在回应一个真真正正的求职者，因此，相比在实验室背景中询问被试是否愿意提供工作，这个现场实验的外部效度有了明显的提升。

内部效度（internal validity）：在实验研究中，对于结果仅仅源于由实验者操纵的自变量的确信度。

实验的内部效度

无论实验的目的是什么，其**内部效度**总是至关重要的。当实验者知道是由他们操控的自变量——且没有其他外部因素影响——带来了实验结果时，这个实验就具有内部效度。实验情境中的其他任何方面都是恒定的，并且在进入实验室之前，被试也没有任何区别，除了之后被分配到不同的实验条件下。在 Cohen 及其同事的羞辱实验中，假如被羞辱的南方人与没有被羞辱的南方人之间还在其他方面存在差别，研究人员就不能下结论称是受到羞辱导致了其行为的改变。真正的原因也可能与两类被试固有的差别有关。幸运的是，有一种简便易行的方式可以排除这种可能性，就是把被试随机分配到不同的实验条件下。例如，研究人员可以掷硬币来决定某个被试进入哪一组，或者借助随机数表来分配被试（如果是奇数就分到实验条件中，如果是偶数就分到对照条件中）。有了随机分配，就可以合理地保证在一个条件下的被试与在其他条件下的被试没有差别。他们应该有着相同的平均身高、相同的外向性程度，对死刑具有相同的态度（平均来说），等等。

"探究对于事实来说是非常重要的。"

——哲学家威尔·杜兰特

（Will Durant）

内部效度同时要求实验的设定在被试看来真实可信。假如过于虚假，被试不相信实验者告诉他们的事情，或者假如被试没有理解实验者给他们讲的某些重要信息，实验就会缺少内部效度，实验者也将会无法自信地得出结论。因为在这种情况下，被试并没有对实验者设置的自变量做出反应，而是在对其他东西做出反应。实验者可以通过在预实验中对被试进行**事后情况说明**来确保实验的内部效度达到标准。事后情况说明包括直接问被试是否理解指令，是否认为实验情境合理，等等。大体上告知预实验中的被试该实验的目的，以及实验者期待发现什么结果。在事后情况说明过程中，预实验的被试常常能为实验设计得如何给出有用的反馈，在询问环节提供关于实验设计得好坏的重要信息。即便是实验设定已经完成，事后情况说明也是用于教育目的的一个例行步骤，可以让被试知道所研究的是什么问题，这个实验是怎样研究这些问题的，以及为什么这些问题具有社会价值。

事后情况说明（debriefing）：在预实验中，直接询问被试是否理解指令、实验设定是否合理等问题。在后面进行的实验中，事后情况说明可以用来教被试理解实验研究的问题。

心理测量的信度和效度

信度关注的是实验者用以测量一个变量（比如智力或者一个人的魅力指数）的方式能测得具有一致性的结果的程度。如果你两次完成某一智力测验，你会得到两个大体上一样的分数吗？两个评价者对于世界领导人的魅力的评分一致吗？信度可以由取值范围在 0 ～ 1 的相关系数来测量。一般的经验法则是，能力测验的信度应达到 0.8；人格测验（比如对内向性的测量）的信度水平则稍低一点。对于善良性与个人魅力的测验信度至少要达到 0.5，该测验方可被接受。

信度（reliability）：研究者用来测量某一变量的方式能产生恒定测量结果的程度。

测量效度指的是测验与该测验本应测得的结果之间的关系。举个例子，智力测验的效度可以通过测得的智商分数与学业成绩或工作表现之间的关联来衡量。如果智力分数预测了需要运用智力的行为，就可以推断这种对于智力的测量是具有效度的。效度系数一般不会超过 0.5。人格测验结果与特定情境中的行

测量效度（measurement validity）：一个测验能测得其预期将测得的结果的程度。

为的相关性应大于0.3。对于大多数人来说，这个结果令人吃惊，因为人们常常期望对于外向性或攻击性的测量能够很好地预测一个人在聚会或者在冰球比赛中的行为。

统计显著性

统计显著性（statistical significance）：对由偶然因素导致了某一结果的可能性的估量。

当研究者得到了一项实验结果（比如，两个变量之间的相关性，或者在实验中发现了某些自变量影响了因变量），他们就可以检测这种关联的**统计显著性**。如果由偶然因素导致了某一结果的可能性小于某个值，这一结果就具有统计显著性。一般来说，这个值通常被设定为1/20（或者说0.05），当然，也可以比0.05更小。统计显著性主要取决于：(1) 实验组间差异的大小或者相关研究中变量间的相关性的大小；(2) 该项发现所基于的样本量。组间的差异越大，变量间的相关性越高，样本量越大，其统计显著性就越大。本书中报告的所有结果都是具有统计显著性的（尽管显著性大小并不一定很大）。

小　结

外部效度指的是实验设置与现实生活的相似性的强弱。内部效度指的是实验者在多大程度上确信实验结果是受其操纵的自变量的效应。测量信度指的是用不同测量工具或者在不同时间使用同一测量工具对某一变量加以测量，能在多大程度上测得恒定的量值。测量效度指的是一个测验能测得其预期将测得的结果的程度。统计显著性是对由偶然因素导致了某一结果的可能性的估量。

基础研究与应用研究

基础科学（basic science）：这类科学试图凭借自己的力量来理解现象，想要通过这种理解来建构关于世界某方面本质的有效理论。

科学大致可分为两类：基础科学和应用科学。**基础科学**并不关注任何现实世界中的问题，只是独立地去理解一些现象。而研究的开展就是要利用研究者对这些现象的理解来建构关于世界某方面本质的有效理论。在实验室里研究对权威人物的服从现象的社会心理学家就是在做基础研究——试图理解服从的本质并找到影响服从的因素。他们并不试图找到方法来减少人们对于可疑权威的服从，尽管他们或许希望自己的研究与现实生活中的此类问题有关。一些社会心理学家在研究当人们身处匆忙之中是否影响其对他人施以援手，他们感兴趣的是情境会怎样影响人的行为。他们可能也有兴趣把特定情境与其他变量（像人格特质）对行为的影响做比较。他们并不设法使得人们倾向于帮助别人，尽管他们可能希望自己的研究与这样一个目标有关。

应用科学（applied science）：关注解决实际生活中的重要问题的科学。

应用科学关注解决实际生活中的重要问题。社会心理学中应用研究的一个例子就是关于怎样让幼童不易受到香烟广告的影响。（一个办法就是让他们意识到烟草公司的动机，以及让孩子意识到他们是在迫使自己做一些自己不感兴趣的事情。）另一些社会心理学家可能会说服人们使用安全套来避免性传播疾病的传播。（一个办法就是在肥皂剧里安排角色讲一讲安全套的用途，就像植入广告那样；Bandura，2004）。

应用研究。烟草公司斥巨资做广告鼓励人们购买香烟。社会心理学家可以研究怎样抵制这种影响，正如加利福尼亚州健康服务部的这则公共服务广告试图做的一样。

基础研究和应用研究互为补充。基础研究会提出一些理论，进而**干预**或改变人们的行为。举例来说，社会心理学家 Carol Dweck 发现，与相信智力取决于基因（也就是无论你是否用功，智力是不会改变的）的人相比，认为智力取决于后天努力的人在学校更为努力用功，并会取得更好的成绩（Dweck，Chiu，& Hong，1995）。Carol Dweck 对于智力的信念和学生在校表现之间关系的基础研究促使她设计了一个针对少数民族初中生的干预研究。她告诉一部分学生，他们能够掌控自己的智力水平，并向他们呈现了努力学习学校课程可以切实改变脑部生理结构的信息（Blackwell，Trzesniewski，& Dweck，2007；Henderson & Dweck，1990）。这些学生比那些没有获得这些信息的学生更加刻苦，取得的成绩也更好。Joshua Aronson 及其同事也发现了相似的实验结果（Aronson，Fried，& Good，2002；Good，Aronson，& Inzlicht，2003）。

干预（intervention）：一种改变人们行为的努力。

反过来，应用研究可以为基础研究提供反馈。举例来说，在第二次世界大战期间，关于怎样进行有效宣传的应用研究致使关于态度改变的基础研究获得了长足发展，进而出现了一批关于态度改变和社会影响的理论，这些理论又继续丰富着基础研究，并衍生了在现实生活中用以改变态度的新技术。

小　结

基础科学试图发现基本的原理；应用科学试图解决实际问题。但是两者之间关系紧密：基础科学可以揭示解决实际问题的方法，而意在解决实际问题的应用科学也可以引发基础研究来解释解决方案的基础原理。

社会心理学中的伦理问题

只有当多数人相信他们所从事的研究能使人们的态度朝好的方向转变时，才会想要进行这一研究。我们不支持甚至不允许那种会鼓励人做出危险行为的研

机构审查委员会（institutional review board，IRB）：审查研究的提案并对研究的伦理适当性做出判断的大学委员会。

知情同意（informed consent）：在了解了一项研究或实验程序的所有方面后，被试同意参与研究或实验程序。

欺骗研究（deception research）：误导被试研究目的或对他们进行的操作的含义的研究。

究。同样的，我们绝大多数人都不赞成会使被试受到无谓的身心伤害的研究。出于这个原因，大学都要求开展研究之前必须经过**机构审查委员会**（IRB）的审查，机构审查委员会将审查研究提案，并对研究的伦理适当性做出判断。这个委员会必须包括至少一名科学家、一名非科学家以及一名与机构无关的人员。如果研究程序的某些方面被认定有害性过大，那么在研究进行之前，就必须对该程序做出调整。

前面那句话的关键在于“过大”一词。即使研究确实让人不适、让人难堪或者引起身体的疼痛，只要研究被认为有足够的可能得到有显著价值的科学信息，并且那种不适或伤害不算太严重的话，也可以获得通过。例如，米尔格拉姆的服从研究是在机构审查委员会出现之前进行的；如果在今天，这项研究肯定要被彻底地检查一番，研究计划能否通过审查尚未可知。一方面，米尔格拉姆的研究毫无疑问使得一些被试极端不适，他们的精神压力是能被观察到的；另一方面，很多人（即使不是大部分人）会认为从这一实验中获得的知识令人无法直面。知道了米尔格拉姆研究的结果可能会改变人们对纳粹德国的看法，也会改变人们对卷入伊拉克虐囚事件的美国士兵的看法。我们再也不能不加思索地假设一个正常而正派的人可以拒绝服从明显会伤害别人的命令。在当今，对于米尔格拉姆的实验能否被采纳，不同大学的机构审查委员会无疑会得出不同的结论。你怎么看？你会允许像米尔格拉姆实验这样的研究付诸实施吗？

医学研究领域也由机构审查委员会监管，其中有一个被称为**知情同意**的原则，决定了研究的可接受性。即使某个实验程序并不有益——事实上，即使这一实验程序有可能不如其他程序那么有益，或确实能带来短期伤害——机构审查委员会也会同意研究的开展，只要与研究所冒的风险相比，从中获得的知识足够大。但是要确保被试知情同意——他们在得知了有关程序各个方面的所有知识后，同意参与研究。

多数心理研究也要求被试知情同意。但是对于一些所谓的**欺骗研究**来说，是不能告知被试研究内容的。John Darley 及其同事不能告知神学院学生被试真实的研究内容，不然的话，匆忙的情境就会失真，假装的需要帮助者也就变成了小丑（或者“帮凶”）——仅仅是在假装受伤作为实验的一部分。知情同意程序会破坏实验目的。如果在研究程序中进行欺骗事出有因，一般也会获得机构审查委员会批准。例如，机构审查委员会允许 Cohen 及其同事（1996）欺骗那些来自美国南方和北方的被试，甚至还可以在实验中猛推他们、辱骂他们。而被试自己，当被问到他们对这种实验安排的看法时，一般都理解这样做的原因，而且与未受欺骗或感到不快的被试相比，受到欺骗或感到不快的被试常常说他们学到了更多，也更喜欢这个研究了（Smith & Richardson，1983）。例如，在 Cohen 及其同事的研究中，受羞辱的被试与对照组被试相比报告称他们学到了更多东西，也玩得更开心。

当被试们受到欺骗或感到不快的时候，事后情况说明程序就极其重要了。实验者应为被试提供一套完整的说明，包括实验做了什么，实验程序的哪些方面涉及欺骗，为什么要给他们造成不适，这项实验想要研究什么，以及基于这项研究能给社会带来怎样的潜在贡献。

理解本章中讨论的概念对于理解本书描述的研究至关重要。当你读到一个实验的时候，请试着去定义其中的自变量和因变量，并且思考这个实验是否具有良好的外部效度。更重要的是，当你在杂志、报纸和网络上看到科学研究的时候，要将这些方法牢记于心，因为科学报告中的方法学背景信息常常比较模糊。另外，熟悉这些方法原则能够帮助你理解别人的行为，并引导你自己的行为。

小　结

研究的伦理问题由机构审查委员会来处理。在不涉及欺骗的研究中，要向潜在的被试清楚解释研究的过程和目的，需要他们知情并同意。如果通过欺骗和对被试轻微的伤害可以从研究中获得足够重要的信息，有时也会获得通过。

本章总结

为什么社会心理学家要做研究（你又为什么需要阅读与之相关的内容）

- 社会心理学的研究教给人们怎样解释并预测各种社会经历带来的结果，并帮助人们理解他们自身和他人的行为。

社会心理学家如何检验想法

- 社会心理学家常常进行参与观察，让自己置于真实的社会情境中，以更好地理解社会现象，并有助于设计进一步的研究来检验在观察中形成的假设。
- 社会心理学家查阅各种文献来寻找能帮助自己理解社会现象的有用信息。可以利用的文献记录包括人口普查报告、警方报告、报纸中的报道以及历史资料和民族志记录等。
- 调查研究要问人们问题。随机抽样对于精确地描述来自特定群体（比如，在甲大学的学生、乙镇的居民或全国人民）的人们的态度和行为非常重要。
- 相关研究描述了两个变量之间的关系——例如，年龄和对社会福利改革的支持度的关系。相关系数的取值范围是 $-1 \sim +1$。
- 自我选择是相关研究中会出现的问题，研究者无法对被试在任何变量上的水平进行控制。于是，我们无法知道是与测量的变量有关的什么因素造成了两个变量之间的相关，还是一个变量导致了另一个变量的变化。
- 在实验研究中，研究者能操纵自变量（基于此做出结果预测）的水平，并测量其在因变量的不同水平上造成怎样的影响。

有助于理解研究的其他概念

- 外部效度指的是实验的设定在何种程度上可以代表真实的情境。外部效度越大，将实验结果推广到真实世界中去的可能性也越大。
- 现场实验是在真实的生活中（而非实验室中）设计实验来检查假设。现场实验自然具有外部效度。
- 内部效度指的是，实验者在何种程度上可以确信是被操纵的变量而不是其他外部因素（如被试没能理解指导语）造成了实验结果。
- 信度指的是用测量同一概念的不同工具进行测量或在不同的时间进行重复测量时，能在多大程度上得到相同的分数。
- 测量效度指的是测量结果能在多大程度上预测它本应测得的东西，比如智商测验能在多大程度上准确预测在校的学业成绩。

基础研究与应用研究

- 基础研究是为了检验理论。应用研究是为了解决现实世界中的问题。

社会心理学中的伦理问题

- 机构审查委员会是为了保证研究程序能保护被试的隐私和安全而成立的委员会。
- 知情同意指的是研究开始之前向被试告知关于实验的信息，包括研究程序以及任何潜在风险，被试在了解了这些信息之后同意参与实验。当研究不得不欺骗被试，不把真实的研究目的告诉他们时，是无法确保被试知情同意的。

关键概念

测量效度（p53）	逆因果（p45）	相关研究（p45）
第三变量（p45）	欺骗研究（p56）	信度（p53）
对照条件（p48）	实验研究（p45）	因变量（p48）
干预（p55）	事后聪明偏见（p39）	应用科学（p54）
机构审查委员会（p56）	事后情况说明（p53）	知情同意（p56）
基础科学（p54）	随机分配（p48）	自变量（p48）
假设（p41）	统计显著性（p54）	自然实验（p51）
理论（p41）	外部效度（p51）	自身选择（p45）
内部效度（p52）	现场实验（p52）	纵向研究（p48）

第 3 章

社会自我

本章要点

- 社会自我的本质
- 自我认知的起源
- 自我认知的组织功能
- 自尊
- 自我评价的动机
- 自我调节：激励自我和控制自我
- 自我展示

1972年10月17日，Marshall Bruce Mathers Ⅲ出生在美国密苏里州一个叫圣约瑟芬的小城中。遭父亲抛弃后，Marshall和母亲颠沛流离，经常靠着救济金勉强度日。在Marshall 10岁时，他们最终定居在密歇根州的底特律市。1997年，在大约11岁的时候，Marshall，也就是后来的“Eminem”，在那年的说唱比赛上获得了第二名。一年后，在其说唱伙伴兼专辑制造商Dr. Dre的指导下，他和余波娱乐唱片公司成功签约。1999年，Eminem在他的首张专辑《瘦小怪人久唱不衰》(*The Slim Shady LP*)中，向世人展示了他的另一个自我“Slim Shady”①。剩下的事便众所周知了，至少乐迷是十分了解的。1999年年底，这张专辑突破了300万张销量，Eminem一跃成为超级巨星。

接下来的10年间，由于其歌词充斥着污言秽语、性别歧视和同性恋歧视，Eminem饱受争议。尽管如此，他的唱片销量还是节节攀升，还多次拿到格莱美奖。在同一时期，Eminem和同一位女性两度结婚并离婚，并因为袭击和夹藏武器而被捕，也差点儿因为过量吸食毒品而失去生命，并且数次出入戒毒所。

粉丝和批评家翘首以盼的Eminem的回忆录《我的方式》(*The Way I Am*)于2008年出版，记录了他富有才华但饱受争议的人生。与寻常自传不同的是，这部回忆录更多地呈现了Eminem失败的一面。著名作家Gore Vidal曾说过，“回忆录是一个人回顾自己生活的方式。而自传则是历史，需要经过研究，反复查验数据和事实。”Eminem的回忆录很好地印证了Vidal的观点。同时，这也阐明了社会心理学的一个中心观点：真相是主观的，它是我们对社会世界进行解读和诠释的产物。那个世界里也包含我们自己。《我的方式》并没有客观地告诉我们Eminem是一个怎样的人，而是强调了Eminem自己认为自己是一个怎样的人。它记述了Eminem对自己行为和态度的看法，虽然这些在外界看来很可能是自相矛盾的，例如，人们都会感到困惑，Eminem明知他的很多歌迷是容易受到不良影响的年轻人，还是在歌词里脏话联篇；但与此同时，他又极力保护自己的孩子不受这样的不良影响。然而，这看似矛盾，却可能让人很好地理解Eminem本人。

对我们每个人来说，就像Eminem这样，我们的自我是自我构建的一部分，但自我归根结底是社会化的产物。我们从周围环境、文化和性别差异中了解我们自己。我们的自尊经常要基于同他人的比较。在追寻目标时，我们通过创造、转变和控制来调节自己的行为。我们将自己的某一面呈现给他人，以便给他人留下特定印象。就像Eminem的Slim Shady，我们中的大多数都会把另一个自我——即第二个(甚至是第三个、第四个)自我——呈现在相关观众的眼中。在本章，我们将逐一探索这些概念，描绘自我是如何在社会环境下构建、维持和妥协的。

---

① Eminem在学校饱受歧视，“Slim Shady”是同学给他起的蔑称，Slim指他身材瘦小，Shady指他性格阴郁，合在一起称他为“瘦小怪人”，Eminem主动把它当作昵称，通过自己的歌曲狠狠嘲讽了一下昔日歧视他的人。——译著注

哪个是真正的 Eminem？ 上面的三张照片分别是在舞台上、在电影《8 英里》（*8 Mile*）的首映礼上和 2000 年被法庭提审时拍摄的。和大多数人一样，Eminem 有很多面不同的自我。

社会自我的本质

社会心理学有关自我的研究始于威廉·詹姆斯（William James）。在其《心理学原理》（*The Principles of Psychology*）一书中，詹姆斯介绍了大量与自我有关的概念和特性，对今天的研究仍有很大帮助。他影响最深远的贡献之一恰是本章主题——社会自我。詹姆斯提出了一个术语“社会的我”（social me），专指源自社会关系的自我认知。正如你将在本章看到，尽管自我看上去是社会生活中最个人化、最基本、最不相干的元素，但它完全是一个社会实体。处于某一个社会情境（比如和足球伙伴在一起）中的人和处在另一个社会情境（比如和爱人在一起）中的他是不一样的。正如詹姆斯在一个多世纪前就明确表达的，我们的自己是谁的感觉是在与他人的互动中编造的，这反过来又塑造了我们与他人互动的方式，以及我们看待自己的方式。

“有多少个体认识某人，他就有多少个社会自我。他在乎多少群体对他的看法，他就有多少不同的社会自我。”

——美国心理学家威廉·詹姆斯（William James）

今天的社会心理学已经基本上认识到了自我的三个主要成分：个体自我、关系自我和集体自我（Brewer，& Gardner，1996；Sedikides，& Brewer，2001）。**个体自我**包含了个人对自身独特的特质、能力、偏好、品味和天赋等的认识。个体自我聚焦在什么使得我们同其他人不一样上。与其相反，关系自我和集体自我关注自我的社会层面，如一个人是怎样和他人相联系的。**关系自我**指的是在特定关系中的自我感觉，比如家里溺爱孩子的父亲和害群之马（Chen，Boucher，& Tapias，2006）。**集体自我**指的是对个人作为所属集体一员的认同，比如爱尔兰裔加拿大人、圣公会教徒、都市男同性恋者、自由主义者、周末铁路迷或是红袜

个体自我（individual self）： 对于我们独特的个人特质、能力、偏好、品位、天赋等的信念。

关系自我（relational self）： 对于在特定关系中的身份定位的信念。

集体自我（collective self）： 对于作为所属社会群体一员的身份定位的信念。

棒球队的一员（Deaux，Reid，Mizrahi，& Ethier，1995；Hogg，& Williams，2000；Tajfel，& Turner，1986）。除了相信这类特质能描绘人们在其人际关系中或作为群体成员有什么特点，关系自我和集体自我还包括相信在特定人际关系和群体中的人所扮演的角色和肩负的责任或义务。

回顾第1章，自我信念中哪个方面会凸显，也因个人所属文化传统的差异而不同。在一个关于文化和自我信念的研究中，美国大学生主要根据个人的特质来定义他们自己，换句话说，是根据他们的个体自我来定义自己的。相反，日本大学生主要根据其人际关系和作为集体成员来定义他们自己（达到了美国学生的3倍多），换句话说，是根据关系自我和集体自我来定义自己的。本章将更详细地讨论这些文化差异及其主要的启示意义。

小　结

自我从根本上说是社会性的，这一见解早已为人所知。随着社会背景的转变，自我的性质也在变。我们可以认为社会自我包含三个组成成分：个体自我、关系自我和集体自我，在不同个体身上可能会凸显不同的成分。

自我认知的起源

在不同文化中，有关自我感觉的探索多种多样。古希腊哲学家苏格拉底呼吁雅典人检视自我，去发现它重要而且独特的特性。佛教思想忠告人们要超越自我对物质的索取以及自我的欲望、幻妄与挫败感。你的自我感来自哪里？社会心理学对这个问题的回答指向了自我认知众多的社会根源以及解释过程（自我认知从中派生出来、得到培育并得以维持）。

家庭和其他社会化推动者

父母和其他社会化推动者（包括祖父母、兄弟姐妹、老师等）会把他们眼中具有社会适宜性的重要的态度和行为教给孩子。这其中既包括直接教育，比如，父母会向孩子强调要学会分享、承担责任、表达感谢等；也包括通过示范适当的行为来进行间接教育。社会化推动者同样可以塑造我们的自我感觉，例如，通过鼓励特定的行为和给特定的行为提供机会，社会化推动者同样可以影响孩子的特质、能力和偏好。想象一个每周都被父母带着去犹太教堂的小女孩，她接受希伯来课程教育，最后接受了成人礼。因为她的父母鼓励她参加这些宗教活动，所以不难想象她以后将成为一名犹太教徒。

符号互动论理论家指出了家庭和其他社会化推动者塑造自我的另一个方

式——我们通过想象别人是怎么看待我们的来了解自己。社会学家 Charles H. Cooley 提出了“镜像自我”来表示这样一个观点：他人的反应对于我们来说就像是一面镜子，反映了我们的行为，这样我们也能观察到它。换句话说，自我认知一部分源于**反映性自我评价**：通过观察他人怎么看待我们来看待自我。在日常生活中，我们经常体验着他人对我们或直接、或微妙的反应和评价。父母经常会表扬我们取得的成就。爱人驱散了我们的恐惧。老师给我们布置有挑战性的任务。朋友们很喜欢我们的笑话。像这样的反应和评价给我们传达了这样的信息：我们是有能力的、神经质的、有潜力的或是有幽默感的。总之，我们在一定的程度上通过周围人的眼睛来看自己。

反映性自我评价（reflected self-apprasisals）：对于他人怎样看待我们的社会自我的信念。

通过反映性自我评价来了解自我认知好像在暗示我们自己很少能够看清自己。但重要的一点是：我们只是把我们认为的他人如何看待我们放在心里，而他人不一定真的是如此看待我们的。事实上，我们的反映性自我评价和其他人实际上对我们做出的评价不是高度相关的（Felson，1993；Kenny，& DePaulo，1993；Shrauger，& Schoeneman，1979；Tice，& Wallace，2005）。要理解反映性自我评价怎么影响人们的自我感觉、以及影响到什么程度，可能非常复杂。例如，艾米之所以感觉自己是一个很笨的人，很可能是源自她认为父母和朋友是这样看待她的——但是，也可能是她认为自己很笨的想法导致了这样的反映性自我评价。对自己的看法的确比周围其他途径更容易影响反映性自我评价（Felson，1993；Kenny，& DePaulo，1993）。结果是，尽管他人会通过反映性自我评价影响我们的自我感觉，但这一影响不会像镜像自我最初揭示的那样简单而直接。

Jennifer Pfeifer 和她的同事们设计了一个实验来研究反映性评价是否会影响人的自我观，或者自我观是否影响反映性评价。换句话说，该实验是在人们思考和汇报自我观或反映性自我评价时，来观察比较二者的神经机制（Pfeifer，Masten，Borofsky，Dapretto，Fuligni，& Lieberman，2009）。研究指出，大脑特定区域（包括内侧前额叶皮层）的活动在发生自我指涉认知时会得到加强，例如，当被问及他们怎么看待自己的时候（Lieberman，2007）。然而，反映性自我评价也需要社会知觉，特别是从他人的角度看问题（其他人怎么看待我），于是支持观点采择的脑区（例如，颞顶叶接合部）就会活跃起来。

通过在被试报告自我观点和反映性自我评价时（让他们对于别人如何看待自己进行打分）给他们做功能性核磁共振成像（fMRI），Pfeifer 及其同事测量了我们在做自我观任务时，涉及观点采择的神经活动是否会参与；若参与了，就说明了自我观点受到了反映性自我评价的影响。此外，研究招募了青少年被试和成人被试，因此可以检验在青少年时期，反映性自我评价对自我观的影响是不是更大，从而说明在这一发展阶段，个体更加看重他人对他的观点或评价。结果的确如此，当要求被试报告自我观时，与成人相比，青少年脑中与自我知觉和观点采择有关的神经系统呈现了更强的活动性。换句话说，在报告自我观时，青少年比成年人更自发地依赖反映性评价，说明青少年的自我感觉尤其可能基于他们对别人如何看待自己的信念。

专栏3.1 聚焦进化

兄弟姐妹和社会自我

大多数美国总统、英国和加拿大首相、著名电视主持人奥普拉·温弗瑞、影星贝特·戴维斯和几位邦德的扮演者之间有什么共同点呢？作家弗吉尼亚·伍尔夫、政治家本·富兰克林、进化论之父查尔斯·达尔文、圣雄莫罕达斯·甘地、画家文森特·梵高和歌星麦当娜之间有什么共同点呢？第一组人物都是头生子，第二组都是非头生子。那么出生的先后顺序和我们的自我感觉有什么关系吗？根据 Frank Sulloway（1996，2001）的研究，二者的关系很大。他从进化的角度来看待同胞关系，提出了“生而叛逆”假设。Sulloway 的理论认为，在各个物种之间，特别是当资源短缺时，同胞间的冲突是频繁而普遍的，有时甚至会致命。沙鲨在出生之前就会在母亲的输卵管内蚕食同胞，直至最后一个获得了充足营养的小鲨鱼出生。当蓝脚鲣鸟的体重降至 80% 时，就会被它的兄弟姐妹赶出巢穴，有时甚至被杀死。刚出生的土狼带有尖锐的牙齿，会对新出生的弟弟妹妹造成威胁。就连人类也是如此，年幼的同胞间常会发生冲突，频繁度高达每 5 分钟就发生一次口角（Dunn & Munn，1985）。也许在你的记忆中，开车长途旅行的主要乐趣就是兄弟姐妹间的拌嘴。

人类已经进化出了适应和应对生存威胁的方法，这其中就包含解决同胞矛盾的方法。根据多样化原则，家庭内的兄弟姐妹会发展出不同的特质、能力和偏好，好让他们能够平静地占据各自的位置。

同胞冲突。长子威廉王子比弟弟哈利王子更负责，更支持现状；而哈利王子更淘气，更容易接受新的事物，也更容易挑战权威。

在个体发展过程中，年长的孩子总是更有声望，也经常扮演着代理父母的角色。他们生来就占有一切，占尽先机。（“在你出现前，事情都很顺。”）与之相反，弟弟妹妹们出生时，哥哥姐姐们占领了这个家，导致他们一直都想改变家庭的现状。在回顾了 196 个关于出生顺序和人格特质的关系的研究后，Sulloway 发现年长的孩子往往更自信、更有影响力、更为成就取向，而且更加尽责。这些特质的形成和年长的孩子们在家里所处的地位密切相关。而年幼的孩子会更讨人喜爱，对新事物和新体验也会更开放。随着他们学习与更有影响力的哥哥姐姐一起成长（解释了他们为什么更会讨人喜爱），以及要为自己独辟蹊径开阔一番天地（解释了他们为什么更能接受新事物），次生子的社会自我逐渐形成。查尔斯·达尔文就是 Sulloway 理论的一个很好的例证。在家里的 6 个孩子中排行老五的查尔斯·达尔文提出了也许是人类历史上最具革命性的理论，挑战了宗教有关生命诞生的传统观点。为了提出这个创新理论，他要乘坐环球旅行的船只，经常面临着巨大的危险，但最后终于积累了足够的证据，写成了颠覆性的物种进化论。

环境决定论和社会自我

在电影《变色龙》(*Zelig*) 中，美国著名电影人伍迪·艾伦（Woody Allen）扮演了一位会自动根据周围人的样貌改变自己外貌的角色。当周围是一群非裔美国人时，他的皮肤也会开始变黑；在一群年长的希腊人中间，他的样子也变得颇具地中海风格。这个电影的幽默之处在于它轻描淡写地揭示了一个深层次的事实——我们的社会自我会根据周围环境的变化而发生富有戏剧性的转变。这一观点和环境决定论的原则相一致，而且得到了大量实验证据的支持。

环境和自我感觉。在电影《变色龙》中，伍迪·艾伦会变成正与他交流的那些人的样子，给我们提供了一个戏剧性的例子说明我们是如何在不同环境中表现出不同的人格特质和特色的。(A) 变色龙在中国人面前表现得像中国人; (B) 变色龙在非裔美国人中间表现得像非裔美国人。

与社会环境相关的自我层面

什么决定了自我感觉会随着环境变化？也许最大的决定因素是在当前的情境中，什么是最重要或最适宜的。在宿舍里表现得桀骜不驯、无拘无束的同学，在父母和教授面前很可能十分的稳重而规矩。一个在好朋友面前能够放松下来、侃侃而谈的学生，处在一个陌生的一个熟人都没有的团体中，很可能会变得害羞而胆怯。当人们在某情境中经历了失败时——如刚刚考试失利了——消极的想法和情感就会涌上心头（Brown，1998）。

工作中的自我概念 (working self-concept)：在某一特定环境中进入意识的自我认知的子集。

Markus 和 Wurf 创造了“**工作中的自我概念**”这一术语（1987），指的是：在任何特定的环境中，在人们整体的自我认知中，只有一小部分（一个子集）会进入意识——这一部分是对当前情境来说最重要、最适宜的部分。工作中的自我概念与前面谈到的在多重层面上定义自我是密切相关的。不同的情境可能会引出不同成分的自我。例如：迈克尔和女朋友在一起时，工作中的自我概念充满了关系自我的信念，而在和同伴们去看大学生足球决赛时，工作中的自我概念又充满了集体自我的信念。

在社会环境中各具特色的自我层面

William McGuire 和 Alice Padawer-Singer（1978）从另一个角度看待当前情境对社会自我的影响。他们独到的假设是，我们在特定的社会环境中，会凸显让自己变得与众不同的一面。为了检验这一假设，他们要求不同学校的六年级学生用7分钟时间描述自己。孩子们平均写了11.8条自我描述，而且这些描述大多介绍了他们的娱乐活动、态度、朋友和学校活动。（顺便一提，孩子们在描述自己时，提到他们的宠物的次数比把所有家庭成员被提到的次数加在一起还要多。）

McGuire 和 Padawer-Singer 逐一检查了孩子们的描述，想知道他们是否会依据自己在同班同学中有什么特点来定义他们自己。结果发现，孩子们的确是这样做的。当学生的年龄明显大于或小于同班同学时（与大多数同学的年龄相差6个月以上），有30%的人会在自我定义中描述他们的年龄；然而在年龄与同学相近的孩子中，只有19%的人提到了这一点。不是出生在美国的孩子们，有44%的人提到了自己的身世；而在美国国内出生的人中，只有7%的人提到了自己出生在哪里。若其性别在班里明显居少数，则有26%的这种孩子将其性别作为对自我的定义；而在所属性别占多数的孩子们中，只有11%的人提到了这一点（Cota & Dion, 1986）。至少在西方，个人认同中最重要的部分就是那些使我们与众不同的东西。例如，跻身于由非裔艺术家主导的说唱界，Eminem 很可能就经常想到自己是白人。

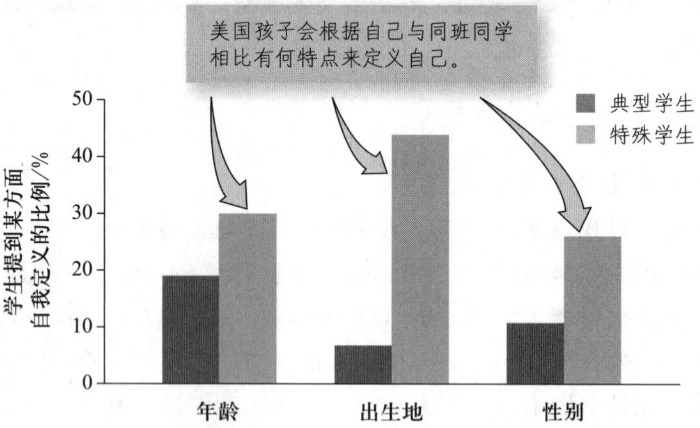

图 3.1 与众不同和自我感觉

来源：Adapted from McGuire & Padawer-Singer，1978.

自我是不是既可塑又稳定

我们中的大多数人能轻易区分自己的个体自我、关系自我和集体自我信念，也同意自我感觉会随着环境的变化而变化。尽管如此，大多数人仍能感受到自我的连续性，感觉自己有一个稳定的居于核心的自我。我们是怎样调和这两个貌似相互冲突的倾向（自我的可塑性与自我的稳定性）的呢？

调和的途径有很多。首先，虽然工作中的自我概念会随着环境变化，但是无论人们在何时想到自我，自我认知的核心成分可能始终都是最先浮现在脑海中的（Markus，1977）。因此，虽然敏珠在一群男孩子中间会极度害羞、胆怯，和女孩子们在一起玩的她会变得外向活泼，但无论和谁在一起，她都认为自己是一个很好的倾听者。其次，一个人整体的自我认知会随着时间的推移保持相对的稳定，让人有一种自我是连续的感觉，尽管在不同的环境下会有不同面向的自我认知崭露头角（Linville，& Carlston，1994）。因此，尽管在进行工作面试时，懒散这个特点绝不会浮现在你的自我概念中，但是它依然储存在你的记忆中（等着在你只想窝在沙发上看电视，完全不想做家务时，恢复它在你的自我认知中的地位），因此，你就能够以一种稳定的方式看待自己了。

最后，尽管一个人对自己的感觉可能会随着环境变化，但是这种变化很可能是有章可循的，遵从着一种可以预测的稳定模式（English，& Chen，2007；Mischel，& Shoda，1995）。举个例子，一位女性可能在她的朋友面前表现得很自信，但是在过于严厉的父母面前，她会感到很没安全感。虽然她的自我感觉在随着周围环境的变化而发生明显的改变，她却不可能在朋友面前忽而充满自信，忽而缺乏安全感。换句话说，这种个体自我的可塑性本身就是稳定的。在朋友面前，她可能总是倾向于认为自己是一个自信的人，而到了母亲面前，其自我概念也总是要发生转变，包括多了一层不安全感。总而言之，社会自我既是可塑的，能随着环境变化的；同时，个体社会自我的核心成分又会在不同环境中始终存留于心头。

文化和社会自我

美国独立宣言和中国哲学家孔子的《论语》已经影响了数十亿人，而它们却蕴含了不同的社会自我观念。独立宣言关注个体的自由和权利，它保护人们的自由和权利不受侵犯。而孔子则宣扬社会地位、值得尊重的传统、责任、社会角色的重要性，以及强调先为他人着想再考虑自己。

"我们认为这些真理是不言而喻的，人人生而平等，造物主赋予了他们不可剥夺的权利，其中包括生命、自由和追求幸福的权利。"

——美国独立宣言

这些差异深深扎根于东西方文化中，并分别孕育了生活在两种文化中的人。在西方国家，人们比较关注个性、自由和自我表达。"吱吱响的车轮有油加"，"如果你拥有，就炫耀出来吧"等西方谚语说的就是这个道理。而在亚洲文化中，训诫和民间智慧鼓励的是另一种自我观："满壶全不响，半壶响叮当"。心理学家 Hazel Markus、Shinobu Kitayama 和 Harry Triandis 提出了一个影响深远的理论，来解释文化是怎样影响其鼓励的社会自我的，不同的自我概念又怎样塑造我们的情感、动机和感知这个世界的方式（Markus，& Kitayama，1991；Triandis，1989，1994，1995）。文化孕育的自我概念能够影响社会自我的方方面面，包括特定的自

“夫仁者，己欲立而立人，己欲达而达人。”

——孔子

我解释过程和自尊心。

大多数西方国家（包括西欧和北美等）的文化鼓励独立型的自我建构。在这些文化中，自我是一个自主的实体，区别于且独立于其他人（见图 3.2A）。这种文化强调，必须维护和坚持自己的与众不同和人格独立；关注引发行为的内部动机。所有这一切，合力让个体倾向于依据具有跨时空稳定性的人格特质来建构自我概念。

文化和自我概念。在相互依存型文化中，你的社会关系关键性地决定了你怎样和他人打交道。这些日本商人想要融入西方的商业伙伴中，他们会参加微笑工作坊，来学习应该像西方商人习惯的那样微笑和行事，避免其西方商业伙伴因为文化的差异而误解他们的行为。

与此相反，另一些文化鼓励相互依存型自我建构，自我在本质上是与他人紧紧相连的（见图3.2 B）。这种文化强调，个体必须在社会和其他集体（例如，家庭或机构）中找到自己的位置，履行适当的角色；关注社会环境的影响和当前行为所处的情境。于是在这些个体构建起来的自我概念中，自我是嵌套在社会关系、社会角色和社会责任中的。正如第1章中所强调的那样，这种自我构建在许多亚洲文化中十分的普遍，而且同样存在于地中海、非洲和南美州等地区的文化中。

东方语言的某些层面也体现了相互依存型自我。例如在日语中，几乎从来不会用到像“I”（在任何环境中、面对任何人都可以使用）这样的词来表示“我”。相反，一个日本男人在与别人交谈时，会用不同的词来表达“我”，如：对同事说的“watashi”，对孩子说的“tochan”，对老同学说的“ore”，对亲密的女性朋友说“boku”。有时，当指他们自己的时候，日本人用“jibun”这个词，其本意是“我的部分”——反映了一种作为整体的一部分的自我感觉。

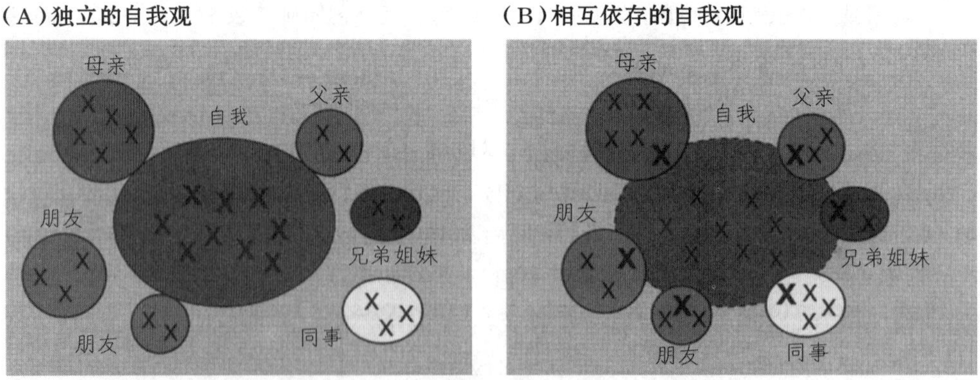

图 3.2 自我观。在独立型自我观中（A），所构建的自我是一个独特的自主实体，与其他人是分离的，由其独特的特质和偏好来定义；在相互依存型自我观中（B），所构建的自我与他人有紧密的联系，由个体责任、角色、与他人共同的喜好以及人格特质来定义。

专栏3.2　聚焦文化和神经科学

脑中的文化和社会自我

当要求被试综合各种人格特质维度评判自我时，脑中的一个特殊的脑区——内侧前额叶皮层——会变得格外兴奋（Heatherton et al，2006），这暗示着前额叶的这一部分可能与自我认知有很大的关系。朱滢及其同事进行了一个有趣的研究，利用这个范式来揭示本章讨论的这些在自我建构上的差别能否反映在神经活动的差别中（Zhu，Zhang，Fan，& Han，2007）。他们招募了来自中国和西欧的被试，让他们评估一些对人格特质的描述在多大程度上与他们自己、母亲和其他人相一致。对于两种文化背景的被试来说，这些自我特质在内侧前额叶皮层上引发了相似的激活。不过在评价母亲时，中国被试也显示了同一脑区的激活。与之相反，西欧被试在评价母亲时，内侧前额叶皮层甚至还出现了一些减活化效应。这些发现似乎暗示，对于相互依存型自我建构的人来说，这一相同的脑区既能表征他们自己，又能表征其母亲。相反，对于独立型自我建构的人来说，自我和母亲是完全不同的，在脑中会激活完全不同的神经元活动。

性别和社会自我

如果不同的文化鼓励不同的自我构建方式，那么性别和社会自我之间又有怎样的关系呢？在回顾有关性别和自我构建的文献时，Susan Cross 和 Laura Madson 整理了说明美国女性比男性更多倾向于——相互依存型自我构建的证据（1997）。而美国的男性更向往与众不同和独特性，其自我构建更倾向于独立型。在日本人身上也发现了同样的性别差异（Kashima，Siegal，Tanaka & Kashima，1992）。

自我构建方面存在这种基本差异，其证据十分丰富。当女性描述自己的时候，她们比男性更倾向于使用社会特征和社会关系（Maccoby & Jacklin，1974）。当被要求选择那些能够反映自己特质的图片时，女性比男性更可能选择包含有他人的图片，例如朋友和家人（Clancy & Dollinger，1993）。在社会沟通中，女性似乎更容易共情，能更好地判断他人的性格和情感（Ambady，Hallahan，& Rosenthal，1995；Bernieri，Zuckerman，Koestner，& Rosenthal，1994；Davis & Franzoi，1991；Eisenberg & Lennon，1983；Hall，1995）。男性可以更敏感地体察他自己的内在反应，例如心跳加速；然而，女性会更敏感地理解情境线索，例如其他人的反应（Pennebaker & Roberts，1992；Roberts & Pennebaker，1995）。

自我构建中的性别差异来源于何处？社会化的进程可能是一个影响因素。许多社会化的推动者在指导着两性产生不同的自我构建。媒体描述的男性和女性是不同的，对男性的典型描绘是富有力量和权力的。父母也会按不同的方式养育男孩和女孩。例如，父母会更多地与女儿谈论情感，要女儿能体谅他人（Fivush，1989，1992）。人们早期形成的友谊和所处的集体同样影响着自我构建中的性别差异。从3岁开始一直到小学，男孩和女孩都倾向于在各自的性别集体里玩耍，这样反而加剧并扩大了自我构建中的性别差异（Maccoby，1990）。女孩的集体喜欢能够加强人与人之间关系的合作型游戏（就像扮演母亲和孩子）。男孩的集体更强调竞争、等级差异和与众不同。作为成年人，特定的性别角色更加大了这种差异。例如，即使在今天，女性还承担着抚养孩子的大多数责任，而这正要求女性的相互依存倾向。

除此之外，社会自我中特定的性别差异可能源于人类进化史。男性在身体和心理上都做好了准备去打猎以及抵制其他种群侵略，女性则在身体上和思维上适应了养育后代的任务。于是，独立型自我构建更适合进化中男性主要扮演的角色，而相互依存型自我构建就更适合照顾孩子的女性。然而，不同的文化的性别差异也有所不同，而且过去的这几代人就见证了性别角色的巨大变化。很明显，无论进化在多大程度上影响了自我构建中的性别差异，这些类型的性别差异都不是必然的，而且进化对自我概念中的性别角色的影响是非常有限的。

社会比较

社会比较理论（social comparison theory）：假设人们会把自己和他人进行比较，以便获得一个对自己的观点、能力和内部状态的精确评价。

有时人们会通过与他人的比较来积极地寻找与自己有关的信息。这是**社会比较理论**的中心原则，该理论是由 Leon Festinger 提出的，在社会心理学中极具影响力（Festinger，1954；Suls & Wheeler，2000；Wood，1996）。该理论的精华在于，当人们没有一个客观的标准来评估他们的能力和特质时，通过与他人进行比较将使他们在很大程度上达到这一目的。如果你不向别人撒谎或表现出伦理上有问题的行为，你可以说自己是一个“诚实”或“为人正直”的人。但是，怎样才称得上“富有”、“聪明”或是“顶级的网球运动员”呢？那就要比其他人更富有、更聪明、网球打得更好。

然而，Festinger 指出：我们同爱因斯坦比聪明或和小威廉姆斯比网球是没有任何意义的，同一个完全的新手比较同样也是没有任何帮助的。要想准确地感知自己到底有多擅长做某事，我们必须同和我们水平相近的人做比较。有大量的实验已经证实，人们尤其喜欢拿与自己相似的人来比较（Kruglanski & Mayseless，1990；Suls，Martin，& Wheeler，2002；Suls & Wheeler，2000）。

“所有人都成功是不可能的，总会有人失败。”

——美国著名作家戈尔·维达尔（Gore Vidal）

但是，我们都倾向自我感觉良好，因此我们找来与自己比较的目标一般会比我们稍微差一点。这听起来可能有一点讽刺：“和一个打网球比我稍差一点的人相比，我在打网球上算是一个好手了”，或“和一个几乎像我这么认真的人相比，我真是一个相当认真尽责的人”。这种向下的社会比较能让我们更喜欢对自己的定义，增强我们的自尊（Aspinwall & Taylor，1993；Helgeson & Mickelson，1995；Lockwood，2002）。

这些有偏差的社会比较会让我们付出什么代价吗？毕竟，从在生活的各个领域比我们强的人身上，我们能学到更多东西；如果我们只进行向下的社会比较，就相当于牺牲了许多重要的机会。一个有关乳腺癌病人的很有影响力的研究发现，人们会采用一个技巧，既能让她们在有利的社会比较中获得较好的情绪体验，还不会失去向那些状况比她们好的人学习的机会（Taylor & Lobel，1989）。她们是这样做的：同比自己的状况差的人比较（“相比之下，我只需要切除一对淋巴结”），但会同比自己状况好的人取得联系（“她的精神状态似乎一直都很好，我要请她过来吃午餐，问问她是怎么做到的”）。

虽然向下的社会比较更加的常见，但是人们有时候也会进行向上的社会比较。当我们渴望提高自己某方面能力或希望增强自己某方面的特质时，我们会倾向于这么做（Blanton，Pelham，De Hart，& Kuyper，1999）。例如，Blanton、Buunk、Gibbons 和 Kuyper（1999）在一项研究中检验了一群九年级学生所进行的社会比较，他们发现这些学生大多会同分数比自己稍微强一点的人进行比较，可能是希望自己的成绩有一天能超越这些原本比自己稍强一点的同学吧。

我们知道，不同的能力领域（表达能力和智力对比于运动竞技能力）和不同的动机（希望自我感觉良好对比于想要自我提升）会让人选择不同的比较对象，它很像努力要在特定情境中选择一个最适合的目标。事实证明，人们通常会依据一套常用的标准来减小负担。例如：对于大学生来说，最好的朋友或是最亲近的兄弟姐妹是他们经常拿来和自己比较的人。当人们反复拿自己和某个特定的人比较时，同这个人的比较会成为一个自动的过程，换句话说，人们并不是有意而为之的。在一个关于常用标准的研究中，一些被试需要在一系列人格特质上对自己做出评价，另一些被试则要在这些人格特质上对一位名人做出评价（Mussweiler & Rüter，2003）。然后，他们需要在计算机上完成词汇判断任务——迅速判断每一个字母串（例如，CXRTON）是不是真词。其中一些字母串是这些被试的好朋友的名字（事先就跟每个被试确认过）。结果发现，在随后的词汇判断任务中，之前对自己进行了评价的被试会比之前评价了一位名人的被试更快地对好朋友的名字做出判断，说明在评价任务中，他们的好朋友曾在其脑海中浮现。简而言之，在评价自己时，人们会自动地马上想到那些常用的比较对象，比如好朋友。

社会自我的叙事

社会比较堪称“解释”（自我认知的来源之一）的一个范例。另一个范例来自 Dan McAdams 有关叙事性自我的著作（McAdams，2008）。McAdams 的中心论点是：在我们的生命中，我们一直在讲述一个有关我们的社会自我的故事。就像一部精彩的小说一样，叙事性自我有故事发生的背景（在哪里成长）、人物（一位慷慨的导师）、剧情的转折（父母的离异）、戏剧性的主题（追寻正义）和生动的画面与场景（当你的男 / 女朋友背叛你而和你最好的朋友在一起的时候）。McAdams 主张，我们将这些自我叙事讲给生活中最重要的人物听（例如，父母和好朋友）。我们分别讲给不同的人听，从而整合我们的目标，理解我们内心的挣

"很早的时候，我就知道生命中唯一的目标就是成长。"

——美国作家玛格丽特·富勒（Margaret Fuller）

扎，并解释我们是怎样随着时间而发生变化的。Eminem的回忆录就可被视作他的叙事性自我，至少是在写作这本回忆录时他眼中的版本。你此刻的叙事性自我可能聚焦在你所选择的某条生活之路上——可能是一番事业、一段爱情或特定的价值观。McAdams发现，在自我叙事中经常包括救赎以及帮助遭受苦难之人的场景。McAdams还发现，越是生动迷人的自我叙事，越能够使人们快乐和充实。

跨文化的研究发现，自我叙事在不同的社会之间存在着有趣的差异。Dov Cohen和Alex Gunz（2002）要求加拿大和亚洲（来自中国内地、中国香港、中国台湾省、韩国和多个东南亚国家）的学生讲述10个成为众人注意焦点（例如，很尴尬的时候）的情境。加拿大学生比亚洲学生更可能根据自己的观点再造那些情境，从自己的视角看问题。亚洲人比加拿大人更可能想象当时的情境在旁观者眼中是怎样的，从局外人的角度来描述它。你可能会说西方人更倾向于由内而外地体验和回忆事件，即以自己为中心，向外放眼世界；而东方人更可能由外而内地体验和回忆事件，即立足于社会环境，像观察注意对象一样反观自身（Chua，Leu，& Nisbett，2005）。

小 结

社会自我有许多起源。父母和其他社会化推动者通过教导我们何为美德、对我们身上的某些东西给予鼓励以及对我们的反应等，帮助我们定义自己。当下的环境同样起着很重要的作用：社会自我会随着环境的变化而改变。一个人的文化根源同样深沉地塑造着其社会自我：西方文化下的人们，特别是长在这种文化下的男性，会从独立的角度来定义自己，强调独特性与自主性；东亚文化下的人们和许多文化中的女性会从相互依存的角度定义自己，强调同他人之间的联系。最后，与他人进行比较和讲述我们自己的故事也能塑造社会自我。

自我认知的组织功能

在治疗各种神经障碍患者的过程中，Oliver Sacks遇到了一个十分迷人的科尔萨科夫综合征（Korsakoff's syndrome）患者，他叫威廉·汤普森（William Thompson）。由于多年酗酒，科尔萨科夫综合征破坏了汤普森大脑中的记忆结构，他的记忆力不超过两秒。于是，在每一个新的情境下，他都会给所遇到的人们创造臆想的身份，而且他的社会自我会从一个身份迅速转移到另一个身份。下面这段对话显示了汤普森给Oliver Sacks医生赋予了各种各样的身份：

"今天你想来点什么？"他一边搓着手一边说，"半磅弗吉尼亚烟草，还是上好的路华烟？"

（很明显，他把我当作一名顾客——他常常在病房里接电话，并且会说“这里是汤普森食品店。”）

“噢，汤普森先生！”我喊道，“您觉得我是谁呢？”

“天啊，灯太暗了——我把你误认成一个顾客了。如果这不是我的老朋友汤姆·皮特金斯……我俩当年，”他转过一侧对护士小声地嘟囔道，“总是一起去看比赛。”

“汤普森先生，您又搞错了。”

“确实。”他回答说，毫无停顿，“你要是汤姆的话，为什么会穿着件白色的外套呢？你是海米，隔壁那个犹太屠夫。不过你的外套上没有血迹，是今天生意不好吗？没关系，到周末你就会有好多牲口要宰了。”（Sacks，1985，p.108）

正如对话所示，汤普森很难认出他所遇见的人。他只能模糊地根据对这些人的零散记忆为其构建在当下看来似乎可信的身份。汤普森的社会自我也在没有方向地快速转换：刚刚他还在扮演汤普森熟食店店员的角色；下一秒，他已经准备好和朋友出去寻欢作乐了。

这一个案研究表明，社会自我依赖于我们记住自己是谁、别人是谁的能力。换句话说，构造社会自我的知识储存在我们的记忆中，能够被提取出来，并且能反过来影响我们的想法、感情和行为。考虑到每个人都拥有大量的自我认知，所以自我认知似乎应以某种组织结构储存在记忆中。确实，自我认知是围绕着一种叫作自我图式的认知结构而组织起来的。

自我图式（self- schemas）：源于过去经验，在特定领域表征个人对自我的观念和感受的认知结构。

自我图式

自我图式这个术语是指来自于过去经验、在特定领域能够表征个人对自我的观念和感受的认知结构（Greenwald，1980；Markus，1977；Markus & Wurf，1987）。以勤勉为例，我们每个人都有一个自我图式，表征了我们对自己是否勤勉的观念和感受。这些观念和感受基于我们与勤勉相关的经历（例如，为了考试而学习），而这些经历作为关于勤勉的自我图式的一部分，储存在我们的记忆中。这一自我图式的具体内容以及复杂程度因人而异。举个例子，与尽责性根本不在其自我概念之中的人的自我图式相比，自视非常尽责（或非常不尽责）的人的自我图式可能包含更多（或更少）过去的尽责行为的例子，以及更复杂的有关什么是高（或低）尽责性的观念。

“在这儿我谁都不认识，除了女主人——当然啦，在更深层次的意义上，也就是我自己。”

正如我们关于个性特质、他人、情境和事物的图式一样，我们的自我图式不仅仅是简单的储存自我认知的仓库，它也具有组织的功能，帮助我们在每天遇到的海量信息中理出头绪。在本书中，自我认知的组织功能与本书介绍的一个广泛的主题密切相连：即我们的社会认识——包括我们的态度、刻板印象和期待——组织着我们如何解释这个世界。（第4章和第11章会探讨不同形式的社会认识是如何影响我们处理信息、对世界做出判断的。）

在最早探索自我图式的一篇论文中，Hazel Markus（1977）假设，如果自我图式存在，那么一个在特定领域（比如性格外向或者对知识的好奇心）拥有自我图式的人，在处理该领域信息时会更加迅速，检索与自我图式相一致的证据也会更快，预测自己参与图式相关行为的可能性会更容易，并会以有偏见、消极的方式来诠释与自我图式相矛盾的信息。为了检验这些假设，Markus最先找出了一些自认为十分独立或十分不独立的被试，并称他们为"图式化"被试。她也找出了一些"非图式化"被试，他们认为自己在"独立—非独立"这一维度上处于适中状态，且认为独立与否对他们的自我定义没有什么影响。

所有被试都要在3～4周之内返回实验室，来评估计算机屏幕上呈现的一系列人格特质与自己的相符度。在评估图式（独立性）相关人格特征时，图式化被试比非图式化被试快得多，显示出人们对反映了自我图式的信息格外敏感。对于与图式相关的特征，图式化被试也能联想到更多的相关行为，这说明支持自我图式的过往行为和经验大量存在于记忆中，且随时准备着进入意识。在预测他们未来的独立或相互依存行为时，图式化被试能够做出更自信的推测，进一步表明自我图式能够帮助人们做出有关自己的推断。最后，图式化被试更有可能反驳与他们的自我图式相矛盾的人格测验结果——举个例子，如果告诉独立型被试他们实际上是相互依存型的，他们会质疑测验结果——这显示出自我图式影响着我们对接收的信息的解读。

研究也表明，丰富的自我图式网络能帮助我们记住遇到的信息。具体来说，当我们联系自己来处理信息时，这些信息往往能得到更深刻的处理并被整合进我们已有的自我认知中。因此，我们更容易记住它们。这叫作**自我参照效应**（Klein & Kihlstrom，1986；Klein & Loftus，1988），它建立在一条基本的记忆原则之上：与已有知识整合的信息更容易被回忆起来。

自我参照效应（self-reference effect）：这种倾向是与自我有关的信息会得到更深刻的加工，并且能与个体已有的自我认知整合在一起，因此对它的记忆效果更好。

在一篇最早记录了自我参照效应的研究中，研究者向被试展示40个关于人格特质的形容词（Rogers，Kuiper，& Kirker，1977）。对于其中的10个形容词，被试要回答结构方面的问题，例如字形的大小。对于另外10个形容词，被试要回答的是语音方面的问题，判断一个词是否与另一个词押韵。对于再接下来的10个形容词，被试需要回答语义上的问题，判断每个词是另一个词的同义词还是反义词。最后，对余下的10个词，被试要回答这些词是否准确地描述了他们自己，这样他们就需要在头脑中联系自我来加工这些词。然后，被试需要完成其他一些非实验处理任务，一小时后再要求被试回忆最初看过的那40个单词。

图3.3展示了结果。联系自我来加工的信息会被我们记得更牢。这样的实验研究说明，你若能个性化地感知、理解周围环境中发生的事件或出现的东西——比如政治领袖的声明、体育比赛的结果、权威人士的话——你就更可能去思考并记住它们。

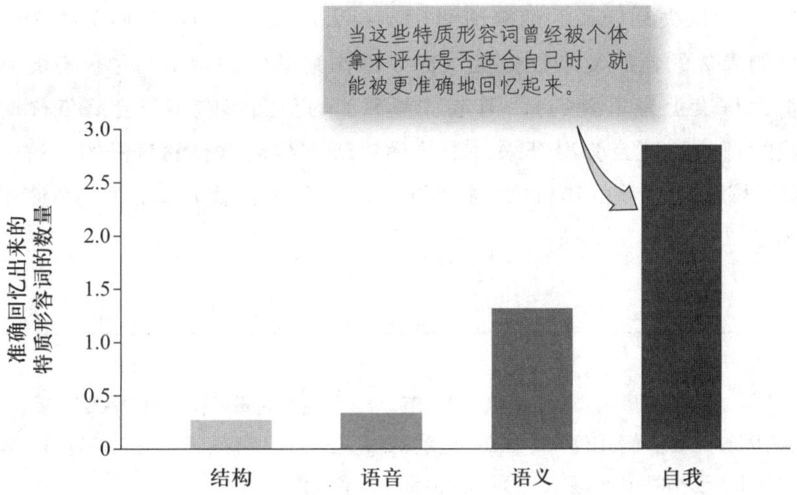

图 3.3　自我参照效应。相比于根据文字样式（格式）、语音或者意思来加工这些特质形容词，当被个体拿来评估与自己的相符度时，特质词就能被个体更准确地回忆起来。

来源：Adapted from Rogers，Kuiper，& Kirker，1977.

自我复杂性理论

大部分人都拥有许多自我图式，对应于大部分重要的自我组成部分。然而，我们大都遇见过这样的人，他们仅仅依据少数几个甚至一个维度来定义自己。这种人也许是一个一心希望进入医学院并成为一名医生的同学，也许是一名雄心勃勃、每天锻炼6小时、每周锻炼7天的奥林匹克运动员，也许是一个简直是为她男朋友而活的女生。这些个体的自我定义似乎被单一的自我图式主宰了。那么一个人有多少自我图式很重要吗？

依据Patricia Linville的看法，一个人有多少用以定义自我的维度与不同维度间的重叠程度是很重要的（Linville，1985；1987）。她用**自我复杂性**来表示自我认知的复杂程度，由自我图式的数量和不同图式间的重叠程度来衡量。自我复杂性高的人倾向于从多个方面定义自我（我是一个学生、运动员、大姐、艺术爱好者和蕾哈娜的粉丝），并且这些领域的内涵基本上互不重叠（或截然不同）。相比之下，自我复杂性低的人定义自我的维度较少，并且其内涵相对重叠。举个例子来

自我复杂性（selfcomplexity）：从多个不同角度定义自我的倾向，且不同角度在内涵上的区别相对较大。

说，娜迪亚关于勤勉的自我图式和作为一个学生的自我图式。她认为自己有拖延症，这个观念很可能同时作为这两个自我图式的一部分，于是二者就有了重叠。

研究结果表明，一个人的自我复杂性有着重要的影响，尤其是在我们面对生活中特定领域的消极事件和困难时。想象一下，你在一次期中考试中没考好。如果你的自我复杂性很高，那么你会从很多互不重叠的方面来定义自己（学生、狂热的滑雪爱好者、忠诚的姐妹会成员、有奉献精神的志愿者、《欢乐合唱团》的狂热粉丝），考试失利导致的消极情绪也不会太严重，它只会影响你作为学生的身份。但是如果你的自我复杂性很低（比如你作为学生的身份与你仅有的其他几个身份在很大程度上是重叠的），则考试考砸了的负面影响不仅会降低你对学生身份的自我的评价，还会弥漫开来，影响你对所有与之重叠的身份的评价。总而言之，在面对威胁到自我的事件时，把所有鸡蛋（你的自我）都放在一个篮子里是十分危险的。

小 结

自我认知有组织地储存在记忆之中。其中，最基本的组织单位是自我图式，这种认知结构影响着我们如何处理信息、记忆信息，以及如何对我们自己和社会环境做出判断。自我复杂性是由个人自我图式的数量和重叠程度定义的。自我复杂性高者，拥有相对较多、互不重叠的自我图式，在自我的某个方面遭受威胁时，其他方面可以起到缓冲作用。

自 尊

1987年，美国加利福尼亚的州长George Deukmejian签署了第3659号议会法案。该法案批准了一项每年向一个研究自尊的特别工作组拨款245 000美元的财政预算，该工作组的任务包括理解自尊对毒品滥用、青少年怀孕和高中辍学率的影响，以及如何提升小学生的自尊。这项提案基于以下假设：提升自尊有助于改善社会问题。有几个研究发现可以支持这个假设。自尊低的人对生活更不满意、更绝望、更抑郁（Crocker & Wolfe，2001），并且更无力面对生活中的挑战，譬如读大学时需要面对的学业和社会要求。在失败后，他们更可能退缩（Brockner，1979），并且更易产生反社会行为和违法犯罪行为（Donnellan，Trzesniewski，Robins，Moffitt，& Caspi，2005）。人们的想法是，提升自尊水平也许就会有更多更健康、更能适应社会的孩子，从长远的角度来看，这将创造一个更加美好的社会。现在，你可能会觉得这样的立法只有在西方（或者确切地说，只有在加利福尼亚州）才可能出现。确实，本章稍后会着重论述一些十分明显的有关自尊的文化差异。然而现在，让我们先来看看加州特别工作组成立的前提——提升自尊可能给予社会诸多好处。为此，我们很有必要先来了解自尊是什么，以及它从何而来。

特质自尊和状态自尊

自尊是指人们对自己或积极或消极的总体评价。研究者通常用如表 3.1 所示的简单自测表来测量自尊。正如你在这个量表中看到的，自尊代表了我们如何看待自己的品质与特征、成功与失败以及自我价值。自尊高的人自我感觉十分良好。自尊低的人对自己感到矛盾，他们常常对自己既有好的感觉，也有不好的感觉。只有极少数的人才真正讨厌自己，且这种人一般有特殊的临床症状，例如重度抑郁。

自尊（self-esteem）：人们对自己或积极或消极的总体评价。

表 3.1　自尊量表

请用下面的数字表达你在多大程度上同意下列陈述。

0	1	2	3
非常不同意	不同意	同意	非常同意

____1. 有时我觉得自己特别没用。
____2. 我对于自己持有积极的看法。
____3. 总之，我倾向于认为自己是一个失败者。
____4. 我希望能对自己更尊重一点。
____5. 我当然会有觉得自己一无是处的时候。
____6. 我觉得自己是一个有价值的人，至少是和别人在一个水平上的。
____7. 总体来说，我对自己挺满意的。
____8. 我觉得自己没有什么值得自豪的。
____9. 我觉得自己有一些好品质。
____10. 我有能力把事情做得跟别人一样好。

在计算总分之前，首先反向计算第 1、3、4、5、8 题这几道负性题目的分数，即 0＝3，1＝2，2＝1，3＝0。然后将这 10 个项目的分数加在一起。你的总分应该在 0 ～ 30 分。分数越高，意味着自尊越高。

来源：From Rosenberg，1965.

特质自尊是指跨时间的持久自我评价水平。研究表明，特质自尊是十分稳定的：在曾经的测量中报告了较高特质自尊的人，在很多年后的测量中亦倾向于报告较高的特质自尊；在曾经的测量中报告较低特质自尊的人，一段时间之后亦倾向于报告较低的特质自尊（Block & Robins，1993）。

提升的自尊。自尊运动的提倡者认为，提升自尊对所有儿童都很重要，因为这可以让他们更加健康快乐。他们鼓励老师让每个孩子都当一天明星，鼓励教练无论比赛输赢，都给队伍中的每一个孩子发奖杯。

状态自尊指动态的、易变的自我评价，是人们对自我即时性的看法（Heatherton & Polivy，1991）。正如你工作中的自我概念随情境的变化而变化，你的状态自尊也会随不同情境下转瞬即逝的情绪和特定的解释过程而起伏。举个例子，你现在的心情，无论是积极的还是消极的，会影响你自尊的提升或降低（Brown，1998）。当人们经历暂时性的挫折时，自尊往往随之暂时性地低落，对于那些自尊本就较低的人来说尤其会这样（Brown & Dutton，1995）。当大学生见他们心爱的校足球队输球后，他们对自己个人能力的看法通常也会变得消极（Hirt，Zillman，Erickson，& Kennedy，1992）。学习成绩一般的孩子跟学习成绩优异者在一起时，其自尊水平比他们与学习成绩较差者在一起时低（Marsh & Parker，1984）。与更有天分的人进行比较，会让他们觉得自己更无能。在成长的不同阶段，自尊也发生着变化。男性在从青春期早期（14岁）成长为青年人（23岁）的过程中，自尊水平倾向于不断提高。在同样的时期，女性的自尊水平却倾向于下降（Block & Robbin，1993）。很明显，尽管自尊的一部分十分稳定，另一部分却会随着当下的情境和更广阔的人生背景而发生变化。

相倚性自我价值

让我们更系统地思考一下，自尊与特定的情境和重要的生活领域有怎样的关联。一些人可能会把自尊和自我价值建立在学业成就上。而对于其他一些人来说，体型健美、紧跟时尚潮流或是宗教价值观等可能与自尊联系得更加紧密。

为了解释自尊是如何与生活中的方方面面相联系的，Jennifer Crocker 和 Connie Wolfe 提出了**相倚性自我价值**这一概念来解释自尊（Crocker & Wolfe, 2001；又见 Crocker & Park, 2003）。该模型建立在以下前提之上：人们把自我价值建立在某些领域之上，而人的自尊与其在这些领域的成败相倚，也就是说会随之起伏。这些研究者关注了对于大学生的自尊来说特别重要的几个方面：家庭的支持、学校胜任力、竞争、美德、社会认可、外表和上帝的爱（或称宗教认同；又见 Croker，Luhtanen，Cooper，& Bouvrette，2003）。测量学业能力方面的相倚性的例题之一是："当我在考试中或论文上取得了好成绩时，我的自尊会一下子提高一大截。"测量他人肯定方面的相倚性的例题之一是："如果别人不尊重我，我也不会尊重我自己。"对不同的人来说，人生的哪一方面对自尊最重要是有差异的。同样，对来自不同文化和亚文化的人来说，最能影响自尊的生活领域也是不同的。举个例子，宗教价值对于非裔美国人来说就比对欧裔和亚裔美国人重要得多。

相倚性自我价值（contingencies of self-worth）：对自尊的一种解释，认为个体把自我价值建立在某些领域之上，而个体自尊与其在这些领域的成败相倚。

我们的自尊在很大程度上取决于相倚性自我价值。如果我们重视的领域一切顺利，我们的自尊水平就可能有所提升；但如果这些领域发展得不是很顺利，我们的自尊水平通常会大幅下降。为了研究正在申请读研的美国密歇根大学学生的自尊，Croker、Sommers 和 Luhtanen（2002）建了一个网页，上面有在线自尊评价问卷。他们要求学生每收到一封申请学校的回信（不管是被录取还是遭拒绝），就要在当天上网填一次问卷。不用说，学生收到录取通知那天的自尊水平较高，收到拒信那天的自尊水平较低，但这种影响在自尊同学业能力高度相倚的学生身上尤其明显。

从表面上看，这项研究似乎指出了一条培养高水平自尊的重要路径。首先，在某种程度上，人们可以创建某些情境，让自己在特定的相倚性自我价值上表现优异，便可提升自尊，并享受其潜在的好处。其次，将自我价值建立在多个不同的领域上是十分重要的。这个概念让人回想起自我复杂性理论。自我复杂性理论认为，以多个互不重叠的角度定义自己的人，更加容易应付失败。然而，对于 Crocker 和 Park（2004）来说，最重要的经验是，在任何领域追求自尊都是代价高昂的。把自尊作为首要目标的代价包括：自主感降低（因为你被追求自尊的需求控制了）；更易忽视有利于学习、提高能力的反馈信息（因为这种反馈会威胁自尊）；较高程度的焦虑和压力（由于害怕失败而引起）。Crocker 和 Park 建议，有一个办法

"所以，当杰克说'我真是个好孩子'时，他的确强化了自己的自尊。"

可以减轻这些不良后果，那就是用其他目标来代替自尊目标。这些代替目标中要包含他人，或需要你为比自己更重要的事情而付出。

社会接纳与自尊

社会测量假设（sociometer hypothesis）：一个假说，认为自尊是一个内在的、主观的指标或记号，反映了一个人被他人接纳或欢迎的程度。

在 Crocker 等人关于相倚性自我价值的研究中，诸如社会赞许、美德甚至竞争等定义人的自我价值的领域在本质上是社会性的。Mark Leary 提供了一个尤其社会化的关于自尊的解释——**社会测量假设**。该假设主张，自尊只是我们可能的社会地位的读数。也就是说，自尊是一个内在的、主观的指标，它反映了我们得到了他人的多少尊重，由此又有多大可能被他人接纳或排斥（Leary，Tambor，Terdal，& Downs，1995）。Leary 指出，作为最社会化的动物，健康的社会关系会让我们生活得更好。因此他主张，我们需要找到一个方法，来快速评价自己在社会中“混”得如何。状态自尊正是这样一个途径。Leary 强调，那些让我们自我感觉良好的事物，譬如有吸引力、能力强、受人喜爱、为人正直等，恰恰是让我们被人们接纳的原因（反之若缺乏这些，就会被排斥）。自尊提升暗示着我们的社会关系欣欣向荣；低自尊暗示着我们有人际交往困难，或者可能会遇到这方面的困难。在这个意义上，低自尊并不是需要不惜代价避免的事情，相反，它能够提供有用的信息，告诉我们什么时候需要维护社会关系，加强社会纽带。

在对社会测量假设的验证性研究中，Leary 及其同事（1995）让被试相信他们将要去完成一个小组任务。在开始任务之前，他们要求每人写一篇关于“我是怎样的一个人”和“我最想成为的那种人”的短文。之后，实验者把这些人的论文带给在另一个地点的其他被试看，然后问他们最想与谁合作完成这个小组任务。然后，实验者故意忽略了评价者被试的真实偏好，随机告诉一些写文章的被试只能独自完成任务了，因为没有人选择与他们合作；而另一些被试会与一个小组一起工作，因为许多人想和他们合作。与那些和小组一起工作的人相比，相信自己被排斥而不得不独自工作的被试报告的自尊水平更低。我们在短时间内关于自我价值的感受在很大程度上依赖于别人赞同我们和接纳我们的程度。

文化和自尊

很长时间以来，东亚的语言中没有表达自我感觉良好的单词。现在，日语引进了英语中的自尊（self-esteem）一词作为外来语，读作“serufu esutiimu”。Self-esteem 这个词由西方人发明，这一事实也印证了在西方人心中长期存在着对个人价值的关注。在18世纪的启蒙运动时期，西欧人开始把个人主义、自由和权利的概念置于首要位置，这种精神后来也渗透进了美国宪法之中（Baumeister，1987；Seligman，1988；Twenge，2002）。到了19世纪，包括拉尔夫·瓦尔多·爱默生（Ralph Waldo Emerson）、亨利·大卫·梭罗（Henry David Thoreau）和玛格丽特·富勒（Margaret Fuller）在内的“先验论者”继承了这个传统，并强调个人的尊严和权力。今天，西方世界前所未有地强调自尊的重要性。书店里满是强调培养孩子的强烈自我价值感有多么重要的儿童读物。如今的美国父母们希望培养独立、自信的孩子，而不是50年前希望培养的那种顺从他人意愿的孩子（Remley，1988）。因此也就不难想象，在1968—1984年，美国大学生报告的自尊水平有了显著提升（Twenge & Campell，2001）。

独立型文化孕育出的人的自尊水平比相互依存型文化更高。相比来自日本、马来西亚、印度、肯尼亚等相互依存程度最高的文化的人，西方人所报告的自尊水平和对自我评价的关注程度一直更高（Dhawan et al.，1995；Markus & Kitayama，1991）。这并不是说亚洲人和其他非西方人的自我感觉更差，而是说他们倾向于从其他方面关注对自己的良好感觉，比如，他们会因为自我完善和投身于集体目标而受到激励（Crocker & Park，2004；Heine，2005；Norenzayan & Heine，2004）。也许更富戏剧性的是，随着来自于相互依存型文化的人更多地接触西方文化，他们会受这种强调自我价值的文化影响，从而提升他们的自尊。正如你在图3.4中看到的，亚裔个体越融入加拿大生活，他们在自尊方面就越像加拿大人（Heine & Lehman，2003）。

“不做墨守成规的人。要胸怀大志。坚持自我，永不模仿。一个人就是整个世界。”

——美国思想家拉尔夫·沃尔多·爱默生（Ralph Waldo Emerson）

“独立就是幸福。”

——美国女权运动领袖苏珊·B. 安东尼（Susan B. Anthony）

“人似其时代，胜于似生父。”

——阿拉伯谚语

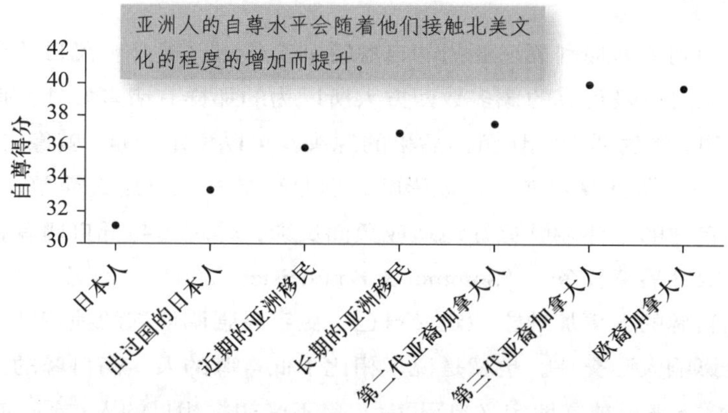

图 3.4　文化的变迁与自尊的转变。图中显示了以下人群的自尊水平：住在日本的日本人；出过国的日本人（在西方文化中待过一段时间）；近期的亚洲移民（移民至加拿大不超过 7 年）；长期的亚洲移民（住在加拿大超过 7 年）；第二代亚裔加拿大人（本人生在加拿大，但其父母生在亚洲）；第三代亚裔加拿大人（本人生在加拿大，其父母也生在加拿大，但其祖父母生在亚洲）；欧洲裔加拿大人（祖先是欧洲人的加拿大人）。

来源：Adapted from Heine & Lehman，2003.

那么在不同的文化中，是什么因素造成了这种自尊上的差异呢？一个情境主义的假设是，西方人的社会交往能加强人们的自尊。与此观念相一致，实证研究发现，无论是日本人还是美国人，都认为日本人所描述的日常经历比美国的日常情况更不利于高自尊的产生（Kitayama et al.，1997）。举个例子，与美国人相比，日本人更常受鼓励参与“协助性的”自我批评。比方说，日本的数学老师和寿司厨师常常与同侪集会进行自评与互评——这或许颇有助于提升其专业技能，但并不是什么有利于建立自尊的活动。相比之下，日美两国人都认为，美国人所报告的日常生活比日本人报告的日常活动更有助于提升自尊。举个例子，美国人比日本人更常因为自己的成就而受到表扬。

是强调提升自尊还是努力完善自我，这一文化差异对人们如何应对挫折和失败有十分重大的影响（Heine et al，2001）。比如，Steven Heine 及其同事（2001）让加拿大学生和日本学生参加了一个所谓的创新能力测验，然后给了他们一些虚假的反馈结果。一些人被告知表现得很好，另一些人被告知表现得很差。然后实验者给了被试再一次参与一个相似任务的机会。结果发现加拿大人若在一开始的任务中取得了成功，就会在第二个任务上花更长时间；而对于日本人来说，如果第一个任务失败了，他们会在第二个任务上花更长的时间。可见，加拿大人倾向于回避失败的回忆，而日本人则会用这个机会来提升自己。

高自尊：是好是坏

“美国就是一个天大的阴谋，想让你感到快乐。”
——美国作家约翰·厄普代克（John Updike）

让我们回到美国加利福尼亚州的自尊特别工作组。提升全民自尊究竟是不是个好主意？高自尊是否真的像多数西方人所以为的那样有诸多好处？低自尊是否一定就是坏事，是生活中一切负面后果的源头？可以肯定的是，就像之前提到的，大量研究表明，高自尊有许多积极影响。但是事情并没有这么简单。举个例子，一方面，高自尊的个体能够更好地适应负面反馈，体现为与低自尊者相比，不会那么轻易地放弃后续任务等（Sommer & Baumeister，2002）。但另一方面，负面反馈会导致高自尊的人更加独立地定义自己，更容易强调他们的独特性、目标和成就，最终会影响人际交往。也就是说，相比于低自尊的人，高自尊的人在得到负面评价（且接下来更独立地定义自己）后，更不受初次相见的人欢迎，在多个的特质维度（如傲慢）上的得分更负面（Vohs & Heatherton，2001）。

由此，许多曾经煽动了自尊运动的发现受到了 Baumeister、Campbell、Krueger 和 Vohs（2003）的质疑，比如有关学业成就的研究。他们甚至对某些效应的因果关系产生了质疑：也就是说，自尊也许是学业成就带来的一方面结果，而不是取得学业成就的原因。比如，在学校表现出色的这类成就可能会提高一个人的自尊。此外，Baumeister 及其同事提出，高自尊可能与一系列负面效应相联系。至少据目前所知，高自尊可能滋长自恋——一种人格障碍，特征是不切实际的自我概念、自我夸大倾向和对他人的剥削（Raskin & Terry，1988）。你或许预料到了，Baumeister关于自尊的观点引起了巨大的争议，其他研究者对此进行了反驳。例如，Trzesniewski及其同事的研究显示，青少年时期较高的自尊可以预测11年后更好的人生结果，比如更高的大学毕业率、更低的失业率。反之，青少年时期的低自尊则和消极的结果联系在一起，比如更差的心理和生理健康状况、更高的犯罪率和更差的经济前景（Trzesniewski et al.，2006）。

高自尊的危险性。那耳喀索斯是一个古希腊传说中的人物，以英俊迷人且对人冷酷而出名。他无可救药地爱上了自己的倒影且不能自拔，终因不能从自己的倒影上移开目光而奄奄一息。

要注意，这些文献关注的主要是对高自尊和低自尊的笼统比较。现在人们逐渐意识到，高自尊和低自尊也是有不同类型的。自恋者自尊水平确实很高，但不是所有的高自尊者都自恋，所以高自尊肯定不止一种类型。例如，尽管稳固的高自尊与积极的结果相关，但有一种高自尊在本质上是一种自我膨胀——一种无根无据的高自尊，因此相当脆弱、一捅就破——因此极易造成负面的甚至可能是危险的结果（Baumeister，Smart，& Boden，1996）。尤其是在自尊遭到威胁时，有这种膨胀、自负的高自尊的人会更加暴躁，用暴力行径来重申优越感，支配那些挑战他们的人。

进一步的研究指出了某类高自尊还与暴力行为有某种联系，那些报告了自尊高涨、妄自夸大的人，同时也报告了更强的好斗倾向（Wink，1991）。Hare（1993）也注意到，精神变态者的自我价值观十分膨胀，同时对于侮辱和威胁又极度敏感。他估计精神变态者（据估计有50%的系列犯罪由这类人所为）都会极力鼓吹其自我价值，同时对侮辱和威胁非常敏感。Baumeister及其同事进一步指出，酒精能够提升人的自尊，同时提高了攻击行为的可能性（Banaji & Steele，1989）；青少年暴力团伙的成员往往武断、叛逆且自恋，当他们没有被尊重或是受到威胁时，经常会诉诸暴力。Baumeister及其同事甚至进一步指出，借鉴于历史研究，奴隶制、恐怖主义和种族灭绝罪行正是自我优越感与对自我受到威胁相结合而带来的危险产物。鉴于西方人素来都对提升自尊抱有坚定信念，这些发人深思的观点无疑为我们敲响了警钟。简而言之，煽动某些类型的高自尊可能与一些严重的危险息息相关。

小　结

自尊代表了人们对自己人格特质、能力、成功和失败的总体评价。特质自尊是相当稳定的，然而状态自尊会随人所处境况的变化而浮动。相倚性自我价值因人而异：有的人更重视智力能力，有的人更重视宗教取向，还有人更重视社交能力。依据社会测量理论，自尊是衡量一个人被他人接纳或排斥程度的标尺。与现代西方人相比，非西方人不太关心对其个人特质的积极感觉，而更在乎寻求自我完善的机会。尽管高自尊在很大程度上是有益的，但某些类型的高自尊可能会与很棘手的行为倾向联系在一起。

自我评价的动机

前面关于自尊的讨论暗含了这样一个事实，即人们有正面看待自己的动机。这种动机就是自我提升，影响了大量与自我评价相关的过程，包括人们如何对关于自己的负面评价做出反应，以及他们寻求什么样的信息来帮助他们评价自己。另外一个重要的自我评价动机是自我验证。

自我提升

无论是刚刚发现你对同事的浪漫情愫空无回应，还是刚刚收到一份不尽如人意的工作表现评价，你都会发现自我感觉不好真的很难受。所以，下面这个观点可能并不稀奇：自我提升——指人们对维持、提升以及保护自尊或自我认识的欲望——是一种十分强大的动机（Leary，2007；Sedikides，& Gregg，2008）。为了满足这个动机，人们会采取各种各样的策略。

自利阐释

正如我们在讨论自尊时提到的那样，大多数人——至少是大多数西方人——倾向于对自己持有积极的看法。而且平均来说，人们的自尊水平是很高的。事实上，当被问及其多种能力和特征与一般人相比居于什么水平时，人们一致呈现出了一种显著的**优于平均效应**。也就是说，大多数的人都认为他们的受欢迎程度、友善程度、公正性、领导力和与他人相处的能力等都高于平均水平（Alicke & Govorun，2005）。相信你也不会惊讶于大部分人都认为自己开车的技术比一般人好（Svenson，1981）。绝大多数接受采访的因汽车事故而住院的驾驶者都认为他们的驾车技术接近于“专家”水平，而不是“很糟糕”（Preston & Harris，1965；Svenson，1981）。

优于平均效应（better-than-average effect）：研究发现，大多数人都认为自己在各种特质和能力方面都优于平均水平。

为什么人们对自己的性格和才能的评价会这么乐观呢？部分原因在于人们如何解读何谓善良、公正、健壮甚至精于驾车等特质。简而言之，自利阐释是实现自我提升的方式之一。正如诺贝尔经济学奖获得者 Thomas Schelling 曾经说的那样，“每个人都在自己看重的品质方面自视甚高：谨慎的驾驶者重视谨慎，技巧娴熟的驾驶者重视技巧，而那些认为自己并不具备这些能力的人则认为他们至少是有礼貌的，所以他们重视礼节。于是按照人们自己的标准，每个人的排名都很高。这也就是为什么说每个男孩都能拥有街区里最棒的宠物狗。（Schelling，1978，p.64）”如果人们倾向于基于自己擅长的领域来阐释特定的特征或能力，那么大多数人最终便会确信自己优于平均水平。确实是，如果用这种自利的方式来分析，那么大多数人确实优于平均水平。

David Dunning 及其同事已经向我们表明，人们会采取这种自利的方式来阐释诸如艺术天分、健壮或平易近人等特点，而这种阐释正是优于平均效应的重要组成部分。例如，他们发现，与非模糊特征（身材高大、守时、健壮）相比，人们更容易用不同方式诠释的模糊特征（比如有艺术天分、有同情心、有才能）的优于平均效应。另外，如果事先精确地说明了应当怎么诠释诸如有艺术天分、健壮等词的意义，优于平均效应就会被明显弱化（Dunning，Meyerowitz，& Holzberg，1989）。

人们也会利用另一种模糊性来抬高对自己的看法——“计入”哪些行为来证明一个人是怎样的人。在评价他人时（他们有多么善良、多么外向、多么健壮），人们倾向于通过其平均表现来进行判断；但倾向于依据自己的最好表现来定义自己。我们倾向于在约翰最温和无私与最冷漠无情的表现中取一个平均水平来代表他的友善性；但是当我们想到自己的友善程度时，跃入脑海的是我们最不怕麻烦地帮助了别人的瞬间。如果人们（不自觉地）篡改了构成“有才能”、“体贴”或“和蔼”的标准，那他们自然会倾向于认为自己优于平均水平（Williams & Gilovich，in press；Williams，Gilovich，& Dunning，in press）。

比较还是反射

正如我们之前讨论过的，人们有时会做向下的社会比较，即把自己同不如自己或是情况更糟糕的人进行比较，以使自己获得较好的自我感觉。这也是一种自我提升的方法。但是当唯一可比较的对象都比我们更优越或更好时，又该怎么办呢？在这样的情况下，自我提升动机还能得到满足吗？答案是肯定的，正如Abraham Tesser（1988）的**自我评价维护模型**（SEM）所揭示的那样。Tesser主张，人们会在比较和反射两个过程中转换，来维持他们对自己的良好看法。在那些与我们的自我定义并不十分相关的领域里，我们会采取反射的方式，通过与他人的成就产生联系来自娱自乐。让我们假设你对于自己的运动技能不是很在乎。当你的朋友在一场关键的足球比赛中获胜时，你胸中会满溢自豪，自尊暴涨，欢庆着她的胜利，就像那也是你的胜利一样。你与那位获胜者的关系越亲密，你就越可能沐浴在这种反射而来的荣耀之中（见第11章）。

自我评价维护模型（self-evaluation maintenance model，SEM model）：主张人们会在比较和反射间转换，来维持他们对自己的良好看法。

然而，当所评论的领域和我们的自我定义相关时，Tesser称，我们就会采取比较的方式，开始评估我们的能力或表现与其他人相比水平如何。当我们比其他人好的时候，这种比较就是向下的，让我们能够维持良好的自我看法。但是如果其他人的表现比我们好怎么办？把自己与表现更好的人比较，得到的结果将是令我们不快的。尤其是当比较的目标和自己有紧密的联系时，这样的比较特别痛苦。那么在如此具有挑战性的自我评价情境下，我们有什么办法来保护自尊吗？确实是有的，但是需要做一些策略调整。

Tesser和Smith的一项研究（1980）揭示了其中一些策略。他们让两对朋友坐在4个独立的隔间中，与另一个人玩词汇游戏。每个被试需要根据其他3个被试提供的线索猜4个词。被试要从一份列有10个线索的表中选择提供给其他被试

"任何人都会怜悯朋友的遭遇，但需要非常优良的天性来为一个朋友的成功而感到高兴。"
——英国作家奥斯卡·王尔德（Oscar Wilde）

的线索，表中清楚地标示了各个线索的难易度等级。为了不让被试知道线索是由谁给出的，这些线索是由实验者传递给相关被试的。在高相关性条件中，这个任务被描述为语言能力测验。在低相关性条件中，任务是作为一个有趣的游戏呈现给被试的。研究者推测，高相关性条件应该会激发被试间的比较，使其担心被其他人抢得先机，率先成功完成任务，进而让自己相形见绌。既然与输给陌生人相比，输给亲近的人更令人难受，那么当这种担心指向朋友时会比指向陌生人时更强烈。而低相关性条件应当会激发反射，因为这样一来，被试就能沾别人成功的光了，特别是当成功的人是他们的朋友时。综上所述，你认为人们会为朋友和陌生人选择什么样的线索呢？是简单的还是困难的？

正如图3.5所示，当这个词汇游戏是低相关性的时（也就是说被描述成一个有

图 3.5 科学方法：比较和自尊

假设：人们会在对自己不太重要的方面助力朋友的成功，但在对他们的自尊很重要的方面，妨碍朋友的表现。

研究方法：

1. 两对朋友被安置在4个独立的隔间中，有另一个人玩一个词汇游戏。在游戏中，每名被试都要依据其他3个人提供的线索来猜单词。
2. 每一个被试会从10个线索中进行选择，而且每个线索的难度等级已被标示出来了。
3. 在低相关条件下，任务被描述为一个有趣的游戏。在高度相关条件下，任务被描述成对于语言能力的测试。

结果：在低相关条件下，被试提供给朋友的线索比给陌生人的简单。在高相关条件下，被试给朋友提供的线索几乎和给陌生人的一样困难。

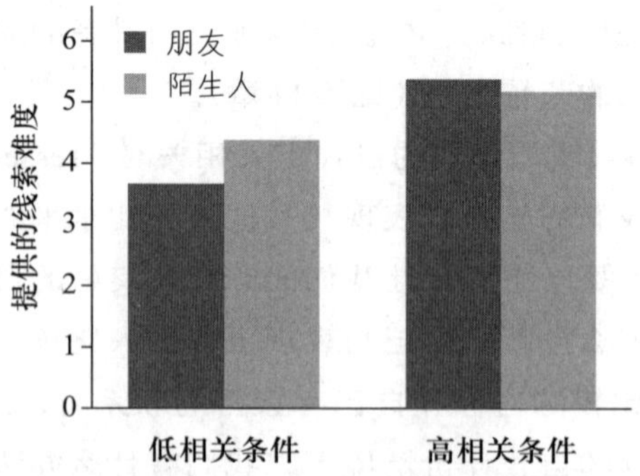

结论：在与自己的自尊不相关的领域，人们会怡然享受朋友的成功；但在对自己的自尊很重要的领域，人们就会力求超越他们的朋友。

来源：Adapted from Tesser & Smith，1980.

趣的游戏），被试给朋友的线索比给陌生人的简单，大概是为了提升朋友的表现，从而通过反射提升自己的自尊。然而，当该游戏和被试的自我概念相关时，情况则完全不同。在这种情况下，被试提供给朋友的线索和给陌生人的几乎一样难。按照该理论，他们这样做是出于担心如果自己的朋友有出色的表现，而使自己相形之下会出丑、会难受。简而言之，在他人可能超越你的表现时，你可以采取的一个策略就是妨害他们的表现。说得更好听一点，为保证比较的结果令自己满意，可采取的方法之一是缩小你的表现与他人的差距。破坏别人的表现有助于弥补这个差距，但是提升你自己的表现也能达到这个效果。按Tesser模型的逻辑，其他一些策略也是可行的：你可以疏远那些超越你的人，以此减少你同他们之间不愉快的比较所造成的伤害；或者你可以降低被超越领域与你的相关性，以此提高反射带来的愉悦感，降低比较带来的刺痛（Erber & Tesser，1994；Tesser，1988）。

自我提升具有适应性吗

人们为确保良好的自我看法会采取各种措施，所有这些讨论可能会让你疑惑：自我提升是否具备适应性。能真实准确地认识自己难道不是精神健康和幸福的标志吗？的确，心理学中许多重要的运动——例如，亚伯拉罕·马斯洛（Abraham Maslow）和卡尔·罗杰斯（Carl Rogers）倡导的人本主义运动——都鼓励我们接受自己的弱点、缺陷和瑕疵。然而，Shelley Taylor和Jonathon Brown挑战了这个观点。他们提出，自我认知经常包含对自我的积极错觉：例如，我们认为的自己比实际中更有趣、更聪明、更热心——这样的错觉不仅没有害处，实际上还有益身心（Taylor & Brown，1988，1994；Updegraff & Taylor，2000）。许多在西欧和北美进行的研究表明，与低自尊、不幸福的人相比，适应性更强的人更容易对自我产生各种错觉。在实验室中，Taylor及其同事（2003）研究了在压力情境中，积极的错觉所产生的生物学作用是保护性的还是有害的。让自我提升倾向高（对自我有着积极的错觉）的被试与自我提升倾向低的被试均面临一些能引发压力的任务（比如从9095开始连减7），研究者在此过程中记录被试应对压力时的各种生物学指标。结果显示，高自我提升者比低自我提升者在处理压力时表现得更健康。例如，高自我提升者体内的皮质醇（一种与应对压力有关的激素）基线含量更低，且在进行压力任务时更少有自主神经激活。

其他的研究者质疑了积极的错觉能促进自我调节和健康的观点，提出只有准确的自我信念才有利于身心健康和其他积极结果（Colvin & Block，1994；Colvin & Griffo，2008）。他们引用了这样一个研究：那些自评比他评更好的人（即自我提升者）会被他人看作自恋者（John & Robins，1994）。另有研究反映，对自我的看法更准确的人（即自评与他评相似的人）会比自我提升者得到更积极的他人评价（Colvin，Block，& Funder，1995）。

"主啊，我感谢您使我不致评头论足——同他人那样。"

——清教徒祷言

对Taylor和Brown关于积极错觉有益理论最大的挑战也许来自跨文化研

究。这项研究表明，与西方人相比，东亚人不太可能认可关于自我的积极错觉（Heine，Lehman，Markus，& Kitayama，1999；Kitayama，Markus，et al.，1997）。举例来说，与美国学生相比，日本学生不太可能认为自己在重要的能力（比如学习天赋）上优于平均水平（Markus，& Kitayama，1991）。这样的跨文化证据显示，积极错觉不一定会自动提升身心幸福感。它在西方人身上之所以常能应验，是因为对自我的良好看法是西方文化所珍视的。相反，东亚人的个人幸福感与相互依存性价值的关系更加紧密。例如，Mark Suh、Ed Diener 及其同事发现，东亚人的幸福感更依赖于履行社会角色和实现社会期望，这与其相互依存型自我解释相一致（Suh，Diener，Oishi，& Triandis，1998）。

那么，自我提升的倾向究竟具不具有适应性呢？目前，对这个问题的回答似乎得“看情况”。例如，Robins 和 Beer（2001）发现，与非自我提升型学生相比，带着自我提升的信念步入大学的学生在为期4年的时间里报告了高于平均的自尊水平与幸福感水平。然而，在这4年间，在自尊与幸福感方面，学生的自我提升倾向呈下降趋势。基本上，尽管自我提升在短期内与高自尊、高幸福感相关，其优势会随时间推移而逐渐减弱。目前，我们可以有把握地说，自我提升确有一些益处，但也可能出格，让人付出不小的代价。

自我验证

尽管许多证据显示自我提升是自我评价行为中的有力动机，但它并不是唯一的自我评价动机，我们也并不总是乐观地看待自己。关于我们自身的事实真相，至少是我们自己所认为的事实，同样重要。**自我验证理论**认为，我们竭力维持稳定、在主观上准确的自我信念，因为这样的信念能给我们一种心理一致感（Swann，1990），使我们对自己和他人而言都是可预测的，以使得我们与别人的交流互动更加顺畅。更具体地说，我们在竭力让他人确认或验证我们对自己的已有信念。举例来说，如果你认为自己很外向，自我验证理论预测你会试图让别人也认为你很外向。即使是对负面的自我观念也是如此。意思就是说，假设你真的认为自己不善社交，那么让别人也认识到这个主观事实会让你感受到更高的一致性和可预测性。

自我验证理论（self-verification theory）：该理论认为，人们竭力维持稳定、在主观上准确的自我信念，因为这样的信念能给我们一种心理一致感。

人们会采用多种自我验证策略。我们会有选择性地注意、回忆那些与我们的自我看法一致（从而能够确认这样的自我看法）的信息。举例来说，对自己有着负面看法的人们会花更多的时间研究关于自己的负面评价，而不是正面的反馈信息；他们会更清楚地记住负面的反馈信息；且与提供正面反馈的人们相比，他们更愿意与可能给他们提供负面反馈的人交流（Swann & Read，1981；Swann，Wenzlaff，Krull，& Pelham，1992）。

其他的自我验证策略涉及通过行动营造利于自我证实的社会环境。我们的身份线索——比如我们专属的面部表情、姿态、步态、衣着、发型、饰物——向他人展示了我们的身份中重要的方方面面，也让他人对我们的印象更利于我们进行自我验证。穿一件简单的T恤衫就能传达我们的政治倾向、喜欢的音乐、参加的社团、度假的地方、读书的大学甚至性取向。Samuel Gosling及其同事发现，即使是大学生的宿舍——包括衣服叠起来的方式（有时主人也可能是不叠衣服的）、图书摆放的方式、墙上挂的东西——都能传达关于自我的信息（Gosling，Ko，Mannarelli，& Morris，2002），以此帮助人们自我验证。

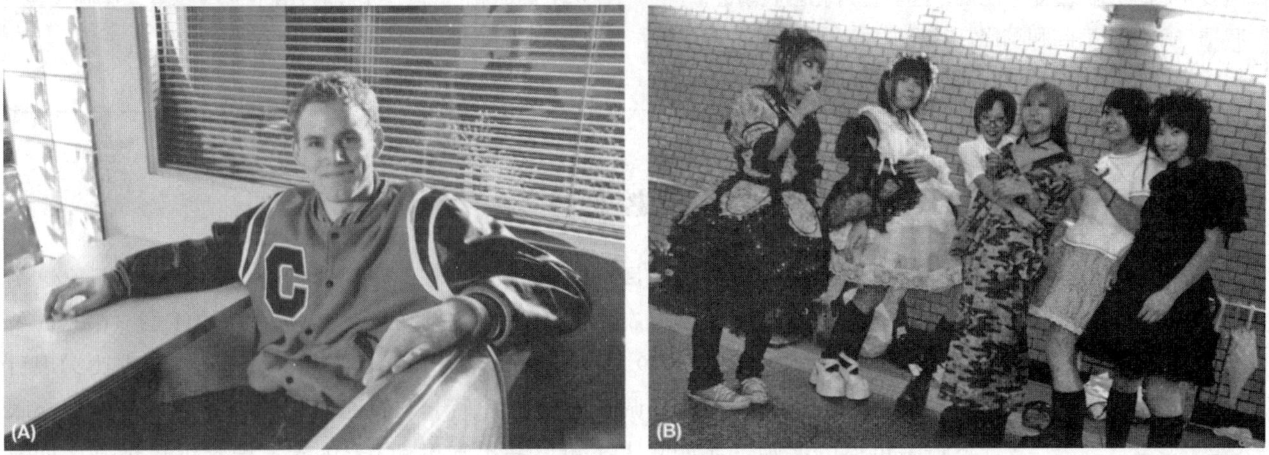

身份线索和自我验证。我们通过自己的衣着、发型、首饰、文身和其他的身份线索营造利于自我证实的社会环境。（A）一个高中生在运动场下仍穿着他的校队夹克，标志着他的运动员身份。（B）女孩们在日本原宿穿着原宿风格的服装，来展示她们的年轻活力和时尚品位。

另外，就像许多小说里生动地描写的一样，即使人们对自我的认识是阴暗、有破坏性和悲剧性的，他们也会选择那种能够让他们保持一致的自我认识的亲密关系。这种偏好确保了我们的个人生活与自我认识保持一致。在有关亲密关系的研究中，那些对彼此的评价相一致的情侣——也就是说，他们都同意对方对自己的评价——报告对感情的投入更多，即使其中的一方给另一方提出了负面评价时也是如此（Swann，De La Ronde，& Hixon，1994）。

人们是如何整合自我提升和自我验证动机的呢？一个答案是，这两种动机指导了自我评价中的不同过程。自我提升似乎关乎我们对关于自身的反馈信息的情绪反应，而自我验证决定了我们对于反馈的有效性做出的认知评估（Swann，Griffin，Predmore，& Gaines，1987）。为验证这个假设，Swann及其同事给拥有积极或消极的自我信念的被试一些评价，积极评价或消极评价都有。就被试对反馈的准确性和能力（信息的质量）的评估而言，自我验证的作用更强。也就是说，拥有消极自我信念的被试认为消极反馈更具诊断性、更准确，而拥有积极自我信念的被试则对积极反馈的评价更高。尽管如此，所有被试都更喜欢积极反馈而非消极反馈。我们总是力图验证对自己的感觉，这指导着我们对自身相关信息的准确性做出的评价；同时，我们希望把自己想得更好，这指导着我们对同一份信息所做出的情绪反应。

小　结

自我评价行为（诸如寻求关于自我的评价性反馈）可能受不同的动机驱使，例如，自我提升和自我验证。自我提升策略包括自利阐释，以及根据不同领域的自我相关性高低而在比较和反射之间来回切换。当自我验证成为我们的首要目的时，我们会寻求能够证实已有的自我看法的评价和伙伴；我们还会留下一些线索，让他人更容易像我们看待自己那样来看待我们。

自我调节：激励自我和控制自我

自我调节（self-regulation）：人们在追求目标时发起、调整、控制他们的行为的过程，包括抵制那些妨碍长远目标实现的短期奖励的能力。

自我调节指人们在追求目标时发起、调整、控制他们行为的过程，无论这个目标是提高学习成绩、增进友情、提高滑雪技巧还是塑造更好的体型（Carver & Scheier，1982；Higgins，1999；Muraven & Baumeister，2000）。考虑到成功实现目标常常需要抵制诱惑，自我调节同时也着眼于人们延迟享乐的能力，即能放弃眼下唾手可得的奖励（比如晚上下班以后出去逛街）来优先考虑长远目标（比如考研）。让我们来看看社会心理学有关自我调节的研究都有哪些发现。

可能自我

可能自我（possible selves）：个体在未来想要成为的假想的自我。

考察自我调节的一个角度是**可能自我**的概念。可能自我指我们希望自己在将来成为的那种人（Cross & Markus，1991；Markus & Nurius，1986）。像所有其他形式的自我认知一样，可能自我储存在我们的记忆中，具有自我监管的作用，就像树起一个标杆，激励着人们的目标导向行为。比如说，你可能想象10年后的自己成为一位环境科学家或是一位为别人申诉冤屈的律师。这类自我认知能够激励当下的行为（比如学习有机化学或准备法学院入学考试），这些行为能够让你离可能自我更近一步。研究表明，对自己的可能自我有着丰富想法的人更加乐观、更有活力，且更不容易抑郁（Markus & Nurius，1986）。

可能自我能够激励人们做出旨在实现可能自我的行动，而不仅仅是想象未来。人们必须要感觉到，他们的可能自我是可以实现的（Destin & Oyserman，2009；Oyserman，Bybee，& Terry，2006）。举例来说，对于渴望接受大学教育并成为成功人士的贫困学生来说，如果他认为在其实现自我的道路上阻碍重重（经济受限），而不是能获得支持或机遇（有助学金），那么他期待成为的那个可能自我就不太能够有效地激励他的行动。

自我差距理论

Tory Higgins 的**自我差距理论**提出了一个相关的视角来分析自我认知是如何激励、指引建设性行动的（Higgins，1987）。该理论假设，人们不仅拥有他实际上是怎样的信念（**现实自我**），同时也知道他们理想中的自己是什么样子（**理想自我**），以及他们认为自己应该是什么样子（**应该自我**）。因此，理想自我代表了我们的希望和愿望，而应该自我代表了我们的责任和义务。依据该理论，理想自我和应该自我具有自我指引的作用，能激励人们缩小现实自我与理想自我或应该自我之间的差距。当人们感到自己没能达到自己的标准时——也就是说，当他们感到现实自我与理想自我或应该自我有差距的时候——会产生可预测的情绪反应。具体来说，现实自我与理想自我的差距会带来沮丧情绪，而现实自我与应该自我的差距会带来不安情绪（见图3.6）。举例来说，当《美国偶像》（*American Idol*）的评委贬低萨米尔的歌唱水平时，他的现实自我（糟糕的歌手）和理想自我（摇滚明星）间的差距会激发沮丧情绪，比如失望和羞耻感。而如果在米娜的应该自我标准中有一条是"成为一个耐心、有爱的孙女"，那么当米娜对她年老体衰的祖母失去耐心（她的现实自我）时，她可能感到不安情绪，比如愧疚和焦虑。

自我差距理论（self-discrepancy theory）：行为能受到反映理想自我与应该自我的标准的驱动。缺乏这些标准就会产生特定的情绪——由现实自我与理想自我的差异形成的沮丧情绪或由现实自我与应该自我的差异形成的焦虑情绪。

现实自我（actual self）：人们实际认为自己是怎样的人。

理想自我（ideal self）：这种自我体现了人们对自己的希望与愿望，以及别人赋予他们的希望与愿望。

应该自我（ought self）：这种自我涉及人们认为自己必须履行的责任、义务或外在要求。

图 3.6　你来做被试：理想自我与应该自我

写下你的若干可能自我，即想象你将来会成为怎样的人。

____

____

____

____

____

请思考，在这些可能自我中，哪些是你希望实现的理想自我，哪些是你觉得有义务成为的应该自我。

结果：当人们关注自己与理想自我的差距时，会触发失望的情绪；而当人们关注自己与应该自我的差距时，很可能引发焦虑。

理想和应该的标准与两种基本的追求目标的手段有关。当人们以理想自我的标准规范自己的行为时，他们有一种**专注趋利**的倾向，专注于获得积极的结果

专注趋利（promotion focus）：根据理想自我的标准调整行为，聚焦于取得积极结果，采取趋近行为。

专注避害（prevention focus）：根据应该自我的标准来调整行为，聚焦在避免消极结果，采取逃避行为。

（Higgins，1996）。相反，当人们以应该自我的标准规范自己的行为时，他们有**专注避害**的倾向，专注于逃避消极的结果。当人们专注于趋利时，他们对积极的结果十分敏感，且更愿意采取趋近行为；当人们专注于避害时，他们也会对消极的结果非常敏感，且会显示出逃避倾向。

大量证据支持 Higgins 对于理想自我和应该自我会如何造成不同的情绪性和动机性后果的看法。当人们在巧妙的诱导下（比如阅读抓住了其理想自我的特质词）思考他们有多接近于理想自我时，人们的心情会更加愉悦（Higgins，Shah，& Friedman，1997；Shah & Higgins，2001），对积极的结果变得更加敏感（Brendl，Higgins，& Lemm，1995）。但如果人们认为自己永远不可能成为理想自我，他们往往会感觉到沮丧类的情感，如抑郁和羞愧，其生理唤起水平也会减弱。相比之下，由应该自我与对应该自我的偏离所引起的专注避害倾向会激发焦虑情绪（比如负疚感或恐慌），唤起更高水平的生理反应，导致逃避行为，以及对消极的结果更敏感（Strauman & Higgins，1987）。

自我损耗

自我损耗（ego depletion）：由自我控制引发的一种状态，人们在这种状态下缺少精力和资源来进一步投入自我控制。

试图达到理想自我和应该自我的标准可能会很困难。这常常需要控制冲动，不让自己做那些可能有碍于实现理想自我和应该自我的行为。事实上，自我控制行为可能相当令人精疲力竭。Roy Baumeister、Kathleen Vohs 及其同事提出，当我们试图控制自己的行为以达到重要的标准时，我们常常会经历**自我损耗**（Baumeister，Vohs，& Tice，2007）。就像体育锻炼会让肌肉疲劳一样，自我控制也会让我们的精神疲劳。这个主张基于的理念是，自我控制所能利用的资源是有限的（Muraven & Baumeister，2000）。当我们执行自我控制行为时，我们消耗掉了一部分珍贵的资源，所以用于继续维持自我控制的资源就少了。

有一些研究展现了自我控制所要付出的代价。在其中一个研究中，被试要在观看一段能唤起情感的电影片段时控制自己的情绪。之后，与对照组相比，他们能够握紧拳头的时间更短。在另一个研究中，刻意不碰闻起来很香的饼干而去吃健康的水萝卜的被试，比没有进行自我控制尽情享用饼干的被试，更快放弃了无解的谜题（Baumeister，Bratslavsky，Muraven，& Tice，1998）。每次进行自我控制时，都会削弱你随后调节自我的能力，这个念头可能会让你想投子认输。但是别这么着急，研究者们已经发现，有很多因素能够抵消自我损耗效应。比如，现金奖励或其他激励都能够抵消进行自我控制对随后任务的消极影响（Muraven & Slessareva，2003）。积极的心情也有同样的效果，据此推测可能是因为积极情绪能给人带去掌控感且使人充满活力（Tice，Baumeister，Shmueli，& Muraven，2007）。

Matthew Gailliot 及其同事的研究指出了可能抵消自我损耗效应的一个有趣因素：葡萄糖（糖类）。这些研究者假设，自我调节依靠血糖水平。这为探究自我损耗效应的生物学基础提供了方向。因此，当人们行使自我控制时，他们的血糖水平降低，在接下来的任务中显示出自我控制能力被削弱。如果血糖水平在初始的自我控制的任务后通过某种方式得到了恢复，自我损耗效应就不再显现了。Gailliot及其同事发现了证据支持这些发人深思的观点：一开始进行一个自我控制任务——比如控制情绪——确实能降低血糖水平，进而预测了人们在接下来的自我控制任务中有更差的表现（Gailliot et al.，2007）。为测试血糖水平的提升能否抵消自我损耗效应，他们让被试先进行一项自我控制任务，然后分别喝用糖（也就是含葡萄糖）或三氯蔗糖（不含葡萄糖）调味的柠檬汽水。喝了三氯蔗糖调味饮料的被试在接下来的自我控制任务中表现出了一般水平的自我损耗效应，但喝了含葡萄糖饮料的被试并没有表现出自我损耗效应。总体而言，尽管证据表明自我控制是耗费精力的，但在大部分情况下它不会完全剥夺我们进行自我调节的资源。只要有足够的外在或内在诱因（包括葡萄糖），我们就能凌驾于自我损耗之上。

自动化自我控制策略

Ayelet Fishbach及其同事最近调查了人们用以抵御可能妨碍长期目标实现的短期诱惑的策略。这项研究的一个重要结论是，尽管我们显然能够有意识地使用自我控制策略，我们也确实这样做了，但自我控制策略同样也可以自动被调动，我们甚至意识不到其在执行。这种自动化自我控制策略的例子有哪些呢？

想象一下，你正在试图按照健康食谱饮食（长期目标），但你面前摆着一盘温热软糯的巧克力饼干（诱惑）。显然，饼干诱人的滋味和它能立刻提供的满足感会让你把健康饮食的念头放在脑后，对吧？但Fishbach、Friedman和Kruglanski（2003）的一系列研究显示，事实上，事情可能正好相反。也就是说，面前摆着一盘饼干可能反而会让你更多地思考健康饮食目标。这里的中心思想就是，诱惑（不健康食品）可能在我们的脑海中与目标（吃得健康）联系在了一起，所以当我们想到前者时，后者也会自动出现在我们的脑海中。Fishbach及其同事进一步发现，若人们先在脑中想想自己的目标，可以削弱关于诱惑的想法。如此以来，面对诱惑能够让我们想起目标，而想起目标又能让我们把诱惑赶出脑海。不过在你决定放弃所有有意识的抗拒诱惑的努力之前，请记住，该研究中发现的这些结果主要是在目标很重要且被试曾经成功抵抗过妨碍目标实现的诱惑时才成立。

自动化自我控制策略不仅能够影响思维，还能影响行为，指引人们向目标靠拢，以远离诱惑。Fishbach和Shah（2006）用一系列聪明的实验证实了这个效应。他们记录了被试在听到有关目标或诱惑的词语后去拉或推一个操纵杆的反应时（见图3.7）。把操纵杆拉向自己被认为代表了趋近性倾向，因为这是使一个物体离自己更近。相对而言，把操纵杆推离自己代表了逃避性倾向，因为这是使一个物体离自己更远。你知道这是要干什么了吧？被试拉杆的反应在单词与目标有关时更快，但推杆的反应在单词与诱惑相关时更快。而且需要注意，被试并不是有意识地决定他们拉杆或推杆的速度的。相反，他们表现出了自动地接近目标、远离诱惑的倾向。听起来难以置信吧？这里确实有几点需要注意，尤其是这些结论主要对那些在过去就能够成功地规范自我的人才成立，对于这一点，大概没有人会感到惊讶。不过能够激励我们的是，即使诱惑非常诱人（这显然正是我们最需要自动执行自我控制策略的时候），这些结论仍然基本成立。

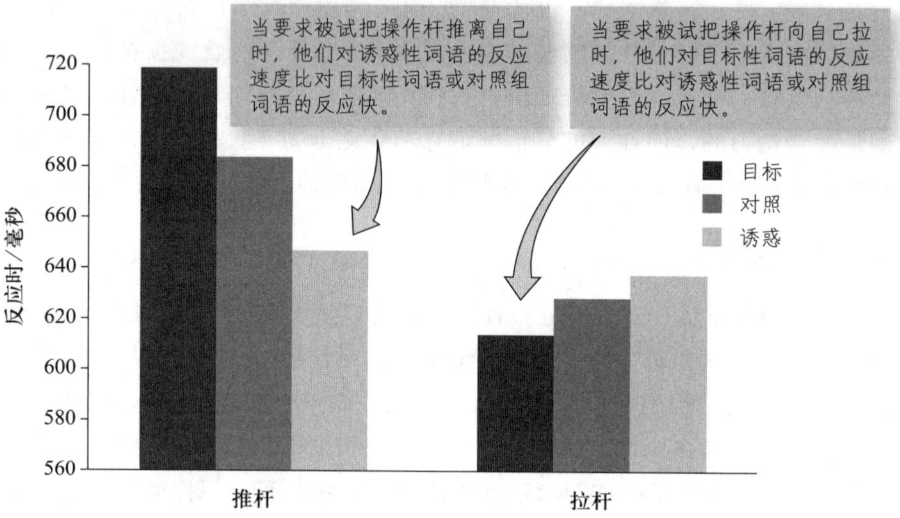

图 3.7　自动化自我控制策略。在接收自动生成的目标性词语、对照组词语或诱惑性词语时，被试向远离自己的方向推杆与朝向自己的方向拉杆的反应时对比。

来源：Fishbach & Shah，2006.

小　结

自我调节指的是人们在追求目标时如何发起、调整、控制他们的行为。目标导向的行为可以受到可能自我（比如理想自我和应该自我）的驱动。这种行为可能是趋利的，也可能是避害的。人们在没能达到理想自我的标准时往往会产生沮丧情绪，而没能达到应该自我的标准时会产生不安情绪。自我调节行为会耗费精力，例如，一个初始的自我控制行为会削弱人们进行后续的自我控制任务的能力。自我损耗效应能够通过外在和内在的因素来抵消，其中包括摄入葡萄糖。人们也可能不自觉地实施自我控制策略，比如有自动地接近目标、远离诱惑的行为倾向。

自我展示

Alexi Santana 于 1993 年进入美国普林斯顿大学读书。他学业优异，是径赛健将，还加入了普林斯顿最难进入的就餐俱乐部[①]之一。他从小在美国南部犹他州的一个坐落于荒野峡谷的绵羊牧场里长大，这让他有着不一样的经历和不同寻常的习惯——比如每天黎明时分起床，喜欢在地板上睡觉——让他的室友们称奇不已。

自我展示。James Hogue 用 Alexi Santana 这个假名拿着学术奖学金上了普林斯顿大学。他在普林斯顿为自己编造了一个自学成才的 18 岁犹他少年的假身份。图中的 Hogue 因在普林斯顿大学犯有伪造、假冒身份罪和假造材料罪被捕。

唯一的问题是，Alexi Santana 是个假身份。Santana 实际上是一个名叫 James Hogue 的34岁的流浪汉，是来自堪萨斯州的前径赛明星。Hogue 因不同的罪名坐过几次牢，其中包括伪造支票和偷窃自行车。他靠假的申请材料进入普林斯顿大学，以一个完全是编造的身份赢得了同龄人的羡艳。在纪录片《骗子》（*Con Man*）中，导演 Jessie Moss 向我们展示了 Hogue 伪造身份的惯用伎俩。

Hogue 的故事（或者说是 Santana 的故事）是以下基本事实的一个极端案例：我们的社会自我常常是一场戏剧性的表演，我们在其中试图扮演一个公众自我，这个自我与我们对自己的希望和抱负相符。这个公众自我是我们通过社交互动积极创造的，由他人对我们的看法和我们希望他人对我们所持的看法塑造成形（Baumeister，1982；Mead，1934；Schlenker，1980；Shrauger & Schoeneman，1979）。公众自我与**自我展示**有关。自我展示就是展现我们希望在他人眼中成为的形象。这一概念的另一个术语是印象管理，指的是我们如何试图控制其他人对我们的特定印象。

自我展示（self-presentation）：向他人呈现出我们希望他们认为的自我。

我们在公众领域里如何亮明自己的身份（James Hogue 熟练掌握了这项技能）？社会学家 Erving Goffman 以他细致的观察给自我展示的研究带来了灵感（Goffman，1959，1967）。他并没有做对照实验，而是依靠在自然环境中观察人们在公开场合中是如何表现的来获取数据。他在精神病院观察患者，注意到那里的患者似乎忽视了许多自我展示的规则，比如会过于直率地对他人发表评论，忽视社交礼仪，等等。Goffman 在他的书里花了整整一章来分析他所谓的“反应声”，比如“哎哟”这种当我们在社交场合失礼、感到十分局促时会采用的反应。这些语言反应能够在我们违反了自我展示规则时，帮助我们重建社交秩序，也表达了我们对公众自我有多么投入。

通过这些观察，Goffman 最终得出了一种有关社会自我的所谓编剧观：社交互动就像自我展示的一出剧，目的是塑造并维持他人对我们的印象（Baumeister，1982；Brown，1998；Goffman，1959；Leary & Kowalski，1990；Schlenker & Leary，1982）。用 Goffman 的术语来说，这场大戏里最关键的元素就是**面孔**，指的是我们想

面孔（face）：指的是我们想让他人相信的那个公众自我形象。

① 美国大学里的一类社交俱乐部。——译著注

公众面孔和私密面孔。人们在公开场合和私下里可能以不同的方式表现自己。(A) Kristen Sewart 在洛杉矶办事的时候并没有展现出一张精心设计的公众面孔，但(B)当她参加某部电影的首映礼时，确实展现了公众面孔。

让他人相信的那个公众自我形象。我们可能会希望别人相信自己是个有天赋但喜怒无常的艺术家，或者智力超群、不用学习就成绩优异，又或者是个万人迷。社交互动就是我们演绎这些形象的舞台，不管它们的真实性如何。如同一场戏一样，自我展示的社交大戏需要很高的合作性。我们依靠他人来承认自己渴望的社会身份，而他人很可能也指望我们认可他们呈现出来的面孔。

Goffman 的深刻见地从几个方面深远地影响了对自我的研究。例如，自我监控的概念从某种程度上就是从 Goffman 对自我展示策略的分析中衍生出来的(Gangestad & Snyder，2000；Snyder，1974，1979)。**自我监控**指的是人们监控自己的行为，使之符合当前的情境要求的倾向。高自我监控的人会仔细观察当前处境，并改变自己的自我展示和行为，从而使之与情境相契合。James Hogue 作为一个高自我监控者可谓是登峰造极了。低自我监控的人会依照内在意愿、冲动和性格而行动，不去管社会情境。高自我监控者如同演员，会根据与他们“搭戏”的人来调整自己的行为。相比而言，低自我监控者更可能依照自己的人格特质和喜好行动，表明了他们令人钦佩的坦率与诚恳。但是，精神病院里的患者在自我监控量表上得分很低，这与 Goffman 早前的观察和他的以下假设相一致：有效的社会功能需要人们进行某种有策略的自我展示(Snyder，1974)。

自我监控(self-monitoring)：人们为了满足情境要求而控制自身行为的倾向。

自我监控。这些参与闪电约会的人们很有可能处在高度自我监控下，会改变自己的行为来满足这种约会场合的特殊要求。

保护自己的颜面：自我妨碍

策略性自我展示的诸多复杂之处之一是，人们不一定总能达到他们试图展现的公众自我的标准。例如，你声称自己是美国下一代的伟大作家，而这终将在你到出版社投稿时受到检验。你声称自己是优秀的新生代铁人三项运动员，这也必须面对秒表和其他运动员的考验。公众自我常要冒着我们可能达不到那个标准的风险，而且万一真达不到标准，我们就得承担在人前尴尬的风险。为保护我们自己的脸面，我们会采取多种自我保护行为（参见专栏3.3）。

其中之一就是**自我妨碍**，这是人们为保护公众自我形象，防止他人根据较差的表现做出我们不希望听到的推论而采取的自我挫败行为（Arkin & Baumgardner，1985；Deppe & Harackiewicz，1996；Hirt，McCrea，& Kimble，2000；Jones & Berglas，1978）。想想当人们的公众自我形象受到威胁时，会有多频繁地采取自毁行为。学生会荒唐地下极少的功夫来准备考试，运动员会在决赛前彻夜狂欢。你可能会在面试时特别随意，或者在与人初次约会时说出极不得体的话。为什么我们会采取这样的自我挫败行为？在Goffman看来，这些行为给可能遭受的失败提供了借口，从而保护了自己心目中的公众自我形象。如果你没有准备就去考试，那么即使考得没有想象中好也不会妨碍你声称自己天资聪颖。当然，人们有时会号称自己经历了实际上没有发生的“自我妨碍”。到处都是假装自己没有好好学习但实际上学得很刻苦的学生。该现象如此普遍，以至美国达特茅斯学院的学生专称这种人是在“装学渣”。

自我妨碍（self-handicapping）：人们为了使其表现不佳或失败有合理的外在理由而主动采取设置障碍的行为倾向。

专栏3.3 聚焦健康

死要面子活受罪

到现在为止，你可能还认为自我展示是个好东西。Erving Goffman 自己就写过对和谐的社会来说，人们的策略性自我展示和对他人的公众自我形象的认可是多么不可或缺。但我们对自己公众形象的担忧和出于自我展示的考虑所采取的措施可能会对我们的健康造成危害（Leary，Tchividjian，& Kraxberger，1994）。很多能改善健康的措施很别扭或令人尴尬，会给我们的公众身份带来问题。因此，我们会避免采取这些措施。我们牺牲了自己的健康，来维持沉着冷静、镇定自若的公众身份。比如，有 30% ~ 65% 的调查对象报告称，他们在购买安全套时会感到尴尬（Hanna，1989）。这样的尴尬可能会妨碍处在性活跃期的青少年购买和使用安全套，从而提高他们感染性传播疾病和意外怀孕的风险。同样，由于害怕尴尬或出丑，一些肥胖者拒不执行体育锻炼计划或拒绝不必要的药品（Bain，Wilson，& Chaikind，1989）。

在其他情况下，我们会采取有风险的行为来巩固我们的公众形象和身份。考虑到给别人的印象和对自己外貌形象的关切很可能会导致人过度进行日光浴，而这会增加得皮肤癌的风险（Leary & Jones，1993）。此外，青少年常会把社会认可作为自己饮酒、吸烟的重要理由之一（Farber，Khavari，& Douglass，1980）。也正是这种对巩固公众形象的需要，促使许多人去做整形手术，而这也会带来许多健康风险。

在关于自我妨碍的一项早期研究中，实验者让男性被试相信，他们在一项将要进行的测试中要么会取得成功，要么会遇到困难（Berglas & Jones，1978）。被试可以选择服用两种药，其中第一种会提高他们的测试成绩，而第二种则会有损于测试成绩。那些认为自己很可能通不过测试的被试更愿意选择有损于成绩的药物，尽管这很可能削减他们成功的机会。看起来，人们有时宁可准备一个理由然后失败，也不愿冒着失败而没有借口的风险去追求成功。

保护他人的颜面：直接性交流和间接性交流

诚为上策。真的是这样吗？在 Goffman 策略性自我展示的世界里，诚实可能是极端危险的。它会威胁别人希望展示出来的公众自我形象。想象你的好友在一个乐队里，他相信他们马上就能出名了。而当你第一次看他们表演的时候，你觉得他们的音乐都是些陈词滥调。你会这么告诉他们吗？如果你还想维持这段友谊，大概不会特别直接吧。你可能会撒一个礼貌的无伤大雅的小谎，或者含糊其辞地进行评价。诚实、直接的表达，尤其是批判性语言，会威胁被评价的人（你的朋友）试图树立的公众自我形象，而这会使诚实的说话人（你）被认为是不礼貌、不为他人着想的。

这些关于保护公众自我形象的观点已经引发了一些富有洞察力的语言学分析。语言学家 Penelope Brown 和 Steven Levinson（1987）提出，存在两个层面上的交流。直接性交流（On-record communication）说的是人们希望别人按字面意思去理解的表述。这些表述倾向于遵守诚实交流的原则：直接、目的明确，以一种坦率易懂的方式表达（Clark，1996；Grice，1975）。当医生对病情做出危急的预断时，当财政顾问宣布家族财产损失时，他们遵照的是直接性交流的规则。

当人们需要传达的信息可能威胁到自己或别人（特别是他们喜欢的人）的公众自我形象时，他们会使用间接性交流。间接性交流（off-record communication）是间接而含糊的，它允许我们不直接说出想法，而是隐晦地暗示想要表达的观点和含义。间接性交流的多种技巧都违反了直接、诚实交流的原则，比如反问、夸张、淡化、蓄意含糊其辞，暗示对所说之事可以有不同的阐释。让我们回到之前评论朋友的音乐的例子上。直接性评价会威胁你朋友的公众自我形象和你作为一个体贴的朋友的形象。因此，有关自我展示的考量很可能导致你使用间接性交流形式，而不是给予坦率的评论（“别成天不干正事儿了”）。你可能会友善地夸大其词（“我的老天，你就是周杰伦第二”），模糊处理（“某些韵律蛮有趣的”），或者开玩笑地婉转表达（“你们去东欧绝对会火”）。在自我展示的大戏里，我们打破了真诚交流的规则，来维护他人的公众自我形象。

小 结

自我展示关乎如我们所希望的那样给他人留下特定印象的努力。自我展示的努力在高自我监控者身上更加明显，这类人会根据他们所处的情境改变自己的行为。低自我监控者更关注自己的喜好与性格特征，很少在意周围的环境或他人的想法。人们可能会采取自我妨碍策略，或采取自我挫败行为，来挽救自己的面子——换句话说，万一他们失败了，他们已准备好了借口。最后，人们可能会采取间接性交流方式，仅仅暗示有不同意见或不赞成看法，以维护他人的面子。

本章总结

社会自我的本质

- 社会自我可以有三个主要的组成部分：个体自我、关系自我和集体自我。对不同的个体来说，哪个部分更加凸显可能存在差异。

自我认知的起源

- 社会自我有若干基础，其中包括由家庭成员和其他重要他人参与的社会化过程。反映性自我评价，也就是我们认为他人是如何评价我们自己的，帮助我们获得了自我认知。社会自我是由解释过程塑造的。
- 从许多方面而言，当前的情境塑造了社会自我。例如，西方人倾向于根据让他们在社会情境中有别于他人的特点来定义自我。
- 自我深刻地受到了人们生活的文化是独立型还是相互依存型的影响。
- 女性一般强调她们的社会关系，以相互依存型方式定义自我；男性一般强调他们的独特性，以独立的方式解释自我。

- 人们靠社会比较来了解自己的能力、态度和个人特征。
- 社会自我也可以被看作我们自己讲述的一个故事，我们用它来理解自己的目标、冲突和变化的身份。

自我认知的组织功能

- 自我图式是自我认知最基本的结构单位，它能帮助我们解读和记忆社会信息。
- 自我复杂性因人而异。自我复杂性高的人更能适应与自我相关的负面事件。

自尊

- 特质自尊往往是自我认同的稳固组成部分，而状态自尊会根据不同的情境因素而变化，比如个人失败或钟爱的运动队表现糟糕。
- 我们的自尊是根据特定的重要领域（或称相倚性自我价值）来定义的，同时我们也根据自己被他人所接纳的程度来定义自尊。
- 与东亚文化相比，在西方文化中自尊的地位更重要，人们的自尊也普遍更高。
- 研究表明，许多反社会行为都与自恋型自尊有关。

自我评价的动机

- 自我评价的动机包括自我提升的欲望和自我验证的欲望。
- 提升自尊的动机指导着我们维持社会关系，这种社会关系能让我们进行令自己满意的社会比较，从而提供被伙伴的成功所夺走的自尊。
- 拥有一系列稳定的自我信念给人以连贯和可预测的感觉。

自我调节：激励自我和控制自我

- 可能自我，代表了人们期望成为的样子，能激发以达到这样的标准为目的的行为。
- 自我差距理论考察了人们如何将他们的现实自我与理想自我和应该自我相比较，以及这样的比较又会产生怎样的情绪后果。
- 当人们依照理想自我的标准规范自己的行为时，他们会有关注于获得正性结果的专注趋利倾向。当人们依照应该自我的标准规范自己的行为时，他们会有专注于避免负性结果的专注避害倾向。
- 自我控制会产生一种自我损耗效应，使得进行进一步的自我控制变得更难。
- 自我控制策略可以自动发挥作用，比如当人们面对可能妨碍长期目标实现的诱惑时，目标会自动跳入脑海。

自我展示

- 自我展示理论认为，在公众领域，自我就像一个戏剧演员。人们通常会力求创造并维持公众对自己的良好印象。面孔指的是人们希望他人看到的自己的公众形象。人们会采取自我监控来确保他们的行为与社交情境的要求相符。
- 人们通过自我妨碍行为来维护公众自我形象，因为一旦失败，这可以提供一个借口。
- 对面子的顾虑和自我展示行为塑造了人们的交流方式。直接性交流很坦诚，而间接性交流是间接而微妙的。

关键概念

反映性自我评价（p63）
个体自我（p61）
工作中的自我概念（p65）
关系自我（p61）
集体自我（p61）
可能自我（p90）
理想自我（p91）
面孔（p95）
社会比较理论（p70）
社会测量假设（p80）
现实自我（p91）
相倚性自我价值（p79）
应该自我（p91）
优于平均效应（p84）
专注避害（p92）
专注趋利（p91）
自我参照效应（p74）
自我差距理论（p91）
自我调节（p90）
自我妨碍（p97）
自我复杂性（p75）
自我监控（p96）
自我评价维护模型（p85）
自我损耗（p92）
自我图式（p73）
自我验证理论（p88）
自我展示（p95）
自尊（p77）

第 4 章

社会认知：考虑人与情境

本章要点

- 为什么要了解社会认知
- 社会认知可使用的信息
- 信息是如何呈现的
- 我们如何搜寻信息
- 自上而下的加工：运用图式来理解新信息
- 推理、直觉和启发式

1993 年 6 月 28 日的清晨，纽约南郡大道的巡警注意到一辆没有牌照的马自达牌小货车。当他们示意司机靠边停车时，司机却加速离开了，由此上演了一场 25 分钟的公路追逐，结果以小货车撞上电线杆而告终。在逮捕了司机之后，警方注意到货车后面的一块油布下散发着一股腐烂的臭味。揭开油布，警方发现一具严重腐烂的尸体，死者是一位 22 岁的女性。随后的调查显示，司机乔尔·里夫金（Joel Rifkin）谋杀了另外 16

社会判断错误。尽管乔尔·里夫金是纽约州历史上最臭名昭著的凶手，但他的邻居和同学却坚持说他是“一个温和的年轻人”，“不是会做出这种事的人”。

名女性，他也由此成为纽约州历史上最臭名昭著的凶手。

那些认识里夫金的人都对这个消息表示震惊。里夫金的一位邻居告诉记者：“每当我凌晨一两点钟回到家时，如果我看到他车库的灯开着，我就会觉得很安全，因为我知道乔尔就在附近。”另外一位邻居也说他“只是一个温和的年轻人”。而他的同学们坚称他是“不会做出这种事的”。

就像这个故事所表明的那样，社会判断有时会产生很严重的偏差。误认为一个连环杀手是“温和的人”、认为在他身边是“安全的”，这种错误很可能会致命。一般来说，有效的行为需要以我们对周围世界的可靠判断做支撑。比如，“如果我请求教授多给我一点时间，他会做何反应？”“他们在制造核武器吗？”“我的男友会对我忠诚吗？”“这值得吗？”

本章对社会认知——以及错误的社会判断的来源——的讨论分为5个部分。每个部分专门讨论社会认知的一个重要方面：(1)我们的判断的有效性取决于我们基于什么信息做出了判断，但我们在日常生活中接触到的信息却不总是精确而完整的。(2)呈现信息的方式，包括信息以什么顺序呈现及如何组织，都可以影响我们的判断。(3)我们并不只是被动地接收信息。我们常常会主动地搜寻信息。在信息寻找策略中普遍存在的偏差往往会扭曲我们得出的结论。(4)我们先前的知识、期望和心理习惯可以影响我们对新信息的解释，因而极大地影响我们的判断。(5)知觉和推理这两套心理系统是社会认知的基础，它们之间复杂的交互作用决定了我们所做的判断。

为什么要了解社会认知

社会认知的研究范畴包括人如何理解社会世界、如何做出判断等。这些判断能帮助人们解释过去，理解现在，预测未来。社会心理学家长久以来一直对社会认知抱有浓厚的兴趣。的确，社会心理学最早且最基本的一条原则就是第1章介绍的解释原则：如果我们想要知道一个人在特定情境下会做何反应，我们必须了解这个人如何感受这个情境。社会刺激很少直接影响人们的行为；但会通过解释和组织它们的方式间接地影响人们的行为。

本章开头所举的例子不仅是为了证实社会判断在日常生活中的重要性，也强调了我们的判断并不总是完美的。有时，我们会相信自己本不应该相信的人。有时，我们会做一些并不明智的投资。我们的一些错误是无害的，而另一些则会造成可怕的后果。但所有这些都会帮助我们弄明白下一次如何做得更好。这些错误对心理学家来说也包含了大量信息，因为它们提供了关于人们如何看待其他个体以及如何判断他们的有用信息，也提供了关于人们做出判断时所依据的策略或准则的提示——既有最终被证明成功的决断，也有导致灾难性后果的决断。仔细审视“错误”的研究策略在心理学历史上由来已久。知觉心理学家通过研究错觉来探究知觉的基本规律。语言心理学家通过研究语误来探究言语生成。罕见也好，常见也罢，错误展示了一个系统的缺陷，能在很大程度上反映这个系统是如何运作的。因此，社会认知的研究者们往往会探索人们日常判断的局限性。

“许多人抱怨他们的记忆力，却少有人抱怨他们的判断力。”

——法国政治家瓦罗哲福考德公爵（La Rochefoucauld）

社会认知可使用的信息

社会认知首先取决于信息。能否理解他人取决于是否拥有准确的信息。但有时人们只有很少的（甚至没有）信息作为他们评价他人的基础；有的时候，可用的信息又具有误导性；还有的时候，人们获取信息的方式影响了他们的思维。这些情形都构成了在希望正确理解他人时可能会面临的特定挑战。

最少的信息：通过外貌推断人格

有时，人们只有很少的信息作为评价他人的基础，但这并不会阻止人们对他人或情境做出推断。回想一下，我们可以仅凭匆匆一瞥就对完全陌生的人形成印象。这种印象最有趣的地方就是它的形成速度。在一个生动的与这个事实相关的实验中，Janine Willis 和 Alex Todorov（2006）给被试展示了大量的脸部图片，并让他们就这些人看上去是否迷人、是否具有攻击性、有多么令人喜爱、是否可靠和能力如何进行打分。一些被试有充足的时间进行打分，他们给出的分数被用作对照的标准——一个人仅靠照片可以形成的最可靠的印象。其他的被试也要进行打分，但只给他们 1 秒、0.5 秒或 0.1 秒的时间看照片。有时限的判断与经过深思熟虑的判断能在多大程度上吻合？就像你在表 4.1 中看到的那样，相关十分显著。我们基于他人面部得出的结论有很大一部分是立即做出的。

表 4.1 基于脸部的有时间限制的判断和没有时间限制的判断的相关性

	照片呈现时间		
判断的特征	100 毫秒	500 毫秒	1000 毫秒
可信任度	0.73	0.66	0.74
能力	0.52	0.67	0.59
令人喜爱的程度	0.59	0.57	0.63
攻击性	0.52	0.56	0.59
吸引力	0.69	0.57	0.66

注：所有相关均显著，$p < 0.001$

知觉信任程度和支配地位

当人们看到别人的脸时，他们在飞速地想什么？为了找出答案，Todorov 及其同事（Todorov，Said，Engell， & Oosterhof，2008）让被试给大量不同的中性面孔打分，打分的内容是人们在描述人脸时自发使用的最常用的人格维度。在看到这些判断之间的相关关系时，他们发现有两个维度显得较为突出：一个是正性—负性维度，包括评价这个人看起来是否可靠，是否具有攻击性；另一个是集中在权力方面的维度，包括评价这个人看起来是自信的还是害羞的，倾向于支配还是服从。人们似乎被设定好对他人做出非常实用的判断——应该接近还是远离他们（维度1），以及他们可能在一种情形或一个权力体系中处于什么样的位置（维度2）。Todorov 用计算机软件将这两个维度按照不同的程度组合成了一些新面孔。在这些面孔中，有一些在特定维度上非常极端，在日常生活中几乎不可能出现（见图4.1）

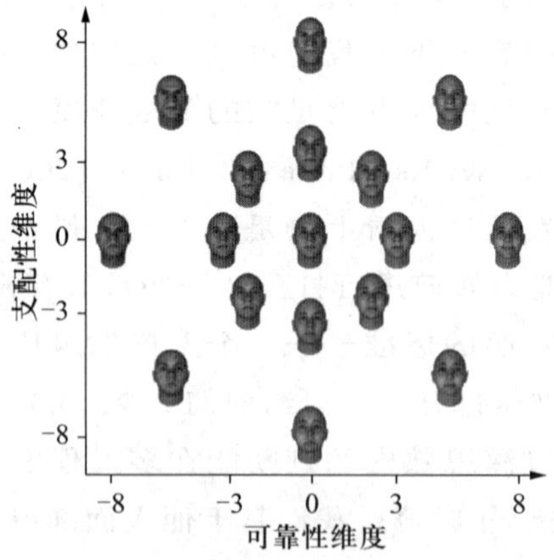

图 4.1 面部评价。计算机生成的面孔，展示了在可靠性（X 轴）和支配性（Y 轴）这两个独立的维度上的变异。

在这些面孔上，我们会看到一些面孔极具男子气概，比如突出的下巴，让人看起来居高临下；也有一些特征（例如，眉毛和眼窝）让人看起来值得信赖。如果你观察那些看起来值得信赖的、不咄咄逼人的面孔，你会注意到那些可靠而温和的面孔看上去更像小孩子的脸。的确，Leslie Zebrowitz 和她的同事所做的大量研究表明，那些有着娃娃脸特点（比如，大大的圆眼睛、大额头、高眉毛和相对来说小而圆的下巴）的成人会被人假定拥有许多与年轻人相关的特征（Berry & Zebrowitz-McArthur，1986；Zebrowitz & Montepare，2005）。他们会被认为比较弱小、天真、顺从。同时，那些有着小眼睛、小额头、瘦削而突出的下巴的人倾向于被认定是强壮的、能干的和占据支配地位的。

理论上，人们会认为娃娃脸的人比较无害且无助是有道理的。著名的行为学家康拉德·洛伦兹（Konrad Lorenz，1950）推测，许多哺乳动物的幼崽的可爱模样会触发一种固有的、自发的反应，这种反应能确保幼崽和无助的个体得到足够的照顾。我们对幼小生物的这种自然的反应可能会使我们过于片面，以至认为拥有这些特点的成年人也是可信赖而友好的。这些特征具有非常大的影响：长着娃娃脸的人作为被告时，甚至会在法庭上受到优待（Zebrowitz & McDonald，1991），但他们也很难被人们认为适合做“成年人的工作”，例如，从事银行业（Tenenbaum & Goldstein，1991）

图 4.2　你来做被试：基于外貌的人格评定

看这两张图片，在下面圈出你对她们的人格特点的估计分数。

人格

弱小	1	2	3	4	5	6	7	8	9	10	强大
天真	1	2	3	4	5	6	7	8	9	10	能干
顺从	1	2	3	4	5	6	7	8	9	10	主导

弱小	1	2	3	4	5	6	7	8	9	10	强大
天真	1	2	3	4	5	6	7	8	9	10	能干
顺从	1	2	3	4	5	6	7	8	9	10	主导

结果：如果你跟大多数人一样，你在这些人格维度上给第一张照片的评分会比给第二张照片的评分低（根据 Zebrowitz 等人的标准，她更为“孩子气”）。

快速判断的准确性

我们通过他人的外表或见到的极个别的行为而做出的快速判断到底有多准确？比如，长有娃娃脸的人真的更弱小或更顺从吗？我们不难想象，若一个人一直被他人当作弱小而顺从的人，这将对其独立性格的形成产生怎样的影响。同样可以想象，一个线条硬朗的下巴可能会引起他人的防备，从而促进了他对周围的世界形成坚定的、主导的立场。但是，这些与不同人格特质联系起来的面部特征真的是推测相应人格特质的有效线索吗？

这个问题仍旧有待研究者给出一个更令人满意的回答，目前的证据是五花八门的。一些研究者发现，人们基于他人的面貌做出的判断和那些人的自我报告有相当高的相关，评价的维度包括他们的亲切程度、外向程度和强势程度（Berry，1991；Berry & Brownlow，1989；Penton-Voak，Pound，Little， & Perrett，2006）。但相似的研究表明，在亲和力和尽责性方面，他人的判断和被判断者的自我报告并没有显著的相关关系（Pound，Penton-Voak， & Brown，2007）。当使用行为观察而非自我报告作为准确性的标准时，就更难找到人们仅凭外貌就能准确判断他人人格的证据了（Zebrowitz，Andreoletti，Collins，Lee， & Blumenthal，1998；Zebrowitz，Voinescu， & Collins，1996）。或许，目前对这个领域的研究最准确的解释是：人们基于他人外貌所做的快速判断也许抓住了真相的核心，但只抓住了很小的一部分。

然而有时，预测一个人真实的人格并不重要，重要的是其他人通常是怎么想的。在这些情形下，有关的问题可以归结为快速判断能在多大程度上预测那些经过深思熟虑而得出的结论。有证据显示，快速判断预测得相当好。例如，在一项研究中，研究者用1秒的时间向被试展示了美国共和党和民主党的国会议员候选人，并问被试哪些人更能干。那些被大多数被试认为更有能力的人真的赢得了69%的选票（Todorov，Mandisodza，Goren，& Hall，2005）。事实上，那些被认为能力更强的人不一定真的更强；在预测选举结果时，重要的不是真相如何，而是选民们认为真相如何。

在另一个研究中，研究者给被试展示了一些教授上课时的片段（3段长约10秒的无声录像），并要求他们通过一系列标准给这些教授评分，例如，紧张程度、能力、活跃度、专业性以及和善度。这些快速评价与学生们在学期末对教授们的评估显著相关（Ambaby & Rosenthal，1993）。那些被学生们认为又和善又有能力的教授是否真的和善而有能力并不可知，但基于教授在课堂上的短暂表现，所得出的判断就已经能很好地预测学生们上完一学期课之后的评估结果了。

误导性的一手信息：人众无知

我们对周围世界的了解一部分是通过直接经验获得的，例如，他人在我们心目中快速形成的印象。其他的信息则是间接传递的，例如，通过闲话、新闻、自传、课本以及诸如此类的东西传递。在很多情况下，一手资料更加准确，因为它们没有被人为地过滤过，因为人为的因素可能使事情向特定方向倾斜。但当我们没有注意到或误解了发生在眼前的事情时，一手信息也可能具有误导性。比如，当我们通过在游览校园时碰到的某个学生来推断整个大学的学生，或依据自己在酒店、饭店或博物馆里遇见的几个人来推断这个国家的人民是什么样子的时候，我们自身的经验就不那么有代表性了。

最终，我们得到的这些一手信息还是从别人的行为中推断而来的。但有时，人们的行为与他们自身的信念或个性并不相符，而是为了制造一种假象。这种差异有可能导致可预见的判断错误。想想下面这些熟悉的情境吧（Miller & McFarland，1991）：当教授结束了对某个高难度问题的探讨并问学生“还有什么问题”的时候，大多数学生都是一头雾水，却没有人举手提问。迷糊的学生们最终得出结论：所有人都理解了材料，只有他们自己感到不解。

这只是所谓**人众无知**现象的一个例子。只要人们出于对社会影响的考虑而表现得与他们真正的想法相悖时，这种现象就会出现。如果你猜测所有人都理解了某场讲座，那么承认你自己没懂就会显得很尴尬。然而，如果每个人都遵从这个逻辑，假象就出现了，所有人都误解了团体常模。人们从虚假的团体常模中推断自己是不正常的，这种错误知觉又增大了他们表里如一的难度。

人众无知（pluralistic ignorance）：对团体常模的错误知觉，来自对由于担心社会影响而表现得与他们私下想法不同的人的观察——他们的表现强化了错误的常模印象。

人众无知在那些看重“强硬”品质的环境中尤为常见，它使人们隐藏自己想要表现得温柔和善的想法。例如，帮派成员在私下曾承认他们反对残暴的入会仪式和对人命的漠视，但他们从不敢说出来，因为他们害怕被同伴嘲笑。结果，很少有人能意识到他们中有多少人持同样的想法（Matza，1964）。

Nicole Shelton 和 Jennifer Richeson（2005）研究了另一种人众无知，它对不同种族的人之间的互动有着深远的影响。研究者假设，人们可能会担心另一个种族的人不愿意和他们交谈，主动开始对话看上去又有些冒险，为了避免第一次交谈就被拒绝，人们可能会不愿意先开口说话。于是，没人愿做出开放的姿态，也就没法开始交流了。但人们自己如何解释所错失的机会呢？当 Shelton 和 Richeson 就这个问题对学生进行调查时，他们发现，尽管学生倾向于把自己不主动交流的原因归于害怕被拒绝，但他们推测另一个人不主动交流是因为对方对建立跨种族的友谊没有兴趣。当两个人同时假设对方对此不感兴趣时，就没人会去努力交朋友了。

误导性的二手信息

你相信全球变暖是人类造成的吗？你觉得华特·迪士尼反对犹太人吗？你认为你室友的父亲是个好家长吗？显然，不同的人对这些问题有不同的看法。但是，这些回答都有一个相似之处，即在很大程度上基于二手信息。我们中极少有人拥有关于工业化和气象数据之间联系的一手知识。没有人能直接知道华特·迪士尼对犹太人的态度。与此类似，对于大多数人来说，对室友父亲的了解仅局限

“都在这儿了——原原本本不加修饰的事实。好好修饰它。”

于室友所说的关于他父亲的一些故事。

由于我们在很多时候是通过二手信息进行判断的，所以要想广泛地理解社会认知，就要分析这些信息的准确性。影响二手信息准确性的变量是什么？什么因素会导致二手信息的可靠性下降，它们又是在何时发挥作用的？

意识形态的失真

传达信息的人往往有着特殊意识形态的目的——想要培养他人形成特定信念或行为的欲望——这使他们会强调故事中的某些元素而隐瞒另一些。有时，这种有目的的扭曲相对“无罪”：传递信息的人热切地相信着它，并由此选择性地忽略了一些与之相悖的细节。例如，在1947年，当给美国总统哈利·杜鲁门（Harry Truman）准备关于遏制苏联的演讲时，副国务卿迪恩·艾奇逊（Dean Acheson）就说演讲有必要“比事实更简洁”。

当然，不是所有的扭曲都是无罪的。人们常常故意歪曲事实，目的明确，就是为了误导他人。美国共和党会大肆宣传具有误导性的统计数字，好让民主党看起来很糟糕，而民主党也如法炮制。在民族冲突激烈的地区，例如，克什米尔、刚果、加沙和卢旺达，各方都极力夸大自己的正义性，对反对他们的人所犯下的暴行添油加醋（虽然真相就已经够糟的了）。

以娱乐为目的的失真：过分强调坏消息

二手信息失真最常见的原因之一就是娱乐的欲望。从小处讲，这种情况经常发生在人们给别人讲故事时，我们常会讲得夸张一点，使故事听起来更有趣。比如，说跟20个人在电梯里困了1小时听上去比跟6个人困在里面15分钟更有趣。

往大处讲，娱乐的欲望扭曲了大众传媒传递给人们的信息。出版物和广播吸引听众的方法之一就是报道（事实上是过度报道）负面的、暴力的、爆炸性的事件。坏消息比好消息更有新闻价值——或者就像新闻界所说的，“流血事件，能上头条”。

诚然，媒体制造了对真实世界扭曲的看法。在媒体口中的世界里，80%的犯罪是暴力犯罪；而在现实世界中，暴力犯罪只占20%（Center for Media and Public Affairs，2002；Marsh，1991；Sheley & Askins，1981）。另外，媒体对犯罪的报道和犯罪率的上升或下降没有任何关系。无论是最好的时期还是最糟糕的时期，媒体对犯罪总是有同样多的报道（Garofalo，1981；Windhauser，Seiter，& Winfree，1991），而电影和电视的世界则更为暴力（Gerbner，Gross，Morgan，& Signorielli，1980）。

媒体中的正面消息和负面消息。比起正面消息，媒体更倾向于报道负面消息，因为公众似乎对负面消息更感兴趣。媒体全面地报道了 2011 年日本地震留下的废墟。却很少有人知道人们对受害者的安慰和帮助，以及日本人相互帮助的方式。像这张图片所展示的，普通居民正在帮忙把老人带到避难所。

坏消息偏差的影响

对于坏消息偏差最常见的担忧就是，暴露在这种扭曲的视角下，可能会使人们高估自己受害的风险。为了弄清这种担忧是否有意义，研究者进行了一些调查。他们询问被试一周会看多久电视节目，然后问他们关于犯罪普遍性的问题（比如，“你觉得你家或你好友的家在明年遭歹徒闯入的可能性有多大”，或是“如果一个孩子某个月每天都独自在公园里玩耍，你觉得他有多大可能成为暴力犯罪的受害者”）。

这类研究都发现，看电视的时间与对被害的恐惧之间呈正相关。尽管人们进行过很多研究，但这些研究本身很难解释这一结果。也许那些常看电视的人本身就具有某种特质——除了他们看电视的习惯之外——会让他们更加脆弱。为了讨论这个问题，研究者收集了很多其他变量（如收入、性别、种族和住址），并检查了在统计学上控制这些变量后该结果是否依然成立。有趣的现象发生了。看电视的习惯与知觉到的脆弱感之间的相关性在居住在低犯罪率地区的人中大幅度减弱，但在犯罪率高发地区，相关性依然很强（Doob & MacDonald，1979；Gerbner et al.，1980）。住在危险地区且不怎么看电视的人比其常看电视的邻居感觉更安全。由此，电视中的暴力可以使周围的世界显得更危险，当电视上的画面与人们生活的环境在某一方面相似时，尤为如此。

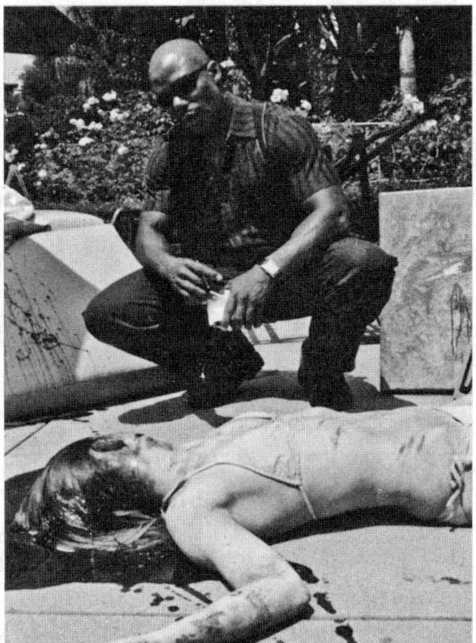

电视暴力与关于受害的信念。观看像《嗜血法医》（*Dexter*）这样的暴力电视节目会让人们产生不安全感。那些不怎么看电视的人会比住同一个社区但常看电视的人更有安全感。

对正面消息和负面消息的关注度的差异

新闻媒体大肆宣传坏消息的趋势引出了一个更为基本的心理学问题：为什么多报道坏消息会给媒体带来利益呢？观众是不是仅仅对负面消息感兴趣，被它们吸引，或者说善于接受坏消息？答案似乎是肯定的：即使所报道的正面消息和负面消息一样多，它们所起到的效果也不对等（参见第7章）。

请想象下面这个场景：你刚刚在修辞学课堂上发表了演讲。有7个学生称赞了你的演讲；另一个学生却觉得你的演讲缺乏力度。如果你跟大多数人一样，就会发现自己的思绪会被那句负面的评价所占据，即使正面的评价占了大多数。

这种稀松平常的反应折射出人类的一种普遍倾向，这个倾向对我们的生存有着重要意义。那就是比起正面信息，我们会更多地关注负面信息，因为后者对我们的生活安康影响更大。一些负性事件会威胁我们的生存，因此必须迅速给予完全的关注。没有做到这一点的生物会使它们自己处于危险之中。诚然，许多正面的事件（例如，进食）也对生存具有影响，但它们通常没有那么紧急。少吃一口食物可以过一会儿再吃；一次没有躲过捕食者的猎杀就再也没有机会躲了。这可能导致人们对潜在的威胁比对潜在的利益更警惕（Dijksterhuis & Aarts，2003；Hansen & Hansen，1988；Pratto & John，1991；see also Baumeister，Bratslavsky，Finkenauer，& Vohs，2002；Forgas，1992；Rozin & Royzman，2011）。

小 结

人们做出的判断的质量部分源于判断所基于的信息的质量。有时，我们手上只有很少的信息可供参考，比如，当我们必须依靠外貌和极少的行为来对他人做出快速判断的时候。有研究显示，人们做出的快速判断有显著的一致性。我们所能得到的用于进一步分析的信息可能存在一些潜在的偏差。即使是一手信息也可能是有偏差的，例如，当人们的行为与他们的真实态度不符时。二手信息也可能导致错误，比如当传达者由于利益或思维模式扭曲了信息时。相对于没有威胁的刺激，我们往往更在意有威胁的刺激，这个偏差可能解释了媒体为什么会过度报道负面的、暴力的、爆炸性的故事。

信息是如何呈现的

要理解信息的呈现方式有多么大的影响，只需要想想商品的营销和广告。在经济富足的地方，企业很容易就能生产出满足社会需求的产品。人们还发现，刺激顾客使其产生足够的“需求”很有用，这样整个社会就会对他们的产品有更大的需求。通过操纵人们从市场营销那里得到的信息，生产者希望影响人们的购买冲动。反过来，成功的市场营销观念不仅要选择呈现哪些信息，还想好如何呈现。在广告商中有一句信条，那就是呈现信息的方式对人们怎么想、怎么做有很强的影响力。

社会学家已经证实了这种信念的正确性，一次又一次地发现在信息的呈现方式上，极小的变化——如何呈现甚至何时呈现——都可以对人们的判断产生深远的影响。

顺序效应

总体上你对你的生活有多满意？上个月你约会了几次？

如果你跟大多数人一样，对这两个问题的回答之间可能存在相关，但并不很强。毕竟，约会远不是生活的全部。事实上，以这个顺序依次问被试时，答案之间的相关系数只有 0.32。

但是，当以相反的顺序询问另一组被试同样的问题时，相关系数将是前一组的两倍多——0.67。在第一个问题中，对约会经历的询问使他们非常明确地意识到生活中情感方面的现状，而这对他们如何回答第二个问题有着显著的影响（Strack，Martin，& Schwarz，1988；also see Haberstroh，Oyserman，Schwarz，Kiihnen，& Ji，2002；Schwarz，Strack，& Mai，1991；Tourangeau，Rasinski，& Bradburn，1991）。

诸如此类的结果为许多人本就无师自通的一件事提供了明证——事件的呈现顺序对判断有着巨大的影响。这就是为什么我们在任何场合都会特别在意自己该第一个行动还是最后一个行动。有时，最先出现的信息有着最大的影响力，这是一种叫作**首因效应**的现象；在另外一些情形中，最后出现的信息影响力最大，也即**近因效应**。

首因效应（primacy effect）：在大量证据中首先出现的信息对判断的影响力最大。

近因效应（recency effect）：在大量证据中最后出现的信息对判断的影响力最大。

当然，顺序效应不仅在公开演出和民意测验中起作用，它在日常社会生活中也无处不在。在一项研究中，美国社会心理学家所罗门·阿希（Solomon Asch）通过以下短语描述一个虚构的人，并让人们评价他是聪明的、勤勉的、冲动的、挑剔的、倔强的还是妒忌的。人们之所以认为这个人相当受人喜爱，无疑是受到了最开头的两个非常正面的词的影响——聪明的和勤勉的。第二组被试要按照相反的顺序读出这些形容词，结果他们对他的印象就没那么好了。这就是一个非常明显的首因效应的例子。在开头呈现的特点比之后呈现的特点更有影响。教礼仪的书（还有你的父母）是对的：第一印象至关重要。

顺序效应的出现有很多原因。有些是因为信息加工过程的局限。例如，首因效应常常是由于我们对最先出现的刺激给予了很大关注，而对接下来的刺激失去了注意焦点。比如，在阿希的实验中，被试不可能不注意到在第一份列表中对这个人的评价有聪明而勤勉；一旦最初的积极印象形成，他的顽固和嫉妒心就容易被掩盖。相反，近因效应的作用在最后的项目最容易回忆的时候尤为显著。被记住的信息显然比被忘记了的信息权重更大，因此后出现的信息有时比早出现的信息更能影响判断。

顺序效应有时也是因为最初的信息影响了人们对后出现的信息的解读。在阿希的实验中，所有的特质都可以有不同的感情色彩，而每个特质如何被解释则取决于之前遇到的信息。拿倔强来说，当它跟在好的品质（例如，聪明和勤勉）

之后时，人们就会宽容地解读它，把它当作坚定的或是坚决的。相反，如果它跟在嫉妒的后面，看起来就更负面了，像是有成见的或是死板的（Asch & Zukier，1984；Biernat，Manis， & Kobrynowicz，1997；Hamilton & Zanna，1974；Higgins & Rholes，1976）。

框架效应

框架效应（framing effect）：由于信息的呈现方式不同对判断造成的影响，例如展示的顺序或使用词句的不同。

上面讨论的顺序效应是**框架效应**的一种。它是指信息的呈现方式，包括呈现的顺序，可以"架构"加工和理解信息的方式。先询问被试"最近约会了多少次"会暗示他们在评估"自己的生活有多快乐"时考虑这个信息。

顺序效应是"纯粹"的框架效应的一种。即使信息的内容完全相同而只是顺序不同，参照的架构也会被改变。想想这个（可能是杜撰的）故事：一个修道士想在祷告时吸烟，被他的上级狠狠地瞪了一眼。当他向一个朋友提起这件事时，他的朋友对他说："问他另外一个问题：你在吸烟时能否祷告。"在这两个版本的故事里，修道士的请求是相同的，而所参照的架构上却有着微妙的不同。后者的前提是吸烟；前者的前提是祷告。

"该死，这不是跟桌子比的问题。这就是很小的一份。"

旋转框架

框架效应并不限于信息的呈现顺序。例如，广告商总是尝试引诱消费者对广告中的商品形成明确的购买意向。他们会通过一种叫作"旋转框架"的方法来达到这个目的，这是一种不那么纯粹的框架，它会改变内容而不仅是顺序。一个以质量取胜的公司会介绍那些使人看重质量的信息，而另一个以价格为优势的公司则会突出那些使人看重省钱的信息。

政治辩论者同样试图通过旋转框架或强调相关信息的某些方面而非其他方面。因此，我们会听到持对立立场的支持者分别用"有权堕胎"与"获得生命的权利"、"恐怖分子"与"自由斗士"、"非法移民"与"无证工人"，甚至是"刑讯逼供"与"强化审讯"等完全不同的词语来形容同一件事。这类词语对相关事件架构的影响使美国在1947年把国家军事部改成了听起来更温和的美国国防部。

旋转框架。这位驻阿富汗的美军士兵到底是一名"解放者"还是"侵略军"中的一员？描述他的不同词语强调了不同的信息，从而会影响人们对他的看法。

政客（和一些有政治目的的民意调查机构）在引导民意调查以使自己获得更高支持率的时候也会利用旋转框架。政客们会说他们支持废除"死亡"税而不是说"遗产"税。询问人们是否愿意看到"税收减免"几乎肯定会得到强烈支持，因为"减免"暗示了税收是一种负担，人们需要从中解脱（Lakoff，2004）。用特定的方式粉饰调查问题已经在许多政治事件中展示出了戏剧化的公众观点影响力。正因为民意调查问题很容易偏向特定方向，所以了解问题表述的遣词造句就与了解是谁在赞助投票一样非常重要了。就像以色列前总理西蒙·佩雷斯（Shimon Peres）所言，民意调查“就像香水——闻起来香甜，咽下去却危险。”

正面框架与负面框架

生活中的每一件事都是好与坏的结合体。冰激凌美味，却富含饱和脂肪酸。忠诚是一种美德，却会使一个人对别人的错误视而不见。大多数事物天然的复杂性意味着人们可以通过强调它好的或坏的一面来对其给出不同的描述，并预计这将为人们的判断带来怎样的影响。一块瘦肉含量占75%的肉听起来比脂肪含量占25%的肉更有诱惑力（Levin & Gaeth，1988），而学生们在使用安全率达到90%的避孕套时也比使用有10%的不安全风险的避孕套时感觉更安全（Linville，Fischer，& Fischhoff，1993）。注意，以上两种框架（纯粹的框架效应）呈现的信息是完全相同的，只是关注点不同。还应注意，其实并不存在所谓“正确”的框架。说一块肉含有75%的瘦肉和说这块肉含有25%的脂肪一样合理。与之类似，请看图4.3：如果你跟大多数人相同，比起种植更多的树，你可能更愿意多花钱去挽救森林。

（A）正面架构：你愿意花多少钱种植更多的树？

（B）负面架构：你愿意花多少钱重建遭破坏的森林？

图 4.3　正面框架和负面框架。架构信息的方式能强烈影响它们引起的反应。由于负面信息通常具有更大的影响力，比起再创造更多的收益，人们更倾向于花钱来挽回已失去的东西。

这类框架效应对人们做出判断和决定有着极大的影响力，甚至会影响某研究领域的专家所做的判断。例如，在一项研究中，有超过400位医生被问及会向某种癌症患者推荐手术还是化疗，有一些医生被告知在100名接受手术的病人中，有90名活过了术后期，一年之后有68人还活着，而有34人过了5年之后还活着。结果在这种条件下，有82%的医生向病人推荐了手术。另一些医生听到了相同的信息，只是使用了不同的说法：在术后期有10人死亡，第一年里共有32人去世，在5年里有66人去世。结果，这时只有56%的医生向病人推荐了手术（McNeil，Pauker，Sox，& Tversky，1982）。

由于负面信息比正面信息能吸引更多注意力，产生更大的心理影响力（Baumeister et al.，2001；Rozin & Royzman，2001），所以负面框架常常会引起更强烈的反应。上面的例子就在某种程度上反映了这种趋势——10人死亡听起来比100个人中有90人活了下来更危险。这个理论更直接的证据来自另一些研究，这些研究比较了人们在损失某物和意外收获某物时的反应（Tversky & Kahneman，1981）。结果发现，比起一开始就没能拥有某件东西，突然失去一件东西更让人觉得不爽。

时间框架

想象一下，你的一个朋友今天给你发了一封邮件，询问你下周六上午九点能否过去帮他搬家。你那天没什么事，他又是你的好朋友，于是你理所当然地答应了他。那么来想象一下，现在是周六早上八点半，你的朋友发邮件问你能否在半个小时之内过去帮他搬家。外面很冷，你还很瞌睡，于是你回信说你身体不舒服，或者压根儿不回信，假装你从未看到过这封邮件。为什么朋友提前一周问的时候你如此乐于帮忙，而在搬家当天询问你，你却这么不情愿呢？

你也许有过类似的感觉，那种与你早先所做的决定相冲突的感受。早先的你觉得这学期多选择一些课程会是个好主意，但现在的你却觉得疲惫、缺乏睡眠且精疲力尽。你之前怎么会认为这是个好主意呢？或者，早先的你觉得去参加拓展训练将能让你好好利用宝贵的暑假时间，但是一到山上，糟糕的食物和凶猛的蚊子就让你开始怀疑自己之前是怎么想的。

为什么同样的主意有时看起来极好，有时则糟糕透了？理解这类自我冲突的关键是要注意到这些活动和事件是以特定的时间背景为框架的。它们分别属于遥远的过去、此时此刻或不久的将来，诸如此类。根据**解释水平理论**，人们考虑事情时会从特定的时间背景出发，而不同的时间背景对他们建构事件的方式有着重要且可以预测的影响（Fiedler，2007；Liberman，Sagristano，& Trope，2002；Trope & Liberman，2003，2010）。任何活动或事件都可以有富有具体细节的一面——例如，咀嚼你的食物，搬着朋友的椅子上楼，给乞丐一块钱。但是，它们同样也可以很抽象，富有意义但缺乏细节——出去吃晚饭，帮朋友搬家，或者是做一个慷慨的人。事实证明，在思考远期事件，也就是那些在很久以前或在遥远的未来发生的事情时，我们倾向于想象它抽象的方面；而对近在眼前的事，我们则

解释水平理论（construal level theory）：一个概述了心理距离与想法的抽象性和具体性的关系的理论。人们会以抽象方式思考心理距离远的行为和事件，且倾向于想象近在眼前的行为和事件的具体细节。

倾向于思考具体细节。下周你会出去吃饭，或是帮一个朋友搬家；但现在你是在咀嚼着你的食物，或者今天下午你会搬着你朋友的椅子上楼。

这种解释上的差异对人们在日常生活中如何想、如何做有着重要的影响，它还解释了偏好的前后矛盾。在抽象描述里听上去很不错的事，有时在添加上所有细节后会变得令人毛骨悚然，所以我们会对曾经做出的一些决定感到后悔。当我们把从现在起一年的沉重课业负担当作“延伸我的教育”或“拓宽我的视野”时，听起来是很不错，于是我们欣然接受了挑战。但我们在一学期中体验到了沉重的课业负担，即“埋头苦读”或者“泡在图书馆里”，就没有那么鼓舞人心了，所以我们才会质疑早先做出的担此重负的决定。但有时，抽象描述也可能没有具体描述那么合意，这就产生了另一种相反的前后矛盾。你可能发誓说无论如何也要坚持节食（因为你不想“胡吃海塞”），然而当你站在自助餐前时，你会发现放纵自己是如此容易（因为你只是在“尝试不同的种类”）。

除了时间，远期或近期事件的影响在其他方面上也同样适用（Trope & Liberman，2010）。事情可以在空间上有近有远（在把你的大学校园与加勒比海上的小岛相比时），在社会关系上的远近也不同（将要发生在你身上的事与将要发生在相识的人身上的事相比时）。和时间远近的影响一样，这些方面的远近对解释有着相同的影响力。例如，当“爬树”这个动作发生在离学校5公里远的地方时，纽约大学的学生们会把“爬树”想象为“抓着树干”；而如果这个动作发生在5000公里之外的西海岸，他们会说爬树能“让人的视野开阔”。类似的，在附近看牙医可能仅仅是在“补蛀牙”，在遥远的洛杉矶看牙医的行动则会被看作在“保护牙齿”（Fujita，Henderson，Eng，Trope，& Liberman，2006）。

小　结

信息的呈现方式，包括呈现顺序，可以影响人的判断。当最初呈现的信息比随后呈现的信息产生了更大的影响力时，首因效应就发生了，这通常是因为最初的信息影响了对之后的信息的组织。当后面呈现的信息有更大的影响力时，近因效应就会出现——特别是当后面的信息更容易回忆的时候，近因效应将尤为明显。人们很容易受信息陈述的框架效应的影响。有时传达者会故意旋转信息，通过特殊的参照框架来影响我们的判断。事件的时间框架——事情很快就要发生还是在很久以后才会发生——同样会影响我们的想法；遥远的事件会被建构得更抽象，而即将来临的事则被建构得更具体。

我们如何搜寻信息

假设一个朋友给你的寝室或者公寓送去了一些盆栽植物，他说：“这些植物可能需要勤浇水，但我不是很确定，你最好确认一下。”你会怎么做呢？如果你跟大多数人一样，就会经常给它们浇水并看它们的长势如何。但你不会给其中一些浇很多的水，而给另一些浇很少的水，然后比较它们的长势是否不同。

确认偏差

确认偏差(confirmation bias)：通过搜寻支持假设的证据来检验假设的倾向。

当你评估一个命题（一种植物需要频繁浇水；给孩子很多零花钱会宠坏孩子；西班牙裔人看重家庭）时，会更容易、更有可能搜索到支持这个假设的证据，而不是反对这个假设的信息。这就叫**确认偏差** (Klayman & Ha，1987；Skov & Sherman，1986)。在一个检验确认偏差现象的实验中，一组被试需要判断在重大网球比赛前一天训练是否会使运动员更容易获胜。另一组则需要判断比赛前一天训练是否会使运动员更容易失败。在得出结论前，两组被试都可以搜寻以下四类相关信息中的任意一种作为自己的论据——在一个样本中，前一天训练并且获胜的人数、训练并且输掉比赛的人数、前一天没有训练并且获胜的人数、没训练并且输掉比赛的人数。事实上，为了做出有效的判断，这四类信息我们都需要了解。你必须计算和比较比赛前一天训练的成功率与没有训练的成功率。如果前者的比例高于后者，那么说明在前一天训练会增加获胜的概率。

但是被试并不倾向于搜寻所有必要的信息。相反，如图4.4所示，被试对于那些可以验证他们的假设的信息特别感兴趣。与那些想努力了解训练是否会导致失败的人比起来，努力了解训练是否会导致胜利的人对训练并且获胜的人数更感兴趣；反之亦然 (Crocker，1982)。

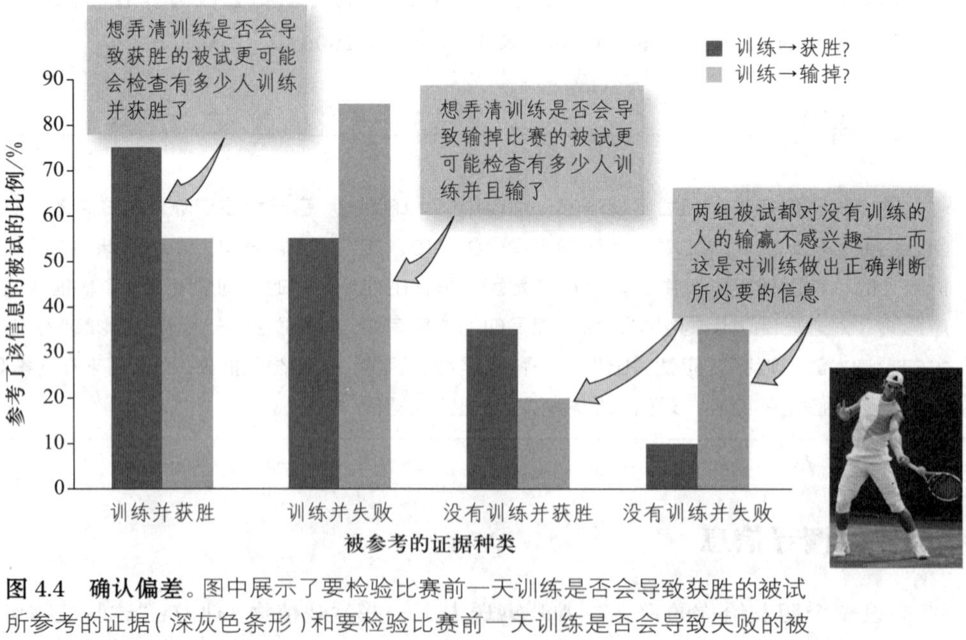

图4.4 确认偏差。图中展示了要检验比赛前一天训练是否会导致获胜的被试所参考的证据（深灰色条形）和要检验比赛前一天训练是否会导致失败的被试所参考的证据（浅灰色条形）。

确认偏见有可能带来各种各样的虚假信念，因为人们几乎对任何事情都能找到支持性的证据 (Gilovich，1991；Shermer，1997)。月圆时人们是否更有可能遭遇不幸？医院急诊室当然会在一些月份的月圆时分异常繁忙。乐观的人是不是活得更长？你很有可能会想起一些年纪很大而又超乎寻常的乐观的人。但是与假设一致的证据不足以得出严格有力的结论，因为可能存在同样多甚至更多的证据去反驳它——急症室在更多的满月之日里空空荡荡，也有更多活得很久的悲观的人（如“脾气暴躁的老头”）。因此，确认偏差的危害是，如果我们重点寻找一类证据，就很有可能找到它。但是为了真正检验一个假设，我们必须同时搜寻反驳它和支持它的证据。

在社会领域，确认偏差经常会使人们不知不觉地以特定的方式提出问题，以获得他们想要的答案，进而为他们提供了虚假的支持。在一个特别有说服力的研究中，一组被试要采访一个人，然后判断这个人的性格是否外向；另一组被试则要判定其性格是否内向 (Snyder & Swann，1978)。被试可以从一个给定的清单里挑选他们的采访问题。需要判定受访者是否外向的被试倾向于问关于社交能力的问题（“你什么时候最健谈”），而需要判定受访者是否内向的被试倾向于问关于社会退缩的问题（“在什么情况下你希望自己能变得更外向”）。显然，如果你问别人什么时候最善交际，他们有可能以一种会使他们看起来相当外向的方式回答，即使他们并不外向。而如果你问关于社会退缩的问题，他们几乎肯定会以一种使他们看起来相当内向的方式回答，即使他们并不内向。在后续的实验中，这个倾向也得到了验证，研究者给采访录音，把问题剪辑掉，然后将受访者的回答播放给另一组不知情的被试听。这些不知情的被试也认为，被前一组被试判定为外向的人与被前一组被试判定为内向的人相比更加外向。

有动机的确认偏差

在先前的例子中——以及日常生活中的很多时候——陷入确认偏差的个体没有去证实特定结果的动机。在他们看来，他们只是简单地验证了一个假设。尽管如此，他们在搜寻证据的时候最终还是会陷入偏差、误入歧途。

当然，人们有时也会故意寻求支持他们的偏好或预期的证据。希望某个假设为真的人可能会积极地筛选相关证据以证实其正确性。在这种情况下，支持某人信念的信息更容易被接受，而违背某人信念的信息将遭到严格审查，甚至经常被忽略 (Dawson，Gilovich，& Regan，2002；Ditto & Lopez，1992；Gilovich，1983，1991；Kruglanski & Webster，1996；Kunda，1990；Pyszczynski & Greenberg，1987)。

在一项值得我们关注的研究中，支持死刑和反对死刑的人分别要阅读一些关于死刑能否有效地阻止犯罪的研究。一部分被试要阅读这样的两份材料：其中一份材料显示，根据一些州与州之间的比较研究，实施死刑的州的犯罪率并不比没有死刑的州低；另一份材料则显示，一些州的犯罪率在实施死刑后立即下降了。其他的被试则读到了结论相反的研究——从州与州之间的横向比较来看死刑有效，而从执行死刑的时间前后的比较来看没有效果。无论他们阅读哪份材料，死刑的支持者都会称证据能强有力地支持他们的观点，而死刑反对者的看法则恰好相反。双方都责备与其假设相悖的研究存在问题，而很容易接受支持他们假设的研究。他们原本的偏好影响了他们看待相关证据的方式 (Lord，Ross，& Lepper，1979)。

小 结

人们获取所需信息的努力经常被两种确认偏差污染：一种发生在寻找支持我们需要检验的命题或假设的证据时——尽管要圆满地检验命题，需要同时检验支持和反对的证据；另一种确认偏差发生在我们希望一个既定命题为真时，我们会找出支持我们信念或偏好的证据，而把反驳了该假设的证据搪塞过去。

自上而下的加工：运用图式来理解新信息

下面一段内容描述的是什么？

> 这个过程很简单。首先你把东西分成不同的组，当然，一堆可能就足够了，这取决于这儿有多少东西。如果你由于缺少设备而要去其他的地方，那么你就去；不然，你就算已经准备好了。(Bransford & Johnson，1973，p.400)

你是不是也无法理解这段话说的是什么？什么东西被分到了不同的组？少了什么设备？大多数人都觉得自己很难理解这段话。但是如果这段话有一个标题"洗衣服"，现在再把它读一遍，你会突然发现它不再令人困惑了。如果从洗衣服的角度去理解，每句话都能讲得通。

自下而上的加工（bottom-up process）：个人基于经历到的刺激形成结论的"数据驱动"的心理加工过程。

自上而下的加工（top-down process）：个人基于先前存在的知识和期望过滤解释新信息的"理论驱动"的心理加工过程。

要理解这段话，需要调用我们已知的信息去理解新信息。当我们知道这是关于洗衣服的事情时，就能理解什么叫"把东西分成不同的组"和"由于缺少设备而要去其他地方"。类似的，我们所知道的关于人类本性和不同语境的事实使我们能够判断一个人流出眼泪是因为快乐还是悲伤。我们对规范和习俗的了解使我们能够判断一个手势是充满敌意的还是友好的。

观察和理解这个世界涉及两种同时进行的加工过程：**自下而上的加工**和**自上而下的加工**。自下而上的加工包括从外界接收相关的刺激——纸上写的内容、互动过程中的手势、鸡尾酒会上的声音模式，等等。同时，自上而下的加工会基于先前的知识和期望来过滤和解释自下而上的刺激。刺激的含义不是被动记录下来的，而是会得到我们主动的解释和分析。

先前掌握的知识对于理解是必要的，对于推理和判断当然也是必要的。事实上，就像洗衣服的例子所显示的那样，理解和判断是相互联系、难解难分的，它们都需要我们超越当前呈现的信息并从中进行推测。因此，研究推理和判断的心理学家对人们如何运用储存的知识很感兴趣。

心理学家发现的一个准则是，储存的信息不是被一点一点存档的；相反，信息被储存在紧密结合的完形或者图式中，相关的信息被储存在一起。关于美国国务卿希拉里·罗德海姆·克林顿的信息与关于韦尔斯利学院的研究生希拉里·罗德海姆·克林顿的信息是紧密联系在一起的，同时还有前第一夫人希拉里、总统候选人希拉里、畅销书作家希拉里 (Bartlett，1932；Markus，1977；Nisbett & Ross，1980；Schank & Abelson，1977；Smith & Zarate，1990)。毫无疑问，你的脑海中储存着各种事物的图式，比如快餐店（连锁经营，食物一般，明亮主色的装潢，有限的选择，价格便宜）、一个喜爱聚会的人（喧闹，喝醉酒，跳起舞来朝气蓬勃但不是很优雅），还有动作电影（好人贴上了好人标签，坏人占上风，好人实现大逆转，坏人在令人瞠目结舌、眼花缭乱的大结局中毁灭）。

图式的影响

我们拥有的各种各样的图式以多种方式影响着我们的判断，它们引导我们的注意力，构建我们的记忆，并影响我们做出的解释 (Brewer & Nakamura，1984；Hastie，1981；Taylor & Crocker，1981)。没有图式，我们的生活会变得一团糟；但是图式有时可能会导致我们错误地描述这个世界。

注意

注意是有选择性的。我们不可能关注所有事情，在某个情境下，我们拥有的知识会使我们将注意力集中于最重要的部分并且忽略其他部分。下面这个实验有力地说明了图式和期望在多大程度上指引了我们的注意力：在实验中，被试将观看一段录像，里面有两队人在来回传篮球，每队有3个人。一个队的队员穿白色 T 恤，另一队穿黑色 T 恤。被试需要做的是数其中一队的传球数。在第45秒时，一个身穿大猩猩服装的人出现在了画面中间（见图4.5）。尽管一只大个的黑猩猩很难被人忽视，但只有一半的被试注意到了它！被试先前形成的在一个接球游戏中可能会发生什么的图式引导他们将注意力完全集中于录像的某些部分，以致他们没能看到这样一个相当戏剧性的、出乎意料的刺激 (Simons & Chabris，1999)。

图 4.5 科学方法：选择性注意

假设：我们的期望会引导我们的注意力，使我们很难看到意料之外的东西。

研究方法：

1. 被试观看两组队员传球的录像
2. 被试要数出某组队员传球的次数
3. 45 秒后有一个穿着大猩猩服装的人从画面正中穿过

结果：有一半的被试没有注意到穿大猩猩服装的人。

结论：我们不能注意到所有的事，所以我们将注意力集中在看似重要的事情上，而忽略了其他的部分。

记忆

由于图式能影响注意，因此它们也会影响记忆。我们最有可能记住那些最能抓住我们的注意力的刺激。事实上，前《纽约时报》(*New York Times*) 的科学专栏作家丹尼尔·戈尔曼曾经把记忆称作"过去时态中的注意"(Goleman，1985)。图式对记忆和判断的影响——以及对随后的行动的影响——也很重要。毕竟，许多判断都不是立即做出的；相反，它们是在之后基于从记忆中抽取出的信息完成的。

研究者已经在许多实验中证明了图式对记忆的影响 (Fiske & Taylor，1991；Hastie，1981；Stangor & McMillan，1992)。在一项研究中，学生观看了一卷录像带，它描述了一对夫妇一起用晚餐的场景 (Cohen，1981)。一半学生被告知录像带中的女人是图书管理员，另一半学生被告知她是服务员。随后，学生进行了一个记忆测验，以检验他们关于录像内容记住了多少。核心问题是学生的记忆是否会受他们对图书管理员和服务员的刻板印象（关于社会中特定群体的图式）影响。例如，测验会问他们录像中的女人是在喝红酒（对图书管理员的刻板印象）还是啤酒（对服务员的刻板印象），女人收到的礼物是一本历史书（对图书管理员的刻板印象）还是一本爱情小说（对服务员的刻板印象）。研究者刻意使录像中与这两种刻板印象一致和不一致的项目一样多。

学生先前的知识影响了他们的回忆吗？的确影响了。认为女人是图书管理员的学生在回忆与图书管理员的身份相一致的信息时比回忆不一致的信息时更为精确；认为她是服务员的学生则在回忆与服务员身份相一致的信息时更为精确。与先前存在的图式相符合的信息经常在回忆中占有优势 (Carli，1999；Zadny & Gerard，1974)。

这个研究表明，图式可能通过影响信息**编码**——信息在记忆中如何被归档——的方式影响记忆，因为图式可能影响人们接收什么信息以及他们最初会如何解释并储存这些信息。同时，图式也可能影响信息的**提取**，或影响信息是如何从知识库中被抽取出来的。

编码 (encoding)：根据接收何种信息和对信息的初次解释将其在记忆中归档。

提取 (retrieval)：从记忆中对信息进行抽取。

社会心理学家有很好的理由相信图式会影响编码，因为我们知道它们决定了人们会注意什么样的信息。那么图式是否也影响了提取呢？要验证这一点，一个可行的方法是在人们已经接触了相关信息后，再给他们提供图式，显然图式在此时已经不能影响编码了。许多实验运用了这个策略，典型的结果是：接触相关信息后再提供图式与在接触相关信息前提供图式相比，对记忆的影响没有那么大 (Bransford & Johnson，1973；Howard & Rothbart，Evans，& Fulero，1979；Wyer，Srull，Gordon，& Hartwick，1982；Zadny & Gerard，1974)。尽管如此，在信息被接收后提供的图式有时也的确有很大的影响作用 (Anderson & Pichert，1978；Carli，1999；Cohen，1981；Hirt，1990)。因此，合理的结论似乎是图式通过影响编码和提取来影响记忆；但在一般情况下，图式对编码的影响要大得多。

解释

图式不仅影响我们能注意到和记住什么信息，也影响了我们解释信息的方式。为了理解它是如何影响解释方式的，让我们先来看看唐纳德的例子。在你看来，他似乎是一个“极限”运动竞赛的参赛者，但实际上，唐纳德是一个虚构的人物，是一个研究先验知识对社会判断到底有何影响的实验的刺激材料：

> 唐纳德利用大量时间去做他喜欢的刺激的事。他攀登过麦金山，乘皮划艇在卡罗拉多急流中进行过漂流，参加过撞车比赛，还开过喷气动力船——尽管他还不是很了解船。他曾多次险些受伤，甚至与死亡擦肩而过。现在他又在寻找新的刺激，他在想，或许他可以去跳伞，或者乘帆船横渡大西洋。通过他的行为方式，人们很容易猜到唐纳德是那种非常清楚自己能做好很多事情的人。除了商业活动，唐纳德和别人的联系非常有限，他感觉自己实际上不需要依靠任何人。一旦唐纳德决定做什么，无论需要花多长时间或者有多么困难，他都会把它做得很好。他很少会改变心意，即使改变心意真的更好一些。(Higgins，Rholes，& Jones，1977，p.145)

在一个以唐纳德的故事为刺激材料的早期研究中，学生参加了两个看似不相关的实验 (Higgins et al.，1977)。首先在“感知觉”实验部分，他们先会在屏幕上看到若干形容人格特质的词汇。“富有冒险精神的”、“自信的”、“独立的”和“坚持的”被插在10个一组的特质词中，并呈现给其中一半的被试；另一半被试看到的词中则包括“鲁莽的”、“自负的”、“冷漠的”和“固执的”。完成“感知觉”实验之后，被试会参与一个“阅读理解”实验。在此实验中，被试阅读了关于唐纳德的短文，然后要在一系列特质量表上给他评分。（文章故意模糊处理了唐纳德是属于富有冒险精神的、吸引人的人，还是属于鲁莽的、不吸引人的人。）研究者想知道的是被试在第一个实验中遇到的词是否会引导他们采用不同的图式，由此影响他们对唐纳德的评价。

就像研究者预期的一样，之前看过“富有冒险精神的”、“自信的”、“独立的”和“坚持的”等词汇的被试，比起另一组被试，对唐纳德形成了更好的印象。因此，被试形成的关于人格特质的图式（例如，是“富有冒险精神的”还是“鲁莽的”）影响了他们对唐纳德的推断类型。

更一般性的观点是，储存在脑中的信息会影响人们解释新信息的方式。这更有可能发生在刺激本身（比如唐纳德的许多行为）模棱两可的时候 (Trope，1986)。在这种情况下，我们必须更多地依赖自上而下的加工来弥补自下而上获得的信息的不足。

行为

目前你已经看到了图式是如何影响人们的注意、记忆以及对信息的解释。图式也可以影响行为吗？答案当然是肯定的。许多研究已经表明，当人们在会引发某种图式的环境中接触刺激时，特定类型的行为模式会被自动激发。在一个著名的实验（被试以为这是一个对“语言熟练程度”的测验）中，被试需要完成一个拼句任务。实验给被试呈现了30组词，每组5个，要求他们在这5个词中选择4个拼成一个语法正确的英语句子。对于一半被试的来说，这150个词中包含很多与对老人的刻板印象相关的词汇——灰色、皱纹、佛罗里达、宾戈游戏，等等。这些词能使被试想起有关老人的图式。剩下的被试接触的是与老人无关的中性词，所以他们关于老人的图式没有被启动。然后，实验者感谢所有被试的努力，这个实验就结束了——被试以为结束了。

实际上，实验才刚刚开始。另一个实验者偷偷记录了每一个被试从实验室门口走到走廊尽头的电梯处的时间。研究者预测，被激活了关于老人的概念的被试走得更慢，因为“慢”是一个与老人相关的特质。令人惊奇的是，事实也的确如此。那些运用了大量与老人相关的词汇完成句子的被试走到电梯的时间增加了13%。(Bargh et al.，1996；see also Cesario et al.，2006)。

进一步研究发现了相似的结果，激活有关粗鲁无礼的图式会让人的表现更加固执己见（Bargh et al.，1996），激活“完成”这一目标会引导人在复杂的任务上坚持更多的时间（Bargh，Gollwitzer，Lee-Chai，Barndollar，& Trotschel，2001）。在卖酒的商店播放德国音乐会使德国葡萄酒销量大增而法国葡萄酒销量锐减；反之，播放法国音乐似乎会使法国酒畅销——即使顾客并没有意识到播放的是哪一类音乐（North，Hargreaves，& McKendrick，1999）。

在另一系列研究中，荷兰的社会心理学家 Ap Dijksterhuis 和 Ad van Knippenberg 给学生们呈现了一系列刺激，这些刺激是为了使被试想起与不同社会群体相关的图式。其中一个社会群体（教授）与知识成就相关，另一个群体（足球流氓）则以粗鲁著称。在后来的常识测验中，那些接触教授线索的被试的表现要比接受足球流氓线索的被试好（Dijksterhuis & van Knippenberg，1998）。

启动。激活像教授、超级模特这样的刻板印象会引导人们依照对这类人的刻板印象解释自己，然后按他们所认为的这类人的表现方式去表现自己。但是，如果激活的是这些群体中的一个特定的例子，例如（A）阿尔伯特·爱因斯坦或者（B）克劳迪亚·希弗，则更可能带来相反的效果。因为人们会拿自己和这些特定的人物进行比较，并感觉自己一点也不像他们。

更加令人印象深刻的是，Dijksterhuis、van Knippenberg 等人证明了激活对教授或者超级模特的刻板印象致使被试表现出与刻板印象一致的行为，但是如果激活的是这些群体中的一个特定的（极致的）例子，例如阿尔伯特·爱因斯坦或者克劳迪亚·希弗，则更可能使被试表现出与刻板印象不一致的行为。也就是说，当爱因斯坦的形象映入被试脑海时，他们在常识测验中会表现得更糟糕，而当进入脑海的是克劳迪亚·希弗时则会表现得更好（Dijksterhuis & van Knippenberg，1998）。这个结果与激活图式会产生与图式一致的行为的普遍趋势是相符的。与通过时尚模特的“镜头”看自己时相比，通过教授的“镜头”看自己会让人们在潜意识中认为自己（且表现得）更有智慧。但是如果激活对刻板印象组里面特定成员的图式，则更可能使被试在回答问题时表现出与刻板印象不一致的行为（Herr，1986；Schwarz & Bless，1992）。以个人为例容易让这个人变成判断的标准——在这种情况下，爱因斯坦成为了一个非常高的标准（使人们感觉自己是多么缺乏智慧），而克劳迪亚·希弗则成为了一个相对较低的标准（让人们觉得自己还挺聪明的）。

什么样的图式可以被激活和应用

在之前描述的图书管理员和服务员的实验中存在一点疑问，就是被试会应用什么样的图式去加工他们在录像带里看到的信息。实验者只告知被试这个女人是一个图书管理员（或者服务员），除此之外被试对她的信息一无所知。那么他们会通过图书管理员（或者服务员）图式的“镜头”来观看录像带吗？这仍需要检验。但是在现实生活中，情况通常复杂得多。例如，一个人可能除了知道她是一个图书管理员之外，还知道她是一个铁人三项选手、共和党成员和美食家。到底哪个图式（或者哪些图式的组合）有可能被想起或者激活呢？

近期的激活

图式可以以多种多样的方式被想起或激活。其中一种最常见且最重要的方式就是近期的激活。如果一个图式是最近刚被激活的，那么这个图式将更可能具有可及性，同时也准备好了为你所用（Ford & Kruglanski，1995；Herr，1986；Sherman，Mackie，& Driscoll，1990；Srull & Wyer，1979，1980；Todorov & Bargh，2002）。**启动**是一个研究人员常用的术语，用来描述立即激活特定图式的过程。

启动（prime）：瞬时激活一个概念从而使这个概念更容易被想到。（也可以作名词，指用来激活一个概念的刺激。）

回想 Tory Higgins 等人的“唐纳德”研究（Higgins et al.，1977），先前接触了“富有冒险精神”等特质形容词的被试比起接触了“鲁莽”等特质形容词的被试，更容易对虚构的唐纳德形成好印象。通过让被试接触暗示了富有冒险精神和鲁莽等含义的词汇，研究者希望尝试启动被试关于“富有冒险精神”和“鲁莽”等特质的图式。当然，图式也可以被词汇之外的其他类型刺激启动。研究发现，人们的判断和行为还会受周围的环境特征（Aarts & Dijksterhuis，2003；Gosling，Ko，Mannarelli，& Morris，2002；Kay，Wheeler，Bargh，& Ross，2004）、文化象征——如国旗（Carter，Ferguson，& Hassin，2011；Ferguson & Hassin，2007；Hassin，Ferguson，Shidlovsky，& Gross，2007）、对一个目标的追求（Aarts，Gollwitzer，& Hassin，2004）、一个重要的人（Shah，2003）、自己身体的反馈（Jostmann，Lakens，& Schubert，2009；Lee & Schwarz，2011），甚至一种气味（Holland，Hendricks，& Aarts，2005）等特征所启动的图式影响。

专栏4.1 聚焦进化

知识，后天习得的和先天的

图式是后天习得的，还是至少有一些先天的成分——因为在任何环境下生活的人都受图式的影响？这是哲学界和心理学界一直在争论的问题之一。古希腊哲学家苏格拉底相信许多知识是先于经验而存在的。他曾做过一个著名的尝试来验证这一点，他考察了一个马童，并认为马童的回答展示了他对勾股定理先天的理解。但苏格拉底的阐释并未说服很多人。最著名的主张先验知识的哲学家是德国的伊曼努尔·康德（Immanuel Kant,1742—1804），他主张像因果关系之类的概念必然是先于经验而存在的。相反，近一百多年来，大多数的哲学家都认为，所有的知识都是从经验中获得的。但查尔斯·桑德斯·皮尔斯（Charles Sanders Peirce）是个例外，他主张，如果没有先天的知识结构指导我们用经验检验相关假设，学习本身都是不可能的。

从总体上来讲，20世纪的心理学家非常反对先验知识的概念。学习理论的一个主要原则就是所有的刺激都可以与其他任何刺激建立起联系，然后导致学习。这是心理学家史蒂文·平克（Steven Pinker）被笑称为关于人类本性的“白板说”的基本观点。这个观点认为，所有的知识和信仰都是从经验中获得的。对于这样一个法则，至少存在一个不容置疑的例外。John Garcia 提出，所有的动物（包括人类）吃了一个之前从未吃过的食物然后在24小时之内生病了，他以后将对这种食物产生强烈的厌恶。显然，这里存在一个不依赖于经验的知识结构来认识“通常引起肠胃不适的食物是有毒的，最好不要再碰它了。”其他人主张，还有很多类似的知识结构。有些刺激联结很容易形成，因为有机体已经“准备好”学习它们了（Seligman，1970）。其他刺激联结是学不会的，因为器官“没有准备”学习它们。例如，鸽子就学不会“只要不在灯下啄食就能获得食物奖励”，因为没等它们学会，就先被饿死了。

在20世纪主张白板说的心理学家中，卡尔·格荣是一个例外。他认为，特定的“原型”（例如，启动的概念）是普遍的、先于经验而存在的。另外一个例外是发展心理学家让·皮亚杰（Jean Piaget），他主张思维发展的阶段是全世界通用的，在形式运算期，人就会形成逻辑的规则。皮亚杰相信，人类基因已经准备好去学习这样的推理规则了。

这依旧是一个富有活力的论题。先天图式的支持者坚持认为，没有经验指导的学习一般来说是很困难或者是不可能实现的；而反对者则认为，知识的获得需要天生的知识结构。

频繁的激活和习惯性高可及性

你可能已经注意到了，不同的个体在评估其他事物时使用的图式是不同的。大学教授经常关心一个人是否聪明，销售经理关心一个人是否容易被说服，从事娱乐业的人关心的是一个人是否具有魅力。同样，作为评估者以及遇到被评估者的环境也常会影响到评估者会关注哪种特质或采用何种图式。但是在某些时候，习惯将决定调用何种图式：如果一个人经常使用特定的图式，它将慢慢变得具有更高可及性，因此在未来有可能仍然被经常使用。经常被激活的图式的运作方式就像近期刚被激活过的图式一样：其可及性的提高增加了人们应用它来理解新刺激的可能性。

在一个研究信息的可及性影响的实验中，参加者要去参加两个看起来不相关的实验（Higgins，King，& Mavin，1982）。一开始，他们要简单地列出五类人的特点——两个男性朋友、两个女性朋友，还有他们自己。实验的这个部分是用来确定对每个被试来说最容易获得的图式是什么样的。对某个特定的被试而言，在其描述中提过3次及以上的特质图式都被认为是高可及性图式。

大约两周后，被试要回来参加第二个看起来不相关的实验。他们会见到不同的实验者。实验者让他们去读关于另一个人的简短描述，但他们并不知道这段描述是为他们每个人量身定制的，里面包括两类行为，某类行为反映了对其而言具有高可及性的特质，而另一类行为反映了对其具有低可及性的特质。读完这段描述之后，实验者让被试自行写下他们对目标人物特点的描述。然后，将对被试的描述进行计分，看其中是否包括了能代表特定特质（即对这个被试而言有高可及性的特质，以及有可及性较低的特质）的行为。结果证实了研究者的预期，人们的习惯性高可及性图式强烈地影响他们对其他人的评价，与可及性低的行为（占

31%）相比，被试对于目标人物行为的描述中包含了更多的对他们而言可及性更高的行为（占55%）。因此，我们每个人的习惯性高可及性图式对于我们如何知觉社会性接触有显著影响。

对激活意识：是否有必要

在很多启动实验的后期，通过仔细观察对被试的访谈，研究者发现很少有被试（很多时候甚至没有被试）怀疑研究的初始启动阶段和之后的评价阶段有任何联系。这个发现提出了一个问题：人们需要在多大程度上意识到一个刺激才能有效地启动一个既定的图式？研究者给出了一个明确的答案：一点也不需要。很多研究表明，阈下刺激就足以启动一个图式，并能有效地影响下一步信息加工的过程（Bargh，1996；Debner & Jacoby，1994；Devine，1989b；Draine & Greenwald，1998；Ferguson，Bargh，& Nayak，2005；Greenwald，Klinger，& Liu，1989；Klinger，Burton，& Pitts，2000；Lepore & Brown，1997；Neuberg，1988；Shah，2003）。

在一个研究中，调查者在计算机屏幕上以很快的速度向被试呈现一组词，而被试也几乎无法分辨所看到的是什么词（Bargh & Pietromonaco，1982）。（对照组被试接下来只需要猜每个词是什么，他们大部分都猜不对，只猜对了不到1%的词。）向被试呈现的词要么是敌对的（比如，憎恨、抽打、刺伤、敌意），要么是非敌对的（比如，水、长的、一起、每一个）。之后调查者要求被试去读一篇短文，短文里的主人公做了很多中等程度的敌对行为，而被试需要在一系列特定的标准上给主人公评分。那些之前主要看到敌对词的被试，与主要看到了非敌对词的被试相比，对该主人公的评价更加负面。注意，虽然他们并没有清楚地看到给他们呈现的词是什么，他们还是受到影响了。因此，即使呈现的激活刺激是**阈下**的，即没有被意识觉察，图式仍能被启动。

阈下（subliminal）：在能被意识觉察的阈限以下。

相似性或特征匹配

图式和随后出现的信息必须联系起来，否则即使图式被激活了，也不能指导对新信息的解释。是什么决定了被激活的图式是否被应用于解释新信息呢？

关于图式是否能用来解释新信息的一个最普遍的决定因素是图式的重要特征与随后出现的信息的重要特征的相似度或相符程度（Andersen，Glassman，Chen，& Cole，1995；Higgins & Brendl，1995）。假设你正开车行驶在乡间小路上，突然看到很多着装正式的人聚集在小山坡上，那么你是会应用婚礼还是葬礼的图式来解释这个场景呢？这当然取决于他们穿的是黑色的服装还是喜庆的服装，是否供应了放在冰桶里的香槟。该场景的这些特征会告诉你这是什么情况，然后你就会应用相关的图式来帮助你进一步解释这一场景（Holyoak & Thagard，1995；Read，1984，1987；Spellman & Holyoak，1992）。

一项研究解释了这个特征匹配的过程，这个研究和之前描述的“唐纳德”的研究很相似，但是有一个区别（Banaji，Hardin，& Rothman，1993）。在之前的研究中，被试首先接触了为了激活某种特质的图式而呈现的刺激——在这种情况下，被试的图式是因变量。而对照组被试接触的是中性刺激。之后，被试要描述对一个目标人物的印象，作为他们认为不相关的阅读理解任务的一部分。阅读材料中的目标人物的行为方式与因变量的联系较弱。被试在多个维度上给目标人物打分，包括与因变量相关的部分（例如，消极的、合作的）。但是，在关于特征匹配过程的研究中，实验设计有一处变动：一半被试的目标人物是男性（唐纳德），而另一半被试的目标人物是女性（堂娜）。之前的启动研究证明，与对照组相比，被启动的被试，在与因变量相关的维度上会给目标更高的评分。那么，目标人物的性别不会产生影响吗？

"但是，实际上……"

研究者对此表示怀疑，因为因变量是一个与对女人的刻板印象相关的特质词，所以因变量的图式更符合女性的特质而非男性的。即使被试关于因变量的图式在唐纳德和堂娜的情况下都被启动了，这个图式也应该只被应用于堂娜身上，因此影响人们对堂娜的印象，而对唐纳德的印象没有受到影响。实际上，启动组的被试给目标的评分只有在目标人物为女性时才更高；启动的因变量并没有使被试对唐纳德的评分更高，因为这个因变量特质与男性不匹配。

特征匹配保证了在特定情境下，正确的图式能够被正确地应用。在实际上是葬礼的情境下应用婚礼的图式，会造成图式特征与事件极不匹配——于是婚礼的图式很快就被遗弃了。要知道，感知觉和判断是自下而上和自上而下这两种加工过程的共同产物。一个被激活的图式并不总是会"胜出"，并不是所有被激活的图式都能直接决定人们看到了什么、理解了什么。不过，将脑海中的信息应用于新遇到的事件的过程仍然给偶尔的错误应用留出了可能的空间。换句话说，错误的图式有时也可能被误用在特定的情境中。

具有误导性的相似性

一个特别有趣的、会引起错误图式应用的情况是，图式和被评估的刺激间在一些不相干的维度上有着一致的表面特征，但在相关或者更重要的维度上并没能很好地匹配。一个著名的实验检验了美国人对于美国干预海外军事冲突所持有的图式的影响。自从越南战争结束后，关于美国军事干预的讨论经常表现为剑拔弩张的态势。那些支持海外军事干预的人辩称，我们不能像第二次世界大战前的协约国一样坐视不管，放任侵略者取得胜利。他们经常说，"我们应该勇敢地面对希特勒。"另一方面，那些反对海外军事干预的人倾向于提起越南战争阴霾——一场令美国难以脱身的战争。从第二次世界大战的视角来看待冲突，比通过越南战争的图式看待它，更有可能导致赞同进行海外军事干预。

有一项研究调查了潜在的危机与被试所使用的图式之间在不相关层面上的相似性是否会影响被试的政策建议。研究者给学习国际关系课程的学生展示了一场虚构的危机，然后请他们提出化解危机的建议。所面临的危机是，一个小国与其强大邻国的战事一触即发，邻国在其边境聚集了军队。这个小国向美国寻求援助，美国应该怎么做呢？

对此次危机的描述包括了多种特征，一个版本的描述会让被试想起越南战争，而另一个版本的描述则能让被试想起第二次世界大战。例如，在越南战争的版本中，两个国家区域的东侧为一片水域，这暗示了中南半岛；少数民族是通过沿海岸线乘小船逃跑的（暗示越南"乘船外逃的难民"）。在第二次世界大战的版本中，这些逃跑的人是躲在货车车厢里离开自己的国家的（纳粹政权致使人们受难的画面之一）。在这两个版本的描述中均没有暗示何为最好的政策，但是它们引发了与第二次世界大战或者越南战争的强烈联系，因此显著地影响了学生给出的政策建议。读了第二次世界大战版本描述的被试，与读了越南战争版本描述的被试相比，更加建议美国进行军事干预（Gilovich，1981）。

期望

有时，人们会因为对遇到的事情存在期望而应用特定的图式（Hirt，Mac Donald，& Erikson，1995；Sherman et al.，1990；Stangor & McMillan，1992）。期望激活了图式，于是图式也准备好被利用了（见专栏4.2）。如果期望是有保证的，这会节约相当可观的心理资源。比如，将"讨价还价"图式应用在某次商业交易中，可以使我们不用多犹豫或焦虑就拒绝最初的开价，并且放心地砍价。然而，对讨价还价的图式的错误应用则可能使人们在不恰当的场合或时间进行砍价，导致尴尬的局面。

自我实现的预言（self-fulfilling prophecy）：人们表现出预期发生的那件事的行为的倾向。

因此，通过降低应用特定图式的门槛，期望就能够影响信息加工过程。期望可以启动图式，而图式则准备好应用在任何一点适用的提示上。

专栏4.2　聚焦日常生活

自我实现的预言

未来的期望不仅仅会指引人们解释信息的方式。它同样会影响我们的行为，随后也会影响我们观察到的互动。通常，这样导致的结果就是**自我实现的预言**，换言之，我们的期望致使我们以特定的方式行动，以引发别人做出我们期望的行为。关于自我实现的预言有一个非常著名的实证研究，在这个实验中，小学教师被告知学生做的能力测试表明有几个学生的智力在未来一年内能够发生飞跃（Rosenthal & Jacobson，1968）。而事实上，这几个学生都是随机抽取出来的。尽管如此，教师对特定学生会发生智力进步的期望调动了学生与教师之间的互动模式，最终使那些学生真的在学年结束时的智力测试上得到了更高的分数（Jussim，1986；Smith，Jussim，& Eccles，1999）。

并不是所有的预言都能够自我实现。其中必然会有某种机制使特定的期望发展成特定的行为结果。在教师期望的实验中，这个机制就是教师的行为。具体来说，教师会偏向于锻炼他们认为智力会提升的学生，让这部分学生学习更多更难的材料。不是所有的预言都能通过这种机制发展成事实。或许有人认为你很富有，可是我们无法想象仅靠这样一个信念就能帮你真的变富有。事实上，有些预言甚至会造成自我妨碍，比如，当一个司机相信没有什么坏事会发生在他身上时，他开起车来常常会十分鲁莽（Dawes，1988）。

小　结

知识结构或图式在决策中起到了至关重要的作用。图式通过捕获人们的注意、改变记忆和决定信息的分析方式来影响人们的判断。图式同样会影响人们的行为。如果图式在近期被激活过或者被习惯性地运用，那么它尤其容易影响人们。而且在这个过程中，人们并不一定能意识到近期激活过或常常被激活的图式对他们产生了影响。然而，被激活的图式倾向于仅在时机合适或者适合处理手边的信息时才影响人们的理解、判断和行为。通常来说，图式会帮助我们又快又准地做出判断并采取行动，同时图式偶尔也会起误导作用。

推理、直觉和启发式

假设你现在有一个赢取10美元的机会：如果你能够闭着眼睛从一个装有红色弹珠和白色弹珠的碗里摸出一个红色弹珠，你就能赢得10美元。那么，现在你可以做一个选择：你面前有两个碗，一个小一点的碗，装有1个红色弹珠和9个白色弹珠；另一个碗要大一些，装有9个红色弹珠和91个白色弹珠，你会选择从哪个碗里摸球？

和大多数人一样，你也许会经历一些挣扎。按照完全理性的思维，你应该选择那个小一点的碗，因为10% 比9% 的概率要大。然而，在大碗中你有9个机会摸到红色弹珠，而在小碗中你必须要摸到唯一一个红色弹珠。有更多可能赢钱的弹珠会给人们带来一种“直觉”，仿佛应该选择大碗，而不是依据客观的概率。事实上，在实验中有61% 的被试在面对这个决策时选择了那个实际上赢钱概率要低

"我深知人类理性的弱点和不确定性，所以并不会为大相径庭的结果感到吃惊。"

——美国前总统托马斯·杰弗逊（Thomas Jefferson）

一些的大碗（Denes Raj & Epstein，1994）。

这些实验结果表明，我们在面对特定的问题时常会举棋不定，难以做出决策。的确，有许多研究表明，我们对于一些刺激的反应被两种思维系统指引：一种是直觉分析，一种是理性分析（Epstein，1991；Evans，2007；Kahneman & Frederick，2002；Sloman，2002；Stanovich & West，2002；Strack & Deutsch，2004 ）。直觉分析系统基于事物之间的联系，它的运行快速而自动，并且能够多个思维过程同时运行，即平行操作。理性分析系统基于规则和推理，它比直觉分析慢一些，也更容易控制，但是它一次只能运行一个分析进程，即序列操作。

直觉分析系统的这种快速的平行的运行性质意味着它最终会输出一些结果——对于现行问题的"答案"。有时，这个输出会被较慢的、经过深思熟虑的理性分析的结果取代。比如说，如果你要预测下一次抛硬币的结果，并且已经看到前面5次抛硬币的结果都是人头面向上。这时你的直觉会马上告诉你：连续出现6次人头向上的可能性很小，你可能因此押背面朝上。然而，你的理性分析系统马上会提醒你关于抛硬币的一个决定性特征——你或许在你的统计或者概率课程上学过——重复抛硬币的结果之间是彼此独立的。所以，你应该忽略前面几次抛掷的结果（见图4.6）。

注意，这两个系统有时在一些事情上能得出：(1) 一致的结论，例如：你可能对一个候选人比对另一个候选人更有好感，并且前者的条件或许也正好符合你的原则"有经验者优先"；(2) 就像抛硬币的例子一样，两个系统的结论可能不一致，而来自理性分析系统的信息最终会盖过来自直觉分析系统的信息；(3) 直觉分析系统可能会生成"似乎正确"的反应，并且可以以理性分析系统绝对达不到的速度得出结论。在第三种情况下，你所做的就是跟着直觉走，接受直觉分析系统迅速得出的结论。

第六次抛硬币的结果更可能是什么，人头还是背面？理性地讲，得到两种结果的概率是一模一样的（$p_{人头}=p_{背面}=0.5$）。但是从直觉上看，是背面的可能性似乎更大。

图4.6 直觉过程和判断误差。当我们观察一系列的抛掷硬币的结果并且看到一连串的人头面时，几乎所有人都会直觉地认为下一次抛掷更可能出现背面。然而，通过严谨的推理，直觉的冲动会被根据理性思考的领悟覆盖。硬币抛掷的结果是相互独立的，而下一个试次中出现人头面的概率与出现背面的概率是一样的：50% 对 50%。

本章接下来的部分会主要聚焦于第三种情况，从 Amos Tversky 和 Daniel Kahneman 对启发式决策的研究上入手。Tversky 和 Kahneman 的工作不仅对心理学产生了巨大影响，而且在经济学、管理学、法学、医学、政治学和统计学中也掀起了巨浪（Gilovich，Griffin，& Kahneman，2002；Kahneman，Slovic，& Tversky，1982；Tversky & Kahneman，1974）。Tversky 和 Kahneman 认为，直觉分析系统能够自动地运行某些心理操作——对事情浮现在脑海中的容易程度或者两件事物之间的相似程度的评价——会极大地影响我们的决策。他们称这种心理操作为**启发式**，是一条可用的回答常见决策问题的心理“捷径”，但并不一定精确。

启发式（heuristics）：直觉性心理操作以使得我们快速高效地做出判断。

Tversky 和 Kahneman 认为，尽管从总体上而言，这些启发式能够良好地适应我们的日常需求，但是它们有时也会混淆我们的视线，误导我们的决策。我们的直觉分析系统能生成对所面临的任务的评价，同时也会给我们提供一些看上去很完美的解决方案。但是当人们没有通过更细致理性的分析改进或取代，一些重要的考虑因素就有可能被忽略了，而我们的决策也可能会产生系统性偏差。那么，就让我们来看看这些偏差是如何在两个最基本、最常被研究的启发式（可用性启发式和代表性启发式）中产生的。我们在判断特定事件发生的频率或概率时，会依靠**可用性启发式**，即通过事件在脑中浮现的速度来判断。当我们尝试将某件事情归类时，我们会运用**代表性启发式**，也就是通过判断待归类的事物与某个概念中典型代表的相似程度去判断。

可用性启发式（availability heuristic）：根据最容易想到的相关事例来判断事物发生的频率与概率的过程。

代表性启发式（representativeness heuristic）：根据个体与群体原型之间的相似性或原因与结果之间的相似性，来判断事件发生的可能性的过程。

可用性启发式

美国哪个州每年发生飓风的次数最多，是内布拉斯加州还是堪萨斯州？纵然两个州的平均水平是一样的，但是你可能会和大多数人一样，回答“堪萨斯”。如果是这样，那么你就被可用性启发式所引导了。对大多数人而言，一想到在堪萨斯州发生的飓风，脑海里就会立刻浮现《绿野仙踪》中被飓风卷走的多萝西和她的小狗。

我们不能阻止自己自然而然地利用这些容易进入脑海的有关内布拉斯加州和堪萨斯州的事例，而且一旦我们做出以上评价，这些评价仿佛就会给出一个答案。想到发生在堪萨斯州的一场飓风要比想到发生在内布拉斯加州的飓风更容易（尽管这场飓风是虚构的），因此我们可以总结出堪萨斯州很可能更常遭遇飓风。其中蕴含的逻辑似乎很有说服力：如果我们能很快地想起一个事例，那么一定还有更多与之相似的事情。通常来说，情况确实如此，我们能更容易想起一位就职于500强企业的男性领导者，而不是一位女性领导者；更容易想到一个伟大的俄罗斯作家，而不是一位著名的挪威小说家；更容易想到德国军事入侵的事例，而不是瑞士军事入侵的事例。这是因为500强企业的领导者确实以男性居多，更多伟大的作家来自俄罗斯，也有更多德国军事入侵的事例。因此，可用性启发式在大多数情况下能让我们高效准确地做出反应。事例进入我们脑海的难易度（也就是

可用性启发式。人们经常会通过相关事例浮现在脑海中的速度来判断一件事情发生的可能性。(A)当飓风在内布拉斯加州和堪萨斯州一样常见时，人们倾向于认为飓风在堪萨斯州更常见，(B)因为我们都太熟悉《绿野仙踪》这个故事了，所以堪萨斯州的飓风会迅速出现在我们脑海中，在《绿野仙踪》中，就是堪萨斯州的飓风将多萝西和她的小狗吹到了奥兹国。

说，它们的可用程度）确实是估计事件发生的整体频率及可能性的合情合理又精确的指标。

不过，可用性启发式并不是一个绝对可靠的指标。特定事件可能比其他事件更加难以忘怀，更容易被搜索到。所以可用性启发式有时难以指示真实数量或概率。内布拉斯加州和堪萨斯州一样有很多飓风，但是那里没有一场飓风能像《绿野仙踪》中的飓风一样让人难以忘怀。在对可用性启发式的早期研究中，Kahneman 和 Tversky（1973a）就曾问过人们这样一个问题："字母 r 是首字母的单词多，还是 r 出现在第三位的单词多？"绝大部分人认为以字母 r 开头的单词更多，但事实上，在更多单词中的 r 都出现在第三位上。这是因为，单词在记忆中大致是按字母顺序储存的，以字母 r 开头的单词［如 rain（雨）、rowdy（吵闹）和 redemption（赎回）］比 r 在第三位的单词［如 nerd（呆子）、harpoon（鱼叉）和 barrister（律师）］更容易被回忆起来。虽然后者的数目更多，却更难被人们记起。

将提取的容易程度从被提取的信息总量中剥离开来

就像之前提到的，可用性启发式可以判断事件发生的频率、某个类别的大小，或者通过相关事件出现在脑海中的难易程度去判断得到一种结果的概率（Schwarz & Vaughn，2002）。但是要注意，这个过程并不仅仅是对于可提取出的事例数量的评估。但我们是如何知道的呢？毕竟，人们不仅更容易想到以字母 r 开头的单词，而且能想到好多这样的单词。那么，我们要怎么确定人们是根据想到符合条件事例的容易程度得出答案的，而不是通过比较所能想到的事例数量得出答案的？这两种解释之间的差别很微妙，因为二者是紧紧地交织在一起的。如果我们很容易想到符合某类条件的事例，也就可能想到更多符合该条件的事例。

Norbert Schwarz 和他的团队通过一个非常精巧的实验分离了这两种解释 (Schwarz et al., 1991)。实验以放松训练作为掩饰，要求被试回忆在自己的一生中和自信相关的经历。实验一共安排了4个条件：第一组被试需要列出其在6个场合中表现出自信的例子；第二组被试需要列出其在12个场合中表现出自信的例子；第三组被试需要列出其在6个场合表现出不自信的例子；第四组被试需要列出其在12个场合中表现出不自信的例子。到底是回忆6件还是12件事是经过研究者精心设计的。想出6个事例对于大多数人来说都很容易，而想出12个例子就非常困难了。

注意，该实验设计是如何巧妙地分离了回忆起事例的容易程度和所想出的事件数目的。那些要想12个事例（不论是自信事例还是不自信事例）的被试都想到了更多的事例，但是他们都觉得完成这项任务很困难。那么，哪个因素对于人的判断有更大的影响呢？为了找到答案，研究者后来要求被试给自己的自信程度打分。正如 Kahneman 和 Tversky 预测的那样，研究结果表明，回忆起事件的容易程度指导着被试的判断（结果见表 4.2）。尽管第二组被试想出了更多的事例，但是第一组被试（只想6件自信事例）对自己的自信程度的评价最终比第二组被试更高。同样，第三组被试（只想6件不自信事例）也比第四组被试（得想12件不自信事例）更觉得自己不够自信。可见，回忆的容易程度的影响如此之强，以致那些想起了12个不自信事例的人的自信评价甚至高于想起了12个自信事例的人！很明显，要回忆起12个不自信事例太困难了，这说服了被试——原来自己还是相当自信的。

表 4.2　可用性启发式

这个表格展示了被试在被要求回忆 6 件或 12 件自信或不自信事例之后，给自己的自信程度打分的平均值。

	行为类型	
事例数	自信	不自信
6	6.3	5.2
12	5.2	6.2

来源：Adapted from Schwarz et al., 1991.

对风险的估计偏差

要说可用性启发式会对生活中的哪些领域造成影响，就必须回过头来说一说早先提到过的负面新闻常会被过度报道的事情，这往往会造成多数人不合时宜的恐慌。然而，不是所有的意外事件都会被过度报道，其中一些被传播得更广。因此，如果人们通过回想各种意外的容易程度来评价风险大小，那么我们可以预测，其评估结果会随着意外事件的被关注度（即报道量）的变化而变化（Slovic，Fischoff，& Lichtenstein，1982）。

比如说，你觉得每年死于他杀的人更多，还是死于自杀的人更多？你一定会注意到，他杀案总是比自杀案获得更多的媒体关注，所以大多数人都认为他杀案更常见。然而事实上在美国，自杀案与他杀案的比例大约是3:2。还有，人们更可能因为意外而死亡，还是因为疾病而死亡？有统计表明，疾病致死的人数是意外死亡人数的16倍以上。可是由于意外致死（更为戏剧化）所获得的媒体关注度远远超过了这种致死原因所占的实际比例，所以大多数人也会错误地认为发生意外是比罹患疾病更常见的死因。最后，是死于火灾的人多，还是死于溺水的人多？同样地，媒体报道了更多的人们命丧火海的悲剧，以致大多数人都认为火灾夺去了更多人的生命。但事实上，有更多的人死于溺亡。

人们通常也会高估一次就夺去很多人生命的巨大灾难的发生频率。比如对飞机失事、地震或飓风造成的死亡人数的估计就是很好的例子。相对而言，人们会低估那些悄悄地夺走人生命的死因，比如因肺气肿、中风而死亡的人数。人们也会低估通常并不会致人死亡的疾病的实际致命性，比如，注射疫苗、糖尿病以及哮喘导致的死亡。因为几乎所有人都知道这个世界上有数目可观的哮喘病人和糖尿病患者，结果便很容易忽视因为这些疾病的折磨而失去生命的人数。表4.3罗列了一些最容易被人们高估或低估的风险。通过该表格，我们可以看到人们倾向高估意外导致的死亡，而低估疾病导致的死亡。

表 4.3 偏差估计

这个表格展示了对于致死原因的普遍看法中最值得注意的偏差。

高估	低估
所有意外事件	天花疫苗
车祸	糖尿病
飓风	闪电
洪水	中风
所有癌症	哮喘
火灾	肺气肿
他杀	肺结核

来源：Adapted from Slovic，Fischoff，& Lichtenstein，1982.

对合作贡献的估计偏差

另一类常会受可用性启发式误导的日常判断是对在合作中的贡献大小的估计。有时，人们会合作完成一些项目，然后就会面临谁应分得更大殊荣的问题。你要和一位同学合作完成某项课堂作业，最后，你们两个只需要上交一篇论文，那么应该把谁的名字写在前面呢？你和一个熟人一起受雇编写一个计算机程序，那么得到一次结清的酬劳后，你会如何分这笔钱呢？

因为可用性启发式的存在，所以社会学家 Michael Ross 预测人们更倾向于高估自己对整体工作的贡献。毕竟，我们对自己的那部分贡献倾注了许多精力和注意力，更应该马上就能想到自己的付出，而不是他人付出了多少。他和 Fiore Sicoly 通过一系列实验力图证明其预测（Ross & Sicoly，1979）。在其中一个实验中，他们请已婚夫妇来描述他们各自分摊了多大比例的家庭事务——包括清扫工作、社交活动或引发争吵，等等。从结果看，受访者更倾向于认为自己付出的比伴侣多。在大多数情况下，如果把夫妻双方对自己的贡献的估计值加起来，往往会超过 100%。（我们最喜爱让夫妻二人分别估计双方做早餐的比例。按照妻子的说法，她承担了 100% 的工作，她得买菜、择菜洗菜、布置餐桌、收拾餐桌，还要洗盘子。而丈夫估计自己的贡献大概能占 25%——因为都是他来喂猫的！）

然而，我们要如何确定是可用性启发式而不是其他的某种动机偏差导致了这种现象呢？换句话说，或许人们会高估自己的付出，仅仅因为他们想要看到自己的付出，并且希望别人也能欣赏自己？如果是后一种情况，这种高估应只发生在积极的方面才符合逻辑。但是，Ross 和 Sicoly 发现人们不仅会高估自己的积极贡献（比如做家务），还会高估自己对消极后果的贡献（比如导致争吵）。这就说明了可用性启发式在这个效应中起到了很大的作用。

可用性启发式的近亲：流利性

正如某类事件与其他类事件更容易回忆一样，有些刺激也比其他刺激更易得到加工。心理学家对此给出了一个术语——**流利性**，意指加工相关信息的容易程度。一个清晰的图像很容易得到加工或加工起来更顺畅。一个不常见的单词（比如 imbroglio，意为“纠葛”）不太容易被加工，或者加工得很不顺畅。就像可用性启发式的主观感受一样，几乎所有人在做出决策判断时都会受到流利性的影响（Jacoby & Dallas，1981；Oppenheimer，2008）。例如，我们会认为朗朗上口的名字往往是名人的名字，回忆更流利的个体往往是该群体中的典型代表，而常见的谚语似乎也比不常见的谚语更加真实可信（Jacoby，Woloshyn，& Kelley，1989；McGlone & Tofighbakhsh，2000；Whittlesea & Leboe，2000）。流利性也会对人们感知到的任务难度产生影响。当一份食谱的字体很难辨认时，人们也会相应地认为烹饪这道菜更困难（Song & Schwarz，2008）。

流利性（fluency）：与加工信息相关的轻松感受。

除了对决策的直接影响之外，流利性也影响着人们加工相关信息的方式。在很多方面，感觉到流畅（或者不流畅）与感到心情愉悦（或郁闷）有相同的影响（参见第7章）。在加工信息时感到不顺畅会引导人们采取“慢慢来，小心点”的策略做判断与决策。在一项检验该倾向的研究中，被试要完成一项认知反应任务（Frederick，2005）。这项任务要么用一种很常见的、容易加工的字体来打印，要么用一种很难辨认的字体打印出来（见图4.7）。想要在这项任务中有好的表现，被试必须抑制住直觉给出的第一反应，找到每个问题的正确答案。比如，“一只球拍和球总共花费1.10美元，球拍比球贵1美元，那么球的价格是多少？”你的直觉可能会告诉你球价值10美分，可这是错误的；你需要摆脱直觉迅速给出的答案，去寻找正确的答案——球的价格是5美分（0.05+1.05=1.10）。在实验中，在题目使用了较难理解的、会使得加工变得更不流畅的字体时，被试正确回答了更多的题目（Alter，Oppenheimer，Epley，& Eyre，2007）。仅仅是阅读上的困难就使得这些被试放慢了节奏，更精确地加工一个原本倾向于用直觉得出的结论。

图4.7　你来做被试：认知反应任务

让一些被试回答下面两道来自认知反应任务（Frederick，2005）的问题。这些题目使用了清晰易懂的字体。试着做一下，这些问题的答案是什么？

1. 湖面上生长着一片睡莲。每天，睡莲覆盖的面积都是前一天的两倍。假如睡莲会在48天后覆盖全部的湖面，那么睡莲需要多久覆盖一半的湖面？
2. 如果5台机器工作5分钟能生产5个机械部件，那么100台机器生产100个同样的机械部件需要多久？

另外一些被试要回答的问题是用一种很难阅读的字体叙述的。试着再做一遍。

1. 湖面上生长着一片睡莲。每天，睡莲覆盖的面积都是前一天的两倍。假如睡莲会在48天后覆盖全部的湖面，那么睡莲需要多久覆盖一半的湖面？
2. 如果5台机器工作5分钟能生产5个机械部件，那么100台机器生产100个同样的机械部件需要多久？

结论：被试在阅读较难读懂的字体时付出的努力也会转移到对问题处理的加工上，让他们倾向于更加慎重地思考问题。因此，他们也更加容易发现睡莲要花47天才能铺满一半的湖面，而且100台机器只用5分钟就能生产100个机械部件。

来源：Adapted from Alter et al.，2007.

代表性启发式

有时候，我们会发现自己在对某人是不是特定群体成员的问题上游移不定。他是同性恋吗？她是共和党人吗？在做出以上评价时，我们会自发地评价这个人看上去像同性恋者或者共和党人的程度。而在这样做的同时，我们会依赖 Kahneman 和 Tversky 称之为代表性启发式的加工过程。我们关注的不是真正感兴趣的问题——“这个人有可能是一个共和党人吗”，而是会问“这个人看上去像一个共和党人吗”或者“这个人是否符合共和党人在我心目中的原型”。因此，代表性启发式的应用反映了一个明确的假设，即相似即可能。某群体中的成员理应和该群体的原型相像，一个结果理应与其原因相似。

代表性启发式。（A）泰德·邦迪（Ted Bundy）被指控是谋杀了多位年轻女子的凶手；（B）斯科特·彼得森（Scott Perterson）被指控杀害了自己怀孕的妻子。二人都是西装革履、受过良好教育的白领。其特征并不符合我们心中关于杀人犯的原型。所以由于代表性启发式，人们会对这样的人居然是谋杀案的真凶感到惊讶。

从总体上来说，在做关于人或事的精确判断时，代表性启发式是很有用的。某个群体的成员常常与群体的原型相似（原型也源于某个地方），而且结果也常常与导致它们的原因相似。因此，个体与群体之间的相似程度，或结果与原因之间的相似程度，是判断群体成员关系或因果关系的有效指标。当群体的原型是有效的并且群体成员的特征就分布在该原型周围时，这种策略就会在一定程度上有效。

不过，虽然在某些时候，这种利用原型的策略是有效的，但若仅仅依赖代表性启发式，反而不利于人们做出判断。代表性启发式的问题在于，这种强烈的相似感有时会使我们对其他潜在的有用信息视而不见。比如在和比例有关的问题上，**基本比率信息**常常被忽略。在所有类别成员的总数中，问题涉及的特定类别成员数有多少呢？如果在当地的总人口中，共和党人占了很大比例，那么被问及的这个个体就更可能是共和党人。但是，强烈的代表性有时会导致人们忽略本可以加以充分利用的基本比率信息。

基本比率信息（base-rate information）：从属于不同类的成员数目或者事件发生的频率与总体的相对比例的信息。

成员与群体的相似性：忽略基本比率

有许多研究都证明了这一点：在评价某人是否属于特定类别时，人们倾向于忽视或者没能充分使用基本比率信息（Ajzen，1977；Bar-Hillel，1980；Ginosar

& Trope，1980；Tversky & Kahneman，1982）。在最早的研究中，Kahneman 和 Tversky（1973b）要求被试阅读下面这段对于虚拟人物汤姆·W. 的描述。并假设这段描述是一位心理学家根据汤姆在高三时完成的一份人格测试结果所写的评价。同时，被试也被告知，汤姆现在正在读研究生。

> 汤姆的智力很高，但缺乏真正的创造力。他对于秩序和清晰、整洁和明确有很高的要求，也就是说，在他心中每个细节都要各居其位。他写的文章非常无趣并且呆板，但有时会用到一些老套的双关语句，也会偶尔迸发科幻小说般的想象力，这让他的文章显得有了些许活力。他非常渴望提升能力，他人的感情和遭遇几乎不能让他产生共鸣，而且他也不愿与人交流。尽管他以自我为中心，但他的内心同时还蕴藏着强烈的道德感。（Kahneman & Tversky，1973b，p.238）

一组被试要按照可能性大小，为汤姆可能就读的9个学科（例如，法律、计算机科学、社会工作等）进行排序。第二组被试要按照他们心目中汤姆与就读某一学科的典型学生的相似性高低为这9个学科排序。最后一组被试没有看到上面对汤姆的描述，他们仅能根据在美国各个专业注册的研究生所占的大致比例来估计汤姆的专业。

那么，被试是依据什么来评价汤姆会选择哪个专业读研究生的呢？他们一定会评价汤姆和主修各个学科的典型学生的接近程度，换言之，他们应该考虑的是汤姆在多大程度上能够代表各个学科中的人。但是代表性不是一个完美的指标。有一些最不适合当律师的人读了法律专业，也有一些没有以人为本意识的人选择主修社会工作专业。正因为在目前的情况下代表性并不是完美的指标，所以任何附加的有用信息都应该被列入考虑范围，比如基本比率信息——即就读各个专业的研究生所占的比例。毫无疑问，汤姆更可能选择一个有1000名学生的专业，而不是一个只有10名学生的专业。那么，要想做出明智的决策，就要在一定程度上综合考虑代表性和各个专业的受欢迎程度。

表4.4给出了3组被试对9种专业的排序——分别是依据可能性、相似性和基本比率。注意，依据可能性和依据相似性来估计汤姆所选择的专业排序结果是基本一致的。换言之，被试的反应完全依赖于对汤姆的描述与各领域中的典型学生的相似程度。但仅仅基于代表性来判断，被试不能正确利用其他的有效信息——比如基本比率信息。正如你可以从表4.4中看出的，依据可能性的排序不能完全和被试依据总体比例所给出的排序一致。有效的信息被忽略了。

表 4.4　代表性启发式

被试基于不同的考虑给 9 门专业排序：汤姆选择研究生领域的可能性；认识到对汤姆的描述与不同领域中的典型学生的相似性；或者，各个领域登记注册的研究生数。

学科	可能性	相似性	基本比率
商务管理	3	3	3
计算机科学	1	1	8
工程	2	2	5
人文教育	8	8	1
法律	6	6	6
图书馆学	5	4	9
药学	7	7	7
生物科学	4	5	4
社会学	9	9	2

来源：Adapted from Kahneman & Tversky，1973b.

应该指出的是，尽管忽略基本比率信息的情况经常发生，但这不是不可避免的（Bar-Hillel & Fischhoff，1981）。某些特定的情境会鼓励人们考虑基本比率信息。有两种情境的影响尤为明显：第一种情况要看基本比率信息是否与后面的任务有显著的因果关系（Ajzen，1977；Tversky & Kahneman，1982）。例如，如果先让你看一份对某人在学习上的长处和短处的描述，之后再要求你预测这个人能否通过考试，你就不会忽略70% 的学生都挂科了的事实（也就是说，挂科的基本比率是 70%）。值得注意的是，在这个例子中，基本比率与此人能否通过考试有显著的因果关系；70% 的人挂科的事实说明这场考试的困难度很高，而考试的难易度会在一定程度上影响一个人的成绩。在这种情况下，因为两者之间的关系很明显，人们就会运用基本比率信息。当基本比率信息和人物之间没有因果关系时，就像在关于汤姆的实验中，他选择的专业和各专业就读的人数之间没有明显的因果关系。如果主修商科的人数是主修物理的人的两倍，那么汤姆更可能主修商科，但是这并不会导致他去主修商科。因此，基本比率与这件事的关系就不那么明显了。

另一种能促进人们应用基本比率的方法是去改变人们对问题的基本处理方法。人们普遍想要通过观察任务的“内在”特征，同时聚焦手边特定事件的细节，来评估某人是否属于某个群体。这个人是谁？他是什么类型的人？然而，站在外面对问题进行全面的考察也是可能的。假设，让你去预测很多大学生的专业，而不是汤姆一个人的。每一个人的特征就显得不那么重要了，而其他在统计信息

（如基本比率信息）变得更加重要了。在极端的案例中，如果在一个20人的样本中，每个个体都和法律预科生相似，那么大部分的人会毫不犹豫地猜测这些人都是法律预科生。的确，全面地进行考虑已经被证明可以减少对基本比率的忽略和其他判断误差（Gigerenzer，1991；Griffin & Tversky，1992；Kahneman & Lovallo，1993；Kahneman & Tversky，1982b，1995）。

计划谬误

计划谬误（planning fallacy）：人们对完成工程所需时间的不现实的乐观倾向。

内部视角常会带来一个常见的陷阱，也就是人们对完成一项工程的时间抱有不现实的乐观倾向。这种倾向，被称为**计划谬误**，建立在两个相悖的现象上：人们对自己完成当前工程的能力过于乐观的估计，和远远超过他们预计值的历史上完成相似工程所用的时间。比如，学生们总是自信地声称他们会在考试之前完成教授布置的作业，这样他们就有时间有条不紊地进行考前的完整复习了。然而，令人苦恼的是，有条不紊的复习方式给疯狂填鸭式复习让路的情况屡见不鲜。学生们并不是这种计划谬误的唯一受害者。就连十分了解计划谬误的教材作者们也会在估计自己的写作时间时，一不小心就成为计划谬误的猎物。因此，千万不要去问他们需要多长时间才能写完。

这种误差在大规模建筑工程的延期中被阐释得淋漓尽致。1975年，当澳大利亚悉尼市的人们决定建造自己的标志性大剧院时，最初计划剧院会于1963年竣工，并花费700万澳元。然而，悉尼歌剧院正式投入运营却是在1973年，总花费也达到了1.02亿澳元。同样，当加拿大的蒙特利尔成为1976年夏季奥运会的举办

计划谬误。人们常常会将工程用时估计得比实际短。哪怕他们已经意识到了过去的努力证明了人们事实上会花费更多的时间才能完成。（A）建造悉尼歌剧院的实际耗时比预计用时长了大约10年。（B）美国波士顿市的中心主干道工程（“大挖计划”）受困于一些没有预见到的麻烦，使完成时间大大推迟了。

专栏4.3　聚焦文化

预测东西方

哲学家路德维格·维特根斯坦（Ludwig Wittgenstein）曾说过这样一段关于未来的话："当我们开始考虑世界的未来时，我们的脑中会出现这样一个问题：如果这个世界继续像我们看到的样子般发展下去，会变成什么样子？我们并没有意识到世界并非沿直线发展的……它的发展趋向在不断变化着。"

事实证明，维特根斯坦不应该说"我们"。尽管西方人（或者至少是美国人）倾向于预测世界会继续沿着现在的发展方向发展，东亚人则认为世界的发展随时会转变方向。Ji、Nisbett 和 Su（2001）指出，东方文化里有一种强调变化的传统，可以追溯到千年以前。道家想象世界在任意时刻都以两种状态中的一种存在着，即在阴与阳（明与暗、男与女……）之间交替转换。世界现在处在其中一种状态中的事实就是世界将会处于另一种状态中的明证。在道家的太极图中，阳鱼中的黑点和阴鱼中的白点就是告诉我们未来的种子见于当下。

Ji 等人由此认为，道家传统使得东亚人更倾向于认为事情会走向相反的一端，而不是沿着现在的方向一直发展下去。他们使用了多种方法来检验这一假设。在一项实验中，他们要求被试阅读故事的片段，然后预测故事的走向。例如，被试读到了关于一位贫穷的年轻人的故事，然后需要回答这位年轻人变富有的可能性有多大。美国人认为可能性并不大，而中国人认为很有可能。在另外一个实验中，Ji 等人给被试呈现了很多种类的时间趋势。图中数据所依据的是某种指标的近期变化（被试对此一无所知），例如，世界经济成长率和世界癌症死亡率。趋势要么是明确上升的，要么是明确下降的。绝大部分美国被试都认为这些趋势在未来会继续发展下去，上升的继续上升，下降的继续下降。中国被试给出的预测则与美国人所认为的相反——也就是说，如果原来呈上升趋势，那么接下来会下降；如果原来呈下降趋势，那么接下来会升高。你认为谁更可能觉得熊市时期的股票市场会继续萎靡不振，而到牛市时会持续走高呢？你一定猜到了：美国人认为股市会继续现行的发展趋势，中国人认为情况会向相反方向发展（Ji，Zhang，& Guo，2008）。

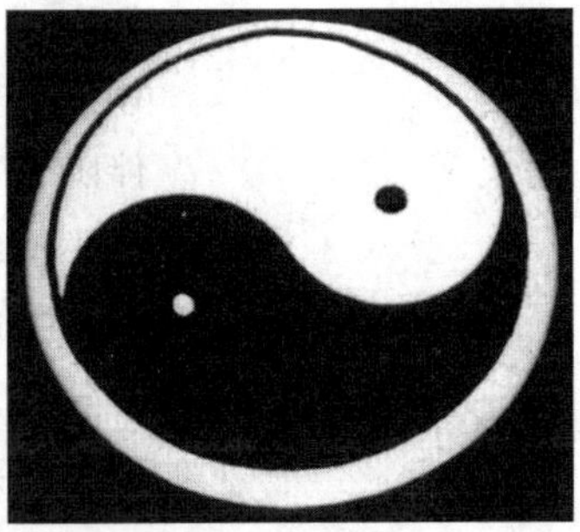

道家的标志

城市时，蒙特利尔市市长曾经宣布建造完整的奥运村将花费 1.2 亿加元，而且很多赛事将在一个史无前例的有伸缩式屋顶的场馆中举行。当然，奥运会还是在 1976 年如期举办了，但是那个场馆在 1989 年才真的拥有了他们宣称的伸缩式屋顶。不仅如此，该场馆的最终花费达到 1.2 亿加元，等于整个奥运村的预算！

为了更加充分地阐明计划谬误，心理学家 Roger Buehler、Dale Griffin 和 Michael Ross (1994) 进行了一系列实验，让人们估计完成任务的时间。在其中一个实验中，参加了荣誉课程[①] 的学生要尽可能准确地估计他们提交论文的时间。

---

① 荣誉课程是美国高等院校专门为优秀拔尖的本科生设计的个性化课程，也是在大众化课程中以培养精英人才为目标的课程形式。——译著注

他们也同样要估计在诸事不顺的情况下完成论文的日期。只有不到1/3的学生真的在他们估计的时间内完成了论文。而更让人印象深刻的是，差不多有一半的学生是在他们所估计的最长完成时间内提交论文的。

而接下来的实验将人们给出乐观估计的倾向归结于人们总是从内在视角看待任务。在一个实验中，被试要口头报告他们在估计任务完成所用时间的思维过程。结果，被试报告的绝大多数想法都和各种完成工作的计划或方案有关，只有很少一部分人考虑到了他们之前完成任务的用时。因此，内在视角（我们需要什么步骤来完成这项工作）挤开了可能有益的外在视角（我是否常能按时完成类似的工作）。个人以往的经验或许可以帮助人们做出精确的估计。但问题是人们并不怎么使用这些信息。当 Buehler 及其同事问被试是否常能在最初估计的时间内完成任务时，被试回答的是平均下来大概只有1/3的任务是按时完成的。

因果之间的相似性

代表性启发式同时也会影响人们对于因果关系的评价（Downing，Sternberg，& Ross，1985；Gilovich & Savitsky，2002）。事实上，人们有一种寻找并接受两个相似事件之间的因果关系的倾向。重要的结果必然有重要的原因，不起眼的结果伴随着不起眼的原因，复杂的结果应该有复杂的原因，等等。这种假设常常被日常生活经验所验证。通常，被小球棒打中造成的淤青比大球棒造成的伤势轻微一些。要解决中东地区的混乱局势可能需要复杂的、持久的谈判，而不是某个简单的建议。不过有时候，小事件也能造成大影响，反之亦然：小小的病毒（比如疟疾和艾滋病）也会引发毁灭性疾病；小小的原子核的裂变能释放巨大的能量。

在医疗卫生领域，代表性对于因果判断的影响尤其惊人。很多人都认为，感冒时不应该喝牛奶；长粉刺时不该吃薯片。为什么？因为牛奶看上去就像是身体分泌的黏液；而油腻的薯片正像是易生痤疮的油性肌肤。诚然，人们会受他们所吃的食物影响——如果摄入过多油脂，人们就会长胖；如果摄入过多的胡萝卜素，皮肤就会变成橘黄色。而有时，我们对“人如其食”这个信念过度迷信，简直到了难以想象的程度。在一个实验中，研究者要求大学生对一个虚构的部落成员的态度做出推论（Nemeroff & Rozin，1989）。一组被试被告知，那个部落的成员以野猪为食，也会为了龟壳而捕捉海龟；另外一组被告知那个部落以海龟为食，但会为了野猪的獠牙去狩猎野猪。被试的反应表明，他们假设食物的特征会在部落成员的身上有所体现。以海龟为食的部落成员被认为更擅长游泳，也更慷慨；以野猪为食的部落成员被认为更具有侵略性，也更可能蓄一大把胡子。

而另一个可以让代表性在因果判断上大展拳脚的领域是伪科学的信念系统。比如，你可以想一想占星术的符号与它所代表的人格特征。占星术的核心原则就是人们的性格会受他们出生时天上的星象影响。表4.5中列出了占星术宣扬的人格和具体星象之间的关系。请注意，这些与星相学名词的同义词联系起来的特征与在这种星相下出生的人所具有的人格特征的相似性。你是在狮子的星相下出生的吗（狮子座）？那么你更可能是一个骄傲的、强势的领导者。你是在公羊的星相下出生的吗（白羊座）？那么你很可能是一个顽固又急躁的人。你是在处女的星相下出生的吗（处女座）？那么你可能是一个谦虚而不擅社交的人。

表 4.5 代表性和星相

这个表格罗列了 9 个星座的人可能的人格特征。

星相	人格特征
白羊座（公羊）	急躁、顽固
金牛座（公牛）	勤劳、易怒
双子座（双胞胎）	优柔寡断、多面派
巨蟹座（螃蟹）	恋家
狮子座（狮子）	骄傲、领导
处女座（处女）	谦虚、不擅社交
天秤座（天平）	通情达理、公正
天蝎座（蝎子）	尖锐、神秘
摩羯座（山羊）	勤奋、脚踏实地

来源：Adapted from Huntley, 1990; Read et al., 1978.

对人格的勾勒通常会和多个星相的特征联系在一起，因此星座是既没效度又不可言的性格预测指标（Abell，1981；Schick & Vaughn，1995；Zusne & Jones，1982）。既然如此，星相学为什么如此受人欢迎呢？其中一个原因就是星相学利用了人们的代表性启发式。对任何一个星座的人格描述都有着表面上的吸引力，因为这符合于人们对“相似即可能”的直观感觉。有谁会比双子座（双胞胎）的人更加优柔寡断呢？又有谁会比天秤座的人更加公正而通情达理呢？

可用性启发式和代表性启发式的联合效应

有时可用性启发式与代表性启发式会同时运作。例如，判断两个事物是否属于同一类——一个能不能代表另一个——也可作为它们同时发生的一个实例。这两种启发式的联合效应会导致两个变量之间的**虚假相关**，或相信两个本不相关的事件是存在关联的。使用代表性启发式的判断引导我们期待两个实体之间存在一种关联，而这种期望会反过来导致两者配对出现的事例变得异乎寻常地难忘。

虚假相关（illusory correlation）：认为两个不相关的变量之间存在关联的信念。

由 Loren Chapman 和 Jean Chapman 设计的一系列经典实验很好地说明了这一点（Chapman & Chapman，1967）。当时 Loren 和 Jean 被在临床心理学中观察到的一个似是而非的现象难住了。临床学家们总是宣称他们发现了很多人格投射测验都有助于临床诊断，但是对这些方法的系统性实验表明，绝大多数投射实验都没有足够的效度。[投射实验要求人们对混乱而又模糊的刺激做出反应（例如，著名的罗夏墨迹实验），并认为他们的反应能投射出他们的人格。] 为什么这些聪明的、小心谨慎的且受过良好训练的临床学家会相信这样的测验可以用来诊断神经病理学疾病呢？换言之，为什么一些临床学家感觉到病人的病理和病人在这些测验中的反应之间存在（虚假的）相关呢？

为了找到答案，Loren 和 Jean 首先询问了很多临床学家，在投射实验中，病人做出的哪些特定反应说明了病人的哪些特定病理。他们的大多数成果来自画人测验，在这个测验中，病人仅需要画一个人，然后临床学家就会来解释画中的元素分别代表了何种神经病理学问题。临床学家们报告说，他们观察到了许多特定的画和具体的病理条件之间存在的关系——绘画和病理在直觉上似乎是联系在一起的。比如，临床学家认为，偏执的人倾向于画异乎寻常大或小的眼睛，对自己的智力不自信的人们倾向于画一个很大或很小的脑袋。

为了进一步研究这种虚假的关联性，Loren 和 Jean 收集了45份画人测验作品，其中35份是由附近医院的精神病患者画的，10份是由临床心理学研究生画的。随后，他们给所有的画都配上了虚假的描述，来说明作者的病理学状态。有的描述是“不信任他人”，有的是“有性无能的问题”，等等。Loren 和 Jean 在准备这些实验材料时，特别注意了不让画作本身与配上的病理学状态有任何关系，例如，不会给“不信任他人”的病理学特点配上有典型的超大（或超小）眼睛的画作。

Loren 和 Jean 把这些画（与加上的病理描述一起）呈现给对画人试验一无所知的大学生。尽管实验经过了严密的设计以确保画作与病理状态之间没有联系，但学生们无一例外地看出了画作和与之相配的描述的联系——就像临床学家所做的一样。但对于这些学生而言，“不信任他人”的个体也倾向于画突出的眼睛。这个结果说明，临床学家并没能发现病人的病理状态与其在画人测验上的反应间的真正联系。他们觉察到的关联和大学生觉察到的关联一样都是虚假的相关——来自可用性与代表性的联合效应。特定的图画代表着特定的病理状态（例如，突出的眼睛和偏执），随后，两方面元素被同时观察到的个案（例如，一个偏执患者画了一个有大眼睛的人）就会变得特别引人注意且让人印象深刻。

在最后的实验中，Loren 和 Jean 要求另外一组学生指出在多种状态下（怀疑、无能和依赖）身体的哪个部分（眼睛、性器和嘴）会最先被想起。很明显，这组被试的反应也与前面几组临床学家及大学生提出的相关相符。

Loren 和 Jean 的实验以及其他关于直觉判断的许多研究很明确地告诉我们：

直觉系统会产生许多误差——有些误差的后果是绝不容忽视的。那么我们是否可能用理智系统来撼动直觉系统呢？答案是肯定的，而且在大学的学习正给了你这样一个机会。这一章中讨论的许多偏差都可以经过在统计和实验方法方面的训练来削弱（Nisbett，Fong，Lehman，& Cheng，1987）。不仅如此，有些框架效应也可以通过经济学方面的训练来减少 (Larrick，Morgen，& Nisbett，1990)。像这样的训练能拓展理性思维的应用范围并提升运用理性思维的熟练度，同时也使我们更擅于运用理性思维来推翻或抵消直觉系统常犯的错误。因此，尽管我们仍旧会犯错，却能通过训练使之极大地减少。

"不管怎样，下周属于你的所有星星和行星都有利于你向英格兰发动侵略。"

小　结

两个主要的心理系统会指导我们做出判断和决策：一个是直觉，另一个是理性。直觉系统运行起来迅速且自动化；理性系统则更需深思熟虑，也更易受控制。这两个系统也许会指向同样的答案，也许会指向相反的判断，而直觉系统也能以理性系统永远达不到的速度产生一个令人满意的判断。直觉系统通常会运用启发式来完成快速的评估，然而有时也会产生偏差。可用性启发式会导致关于风险的偏差估计和对合作项目中的个人贡献的偏差估计。代表性启发式则可能导致对基本比率信息的忽略和对因果关系的错误评价。当这两种启发式联合作用时，则可能导致两个变量之间的虚假相关。

本章总结

为什么要了解社会认知

- 通过研究判断中出现的错误，我们能了解自己是如何做出判断的，并且学会避免错误。

社会认知可使用的信息

- 有些时候，我们只有很少的信息，却无论如何都要做出判断——当人们通过外貌来判断人格时。
- 错误的推理可能源于人众无知，这容易发生在人们不愿意表现出对知觉到的团体常模的疑虑时；他们不情愿地强化了错误的常模。
- 二手信息通常都不完整，或是牺牲了一部分信息，以强调特定元素。
- 负面信息更有可能被报道，人们在做判断时也倾向于赋予负面信息更多权重。

信息是如何呈现的

- 信息的呈现方式可以影响判断。信息的呈现顺序可能很重要。当首先出现的信息更有影响力时，就构成了首因效应，这往往是因为首先出现的信息影响了解释随后信息的方式。当最后出现的信息更有影响力时，就构成了近因效应，这往往是因为这类信息更容易从记忆中提取。

- 顺序效应是框架效应的一种。其他的框架效应包括信息的"旋转"——通过改变说法或呈现的结构来实现。
- 事件的时间框架同样影响着我们的想法。遥远的事件会被更抽象地建构，即将来临的事则被建构得更为具体。

我们如何搜寻信息

- 人们在检验一个特定的命题是否正确时，倾向于搜寻与问题中的命题一致的信息。这种确认偏差可能会使人们相信不正确的事情，因为一般总是能找到证据来支持这些命题，甚至是最值得怀疑的命题。
- 人们有时会有目的地搜寻支持一个先验结论的证据。

自上而下的加工：运用图式来理解新信息

- 图式影响我们对于信息的解释。图式是我们在理解世界时的重要的自上而下的加工工具，而感知觉和从记忆中提取出来的信息是自下而上的加工工具。
- 图式能引导注意、记忆和对信息的解释，还可以直接激发行为。
- 运用特定图式的可能性依赖于接收的信息与图式中的重要特点的匹配程度。有时，现有信息与图式间若在一些不相干的方面相似，会导致我们不正确地应用图式。
- 总体上，图式越近期、越高频地被"激活"，就越有可能被应用于新信息中。我们不需要意识到图式就能被它影响。

推理、直觉和启发式

- 人们有两套处理信息的系统：直觉系统和理性系统。直觉反应建立在快速的、关联的心理过程上，而理性反应建立在较慢的、有规则的推理上。
- 直觉的启发式，或者说心理捷径，在大多数时候能给我们提供可靠的判断，但有时也会将我们引向有偏差的判断。
- 在判断某些事件发生的频率或者概率时，我们会采用可用性启发式。通常，我们会通过事例出现在脑海中的速度来判断。这可能会导致我们夸大自己对一个团队项目的贡献，也会导致我们高估令人难忘的危害带给我们的风险。
- 我们获得信息的流利性会影响我们所做的决定。不能流利加工的刺激会让人更加深思熟虑。
- 当我们通过判断某件事物与我们已知的概念中的典型事例之间的相似程度来进行分类时，或者当我们想要通过评价一个效应与可能的原因之间的相似性来对事物进行归因时，我们会采取代表性启发式。有时，我们会忽视一些高度相关的考虑因素。例如，我们在判断人群中的某一类人的数量时，常常会忽略基本比例信息。
- 当局者迷，对决策的内在看法会导致我们出现判断偏差，比如，计划谬误的出现。我们需要置身事外、纵览全局地进行观察判断，并参照我们过去在给定时间内完成类似任务的经验，从而避免发生计划谬误。
- 总的来说，可用性启发式和代表性启发式会共同导致虚假相关，即会让我们认为两个变量是相关的。原因有二：一是因为它们相似；二是因为两件相似的事件同时发生比两件不相似的事件同时发生更容易被人们记住。

关键概念

编码（p123）
代表性启发式（p133）
基本比率信息（p139）
计划谬误（p142）
解释水平理论（p116）
近因效应（p113）
可用性启发式（p133）
框架效应（p114）
流利性（p137）
启动（p126）
启发式（p133）
确认偏差（p118）
人众无知（p109）
首因效应（p113）
提取（p123）
虚假相关（p145）
阈下（p128）
自上而下的加工（p120）
自我实现的预言（p130）
自下而上的加工（p120）

第 5 章

社会归因：对行为的解释

本章要点

- 从行为到性格：推测行为的原因
- 归因过程
- 归因时的错误和偏差
- 文化和因果归因
- 内在归因和外在归因之外的维度

从1995到2009年，比尔·盖茨（Bill Gates）一直是世界首富（目前被墨西哥电信大亨卡洛斯·斯利姆超越）。盖茨19岁就从哈佛大学辍学，成立了自己的公司，也就是不久之后风靡世界的微软公司。为什么他年纪轻轻就发明出如此有创造力而又先进的软件，并且建立了一家成功的公司呢？很多人推测他肯定是这个世界上最聪明的人之一，但是盖茨并不认同这种说法。相反，正如科学作家 Malcolm Gladwell 在他的书《异类》(*Outliers*)中所讲的，盖茨在1968年上八年级的时候，就对所在的西雅图公立学校感到厌烦。他的家境还算可以，于是父母就把他送进了一所叫湖滨中学的私立学校。这所学校恰好有一个分时计算机终端，将学校的计算机室与位于西雅图市中心的计算机主机连接了起来（当时连有计算机室的大学都很少，更不要提高中了）。那时大多数计算机仍然需要一个笨拙的穿孔卡片系统来输入数据，但是湖滨中学的计算机已经可以像现在的计算机一样，使用效率更高的键盘了。于是，盖茨成为了全世界少数几个会做实时程序的少年之一。

随后的6年，盖茨的运气一直很好。湖滨中学虽然很富，但是很快就因为昂贵的主机时间花光了钱。碰巧的是，计算机中心公司的创始人 Monique Rona 的儿子也在湖滨中学上学。她的公司向湖滨中学的计算机室提供了免费的自由编程时间，条件是湖滨中学必须试用他们公司开发的软件。后来没多久，计算机中心公司就破产了，盖茨和朋友们那时已经成功说服了当地信息科学股份有限公司(ISI)为他们提供免费网络，条件是他们要帮该公司开发一种工资计算程序。当时，盖茨一周用来编程的时间一般为20~30小时。

盖茨也与华盛顿大学有联系，当时华盛顿大学有一台计算机可以在早上3:00—6:00免费使用。盖茨家离那所大学很近。所以他经常在半夜起床，前往华盛顿大学的计算机中心（几年以后，盖茨才向他的妈妈解释了当时她为什么老是叫不醒他）。

另一件很偶然的事情是，有一天ISI公司急需一批对一种特殊软件很熟悉的编程人员，来帮他们在华盛顿的邦纳维尔电力局建立一种计算机系统。盖茨和他的朋友刚好对那个软件很熟悉，所以他们接下了那个任务，开始在一个杰出的编

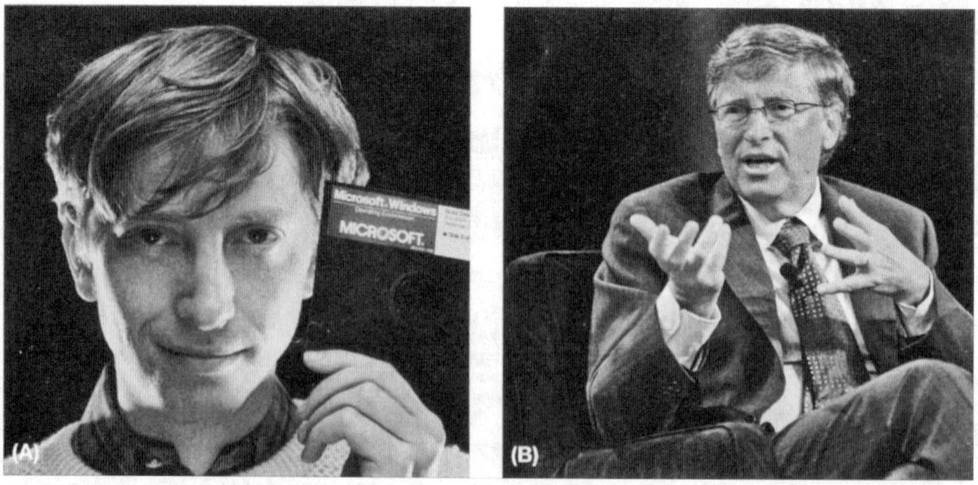

比尔·盖茨。(A)羽翼未丰的企业家比尔·盖茨。(B)成为慈善家后的比尔·盖茨。

程人员的监督下为 ISI 公司工作（盖茨的学校竟然放纵到同意他为了工作跳过高中的春季学期）。在盖茨进入哈佛大学之前，他用来编程的时间已经超过数万小时，超过了哈佛乃至世界任何大学的新生。盖茨是个很聪明的家伙，但若不是他在13 岁的时候就已经开始接触编程，拥有这么多不同寻常的幸运的经历，他不可能在19 岁就建立起微软公司。

观察者（也就是你）的归因与行动者（盖茨）的真实想法之间产生差异是很常见的。观察者倾向于根据行为，尤其是特殊行为，来推断一个人的品质或能力等特质。但是行动者通常将那些行为归因于情境。在本章，你将学习归因的过程——人们用来理解自己和他人为什么做某些事情的方式。

人们之所以要进行因果归因是因为他们需要根据行为举一反三，对其他人或自己的行为做出推断，但是一个行为的真正意义可能是不清晰的。罗伯特对他的新老板很友善是因为他和蔼的性格，还是仅仅为拍老板的马屁？国会女议员拜访新建成的老年活动中心是因为她真的关心老人，还是因为她在试图赢得选票？

本章研究人们怎样解释他们看到的（或听说的）行为，以及这种解释对他们对其他事情做出判断有什么影响。本章也研究人们怎样理解自己的行为原因，以及这种理解会如何影响他们即时的情感体验和后续的行为。这些就是**归因理论**所关注的焦点。

归因理论（attribution theory）：用来描述人们如何对他们周围的事件进行归因的一整套理论，以及人们所持有的因果关系评估标准所具有的影响的总称。

从行为到性格：推断行为的原因

假如有一天在课堂上，一个学生对教授提出的问题给出了一个异常冗长的解答。当他说完的时候，教授说："很好"，然后便接着探讨这个话题了。你不禁感到奇怪，"她真的认为这个答案很好吗？还是只是为了鼓励学生？或是为了增加她在 ratemyprofessors.com[①] 上的人气？"你回答这些问题的方式既能解释教授的这种行为，也能解释她在课堂上的其他行为——是否经常提问，是否始终如一地关心学生的意见。

因果归因是人们用来解释自己和他人行为的过程。理解因果归因对理解日常社会行为是至关重要的，因为我们每天都要进行多次因果归因，这些归因极大地影响了我们的思想、情感以及未来的行为。

因果归因（causal attribution）：将一个事件和一个原因联系到一起，比如推断一个人的性格特征应对其行为负责。

① 一个由学生给教授评分的网站。——译者注

因果归因。因果归因是许多社会生活的中心内容，包括从随意猜测到审判等正式的决策情境。

因果归因的普遍性和重要性

如果你要跟某人约会，但是她断然回绝了（“不，谢谢，我感冒了”），你并不会直接相信她的回答。你会好奇她是真的感冒了还是在委婉地拒绝你。同样，考完试后，你并不会简单地因为你的成绩感到快乐或悲伤。你会做出归因，你可能认为你很聪明、勤奋，或者觉得自己不太擅长这门功课，或者觉得这次考试是不公平的。我们总是在心里进行着归因。你可能会问自己这样的问题，“为什么对我的面试这么短？是面试官认为我有很明显的优势特质，还是因为他们对我不感兴趣？”“为什么我的室友做什么事都很顺利，而我必须要努力争取才能成功？”

认为别人不和你出去是因为生病了，还是因为她觉得你没有吸引力，这会导致你有完全不同的情绪反应。将考试成绩不好归因于能力不足只会让你伤心退步，而将其归因于努力不足会促使你积极尝试更努力地学习，并使你在未来更可能获得好成绩。事实上，关于因果归因的系统研究已经表明，人们对行为的归因在许多领域都会产生巨大影响，包括健康和教育。

归因方式（explanatory style）：一个人解释事件的习惯性方式，最典型的三个评估维度是内部—外部、稳定—不稳定和普遍—特殊。

归因方式和归因

以 Chris Peterson 和 Martin Seligman 为首的一群研究人员将人们的归因方式和他们长期的学业成绩联系起来，研究了归因对学业成就的影响。**归因方式**指的是一个人解释事情的习惯方式，可以从三个维度去评估：内部—外部、稳定—不稳定，以及普遍—特殊。为了评估归因方式，研究者要求被试分别想出6件可能会发生的好事（你的设计被高度赞扬）和6件可能发生的坏事（你遇到了一个很敌视你的朋友），然后为每件事找出一个可能的原因。之后，询问被试所给出的每个原因（1）是源于自己还是源于他人或者环境（内部—外部）；（2）将来是否会再次出现（稳定—不稳定）；（3）是会影响生活的其他方面，还是只影响这一件事（普遍—特殊）。一种解释提到，内在归因指向自己（我会再次努力的），而外在归因并不这样（这是我遇到的最挑剔的问题）。稳定的归因意味着事情不会改变（我不擅长做这件事），而不稳定的归因暗示着事情可能会变好（我正在服用的感冒药使我浑身无力）。最后，普遍归因可能会影响你生活的许多方面（我很愚蠢），而特殊归因仅仅影响某些方面（我不擅长记名字）。

Seligman、Peterson 和他们的同事在一项研究中将内部—外部、稳定—不稳定以及普遍—特殊这三个维度与形成一个全面的解释风格指标联系起来，然后建立了一种测量指标，就像学生的绩点一样。那种将负面事件用内部的、稳定的原因解释的倾向被认为是一种消极的归因方式，它总是导致不好的结果。例如，有这种归因方式的学生总是比有积极归因方式的学生得到更低的绩点（Peterson & Barrett，1987）。

"一个悲观主义者在每一次机会中看到困难；一个乐观主义者却在每一次困难中看到机会。"

——英国前首相温斯顿·丘吉尔

（Sir Wiston Churchill）

Peterson 和 Seligman 也研究了不同的归因方式和健康之间的关系。在一项研究中，他们检测了一个人年轻时的归因方式是否可以预测他以后的健康情况（Peterson，Saligman，& Vaillant，1988；参见：Peterson，2000）。这项研究利用哈佛大学1942—1944年的毕业班学生做了一个纵向研究，要求他们每年完成一个问卷，报告定期体检的结果。他们根据这些医学数据，用五点量表来评估被试的健康状况，"1"表示非常健康，"5"表示已经去世。所有的被试都要在年满25岁、30岁、35岁等年龄的时候做一次评估。

研究者通过被试对第二次世界大战期间所经历的最困难事情的描述（是他们在1946年大学刚刚毕业时给出的回答），计算了被试在各个年龄段的身体情况与他们年轻时归因方式的相关系数，发现它们之间是相关的。表5.1报告了在控制了被试25岁时的身体情况之后的相关系数。由表5.1可以明显看出，年轻时的归因方式可以作为未来身体情况的有效预测。（在30～40岁，归因方式与身体状况并不相关，这很可能是因为此时的人们都很健康，没有什么预测可言。）因此，我们从中可以得到的最重要的结论应该是：无论我们是精力充沛还是身体虚弱、活着还是死去，因果归因都很重要。总是为失败寻求外部的、不稳定的、特殊的原因，会使我们更少陷入绝望，让我们有远见、乐观进取，总是去做一些可以促进身体健康的事情，如刷牙、锻炼或看医生。

表 5.1　早年的归因方式可以预测后来的身体情况吗？

25 岁的归因方式与后来七个阶段的身体情况的相关系数，在统计上控制了早年的身体状况。

年龄	相关系数
30	0.04
35	0.03
40	0.13
45	0.37*
50	0.18
55	0.22*
60	0.25*

来源：Pertersn, Seligman, & Vaillant，1988.

* 表示显著相关。

可控性归因

由 Bernard Weiner 和 Craig Anderson 领导的另一组研究者用实验证明了人们的归因倾向对他们的未来有很大的影响。但他们强调某种归因方式是否可以产生某种结果是可以控制的，不管这种结果是普遍的还是特殊的。一方面，对失败的可控性归因——例如，努力不足或是策略不对——让我们更容易坚持，因为我们可以更努力或是尝试新的策略（Anderson，1991，Anderson & Deuser，1993；Anderson，Krull，& Weiner，1996）。另一方面，如果我们认为结果不可控制，很容易就直接放弃了——事实上，我们经常这样做。

连任四届的美国总统的富兰克林·德兰诺·罗斯福。罗斯福乐观的归因方式无疑是使他成为美国历史上唯一一位身负严重的生理缺陷而依旧能成为一位政治家的原因之一。

从研究的结果可以看出，人们可以通过训练来采取更富有成效的归因方式以取得更好的学业成绩，尤其是将失败归因为努力不足的归因倾向，这样做也对后来的学业成绩有很大的帮助（Dweck，1975；Forsterling，1985）。Blackwell、Dweck 和 Trzesniewski 在2004年报告说，当你迫使一个顽皮的高中男生意识到他之所以成绩不好不是因为他不够聪明，而是因为他没有努力时，他会难过得哭起来。让一个人懂得他可以控制原本认为无能为力的事情，会使他重燃希望，充满斗志，更有可能取得成功（Crandall，Katkovsky，1965；Dweck & Ruppucci，1973；Peterson，Maier，& Seligman，1993；Seligman，Maier，& Geer，1968）。

性别和归因方式

这种训练方式或许可以消除归因中明显的性别差异。这些性别差异是美国的小学教育无意造成的，男生总是将考试失败归因于努力不足，而女生倾向于将其归因于智力差异（Dweck，1986；Dweck，Davidson，Nelson，& Enna，1978；Lewis，Sullivan，2005；Ryckman & Peckham，1987）。Carol Dweck 等人发现，产生这种差异的一部分原因是男孩和女孩在很小的时候所接受的关于如何解释自己的成功和失败的教育就不相同（Tweck et al.，1978）。他们观察了四年级和五年级的老师对学生的反馈模式，发现即使女生整体上表现得比男生好，但老师对女生的负面评价几乎都局限于知识不足（"丽莎，这是错误的"）。相反，在对男生的批评中，45% 的评价关于非智力因素（"比尔，这太乱了"）。在对女生的夸奖中，只有不到 80% 涉及智力；而对于男生，这一比例高达 94%。Dweck 和同事们由这些数据指出：女生总需要从批评中反思她们的智力不足，而男生总是从批评中知道他们的努力不够或者是不够细心。同样，女生总是怀疑自己得到的夸奖和智力表现无关，然而男生总是从得到的夸奖中得知自己的智力表现很出色。

Dweck 等人还做了一个实验，在这项实验中，他们分别以男生和女生收到的典型反馈模式给两组参加实验的学生提供反馈。结果发现，和男生的典型反馈模式相比，女生的典型反馈模式会让男生和女生普遍倾向于将失败归因于自身的不足。所以，不管是否还有其他原因来解释男生会因为成功而得意、不在乎失败等特征，但至少在这一点上，他们受益于上学时所接受的反馈模式。而对于女生来说，不管她们有怎样的动机因素，她们的归因模式大体上已经被在学校收到的反馈模式所固定。

小　结

不同的人有不同的归因方式。这些归因差异表现在：是内部的还是外部的，是稳定的还是不稳定的，是普遍的还是特殊的。从一个人的归因方式不仅可以预测他的学业成就，还能预测他以后的身体状况，甚至是寿命。对结果的可控性的信念非常重要，这种信念可以通过训练来培养。男生和女生会从学习成绩上得出不同的结论，男生相信成功是因为有能力，失败是因为努力不足或者其他的偶然因素，而女生则恰恰相反。

归因过程

"科学的逻辑也是商业和生活的逻辑。"

——英国心理学家约翰・斯图亚特・穆勒（John Stuart Mill）

"她是真的很喜欢我，还是因为我的名气和财富，才假装喜欢我？""候选者真的会兑现他的谎言吗？还是只是为了赢得更多的选票才信口开河？""他真的是一个怪人，还是因为他所承受的压力太大？"类似的问题每天都会在我们的脑

“说真的，是你自己决定花钱听从我的建议的。”

“科学的全部也不过是日常生活的提炼。”

——阿尔伯特·爱因斯坦

海中出现。我们要如何回答这些问题——怎样判定观察到或被报道的行为的起因——并不是毫无逻辑可寻的；相反，这些判定其实遵循着某些固定的规则。这些规则有很多功能，包括理解过去、阐述现在、预测未来。只有理解某个事件的真正起因，我们才能理解事件发生的真正意义，更好地预测接下来会发生的事情。

例如，了解一个人对自己的行为有多大的控制能力对我们判断这个人的行为有很大的帮助。当一个人为自己的失误行为寻找原因时，如果他将其归因于超出自己的控制能力的东西（我精神不好），无疑会比将其归因于自己能控制的东西（我需要休息）减少一些遗憾和悔恨（Weiner，1986）。还有，一个反对同性恋的人如果将同性恋看作一种生理需要，而不是自己选择的生活方式，他会对同性恋持更加支持的态度（Weiner，1990）。

确定一个人的行为是内在因素的结果还是受环境的影响而导致的结果对于我们的归因也是很重要的。自从库尔特·勒温（见第1章）提出一个人的行为受内在特质和环境共同作用后，各种各样的归因理论便开始关注这两种归因之间的关系（Heider，1958；Hilton & Slugoski，1986；Hilton，Smith，& Kim，1995；Jones & Davis，1965；Kelley，1967；Medcoff，1990）。我们如何才能确定一种行为的发生究竟是因为一个人的内在特质还是因为环境因素呢？

一般来讲，内部归因和外部归因的区别很直截了当。你能在每周的扑克游戏中胜利是因为你比其他人的能力都强（内部归因），或者只是因为你很幸运地抽到了最好的牌（外部归因）。知识和能力显然是一个人的内部特质，然而运气只是一些你完全无法决定的东西。在扑克牌的案例中，内部和外部的区别很容易理解。

然而在其他案例中，区别并不会如此明显。我们可能会认为一个人之所以成为摇滚乐队的吉他手，是因为他有着对音乐的深爱（内在归因），还可能会认为他只是在追求财富（外在归因）。但是，热爱和对名利的渴求会不会都是内在因素呢？如果是，那为什么对吉他的热爱被认为是内在因素，而对名利的渴求却变成了外在因素呢？答案是，对吉他的热爱不是每一个人或者大多数人所共有的，它可以透露出一个人的性格和特质。因此，把它视为一个人的内在特质是非常合理的。然而，大多数人都在追求荣誉和财富。因此，为了名利而做一些事情并不能告诉我们一个人的任何内在信息。所以，将它视为外在的或者是非个人化的很合理。因此，要确定行为是内在因素还是外在因素的产物，需要先确定是不是大多数人都会这样做。

归因和共变

当科学家试图寻找一些现象的原因时，他们会尽力避免能导致不同结果的原因。也就是说，他们努力找出那些事件发生时便出现，事件不发生时便不出现的因素。例如，为了研究一种溃疡是不是由某种细菌引起的，医学研究者会分别研究被试携带这种病菌会不会引起溃疡，以及给患有溃疡的被被注射某种适合的抗生素后症状是否会减轻。

在相当大的程度上来说，这就是人们在日常生活中判断事件起因的方式（Cheng & Novick，1990；Fiedler，Walther，& Nickel，1999；Forsterling，1989；Hewstone & Jaspers，1987；Kelley，1973；Nisbett & Ross，1980；White，2002）。当你的朋友说她很喜欢统计课时，你会不由自主地思考其中的原因，"她很热爱数学吗？""她的老师很好吗？"你的这位朋友一般是如何评论其他数学课程和其他课程的呢？和她上过同一节课的人对那节课有什么样的看法呢？

在考虑这些问题的时候，人们使用了一些归因理论，这些理论也被称为是**协变原理**（Kelley，1973）。也就是说，我们努力寻找的原因——是内在的还是外在的、是个人的问题还是几乎每个人都会面临的问题——和我们想要解释的现象或影响"共变"。心理学家认为，有三种协变原理——一致性、区别性和一贯性——是非常重要的。

一致性指的是在某个特定的场合下，大多数人都有相似的做法或看法——就是说，在一种情境下，是每个人都会这样做，还是只有极少数人如此？你的朋友是极少的喜欢那节课的特殊分子，还是说班里的大部分人都很喜欢那节课？当其他因素都相同时，和一个人有相同行为的人越多（一致性越高），我们越倾向于说这种行为是由情境因素而不是内在因素造成的。**区别性**指的是一个人在不同场合下的行为——这种行为只发生在这个特殊的场合，还是会见于很多场合？你的朋友是喜欢所有的数学方面的课程（甚至真的是所有课程），还是只喜欢这门统计学课程？一种行为的区别性越高，我们越会认为其原因来自情境而不是来自个人。**一贯性**指的是一个人在不同场合中对同一种情境的反应——也就是说，在同一种情境下，他现在和过去的行为是相同的，还是发生了变化。你的朋友只是觉得今天的统计课很有趣，还是对以往的每一节统计课都很感兴趣？一个人在特定场合下的行为越特殊（一贯性越低），我们越难判断行为的发生是出于内在原因，还是出于情境因素。原因很有可能是一些难以预测的综合情况。

把这三种信息资源综合在一起，当一致性、区别性、一贯性都很高时，可以进行情境归因（见表5.2）。当每个人都喜欢这门统计课，而你的朋友声明不喜欢其他数学课，且她整个学期都对这门课程充满热情时，这门课一定很有特色。相

协变原理（variation principle）：一个行为应该归因于和行为共同出现的潜在原因的观念。

一致性（consensus）：在某个特定的情境中，大多数人都会做的行为——也就是说，是大多数人都会以一种相同的方式去表现，还是只有很少或不再有其他人会那样做。

区别性（distinctiveness）：一个人在不同情境中会表现出的行为——也就是说，这个行为是只在特定的场合下才会出现，还是在所有场合中都出现。

一贯性（consistency）：一个人会在不同的场合下对同一个情境表现出的行为——也就是说，下次遇到同样情境，这个人会不会有同样的表现。

反，当一致性、区别性都很低，而一贯性很高时则可以进行性格归因。也就是说，当选了这门课的其他学生都不喜欢它，而只要是数学课你的同学就很喜欢，且她整个学期都对这门课程充满热情时，那么她对这门课的热爱一定跟她自身的某种特质有关。

表 5.2 共变信息

通过使用一致性、区别性、一贯性信息，来利用共变信息。你怎样解释一个朋友对于统计课的热情的赞美？是她对这门课有特殊的爱好（内在归因），还是因为这门课很有意思（外在归因）？

归因	一致性	区别性	一贯性
如果行为符合右边这几种情况，可以使用外在归因：	一致性高：每个人都喜欢这门课	区别性高：你的朋友喜欢的课程没有几门	一贯性高：你的朋友经常赞美这门课
如果行为符合右边这几种情况，可以使用内在归因：	一致性低：其他人都不喜欢这门课	区别性低：你的朋友喜欢所有课程	一致性高：你的朋友经常赞美这门课

协变归因。一名观众正在观看克里斯·洛克（Chris Rock）表演脱口秀，他笑了，可能是因为他的个人特质，也有可能是因为情境。如果你观察这个人在喜剧俱乐部里的一系列行为，发现只要他一看克里斯·洛克的脱口秀就会笑（一贯性很高），当其他人表演脱口秀的时候他几乎不笑（区别性很高），且当克里斯·洛克表演的时候很多人都会笑（一致性很高），归因法则将引导你将这个人的笑归因于情境而不是他的个人特质。

为了证实这种归因方式的确有用，归因研究者向被试呈现了如下评论：“乔恩在看喜剧的时候大笑。看这出喜剧的人几乎都在笑（一致性）。乔恩看其他的喜剧时并不总会笑（区别性）。乔恩以前看这部喜剧时也总会笑（一贯性）。”然后，研究者要求被试判断事件（乔恩的笑）的原因在于个人（乔恩）、场合（这部喜剧）、情境（看喜剧的时候周围的具体情境），还是以上各种因素的综合。

这些研究已经证明，协变归因模式确实可以应用于实际生活（Forsterling，1989；Hewstone & Jaspers，1983；Hilton et al.，1995；McArthur，1972；White，2002）。

当一致性、区别性很低而一贯性很高时，被试倾向于将其归因为内在特质。该研究中唯一出人意料的发现是被试有时会仅受一致性信息影响。他们很关注是不是每个人看了都会笑，但也不是很极端。这一发现说明了归因时的一种常见趋势，与情境影响（在这里指一致性信息）相比，人们会更多地关注个人信息（在这里指区别性信息和一贯性信息）。

归因和想象换人的结果

人们的判断并不总是基于实际发生的事情，有时候，指导我们做出判断的是我们对在不同情境下会发生什么的想象，或是对是否会有另一个人参与进来的推测。例如，在思考米尔格拉姆的实验（参见本书第1章和第9章）所展现出来的高服从率时，你要努力想象，假如你是被试之一，你会怎样做。你或许很难想象自己竟然会对受害者实施这么多次电击。换句话说，你会相信如果换个被试——尤其是如果被试是你——结果可能大为不同。因此，你会得出结论说该为电击行为负责的是被试个人，而不是环境。

归因的折扣原则和增加原则

有时，我们根据所掌握的信息只能判断事件的原因是两个（或更多）原因中的一个。一个人去面试，表现得非常好。那么她在现实生活中也如她在面试中表现的那样吗？她是为了让面试成功故意表现得这样的吗？我们并不能很好地对这一事件进行归因，因为我们既没有机会看到这个人在日常生活中的表现，也没有机会看到其他人在这一相同情境中的表现。

面对这种情况时，人们总是用他们已经掌握的知识去推断在同一情境下，大部分人会怎样做，他们利用自己掌握的知识进行某种逻辑分析，从而得出结论，这种逻辑分析就叫作折扣原则。通过**折扣原则**，如果某类事件的发生还可能有其他的原因，我们对认定这一事件是因某种原因而起的信心就会降低（打折扣）(Kelley，1973)。让这个面试者在面试中表现得很有风度的原因，既可以是她本身性情开朗，也可以是她非常想要得到这份工作。在这个时候，如果仅仅靠简单的逻辑推理，我们将无法做出准确的归因，但是我们可以在逻辑推理的基础上加上我们对人的一般认识。我们知道，大多数人为了得到一份工作，都会让自己表现得很出色，因此我们不能确定这个面试者在日常生活中是否也是一样优秀。在这个过程中，我们之所以要对我们的观察（一个人的行为）能在多大程度上反映这个人的内在特质（她很有风度）打上折扣，是因为我们觉得任何人在相同的情境下都会修饰自己的行为。

折扣原则（discounting principle）：如果还有其他的原因可能导致某结果的出现，人们会减少用某种原因解释结果的权重。

沿着这种逻辑扩展下去，可以得出与此互补的**增加原则**。通过增加原则，如果我们认为某种原因可以解释特定的行为，而在我们的想象中，其他原因都会导致恰恰相反的结果出现，那么我们对这种原因的信心会大大增加。典型的例子是，如果在通常情况下某种情境会阻止一个行为的发生，我们会更加认定这个人的行为可以透露出他的内在特质。如果一个人面对威胁与折磨依然坚持某种主张，我们将会认为他对该主张的信仰是坚定的。

增加法则（augmentation principle）：人们会增加某种用来解释结果的原因的权重，因为在正常情况下，人们会做出恰恰相反的行为。

折扣原则和增加原则的一条重要暗示是，当一个人的行为与角色吻合时，我们很难归因；而当一个人的行为与角色错位时，我们很容易归因。在一个最简单的归因研究中（Jones，Davis，& Gergen，1961），被试亲眼看见另一个人在应聘中表现得很外向或很内向。一半的被试被告知，他们所观察到的人在应聘潜水艇上的一个职位，这是一个需要长时间和很多人亲密相处的岗位，需要热情开朗的性格。而另一半的被试被告知，他们观察到的人在应聘宇航员职位，而这是一个需要忍受长时间孤独的岗位，需要内向的人（注意该实验是在1961年进行的，当时狭小的飞行器中只能容纳一名宇航员）。

结果，一半被试目击到了符合岗位要求的行为——应聘者表现出了工作需要的特点。因为他们的行为方式和情境需要相符，所以很难判断应聘者的表现是否反映了他们真实的性格特点。与此相反，另一半被试观察到的行为特点与岗位的需要相反——应聘者表现出了与工作需要不相符的特点。因为所表现行为与情境需要相冲突，因此可以把应聘者的表现看作其内在性格的明显反映。

被试后来在大量的关于应聘者性格的内外向的判断中，遵循了折扣原则和增加原则的逻辑。在图5.1中可以看出，如果应聘者的行为合乎角色的要求，被试将无从判断其性格有多外向性（从中间的两个条形差不多的高度可以看出）。而应聘者不符合角色要求的行为将导致被试对其性格的极端判断（从旁边两个条形可以看出）。在本应该表现得内向的场合表现得很外向的人被认定是极度外向的人，在应该展现外向性格的场合表现得很内向的人被认定是极度内向的人。

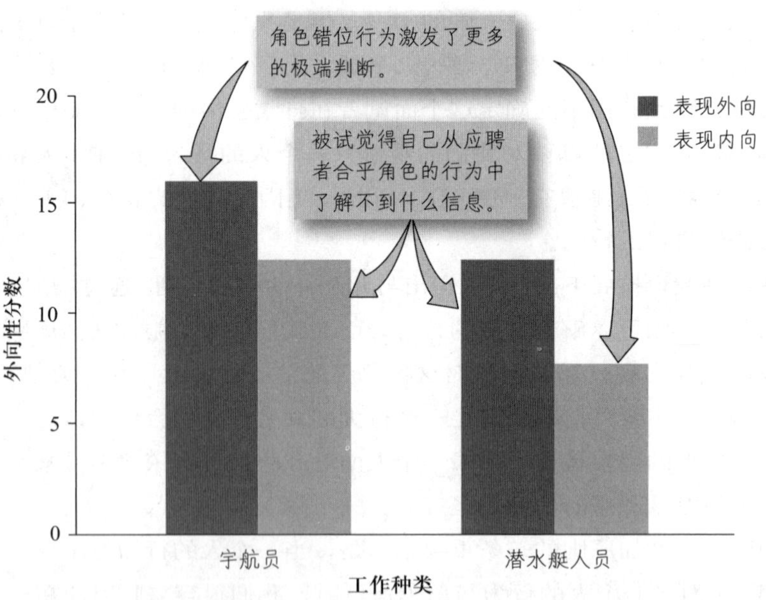

图5.1 折扣原则和增加原则。和符合角色的行为相比，不符合角色的行为可以看出一个人更多的内在特质。图中分别显示了被试对一个人在应聘要求外向（潜水艇人员）和内向（宇航员）的岗位时所表现出的外向性评分。

来源：Adapted from Jones, Davis, & Gergen, 1961.

差点成为现实的事件的影响

在做出判断的时候，人们有时会想，如果当时的情境稍微改变，是否还会出现同样的结果。因为我们的归因经常被一种**反事实思维**（思考现实的反面）影响，即虽然事情已经发生了，仍会想如果当时的情境稍有改变，事情会变得如何（Johnson，1986；Kahneman & Tversky，1982a；Roese，1997；Roese & Olson，1995；Sanna，2000）。若听人说“要是我再努力一点就好了”，就可以看出不够努力是成绩不好的原因。“要是共和党人推荐的是另一位候选人就好了”表明，落选的责任在于候选人，而并不是共和党的原则。

反事实思维（counterfactual thoughts）：想象如果某些东西有些不同的话，或许、可能、应该已经发生的事情。

例如，在一个实验中，研究者要求被试阅读了一个故事：一个女职员为了庆祝升职而和老板共进午餐（Wells & Gavanski，1989）。这个女职员的老板为她点了餐，但是他并不知道女职员患有一种很罕见的酒精过敏症状，而他点的菜里恰恰有红酒酱汁。这个女职员刚吃过饭就觉得不舒服，然后开始抽搐，最后在被送往医院的路上过世了。一些被试读到的版本是她的老板曾想过点一份不含酒精的菜，而另外的被试读到的版本是她的老板原来准备点的那道菜也含有酒精。然后被试回答了几个关于这个女职员死因的问题。

调查者预测，被试的归因不仅会受到故事里所发生的事情的影响，也会受到差点发生的事情的影响。那些得知老板曾打算点一份不含酒精的菜的被试很容易想到：若果真如此，这位女职员就能活下去了。因此，他们会认为，在她的死因中，老板对菜色的选择是至关重要的。相反，如果老板曾经想点的另一种菜里也含有酒精，被试就很难想到其他的结果，因此也认为老板对菜的选择并不那么重要。图 5.2 表明，结果确实是这样的。

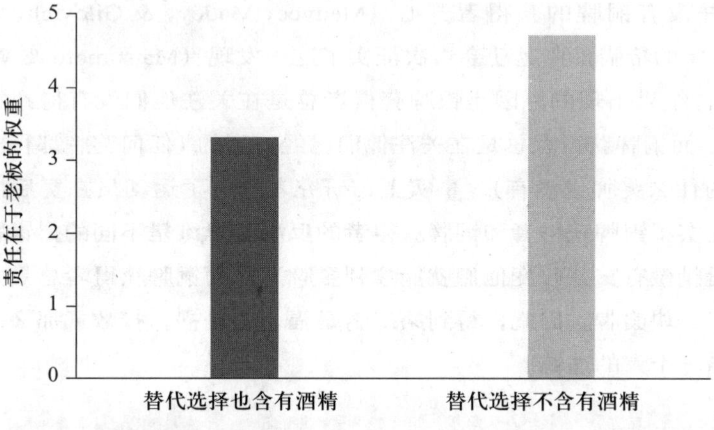

图 5.2　**在归因中想象的结果的作用**。老板对菜的选择是否重要取决于被试读到的老板的备选菜式中是不是也含有酒精。

来源：Adapted from Wells & Gavanski, 1989.

反事实思维的情绪效应

情绪放大（emotional amplification）：情绪反应的程度会随着想象事件不发生的容易程度的增加而增加。

归因影响我们对事件的情绪反应，因此我们的反事实思维也会影响我们的情绪反应。如果一件事差一点儿就不会发生，我们对它的情绪反应将更强烈——这种现象被叫作**情绪放大**。例如，如果你爱的人因一场飞机事故而离开了人世，而他是在登机前的最后一刻才改签乘坐这班飞机的，或者是本可以改签但他坚持乘坐那趟飞机，你会不会觉得更加难过？大部分人都同意，若是最后一刻改变的主意导致悲剧的发生，会令人更加难以承受，因为他差一点儿就可以躲过一劫。一般来讲，我们所感受到的快乐或者伤痛的程度和想象这件事不发生的难易程度有关。

假如对可能发生事情的想象会对我们的归因和情绪反应造成很大的影响，那么是什么让这件事看起来是“差点”就发生了的呢？较为常见的决定因素是时间和距离。假如，有一个人从一场飞机事故中死里逃生，然后徒步去寻找避难处。如果他走了将近12公里，在即将走到避难所时死去了，航空公司应该赔偿给他的亲人多少钱呢？如果这个人成功走完了余下的400米，到达了安全的地方，你对他应得补偿的预期会不会改变呢？大部分人都会改变预期。人们倾向于认为，若他没能熬过最后的400米而去世了，所应得到的赔偿金额是162 000美元，应该大于他在飞机事故中直接丧生而应获得的补偿（Miller & McFarland，1986）。因为他差点就成功了（只剩下不到400米了），他的死看上去更令人惋惜，应该得到更多的补偿。

与胜利的接近程度往往会导致奥林匹克运动会中银牌和铜牌获得者的情绪截然相反。一项研究分析了在1992年西班牙巴塞罗那奥运会领奖台上所有运动员的笑容和愁容，发现得到银牌的运动员，虽然超过了第三名的铜牌获得者，可是看上去并没有铜牌的获得者开心（Medvec，Madey，& Gilovich，1995；见图5.3）。2004年的希腊雅典运动会再次证实了这一发现（Matsumoto & Willingham，2006）。这种结果出现的原因是银牌获得者总是在关注他们没有得到的（梦寐以求的金牌），而铜牌获得者总是在关注他们已经得到的（任何奖牌都行——那些得到第四名的什么奖牌也没有）。事实上，研究者分析了运动员在赛后接受采访时的发言，证实了银牌获得者和铜牌获得者的反事实思维是不同的。银牌获得者总是想着要是稍微有一些改变他们就能拿到金牌了，而铜牌获得者总是宣称至少他们也拿到了一块奖牌。因此，得到第二名是福，也是祸。打败了那么多人的喜悦比不过败给一个人的遗憾。

图 5.3　科学方法：奥运会获奖者的反事实思维

假设：人们对于某件事“差点就发生了”的想法会影响他们对该事件的情绪反应。

研究方法：

1. 研究者录制了 1992 年的西班牙巴塞罗那奥运会的全过程。
2. 让对比赛毫无了解的大学生根据运动员的表情判断他们的开心程度。
3. 这些学生在观察了刚比赛完的站在领奖台上的运动员的表情后对他们的开心程度做出评判。

结果：取得第二名的银牌获得者比取得第三名的铜牌获得者更不开心。

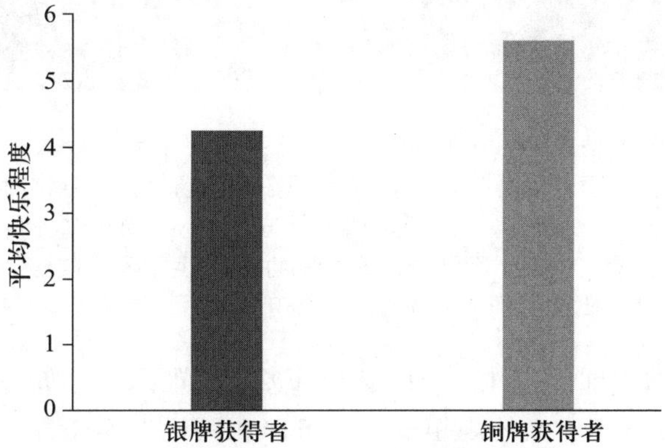

结论：人们对事件的反应不仅基于发生了什么，也基于未能发生什么。银牌获得者总是在想自己没有得到金牌，所以没有铜牌获得者开心，因为铜牌获得者总是在想幸好我还是站上了领奖台。

例外和惯例的影响

另一个决定想象未发生事情的难易程度的因素是行为本身是否符合常规。一项研究为了验证这一假设，要求被试阅读一篇讲述一个男人在超市购物时意外遭遇抢劫并身负重伤的故事。在该故事的一个版本中，抢劫发生在那名男子经常购物的商店；而在另一个版本中，那个男人去被抢劫的商店购物只是为了“换个口味”。当研究者询问被试，受害者应该得到多少补偿时，那些认为受害者是在他不经常去的商店中遭袭的被试提出的补偿比那些认为受害者在其经常去的商店遭袭的被试多了 100 000 美元。前者大概更加不幸，因为它本来是可以避免的。

对本可以避免发生的事件的遗憾。在某些特定的情境中，一些本不应该死的人丧了命更令人惋惜。(A)斗牛士何塞·桑切斯(Jose Cubero)，被世人称为Yiyo，死于一场斗牛表演，而他是在距开场只差一分钟时才决定顶替另一个斗牛士上场的。(B)在以色列军队中，士兵间严禁交换任务，即便是情势所迫。因为如果一个士兵因为本不属于他的任务而牺牲了，其家属会因为他本可避免的死而更加痛苦。而那位本来会牺牲的士兵会因为自己侥幸活下来而感到无比内疚。

这种归因有助于理解为什么一些从事高危行业的人（比如斗牛士、战斗机飞行员等）会形成一条不成文的规矩——不可以和其他人换任务。人们认为，交换任务就是在自找麻烦。几年前，西班牙斗牛士 Yiyo 的死亡就是一场巨大的悲剧。悲剧发生的一部分原因就是他违反了斗牛士行业中的这条不成文的规定，在开场前一分钟决定代替另一名斗牛士上场表演（Miller & Taylor，1995）。伴随着这场悲剧的额外痛苦总是令人印象深刻，难以磨灭，因此加强了人们对这种说法的迷信——换任务更容易让人遇到灾祸（Risen & Gilovich，2007，2008）。在一些不太吉利的情境下，另一种信念会发挥相似的作用——在杂货店排队购物的时候，永远不要换队列，或者由于选择很多而抛弃自己最初的直觉。假如我们新选择的那一队前进的速度慢得像乌龟，或者说我们最初的直觉是正确的，我们就会责怪自己，后悔不迭。这些情形尤其令人难忘，从而使我们过高地估计了改变初衷会带来厄运的可能性。

小 结

因果归因的一个基础层面涉及判断一个人或者一个情境在多大程度上应该对一件事负责。人们会采用协变原理做出判断。我们会考虑一个人的行为的区别性和一贯性，以及其他人是否也会这样做。当一个人的行为并不对应一个特定的情境，在不同的情境中该行为具有一贯性，并且不是每个人都会做出相同的行为，我们可以很自信地说是这个人的内在特质导致了他的这个行为。当一个人的行为具有区别性，但是不具有一贯性，并且大多数人在相同的情境下都有这种行为时，我们更趋向于将这种行为的出现归因于情境。我们同时也会依赖自己的心理洞察力做出归因。当一个人可以从一种特定的行为中获益时，我们会将该行为归因于他的获益，而不是归因于他的性格。但是当一个人的行为与自身利益相悖时，我们会趋向于将其行为归因于他自身潜在的人格。而且，对那些“差点”发生的事件的反事实思维会影响我们对已经发生的事件的因果归因和情绪反应。

归因时的错误和偏差

人们做出的归因有时并不是完全合理的，我们的期望和恐惧会影响我们的判断。有时我们得出的结论基于一个错误的前提，有时我们会被一些错误的信息误导。换句话说，我们的因果归因有时会受一些可预见的误差或错误支配。事实上，自从20世纪六七十年代归因理论出现，社会心理学家在阐释日常生活中一些因果分析的缺陷方面已经取得了可观的成果。

自我服务归因偏差

归因时有一个最常见的误差是你无疑注意到了的：人们趋向于将失败或者其他不好的事情归因于外在环境，而将成功和一些好的事情归因于内在因素——也就是说他们受制于**自我服务归因偏差**（Carver，DeGregorio，& Gillis，1980；Greenberg，Pyszczynski，& Solomon，1982；Mullen & Riordan，1988）。思考课堂上的两个场景，一个是你在测验中得到了前所未有的高分，另一个的情况恰好相反。你会说哪场考试更加公平，对你所学知识有最精确的评价？如果你像大多数人一样，你会觉得你表现好的那次考试更公平，也能更好地检验你对知识的掌握（Arkin & Maruyama，1979；Davis & Stephan，1980；Gilmour & Reid，1979）。学生们倾向于为他们的失败寻找外部借口（“教授是个悲观主义者”，“问题是有歧义的”），而为自己的成功寻找内部原因（“我学习很努力”，“我很聪明”）。一些研究表明，教授们也有这种倾向，比如当要评价他们的论文是否达到了出版水平时（Wiley，Crittenden，& Birg，1979）。（然而，如果他们的论文被拒绝了，他们会认为这是因为理论偏见、评估程序缺乏公平性，或仅仅是

自我服务归因偏差（self-serving attributional bias）：总是将失败归因于外部环境而将成功归因于自身的倾向。

“成功有一千个父亲，失败是一个孤儿。”

——谚语

因为评价者心胸狭隘。)

想一想你最喜欢的运动员和他们的教练。他们是如何解释成功和失败，胜利和挫折的？Richard Lau 和 Dan Russell（1980）研究了报纸上每次比赛后运动员和裁判对成败的解释和归因，发现内部归因更多地集中于对本队胜利的评价，而不是对失败的评价。相反，外部归因（误判、坏运气等）则主要集中于失败的时候。总而言之，关于成功的归因有80% 属于团队本身，但是关于失败的归因只有53% 的情况被归结在团队自身上。导致成功的因素只有20% 被归结于外部，然而却有43% 的失败因素被归结于外部（同样见于Roesch & Amirkhan，1997）。

"警察们干得不错，虽然在我这里可能有一些疏忽。"

毫无疑问，你已经发现了这种把成功归因于内部因素、而把失败归因于外部因素的倾向（见专栏5.1），而且你一定可以解释这种现象——人们在寻找原因时会有一个为自己牟利的倾向，因为这么做会使他们自我感觉良好（或者至少让他们觉得自己不是那么差劲）。这样的一个为自己牟利的倾向就是一种有动机的偏差（自我服务归因偏差），这一倾向被维护自尊的意愿所驱动。这一切不就这么简单吗？

"今天我们输了比赛，首先该怪上帝。"

然而事实上，事情并没有那么简单。即使是一个绝对理性的不会被这种动机影响的人，也可能在归因时做出同样的选择。毕竟，当我们努力完成一件事时，这种成功至少和我们的努力有一定关系，如此一来我们才能理所当然地获得这些荣誉。而且，即使我们付出了很多努力，失败也总是会发生，因此需要从其他地方——也就是外部——为失败寻找原因。一个完全理性的人，也会在归因时有为自己牟利的做法，因为总的来说，成功与我们的意图和努力的关系要比失败紧密得多。

自我服务偏差。运动员经常将成功归因于自己技能的娴熟而将失败归结于外部因素。(A)当波士顿红袜队被纽约洋基队打败时，他们会将失败归结于外因，比如“黑哨”甚至是“贝比鲁斯魔咒”(Babe Ruth 的合同被红袜队卖给洋基队后的复仇)。(B)在 2004 年的美国联盟锦标赛第七场比赛中，红袜队击败了洋基队，并且再接再厉在世界赛事中获得了胜利。他们很有可能会将成功的原因归结于自身的素质和技能。

为了更加清晰地理解这种行为模式，我们可以通过一些可靠的实验来引出自我服务的归因偏差（Beckman，1970）。研究者要求被试给一个理解材料有困难的学生进行辅导（在其中一些研究中，被试是真正的教师；而其他研究中的被试其实是大学生）。经过最初的一轮教学后，被辅导的学生经过测试，发现他的表现更差了。紧接着要进行第二轮试验，之后又对学生进行了一次测试。对于一半的被试来说，该学生在第二轮的成绩依旧很差。而对于另一半被试来说，该学生的成绩有了显著提高。这项研究揭示了一个很典型的道理——如果学生的表现一次比一次好，教师们就会把学生的进步归功于自己；但是当学生持续表现不佳时，老师反而会责怪学生。换句话说，人们爱把成功归功于自身，而把失败归结于外因。

看来，老师们似乎正在极力地为了让自我感觉良好，而做出一些并不合理的归因。但这并不是我要说的重点。假设研究者设计了一台没有感情的计算机，它并没有保持良好的自我感觉的需要，而且它所配置的软件允许它使用协变原理进行归因，那么它会做出怎样的归因呢？它会得到如下信息输入：(1)这个学生一开始的成绩很差；(2)老师们要么得加倍努力，要么得改变自己的教学策略（就像多数人在接受了最初的失败后所做的那样）；(3)学生在第二阶段的表现或好或坏。计算机会搜索出结果和潜在原因之间的一种共变模式，这种模式会告诉计算机采用什么样的归因。如果学生每次考试都不及格，那么教师付出的心血和学生的表现是没有关系的（在第一轮试验中，老师付出的心血对应的是学生并不出色的分数；在第二轮试验中，老师更加努力，但学生的分数依旧不理想）。所以把原

“我们将所有的好事归功于自己，把过错推给别人，这是我们的经验。”

——美国思想家拉尔夫·瓦尔多·爱默生（Ralph Waldo Emerson）

因归结于老师是不公平的，应该指向学生。如果学生第二次的成绩有所提高，那么可以将学生的成绩和老师所付出的心血联系起来，这样将学生的成绩归因于老师的教学应该是公平的。

正如这个例子所暗示的那样，当一些人由于自我服务归因而责备他人从而使其自我感觉良好的时候，我们并不能责备他们。仅从归因模式上是很难判断其中有没有保护自尊的动机的；这种归因也可能是纯粹的理论分析的结果。

专栏5.1　聚焦日常生活

自我服务归因

多种多样的公文都或多或少地体现出了自我服务归因。当公司给股东发布年终总结时，你认为他们会怎样解释他们在这一年中所取得的成功和失误。一项调查显示，CEO 们宣称 83% 的积极事件是他们的功劳，与此同时，只承认自己该为 19% 的消极事件负责（Salancik & Meindl，1984）。也可以想一想司机们会如何向保险公司报告一起车祸事故。在这里，我们能够非常直观地看到责任的外化，这十分有趣。一个司机这样解释一场不幸的车祸：“电线杆朝我扑过来，我努力试图转弯来避开它。”另一个司机说：“一个行人撞上了我的车子，并且钻到了我的车底下。”

当然，这些公文数据并不可取。和在实验室进行的关于自我服务归因偏差的实验不一样，这些公司的报告和保险公司的保单都是为了公共消费。也许这些报告的作者也不相信他们所说的；他只是希望其他人能够容忍这些报告。这些例子应该被看成自我服务归因偏差的一些事例，而不能作为自我服务归因偏差的可靠证据。真正的证据应来自于正文中所描述的经过精心操控的实验。

基本的归因错误

回想一下那些在米尔格拉姆的服从实验中施加了最大电击的人，想想你对那些人的看法（参见第1章和第9章）。实验要求被试把超过400伏的电击施加在另一个人身上而不顾受害者的抗议，几乎2/3的被试按照要求做了。注意，如果直接应用协变原理来解释，将会把被试的这种行为归因为情境使然，并不会归结为被试的人格特质问题。事实上，大部分被试面对受害者的抗议仍施加了高强度的电击，并且有2/3的人表示会一直增加电击强度直到机器的极限（也就是说，一致性水平很高）。他们的行为并没有透露太多的个人信息，是环境使他们的行为表现惊人地一致的。

然而，如果你像大多数人一样对被试抱以严厉的观点，你会认为他们太过残忍、冷酷无情。如果是这样的话，你的判断反映了一种背离了正确的归因原理的日常归因方式。我们习惯将一个人的行为看作对其人格特质的反映，而不是看作所处的环境所导致的结果，这似乎是一种非常普遍的倾向。

这种将人的行为，即使是当事人所处的环境强迫他做出的行为，归因于其人格特质的倾向，被称为基本的归因错误（Ross，1977）。之所以称之为"基本的"，既因为人们试图要解决的问题（从一个人的行为来弄清他是怎样的人）是如此的基本和重要，也是因为这种思维方式（忽视重要的环境因素而归因于人本身）是如此的普遍而流行。

基本的归因错误的实验演示

社会心理学家已经设计了很多实验范式来检验基本的归因错误（Gawronski，2003；Gilbert & Malone，1995；Lord，Scott，Pugh，& Desforges, 1997; Miller, Ashton, & Mishal，1990；Miller，Jones，& Hinkle，1981；Vonk，1999）。在一项早期的研究当中，美国杜克大学的一些学生被要求读一篇关于古巴政治领袖菲德尔·卡斯特罗（Fidel Castro）的社会主义政权的文章（Jones & Harris，1967）。一半被试读了支持卡斯特罗的文章，而另一半被试读了反对卡斯特罗的文章。研究者告诉被试，文章是作者按照"写一篇简短可信的文章，就像对公共事件发表评论一样，表达对卡斯特罗的看法，可以支持也可以反对，观点完全自由"的要求完成的。之后，要求被试就文章作者对古巴领导人卡斯特罗的态度打分。因为作者是自由选择立场的，所以不难理解，相比读了反对卡斯特罗的文章的人，那些读了支持卡斯特罗的文章的人认为作者的态度是支持卡斯特罗的（见图5.4）。

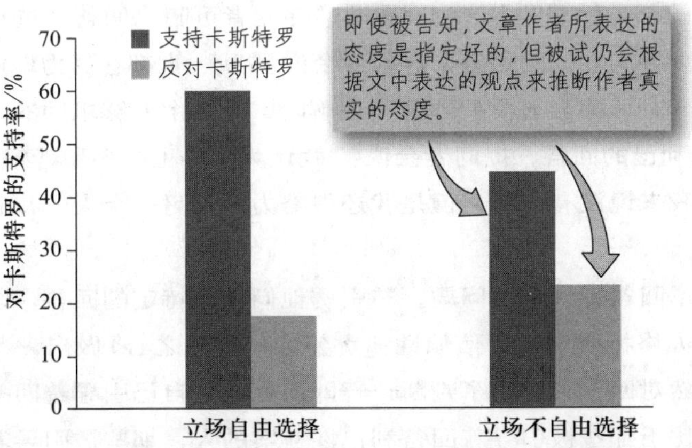

图 5.4　基本归因错误。实验被试要为文章作者对卡斯特罗的态度进行打分；分数越高表示他们认为作者对卡斯特罗越持有支持的态度。

来源：Adapted from Jones & Harris, 1976.

然而，实验中的其他被试给出的分数十分令人惊讶。其他被试读的是相同的文章，但是他们被告知，文章作者的立场是分配给他们，并不是他们自己选择的。

这些被试在评估时，分数结果虽不那么极端了，但是他们仍然会这样推断作者的态度：那些读了支持卡斯特罗的文章的人认为作者相对来说更加支持卡斯特罗，而那些读了反对卡斯特罗的文章的人则认为作者的态度是反对卡斯特罗的（见图5.4）。从纯逻辑的角度来看，这种推断是没有依据的。如果写作的主题是分配给一个人的，那么他写出的东西并不一定是其发自内心想表达的。当被试相信这是作者的真实想法时，基本的归因错误也就发生了。

你可能并不认同这个实验，怀疑这个实验并不能给基本的归因错误理论提供多少支撑。毕竟，当人们被迫说一些与他们一贯的信念不符的话时，他们会非常巧妙地暗示出就连他们自己也不相信自己所说的话，从而使自己和所发表的言论保持距离。但是在这些文章中并没有这样的线索，因此被试非常合理地认为这些文章反映了作者的真实态度。

另一些关于基本的归因错误的研究通过为这种“疏远行为”留出了充足的空间，绕开了这个麻烦。在这些研究当中，被试被随机地指定扮演两个角色当中的一个：提问者或者回答者（Gilbert & Jones，1986；Van Boven，Kamada，& Gilovich，1999）。提问者的任务就是通过对讲机向回答者提一系列的问题。接着，回答者要在两个已经完全写好的脚本里选择一个答案。这样一来，被试的回答就不是他们自己的回答，也不应该被认为能为回答者的人格提供有用的线索。增加的一个环节是在每读完一个问题后，提问者在主试的指导下向回答者暗示他应在两个回答选项中选择哪一个。这样一来，提问者就影响了回答者。例如，问道“你认为你对他人的感觉敏感吗”这个问题时，提问者可暗示回答者选择两个答案中的某一个。若要导向利他的回答，提问者会说：“我一直都在努力地对别人的感觉保持敏感。我一直认为当人需要同情和理解时，有一个能够求助的人是十分重要的。”若要导向利己的回答，提问者会说：“我认为世界上‘多愁善感’的人已经够多的了。对于我来说没有什么，但是我还得努力理解另一个人，我看不到这么做有任何意义。”

提问者问了回答者一系列问题，并引诱他们做出特定的回答，之后要求提问者就回答者的人格特质（如可信赖性、贪婪性和仁爱之心）做出评判。研究者发现，提问者依然对回答者做出了判断——即使是他们自己引导着回答者回答每一道问题的。相比于那些被引导着回答利己性答案的人，那些被引导着回答了利他性答案的人在助人水平上得到了更高的评价（见图5.5）。同时需要指出的是，即使回答者可以通过改变说话的语气来使他们和自己被引导着说出的答案保持距离，提问者的评价仍是如此。

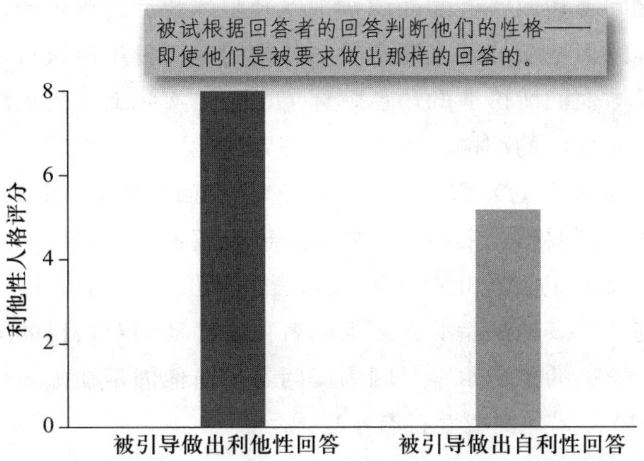

图 5.5　知觉引导约束模式。被试被引导以一种利己或者利他的方式进行回答后的个人平均得分。分数越高说明利他性越高。

来源：Van Boven, Kamada, & Gilovich, 1999.

基本的归因错误以及对优势和弱势的理解

我们在日常生活中经常面对的一个推理问题就是该给那些成功的人多少荣誉，该给那些不成功的人多少批评。我们应该给成功的企业家、电影明星和艺术家多少赞誉和尊重呢？我们当中贫困的人在多大程度上要为他们自己的生活负责呢？关于基本的归因错误的假设暗示人们更多地将成功归因于个人特质，将可怕的错误归咎于特定的情境、更广泛的社会力量和纯粹的坏运气。

一个非常巧妙的实验告诉我们，人们在某些情境中真的会犯基本的归因错误。从一个非常宽广的视角来看，我们经常看不到人们在生活中的优势及其必须克服的劣势。在这项研究当中，被试参加了一个类似于电视节目《危险边缘》(*Jeopardy*)[①] 的问答竞赛。一半被试扮演发问者，另一半被试扮演回答者。发问者的任务是提出一些具有挑战性的非常识性问题，如“微积分的两个发明者是谁”，“在电影《卡萨布兰卡》(*Casablanca*) 中扮演维克多·拉塞罗的人是谁”。回答者的任务是回答这些问题 (答案见第 176 页)。

从自我展示的角度来看，提问者有一个巨大的优势。他们可以仅关注自己所知道的任何知识，而忽视自己在某些方面的无知。每个人都有自己擅长的领域，提问者可以就他们的专业来提问。但是提问者的知识领域和回答者并不相符，后者必须承受这种劣势。

经过逻辑分析，人们会对两种被试所拥有的优势和劣势进行合适的修正。因

① 美国哥伦比亚广播公司的一档益智问答游戏节目，与传统游戏设置有所不同的是，选手面对的是答案，需要给出与这个答案相对应的问题。——译著注

此，如果要对提问者和回答者的知识水平以及整体智商进行评判，任何一个观看了整个问答过程的人本应都不大愿意对实验中的这两种角色进行评判。他们的知识和智商太容易被他们所扮演的角色解释了，但是实际上，角色限制并不能决定其聪明程度。正如预料的那样，不幸的回答者没能回答出大部分问题。在回答者离开时，提问者“渊博”的知识给回答者留下了深刻的印象，回答者给提问者的评分也比其真实水平还要高。之后，在要求一群观察者进行评价时，他们对提问者所掌握的一般性知识的评价也高于对回答者的评价（见图5.6）。值得注意的是，唯一没有被提问者的表现蒙骗的人是提问者自己。他们对自己的知识水平和智商的评判大致符合学生的平均水平，因为提问者知道他们是在极力搜寻自己的知识库，来尽可能地提出具有挑战性且有水准的问题。

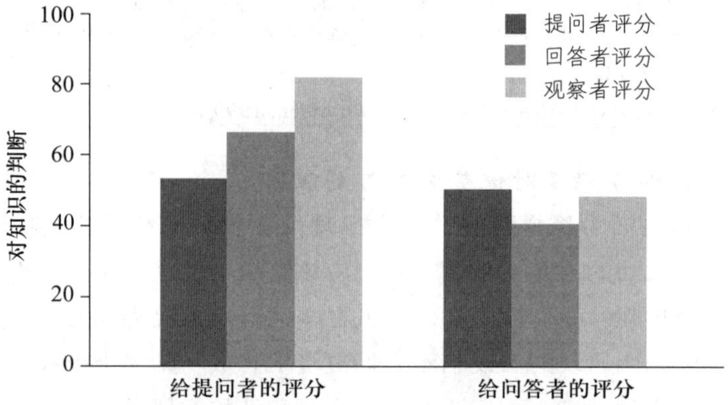

图 5.6 角色赋予的优势和劣势。条形图向我们展示了提问者和回答者在这个实验中表现出的常识水平。被试认为提问者比回答者拥有更多的知识。尽管他们知道两组人所扮演的角色是随机分配的，提问者的任务要轻松得多。

来源：Adapted from Ross, Ambile, & Steinmetz, 1977.

这个实验可以作为我们在日常生活中做出判断的一个根据。一般来说，我们当中那些非常成功的人相比于并不十分成功的人来说，已经工作得非常努力了，并且很好地锻炼了自己的才能。所以通常来说，他们值得我们敬佩。但是这个实验告诉了我们其他一些事情：我们不应该忽视一些人所拥有的不那么明显的优势，同时，也要公平地看到一些人必须需要克服的劣势。一些人还含着金汤匙出生的，比如生来就拥有能带来可观的财富的资源。对于他们来说，挣更多的钱并不怎么困难，因为他们已经拥有了相当多的股份。相反，如果你是白手起家，那就没有什么比挣到钱更具有挑战性的了。所以我们对生活中的成功和失败的归因，以及我们推断出来的特性，应该能够反映出有不同经历的人具有的相对优势和劣势（详见专栏5.2）。本章开篇所举的比尔·盖茨的例子就很好地诠释了这一点。

专栏5.2 聚焦体育和学业成绩

如何在加拿大的冰球运动中获得成功，以及如何在数学方面获得成功

加拿大最顶尖的冰球明星大多是在一月、二月或三月出生的。出生在寒冷的冬季对于打冰球来说会是一个先天的优势吗？如果是这样，什么样的机制可以解释这种联系呢？这可以作为运动员占卜（能否成为明星）的可用迹象吗？或许星座是摩羯座、水瓶座和双鱼座的人的运动速度很快，并且能够抵抗粗暴的攻击？在英国足球超级联赛中，出生在九月到十一月的人大约是出生在六月到八月之间的人的两倍。这会是因为处女座、天秤座和天蝎座的人相比双子座、狮子座、巨蟹座来说在用头击中抛射过来的物体上更有天赋吗？

真正的解释不仅是乏味的，甚至会让人有点生气。在达到指定的年龄后，报名冰球运动的生日截止日期是 1 月 1 日。那么 1 月 5 日出生的孩子几乎比 12 月 27 日出生的孩子大了一岁。这种年龄上的差异意味着在力量和能力上的很大差别。出生早的孩子一开始就能表现得很好，能够得到教练更多的注意，更有可能进入高水平的联队。之后，这种差异就变成决定性的了：尽管年长的孩子在体型、敏捷性以及协调性上的优势终将消失，但是原来的优势已经把这些孩子推上了一条不同的路，这条路使他们从儿童期开始一直到青年期都有更大的可能对阵更好的对手，接受更好的教练的指导，并从中受益。在英国，达到指定年龄后，报名足球运动的生日截止日期是 9 月 1 日，因此在秋季出生的孩子相比其他的孩子有更大的优势。才华横溢的比尔和他那只能闷头苦干的兄弟皮特在技术方面的差异可以是任意原因造成的。但是出生月份虽不是一种先天的能力，却是能导致技术差异的背后原因。

对体育运动的解释同样可以迁移到学业成绩上来。国际数学和科学教育趋势研究（Trends in International Mathematics and Science Study，TIMSS）是面向全世界的一个四等级测试。出生在截止日期两边的孩子的差异达到了 12 个百分点（Bedard & Dhuey，2006）。因此对于一个四年级的学生来说，如果他出生在截止日期不久之后，他的成绩能达到 90 分，如果他出生得更晚一些，可能只能拿到 78 分。而这很可能会直接影响他能否进入高级数学课程，接着又会影响他是能进入一所精英大学，还是会进入一所不太出名的大学，之后这种影响还会继续下去……

在《异类》（*Outliers*）中，Malcolm Gladwell 展示了一个又一个的例子——一些非常成功的人一开始并没有显现出明显的优势。我们将他们的成就归因于天赋或者他们刻苦工作的努力。毋庸置疑，大多数的成功人士的确都更有天赋和付出了更多的努力。但如果我们认识并了解他们，我们会认为他们的优势并不很明显，所以我们更不可能将他们的成功全部归因于他们个人的特质。

作为一位科普作家，Gladwell 经常有不止一本著作登上《纽约时报》（*New York Times*）畅销书榜单。他会把自己的成功归因于什么呢？此外，他醉心于阅读社会心理学家关于基本的归因错误方面的著作，尤其是 Ross 和 Nisbett 的《人物和环境》（*The Person and the Situation*，1991/2011；Gladwell，2011）。

维恩·格雷茨基（Wayne Gretzky）。 你会毫不惊讶地发现伟大的加拿大冰球运动员维恩·格雷茨基的生日是 2 月 26 日。

导致基本的归因错误的原因

第 173 页问答游戏的答案
艾萨克·牛顿和戈特弗里德·莱布尼茨；保罗·亨德利。

为什么人们会如此迅速地把人们的行为看成其内在特质的反映呢？这种趋势如此强烈而普遍，很可能不是某一个单独的原因造成的，更可能是几个因素共同作用的结果。事实上，社会心理学家已经确定了几个心理过程，而这些心理过程似乎解释了基本的归因错误。

动机的影响和对正义世界的信念

我们之所以爱将行为归因于一个人的特质或者性格，原因之一就是对性格的推断可能更加令人欣慰，而生活中的迂回和曲折则令人感到不安。一个极其合格的职位候选人可能因为一个走后门的普通职位申请者而被忽略。一个无私的乐善好施之人也可能患上癌症面临可怕的死亡。这种事情不禁会让人焦虑不已，诱使我们总是觉得这些事情不会发生在我们身上。但是我们可以通过几种不同的方式使感知到的威胁最小化，方式之一就是将一些事情的结果归因于他们自身的某些特质上，而不是归结为命运或运气（Burger，1981；Walster，1966）。一般来说，通过认为“这都是其应得的”、“一报还一报”或者“善有善报，恶有恶报”，我们会觉得如果自己做个好人，选择正确的生活方式，就不会有坏事降临在我们头上。因此，人们之所以愿意将行为和结果归因于个人特质，部分原因是他们的动机使然。

正义世界假设（just world hypothesis）：相信人们会得到他们应该得到的，也应得他们所得到的。

社会心理学家已经将这种驱动力作为**正义世界假设**的一部分加以研究，所谓正义世界假设就是相信人们会得到他们应该得到的，也应得他们所得到的（Lambert，Burroughs，& Nguyen，1999；Lerner，1980；Lipkus，Dalbert，& Siegler，1996）。例如，人们经常认为强奸罪的受害者该为其命运负责（Abrams，Viki，Masser & Bohner，2003；Bell，Kuriloff，& Lottes，1994），家庭暴力的受害者也是一样（Summers & Feldman，1984）。这种趋势的最极端的论调是，如果不是受害者所表现出来的性格有缺陷或行为不当，那么这场令人痛苦的悲剧必定是由其在过往生活中的不检点或越轨行为引起的。比如，曾有观点认为，遭受性虐待的孩子很有可能曾是一个性侵犯者（Woolger，1988）。这些观点向我们展示出，在一个正义的世界中，人们会在多大程度上维护自己的观点。在这一领域的研究同样揭示了人们有一种“贬低受害者”的倾向——也就是说，人们不能友好地评估遭遇不幸之人的性格，而不管这些遭遇是不是他们自己能够控制的（Jones & Aronson，1973；Lerner & Simmons，1966；Lerner & Miller，1978）。

“员工也应该承担一部分责任，是他们允许养老金变成一笔诱人的巨款的。”

"因为我是一个好人，所以我不用担心我会像坏人那样遭受悲惨的命运。"

人们有时比环境显得突出

什么影响着我们是否会想到一种潜在的归因，或者我们有多容易想到这个原因？一个重要的决定因素是它在多大程度上会被我们知觉到，或者它有多"突出"（Lassiter，Geers，Munhall，Ploutz-Snyder，& Breitenbecher，2002；Robinson & McArthur，1982；Smith & Miller）。在环境当中，那些容易捕获我们的注意力的线索更容易被看作事件的潜在归因。而且，因为人非常引人注目，所以相比于环境中的其他东西来说，人更能引起我们的注意。即使注意到了环境某些方面，它也将被视为人及其行为的背景。更不用说影响着人们的行为的多是不可见的社会因素（比如风俗、社会规范等），因此日常的因果归因会超出情境归因。

归因中的知觉凸显的重要性已经在很多方面得到了验证。在一项研究当中，被试观看了两个人对话的录像带。一部分人看到的录像带中只有其中一位交谈者，而其余的被试能够完整地看到两个交谈者。当被问及是谁主导着谈话的基调时，与能看到两个人的被试相比，那些只看到了一个人的被试更多地认为主导谈话的是他们看到的那个人（Taylor & Fiske，1975）。在另一系列研究当中，交谈者中的一个会显得特别突出，要么站在聚光灯下，要么穿一件戏剧性的条纹衬衫。观看录像带的被试会把凸显出来的交谈者的行为更多地（比未被凸显出来的另一位交谈者多）归因为其性格（McArthur & Post，1977）。

归因和认知

知觉凸显可以很好地解释一部分基本的归因错误。比如，它能够解释问答游戏研究的结果，因为人们看不见决定性的情境影响（提问者了解自己在哪些领域知识贫乏，从而避免问及这方面问题，但是回答者没有选择），因此情境因素对于人们的判断来说没有太大影响。但是在态度归因研究中，被试已知某篇文章的作者是因为指示才表达了特定的立场的，这又该如何解释呢？这里的情境限制是很明显的，但是为什么被试没有对情境的影响进行合理考虑，用它来更恰当地解释目标人物的行为，进而避免做出关于其个人特质的判断呢？答案是这些结论是遵循机械认知理论的人在折扣原则不再起作用时所得出的。

知觉凸显和归因。基本的归因错误出现的一部分原因是在人的知觉中，人比环境更为凸显。如果图片中的人进行某种行为，如说话、突然唱歌、讲令人尴尬的风流韵事或者抱怨天气，人们更可能认为该行为反映了中间这位女士的特质，而跟周围的其他人无关。因为她穿了一件红色的衣服并且露出了脸庞，这使得她从人群中凸显了出来。

让我们再来复习一下折扣原则的逻辑，如图5.7A所描述的。通过这种逻辑，我们要同时考虑和权衡我们看到的（或者听到的、读到的）某个人的言行以及言行中的内容，来弄清我们在和什么样的人打交道（也就是说，得到关于这个人的特质的判断）。但是，关于基本的归因错误有一点是令我们迷惑的——当我们知道情境在极大程度上影响了我们所观察到的结果时，我们在归因时仍旧不会给情境足够的权重（正如被试在先前的实验当中所表现的那样）。

事实上，如果人们按照图5.7A所述的那样进行归因，确实会令人有些迷惑。但是由Dan Gilbert所做的一个实验表明，我们根本不是按照那种方式进行归因的，而是按照图5.7B中呈现的方法进行归因的。这说明了我们在情境因素方面使用折扣原则时的失败并不是莫名其妙的（Gilbert，2002）。Gilbert所展示的说明我们并没有平等地考虑行为和情境信息。我们是带着问题观察人们的行为的，从一开始就想弄清某种行为举止意味着什么。例如，当我们看到一种凝视，眼睛周围的肌肉呈一种收缩状，嘴角在一定程度的上扬时，我们必须要确认所看到的这张脸是紧张的还是困惑的（Trope，1986）。我们看到一个人在另一个人怀里时，我们必须要判断抱人的人是在拥抱、帮助还是在诱拐另一个人（Vallacher & Wegner，1985）。

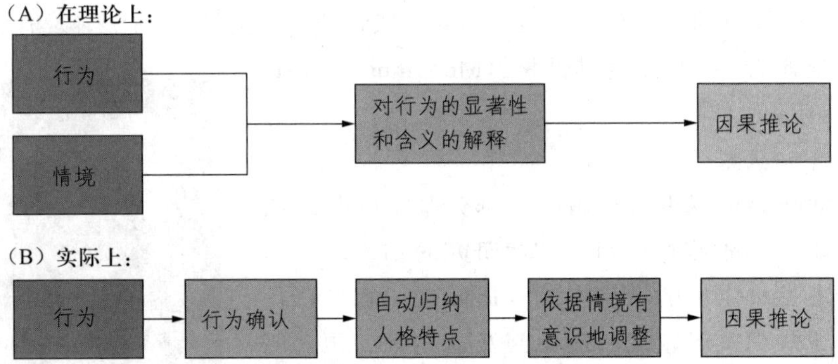

图5.7 推断性格特点。根据折扣原则，当存在可能导致这一结果的其他原因时，人们会给某一结果的原因所起的作用打折扣。（A）在理论上，人们应该同时权衡他人的行为和可以解释这一行为的周围情境。（B）在现实中，人们倾向自发地做出性格推断，并会据此努力调整对情境的认识，结果导致推论朝着性格原因的方向产生偏差。

一旦我们确定了自己所看到的是什么，我们就会立刻（且自动地）以这些行为举止为基础而将这个人性格化（Carlston & Skowronski，1994；Moskowitz，1994；Newman，1993；Todorov & Uleman，2003；Uleman,1987；Winter & Uleman,1984）。如果一个人从一开始就表现出了敌对的行为，那么他就会被视为充满敌意的，而不管是什么激发了这种敌意。如果一些人表现出了同情的行为，那么他就会被认为有同情心的，而不管这种同情心从何而来。但是，在考虑之后如果有必要的话，我们可能会有意识地调整我们的判断。在最初的对特质的判断后，情境因素将被考虑进来（见图5.7B）。

对某人性格的最初判断所构成的第一印象是其优势之一。情境信息并不会自动进入我们的考虑范围，但是可以用来调整我们最初的判断。不幸的是，这种调整并不十分有效，因此我们对一个人的第一印象是十分重要的。而且，对一个人形成第一印象的过程是自动完成的，并不需要花费很大的力气，而且不容易改变。因此对此进行调整就需要人们有意识地投入注意力和精力。因此，当人们疲累、动机不足或者心烦意乱的时候，他们更有可能犯基本的归因错误（或者更大的错误），根据情境进行调整的行为都被削弱了。

Gilbert 已经做了很多实验来揭示性格推断的自动化过程，以及人们需要付出意识努力而把情境因素考虑进来的过程。在一个研究中，被试被要求看一盘无声的录像带，录像内容是一位女士在和另一个人交谈。在整个过程中，这名女士都表现得非常焦虑，“她咬着自己的手指，摆弄自己的头发，敲打自己的手指，在沙发上动来动去”（Gilbert，1989，p.194）。一半的被试被告知，这位女士正在回答很多会令其焦虑的问题（关于她的性取向或个人失败等），另一半的被试被告知这位女士正在回答一些无关紧要的问题（关于环球旅行和名著等）。Gilbert 预测说，所有的被试，无论他们得到了哪种信息，都会看到这位女士的焦虑行为，并且会马上自动化地认为这位女士是性格焦虑的人。结果发现，那些知道这位女士正回答令人焦虑的问题的被试仍旧需要意志努力才能调整自己最初的判断，认为这位女士可能并不是有很严重的焦虑性格。而另一部分被试则不会做出这样的调整，从而会直接得出结论认为这位女士是个性焦虑的人。

这只是一个标准的归因实验，但是 Gilbert 增加了一个环节。他又找了两组被试，并且按照给前两组提供的信息那样给他们提供信息。在此基础上，他让这两组被试在看录像带的同时记忆一系列的单词。Gilbert 推断说，记忆工作耗费了额外的注意资源，导致被试不能在归因的过程中执行有意识的调整。本来在这个调整过程中，被试会把情境的限制因素考虑在内，但是在这个环节中，两部分被试会对这位女士的焦虑性格做出类似的评判（见图5.8）。事实正是如此。当被试忙于记忆单词时，他们没有足够的认知资源来调整自己最初的印象，导致两组被试做出了一样的判断。

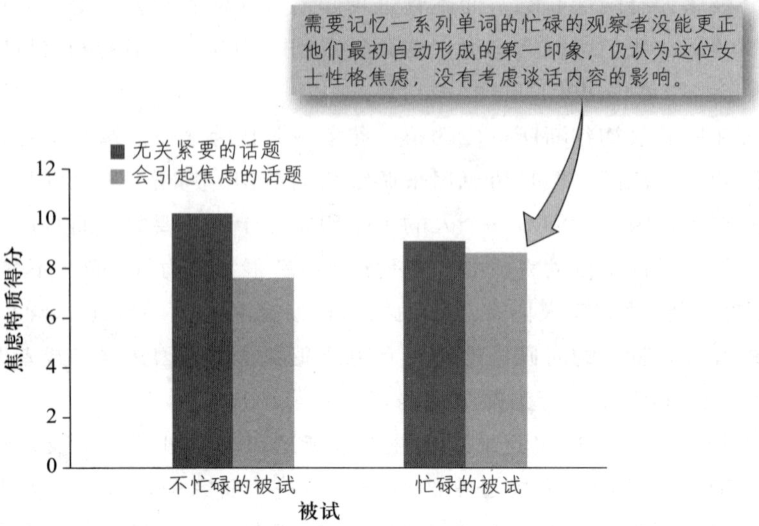

图 5.8 对自动的人格归因的调整。当被试在讨论一些无关紧要或会引起焦虑的话题时，观察者需要评判表面上看上去很焦虑的人，其性格到底在多大程度上容易焦虑。

我们可以从 Gilbert 的研究中看出，基本的归因错误是人们用以判定某人性格的认知机制的基本成分。我们如此倾向于人格特质归因的原因有两个：第一，我们可以用情境信息来调整对一个人的特质所形成的第一印象，而且这种调整像其他的调整一样，并不是非常有效；第二，调整需要耗费精力和注意力，因此很容易被其他能够引起劳累和分散精力的事情干扰。因为我们的生活是那么忙碌和复杂，我们需要全神贯注地计划自己的行动并展示自我。我们经常缺乏足够的资源来调整最初归因（Geeraert，Yzerbyt，Corneille，& Wigboldus，2004）。

显著情境

我们总是先关注人，之后再考虑情境因素并进行调整，这似乎是合理的，因为人对于我们来说是非常引人注目的刺激物。但是在情境才最重要的场合中呢？比如，当我们观察某个人对游乐园中一个新型游乐设施的反应，想知道新的轨道够不够吓人时，我们会不会首先自动地根据这个人的行为来评判这个情境，然后才会根据我们对这个人的了解（是从没来过游乐园的新人）来修正最初的判断？研究表明，我们的确是这样做的。如果一个人首先对个体行为的情境因素感兴趣（对环境中的人不是那么感兴趣），那么 Gilbert 揭示出的归因序列就被逆转了。在这些案例当中，人们会自动且无意识地对情境做出评判（Krull，1993；Krull & Dill，1996；Krull & Erickson，1995）。

基本的归因错误的结果

我们非常容易受到基本的归因错误的影响，但是这真的会对我们产生很大的影响吗？毋庸置疑，答案是肯定的。我们在一天当中会犯很多次基本的归因错误，而结果可能会非常糟糕。恰巧有这么一个例子：人们——包括公司雇主和大学的招生面试官——认为他们能够通过30分钟的非程序化面试来全面了解一个人的特质和能力。但是面试仅能告诉我们一个人在特定的情境下所表现出来的特质和能力。事实上，这种非程序化面试的效度为零：通过面试给出的评判和根据后来的在职或在校表现所给出的评判之间的相关程度仅为0.10（Hunter & Hunter，1984）。

要对未来的表现进行更精确的预测，需要考虑更广泛的信息：对候选人在一系列情境下的经历进行总结的文字、关于先前工作表现的报告、高中时候的绩点（基于学生在每一件事中的表现，包括实验能力、专注于作业的能力以及在考试中显露出来的对知识的掌握程度）。虽然这些信息并不是绝对可靠的，但是它能以合理的精确度预测未来的行为。这些“输入”信息和之后的结果之间的相关系数一般更高，大约在0.3 ～ 0.5。当我们依靠一两次面谈得出结论时，结果常常会让人失望：我们雇用并且接受了那些其实并不那么优秀的人，却拒绝了那些将会令我们更加满意的人。

如果基本的归因错误如此普遍且重要，为什么我们会这么容易就受到它的影响而又意识不到它呢？一方面，我们并不十分擅长评估的自己判断有多准确，我们几乎可以为任何错误的预测做解释——这样做实际上阻碍了我们发现自己的错误。珍妮的工作没有做得很好；但是来公司不久，她就遇到了一些私人问题，而且她的领导非常难相处。我们决定雇用珍妮，但这阻止了我们给其他更能令我们满意的人机会。

第二个原因是情境和人经常被混淆。有时候，人们之所以表现得符合我们的期待，并不是因为我们错误地判定了他们的整体性格和能力，而是因为我们是在特定的情境中观察他们的，而这种情境会促使我们错把看到的行为当作判定其大体性格的根据。我们只在聚会上见过蕾切尔，她在聚会上看起来很友好，并且总是很开心的样子，但我们并不了解当她的室友是多么痛苦的事情。我们只是在统计课上见过琼斯教授，在课堂上，琼斯教授看上去是个呆板无聊的人，一点也不讨人喜欢，但是我们没看到他有趣和蔼的一面，他让他所指导的学生获益良多。这种错误往往没什么危害，所以不会促使我们去弄清楚自己到底错在哪里。

归因中的行动者—观察者差异

你可能已经想到了，我们究竟是关注人还是情境取决于我们是会亲自参与行动，还是仅仅在观察其他人的行动。作为“行动者”时，我们常常对自己在和什么样的情境打交道更感兴趣；作为“观察者”时，我们的关注点就不同了，常常对我们在和什么样的人打交道更感兴趣。按这种逻辑，对于特定行为，行动者应该比观察者更有可能做出正确的情境归因。事实上，已有大量的证据证实了这种差异（Jones & Nisbett，1972；Pronin，Lin，& Ross，2002；Saulnier & Perlman，1981；Schoeneman & Rubanowitz，1985；Watson，1982）。

行动者—观察者差异（actor-observer difference）：一个基于不同的人进行因果关系评估而导致的归因差异：行动者（相对更倾向做情境归因）或者观察者（相对更倾向做意向归因）。

最简单直接的探究归因中的**行动者—观察者差异**的实验之一要求被试解释他们为什么选择当前的本科专业，或者他们最好的朋友选择本科专业的缘由。当研究者评价被试的解释时发现：与解释自己的选择相比，当解释其他人的选择时，被试会更多地提到那个人的特质；而与解释其他人的选择相比，当解释自己的选择时，被试会更多地提到他们所选专业的特征。例如，你可能把你主修心理学的决定归因于学习内容吸引人、课本写得精彩、教授充满活力且平易近人；相反，你可能把你朋友主修心理学的决定归因于他有些“问题”需要解决（Nisbett，Caputo，Legant，& Maracek，1973；另请见专栏5.3）。

这一现象与人际冲突——既包括个体间的冲突，也包括国家间的冲突——有着千丝万缕的联系。比如，夫妻双方经常会因为归因的不同而发生口角。为了解释自己为什么没办妥妻子交代的事情，丈夫可能会说是因为会议开到很晚才结束或者大堵车导致他耽搁了，而他的妻子可能倾向于认为这都是他懒惰、怠慢或者“根本不在意”导致的（参考第10章）。同样，在国家层面上，美国更可能将它在

专栏5.3 聚焦记忆

想象

早在19世纪末期，心理学家们就已经注意到当人们回忆过去的经历时，倾向于从一两个视角来回忆。有时候，我们会从第一人称的视角回忆事件，在这样的情况下，当我们实际经历了一些事件时，就会看到自己的想象。我们能看到正在全班同学面前表扬自己的老师，当父亲说出“离婚”这两个字时他脸上的表情，以及朝着对方球门飞过去的足球。但有时候，我们会从第三人称的视角回忆事件，在这样的情况下，我们会在心理意象中看到自己，所以更像是站在旁观者的角度。我们能看到那天在教室里得意扬扬的自己，当父母离异时我们脸颊上的泪花，我们欣喜若狂地庆祝进球。

不同的视角会使人们因站在行动者或观察者的位置上而影响最终的归因吗？答案是肯定的。与使用第一人称视角相比，当人们从第三人称视角回忆一段记忆时，会对他们的行为做出更多的性格归因（Frank & Gilovich，1989）。第一人称回忆会更多地关注细节，所以这种回忆会使人自下而上（从细节到总体）地对事件进行浅层解释，然而第三人称回忆会使人自上而下（从总体到细节）地对事件进行深层解释（Libby & Eibach，2011）。如果你从第一人称的视角来回忆并复习本书的第1章，你更可能认为自己在“阅读”；而如果从第三人称的视角来回忆，你更可能认为自己在“学习”。这种差异可能对人们的归因造成各种各样的影响。例如：与站在第一人称视角相比，自尊受到伤害的人在使用第三人称的视角回忆一段失败经历时更有可能得出“我不够优秀”的过度泛化的结论（Libby，Valenti，Pfent，& Eibach，2011）。

人们在预测或勾勒将来的事件时也会采用这两个视角，最后的结果也是相似的。从第三人称的视角想象自

己完成了一个学术任务的学生倾向于认为完成该任务的过程是在“完成我的教育”，而不是“做我的作业”，所以他们最终会更加积极地投身其中（Vasquez & Buehler，2007）。

在关于视角对人们的想法和行动的影响的研究中，最受瞩目的一个实验是 Lisa Libby、Richard Eibach 及其同事要求美国俄亥俄州的选民从第一人称的视角或第三人称的视角想象2004年举行总统大选时的自己。那些从第三人称视角想象的人报告感觉自己对选举更加充满热情，并且看到自己更深入地投身在致力于实践民主的重要活动中（深层解释）。当Lisa、Eibach 及其同事跟踪了选举过程来看看谁真的去投票了，之前用第三人称视角想象选举的人比之前用第一人称视角想象的人投票的可能性大 25%（Libby，Shaeffer，Eibach，& Slemmer，2007）。正如行动者和观察者看待同一个行为的方式不同一样，行动者们看待自己的行为的方式也不同，这取决于他们是从内向外（第一人称视角）还是从外向内（第三人称视角）地思考这些行为。

全球如此多地方建立的军事基地解释为面对未来紧急威胁的必要防卫，其他国家则可能更倾向于将此种行为看作美国“帝国主义”的表现。

和基本的归因错误一样，导致行动者—观察者差异的并非单一原因。有几种心理过程都会导致这样的结果。第一，在行动者和观察者看来，什么东西是需要解释的就是不同的。当被问及“你为什么选择特定的专业作为自己的本科专业”时，人会被当作先决条件，因此并不需要在这一点上多做解释。就像银行大盗威力·萨顿对于自己抢劫银行的行为的解释一样：“因为钱都放在那里。”他认为自己就是一个强盗，这是事实而无须解释，因此他把问题理解成了他为什么选择抢银行而不是去抢加油站。注意，当反过来问其他人的情况时（“为什么你的室友选择那个专业作为他的本科专业”），人的天性就不会被当作先决条件，会被作为同样需要解释的一个方面（Kahneman & Miller，1986；McGill，1989）。

行动者—观察者差异。人们经常依据情境来解释自己的行为，而依据个人特质来解释他人的行为。在防暴警察使用催泪瓦斯之后，这个示威者投掷了一枚燃烧弹。他可能将自己的行为看作对难以维持的局势的回应，然而其他人可能会将他视为一个具有侵略性的有罪的流氓。

第二，对于行动者和观察者来说，行动者和周围的环境的知觉凸显性是不同的（Storms，1973）。行动者是典型的外向型，倾向于关注情境中的机遇和限制。相反，观察者一般更关注行动者及其行为。因为人们倾向于把所知觉到的更显著的潜在原因作为归因解释的落脚点，所以行动者倾向于将自己的行为归因于情境，观察者倾向于将同样的行为归因于行动者。

第三，请注意，行动者和观察者所掌握的关于行动者及其行为的信息的数量和种类是不同的（Andersen & Ross，1984；Jones & Nisbett，1972；Prentice，1990；Pronin，Gilovich，& Ross，2004）。行动者知道自己是在何种动机的驱使下才如此行事的；而观察者却只能猜测其动机。行动者也更有可能知道一个特别的行动是不是他们的典型反应，而观察者只要看到某个人摔了一次门便会认为这是一个愤怒的人。相反，行动者可能知道自己从没有这么生气过，因此不会根据一次摔门就下定论。（用在前面所学的有关归因的术语来说，行动者更清楚地知道该行为是独特的，因此更会选择情境归因而不是性格归因。）

小 结

我们的归因受可预见的错误和偏差支配。我们经常表现出服务于自我的归因偏差，把成功归因于自己，却把失败归因于情境。当我们把一个行为归因于一个人的性格而不是情境时（即使情境因素是非常强有力的影响因素），我们就表现出了基本的归因偏差。行动者比观察者更容易将行为归因于情境，而观察者比行动者更容易将行为归因于行动者的性格。

文化和因果归因

据心理学家所知，人们理解其他人行为的方式无疑具有普遍性。在看到一件事情发生时，世界各地的人们都会去想象其后果，并以此来理解发生了什么以及为什么会发生。所有人都愿意相信自己生活在一个公平的世界里。但毋庸置疑的是，每个人对于自身行为原因的理解都与他们对他人行为原因的理解有所不同。来自不同文化的人在解释行为的原因时，也有着一些基本的不同。根据人们业已了解的不同文化在感知和对社会关系的理解上的差异，我们能预期不同文化在行为归因上的某些差异。

注意情境时的文化差异

比起西方人，世界上的大多数人都倾向于对社会情境和卷入其中的人给予更多的注意。与北美人相比，来自其他文化的人似乎更易注意到背景中的这种社会因素（Hedden et al.，2000；Ji，Schwarz，& Nisbett，2000）。在一项引人注意的实验中，益田孝彦及其同事向日本和美国被试展示了一些面部表情丰富的卡通人物形象（Masuda，Ellsworth，Mesquita，Leu & van de Veerdonk，2004；见图5.9）。中心目标人物的脸周围有许多更小、更不突出的面孔，而这些面孔上表情与目标面孔上的表情是不一致的。例如，一张目标面孔可能看上去很高兴，然而他周围的大多数面孔看起来是悲伤的。与美国被试相比，日本被试关于目标面孔表情的判断更易被周围的面孔影响。所以，一张被悲伤的面孔包围着的高兴的脸更可能被日本被试判定为不高兴，而一张被高兴的面孔包围着的悲伤的脸则更可能被判定为不悲伤。

图 5.9　对社会情境的关注。背景中个体的表情能在多大程度上影响人们对焦点个体的印象？益田（Masuda）及其同事发现，日本的被试比美国的被试更容易受到背景中面孔的影响。

亚洲人和西方人在应给予情境多大关注的问题上也持不同观点，就连感知没有生命的物体时也是如此。Kitayama、Duffy、Kawamura 和 Larsen（2002）向日本被试和美国被试展示了一个在底部画着一条线的方块，并要求他们认真看这幅画（见图 5.10）。他们引导被试来到房间的另一边，向他们展示了一个不同大小的方块，并且要求他们画一条和原来一样长的线，或者画一条长度比例相同的线。美国人在绝对长度的判定中做得更好，因为画绝对长度相等的线要求被试忽略背景因素；而日本人在对相对长度的判定上做得更好，这个任务要求被试注意背景因素。

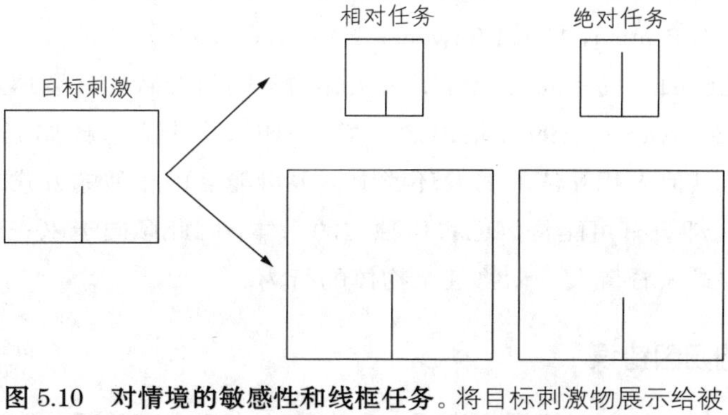

图 5.10　对情境的敏感性和线框任务。将目标刺激物展示给被试，一段时间以后，要求被试在一个空箱子的底部画一条垂直的线。在相对任务中，需按照和箱子的相同比例画这条线；在绝对任务中，所画的线需和原来的线长度一致。日本被试在相对任务中做得更好，美国被试在绝对任务中做得更好。

来源：Adapted from Kitayama, Duffy, Kawamura, & Larsen, 2002.

Hedden 及其同事（Hedden，Ketay，Aron，Markus，& Gabrieli，2008）使用功

能性磁共振成像（fMRI）检查了被试大脑额顶叶的活动，这与复杂的知觉判断有关。在对线的绝对长度做出判断时，东亚人额顶叶的脑活动更多，所以不得不忽略情境。在对线的相对长度做出判断时，西方人额顶叶的脑活动更多，所以不得不注意情境。

独立型和相互依存型人的因果归因

考虑到亚洲人和西方人在关注情境上的显著不同，我们应该不会奇怪为什么亚洲人比西方人更倾向于将行为归因于情境。

例如，在独立型文化中，对于运动体育赛事结果的归因就和在相互依存型文化中的归因不一样。正如本章前面讨论过的，美国体育队中的教练和运动员倾向于将好的结果归因于运动员个人的能力和教练的指挥（“我们获得了一个好门将，他是去年决赛的最佳守门员”；Lau & Russell，1980）。相反，中国香港的教练和队员更喜欢提到对方球队和情境（“我猜南华队在打完四角邀请赛之后有点累”；Lee，Hallahan，& Herzog，1996）。

其他研究表明，在亚洲人看到了形势和情境因素时，西方人看到了性格和内在的原因。Morris 和 Peng（1994）向被试们展示了一条金鱼在一群金鱼前面游动的动画。在一些场景中，单独的那条金鱼会从渐渐逼近的鱼群前面轻巧地游开；而在另一些场景中，这条金鱼被后面的鱼群赶上了，然后一起游走了；还有一些场景是，这条金鱼加入了后面的鱼群里。当问被试为什么会发生这些事情时，美国人倾向于将前面那条金鱼的行为归于其内在原因，而中国人更喜欢将前面金鱼的行为归于外在原因（参见 Kashima，Siegal，Tanaka，& Kashima，1992；Rhee，Uleman，Lee，& Roman，1995；Shweder & Bourne，1984）。

这些知觉归因上的不同可能源于文化观的不同所导致的注意焦点的不同。正如 Markus 和 Kitayama（1991）指出的那样，“如果一个人（比如亚洲人）认为自己处在一个与其他人相互依赖的大环境中，很可能会以相似的方式来理解其他物与事。”西方人却更有可能将自己看作独立的个体，因此倾向于以一种和情境因素关系微弱的方式来看待人、动物甚至物体的行为。

文化和基本的归因错误

我们假设基本的归因错误会出现在所有文化中是合理的吗？毕竟，每一个人都希望生活在一个公平的世界中；而且不论在哪里，其他人及其性格因素都比情境因素更突出并且更容易抓人眼球；最后，所有人都有同样的基本认知机制。基本的归因错误看起来确实是普遍存在的。例如，Jones 和 Harris（1967）发现，人们会假定另一个人所做的演讲或发表的文章能代表他本人在那个主题上的观点，却不管他这样做很可能是基于明显的情境要求。这个结果已经在许多社会中得到了证实，包括在中国（Krull et al.，1996）、韩国（Choi & Nisbett，1998）和日本（Kitayama & Masuda，1997）。

但是实际上有证据显示，与东方人相比，基本的归因错误对于西方人来说更普遍也更显著。对于亚洲人会相当注重且承认其影响的情境因素，西方人的关注却很少。例如，在 Jones 和 Harris 设置的另一个版本的实验中，在看到其他人写的文章之前，被试要先写一篇文章来支持同样的立场。因为有了“被要求支持某个立场”的直接经验，韩国人认识到了情境力量的重要性，因此对之后所观察的目标个体的态度，他们没有做出任何假设（Choi & Nisbett，1998）。但是美国被试却没有从“被迫支持一个特别的观点”这一经验中学到任何东西，他们和对照组的被试差不多，认为被胁迫的个体也会相信自己所说的话。

韩国人也更有可能辨认出舆情信息中的暗示：在特定情境中，如果许多人以一种特别的方式来行动，他们便会认为情境可能是行为的主要决定因素（Cha & Nam，1985），美国人的归因却更少被舆情信息影响。最后，有证据表明，在大多数美国人都会做出最初的性格推断的情况下，亚洲人更不可能做出这样一个推断（Na & Kitayama，in press）。在这项研究中，被试会得到一些信息，这些信息能引导他们推断出目标人物的性格（比如，“她在离开之前检查了两遍煤气阀门”，这种描述会引导被试认为这个人很仔细）。在这之后，被试会看到这个人的一张照片，上面写着“鲁莽”二字，美国的被试产生了与惊奇有关的脑活动，但是韩国被试没有。因此，亚洲人不但更有可能注意到情境中可能纠正性格推断错误的线索，他们也更不可能先进行性格推断。Gilbert（1989，2002）认为性格推断是自动且必然的断言也许并不能应用于来自集体主义文化背景的人。

在一个相似的研究中，Al-Zahrani 和 Kaplowitz（1993）发现沙特阿拉伯的学生比美国的学生更偏向于集体主义取向。沙特的学生在原因解释方面更不容易出现基本的归因错误。研究者向沙特学生和美国学生呈现了一份描述道德上的积极行为和消极行为的阅读材料，并要求他们指出他们认为这些行为在多大程度上是由一个人的内在因素造成的，在多大程度上是由一些外在因素造成的。结果表明，美国学生比沙特阿拉伯学生的归因更偏内在。

在美国的亚文化群中也有不同的归因倾向。研究者已经确定了人们在对自己或他人的描述中提到性格特质的频率。（使用特质描述一个人和进行内在归因是相似的，因为特质和内在归因都能够暗示目标人物的一些东西。）当描述自己时，波多黎各儿童比英裔美国儿童使用了更少的特质词（Hart，Lucca-Irizarry，& Damon，1986），也更不太可能使用特质描述其他人的行为（Newman，1991）。Zarate、Uleman 和 Voils（2001）发现，美籍墨西哥人和墨西哥人比英裔美国人更不易做出特质推测。

文化启动

当今世界的人口流动性前所未有地高，许多人是在独立型和相互依存型这两种社会中度过其生命中最重要的阶段的。这些人给心理学家们提供了一个更好地理解文化对归因影响的机会。例如，香港一直是一个文化研究热门地点，因为英国曾经在这里殖民百年。所以香港的文化西化现象非常明显，而且儿童在很小的时候便要开始学习英语。

研究表明，当看到内容暗示着一种文化或者另一种文化的图画时，香港人既可以采用相互依存的方式，也可以采用独立的方式来进行思考。洪、赵和龚（1997）向一些被试展示了美国国会大厦、一位骑在马背上的牛仔和一只米老鼠，而向另一些被试展示了中国龙、天坛的祈年殿和正在用毛笔写汉字的人（向对照组展示的是一些不带文化暗示的风景图片）。接下来，研究者向所有被试展示了一段一条鱼在一大群鱼前面游动的动画（由 Morris 和 Peng 设计，1994），并且问他们为什么会发生这种情况。比起看过中国元素图片的被试，那些看过美国元素图片的被试给出了更多的关于前面那条鱼的动机的推断，更少提及其他鱼或者情境方面的理由。那些看过中性图片的被试所给出的解释介于前两组之间。

许多生活在北美的人有亚洲血统，他们把自己当作半个亚洲人和半个西方人，因此研究者可以进行许多自然实验。在一项研究中，研究者要求亚裔美国人回想一个使他们作为美国人的特点更凸显的经历，或者一个使他们作为亚洲人的特点更凸显的经历。之后他们向学生们展示了一组非常抽象的显示物理运动的动画片段（比如一个物体落入一个盛满液体的容器底部），然后问他们觉得物体的运动在多大程度上是由自身因素（比如形状、质量）或者情境因素（比如重力、摩擦力）造成的。启动了美国人特点的被试比启动了亚洲人特点的被试认为自身因素对物体的运动

文化启动。为了启动西方式联想的个体主义归因，研究者向被试呈现的照片包括（A）美国国会大厦或（B）美国牛仔。为了启动亚洲式联想和集体主义归因，研究者可能会向被试展示（C）中国宫殿或（D）老挝建筑上的龙的照片。

更重要（Peng & Knowles，2003；参见 Benet-Martinez，Leu，Lee，& Morris，2002）。

社会地位和归因

到现在为止，本章已经考虑了来自不同国家、种族的人在他们对事件的情境归因和性格归因中的不同。最近的研究发现了文化的另一种形式——社会地位——也会强烈地影响归因。**社会地位**是一个人及其家庭所拥有的财富、受教育程度和职业声望等。有更高社会地位的家庭比那些社会地位较低的家庭拥有更多的财富，受过更好的教育，具有更高的职业声望。研究证明，在特定的文化或种族中，来自不同社会经济阶层的人对事情的归因不尽相同。

社会地位（social class）：一个人及其家庭所拥有的财富、受教育程度和职业声望等。

在一系列研究中，Michael Kraus 及其同事发现，来自较低阶层或工人阶层的个体的归因倾向类似于集体主义文化的归因方式。也就是说，他们比高社会阶层的人更容易做出情境归因（Kraus，Piff，& Keltner，2009）。有一个研究向来自不同阶层背景的人展示了一幅描述某著名政治事件的画面——美国最近的贫富差距问题。来自较低阶层的人将这一经济事件归因于情境因素（比如，教育机会的缺失），然而较高阶层和中等阶层的人更可能将美国经济状况的改变归因于性格因素（比如，是那些收入减少的人自己努力不足，或者是天赋不够）。

这个研究同样发现，当要求被试为积极的生活事件（进入一个梦寐以求的研究生项目）和消极的生活事件（健康出现了问题）归因时，来自较低阶层或工人阶层的人都是更可能做出情境归因，而来自较高阶层的人更可能做出性格归因。在前面介绍过的描述表情的例子中，当看到这些面部表情（目标个体的表情和周围个体的表情不一样）时，较低阶层的人们更有可能被周围情境中的个体的表情所影响。研究者们相信，阶层间之所以会表现出差异，是因为较低阶层的人很像亚洲人——活在一个为了让生活有效运转而让对其他人的注意变得更必要的世界中。

性格是固定不变的还是可以变通的

所以我们是否可以说亚洲人会像“社会心理学家”一样思考问题，很强调情境对行为的决定性作用；而西方人会像“人格心理学家”一样思考问题，很强调性格对行为的决定性作用呢？不能这么下论断。更准确的说法是，亚洲人会同时用这两种方式思考。亚洲人和西方人会使用相同的判断维度——其实就是“大五”人格量表（外向性、神经质、宜人性、尽责性和开放性）——来理解其他人。也有证据表明，这些维度在判断一个人的性格时对于亚洲人和美国人起到了同等重要的作用（Cheung et al.，2001；McCrae，Costa，& Yik，1996；Piedmont & Chase，1997；Yang & Bond，1990）。Norenzayan、Choi 和 Nisbett（1999）问了韩国和美国的大学生许多问题，试图利用他们关于行为产生原因的理论，并且发现虽然韩国人和美国人对性格的重要性的估计是相同的，但是韩国人比美国人更加认为情境也重要。

Norenzayan 及其同事也问了被试其他一些问题，涉及性格是固定不变的还是灵活可变的。与美国人相比，韩国人更倾向于认为性格是更可塑的，而这种性格可塑的信念也与行为实际受外部因素影响的观点相一致。

性格可塑的观点也和能力可以被环境因素和自身的努力改变的观点相一致，这更像是相互依存型种族的特征（Dweck，1999；Dweck，Chiu，& Hong，1995；Dweck，Hong，& Chiu，1993）。美国人也很重视教育——但是美国学生却比亚洲学生花更少的时间学习（Stevenson & Stigler，1992）。通过刻苦努力的付出可以克服自身不足的信念深深扎根于中国、韩国和日本的文化中。

因此，不同文化之间在做出归因和形成印象的过程中在许多方面是相同的，在许多方面又是不同的。相比于西方人，亚洲人和其他来自相互依存型文化的种族生活在一个联系更紧密的社会中，也正因为这样，他们和环境的协调性更高。那些把自己嵌入社会网络中，有相互依存型文化的种族更倾向于看到其他人、动物甚至物体存在的外部因素（见专栏 5.4）。亚洲人也像西方人一样可能犯基本的归因错误，但是他们会犯更轻微的错误，这可能是因为他们和情境因素的协调性更高，所以当情境在某些方面比较突出时，他们会纠正自己的判断。

专栏5.4　聚焦国际关系

只有一个原因，还是多个原因？

2001 年爆发了一场国际冲突，起因是一架中国战斗机和美国侦察机相撞，而且美国的侦察机在没有接到地面许可的情况下迫降在中国的一个岛上。为了要求美国为这次事件道歉，中国政府扣压了侦察机上的全部被俘人员。但美国人拒绝道歉，坚称这次事件是中国飞行员的鲁莽造成的。

专门研究中美关系的政治学家葛小伟（Peter Hays Gries）和心理学家彭凯平认为，冲突升级是由两个对手对于因果关系迥然不同的概念造成的（Gries & Peng，2002）。他们注意到，中国人认为事出必有因。这起事故涉及大量需要考虑的因素，包括美国人一直在监视中国，以及两国特定的侦察机和特定的战斗机飞行员之间互动的历史事实。考虑到因果关系的复杂性和模糊性，中国人认为，美国人至少应该表示对这起事故的发生感到遗憾或抱歉。假定的因果关系的模糊性可能在于，东方人认为该为任何对他人造成伤害的行为道歉，而不论它是不是无意和间接造成的。从根本上说，两个国家在这场僵局中偶然发现，需要解决的是关于“抱歉”的准则的分歧，但两方均没有人认识到在因果关系的概念上的差异在这起冲突中所起的作用。

小　结

在相互依存型文化中生活的人比西方人对社会情境和情境中的人投入了更多的注意力。亚洲人和西方人都受基本的归因错误的影响，但是西方人更易受到影响。对于同时在这两种文化下被培养出来的人来说，他们可以用不同的方式对行为进行感知和归因。社会阶层也影响人们的归因倾向：来自较低阶层和工人阶层的人更可能提到周围的环境，然而来自中等阶层和较高阶层的人更可能做出性格归因。

内在归因和外在归因之外的维度

日常的因果分析经常要求人们决定特定行为主要是由卷入其中的人物本身造成的，还是由周围的情境因素造成的。但这不是我们要问的唯一问题，也不是日常因果归因的全部内容。关于人的行为，我们还会进一步向自己追问，以期对其意义达成更微妙的理解，并且使我们能对将来的行为有更精确的预测。我们尤其对于理解一个人的意图感兴趣（Heider，1958；Jones & Davis，1965；Malle，1999）。

这样设想一下：人们要通过进行因果分析来使这个世界变得更可预测，就像在发掘一种可将各种各样的行为粘在一起的“胶水”一样。有时，这种“胶水”就是一个人的特质——例如，她的善良解释了她为什么会在赈济处长期工作，为什么能在宿舍里对每个人都很有礼貌，以及为什么愿意和班上的其他同学分享自己的笔记。在其他时候，这种“胶水”是对人们意图的理解——例如，如果我们了解了一个人对于取得好成绩的强烈渴望，也就能理解他为什么会长时间泡在图书馆里，为什么要去讨好教授，以及为什么会偷其他同学的笔记了（Malle，Moses，& Baldwin，2001；Searle，1983）。

对行为解释的实证研究证实了理解特定行为原因的重要性。大体上，人们有 80% 的时候是通过指出行动者的动机来解释其有意行为的（Malle，2001）。当然，行为的原因多种多样，但是绝大多数解释行为的原因可以分为两类：需求和信念。为什么参议员支持一项禁止燃烧美国国旗的修正案？因为她想要连任，所以她需要安抚她的选民。为什么一位邻居会忍受他的妻子对他的谩骂和侮辱？因为他不想一个人孤单地生活，而且他认为再也不会有人对他感兴趣了。

信念和需求引发了有意行为，这样的理解方式是合乎道理的。所以在理解他人的行为时，我们必须弄清他所追求的东西是什么，以及他所相信的东西是什么。这些东西会允许他（或者阻止他）做出这样的行动。理解他人的信念和需求是心理理论的中心内容，心理理论对于全面理解其他人是很有必要的，而且心理理论是在人年幼的时候就发展起来的，以至许多人坚信它是人脑的“硬件”之一（见第 1 章）。

小 结

当我们想理解一个人的意向时，我们最倾向于询问的归因问题会关注一个人行为的原因。反过来，要理解一个人特定行为的原因，需要理解其信念和需求。

本章总结

从行为到性格：推测行为的原因

- 人们不断地搜寻事情的原因，而他们的归因会影响他们的行为。我们有着不同的归因方式，而这种归因方式是趋于稳定的。一些人有一种悲观的归因方式，会把好的结果归因于外在的、不稳定的且特殊的原因，而把坏的结果归因于内在的、稳定的且普遍的原因。这种归因方式和糟糕的健康状况、成绩不佳以及抑郁有关。

归因过程

- 我们使用协变原理来进行归因。当我们知道一个人在许多情境下都表现出了特定的行为，而其他人并不会这样做时，我们很可能将这种行为归因于这个人。当我们知道这个人只有在特定的情境下才会表现出某种行为，而且大多数人也会在这种情境下表现出这种行为时，我们倾向于将这种行为归因于情境。
- 反事实思维可以很有力地影响归因。人们经常进行心理模拟增加或减少个人或情境因素的影响，还用这种模拟过程来指导他们的归因。当我们能够轻易地看到事情很可能有不同的结果时，将会放大这件事带给我们的欢乐或心痛。
- 因为我们可以想象他人在特定的情境中会怎么做，这使得我们会利用折扣原则或增加原则。如果情境约束条件使得所观察到的行为更可能发生，我们就会对个人特质是不是真的起到了那么大的作用产生疑问。如果有一些强大的作用会阻止某种行为的发生，但该行为顶着压力依然出现了，我们就会推测行动者的特质因素起到了很大的作用。

归因时的错误和偏差

- 人们的归因并不总是合理的。我们对事件的归因有时会超出客观证据，以抬高自己——这就是自我服务归因偏差。
- 基本的归因错误是将行为归因于个人的性格（不论是真实的还是想象的），而忽略情境中有影响力的因素。甚至当情境因素很明显地对某行为具有巨大的影响力时，我们也经常将其归因于假定的个人特质、能力和动机。
- 我们做出这种错误归因的原因之一是正义世界假设。我们愿意认为人们会得到他们所应得的，而坏的结果会发生在坏人或没有能力的人身上。
- 基本的归因错误的另一个原因就是人自身及其行为往往比情境更加引人瞩目。
- 基本的归因错误的最后一个原因是归因过程往往分两步。一般来说，我们会立即描绘某人的特征并且自动地令对其行为的解释与该特征保持一致。直到之后要调整最初的印象时，才会考虑显著的情境因素的影响。
- 在归因时有行动者—观察者差异。一般说来，与观察者相比，行动者倾向于将行为更多地归因于情境，一部分是因为行动者常常可以更透彻地看到他们所面临的情境。

文化和因果归因

- 在基本的归因错误方面有很明显的文化差异。相互依存型文化比独立型文化更不易犯错误，这部分是因为前者关注情境的倾向鼓励他们不单注意行动者本身，更注意情境因素。
- 当启动有双重文化背景的人用其中一种文化的视角思考问题时，他们会做出和启动文化相一致的因果归因。
- 较低阶层的人和来自相互依存型文化的人一样，与中等阶层和较高阶层的人相比，更倾向于做出情境归因。

内在归因和外在归因之外的维度

- 很多时候，人们关心的不仅仅是该将行为归因于情境因素还是个人因素。我们也希望弄清楚可以预见某人行为的意向和理由。

关键概念

反事实思维（p163）
归因方式（p154）
归因理论（p153）
情绪放大（p164）
区别性（p159）
社会地位（p189）
协变原理（p159）
行动者—观察者差异（p182）
一贯性（p159）
一致性（p159）
因果归因（p153）
增加法则（p161）
折扣原则（p161）
正义世界假设（p176）
自我服务归因偏差（p167）

第 6 章

情　　绪

本章要点

- 描述情绪
- 情绪的普遍性与文化特殊性
- 情绪与社会关系
- 情绪与社会认知
- 幸福与快乐

某一天，在纳粹集中营里，全体医务人员正在清理毒气室里的尸体。这时，他们发现在成堆的尸体下面埋着一个呼吸微弱的16岁女孩。当时，内科医生米克洛斯·尼伊斯利（Miklos Nyiszli）也在场，他和他的同事们都对这个女孩充满了同情。他们出于自己的本能给了这个女孩一件外套来保暖，并给她喝热乎的肉汤和茶。他们齐心协力地想救出这个女孩，帮她在纳粹的阴影下死里逃生。他们最终决定把这个女孩藏于在集中营里工作的德国女人当中。如果可行的话，女孩最后真的可能活下来并重获自由。尼伊斯利向集中营的司令官报告了这个想法，但是司令官无动于衷。他立刻用他自己的方法处理了这个女孩——对着她的后脑勺开了枪，枪毙了她。

小说《1984》和《动物庄园》的作者乔治·奥威尔（George Orwell）在参战时同样经历过这样的“同情爆发”。奥威尔在20世纪30年代的西班牙内战中和法西斯对抗。有一天，他发见了一名法西斯主义者，于是他把子弹上膛，瞄准，准备静静地射杀这个人。当这名士兵越走越近时，他看见这个士兵喘着粗气，裸露着上半身，用手提着裤子，踉踉跄跄地走着，奥威尔突然不忍心开枪了。后来奥威尔回忆道：“我当时没开枪，一部分就是因为他的裤子。我本是想向‘法西斯主义者’开枪的；但是一个提着自己裤子的人并不是一个‘法西斯主义者’，他就像是我的一个同伴，是和我们自己相似的人，所以我就不想向他开枪了。”

尼伊斯利和奥威尔所经历的这种同情爆发在战争中是很普遍的。通常在和对手面对面相遇时，被训练过如何杀戮的士兵们会放弃他们的思维定势和战争的规则。他们无视长官的命令，拒绝杀戮。他们常常会因为自己给别人带来的伤痛而崩溃。

许多经验都来源于这样的同情爆发，其中之一就是“同情能有力地促发利他行为”——第14章中详细研究的一个主题。一个更具有普适性的经验是“情绪能够引导思想和行为”。人们一旦开始活动，情绪就会发挥它强大的影响力，影响着人们的感觉、推理、认为什么是对的、什么是错的，以及什么更重要。例如，通过同情爆发，士兵们对战争的解释发生了根本性变化；他们不再视对手为敌人，反而将对手视为同伴。人们被调动，情绪就会驱使人们对环境中的特殊目标、威胁和机会做出反应。同情爆发使士兵们从“战斗或逃跑”的行为模式变成了一种利他和关心他人的行为模式。

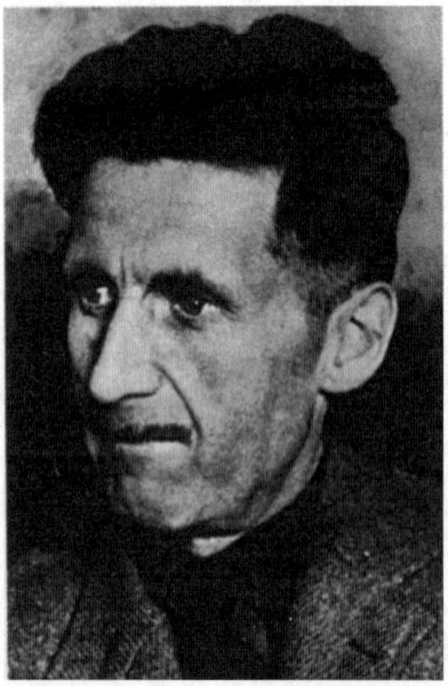

乔治·奥威尔。乔治·奥威尔在20世纪30年代的西班牙卫国战争中曾参加反法西斯战争。

哲学家让·保罗·萨特（Jean Paul Sartre）称这种情绪的影响为“有魔力的转变”。任何情境都可以用多种方式来解释，也能够引发多种行为。情绪是有魔力的转变，因为它能够有效地、迅速地使人们以一种特殊的方式去思考和行动。当你感觉悲伤时，你所感觉到的情绪塑造了你的思维和行为的方方面面，从你怎样看待周围的事物，到你声音的音调，到你在这个世界中的行为方式。自豪、满足、愤怒、同情等其他情绪也能起到这样的作用。

两千年以来，许多秉持西方传统思想的作家都提防着情绪的力量，提防着情绪所带来的思维和行为方面的神奇转变（Oatley, 2004）。长期以来，情绪一直被看作和谐的社会连结的破坏者、理性和良好道德判断的敌人。社会心理学家对此另有看法，他们认为，虽然情绪有时确实会破坏良好的理性，让人们做出不合理的举止，但它也能成为理性的帮手，并对健康的人际关系、心理功能的良好运转和对美好生活的高效追求都非常重要。

这一章围绕四个长久以来的问题展开：情绪的普适性有多大？情绪在多大程度上受文化差异的影响？情绪在人际交往方面扮演着什么样的角色？情绪怎样影响我们的理性？最后，我们讨论了什么是幸福。在解决这些问题之前，先让我们给情绪一个定义，这可不是一件简单的事情。

"我们都知道情绪对于我们的内心平静和血压有百害而无一利。"
——美国心理学家 B.F. 斯金纳（B. F. Skinner）

描述情绪

每个人见到光时，都会知道那是光，却很难给它下定义。情绪也是这样的。当你在做演讲前或首次约会前感觉手脚冰凉时，那是一种什么样的感觉？当一个陌生人默默的善意感动得你热泪盈眶时，你会有什么感觉？什么是情绪？情绪和其他更普遍的感受（比如幸福和绝望）有什么区别呢？一种情绪和另一种情绪之间又有什么区别呢？

情绪可以被定义为短暂的、特殊的、面向社会的状态。它很短暂，因为它只能持续几秒或几分钟，而不是几小时或几天。情绪的面部表情通常能持续 1 ～ 5 秒（Ekman，1992）。许多伴随情绪的生理反应（像手心出汗、脸红、起鸡皮疙瘩）则会持续几十秒或者几分钟。而我们的心境（比如当我们感觉烦躁或忧郁的时候）通常会持续几小时甚至几天。而情绪障碍（比如抑郁）会持续几周甚至几个月。

情绪（emotions）：短暂的、特定的心理和生理反应，能帮助人实现目标（其中大部分是社会目标）。

情绪是特定的：我们对不同的人和事有着特定的情绪——政客的花言巧语会让你生气，好朋友的慷慨相助会让你充满感激，亲人病逝会让你悲伤。生理学家称这种情绪体验的关注对象为"意向客体"。比如说，生气的时候，你通常会很明确地知道自己在因什么而生气（比如在你父亲说起你第一次约会时的尴尬囧事时）。

最后，情绪常能帮助个体实现他们的社会目标。情绪鼓励我们用一种特殊的方式来行动，这种方式对重要的人际关系有影响，也会帮助我们适应社会环境（DeSteno & Salovey，1996；Frijda & Mesquita，1994；Keltner & Haidt，1999；McCullough，Kilpatrick，Emmons，& Larson，2001；Oatley & Jenkins，1992；Parrott，2001；Salovey & Rodin，1989；Salovey & Rothman，1991；Tiedens & Leach，2004）。感恩使我们回报他人的帮助。罪恶感使我们补偿我们伤害了的人。愤怒驱使我们纠正社会的错误，去匡扶正义。当然，不是每一种情绪都是有益的。比如一些愤怒的爆发会导致让人追悔莫及的后果（比如你在愤怒中对交警口出恶言，结果受到了更严重的处罚）。但是一般来说，情绪会鼓励人们做出一些更合适的指向目标的行为，这些行为会造就更好的社会关系。

情绪的组成

印度有一则著名的寓言，即盲人摸象。六个盲人通过摸大象的不同部位来识别大象的模样。由于他们摸的部位不一样，所以他们得出了不同的结论。摸大象腿的盲人认为大象像柱子；摸大象尾巴的盲人说大象像绳子；摸大象牙齿的盲人说大象像根坚硬的管子。人们对一个物体的了解取决于所处的位置和所接收的信息。

在很多情况下，情绪研究者们就好像那则寓言里的盲人一样。情绪受很多因素影响，科学家们得出的结论取决于他们所关注的情绪因素。比如，心理学的创始人之一威廉·詹姆斯（William James）认为，情绪的本质，即情绪体验以及不同情绪的体验间的差别，取决于身体的反应（James，1884）。换句话说，詹姆斯认为，情绪是由人心率的变化、手心出汗或脸红、肌肉紧张或内脏运动而决定的。根据查尔斯·达尔文（Charles Darwin）的观点，情绪是由其伴随的表达性行为（即手势、面部肌肉运动、发音和姿势变化）所决定的。这些行为把人们的内心状态表达了出来，从而帮助人们协调、平稳而有效地反应（至少可以避免一些灾难性的误解）。

评价过程（oppraisal processes）：人们根据他们与当前目标的关系来评价环境中的事物。

核心关系主题（core-relational themes）：确切的主题（比如危险、侵犯或公平）定义了各种情绪的核心。

初级评价阶段（primary appraisal stage）：一种最初的、自动的、积极的或消极的对正在发生的事件的评价，这种评价基于它们是否符合人们的个人目标。

次级评价阶段（secondary appraisal stage）：一个人在初级评价之后，对决定自己感受的原因的一个评价，在这个阶段，他会考虑对事件做出反应的可行的方式，然后权衡不同行为的后果。

虽然情绪常常和这些生理因素相关，但是人们现在普遍认为情绪会因**评价过程**而改变，即人们会根据事物和他们当前目标的关系来评价当前环境中的人事物（Lazarus，1991；Smith & Ellsworth，1985）。引起不同情绪的评价，被称为**核心关系主题**，具有跨文化的相似性（Lazarus，1991；Mauro，Sato，& Tucker，1992；Mesquita，2003；Mesquita & Ellsworth，2001；Mesquita & Frijda，1992；Scherer，1997）。比如，在全世界的大部分地区，失去某物的评价会引起伤心，违背正义会引起愤怒，爱慕的表达引起爱情，本不应该遭受的苦难会引起同情（Boucher & Brandt，1981；Rozin，Lowery，Imada，& Haidt，1999）。

在**初级评价阶段**，对于事件是否和个人目标一致的无意识的、迅速的、自动的评价会使人产生一般性的高兴或不高兴的感受（LeDoux，1993；Mischel & Shoda，1995；Zajonc，1980）。笑的或生气的表情，阴险的、令人高兴的或者不高兴的声音，难闻的气味，巨大的噪声——这些更加自动的评价是由那些会显著影响我们生存的刺激所引发的。

在**次级评价阶段**，更加特殊、慎重的评价把开心或不开心的感觉转化为更加特定的情绪，比如害怕、愤怒、自豪、感恩或同情（Barrett，2006；Lazarus，1991；Roseman，1991；Russell，2003；Smith & Ellsworth，1985）。个体会评价和决定谁该对某件事负责，这件事是否符合社会规范，是否公平，能在多大程度上采取有效的行动加以处理。当你面对事情消极的一面时，这样的评价将决定个体是否会产生生气、伤心或内疚等情绪（Smith & Ellsworth，1985）；当面临某件不确定的事情或阻碍的时候，你是否会感到害怕，如面临严峻挑战。

评价过程会激发情绪。情绪一旦被激发，就会有几种反应系统参与进来，进行响应。特定的情绪和脑区特定的激活模式以及多巴胺、催产素等神经递质的释放密切相关（Davidson，Pizzagalli，Nitzschke，& Kalin，2003）。情绪会使身体做出反应，比如呈现特定的呼吸模式、心血管反应、肌肉运动，甚至是免疫系统的激活（Levenson，2003）。我们通过面部表情、声音（Scherer，Johnstone，& Klasmeyer，2003）、姿势和肢体接触（Hertenstein，2002）来表达我们的情绪，同样的语言、艺术、诗歌和音乐也能描述我们的内在情绪感受（Barrett，Mesquita，Ochsner，& Gross，2007；Oatley，2003；Wilson & Gilbert，2008）。当我们感觉到不同的情绪时，我们就戴上了情绪的有色眼镜来看待我们的生活和世界，我们可以有选择性地察觉当前环境中与我们情绪相一致的事件，从而回忆起过去与情绪相关联的片段（Niedenthal，2008）。

为了阐明情绪是由很多部分组成的，让我们看看在有关同情的研究中得到的结论——米克洛斯·尼伊斯利和乔治·奥威尔在战争中经历同情爆发时感受到了什么（Goetz，Keltner，& Simon-Thomas，2010）。社会心理学家已经了解到，当人们感受到同情的时候，大脑额叶的特定区域（眶额叶皮层）和中脑导水管周围灰质会表现得非常活跃。人们在感觉到同情的时候，心率会减慢，这个现象可以让个体注意到他人的需要，也使人们能够表现出更多的利他行为（见第14章）。同情也可以从人们的发音和接触模式中表露出来。同情的感受暂时打破了“我们”和“他们”的区别，也让人们相信人与人之间是有仁爱的（Oveis，Horberg，& Keltner，2010）。虽然有关情绪的研究是社会心理学中的一个较新的分支，但是它专注于多种不同的反应，解释了许多关于人性的古老问题。

“事无善恶，思想使然。”

——英国作家威廉·莎士比亚（William Shakespeare）的《哈姆雷特》（*Hamlet*）

小 结

情绪是短暂的，特定的经历和情绪能帮助人们实现社会目标。情绪和许多因素相关。它在初级评价阶段产生——迅速、自动化地评价一个刺激是好是坏；之后进入更加复杂的次级评价阶段，比如，判定一件事该由谁来负责或公不公平，等等。情绪可以通过不同类型的行为来表达，可以通过语言、通过脑和身体的生理反应，也可以通过我们的思维。

情绪的普遍性与文化特殊性

查尔斯·达尔文乘坐贝格尔号环球航行时，遇见了智利火地岛的居民，他们是一群以狩猎采集为生的人。火地岛人光着身子、疯狂地挥舞着手臂欢迎达尔文一行。这种表达感情的方式使得贝格尔号上的全体成员目瞪口呆。但达尔文把这

专栏6.1 聚焦神经科学

感觉和虚假的笑容

笑容是不是情绪的表露？这个看似朴素的问题是情绪研究者激烈争论的一个主题。笑容是如何成为积极情绪的主要信号的呢？同时又如 Paul Ekman（1993）所主张的一样，为什么在人们生气、感觉厌恶或着悲痛的时候也会出现笑容？这类问题可以在法国心理学家杜乡•布洛涅（Duchenne de Boulogne）的《人类面部表情的机制》（*The Mechanism of Human Facial Expression*，出版于1862年）中找到答案。在这本书中，杜乡详述了他用电流刺激面部肌肉的研究。他研究了两块肌肉的运动：（1）使嘴角上扬的颧大肌，（2）令眼眶周围收缩产生鱼尾纹，使上颌颊上升，下眼皮成袋状的眼轮匝肌。

基于这种解剖学上的区别，艾曼克创造了“杜乡式微笑”这个词，表示人在微笑时眼轮匝肌会运动，而且和积极情绪的体验有关。研究表明，杜乡式微笑在很多方面都和没有肌肉运动的微笑不同。杜乡式微笑通常会持续1～5秒，两边嘴角通常会翘起相同的高度（Frank，Ekman，& Friesen，1993）。杜乡式微笑和大脑左侧前部的激活有关，而和大脑右侧前部的激活无关（Ekman & Davidson，1993；Ekman，Davidson，& Friesen，1990）。这个研究结果和大量文献所报告的积极情绪和左侧大脑活动有很强关联的结果相一致（Davidson et al.，2003）。杜乡式微笑和快乐相关，还有些研究表明，非杜乡式微笑和消极的情绪也有一定关联（Hess，Banse，& Kappas，1995；Keltner & Bonanno，1997；Ruch，1995）。

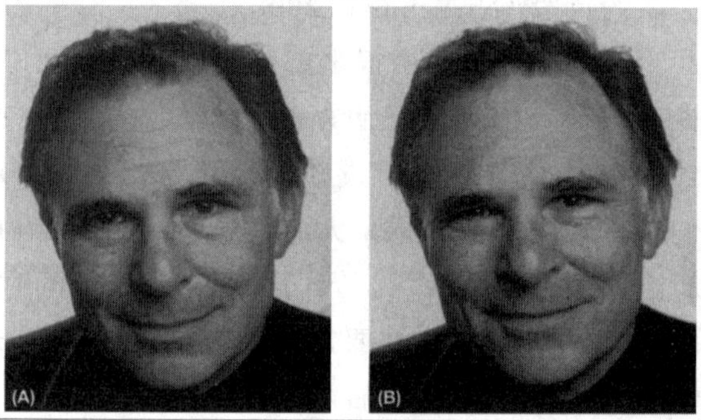

不同类型的微笑。（A）一个礼貌的、非杜乡式微笑；（B）一个杜乡式微笑或愉快的微笑。

种行为看作表达一种欢迎之情的方式，而且要和这些火地岛人交朋友，回应他们的第一步就是拍打自己的胸以示友好。达尔文的这次邂逅说明了一个中心问题：情绪表达方式到底具有多大的普遍性，又是如何因文化的不同而有所差异的呢？火地岛人有一种特殊的向陌生人表达喜爱的方式——挥舞他们的手臂。这种表达情绪的方式虽然古怪，但其本质上仍包括一些放之四海而皆准的重要元素——用摊开双手掌的方式传递温暖和善意。

进化论和文化环境影响论在情绪表达的普遍性和文化差异性问题上得出了不同的答案。进化论的观点认为，很多情绪成分——面部表情、发音和生理反应——能使人们在面临威胁、生命危险和机会的时候做出具有适应性的反应（Ekman，1992；Nesse，1990；Öhman，1986；Tooby & Cosmides，1992）。理由是害怕这样的情绪能使人做出适应性反应从而在危机中活下来，类似爱、同情和嫉妒这样的情绪能帮助人们建立和维持对于基因的复制及其重要的人际关系（Keltner，2009）。这也就暗示了，情绪的组成成分（包括面部表情），应该是具有普遍性的。

相反，文化环境影响论认为，情绪受到个体的价值观、角色、习俗、社会化实践以及会因文化的不同而有所变化的东西影响（Ellsworth，1994；Markus & Kitayama，1991；Mesquita，2003；Oatley，1993）。所以，人们在不同的文化背景中应该用不同的方式来表达自己的情绪。正如下一节将阐释的一样，关于情绪表达的科学研究为这两种观点提供了证据——人的情绪表达有时是具有普遍性的，有时是具有显著的文化差异的。

达尔文和情绪表达

1872年，查尔斯·达尔文出版了他的《人类与动物的情绪表达》（*The Expression of Emotions in Man and Animals*）。在这本书中，达尔文指出，人的情绪表达和其他哺乳类动物的情绪表达相似，它支持了人类和其他哺乳类动物具有相同的进化历史的观点——这也是达尔文进化理论的观点之一。在论证他的观点时，他提出了**可用习惯原则**，主张人类所使用的情绪表达衍生于习惯性行为模式，而我们的灵长类动物和哺乳类动物祖先已在进化中证明这种行为模式是有用的。比如说，那些可以让人注意到对方生气的信号——皱起的眉头和露出的牙齿、紧绷的姿势和紧握的拳头、凶猛的咆哮——都是我们的哺乳动物亲戚表现出威胁和攻击行为的痕迹，而这在冲突和侵略性行为中很有用。

可用习惯原则（principle of serviceable habits）：查尔斯·达尔文的论点是：情绪是帮助过去的灵长类和哺乳类动物祖先实现重要目标的成熟行为的残余物。

达尔文的分析产生了三个有关情绪表达的假设。第一个假设是情绪表达具有普遍性。达尔文指出，因为所有人都有相同的30～40块面部肌肉，在人类的进化史上，我们都是用这些肌肉来交流相似的情绪的。所以在所有的文化中，人们应该都是用相似的方法来交流和感知情绪的。第二个假设考虑了我们的情绪表达和我们的灵长类及哺乳类动物祖先之间的相似性。达尔文指出，因为人类和灵长类动物、哺乳类动物有一段共同的进化史，所以我们的情绪表达应该和其他动物的情绪表达相似。为了证明这个观点，达尔文提出了一个精彩的论据：人类的情绪和在伦敦动物园里的动物以及他自己家里的宠物狗的情绪表达类似。最后，达尔文认为，盲人没有看过在其所处的文化中别人是如何用面部表情来表达情绪的，但他们仍然会以和正常人相似的方法来表达情绪，因为用特定方式表达情绪的方法是人类的神经系统预设好的。

信号的意图。达尔文认为，动物表达意图的方式包括：（A）这只狗通过吼叫的方式向另一只狗表达他的意图，（B）这只狗向另一只狗表示妥协。

面部表情的普遍性

为了采集与情绪表达方式有关的数据，达尔文询问了生活在其他文化中的英国传教士有没有见过与英国维多利亚时代的人不同的情绪表达方式。结果，他们都说没有见过。当然，这一结果还是有偏差的，也许他在无意中鼓励了人们按他的假设进行回答。然而，大约在100年

查尔斯·达尔文。除了提出进化论外，查尔斯·达尔文还研究了非人类物种和人类的情绪表达。他通过资料了解了人类和其他物种有类似的情绪表达，这种表达在所有文化中都具有普遍性。

后，Sylvan Tomkins、Paul Ekman、Wallace Friesen 和 Carroll Izard（Ekman，Sorendson，& Friesen，1969；Izard，1971；Tomkins，1962，1963）又从达尔文的工作中汲取了大量的研究灵感。

情绪表达的跨文化研究

情绪表达领域中最引人瞩目的研究要数 Paul Ekman 和 Wallace Friesen 的研究。为了验证达尔文的普遍性假设，Ekman 和 Friesen 首先为在情绪表达方面受过专业训练的人（比如演员）拍摄了3000多张照片，让他们根据达尔文对于情绪表达的描述来表演愤怒、厌恶、害怕、快乐、伤心和惊讶。研究的第一步是把这六种情绪展示给生活在日本、巴西、阿根廷、智利和美国的人。被试的任务是从这六种情绪词汇中选择一个最能恰当描述照片上的人的感受的词。结果如何呢？与达尔文的设想一致，在这五种文化中，这六种情绪的判断精确率普遍在80%～90%；而随机猜对的概率仅为16.7%（Ekman et al.，1969）。但是批评者们仍然表示怀疑，他们指出，这个研究有一个根本缺陷：这些文化中的被试早就接触过西方媒体，他们也许早就知道怎样去辨认美国演员的表达方式了。Ekman 和 Friesen 所得出的情绪判别的普遍性也许只是这些被试共享一种媒体文化的结果。

因此，Ekman 和 Friesen 面临着一个巨大的挑战：找到一种很少甚至没有与

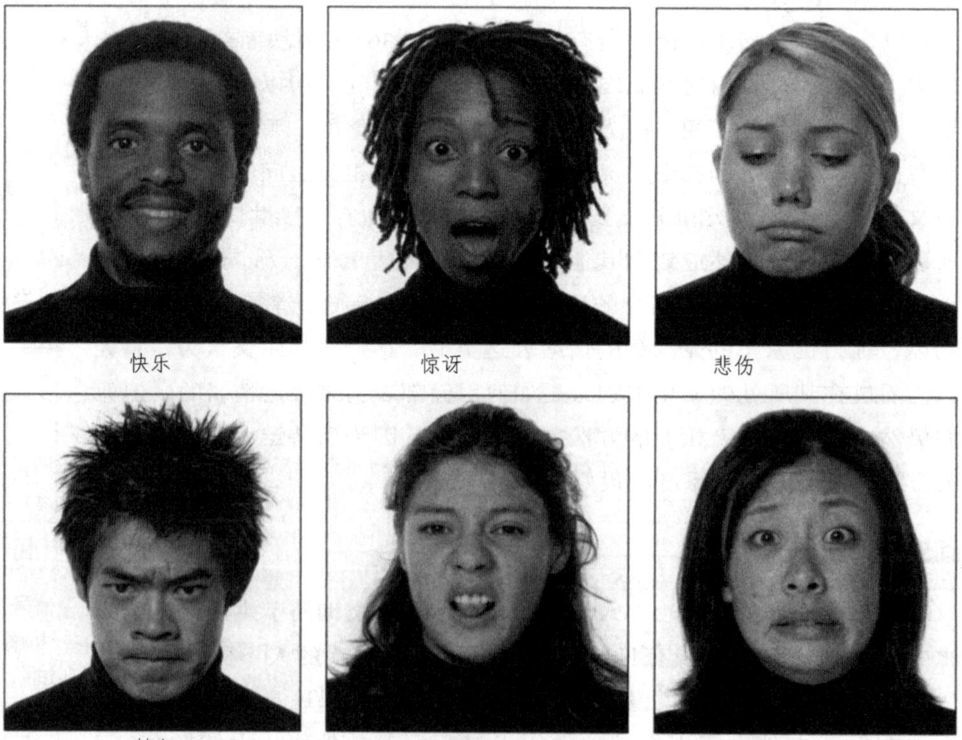

快乐　惊讶　悲伤

愤怒　厌恶　害怕

面部表情。Ekman、Friesen 和 Izard 的开创性研究，发现这六种面部表情是具有普遍性的。

西方人或西方媒体接触过的文化。为了实现这个目标，Ekman 去了巴布亚新几内亚研究福雷人——一个仍生活在石器时代的山地部落。Ekman 和这个部落的人在一起生活了6个月。福雷部落中参与 Ekman 研究的人从来没有看过任何电影或杂志，没有说过英语或混杂语（英语和土著语的混合语言），没有在西方生活过，也没有为西方人工作过。在征得本地人和医生的同意后，Ekman 开始了研究，他为这6个词中的每一个词都设计了一个合适的情绪故事。比如，伤心的故事是：这个人的孩子死了，他感到伤心。然后他给被试呈现三种表情照片，其中一种表情和故事想表达的情绪是匹配的，然后他要求被试（既有成年人，也有孩子）找到这个与故事相匹配的表情（Ekman & Friesen，1971）。在这种情况下，随机猜对的准确率应该是33%。但是福雷部落的被试判断这六种情绪的准确率高达80% ～ 90%。在研究的第二部分里，Ekman 录下的福雷部落被试想象自己身处六种特定的情绪故事中时的表情，然后他把这些图片发给生活在西方的大学生看，让他们在6个词语中选出与福雷人的表情最相符的一个。结果，美国大学生基本能够正确地解释福雷人的情绪表达，除了害怕（见图6.1）。在接下来对几十个文化的研究中，Ekman 不断发现：来自不同宗教、政治体制、社会发展程度、自我建构文化的人都在用生气、厌恶、害怕、快乐、伤心和惊讶等词来描述照片（Ekman，1984，1993；Elfenbein & Ambady，2002，2003；Izard，1971，1994）。

图 6.1　科学方法：面部表情的普遍性

假设：情绪的面部表情是由进化决定的，具有普遍性。

研究方法：

1. 拍摄美国演员表现快乐、伤心、厌恶、生气和害怕等情绪的表情。
2. 把这些照片给生活在巴布亚新几内亚与世隔绝且没有文字的福雷人看。
3. 要求看过照片的被试从中挑选出最符合所听到的情绪故事的照片。
4. 然后把研究步骤反过来。拍下福雷人表演各种面部表情的照片，让美国大学生挑选符合每张照片的情绪标签。

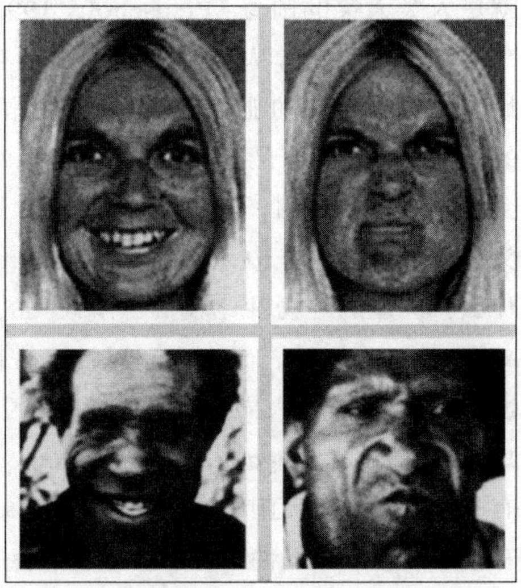

结果：福雷部落被试和美国被试判断照片所表达的情绪的准确率远高于随机猜测的结果。

结论：情绪的面部表情具有普遍性。

来源：Adapted from Ekman, Sorenson, & Friesen, 1969.

Ekman的研究激起了新一轮关于情绪的科学研究的高潮，但这项研究也有其局限性。比如，研究者让被试给面部表情标上由研究者提供的术语，但在让被试进行自由回应时，研究出现了一些问题（几乎所有的判断研究都是这样的）。如果给被试机会用他自己的语言来标定表情（自由回应），来自不同文化的人大概会选择富有文化特色的词语。比如，来自于相互依存文化的人更可能用关于社会参与的词语来描述积极情绪（比如"和谐"），而不是关于社会分离的词语（比如"自豪"）（Kitayama，Karasawa，& Mesquita，2004）。如果福雷人能够用自己的话语来描述这些照片，他们也许会用"感恩"而不是"快乐"来描述笑容，或用其他西方人没有用过的概念来描述情绪。但事实上，当允许来自不同文化的被试用他们自己的语言给表情贴上标签时，他们也表现出了很高程度上的相似性（Haidt & Keltner，1999；Izard，1971）。

其他动物的情绪表达

那么达尔文的第二个假设是否成立：假如我们和哺乳动物有相同的进化史，人类的情绪表达和我们的哺乳动物祖先相似吗？这个观点有一个有力的解剖学基础：与我们关系最近的灵长类动物亲戚黑猩猩有和人类非常相似的面部肌肉组织（Matsumoto，Keltner，Shiota，O'Sullivan，& Frank，2008）。研究已经证明，达尔文的第二个观点能够卓有成效地帮助研究者理解不同情绪的起源。比如，黑猩猩表达威胁和啜泣的方式和我们表示生气和伤心的方式惊人地相似！当非人的灵长类动物要表达友好时，它们会做出一个露出牙齿的动作，这被认为是"沉默地露出牙齿"，很像我们的微笑。而当它们玩耍和摔跤时，会"张开嘴巴大声呼吸"，这就是人类大笑的前身（Preuschoft，1992）。

研究人类和非人类相对应的表情有助于揭示一种似乎最人类化的情绪——尴尬——的深层次功能。最初，对尴尬情境下（做可笑的表情、在朋友面前吸奶嘴）的人进行的研究已经确认了人类尴尬时的非言语表现。当人们感到尴尬时，他们会垂下目光；会用一种勉强的、不自然的方式微笑；通常会摸自己的脸；会低下头，且通常是朝左边，露出脖子（Harris，2001；Keltner，1995）。这些行为的含义是什么？严谨的跨物种比较揭示了人类的尴尬表现很像哺乳动物的妥协表现（Keltner & Buswell，1997）。当有人违反社会规范的时候，尴尬的信号反映了对越轨行为的懊悔，能促使他人做出宽恕与和解的反应（Miller，1992，1996；Miller & Leary，1992；Miller & Tangney，1994；Parrott & Smith，1991）。在一项研究中，被试观察到有一个人撞倒了超市的设备（Semin & Manstead，1982）。在一种情况下，他看起来很尴尬；在另一种情况下，他是平静的。被试给了看起来尴尬的人更高的评价。

在最近的研究中发现，表现出更多尴尬情绪的个体，或在社会交往中容易脸红的人，与表现出其他情绪的人相比更可能被信任，更可能令别人与之合作，更可能从陌生人那里获得资源（Feinberg，Willer，& Keltner，2012；van Dijk，de

Jong，& Peters，2009)。尴尬的这些益处使得人们对日常社会交往产生了新的认识。在与另一个人初次相识的时候，有的人会用自我贬低的故事来使自己尴尬。他们大概是想通过自我尴尬而在社会交往中让新朋友以及有好感的人信任自己。当被告第一次进入法庭的时候，人们通常会非常介意他们表现出了多少懊悔之情——懊悔也是一种和尴尬相关的不自然情绪。(有的被告比别人更擅长表现得懊悔。曾主演过《变形金刚4》的演员马克·沃尔伯格就承认自己最精彩的表演是在年少时因袭击他人而被告上法庭的时候。)

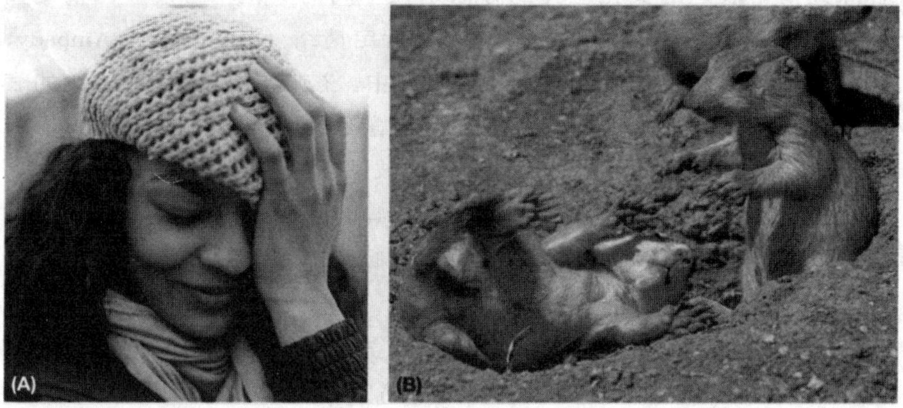

尴尬与妥协和社会纽带的维持。为了维持和谐的社会关系，人类的表现通常会令人想起非人类物种妥协时的表现。(A)这个女人表现出了尴尬的典型动作——向下看、压抑的微笑和摸脸——这种举动会让人原谅她。(B)这只草原土拨鼠背朝下躺在地上，把它的爪子和腿伸向另一只土拨鼠，这是一种妥协的信号。

盲人的情绪表达

Jessica Tracy 等人关于自豪情绪的研究将达尔文关于普遍性、跨物种相似性和盲人的情绪表达的观点综合到了一起。自豪是一种与成就（通过社会认可的行为获得社会地位）相关的感觉。这种情绪可以通过一些和支配相关的动作表现出来，包括豪爽的姿势、头部的前后晃动、手臂向上伸开等，这些动作也能在其他哺乳动物中看到（Tracy & Robins，2004）。当 Jessica Tracy 和 Rick Robins 来到非洲的布基纳法索时，他们发现了一个地处偏远的部落，该部落的人完全可以在别人表现出这些与自豪相关的动作时，确认其内心的自豪情绪（Tracy & Robins，2007）。在近期的另一项研究中，Jessica Tracy 和 David Matsumoto 仔细地分析了身体健全的奥林匹克运动员和盲人奥林匹克运动员赢得或输掉柔道比赛时的情绪表达（Tracy & Matsumoto，2008）。果然，胜利后，健全人和盲人都会把他们的手臂伸向天空，昂首挺胸地表达他们的自豪之情。而在失败后，这两种人都会低着头并耷拉着肩膀来表达他们的羞耻和沮丧。他们所分析的运动员来自20多个国家和地区，这个研究表明，羞耻和自豪的情绪表达是具有普遍性的。

情绪的文化独特性

刚才讨论的所有结果——对跨文化研究、对非人类动物的研究、对盲人的研究——都符合达尔文的理论：人类的情绪是从我们的哺乳动物祖先的表达性行为模式中进化而来的（Ekman，Friesen，& Ellsworth，1982a，1982b；Elfenbein & Ambady，2002，2003；Matsumoto et al.，2008；Mesquita & Frijda，1992）。然而，当人类学家开始研究不同的文化时，我们不难发现人类的情绪表达出现文化差异的例子。比如说，阿拉斯加的因纽特人（通常被叫作爱斯基摩人）从来不会表达愤怒（Briggs，1960），17世纪日本武士的妻子在知道自己的丈夫光荣地战死沙场的时候会露出微笑。

情绪口音（emotion accents）：某个文化表达情绪的特殊方法，来自不同文化的个体会用特定的方式表达情绪，就像印度人会通过咬舌头来表达尴尬。

一种探究情绪表达的文化差异的方法是在不同的文化中会发展出**情绪口音**——用固定的具有文化特殊性的方式表达特定情绪（Elfenbein & Ambady，2002）。比如，在印度和美国进行的一项研究中，被试要判别两种尴尬的表情，以及两种文化中的人将这两个表情鉴定为尴尬的比例（见图6.2；Haidt & Keltner，1999）。如你所见，来自这两种文化的被试都更多地将左边的表情视为尴尬。但印度人还知道咬舌头（印度的一种情绪口音）也是尴尬的表现，但是美国大学生面对这一举动时感觉困惑不已，几乎没能从中看出尴尬之情。

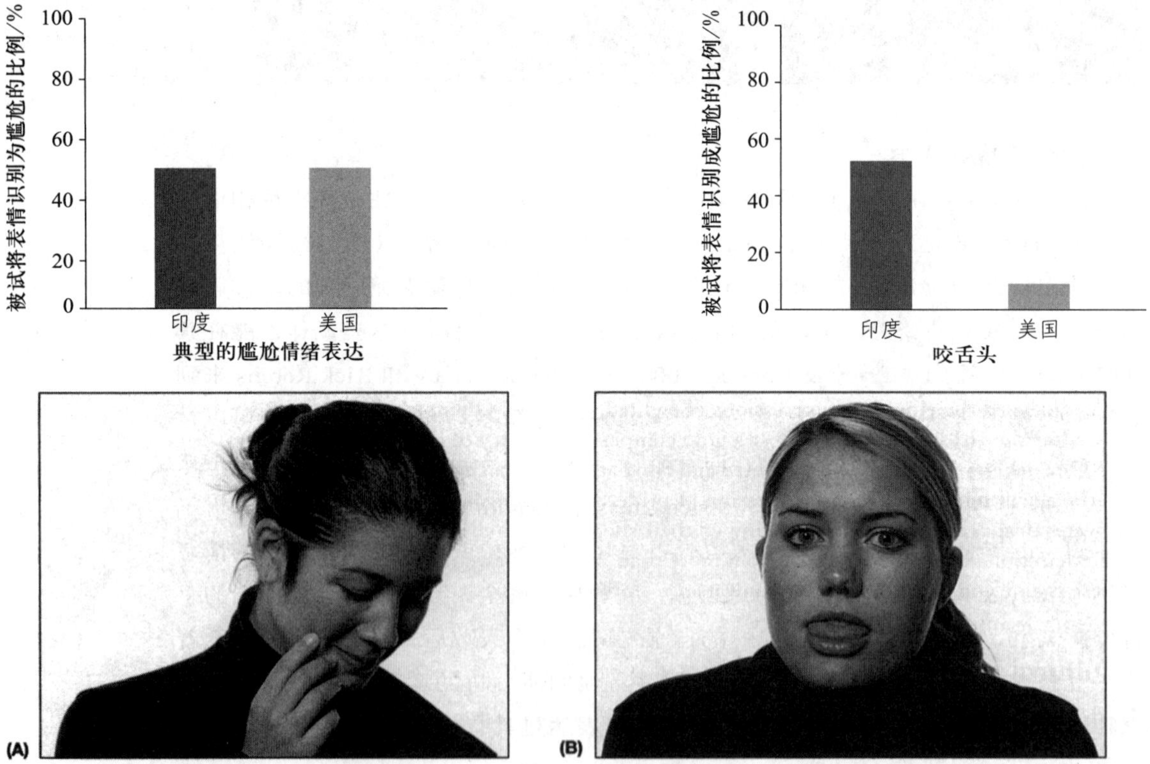

图 6.2 情绪表达的普遍性和文化差异。来自美国和印度的人都认为（A）是典型的尴尬情绪，只有来自印度的人才认为咬舌头是尴尬的表现（B）。

来源：Adapted from Haidt & Keltner, 1999.

这一研究表明，来自不同文化的人在情绪表达方面具有很大的变异性。更大的挑战是弄清楚这些情绪表达到底在哪些地方不同。实证研究已深入这个领域，记录了好几种来自不同文化的人表达情绪的独特方式。

文化和焦点情绪

如果你曾经去过别的国家，你也许会认为文化是由特定的情绪决定的：墨西哥有一种自豪的文化，中国的西藏有一种和善的文化，日本有一种谦虚的文化。这是早期人类学家公认的常识，他们通常会把某种文化形容为愤怒的文化、羞耻或愧疚的文化或温和的文化。Batja Mesquita 进一步深化了这个观点，他提出的重要观点就是，不同文化之间的焦点情绪是不同的。**焦点情绪**是在该文化的成员中更常见的、大多数人都会体验到的且常会表达的强烈的情绪（Mesquita，2003）。比如，和并不优先看重荣誉的文化相比，在看重荣誉、性和对家庭的侮辱的文化中，人与人之间更可能发生高度紧张的事件，激发出更强烈的愤怒（Rodriguez Mosquera，Fischer，& Manstead，2000，2004）。在基于荣誉的文化中，愤怒似乎是焦点情绪。

焦点情绪（focal emotions）：在特定文化中非常普遍的情绪。

或者你可以考虑一下自觉情绪（例如，尴尬和羞耻）的表达。自觉情绪表达了一种谦逊，一种对他人观点的欣赏，以及一种自我是社会集体的一部分的情绪。自觉情绪的这些性质与相互依存型文化的核心是一致的，即维持和谐且心系他人。所以羞愧和尴尬在相互依存型文化中更可能成为焦点情绪，而且最新的研究也证实了这个观点。比如，不同的文化对情绪的**超认知**程度并不相同——也就是说，他们用来描述不同情绪的词汇量不同（Russell，1991）。比如，在大溪地，有46种与愤怒相关的词语。而在中国这样的人与人高度相互依赖的文化中，描述羞愧或尴尬的词汇至少有113个，可见自觉情绪在中国人的日常生活中是重要的焦点情绪（Li，Wang，& Fischer，2004）。

超认知（hypercognize）：用若干词语和概念来描述某种情绪。

在许多相互依存型文化中，社会期望人们用更加强烈的、非言语的方式表达羞愧或尴尬。在对奥运会上健全的柔道选手和盲人柔道选手的情绪表达进行研究前，Jessica Tracy 和 David Matsumoto 揭示了这些情绪表达的文化差异。与来自美国等独立文化的运动员相比，来自相互依存型文化（如中国、日本）的运动员在输掉比赛的时候会表现出更多垂头丧气、耷拉肩膀等羞愧情绪（Tracy & Matsumoto，2008）。当一个人的情绪符合自我建构或特定的文化价值时，人们就会用更多的语言进行交流，也会用更强烈的非言语方式来表达。

文化和理想情绪

最近，Jeanne Tsai 和她的同事提出了另一种方法来探究情绪是如何系统化地因文化的不同而发生变化的（Tsai，2007；Tsai，Knutson，& Fung，2006）。在她的影响估值理论中，Tsai 推测，在不同的文化中，人们所看重的或者认为理想的情绪也不相同。有助于提升特定的文化价值和理想的情绪更受推崇；因此，情绪在个体的社会生活中起到了更加突出的作用。

比如，Tsai和她的同事们推断，在美国，兴奋激动之情被看得很重要。兴奋可以让人追求在美国文化中理想的自我表现和成就。相反，许多东亚文化非常看重冷静的满足的感觉，因为这些积极的情绪能让个体融入和谐的人际关系和群体中（Kitayama，Karasawa，& Mesquita，2004；Kitayama，Markus，& Kurokawa，2000；Kitayama，Mesquita，& Karasawa，2005；也可见 Mesquita，2001；Mesquita & Karasawa，2002）。不同文化所推崇的情绪很容易转化为情绪行为上突出的文化差异。比如，与东亚人相比，美国人更爱参加危险的娱乐运动（比如玩山地自行车）；在向消费者推销商品时，更爱露出充满热情的笑容；更容易对让人兴奋的毒品（可卡因）上瘾；更喜欢欢乐的、高亢的音乐，而不是抚慰心灵的、舒缓的曲子；在给儿童的读物中有更多能引起儿童高度兴奋的主人公（Tsai，2007）。Tsai推断，所有这些社会活动的差异都源于美国人对兴奋性的推崇。

关于情绪表达的一个明确的预测是：快乐和兴奋在西欧国家的文化中可以更自由地表达出来，但是在东亚文化中，这些积极情绪会受到更多的限制。Paul Ekman认为，不同的文化有不同的**表达规则**，特定的文化规则决定了我们该如何、在什么时候和对谁表达情绪（Ekman & Friesen，1969）。人们有可能压抑他们的情绪表达——比如，压抑自己不去嘲笑某个朋友又愚又笨的求爱行动。有时，人们也会强化他们的情绪表达——比如，收到奶奶送你的过时毛衣时，你要强迫自己笑得开心点。人们可以用一个礼貌的微笑掩饰他们的消极情绪；也可以做到虽然内心波涛汹涌，却面无表情。

表达规则（display rules）：特定的文化规则，它决定我们的情绪怎样表达、在什么时候表达和对谁表达。

中和情绪表达。根据扑克牌的规则，图中的女生通过没有表情的面孔来隐藏她对于手中的牌的情绪。

与Tsai关于东西方对兴奋的不同价值观的思考一致，有好几个研究都揭示了在更加相互依存型文化中，人们更容易在表达时压抑自己的兴奋之情。比如，人类学家Catherine Lutz发现，在相互依赖的埃法卢克人（居住在西太平洋岛国密克罗尼西亚的一个小岛上）中，孩子们确实未受到鼓励去表达他们的兴奋情绪（Lutz，1988）。在很多亚洲文化中，把个人热衷的事情说出来是不合适的；在这些文化中，人们在取得了个人的成功时，也会压抑着不能恣意流露出喜悦之情。与生活在独立型文化中的人相比，来自多个相互依存型文化的人都报告了更可能压抑积极情绪的表达（Matsumoto et al.，2008；Mesquita & Leu，2007）。生活在相互依存型文化中的人更有可能用消极情绪来调和他们的积极情绪（Schimmack，Oishi，& Diener，2002）。Tsai发现，生活在独立型文化中的人对待各种情绪刺激的反应更可能表现出强烈的兴奋的笑（Tsai & Levenson，1997）。无意冒犯，不过印度人常说美国人有时就像狗一样，动不动就“哇”！

小 结

查尔斯·达尔文进行了大量的研究，发现人的情绪表达具有普遍性，该观点在其他物种和盲人中也得到了证实。同时，情绪表达也具有明显的文化差异。不同文化有其特殊的情绪口音，就像印度人尴尬时会咬舌头一样。不同的文化也各有其焦点情绪，人们会更强烈地表达这种焦点情绪。在不同的文化中，人们所看重的情绪也不同，且会用特定的表达规则来控制那些不被看重的情绪，也就是说，表达规则控制着人们如何以及何时表达情绪。

情绪与社会关系

Eibl-Eibesfeldt 是一名来自德国的个体生态学家（研究自然环境中的社会行为的科学家），他把自己的职业生涯都奉献给了对新几内亚岛、非洲和其他地区以狩猎和采集为生的居民的观察。他追随着查尔斯·达尔文的脚步，努力寻找着社会关系的普遍规则。Eibl-Eibesfeldt 认为，情绪是社会关系的基本原理（1989）。也就是说，情绪在父母和孩子温暖的依恋、手足间的玩耍与争执、年轻男女的打情骂俏以及竞争对手要分个孰强孰弱时，都是基本的要素。

Eibl-Eibesfeldt 的观点与本章的中心思想是一致的，也就是说，情绪具有深刻的社会性（Tiedens & Leach，2004）。情绪的表达有助于调和社会互动。正如你将会看到的，情绪有助于指导人们进行判断和决策，以实现重要的社会目标，例如，维护良好的人际关系。情绪确实是一种社会语言，能帮助人们建立并维护重要的关系。现在，让我们具体地了解一下情绪是如何在恋爱关系、友谊以及团队中发挥其独特作用的。

在友谊和亲密关系中的情绪

克斯汀和杰克与许多20多岁的情侣一样，努力维持着复杂的恋爱关系（Harmon，2011）。他们会为家务活争论不休，努力试着与彼此沟通，摸索着能够描绘他们共同的未来生活的字眼。对他们两个人来说，难就难在他们都被诊断为阿斯伯格综合征。患有阿斯伯格综合征的人都能像正常的成年人一样进行思考，而且他们的语言能力并没有受到症状的影响。使他们痛苦的是，他们都不擅长表达情绪，而这是社会生活的基本要素。患有阿斯伯格综合征的人不会用表情或者声音交流情绪，也无法有效地解读别人的表情。所以，阿斯伯格综合征患者就像克斯汀和杰克一样，常常会在亲密关系中感到痛苦和不适应。本节会通过克斯汀和杰克的故事，来介绍一些揭示了情绪在恋爱关系和友谊中的重要作用的科学研究。

在人际关系中的情绪。情绪通常决定了恋爱关系的质量和稳定性。如果一对夫妇的婚姻中不乏幽默和欢笑，以及其他积极情绪，他们离婚的可能性将更低。

触摸和亲近

对于克斯汀和杰克来说，肉体上的接触是他们会尽力避免的东西。杰克会因为牵着克斯汀的手而出汗，会为此感到不知所措，所以他更喜欢避免这样的接触。他也不喜欢接吻——因为接吻让他感觉自己的脸和克斯汀的脸在“互相摩擦”。他们因为缺乏接触而失去了一种社交语言。

最近的研究证实了人们能通过触觉上的接触交流情感，而且身体接触是和面部表情同样重要的情感交流方式（Hertenstein，Keltner，App，Bulleit，& Jaskolka，2006）。在这项研究中，触摸者和被触摸者坐在桌前，二人之间用一块黑色的窗帘隔开，窗帘让他们避免了触摸以外的任何交流。触摸者需要在一秒内通过触摸被触摸者的前臂来传达情感。在 Ekman 的研究中，在被触摸的时候，被触摸者需要在一份情感清单中选择出他所接收的情感信息。如图 6.3 所示，美国人和西班牙人都能通过简单的身体接触准确地交流亲社会情感，例如爱、同情和感激。而且，西班牙裔的身体接触确实较为频繁，研究证实，他们能更好地通过身体接触交流。这个发现和另外一个研究结果一致，该研究揭示了来自互相依存型文化的个体能更好地通过触碰与彼此交流。例如，一项研究发现，在咖啡厅和朋友交谈时，英国人之间没有触碰行为，美国人互相触碰了两次，而波多黎各人互相触碰了 180 次（Jourard，1966）。

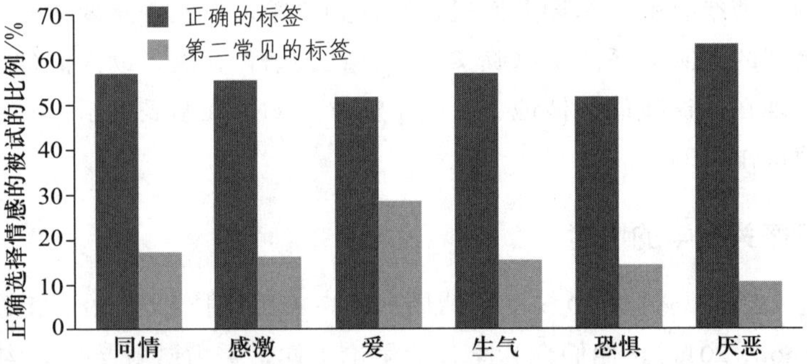

图 6.3 通过触碰交流情感。通过对前臂轻微的触摸，被试能与陌生人交流不同的情感。

来源：Adapted from Hertenstein et al., 2006.

人们能够通过三种方式利用这种丰富的（正确的）身体接触增进友谊、加深亲密关系。在第一种方式中，触摸给别人的奖励，就和看到一个灿烂的笑容或品尝了一颗巧克力一样让人快乐。这种触摸方式会刺激人皮肤下特定的细胞，从而激活眶额叶皮层，该区域包含了奖励表征区域（Rolls，2000）。

第二种通过触摸增进亲密感的方式是触摸能够缓解压力。触摸能降低压力激素皮质醇的水平（Franics & Meaney，1999）。在一项研究中，如果已婚女性预期会被电击，那么牵着其配偶的手会使其与压力相关的脑区（例如，右侧前脑岛、额上回、下丘脑）更少出现与被威胁相关的活动，而牵着陌生人的手并没有这样的效果（Coan，Schaefer，& Davidson，2006）。

第三种通过触摸来增进亲密感的方式是触摸能激励互惠，而互惠性是友谊和亲密关系中的基本要素。非人类动物在一天中会花20%的时间来清洁打理自己的身体，而且它们经常会与那天早些时候帮助它们清理皮毛的非亲属个体分享食物。研究发现，对于人类来说，友好的身体接触模式会增加人对于请求的依从性（Willis & Hamm，1980），并且会加强人在经济博弈中与陌生人的团结（Kurzban，2001）。最近有一项研究是以美国篮球协会的职业篮球运动员为研究对象的，研究者Michael Kraus及其同事记录了2008年度所有的NBA比赛，并对篮球员在球场上的所有接触动作（如击掌、碰拳、撞头和拥抱）进行了编码（Kraus，Huang，& Keltner，2010）。尽管平均来说每个运动员在一场比赛中仅会触碰其队友2秒，但是这种触碰仍被证实是建立团队凝聚力的关键。队员相互间的触碰越多，团队在球场上就越能团结和合作（例如，帮助防守，更好地传球），并且会在赛季结尾时取得更好的成绩。

情绪模仿

当克斯汀有强烈的情绪回应时，杰克往往反应迟钝且无动于衷。这种行为背离了人们模仿他人情绪并且使自己的情绪和他人保持一致的趋势（Hatfield，Cacioppo，& Rapson，1994）。一般来说，人们在看到别人摸脸时，也会不由自主地摸自己的脸（Chartrand & Bargh，1999），并且会下意识（或无意识）地在拍照的时候保持微笑（Dimberg & Öhman，1996），摆出富有个人特点的姿势，甚至是像博物馆中的雕像一样的姿势（Oatley，Keltner，& Jenkins，2006）。我们尤其有可能模仿其他人的情绪。只要听见别人大笑，我们就会忍不住跟着笑起来（Provine，1992）。当我们看见朋友露出害羞的模样时，我们也会跟着脸红（Shearn，Bergman，Hill，Abel，& Hinds，1992）。我们就是这样倾向于通过模仿他人的情绪来理解他人（Niedenthal，Mermillod，Maringer，& Hess，2010）。

在篮球场上的触碰和合作。在篮球队中，队员互相触碰得越多，这个队伍表现得就越好。图中的美国篮球队正是通过各种身体接触来庆祝他们赢得了金牌的。

让我们再来看一看笑声，我们常常通过笑声在友谊和恋爱关系中表达情绪。Jo-Anne Bachorowski多年来一直在破解笑声的秘密，用了上百小时分析笑声的声学信息，包括不同笑声的节奏、音调和变异性（Bachorowski & Owren，2001）。她把笑声分成了几类。你可能会尴尬地发现（或者也有可能已经证实），男人比女人更可能发出“咕噜”的笑声，这种笑声听起来就像是动物园里的大猩猩发出的声音。一个仅有几毫秒的有趣的研究任务发现，比起陌生人，朋友间的笑声会有更多的互相模仿（Smoski & Bachorowski，2003）。

情绪模仿能增强亲密性。Cameron Anderson 及其同事对大学室友们进行了为期一年的研究，要求新的室友在春、秋季学期各来一次实验室，报告他们对不同刺激（例如，幽默的或者令人不安的电影片段）的情绪反应（Anderson，Keltner，& John，2003）。结果发现，室友间的情绪在这一年间变得越来越相似（和随机选择的两个个体相比）。而且情绪模仿能够预测一段友谊变得有多亲密。可以推测，模仿会增加了个体间的相似性，这种相似性（第10章会提到）增加了个体彼此的亲密性和喜欢程度。

Piercarlollo Valdesolo 和 David DeSteno 已经得到了能够证明非言语模仿会加强陌生人间的相互喜欢程度的证据。在他们的研究中，被试需要和一个同伴完成一个练习，这个练习为被试们提供了机会进行同步模仿（Valdesolo & DeSteno，2011）。被试和同伴要面对面坐着并且戴上耳机听里边的音乐。他们需要跟着旋律用手指敲击桌面。在一种情况下，被试和同伴会听到同样的节奏和旋律，因此他们会同时敲击桌面；在另一种情况下，他们会听到不同的旋律和节奏，所以他们的手指敲出的是不同的节奏。在实验结束时，模仿了同伴的敲击动作的被试会报告他们对于同伴有更强的熟悉感，对同伴表达了更高水平的共鸣，并且更可能在接下来帮助同伴完成一个枯燥的任务。最基本的身体模仿似乎也会在非亲属关系中增强亲密感。

一些文化会更加依赖模仿来建立融洽的关系。Sanchez-Burks、Bartel 和 Blount（2009）曾在美国西南地区的一家大公司举行模拟面试，在这个面试中，被试要努力给面试官留下好印象。面试者既有盎格鲁美国人，也有西班牙裔美国人。在一种条件中，面试官模仿了面试者的行为：如果面试者跷起二郎腿，面试官也会跷起二郎腿。在另一种条件中，面试官不会模仿面试者的行为。一群观察者评价了面试者的表现，在没有模仿的条件中，观察者对盎格鲁和西班牙裔面试者的印象评价没有什么差别。但是在面试官通过模仿面试者的行为而与其建立了融洽关系的条件中，西班牙裔面试者得到了高于盎格鲁美国人的评价。

专栏6.2 聚焦文化

调情和五种非言语表现

调情这种行为模式可以使我们在一个潜在的恋爱对象面前表现得具有吸引力，它既可以是言语上的，也可以是非言语的；既可以是有意识的，也可能是无意而为的。

Givens（1983）和 Perper（1985）在单身酒吧待了几百个小时，把他们所观察到的能够制造浪漫邂逅的调情行为记录下来并绘制成图表。他们发现，在最初的吸引注意阶段，男性会耸动肩膀并做出一些夸张的动作，从而在他们心仪的女性面前摆谱儿炫耀，他们会故意举起手臂以展示自己强壮的胸肌和搓衣板一样的腹肌，或者在点酒水的时候故意让别人看见他们手腕上闪闪发光的劳力士手表。而女性则会羞涩地笑，打扮自己，轻拂头发，走路时会挺起胸部或者扭动臀部。到了相识阶段，潜在的恋爱对象会互相凝望，通过挑高眉毛、平缓的声音以及大笑来表达好感。在接触阶段，潜在的恋爱对象会靠得更近，他们会创造机会以撩人的方式触碰对方的手臂，拍打对方的肩膀，或者并不怎么意外地和对方撞在一起。最终，在持续阶段，潜在的恋爱对象会通过与对方协调一致的行动来表达自己的好感，并获取对方的好感。当他们确定了对彼此的好感后，他们的眼神、姿势和笑声都趋于一致，并且他们的肩膀和脸都是对齐的。

调情或其他互动的非言语表现是什么呢？Paul Ekman 和 Wallace Friesen（1969）总结了非言语行为（在调情中非常明显）丰富的语言，将其分成了五类。第一类是情绪表现，或者说是情绪表达，我们已经认识到它是具有普遍性的。第二类是象征，是一种能够直接翻译成一个词的非言语的姿势。英语中著名的象征姿势包括表示胜利的 V 字手势，表示赞叹的竖起大拇指，表示“你真可耻”时会摩擦两根食指，以及在 20 世纪 60 年代末期，举起紧握的拳头是黑人权力的象征。研究者分析了世界各地的 800 种象征姿势，当然，除此之外肯定还有更多其他的象征。在不同的文化中，一种象征姿势往往具有不同的含义。例如，在美国通常表示“好的”的 OK 手势，在日本的意思是“钱”，在法国的意思是“零”，而在某些地中海国家的意思是“我们做爱吧”。所以，如果你在希腊受邀参加一次晚宴，决定赴宴时，千万记住不要做这个动作。

第三类是说明性动作，用来让我们的发言栩栩如生、更吸引人并且更形象化。我们在空中转双手并且大力地摇动拳头，可以表示我们信念的力量。当要说重要的话时，我们会挑起眉毛，会点头，会移动躯干表示有同感。

第四类是调节动作，也是我们用来协调谈话的非言语表达。我们会看着且身体朝向谈话的对象。而当我们想要停止交流的时候，就会把目光从这个人身上移开，身体也不再对着他了。

最后，第五类是自我调节动作，这是人们在紧张的时候会出现的一种貌似随机的行为，是为了释放紧张情绪而进行的。人们会摸鼻子，捻弄头发，轻轻地摇腿，摩擦下巴。英国小说家约瑟夫•康拉德（Joseph Conrad）说，人们在进入公共场合时会抚摩自己的脸。你可以自己尝试做这个实验。看一看人们在进入饭店或者酒吧时，会多么经常地摸自己的脸。记住，要确定一个适当的比较标准哦。

调情。你能分辨出一个女人想要表达的非言语信息吗？

黑人权力。在 1968 年于墨西哥城举办的奥运会上，美国运动员举起他们的拳头来代表黑人权力。

催产素和信任

因为和克斯汀的感情纠葛，杰克打算凭借着对化学的浓厚兴趣，发明一种药物来帮助他们摆脱困境。他开始关注催产素在药理上的作用，催产素是一种由九种氨基酸组成的神经肽，是由下丘脑产生并且释放到脑和血液中的物质。催产素的受体在嗅觉系统、边缘系统、脑干以及调节心血管系统的脊髓区域。催产素会参与子宫收缩、哺乳、母婴亲密关系的建立以及性行为中（Carter，1998）。而且其他研究也表明杰克的想法是正确的：催产素能触发亲密感。

在非人类物种中，催产素能加速配偶亲密关系的建立并且引发照顾行为。比较表现出了配偶亲密关系的草原田鼠和没有配偶亲密关系的山区田鼠，可以发现在这两个物种之间，催产素受体在脑中的位置是不同的（Carter，1998；Insel，Young，& Zuoxin，1997）。给山区田鼠注射催产素会增加配偶之间相互喜欢的程度，否则这个物种是没有固定配偶的（Williams，Insel，Harbaugh，& Carter，1994）。

在人类群体中，新的研究证实了催产素是亲密和信任的来源。其中最戏剧性的研究之一采用了信任游戏的形式（Kosfeld，Heinrichs，Zak，Fishbacher， & Fehr，2005）。在这个信任游戏中，被试手上会有一定数额的钱（比如说10美元），他们必须把其中的一部分钱给一个陌生人。接下来，研究者会让陌生人收到的这部分钱的价值增3倍，然后这个陌生人会再返还被试一定数额的钱。就像在生活中一样，参加游戏的被试需要信任他人，他们需要在开始的时候通过慷慨的赠予以换取更加互惠的利益关系。在一种条件中，被试需要在游戏开始前吸入催产素。在另一种条件中，他们会吸入盐水。正如图6.4所示，愿意赠予陌生人最大金额的催产素组被试人数是盐水组被试的两倍多。

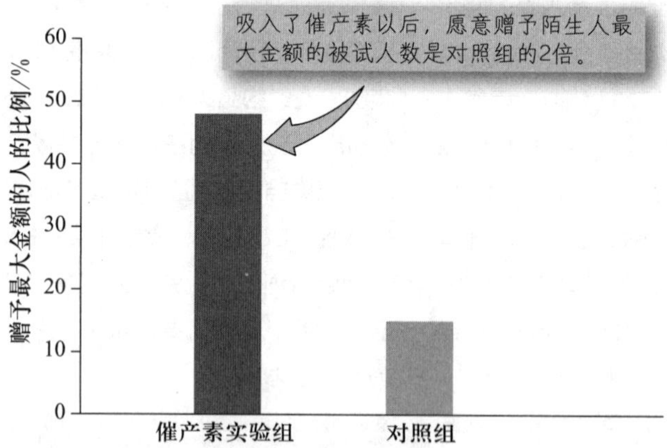

图 6.4　催产素对信任和慷慨的影响。

来源：Adapted from Kosfeld et al., 2005.

其他情绪，包括爱，可能也与催产素有关（Gonzaga，Turner，Keltner，Campos，& Altemus，2006；Taylor，2002）。为了探索这种可能性，Gian Gonzaga 及其

同事在达尔文理论的引导下，首先探索了年轻情侣间有关浪漫爱情和性渴望的非言语信号。通过对情侣间的对话进行录像，研究者发现当情侣感受到爱意的时候，他们会表现出短暂而协调的微笑、互相凝视、亲热、使用比较自然的手势和姿势。当感受到性渴望的时候，他们表现了各种各样与嘴唇有关的行为，包括噘起嘴巴、舔唇，拭唇以及伸出舌头（Gonzaga，Keltner，Londahl，& Smith 2001；Gonzaga et al.，2006）。在研究的第二部分，他们发现当女性回忆她们对于他人的热情时，表现出爱意（而不是性欲）与催产素大量释放到血液中相关。

情商

克斯汀和杰克在表达情感的许多方面都遇到了障碍，从触摸到情绪模仿。就连最简单的任务——用文字表达情绪——对他们来说都是具有挑战性的。当克斯汀搜肠刮肚地想要找到适当的文字将她的情绪描述给杰克听时，她说就像是遭遇了计算机系统崩溃时的“死亡蓝屏”一样，思绪完全卡住了。她就是找不到文字来描述她的情感活动。杰克在评价克斯汀的厨艺时常常直截了当、不留情面，每当这时她都会难过得哭起来。结果，这反而会让杰克迷惑不已。

在总结克斯汀和杰克之间遇到的情感困扰时，Perter Salovey 和 John Mayer 会建议他们培养自己的情商（Salovey & Mayer，1990）。情商是人们在日常生活中运用自己的情感的能力。你可以将情商当作你掌握情绪这一社会生活的基本要素的程度。更详细的学术解释会用四种能力来定义情商：(1) 精确地察觉他人情绪的能力；(2) 理解自己的情绪的能力；(3) 在做决定时应用当前的感受的能力；(4) 用适合当前情境的方式管理自己的情绪的能力。正如克斯汀和杰克所认识到的，他们在这些方面的能力较差，因此他们的关系也不会太理想。

相反，有高情商的人能够好好利用自己的情绪，并且拥有更强大的人际关系（见 Mayer，Barsade，& Roberts，2008）。例如，教师认为，情商特别高的5岁儿童3年后在社交方面会有更强的适应能力。在情商测试中得高分的青少年有更多的朋友。在情商测试中得高分的年轻人与恋人有更积极协调的互动。在接下来的生活中，在情商测试中得高分的人在工作中会受到更多尊重，拥有更高的地位，并且会被看作更好的职场伙伴。当人们能够察觉自己和他人的情绪并且好好利用情绪时，他们会拥有更健康的社交关系。

群体内和群体间的情绪

杰克和克斯汀的故事说明了情绪在友谊和恋爱关系中是多么重要。我们很难想象一段缺失了喜欢和感激之情的友谊会长久，也很难想象一段没有爱、欲望和激情的恋爱关系会最终开花结果（Ellis，1992；Trivers，1971）。

群体生活也是非常情绪化的。想一想足球比赛中球迷集体的喜悦与亢奋，还有示威游行中激进分子以及在教堂中集会的教徒。想一想青少年的社交焦虑，扭捏地想要融入朋友的小圈子。再想一想战场上的敌对双方相互之间的那种仇恨与愤怒。总之，情绪是群体动力的一个重要组成部分。

群体内的情绪和角色协商

在群体内，个体角色的一个中心问题是个体在群体中的地位，第12章会进行详细讨论。地位高的好处有很多，而协商地位这一过程的代价也很高。无论是在人类中还是动物中，为了在群体里争取更高的地位而爆发的冲突往往是暴力甚至致命的。因此，许多非人类物种会依靠非言语的表现来建立阶级。类人猿用拳头捶打自己的胸膛，青蛙呱呱叫，雄鹿一连几小时不停歇地嘶鸣，黑猩猩露出锋利的獠牙，鹿则抵角相斗。这些仪式化的展示使群体成员以一种代价小于直接冲突的方式得知谁更有能力。你认为，我们人类采用的方法超越了捶打胸膛和呱呱叫吗？也许吧，人类确实会通过展示情绪来协商他们在群体中的地位。

例如，愤怒是一种强有力的情绪，传达了实力与力量的信息。已有若干研究支持了群体间的愤怒表达会增加群体力量的观点。人们把地位的提升与权力的扩张归因于愤怒的表达（Knutson，1996）。反过来，人们也认为位高权重的人对于困难的通常反应是愤怒（Tiedens，2001）。表达愤怒的高权力地位协商者更可能达到自己的目的，激发下属（Sinaceur & Tiedens，2006；Van Kleef，De Dreu，Pietroni，& Manstead，2006）。一个实验甚至发现，人们认为像比尔・克林顿这样的展示了愤怒而不是其他情绪的领袖，有更大的权力（Tiedens，2001）。一个关于出庭律师的古老格言说：当法律站在你这边时，你应该坚决主张法律；当事实站在你这边时，你应该奋力强调事实；当两者都站在你这边时，你应该拍桌子！

有没有哪种情绪是愤怒的相反面呢？尴尬或许是一种。在埃及的阿瓦拉德阿里（Awlad'Ali）游牧部落中，只有更有权力的人才能让人表现出尴尬、害羞或者一种叫作“hasham”的情绪。在这种文化中，“hasham”的体验以及与尴尬有关的凝视和谦虚的微笑，是一种向群体展示个体的从属地位和对他人的依赖性的信号（Abu-Lughod，1986）。通过“hasham”这种情绪，人们表现出了自己处于更低地位、更矮的身高。实验研究发现，表现得尴尬的人被认为地位更低、更不重要（Ketelaar，1005）。就像群体中的愤怒发出了象征权力的信号一样，尴尬发出了屈服的信号。

情绪与群体界限

布朗诉托皮卡教育局案（1954）之后，美国最高法院裁定种族隔离非法，结果首批进入美国南方的白人学校上学的非裔美国儿童遭遇了白人群体的暴力抗议。在记录了这一历史时刻的电影中，最令人惊讶的是情绪——愤怒的面孔、挥向空中的拳头以及愤怒的尖叫。情绪既能轻易地团结民众，也能分隔群体。

Diane Mackie 和 Eliot Smith 提出了群体内情绪理论，认为群体成员对其他群体的情绪体验依据的是他们对自己所在群体的认同和对与其他群体相比的强弱感觉的认识（Mackie，Sliver，& Smith，2004）。他们发现，当群体成员感觉自己的群体比其他群体更强大时，或者当成员对自己的群体有积极判断时，这些成员会对其他群体表现出更多的愤怒和蔑视。例如，当美国公民强烈地认识到自己是一个美国人且认为美国比恐怖分子更强大时，他们就会对“9·11”恐怖袭击义愤填膺。相反地，当群体深感自己不如另一个群体的时候，更可能感到惶恐不安、提心吊胆。

情绪还可以通过另一种被称为“低人性化”的过程分隔群体（Cortes，Demoulin，Rodriguez，Rodriguez，& Leyens，2005）。**低人性化**是群体内成员否认其他群体成员的完整个体地位的倾向。情绪在低人性化中起着重要的作用。群体成员也许会对他们自己以及其他群体成员持某种基本情绪（例如，愤怒和厌恶）；但是他们认为自己的群体成员比其他群体成员更可能拥有复杂的情绪（例如，自豪和同情；Cortes et al.，2005）。这些更复杂的情绪包括更独特的人类认知能力（一种自我感觉、从别人的立场看问题），而这对群体成员如何定义自己所在团体的身份尤其重要。展示出次级情绪的其他群体成员甚至可能受到惩罚，因为这样做会威胁其他人的群体中心主义观点（Veas，Paladino，Castelli，Leyens，& Giovanazzi，2003）。正如你所想象的，低人性化使得人们更容易对其他群体成员实施暴力。

低人性化（infrahumanization）：人们不愿意承认外群体成员有更加复杂的情感（例如，自豪和同情）的倾向。

小 结

情绪对社会关系非常重要。在友谊和恋爱关系的发展中，触碰提供了丰富的情绪联结语言，它可以提供奖励、带来抚慰、相互鼓励，以及表达同情和感激等情绪。情绪模仿能促进亲密关系。神经化学物质催产素能增强信任感、慷慨和承诺。有效利用情绪的能力——情商——也对人际关系有诸多助益。在群体动力中，情绪是一股重要的力量。情绪（例如，愤怒和尴尬）发出了不同的权力地位信号，能帮助群体成员在群体阶层中找到自己的位置。人们普遍认为，与其他群体相比，自己所在的群体有更复杂的情绪（例如，自豪、同情以及遗憾），这种趋势会带来攻击和暴力。

情绪与社会认知

你的很多重要决定——从事什么工作，与谁结婚，和谁成为邻居——都是凭感觉做出的，在这个过程中少不了情绪的身影。对于许多西方哲学家来说，这可不是理想的状态。在过去的2500年中，哲学家一直认为，跟逻辑和高级推理相比，情绪并不是一种成熟深刻的感知世界的方式（Haidt，2001；Oatley，2004）。我们用来描述情绪的隐喻就反映了这种偏见：我们会把情绪说成精神失常（“我疯狂地爱上了某人”）和疾病（“我犯了嫉妒的毛病”），而不是明确的、合理的和健康的。根据这种想法，只有当理性驾驭着激情时，个体方能有更好的表现。

然而这种观点正在发生变化。通过25年的研究，研究者已经证实了情绪一般来说对认知过程具有原则性的系统影响，有助于人们对世界进行理性判断（Clore，Gasper，& Garvin，2001；Clore & Parrott，1991；Forgas，1995，2003；Isen，1987；Lerner & Keltner，2001；Loewenstein & Lerner，2003；Rozin，1996）。该结论不仅是通过诸多实验得出的，对一些遭受了脑部情绪加工区域损伤的个体的研究也得出了同样的结论。与杏仁核及其他情绪加工区域相连接的前额叶若受损，个体通常会失去依靠情绪做出良好决策的能力。例如，一个前额叶受损的人在面对选择时，会无法感知恐惧和焦虑，因此会做出不适当的具有风险的决定（Damasio，1994）。而且前额叶受损的人在看见别人遭受不幸时，通常感受不到同情，也许会漠视需要帮助的人（Blair，Jones，Clark，& Smith，1997）。

"理性是且只应当是激情的奴隶。"

——苏格兰哲学家大卫·休谟（David Hume）

情绪为判断提供信息

生活中大多数严肃的判断是复杂的，比如，要全面透彻地回答你对生活有多满意，你会思考自己是否达到了职业目标，是否健康，财务状况是否井然有序，全球变暖的风险到底有多严重，等等。鉴于这种复杂性，Norbert Schwarz 和 Jerry Clore 认为，我们经常依赖于一种更简单的评估方法，也就是想想我们现在的感觉，问自己："我现在对这件事感觉如何？"对情绪会如何影响判断的描述叫作**情感信息观**（Clore，1992；Clore & Parrott，1991；Schwarz，1990；Schwarz & Clore，1983），它的基本假设是：对于当前环境中发生的事件和情况，情绪给我们提供了迅速的、可靠的信息——可以说是第六感——我们正是借此做出了大多数重要的判断。

情感信息观（feelings-as-information perspective）：这一理论认为，由于许多判断都要求人们全面考虑相关证据，而这太过复杂，所以人们会依靠情绪提供快速、可靠的信息，来判断社会环境中的事件和状况。

在最初关于情感信息观的检验中，Schwarz 和 Clore 研究了阳光明媚的大晴天和阴云密布的坏天气对美国中西部居民的情绪生活所产生的影响。他们在晴天和阴天的时候打电话给美国伊利诺伊州的居民，问他们："整体来看，你这几天对你的生活有多满意或有多不满意？"被试需要把他们的满意度分为十个等级，10代表绝对满意。在第一种条件中，研究者只是简单地询问了被试当天的心情和对生活的满意度。研究者预计，在晴天时接到电话的被试会比在阴天接到电话的被试表达出更高的生活满意度。在第二种条件下，在询问心情和满意度之前，研究者会先问被试："你那里的天气怎么样？"。Schwarz 和 Clore 认为，这个问题会让被试把心情和生活满意度归因于天气状况，而不会用自身的感觉来评价生活满意度（见表6.1）。在这个简短的调查的最后，被试会陈述他们当时的心情。

表 6.1 把情感作为信息

人们常常用他们当时的情感做复杂的社会判断。Schwarz 和 Clore 的一项研究以“把情感作为信息”为假设，他们让人们在阴天或晴天中判断自己的生活是否美好。

	没有把情感归因于天气	把情感归因于天气
快乐程度		
晴天	7.43	7.29
阴天	5.00	7.00
生活满意度		
晴天	6.57	6.79
阴天	4.58	6.71

来源：Adapted from Schwarz & Clore, 1983.

当只被问及有关心情和满意度的问题时，被试的回答证实了 Schwarz 和 Clore 的情感信息观假设：人们在晴天时表达出了更高的生活满意度。相反，当首先被问及有关天气的问题时，被试更可能给天气与自身感觉之间的关联打折扣，因此在报告了天气状况后，被试对生活的满意度的评价不会再因为天气条件的不同而出现差异。

在这项研究之后，随后的一系列实验进一步揭示了人们是如何依据情绪做出重要的判断和决定的。在情感信息观下，心情不好的人更有可能对商品、政治人物或经济政策做出消极的评价（Forgas & Moylan，1987）。例如，有几项研究关注了愤怒等情绪，并且证明了一个老观点：当人们对一些事物（比如，在单位度过了糟糕的一天）感到生气时，愤怒的情绪会影响方方面面的判断。就连回想一件过去发生的令人生气的事，也能使人在这种愤怒的驱使下为当下的麻烦去指责他人，并且会觉得未来会有不公平的事发生在他们身上（DeSteno，Petty，Wegener & Rucker，2000；Feigenson，Park，& Salovey，2001；Keltner，Ellsworth，& Edwards，1993；Lerner，Goldberg，& Tetlock，1998；Quigley & Tedeschi，1996）。

其他的情绪也会左右人们的判断。害怕时，人们会在他们所处的环境中感觉到更多的危险，注意到更多的威胁，悲观地认为不久之后就会有坏事发生在他们身上（Lerner & Keltner，2001；Mineka，Rafaeli，& Yovel，2003）。一个在“9・11”恐怖袭击后即在美国进行的研究表明，与愤怒相比，对于这次袭击更感觉恐惧的人会在他们所处的环境中察觉到更多的危险，这种危险不只与恐怖袭击有关，还与其他事物（比如患流感）发生的可能性相关（Lerner & Gonzalez，2005；Lerner，Gonzalez，Small，& Fischhoff，2003）。

情绪总能引导人们的判断吗？据 Joseph Forgas 的观点，并非如此。他发现，做与简单的判断（我的车胎没气了吗）相比，我们更可能在进行复杂判断的时候（今后20年，全球变暖会如何影响美国经济）以及缺乏现有图式引导判断时依赖情绪（Forgas，1995，2000）。人们在面对复杂的问题而且没有业已成熟的基准和观点做指引时，更可能被情绪主导。

情绪和道德判断

在美国，当要求评审团做出判决时，法官会鼓励他们在判断被告有罪与否以及决定刑期长短和赔偿金的多少时，把情绪放在一边。这是由于西方对于情绪因素的影响有所怀疑，但是根据 Jonathan Haidt 的观点，这样做太天真了。Haidt 认为，情绪是我们进行道德判断的重要向导（Haidt，2001）。请看看下面这个故事，然后判断其中描述的行为是否正当：

> 马克和朱莉是一对兄妹。他们在暑假时一起从大学出发去法国旅游。一天晚上，他们待在了临近海边的一个小木屋中。他们觉得，如果他们尝试做爱是会非常有趣的，至少对他们两人来说都是全新的体验。为了保险，朱莉吃了避孕药，马克也戴了避孕套。他们把那天晚上发生的事情当成了一个特殊的秘密，这也让他们变得更加亲密了。

当被问到他们的行为是否有错时，几乎所有的大学生都会马上说“是不对的”，而且对这件事带有很明显的厌恶（Haidt，2001）。世界上所有的文化都把乱伦看作不道德的（Brown，1991）。当要求被调查者解释朱莉和马克的行为为什么不当时，人们可能会先说这对于种族繁衍不利，然后才突然意识到朱莉和马克都采取了避孕措施。人们可能会继续争论这会对双方造成情绪上的伤害，但转念一想，又想起朱莉和马克在这件事中没有受到任何伤害。最终，当所能想到的理由都被一一驳回了以后，人们就只能说“我不知道为什么，我就是觉得不对”（见图6.5）。

图 6.5 你来做被试：情绪和道德判断

尝试将 Jonathan Haidt 对于情绪在道德判断情境中的作用用在一个朋友身上。

1. 给一个或多个朋友读“马克和朱莉”的故事，然后密切注意他们在听故事时的面部表情和发出的声音。
2. 然后，让你的朋友解释为什么马克和朱莉的行为是错的。
3. 反驳每一个论点。

结果：这些反应显示了人们的情绪反应通常会决定他们的道德判断。人们并不会思考他们做出道德判断的方法，只是在凭感觉判断而已。

Haidt 认为，人们对于朱莉和马克的反应揭示了人们在判断一个道德问题的对与错时依据了两个系统：一个是道德，一个是人性。这两个系统同时参与了道德判断。首先，人们产生了一种主观的感觉，使他们对不道德的行为做出了初步评价（Baston，Engel，& Fridell，1999；Greene & Haidt，2002；Haidt，2003）。然后，人们会更多地依赖慎重的思考——对于代价和收益的评价，以及对偶然因素和对当下流行的道德准则的考量——最终得出一件事在道德上是对是错的判断。但是，情绪是道德判断的首要驱动力（见专栏 6.3）。

Haidt 假设了几种在道德判断中的情绪导向。自我批评类的情绪，比如羞愧、尴尬和负罪感，会在我们违反了社会准则和在道德上关于美德和人性的观点时萌生（Baumeister，Stillwell，& Healtherton，1994；Higgins，1987；Keltner & Anderson，2000；Keltner & Buswell，1997；Tangney，Miller，Flicker，& Barlow，1996）。尴尬和负罪感等情绪会让我们为自己不适当的行为做出补偿。所谓“不知羞耻”的人往往有可能很少体验类似尴尬和愧疚的情绪，因此更可能参与暴力和犯罪行为（Beer，Heerey，Keltner，Scabini，& Knight，2003；Blair et al.，1997；

专栏6.3　聚焦神经科学

道德的大脑

对于 Haidt 所提出的道德判断的双系统理论最有趣的验证实验之一是由神经科学家、哲学家 Joshua Green 及其同事们进行的（Greene，Sommerville，Nystrom，Darley，& Cohen，2001）。她们使用了一种所谓的“电车”（trolleyology）方法，向被试呈现了道德迫选情境，然后让他们快速做出判断。在这个实验中，Green 向被试展示了各种各样的道德情境，与此同时，他们采用了 fMRI 技术收集被试的脑活动。被试会根据对一个行为是否妥当的看法来判断不同的道德两难困境。有些道德困境仅需要更加客观的、理性的判断，而其他的困境需要更主观的、带有情感的思考。一个更加不受个人情感影响的例子是著名的“有轨电车困境”。在“有轨电车困境”中，被试要想象自己正在行驶中的有轨电车上，如果有轨电车继续前进，前方将有 5 个人被撞死。救他们的唯一方法就是让电车换轨，但换轨后将有一个人被撞死。当问被试变轨去救这 5 个人的行为是否恰当时，大多数被试都会不假思索地给出肯定的答案。

在更能唤起情感的“天桥困境”中，5 个人的性命又一次因为有轨电车而受到威胁。然而在这个情况下，被试要想象自己和一个非常胖的陌生人一起站在有轨电车轨道上方的天桥上，被试得知，如果把身边的这个陌生人推下去，他的身体能把电车撞到其他轨道上，这样那 5 个人就能获救了。（主试会向被试解释，被试自己的体重是不足以使电车脱轨的。）那么在这种情况下，把身边的陌生人推下天桥是否合适呢？在天桥困境和有轨电车困境中，被试要选择的结果是相同的——死 1 个人还是死 5 个人。但是在天桥困境中，这种行为就更加主观了。被试必须想象他们用自己的双手把一个陌生人推向死亡。

在 Green 及其同事的实验中，当被试对于诸如此类的几个困境做出反应时，fMRI 会确定被试的哪一个脑区是活跃的。与 Haidt 的双系统理论一致的是，主观的道德困境激活了在之前的实验中发现的与情绪有关的脑区。客观的道德困境激活了与工作记忆和谨慎推断有关的脑区。

Keltner, Moffitt, & Stouthamer-Loeber, 1995)。用于赞美他人的情绪，最典型的是感激和崇敬，标志着我们对于他人美德的赞扬与认同（Haidt, 2003；Keltner & Haidt, 2003；McCullough et al., 2001）。

心理学家对于与伤害有关的情绪，比如同情、关心和怜悯，给予了更多的关注。在第14章我们将会介绍，这些情绪能促使受过伤或者容易受伤的人做出亲社会行为（Batson & Shaw, 1991；Eisenberg et al., 1989）。最近的研究显示，瞬间的同情会让人们看到自己与他人共有的人性，从而鼓励他们做出更多的亲社会行为（Oveis et al., 2010）。同情也会让人在本该实施惩罚时产生动摇（Rudolph, Roesch, Greitemeyer, & Weiner, 2004；Weiner, Graham, & Reyna, 1997）。有些人会把有罪被告的不道德行为归因于一些客观因素（比如，穷困的成长环境或者一个充满不良风气的家庭），从而更有可能对被告产生同情，从而建议从轻量刑，以对被告的教育改造为主。然而那些谴责被告行为并感到愤怒的人们更有可能建议严厉的惩罚（Lerner et al., 1998；Quigley & Tedeschi, 1996）。同情也会使人们在法律情境之外选择更少的惩罚（Condon & DeStreno, 2011）。

在有关道德情绪的领域，最卓有成效的研究集中在有关谴责他人的情绪上，例如，在别人做出不道德的行为时，我们常会感受到愤怒与厌恶。但是实证研究发现，生气和厌恶往往涉及不同的道德领域。对于人权和自由有失公允的侵犯，例如，不允许人们说出自己的想法或者机会不平等，更容易唤起人们的愤怒，而不是厌恶（Horberg, Oveis, Keltner, & Cohen, 2009）。相比之下，在人们谴责他人的肉体、心灵或者人格上的不纯洁时，更可能产生厌恶的情绪（Haidt, Koller, & Dias, 1993；Wheatley & Haidt, 2005）。

几项研究发现，厌恶的感觉会放大或者增强"不纯洁的行为有道德问题（不只是一种个人选择问题）"的判断。例如，在道德上谴责吸烟和肉体交易的人会尤其厌恶这些行为（Rozin & Singh, 1999）。看到淤血会感到恶心厌恶的人，更有可能在道德上谴责不洁的行为（比如，在公共运动器械上留下汗水），更有可能对冥想之类的不会留下不洁之物的行为大加赞赏（Horberg, Oveis, Keltner, & Cohen, 2009）。厌恶的感觉往往会使人对他们眼中的"不洁"群体（比如，同性恋者）的鄙视陡增，而不是对其他外群体（Dasgupta, DeSteno, Williams, & Hunsinger, 2009；Inbar, Pizarro, & Bloom, in press）。这种效应十分明显，以至人们会用"站在垃圾桶旁边，腐烂的气味就会粘到你身上"的说法，来表达对同性恋者的消极态度（Inbar, Pizarro, & Bloom, 2012）。

情绪影响推论

人们会在判断中注入情绪，从而指导人们判断某件事的是非好坏、公平与否、有多大的风险。我们即刻的情绪回应同时充当着道德判断的直觉向导。我们对某事的感受通常决定了我们对某事持怎样的看法，又会给出怎样的评价。

在有关**加工方式观**的研究中，我们发现情绪也会影响我们的推理过程。想一想，情绪是如何用刻板印象——一个自动出现、不需要意志努力的工具——来影响我们对他人的判断的。Galen Bodenhausen 发现，和心情低落的人相比，感到愤怒的人更容易对他人使用刻板印象（Bodenhausen，Sheppard，& Kramer，1994）。伤感会使人更加敏锐而小心地对他人进行判断，而愤怒则恰恰相反。

加工方式观（processing style perspective）：认为不同的情绪会导致人们用不同的方式进行推理的理论——比如，生气会促使人们依赖既有的假设和刻板印象，然而悲伤会促使人们更加细致地关注情境中的细节。

那么，积极的情绪又是如何影响我们推论的创造性和复杂性的呢？人们往往倾向于假设积极的情绪是过分简单化或者懒惰想法的来源。试想一个有创造力的天才——比如梵高、伍尔夫、贝多芬或者达尔文——你会不会认为他们是在经历了挣扎、迷惘甚至绝望之后才有极富创造力的作品问世的呢？

Alice Isen（1987，1993）认为，这种有关创造力的观点是错误的，并主张快乐能激励人们通过灵活的、富有创造力的方式思考。Isen 在研究中会通过一些小事来激发人们积极的情绪。她会给被试一小包糖果，让被试发现一枚一角钱的硬币，或是让被试看一个幽默有趣的电影片段，等等。这些让被试心情愉快的微妙方法使他们的推理过程产生了显著的变化。当给被试展现一个词汇（比如“毯子”），然后要求被试说出一个相关的词时，那些体验着积极情绪的人比情绪中立的人更有可能说出新奇的联想（比如，“新鲜”或者“结构”），而情绪中立的人会给出更加常见的答案（比如，“地毯”）。感受到积极情绪的人会用一种更加模糊的方式来归类事物，将那些不靠边的事物也归入分类（比如把手杖和钱包也算作衣物），而情绪中立的人可能会执行更加严格的分类标准。这些积极情绪的影响有很重要的社会效果。处于积极情绪中的交易者更有可能达成理想的交易，使双方的利益最大化，因为积极的情绪允许双方更加灵活地思考对方的立场和利益（Carnevale & Isen，1986；Forgas，1998b）。

在 Isen 的研究结果之上，Barbara Fredrickson 提出了与积极情绪有关的**拓展和建构假设**（Fredrickson，1998，2001）。Fredrickson 提出，积极情绪会拓宽我们的思维和行动选择，来帮助我们建立情绪和智力的资源（如同理心或获取知识）。智力资源的增加反过来会帮助我们构筑社会资源，比如友谊和社交网络。Fredrickson 及其同事发现，人们在引导下体验了积极情绪时（比如看一个有趣的电影片段），会在多方面实现拓展和建构（Fredrickson，2001；Waugh & Fredrickson，2006）。比如，感受到积极情绪的人对自己的评价与对其他群体成员的评价更相似，这意味着他们看待自己的方式更有可能类似于看待其他群体的方式。在一段正在发展的关系中，感到积极情绪的人会在自己的自我概念及朋友或爱人的自我概念中看到更多的重叠。

拓展和建构假设（broaden-and-build hypothesis）：认为积极的情绪可以拓宽人们的思维和行为技能，帮助人们建立社交资源的假设。

小 结

情绪在很大程度上影响着社会认知。在判断其生活满意度、事情的公平性或者环境的危险性时，人们往往会考虑到自己的情绪。情绪同时也可作为一种很强大的直觉渗入我们的道德判断，形成有关惩罚和不道德行为的判断。情绪塑造了我们推理的方式，它在拓展和建构假设中表现得最为明显——积极的情绪可引导我们拓宽思路，使思维更加有创造力，从而反过来帮助我们建立智力资源和社会资源。

幸福与快乐

长久以来，哲学家或普通人都爱问“什么是幸福”？这个问题很适合作为本章的总结。《独立宣言》中提到了不可分割的权利，其中就包括“生命、自由和追求幸福的权利”。很多哲学家将快乐看作生存的最高目标之一，以及评价人类行为的道德性和经济政治系统的公平性的重要度量标准。

在人类历史中，对幸福的定义一直在变（McMahin，2006）。在古希腊，人们认为唯有通过道德行为，变得有节制、公平且恭敬，方能获得幸福。在中世纪的欧洲，瘟疫和战争使那个时代被黑暗笼罩，所以人们唯有通过与上帝交流、死后去来世才能找到幸福，到那时灵魂会从世俗的生命中解放出来。到了18世纪，启蒙运动拉开序幕，人们会从快乐的经历中寻找幸福，或者在让尽可能多的人获得幸福的行动中寻找幸福（这个观点比之前的要好很多）。而最近的研究显示，人们对于幸福的定义有较大的文化差异。美国人更容易将幸福和个人成就联系在一起（Yuchida & Kitayama，2009）。东亚的文化更有可能认为幸福是在与他人的和谐交流和履行义务的过程中获得的一种体验（Kitayama，Karasawa，& Mesquita，2004）。

那么，到底什么是幸福？什么决定了我们能否拥有愉悦的体验？我们能不能预料到什么能使我们快乐？什么能让我们获得永久的幸福？

快乐的决定因素

快乐是人们幸福体验的核心元素。那么是什么促成了我们的愉快体验呢？Barbara Fredrickson（1998）和 Daniel Kahneman（1999）发现了一些令人诧异的答案。在他们的研究中，被试会以不同的方式体验快乐。例如，在一项实验中，被试会看到令人愉悦的影片，比如一部喜剧或者一只正在与花嬉戏的小狗（Fredrickson & Kahneman，1993）。当看到些片段时，被试会用一个刻度盘评价他们即时的愉悦程度。研究者随后将这些即时的评价与被试在影片结束后对于整体愉悦感的评价进行比较。一个很有趣的问题出现了：被试对于快乐的即时报告能否预测整体的愉悦程度呢?

这项研究和其他一些类似的研究证明了人们对于快乐的整体评价有三个决定因素。第一个因素是与这个事件有关的愉悦的高峰时刻——比如，吃圣代冰激凌时迸发的喜悦之情——强烈地预测你将多少快乐与这个事件联系起来。第二个因素是，你在这个事件结束时的感受也能强烈地预测你所报告的整体愉悦程度。如果你正在计划一次穿越欧洲的背包旅行或者第一次约会，切记，务必让旅行的最后一天（或者约会的最后5分钟）是非常愉悦的。第三点略令人惊讶，愉悦经历持续的时间与整体的愉悦程度是没有关系的，这个现象被称作为**持续时间忽略**。一次颈部按摩是持续20分钟还是1小时，第一次约会是持续1小时还是10小时，似乎很少影响我们对于整体愉悦程度的评价。真正重要的是高峰时刻和结束前你是否能感到快乐和愉悦。同样的理论也适用于消极、不好的经历。令人挥之不去的痛苦是由高峰体验和最后的不适造成的，而不是这件事持续的时间（Kahneman，1999）。

持续时间忽略（duration neglect）：如果一段经历是愉悦或者不愉悦的，那么在对这段经历进行整体评价时，这段情绪经历的时间长度并不重要。

了解什么使得我们快乐

人们能否有效地预测什么会让他们感到快乐，什么会让他们感到绝望？这种预测方式非常重要。如果我们认为“职业成就会为我们带来持久的快乐”，就很可能每天晚上加班工作。我们在选择就读学校、职业、假期和婚姻伴侣时，往往会凭感觉选择能给我们带来更多快乐和幸福的那一个。在决定要从事的职业或者选择爱人时，我们一开始就可能遇到一些现实问题，但是我们往往还是会回到最基本的问题上：什么会让我们快乐？令人遗憾的是，答案通常不像我们想象得那么简单。

在有关**情绪预测**的研究中，Daniel Gilbert 和 Timothy Wilson 证明了有各种各样的偏见会破坏我们对什么会使我们快乐的预测（Gilber，Brown，Pinel，& Wilson，2000）。让我们以一项检验与恋人分手的预期影响和实际影响的实验为例（Gilbert，Pinel，Wilson，Blumberg，& Wheatley，1998）。实验让没有经历过分手的人（称为“幸运的人”）报告他们整体的幸福水平，然后再预测他们在被恋人抛弃的两个月后会有多么不幸福。然后，把他们的评估和那些刚刚失恋的人（称为“失恋者”）的实际幸福水平进行比较。在图6.6中我们可以看出，失恋者和幸运的人几乎一样幸福，但是幸运的人所预测的失恋两个月后的状态比失恋者刚失恋时的状态更糟。人们高估了一段感情的破裂对其生活满意度的影响。

情绪预测（affective forecasting）：预测未来的情绪——比如，某个事件会导致开心、生气还是伤心？以及这种情绪会持续多久？

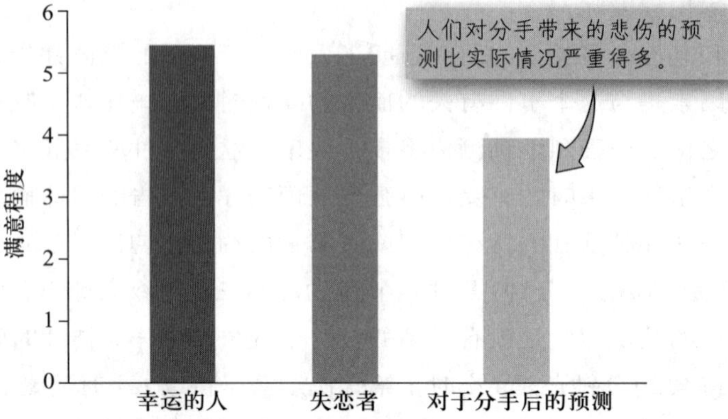

图 6.6 我们如何知晓什么使我们快乐？ Daniel Gilbert 等人质疑人们是否能精确地预测自己失恋后的状态。结果和他们的想法是一致的，情绪的预测是有偏差的。

来源：Adapted from Gilbert et al., 1998.

一个相关的研究着眼于有关获得终身职位的预期影响和实际影响（Gilbert et al., 1998）。你可能会知道，教授在就职6年左右会参加一次评估，然后获得终身职位（意味着他们会在大学获得永久的职位），否则随时可能被解雇。终身职位评定过程会让人备感焦虑，但是这件事引发的许多焦虑可能是被误导出来的。在经过了终身职位评定的5年后，没有得到终身职位的教授并没有比得到了终身职位的人显著不幸福。预测再次和现实不一样。年轻的助理教授对他们获得终身职位5年之后的幸福程度的预测也远高于业已获得终身职位的教授的幸福程度。而且，助理教授们还预测了自己若未被评上，那么5年之后的幸福水平会如何，结果这个水平远低于没有得到终身职位的教授实际的幸福水平。

免疫忽略（immune neglect）：人们低估他们对于困境的适应性的倾向，这导致他们过分高估生活中的困难对幸福感的伤害。

有一系列的偏差干扰着人们对于未来的幸福程度的预测。其中之一就是**免疫忽略**（Gilbert et al., 1998）。通常，对于令人痛苦的消极反馈，人们具有出色的心理韧性，很重要的一点是人有一种被 Gilbert 和 Wilson 称作"心理免疫系统"的机制。这种"心理免疫系统"能使我们克服消极的经历和创伤。我们会在不幸中发现一丝希望，能够幽默地看待它，发现自己成长的潜力，获得洞察力，在面对痛苦的反馈和创伤经历时做出积极的改变。这些"与免疫相关"的过程使我们能够面对不愉快的经历，能够回到令人满意的生活中。然而，尽管这种心理免疫机制的作用强大，且起效甚快，但在估计创伤事件（如分手或者职场失意等）的影响时，我们往往考虑不到这些过程。相反，我们会直接估计自己因这些消极而痛苦的经历而受到重创，结果就没能准确估计我们未来的幸福感。

焦点主义（focalism）：对于一个事件的中心元素关注过多，而忽略了考虑辅助方面的影响或者其他事件的影响的倾向。

另一个偏差是**焦点主义**：我们太过关注重大事件中的主要元素了，就像在得知我们未获终身职位时最初的绝望感，而忽略了生活的其他方面也塑造着我们对生活的满意感（Wilson, Wheatley, Meyers, Gilbert, & Axson, 2000）。我们往往倾向于假设一旦特定的事件发生——比如，高分通过 GRE 考试、结婚或者有了小孩——我们会由衷地感到高兴。但我们忘记考虑在考试成绩公布之后、婚礼结束之后或者孩子降生之后，还有很多其他的事情，比如工作上的问题、与配偶的矛盾和抚养孩子时遇到的难题，而这些都会影响我们的快乐和幸福。

"生活中的任何事情都没有你在思考它的瞬间以为的那么重要。"

——心理学家、诺贝尔奖获得者丹尼尔·卡尼曼（Daniel Kahneman）

幸福生活

关于幸福和快乐的最后一个问题，可能也是最重要的问题：是什么给人们的生活带来了幸福和快乐？为这个问题找到一个合理完整的答案不仅能帮你在人际关系和工作中更加得心应手，同时也会让你活得更长久。Sonja Lyubomirsky、Laura King 和 Ed Diener 回顾了几百项幸福感方面的相关研究或因果研究（Lyubomirsky，King，& Diener，2005）。他们的结论是幸福对于婚姻有非常积极的作用。婚姻专家 John Gottman 观察到，要想使婚姻生活幸福，对于每一次不愉快的经历，伴侣之间需要体验和表达五种积极的情绪（Gottman，1993）。比起总是在生气、轻视和恐惧的婚姻，婚姻生活中充满欢笑、感激、欣赏、爱和善良能使婚姻更长久。快乐还会提升工人的创造力和工作表现，这种积极情绪对于有创造力的思考有深远的意义。幸福也能使人活得更久。一个著名的实验发现，20 岁左右的修女在进入修道院时如果在自述中表现出了更多的幸福感，会比表现出较少幸福感的修女更长寿，更可能活到八九十岁的高龄（Danner，Snowdon，& Friesen，2001）。

那么，幸福的源泉又是什么呢？要回答这个问题，一种方式是通过大量的人口统计，寻找使个体更加快乐的文化因素。在直觉上，你觉得男人和女人谁更加快乐？事实上，性别因素在幸福的领域影响甚小——女人和男人一样快乐。年龄也一样，尽管人们随着年龄的增长会变得更高兴一些，但是普遍来说，年龄对于快乐的影响很微弱。中年危机也不过如此。

那么金钱呢？这方面结果就复杂多了，很可能超出你的想象。在更富有的国家，金钱的确和生活满意度有一定的关系，但是这种关系并不太紧密。现如今，大学生们认为他们上大学的主要原因是日后可以挣很多的钱。(令人惊讶的是，74% 的美国大学生都这样认为，远高于 20 年前的 24%。但是最近金融界的不景气是否会使学生们重新考虑他们的职业规划还有待观察。) 但是对于已经从大学毕业的学生来说，更多的钱只会给他们提升一点点生活满意度（Myer，2000b）。一些新近研究显示，把对于物质生活的追求作为人生的中心目标会让人更加不幸福（Lyubomirsky，2007）。而且研究显示，金钱确实会提升生活满意度原本就较低的人的满意度。来自贫穷国家的人们会比来自富有国家的人更加不幸福。这可能是因为这些国家的人们找不到工作、缺乏食物、深受疾病和内战的困扰。

更宽泛的意识形态因素也对幸福有影响。对于不同国家的个体的调查发现，来自独立型文化、拥有权利（如投票权）和所在国经济平等的人更加幸福（Diener，2000）。这些调查指出，更加广泛的权利会使人们更加幸福快乐，包括经济状况良好、平等、自由和个人权利能获得保障。

最后，你可能也猜到了，研究快乐的科学家都同意快乐最重要的来源是与他人的关系（Lyubomirsky，2007）。所有种类的关系——恋爱、友谊、家庭和邻里关系——都能使人们精神振奋。在20世纪七八十年代的美国，已婚者说自己幸福的比例（48%）是未婚者的（24%）两倍。而且，与朋友保持联系和生活满意度也有强烈的关联（Myers，1999）。我们都生活在社会中，与社会有强大的联结会给我们带来更高的生活满意度。

培养幸福

人们有正当理由在让自己及孩子、朋友、同事和恋人更加幸福方面投入很多精力。文献显示，培养幸福感更能使家庭、工作环境、社会和文化良性发展。我们能否选择使自己更加快乐的方式生活呢？在最近的理论研究中，Sonja Lyubomirsky、Ken Sheldon 和 David Schkade（2005）给出了肯定的答案。在有关于基因和环境如何决定幸福感的研究文献中，研究者提出，在个体的幸福感方面，约一半的变量和基因因素相关。比如在对同卵和异卵双胞胎的研究中发现，基因相同的同卵双胞胎在幸福水平上比异卵双胞胎多表现出了2倍的相似度。另外10%的幸福感上的变异取决于我们所处的环境的质量——你成长过程中的邻里街坊、你所在的国家是否处于战争中，以及你享受到的权利、自由和机会。剩余40%的幸福感上的变异是由人们选择的活动、形成的思维方式、处理压力的方法以及与他人建立关系的方式决定的。

所以，什么是在我们自由地选择通往幸福的过程中必备的呢？很显然，获得幸福的智慧之一与人们如何处理压力有关。痛苦的、充满压力的阶段——在工作上遇到困难时、婚姻的磨合期、失去所爱之人时、与家人或孩子起冲突时——也是生活的一部分。如果这些压力是长期的，它们就会让你更不幸福，会损耗你的免疫系统，最终导致你的健康状况下降。

培养幸福感的一个策略是创造有关你的生活叙事，无论是有关顺境的还是逆境的。写下来你在遭遇挫折、经历磨难时的情绪。James Pennebaker 及其同事进行了一系列实验，他们让被试写下他们在苦难中体验到的情绪（Pennebaker，1989，1993；Pennebaker，Hughes，& O'Heeron，1987；Smyth，1998）。研究者将这种研究程序运用于失去亲人的人、离婚的人、经历了毁灭性地震的人、大屠杀的幸存者以及遭受"9·11"恐怖袭击直接影响的人。写下与创伤相关的痛苦情绪的人，与以纪实风格描写了同一事件的人相比，会在许多方面受益。他们更不容

专栏 6.4　聚焦积极心理学

大脑中的极乐世界

在 2500 年前，自从佛祖在菩提树下参悟，成千上万的人们开始了通过冥想的方式寻找平静和幸福。冥想的做法有很多种，但都遵循着某些共同的原则。它们鼓励你正念地将呼吸放慢到一种健康的、稳定的节奏上，并伴随深呼吸。这样做会减少与压力相关的心血管活动。许多冥想的做法都鼓励人正念地关注身体的不同感觉，都建议人不加评判地觉察在脑海中流过的意识。而且许多的冥想方法都鼓励人们训练关爱和同情之心。这样，冥想者就会将对于家人、友人、爱人的感情，延伸到陌生人、自己甚至对手的身上，从而使我们用一种更加慈悲的方式看待全人类。

那么冥想到底是否奏效呢？神经科学家 Richard Davidson 一直在寻找对于这个问题的严谨的答案。为此，他研究了西藏的僧人，他们每天会花 4 ~ 5 小时安静、投入地冥想。在扫描了西藏僧人的脑后，他发现在静息状态中，这些人左侧前额叶——与积极情绪相关的脑区——呈现了激活，而且这种激活水平出奇得高。在另一项观察中，Davidson 会突然给这些僧人播放一种很响的白噪音，来评估他们对于突如其来的白噪音的惊讶程度。对于大多数人来讲，这种刺激会激发一种古老而且强大的惊讶反应，这种反应的强度可以很好地表明人们承受了多少压力。但是这些僧人连眼睛都没有眨一下。

可以从冥想中获益的，不仅仅是投入毕生精力进行冥想的僧人。Davidson、Jon Kabat Zinn 及其同事对软件工程师进行了正念冥想技巧训练——一种对于心灵和仁爱之心的无偏觉察——6 周后，这些个体的左侧前额叶显示出了更高的激活水平。他们的免疫功能也得到了提高，证据便是他们对流感病毒的免疫反应提高了（Davidson et al.，2003）。在相似的研究中，Barbara Fredrickson 及其同事发现，练习正念冥想，专注于正念呼吸并以仁爱之心待人，可以在几周后大幅提高自己的幸福水平（Fredrickson，Cohn，Coffey，Pek，& Finkel，2008）。

易生病，体会到了生活满意度的提升，表现出了更高的免疫功能，也更少在工作或学习中缺席，而且学习成绩更好（Pennebaker，1993）。

将你的情绪付诸笔端是很有帮助的。首先，当人们在为其情绪寻找字眼进行描述时，会对其内心活动有所洞察和领悟，这种领悟将引导他更有效地应对烦恼和困难（Pennebaker，Mayne，& Francis，1997）。Pennebaker 及其同事为被试的叙述进行了编码，并发现了一些领悟性的词汇，比如“我现在明白了”、“我看出”，越多使用这些字眼，他在叙述中的收益也越多。其次，将情绪写出来能减少不表达情绪所带来的痛苦。抑制情绪的表达已被证明会加大心率和血压（Gross，1998），而慢性的血压升高会导致健康问题（Sapolsky，1994），表达情绪有助于将血压控制在正常值。最后，对情绪归类也能帮助我们确认导致这些情绪的原因，从而减少情绪对其他不相干的判断的歪曲（Keltner，Locke，& Audrain，1993；Wilson & Brekke，1994；Wilson，Centerbar，& Brekke，2002）。如果你知道你沮丧的原因是单位里高高在上的领导，那么这种感觉不太可能影响你对于生活的其他方面的看法。研究也显示，写下一些积极的生活主题（例如，你最重要的目标）也会带来相似的好处（Emmons，McCullough，& Tsang，2003；King & Miner，

2000）。例如，Laura King 及其同事让在校大学生写下未来最棒的那个可能自我，几周之后测量他们的健康状况，发现关于更好的自我的想象激发了充满希望的未来前景，从而提高了学生自我报告的健康水平，并减少了有关会构成问题的不健康症状的报告。而且，写下目标和价值观已经被证明能够提高少数民族初中生的学业成绩（Cohen，Garcia，Apfel，& Master，2006；Oyserman，Bybee，& Terry，2006）。

另一个培养幸福感的好方法是培养很多对于人类幸福和人际关系至关重要的积极情感。充满积极情感——幽默、感激、爱和满足——的人生是走向美满生活的重要途径。你可以从怀着一颗感恩的心做起，开始你对幸福的追求。对于很多社会理论家来说，包括亚当·斯密（Adam Smith）和查尔斯·达尔文在内，感恩都是一个和谐社会的重要凝聚力。因为慷慨的行为、对他人表达感激的行为以及充满感恩的感觉均可以提高幸福感。Sonja Lyubomirsky（2007）让人们每周写出5件想感恩的事，她发现这些感恩组的被试与对照组被试相比，在几周之后报告了有更高的快乐和健康水平。就连回忆生活中发生的有意义的事情——比如朋友带来的快乐、不寻常的美好的一天、一顿美味的佳肴——也能够增强我们的幸福感。而回忆我们充满感激的原因，会让我们在几周之后仍能测得幸福感的增加和更少的潜在健康问题（Emmons et al.，2003）。

其他积极的情感也有这样的效果。宽恕和原谅也能够增强幸福感，减少与压力有关的身体问题（Lawler et al.，2003）。在一段人际关系中，玩耍和笑声的增加可以促成更加令人满意的关系。培养满足和感兴趣的感觉可以促成长期的幸福感的增加（Fredrickson，2001）。我们是通过情绪走向幸福和快乐的。

小 结

我们是根据快乐的高峰时刻和结尾时的状况，而非持续的时间，来回顾过去愉快的经历的。人们可能会在预测将来是否快乐时出现偏差：他们通常会比想象的更能承受痛苦，而且他们往往会关注未来事件的某些方面，而忽略另一些在将来也很重要的因素。快乐对人际关系、工作和健康都有好处。一些更广泛的人口统计因素（性别、年龄和收入）在促进快乐方面的作用很小；然而其他的一些因素（平等、人权和最低经济水平）的影响却很大。最后，我们可以通过记述苦难经历和培养积极的情绪（如感激、笑和原谅）来培养幸福感。

本章总结

描述情绪

- 情绪体验非常短暂，仅仅持续几秒或几分钟；但是心境往往会持续几小时甚至一整天。
- 情绪通常是具体针对某人或某事的，并激励着个体达成特定的目标。
- 评价过程是引发情绪的一种解释过程。在初级评价阶段，我们会评价当前事件是否与我们的目标相符。在次级评价阶段，我们要决定自己为什么会这样感觉和该怎么做，这时我们会考虑不同的回应方式和可能的结果。
- 情绪包括表达过程，使我们能够通过面部表情、触觉、声音和艺术与我们的感觉和反应进行沟通。
- 语言使我们能够表达自己的情绪，而且情绪塑造了我们的注意、记忆和判断。

情绪的普遍性与文化特殊性

- 从进化的角度来看，情绪整体来说在很多方面起作用。情绪使我们能够有效并迅速地对危险和与生存有关的机会做出反应。
- Paul Ekman的研究揭示了人们在明显不同的文化中，对于生气、厌恶、恐惧、快乐、伤心、惊讶的面部表情的判断具有很高的相似性。
- 不同文化在如何以及何时表达情绪上存在不同。有些文化形成了一种明确表达情绪的特殊方式，被称为“情绪口音”。在不同的文化中会有不同的焦点情绪，焦点情绪在每天的生活中更加常见。同时，在不同的语言中，用来描述特定情绪的词汇数量不同。而且在不同的文化中，人们所看重的或者所认为的理想情绪也不相同。

情绪与社会关系

- 通过短暂的接触，我们可以交流爱、同情、感激之类的情感，这对亲密关系非常重要。
- 我们通常会模仿他人对于情感和行为的表达，这个过程会使我们与他人更加亲密。
- 一种被称为催产素的化学物质会在我们的脑和血液中循环，该物质能增加人的信任感和奉献精神。
- 情商体现在人们明智地使用情感的四个方面，高情商往往意味着在处理各方面的社会关系上也更健康。
- 对于某些情绪的表达，比如生气，会让人在群体中获得较高的地位，然而像尴尬之类的情绪会降低人在群体中的地位。
- 情绪能构造群体间边界。人们往往会表现出对于外群体成员的排斥：他们将诸如生气和厌恶等基本情感归因于外群体，而且认为外群体成员不太容易体验到复杂的情感，比如尴尬。

情绪与社会认知

- 情感信息观认为，在我们没有足够的时间评估复杂信息时，情绪可以为我们的判断提供快速的、可靠的信息。研究表明，短暂的情绪会影响我们对于生活满意度和危险的判断。
- 情绪从很多方面有力地影响着我们的道德判断。感到厌恶时，我们会将不纯洁的行为判断为错误的（比如吸烟）。
- 加工方式观认为，情绪会引导我们用不同的方式处理信息。积极的情绪引导我们使用启发式和刻板印象的方法。而消极的情绪引导我们用更系统的、关注细节的方法。拓展和建构假设认为，积极的情绪可以拓宽我们的思路，促使我们看到自己与外群体成员之间更多的共同点，进而能建立强大的人际关系。

幸福与快乐

- 我们对于快乐的整体评价似乎和一个愉快刺激带来

的高峰时刻以及结尾时的情况有强烈的联系。而且，令人惊讶的是，对快乐的整体评价与快乐持续的时间无关。我们预测幸福来源的能力事实上是值得怀疑的，一部分原因是我们往往有两种偏见：免疫忽略与焦点主义。

- 很多客观的因素，比如性别、年龄和金钱，对幸福水平影响很小。但是社会文化因素，比如人际关系和社会平等，对我们的幸福有着很大的影响。
- 有关幸福的新科学认为，幸福能带来健康的婚姻关系，能让人们更长寿。
- 大约40%的人的幸福与人们培养出的习惯和做法有关。写下某段时间遇到的困难和压力有益于健康。培养积极的情绪（比如感恩）也有这样的作用。

关键概念

表达规则（p208）
超认知（p207）
持续时间忽略（p225）
初级评价阶段（p198）
次级评价阶段（p198）
低人性化（p217）
核心关系主题（p198）
加工方式观（p223）
焦点情绪（p207）
焦点主义（p226）
可用习惯原则（p201）
免疫忽略（p226）
评价过程（p198）
情感信息观（p218）
情绪（p197）
情绪口音（p206）
情绪预测（p225）
拓展和建构假设（p223）

第7章

态度、行为与合理化

本章要点

- 态度的三个成分
- 测量态度
- 由态度预测行为
- 由行为预测态度
- 自我知觉理论
- 超越认知一致性，从更广泛的视角认识合理化现象

美国对越南漫长而痛苦的军事干涉将国民分裂为“鹰派”和“鸽派”，它耗尽了三个行政机关的精力，最后使58 000名美军士兵丧生。对于这场战争，美国政府的态度始终是积极的，政府主张“黑暗的尽头是光明”，北越将很快被征服，很快就可以签订令人满意的和平协议，美国所支持的南越政权很快就可以自行防卫。尽管再三发布诸如此类的积极声明，很多政府官员仍然质疑美国在越南的努力和成功的可能

公开的拥护与私下的接受。尽管在越南战争中问题层出不穷，但美国总统林登·约翰逊还是公开声明战况在变好，同时要求他的顾问和内阁成员也公开表达他们的支持与信任。(A)时任国防部部长的罗伯特·麦克纳马拉(Robert McNamara)对这场战争的必要性持保留意见。这幅图是他向媒体介绍美国的空袭。(B)为了鼓舞士气，约翰逊自己在驻越南军队进行宣讲。

性。每当需要做出关键决定（例如，是否应该增加美国在南越的驻军，是否需要对北越发动一场空袭）的时候，他们的怀疑就会浮出水面。

林登·约翰逊（Lyndon B. Johnson），负责美国军队在越南行动的美国总统，采取了一个有趣的策略来对付行政机构中私下表达对战争的怀疑和在战争政策上动摇的人（Halberstam，1969）。约翰逊将这些怀疑者派到越南与一群记者一起进行“寻找真相”的任务。这对约翰逊来说或许是一步险棋，因为只要任何一个不太忠诚的支持者在新闻出版社面前表示了怀疑，美国政府的政策就会被否定。但约翰逊知道他们不会将怀疑公之于众，反而更可能尝试从内部影响政府政策。在不愿意向公众表达自己的怀疑，同时面对着记者对战争的批评的情况下，怀疑论者会被推入公开表示保护政府政策的境地。约翰逊推测，这种公开的支持会促使他们减少怀疑，并且将政府中的怀疑者转化为拥护者。作为一个理解力超常的政治家，约翰逊运用了一些很高明的心理学策略（这些心理学策略将会在本章中探讨）为他的政策赢得了支持。

行为可以影响态度。很多认为自己是环保主义者的人还在驾驶大排量汽车。驾驶燃料效率不高的车会使那些关心环境的人认为燃烧率和空气污染及气候变化没太大联系。

约翰逊的策略强调了一些关于态度与行为之间一致性的重要问题，尤其是两者之间的一致性是态度影响行为的结果还是行为影响态度的结果。其实，两种类型的影响都存在。美国持有强烈环保态度的人更愿意将票投给绿党或民主党，而非共和党，因此态度会影响行为。但众所周知，人们会进行合理化的思考，所以行为同样也影响态度。那些驾驶大排量汽车的环保人士倾向于认为他们的汽车尾气的排放对空气污染和全球变暖影响极小，或者认为他们并不经常开这种车。

这两种效应之间的相对强度是值得考虑的：是态度影响行为的效应强还是行为影响态度的效应强呢？这是一个难以回答的问题，但对这个话题长达几十年的研究表明，态度对行为的影响比大多数人以为的弱一点，而行为对态度的影响比大多数人以为的强很多。因此约翰逊是正确的：让怀疑者公开地赞同政策，他们就不再是怀疑者了。进一步来说，只要稍稍推动人们以特定的方式行动，人们的态度就会紧跟着发生改变。

本章检验了社会心理学家从行为和态度之间的一致性中了解到的东西。研究表明，态度往往是相当差的行为预测者，这确实出人意料，但在某些特定的情况下，态度也可以很好地预测行为。本章还检验了几个解释人们为何倾向于维持态度与态度之间的一致性以及态度与行为之间的一致性的“一致性理论”。现在，让我们从基础开始讲起：什么是态度，态度又是如何测量的？

态度的三个成分

从最普遍的意义上来说，**态度**是在积极与消极两个维度上对事物的评价。其核心意义在于，态度包含情感——人们对于事物（包括对一个政客、一幅风景画、一双球鞋、一道主菜或他们自己）的喜好或厌恶的程度。几乎所有的事物都能引起某些程度上积极或是消极的情感反应，这些构成了态度的情感成分（Bargh，Chaiken，Raymond，& Hymes，1996；Breckler，1984；Cacioppo & Berntson，1994；Fazio，Jackson，Dunton，& Williams，1995；Fazio，Sanbonmatsu，Powell，& Kardes，1986；Zanna & Rempel，1988）。

态度（attitude）：包括情感、认知和行为倾向三个成分，是对一个事物积极或消极的评价。

大多数态度理论家认为，态度不只包含情感（Breckler，1984；Eagly & Chaiken，1998；Zimbardo & Leippe，1991）。态度也包含认知，即通常能加强一个人的感受的想法，其中包括对于事物的认识和观念，还有与事物相联系的记忆与图像。例如，你对你所喜欢的城市的态度涉及你对其历史的了解、城市里最有吸引力的地区和地标，还有你在那里度过的难忘时光。

最后，态度也和特定的行为相联系（Fishbein & Ajzen，1975）。普遍来说，好与坏的情感评价是与接近或逃离的行为趋向相联系的。当特定的态度被激发时——呈现在脑海中，甚至是无意识地呈现的——人们就会更趋向以和态度一致的方式行动（Chen & Bargh，1999）。神经科学研究表明，态度会刺激特定的脑区（运动皮层）以产生特定的行为（Preston & de Waal，2002）。当你看到一个哭泣的小孩或者看到一杯看起来很好吃的巧克力圣代时，你的脑就会让你的身体准备进行安抚或者消费的行动。因此，态度和特定的目的与行为相联系。

测量态度

最常见的态度测量是通过调查问卷的方式进行的。事实上，态度调查问卷可能是社会心理学中运用得最广泛的方法了。当研究者想要知道被试对其他群体成员、理想伴侣、他们自己甚至总统的看法时，研究者常常会采取询问的方式。更确切地说，研究者常常使用以发明者伦西斯·利克特（Rensis Likert）的名字命名的**利克特量表**来询问被试，让被试为自己对事物的态度打分。利克特量表列出了一系列标定了程度答案选项——例如，1= 从不，7= 总是。例如，为确定人们对开车时使用手机的看法，被试将要在一个七点量表上作答，1 为最不赞许的答案（从来无法接受），7 则正相反（一直都可以接受）。你可能已经多次回答过此类问卷了，然而当要了解更加复杂的态度（例如，对同性婚姻、茶党或者对冲基金经理的态度）时，用这些简单的问卷加以测量很可能会让我们漏掉一些重要的东西。

利克特量表（Likert scale）：用来评测人们态度的数字化量表；包括一系列标定程度的答案选项。

为了了解这其中的原因，请先考虑以下几个问题：自由对你来说有多重要？你对减少歧视的需求有多强烈？一个污染较少的环境有多重要？如果一个研究者对随机的人群询问这些问题，得到的答案可能都是非常积极的。但是可以肯定，人们对这些问题的态度的强硬程度和深刻程度是不同的。那么，社会心理学家怎样才能在传统的利克特量表无法区分态度的强弱程度的情况下，更好地了解人们态度的丰富性呢？

第一种方法是由 Russell Fazio 发明的，用来测量态度的可达性，即测量在个体的脑中态度被激活的容易程度，从而引发想法和行为（Fazio，1995；Fazio & Williams，1986）。Fazio 及其同事用测量个人回答态度问题所需要的时间来测量态度的可达性，这种方法被称为**反应延迟**。一个花了 750 毫秒就对“是否赞成总统解决经济问题的方法”给出肯定答案的人，更可能比花了几秒钟才给出答案的人对这个主题持更强硬的态度。例如，在 1984 年的总统大选的 5 个月以前，Fazio 和 Williams（1986）进行了一项研究，测量了被试在回答“候选人能成为多好的总统”这个问题时所花的时间。被试回答这个问题的时间是对他们相信哪个候选人能够赢得第一场辩论的强有力的预测依据，更加重要的是，这也会是他们在 6 个月后投票给哪一个候选人的强有力的依据。

反应延迟（response latency）：个人对刺激做出反应所需的时间，例如，一个关于态度的问题。

第二个测量个人态度的强度和重要性的方法是确定在个人信仰体系中态度的集中性（Krosnick & Petty，1995）。为了测量态度的集中性，研究者要测量在一个领域内的一系列态度，计算出每一个态度与其他态度之间联系的强度。例如，在一个关于社会与政治态度的研究中，研究者可能会问你对于流产、干细胞研究、离岸钻探、同性婚姻、高中性教育、干净的环境、毒品合法化、税收和汽车工业补贴的态度。如果一个态度对你来说很重要，它就应该和你对其他确切事件的态度高度相关。例如，如果流产对你来说是非常明确的社会问题，就像它对很多人的意义一样，那么你对流产的态度很可能与你对干细胞研究和性教育的态度，甚至是你对同性婚姻和税收的态度高度相关。

其他测量态度的方法不依赖外显的自我报告。当足以相信人们不乐意或者不可能报告他们的真实态度的时候，研究者常常使用**内隐态度测量**的方法。关于刻板印象和偏见，第 11 章从细节上讨论了两种被广泛使用的测量内隐态度的方法——情绪启动和内隐联想测验（implicit association test，IAT）。像这样的内隐方法也允许研究者测定“自动态度”——即人们没有意识到的立即的评估反应，或者会与他们意识上认可的态度产生冲突的反应。研究者有时也使用非言语的态度测量方法（例如，人们的微笑或者身体上接近的程度）作为对其他事物的积极态度的指标。研究者也可以测量生理上的指标（例如，与畏惧相联系的升高的心率和流汗的手掌）来得知人们的态度。在专栏 7.1 中，描述了在头皮表层记录下来的脑部活动模式是如何显示人们积极和消极态度的强度的。

内隐态度测量（implicit attitude measures）：和自我报告无关的间接测量态度的方法。

专栏7.1 聚焦神经科学

坏的比好的更强吗？

态度的核心是对一个态度客体积极或消极的反应，无论是对一个老朋友的嗓音、室友的一大堆脏盘子，还是对刚刚割过的青草的香气。神经科学家 Joseph LeDoux 做的前沿研究表明，杏仁核是态度的这一核心成分的中枢（LeDoux，1989，1993，1996）。这个扁桃仁状的脑区接收从丘脑发过来的关于一个刺激的感觉信息，并且反馈出关于客体的正性或负性效价及价值的信息。这个评价过程明显发生在大脑将客体分类并进行思考之前。因此，甚至在我们知道客体是什么之前，我们就已经对其有了一个直觉感受了。杏仁核受损后，动物就不能对客体产生合理的评价了：它们吃排泄物，企图与其他物种的个体交配，对本应引起恐惧的刺激（例如，蛇和其他优势物种）毫无畏惧。

LeDoux 的研究提出了一个更有趣的问题：我们快速地对刺激好坏的评价具有同样的强度吗？Shelley Taylor（1991）、Paul Rozin 和 Edward Royzman（2001）、Roy Baumeister 及其同事（2001），以及 John Cacioppo 和 Wendy Gardner（1999）的研究都得出了一样的答案：消极评价强于积极评价。在进化的角度上，对于生物体来说，对躲避危险的警惕性强于对寻找快乐的需要，对危险信号的觉察性强于对机会的觉察性。如果今天没有找到食物或者交配机会，说不定明天就会找到；但是如果今天没有避开天敌，那么就再也看不到明天的太阳了。显然，消极偏见可以增加生存的机会。

让我们看一些一般性的支持“坏事比好事来得更猛烈”的描述。与正性刺激（例如，美食的味道）相比，负性刺激（例如，骇人的声响或者有毒的气味）更能引起人迅速而强烈的生理反应。一个人丢了 20 元可能会很沮丧；但他若捡到 20 元，不见得有多欢喜。消极的创伤（比如心爱的人过世或者遭受性虐待）可以改变一个人的一生；而积极的事件则不会有这般影响力。我们还可以看看 Paul Rozin 对于食物污染的观察：任何一点与蟑螂的联系都会毁了一道好菜，但是相反，我们却难以想象把你最喜欢的食物和蟑螂搅在一起能使后者变成美味（Rozin & Royzman，2001）。

在相关研究当中，Tiffany Ito、John Cacioppo 及其同事（1998）向被试呈现了让人有积极观感的图片（例如，披萨饼或一碗巧克力冰激凌）和让人有消极观感的图片（例如，一张残损的脸或者一只死猫）。与此同时，他们记录了被试的脑电波和关于刺激观感反应的特定脑区活动。他们发现了评价里的一个明显的消极偏差：负性刺激与正性或者中性刺激相比，产生了更强烈的脑活动。看起来，坏事确实比好事来得更猛烈。

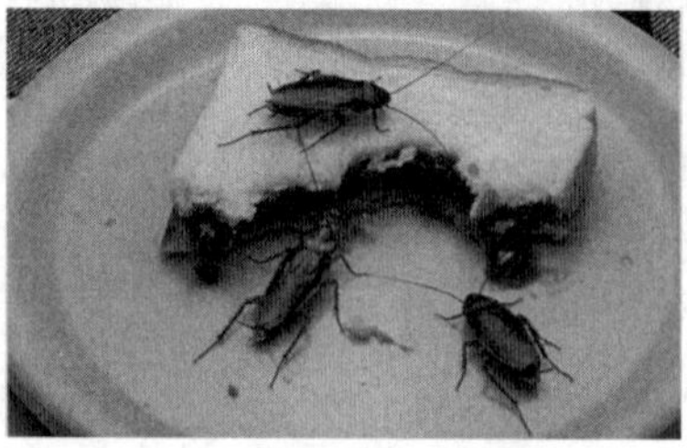

污染。食物上的蟑螂毁了一块美味的果酱面包。（注意，这块面包并没有让蟑螂一下子变得令人食欲大开。）

小　结

态度有三个元素 情感、认知和行为。从外显的自我报告到生理上的测量，研究者已经发展了很多测量态度的方法。

由态度预测行为

很多关于态度能在多大程度上预测行为的学术讨论都开始于 Richard LaPiere 在1930年早期进行的一项著名研究（LaPiere，1934）。LaPiere 花了两年时间与一对中国夫妇在美国游玩，参观了不计其数的酒店、露营地、餐厅和咖啡厅。虽然对中国人的偏见和歧视在那时候很普遍，但是可以确信，在 LaPiere 和他的中国伙伴去过的250个机构中，只有一个拒绝为他们服务，也许反华的偏见并没有那么强烈。

为了找出原因，LaPiere 写信给他们拜访过的所有地方，问那些地方的主人，他们是否愿意为“东方人”服务。大约90% 的回信者都说他们不愿意，这个比例和 LaPiere 在旅行期间观察到的比例非常不一致。这个结果对人类来说是不幸的，因为它表明反华的偏见在当时还是相当强的。而且从心理学的角度来看也是不幸的，因为它表明态度并不能很好地预测行为。对于将态度看作行为的有力决定因素的科学原则来说，这个消息非常令人惊讶——或者说非常令人不安。

注意，这种不一致性并不是 LaPiere 研究的特殊性导致的偶然结果。在之后的几十年里进行的很多实验也得出了相似的结论。实际上，一篇被引用多次的发表于20世纪60年代的关于态度与行为的文献指出：“现在几乎所有的文章都没有给出证据能支持‘稳固的、根本性的个人态度能影响人的语言表达和行为’这一假设”（Wicker，1969，p.75）。

大多数人认为，这些实验结果很惊人。这是为什么？为什么当缜密的实验研究显示人们的态度不是行为的有力预测者时，我们还认为它是呢？一部分原因是我们每天都能看到态度和行为共同出现的证据。那些纠察人工流产小诊所的人持反对流产的态度，那些出现在当地保龄球场馆的人对这项运动持积极态度，（通常来说）有很多孩子的家庭对孩子有积极的态度。态度与行为之间有紧密联系的证据围绕在我们身边。但是这些证据只告诉了我们，如果人们按特定方式行事，他们对这个行为更可能持有积极态度。然而这并不表明人们对特定行为持有积极态度时更可能以和他们态度一致的方式行动。生活中的这种例子不太明显，比如，对保龄球持有积极态度的人并不去打保龄球，对孩子持有积极态度的人也并没有生孩子。

态度并不总能预测行为。这家在爱达荷州埃尔克市的商店挂着标语说：“地球保护者请勿入内”。店老板可能确实不想为环保主义者服务，但当一个 T 恤上印有“保护鲸鱼”标语的人进来时，老板真的会拒绝为他服务吗？

毕竟，人们会有很多不依照态度行动的理由。如果你了解所有这些理由，就不会对态度常常不能预测行为这一结论感到惊讶了。更加重要的是，要对态度何时更可能准确地预测行为和何时不能准确地预测行为有一个深刻的理解（Glasman & Albarracin，2006）。

态度有时会和其他有力的行为决定因素起冲突

假如让你预测人们对节食的态度和节食成功之间关系的强度，你会认为两者有很强的关系吗？可能不会。节食由太多因素决定，不光是人们对节食的态度，还包括饮食习惯、个人的生理情况、室友是否正在狼吞虎咽，以及个人对于哈根达斯冰激凌、乳酪蛋糕还有炸薯条之类的美味食物的态度。

对于节食的态度如此，对于其他事物的态度也是这样的，需要与其他的行为决定因素展开竞争。社会心理学中的情境信息表明，在这种竞争中取胜的并不总是态度，因此态度并不总是和行为紧密联系在一起的。

在个人行为方面，能够有力地削弱态度与行为之间关系的一个特殊的决定因素就是个人对于盛行的行为规范的理解。你可能盼望与在电影院或者剧院中遇到的观众聊得开心，但我们设想你会因为知道这样做不合适而克制自己的行为。当然有人可能不同意。同样的，在 LaPiere 的研究中，那些酒店和餐厅的老板可能也很想拒绝为那对中国夫妇提供服务，但是出于担心拒绝后可能发生的事情和导致的结果，他们克制了自己的行为。

不一致的态度。态度不一定是行为的良好预测者，因为人们常常有互相冲突的态度。Elliot Spitzer，现已离职的前纽约州州长，发起了官员之间的高道德标准运动，并且发誓要改变奥尔巴尼市的道德状况。当他被发现是高价卖淫活动的常客后，他辞职了。是他明知道卖淫活动非法还要去做呢，还是他认为参与性交易在道德上是可以接受的呢？

态度有时候是前后矛盾的

很多人报告说他们很难确定自己对演员罗素·克劳(Russel Crowe)[①]的态度，他们承认他的演技非常出色，可是他们就是不喜欢他。这件事说明两个有关态度的重要事实：第一，态度之间可能会产生冲突，我们可能会喜欢演员很棒的演技但是不喜欢他的自大；第二，态度的不同成分之间不一定总是匹配的，尤其是情感成分（我们对罗素·克劳的感觉）和认知成分（我们如何看待罗素·克劳）之间会出现不和。当态度的情感成分与认知成分不一致的时候，态度也就很难预测行为了。认知成分可能会决定我们表达出来的态度，但是情感成分可能会决定我们的行为（或反之亦然）。例如，在 LaPiere 的研究中，餐厅和酒店老板们可能认为，为中国人服务会对他们的生意不利，但是眼前的这对中国夫妇使他们产生了情感，让这些老板觉得拒绝为他们服务是很困难的。

反省我们形成特定态度的原因

"我不喜欢你，费尔博士，原因不能告诉你。但是有一点我知道得很清楚，我不喜欢你，费尔博士。"

——童谣，为 1680 年讽刺诗人汤姆·布朗(Tom Brown)在受到牛津大学基督教堂的费尔博士解雇后所写

想想你对自己喜爱的人的态度。为什么你会喜爱那个人？如果你问自己这个问题，你有可能会想到很多原因："他很可爱"、"她很有抱负"、"她很好相处"，等等。

但是有些时候，要确切地知晓我们为什么喜欢一个人是很不容易的。或许，其中的原因并不是特定的、容易描述的；可能仅仅是因为彼此之间产生了一些难以形容的化学物质。然而，当我们反省其中的原因时，可能只关注了那些容易辨别、容易证明以及容易用语言表达的东西——以至忽略了真正吸引我们的东西。Timothy Wilson 及其同事用实证研究检验了这个观点，向学生们提了一些关于他们的约会对象的问题。其中一组被试只需要大体地评估自己和约会对象之间的关系，而另一组被试需要先列出他们为什么会有这样的感觉，然后再对和约会对象的关系给出大体评价。在大约9个月之后，研究者再次联系了这些被试，再次询问他们现在和之前的约会对象关系如何。那些不考虑原因就评价了和约会对象的关系的被试，和先考虑了自己为什么喜欢那个人再评价这段关系的被试相比，其态度更能准确地预测现在的关系（Wilson，Dunn，Bybee，Hyman，& Rotondo，1984）。考虑我们为什么喜欢一个人，有时会导致我们对自己内心的真实情感产

① 好莱坞重量级男星，曾主演过《美丽心灵》《角斗士》《铁拳男人》等影片。——译著注

生困惑。

Wilson 不仅认为这种效应可用于我们对于亲密关系的态度，同时也认为反省我们对于所有事物的态度的原因可能会破坏态度引导行为的能力。而无论在何种情况下，原因都是相同的：反省会导致我们关注最容易辨别的喜欢或者不喜欢某事物的原因，而不去关注真正的原因。当引导人们仔细思考他们更喜欢一个产品的原因时（和简单地陈述他们的偏好相比），他们之后更可能为所做的选择后悔（Wilson et al.，1993），而且他们的选择也不太可能是因为专家所拟定的某产品的"真实"价值（Wilson & Schooler，1991）。

这意味着反省总是（或者说常常是）不好的，并且我们应该放弃认真的分析而完全靠直觉行动吗？答案是否定的。例如，在决定是否要采取一次军事行动的时候，决策者们要竭尽全力地考虑各种支持与反对的意见，这是非常必要的。此外，在很多情况下，我们形成某一态度的真正原因都是非常容易辨别和明确表达的，在这些情况下，反省不会让我们在我们所以为的引导着态度的变量和实际变量之间产生分歧。反省的干扰效应主要发生在很难确定态度的真正来源时，即决定态度的主要是情感的时候。在这种情况下，认知分析可能会抓住看起来可信却具有误导性的认知原因。然而，当决定态度的主要是认知因素时，搜寻原因的过程更可能找出真正的原因，而反省也不太可能削弱态度与行为之间的关联性（Millar & Tesser，1986；Wilson & Dunn，1986）。因此，若去反省你喜欢某个艺术家的原因，可能导致你所表达的态度和随后的行为产生分歧；但是反省你更喜欢某部数码相机的原因则不会制造出此类分歧。

态度有时要基于二手信息

你对巴厘岛的态度是什么？对国务卿希拉里·克林顿的态度（Hillary Clinton）呢？对英国皇室呢？你对这三者可能都抱有某种态度，甚至是非常强烈的态度。然而你可能根本就没去过巴厘岛，也没有见过希拉里·克林顿，更没有与英国皇室相处过。这就使你很可能在真的去过巴厘岛、遇见克林顿或被英国女王伊丽莎白二世接见后，态度和行为均发生动摇。同样，在 LaPiere 的研究中，那些酒店与餐厅的老板们也许很少或从未见过中国人，而且他们想象中的所谓东方人的样子也许与他们自己遇见的中国夫妇很不吻合。因此，他们对东方人的抽象态度并不能预测他们对这一对中国夫妇的行为反应。

大量实验表明，源于直接经验（一手经验）的态度能比源于间接经验（二手经验）的态度更好地预测之后的行为。在一个早期的研究当中，Dennis Regan 和 Russ Fazio（1977）测量了美国康奈尔大学学生对由于住房短缺而造成一些大学新生在入学后的头两个月要睡在宿舍休息室的简易床上持什么态度。一些学生因为自己就睡在简易床上，所以对住房危机有一手经验；其他人则只是听说过这件事。然后，给这些学生机会通过签署请愿书、写信或者加入委员会等方式以行动表明他们的态度。

显然，那些直接受到危机影响的学生更可能采取行动，但那不是这次研究的重点。Regan 和 Fazio 感兴趣的是直接受到影响的学生的态度和他们的行为之间的相关性是否比其他人高。结果确实如此。在直接受到影响的学生当中，对危机有强烈态度的人比对危机看法并不强的人更可能采取相关的行动。在那些没有直接受到影响的学生当中，这个相关性就弱了很多。

其他的研究表明，这个效应非常可靠。与没有参加过心理学研究的人相比，参加过的人对于研究的态度能够更好地预测实际的参与情况（Fazio & Zanna，1978）。与没尝试过解决智力谜题的人相比，尝试过的人对于解谜的态度能够更好地预测他们对于解答谜题的尝试（Regan & Fazio，1977）。和没得过流感的人相比，得过流感的人对于流感的态度能更好地预测他们接种流感疫苗的行为（Davidson，Yantis，Norwood，& Montano，1985）。当我们对于某事物的态度基于一手经验时，我们的态度就会成为后续行为有效的坐标。

一般性态度和具体目标的错误匹配

一般性态度和具体目标。一个对收入不公平持有一般性态度的人不太会参加"占领华尔街"运动 。但是那些对于美国 2008 年的经济衰退或者对于市民联盟联邦法院的决定持有更加具体的态度的人，更有可能参加这一抗议活动，比如参加这场发生在纽约市的抗议活动。

通常，人们表达出来的态度都和事物的一般类别有关——环境、固执的人、法式料理或者全球贸易，但是与态度有关的行为却是以解决那些类别里的特定事件为目标的，比如，给绿色组织捐款、和某个固执的家伙打交道、要一份鹅肝酱或者参加世界贸易组织的会议。因为一般性态度和行为的特定事件之间存在如此大的不匹配性，所以态度往往不能很好地预测行为也就不足为奇了。

一些研究表明，当态度和行为涉及同等具体的事物时，态度和行为之间的一致性会更高。高具体性态度通常能够更好地预测具体的行为，一般性态度（比如说对环保主义、政治激进主义或者仇外）通常能够更好地预测一个人在通常情况下的行为（Ajzen，1987）。例如，在 LaPiere 的研究当中，不同的店主表达出来的态度是一般性的——无论他们是否会为东方人服务。但是他们的行为是针对有特定举止、穿着特定衣服的特定中国夫妇的。如果 LaPiere 问那些店主是否愿意为一对穿着优雅、看起来令人舒服而且平易近人的中国夫妇服务，他的研究结果可能就不一样了。如果你想精确地预测具体的行为模式，你必须测量人们对于该行为模式的具体态度。

从更宽泛的视角看，大多数人常常认为对于不同类别的人、地点、物品和事件的态度是对于该类事物原型的态度的体现。因此，如果我们遭遇特定的不符合原型的情境或者人物，我们的行为就不一定会反映之前表示过的态度。我们通常的态度并不适用于那一类的人或事。让我们来看一项关于男性大学生对于男同性恋的看法的研究（Lord，Lepper，& Mackie，1984）。研究者要求每个学生表达他们对于典型的男同性恋的刻板印象。两个月以后，另一个主试找到这些学生，问他们是否愿意带领学生参观团游览校园。其中的一个参观者“乔恩·B.”被描述成了被试会以为他是男同性恋的样子。对于一半的被试来说，对于乔恩·B.的其他特征描述正好符合他们自己对于男同性恋的刻板印象；而另一半被试看到的描述并没有刻意迎合其刻板印象。研究者们发现，只有当乔恩·B.符合被试对于同性恋者的刻板印象时，学生们对于带领乔恩·B.参观学校的意愿才能够准确地用他们对于男同性恋的态度来预测（持有积极态度的学生说他们愿意；持有消极态度的学生说他们不愿意）。如果乔恩·B.没有契合被试心中关于男同性恋者的原型，被试对男同性恋的态度就不能预测他们是否愿意带他游览校园（又见 Lord，Desforges，Ramsey，Trezza，& Lepper，1991）。

“自动化”的行为避开了自觉的态度

有时，我们对某行为的态度造成的影响是自觉的、刻意的：我们会思考自己处事的态度，之后决定该如何表现。但一般来说，我们的行为会更具有反射性而不是反思性，周围的环境会自动地引发相应的行为。

可以肯定的是，有时，我们的自动化行为和我们的态度是一致的——甚至可以说是我们的态度引发了我们的自动化行为。事实上，态度的作用之一便是使我们不需要做很多利弊权衡就能很快地做出反应。我们带着直觉存活在世上。但是，就像我们看到草丛里如果有蛇形的东西就会慌忙跳开一样，一些类型的自动化行为可以完全绕开我们的态度自动发生。当这样的动作被周围环境直接地、无意识地引发时，必然会导致我们有意识的态度与行为之间关联的减弱。就像第4章里写的那样，在过去的20多年里，社会心理学领域最强劲、最有影响力的研究动向发现了越来越多的实例证明环境中呈现的刺激能自动引发我们的行为。比方说，还记得这个实验吗？启动关于老年人的概念后，被试在走廊里行走的速度会变慢，但是他们自己并没有意识到。这样的发现强调了通过态度推测行为的另一个局限性：那些能绕过我们的自觉态度的自动化行为，能在我们不知晓的情况下，背离我们原本的态度行事。

小　结

令人没想到的是，态度可能无法很好地预测人的行为。态度与行为之间不一致的情况时有发生，其原因有很多，可能是因为态度有时候会与关于适当行为的社会规范起冲突；可能是因为不同的态度之间有矛盾或者是同一态度下的情感与认知成分有矛盾；可能是因为反省产生态度的原因会导致我们混淆自己的真实感受；可能是因为我们的态度并不总是源于我们亲身经历的一手资料；可能是因为一般性态度与我们在特定情境中需做出的特定行为并不相符；也可能是因为某些行为完全是自动产生的，未经有意识的思考。

由行为预测态度

很多年轻人对不得不去教堂、寺庙和清真寺这件事愤愤不平。他们经常抱怨说："我为什么非要去呢？我一点也不相信这些东西。"他们中的很多人也会被告知："你们相信与否并不重要，重要的是你们能继续学习、继续做祷告。"一些人对这种说法坚决不从，只要父母一松口让他们自己选，就立刻摒弃了所有的宗教仪式和活动。但很大一部分人会坚持到最后，他们最终发现自己真的拥有一定的宗教信仰和宗教情感，尽管他们曾那么抗拒。是的，随着时间的推移，单纯的外在行为会变成真正的内在信念。

在上一节中，我们提出了关于态度和行为之间的联系的第一部分理论：态度可以预测行为，但这个过程并不像大多数人想象得那么可信。第二部分理论，正如刚刚陈述的有关宗教的例子表明的，行为可以有力地影响态度。在过去的半个多世纪里，社会心理学研究一次又一次地证明了"人们让自己的态度与行为一致的倾向性"达到了令人吃惊的程度。这在很大程度上反映了我们有强烈的证明或合理化自己的行为的倾向，并会尽可能减少我们的态度和行动之间的不一致。

平衡理论

平衡理论（balance theory）：人们努力让信仰、认知和情绪保持平衡。

最早出现的一致性理论是 Fritz Heider 的**平衡理论**。Heider（1946）宣称，人们会试图保持他们在信仰、认知和情绪上的平衡。如果你的两个朋友相互喜欢，那么一切都很好，都处于平衡的状态。但是如果你的两个朋友相互厌恶，便会出现一个问题：你拥有了一组不平衡的关系。按照 Heider 的理论，你将动用心理能量来使这组关系达到或恢复平衡。例如，你可能会减少你对其中一个朋友的喜爱，或者认为"他们之所以不喜欢彼此是因为一个小误会"。

平衡理论。为了维持平衡，一个碧昂斯（Beyoncé）的粉丝会喜欢甚至去购买她代言的商品。

在 3 个人（或者三元组）中，如果三者互相之间的感觉的乘积为正（喜欢为"+"，不喜欢为"-"），那么这个组会处于平衡状态。如果某个人不喜欢（-）我的敌人（-），那么我可以通过喜欢那个人（+）来达到我们之间关系的平衡：(-) × (-) × (+) = +。你会发现广告商很好地利用了人们对平衡的渴望。他们会让一个深受欢迎的名人（+）为一个汉堡包公司或者一个品牌的篮球鞋说好话（+），这就会给粉丝造成心理压力，去喜欢偶像代言的汉堡包或者篮球鞋：(+) × (+) × (+) = +。

有两类研究支持了 Heider 的平衡理论：一是给出三元组中的两个关系，然后让人们对第三个关系进行推断；二是先呈现各种平衡和不平衡的关系，之后检验人们能够记住哪些，并评估这些关系让人舒不舒服。人们能更好地记住平衡的关系，并会更好地评价这种关系，他们还会通过假设自己需要让关系达到平衡，来“补全”尚不明确的关系（Gawronski，Walther，& Blank，2005；Hummert，Crockett，& Kemper，1990；Insko，1984）。所以人们更容易记住《美国达人》中的皮尔斯和莎伦可以相处融洽，而他们都和豪伊处不来，却不记得实际上莎伦是喜欢豪伊的，而皮尔斯则不喜欢。如果你认识一个喜欢打篮球的人，你很可能会认为他最好的朋友也同样喜欢打篮球。

认知失调理论

到目前为止，Leon Festinger 的**认知失调理论**是最具影响力的一致性理论，同时也是社会心理学史上最具影响力的理论之一（Festinger，1957）。像 Heider 一样，Festinger 认为人们被思想、情绪和行为的不一致所困扰，因此他们会耗费心理能量来恢复三者之间一致性。更具体地说，Festinger 认为，无论人们是何时体验到两种认知的不一致性的，都会引起一个负面的情绪状态（不一致态）。当这种认知关于我们自己的行为时（例如，“我只是没能履行自己的诺言”），我们也会被认知与行为之间的不一致所困扰。这一不愉快的情绪状态会促使我们努力恢复一致性。根据 Festinger 的理论，人们会试图通过改变认知来使其更符合行为。

认知失调理论（cognitive dissonance theory）：当个体的想法、情绪以及会产生令人厌恶的情绪（失调）的行为之间产生不一致时，会促使个体努力恢复一致性。

但是，什么算是认知不一致？认知不一致在什么情况下会出现？当这种不一致出现时，人们如何才能摆脱它？Festinger 的理论启发了大量试图回答这些问题的研究，这也使人们更好地理解了心理冲突及其合理化过程。让我们来看一些激励了一代又一代的社会心理学家的经典实验，看看人们在什么时候会为这种不一致感到烦恼，同时能够用认知失调解释的一系列多样行为。

决策和失调

一想便知，所有艰难的决定都会引起一些失调。决定艰难就意味着被否定的选项一定也有其可取之处，或者被选中的选项一定也有不可取的地方。这些因素跟最终的选择相悖，因而导致了失调（Brehm，1956）：如果你为了宜人的气候从美国中西部的小镇搬到洛杉矶，你会很喜欢洛杉矶明媚的阳光，但那里污浊的空气和出行时需要在路上花费大量时间将让你产生失调。根据 Festinger 的理论，一旦你下定决心搬往洛杉矶，且不能回头，你就要付出心理努力来减少这种失调。你会使其合理化。你会认为导致空气能见度变差的是薄雾而不是污染。你还会告诉你的朋友，每天上班的路虽然漫长，但你一路上都在听有声书，受

对决策进行合理化，以减少失调。在美国肯塔基赛马会上，下注以后，人们更倾向于注意自己所买的马的优势，并会尽量淡化一切劣势。这种合理化的过程对他们做出的决定给予了极大的信心。

益颇丰。

大量的实验证明，人们趋向于对他们做出的决定进行合理化。在一项研究中，研究人员采访了那些参加赛马赌博的赌徒，一些人正要下注，另一些人则刚刚下注（Knox & Inkster，1968）。研究人员认为，下注的行为和选择某匹马的决定（不可反悔），都会导致赌徒在听闻一切与所选马匹有关的负面消息（例如，这匹马在跑道潮湿时表现得不够好）和与其他对手马匹有关的正面消息（一匹马最适合跑这个距离，另一匹马上有最好的骑师）时，做出试图减少失调的行为。比如，刚下完注就接受采访时，赌徒往往会表现出更大的信心。如研究者所料，一般来说，那些接受采访时还在排队等着下注的赌徒认为他们的马有“不错的”可能性会赢得比赛；而一般来说，那些刚刚下完注、正准备离开售票处的赌徒认为，他们的马有“很大的”可能性来赢得比赛。一位被试提出了一些额外的评论，可作为展示减少失调这一过程的窗口。这个被试在排队等待时（下注前）接受了采访，但之后，他离开了售票窗口，找到研究小组的另外一名成员，对他说：“你和那家伙在做同样的工作吗？我刚刚告诉他我的马有不错的机会赢得比赛。你们能让他把记录改成‘很有可能’吗？喔不，还是改成‘非常有可能’吧。”做出艰难的选择会引发失调，反过来又会引起合理化过程，以让我们感觉舒服一点。在选举中也可以观察到类似的结果：相比在投选票前接受采访的选民，在投出选票后接受采访的选民会对他们选择的候选人表现出更大的信心（Frenkel & Doob，1976；Regan & Kilduff，1988）。

Festinger 认为，只有在做出不可撤销的决定后，才会出现减少失调的过程。例如，他认为，“在做决定期间产生的认知过程和做完决定之后产生的认知过程之间，存在一个清晰的、不可否认的区别。从“支持选择的、反对拒绝的”这一方向对选项进行的重新评估是一个滞后决策现象（Festinger，1964，p.30）。

Leon Festinger。在研究人们如何让他们的态度与行为保持一致时，Leon Festinger 提出了认知失调理论。

有关赌博和选举的研究似乎支持了 Festinger 的论点。但他的说法与我们对人们的了解不符。人类的一个卓越的能力便是能够预测未来。如果我们在做决定的过程中看到了自己心仪的选择会出现瑕疵，那么为什么不事先启动合理化过程，从而尽可能减少失调甚至完全消除失调呢（Wilson，Wheatley，Kurtz，Dunn，& Gilbert，2004）？

事实上，新的研究已经证实，这种发生在做出决定后的合理化和歪曲过程在人们做出决定之前就悄悄地发生了，只是人们意识不到。这项研究表明，无论是选择餐馆、度假地、消费品还是政治候选人，一旦人们表现出了对其中某个选项的偏爱，他们便会扭曲随后的信息，来支持他们初始的选择（Brownstein，

2003；Brownstein，Read，& Simon，2004；Russo，Medvec，& Meloy，1996；Russo，Meloy，& Medvec，1998；Simon，Krawczyk，& Holyoak，2004；Simon，Pham，Le，& Holyoak，2001）。因此，那些喜欢意大利食物的人会给一家小型的意大利餐厅打出高分（理由可能包括装潢精致，氛围温馨），而那些喜欢大型汉堡包连锁店的人很可能会给这家店差评（理由可能是周围的所有人都能听见他们的谈话内容）。Festinger 提出的“决定引起了失调，启动了减少失调的过程”这一观点似乎是正确的，但跟他的预期相比，该过程发生得更加频繁、更加广泛——既会发生在做决定之前，也会发生在做决定之后。

兄弟会欺凌与承诺。联谊会为了努力增强成员对组织的承诺，会让他们接受难度很高且令人感到尴尬的入会仪式，如图中所示，就是其中一种。

心血辩护

在失调理论中，最能让大多数人认同的一个观点是：如果你为某物付出了高昂的代价——不管是在金钱上、时间上还是精力上——可结果令人失望，那么你很可能会体验到失调。因此，你很可能会把心理能量用在证明你所做的一切都有价值上。在校园中最常见的**心血辩护**大概是为“兄弟会的欺侮”做的辩护。一些忍受了痛苦耻辱的入会仪式的人会产生一种相信这一切都有价值的需要，做法之一便是去颂扬成为该兄弟会成员是多么的光荣。换句话说，这种大学社团正是利用了认知失调。

心血辩护（effort justification）：当某件事的结果令人失望或不悦时，人们为了证明自己为这件事付出的时间、精力和金钱是值得的而进行的辩护，从而减少认知失调。

当然，这种“甜柠檬式的合理化”（“这真的没那么糟”）在很多情况下都能见到。宗教团体会要求他们的成员为组织贡献大量的时间和金钱。某些高档餐厅会通过高昂的价格来维护它们在客人心中是“极佳的用餐场所”的声誉。不养宠物的人经常会怀疑宠物爱好者夸大了他们从动物身上获得的乐趣，以便抵消早晨带狗狗散步、铲粪便、家具被毁等烦恼给他们带来的困扰。选择不生孩子的人会怀疑，那些不能外出、睡不好觉、不堪重负的父母们在说什么乐事都比不上孩子时其实是在自欺欺人（Eibach & Mock，2011）。

一项早期研究探索了减少失调在这种情况下的作用：女大学生们报名参加了一项实验，其内容之一是让她们加入一个正在讨论有关性问题的讨论组。然而，当她们加入后被告知：由于不是每个人都能自由轻松地谈论这样的话题，被试需要通过筛选测试才能加入这个讨论组。被分配到对照组的学生要大声朗读一份无伤大雅的单词表，而那些分配到“轻微的”启动条件组（温和的入会仪式组）的学生要大声朗读一份有很多会令人稍微有点尴尬的单词列表——包括“妓女”、“爱抚”、“处女”等。最后，那些被分配到“强烈的”启动条件组（苛刻的入会仪式组）的学生要大声朗读一份充满淫秽词语的列表，和一段从一本小说中摘录的描写性交的文章。

之后，所有的被试均被告知通过了筛选实验，可以进入讨论组。某天，该小组进行了会谈，但被试被告知，除她以外，讨论组里的其他人在讨论之前都完成了一项阅读作业，所以她这一次在会上最好不要发言，听听就好。然后，在旁边的小隔间中，被试通过耳机听到了一段关于极度无聊的无脊椎动物的性行为的讨论。这个话题不仅和被试报名时以为会讨论的问题截然不同，就连讨论组里的其他成员也“彼此矛盾，含糊地说着一些不靠谱的推论，说话有头无尾，哼哼唧唧，总之这场讨论的无趣程度简直是你无法想象的”（Aronson & Mills，1959，p.179）。

研究人员预测，这样的讨论会使所有的被试都感到无聊和失望，但那些经历过强烈的启动后加入讨论组的成员会产生失调。“我备受煎熬才加入了这个讨论组”的认知会与“这个讨论组一文不值、无聊至极”的认识产生分歧。对于经历过强烈启动的被试来说，一种减少失调的方法便是用这个组和这场讨论并不那么无聊来安慰自己，而这正是他们所做的。当实验者要求被试在研究结束后打分评价这次讨论的质量时，那些经历过强烈启动的被试的评价明显好于其他两组被试给出的评价（见图7.1）。

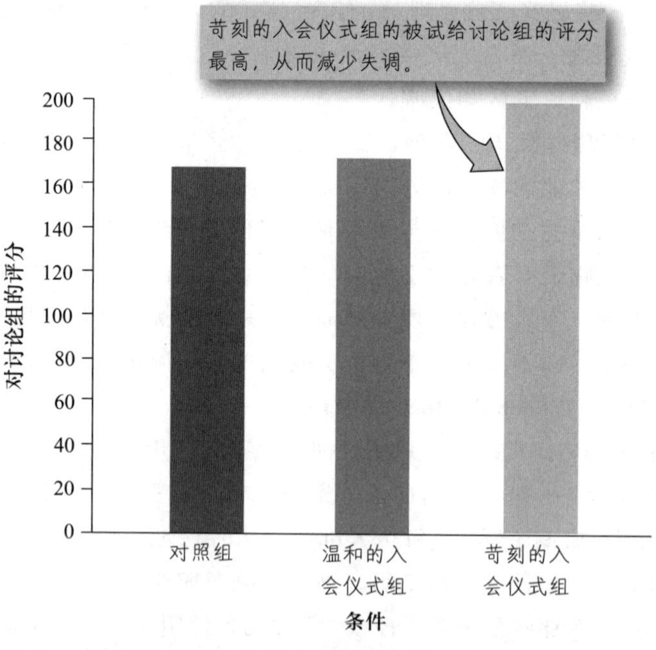

图 7.1　组织的入会仪式与对组织的喜爱程度。在加入组织时无入会仪式、有温和的入会仪式与有苛刻的入会仪式的被试对讨论组的评分。

诱发依从与态度的改变

失调理论还可以解释**诱导（迫使）依从**的后果是什么——当人们被诱导行事的方式与他的信仰、态度或价值观不符时，大多数人会因他们的态度与行为间的不匹配而感到不适。一种处理不一致的方法便是让人们改变他们原有的态度或价值观，考虑到行为不会被改变，所以也是最简单的、最有可能的方法。这便是本章开头有所描述的林登·约翰逊的战略背后的核心理念：当对他的领导持怀疑态度的人们在他的管辖范围内召开新闻发布会时，他们私下的怀疑与公开评论之间的不一致使他们打消了对越战的疑虑。

诱导（迫使）依从（induced/forced compliance）：依从他人，以某种与自己的信仰、态度或者价值观不一致的方式做出行为，从而产生了认知失调，个体就会因此改变自身原有的态度或价值观。

大量的实验证明了诱发依从在改变一个人的初始态度上的力量。在首个证明了该效果的实验中，Leon Festinger 和 Merrill Carlsmith（1959）让被试做了一项长达一小时的实验性苦差事（将线轴装到一个托盘上，让小钉板一次转1/4圈）。任务完成后，对照组被试立刻接受了心理系学生的访谈，访谈问到了被试这次做实验志愿者的经历。当被问及他们有多喜欢这个实验时，被试给出了很低的评价。这完全是意料之中的。

其他两个条件下的被试被告知实验的目的是去探究他们之前的预期对其完成任务的表现有何影响。这些被试都以为自己在“无预期”的对照组，且以为其他被试已被事先告知这项研究会非常有趣或非常无聊。实验者会看起来非常羞涩地告诉被试，下一个被试马上就要过来了，被试需要告诉新来的人这项实验很有趣。实验者解释说，告知下一个被试实验很有趣的任务本应由一名伪装成被试的实验助手来完成。但是因为助手今天没有来，结果搞得实验者很为难。实验者对被试说，希望他能扮演助手的角色，告诉下一个被试该实验很有趣。实验者将为此给被试1美元或者20美元的酬劳。

在这个“戏中戏”的实验里，真正的被试认为自己成为了实验者的盟友。对这个实验来说，最重要的是，被试明确知道他们刚刚撒谎说一个枯燥的实验很有趣（几乎每一个被试都答应了实验者的请求）。Festinger 和 Carlsmith 认为，这种行为会使那些完成任务后只拿了1美元报酬的被试产生认知失调。因为他们心口不一，而1美元的微薄报酬也不足以将这个谎言合理化。那些得到20美元的人至少能告诉自己，自己是看在20美元的份儿上说谎的，而且这个谎言也没什么大不了（见图7.2）。

Festinger 和 Carlsmith 预测，1美元组的被试会合理化他们的行为——这样才能减少认知失调——改变他们对实验任务的态度。如果他们确信这个任务还有些意思，他们的谎言就不会真的成为谎言。当这些1美元组的被试之后被心理学系的人问及会对实验任务做何评价时，研究者的预测被证实了。这些被试对于任务的评价比其他组高。只有1美元组的被试对任务的评价在中等以上。

图 7.2 科学方法：诱发依从与态度的改变

假设：被引诱着说了自己不相信的事且没有动机这样做的被试，会相信他们所说的话。

研究过程：

1. 被试进行一系列无聊的任务。
2. 随后，请求被试告诉另外一人，该任务有趣、好玩。一些被试得到了 1 美元的酬劳，其他人得到了 20 美元的酬劳。对照组被试不用告诉另一个人任务是有趣的。
3. 之后，被试向一个看上去与实验无关的人报告他们对那个任务的喜爱程度。

结果：与 20 美元组的被试相比，1 美元组的被试认为任务更有趣；而 20 美元组的评价与对照组的评价差异不显著：

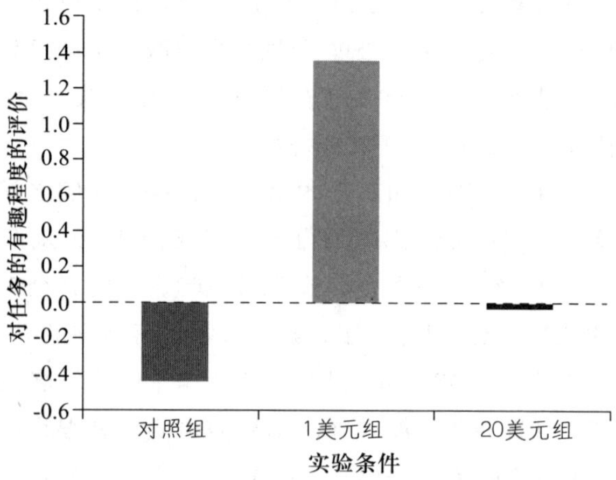

结论：说我们不相信的事与做没有理由的事（1 美元而不是 20 美元）产生了不一致。失调是一个不愉快的内部过程，导致人们改变了他们最初的信仰和态度。

来源：Adapted from Festinger & Carlsmith, 1959.

这一实验为我们影响别人的态度、培养子女等事情提供了重要的启示。如果你想劝说别人做某事（如好好上学、保护环境、不说脏话），还希望他们能接受行为背后的观念，那么你应该使用最小的激励量，或者强制他们那样做。换句话说，不要给予丰厚的激励。如果诱惑太大，人们会用诱惑为他们的行为转变进行辩护（就像 Festinger 和 Carlsmith 研究中的20美元组被试），因为他们不需要为自己的行为找其他借口，不用相信其背后的道理。但如果奖励只能勉强起到作用（就像1美元组），人们就产生了将自己的行为合理化的需要，产生一个与其行为一致的发自内心的态度。所以，如果孩子完成作业会从你这里得到金钱奖励，那务必要让奖励金额刚刚能够起到激励作用，千万不要奖以“重金”。

专栏7.2　聚焦思想史

帕斯卡、成本—效益分析和认知一致性理论

17 世纪法国著名的数学家和天主教哲学家布莱士·帕斯卡（Blaise Pascal）提出了现代成本—效益分析（比较不同选项的总预期成本和收益，并根据实际情况进行选择）和认知一致性理论。人们为什么相信上帝？好处在于，如果上帝存在，我们又相信上帝，我们很可能会以这样的方式得到永生；而这样做并不需要付出多少成本。事实上，表现出虔诚的行为还很可能获得世俗的利益。人们为什么不相信上帝？其好处并不多，事实上，未表现出虔诚的行为甚至可能带来损失；而成本则是受到永恒的诅咒。那么现在，所有相信这个论点的逻辑的人都会认同以下的观点：不把赌注押在上帝存在的一边是鲁莽的；选择相信上帝的收益明显大于成本。

但问题是，从逻辑上推断相信上帝更有收益并不足以使人完全相信上帝。帕斯卡认识到，有些人会说，“无论我多努力，我仍然无法相信上帝的存在，我该怎么办？”帕斯卡提出了认知一致性理论作为解决方案，他建议不相信上帝的人去做信徒会做的事：祈祷、点燃蜡烛、去教堂。帕斯卡推论，如果他们这样做了，他们的信仰就会随之改变，以和他们的行为保持一致。这么一来，问题就解决了。（请注意，尽管帕斯卡很好地解决了人们对保持认知一致性的需要这一问题，但伏尔泰①和狄德罗②等学者还是迅速指出了他支持信仰上帝的观点存在的逻辑问题。）

诱发依从与消除不良行为

奖励的另一面就是使用轻惩和重罚，这方面的例子包括“禁止玩玩具”实验范式（Aronson & Carlsrnith，1963；Freedman，1965；Lepper，1973）。在其中一个实验中，实验者向幼儿园的孩子们展示了一组五个玩具，并让孩子们告诉他，他们对每一个玩具的喜爱程度。之后实验者解释说，他将不得不离开房间一段时间，但他很快会回来。与此同时，孩子们不能玩他们第二喜欢的那个玩具，但其他四个玩具可以随便玩。一半的孩子被告知如果他们玩了第二喜欢的玩具，实验者将会非常生气——这是轻微威胁条件；在严厉威胁条件下，孩子们被告知，如果他们玩了第二个玩具，实验者会很生气，并且会把所有玩具都拿走，再也不给他们玩了。

实验者离开后，研究者仍在暗中观察每个孩子，孩子们都没有去玩禁止玩的那个玩具。Aronson 和 Carlsmith 预言，不玩被禁玩的玩具会产生不一致，但只会对轻微威胁条件下的孩子起作用。对他们来说，不玩那个玩具与他极度想玩那个玩具不一致。Aronson 和 Carlsmith 预测，儿童将会通过贬损那个玩具来缓解这种

① Voltaire（1694—1778），法国启蒙思想家、文学家、哲学家、史学家，18 世纪法国资产阶级启蒙运动先驱。——译著注

② Denis Diderot（1713—1784），法国启蒙思想家、唯物主义哲学家、作家，百科全书派的代表人物。——译著注

不一致——说服自己认为那个玩具并不怎么好玩。但那些受到严厉威胁的孩子不会体会到这种失调，因为不玩那个玩具的行为已经被严厉的威胁合理化了。为了验证他们的假设，Aronson 和 Carlsmith 待实验者归来后，让孩子们重新评估了所有玩具。就像预期的那样，孩子们在严厉威胁条件下没有改变他们对于被禁玩的玩具的看法，有些孩子甚至会更喜欢它（见图 7.3）。相反，许多受到轻微威胁的孩子认为，不准他们碰的那个玩具不那么好玩了。因此，威胁会有严厉的惩罚会阻止孩子们做一些你不希望他们做的事，但他们仍旧想去做这件事。威胁会有轻微的惩罚——如果这个威胁刚好足以阻止他们做这件事——会带来心理变化，这样他们将不再想做你不想让他们做的事了。

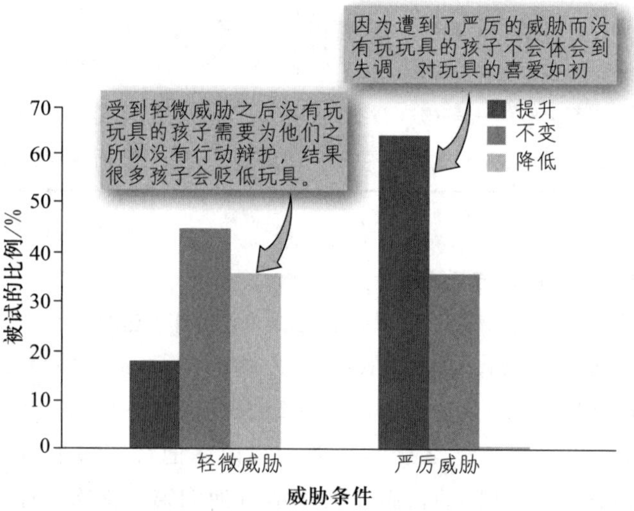

图 7.3　对被禁玩的玩具的贬低。在轻微威胁与严厉威胁条件下，孩子们对于被禁玩的玩具的喜爱态度提升了、保持不变、降低了的人数占总人数的比例。

来源：Adapted from Aronson & Carlsmith, 1963.

不一致何时会造成失调

Festinger 最初关于人们何时会出现失调反应的描述也有一些问题。Festinger 认为，只要人们同时持有两种不一致的认知，就会体验到失调。但是，是什么造成了不一致呢？如果一个权威人物不让你玩一个很吸引你的玩具你便不玩，真的会导致你产生不一致吗？根据 Aronson 和 Carlsmith（以及后来的研究人员）所获得的结论，确实是这样的。但是，为什么这样的不一致会令人感到如此不和谐、不愉快呢？我们时常需要克制不去做能让我们开心的事，有时即使并没有什么令我们信服的理由（如强烈威胁），我们也会忍住。在这个过程中，哪些情况会引起失调，哪些不会呢？

Eliot Aronson 是认知失调理论最早且最重要的贡献者之一，他提出了一个解决问题的方法。Aronson 认为，如果某种不一致可以影响我们核心的自我感觉，那么它就会引起失调（Aronson，1969；Sherman & Gorkin，1980）。人们总是希望认为自己理性、正直而有价值，因而任何挑战了这些评价的事情都有可能引起失调。付出了巨大的努力，结果加入一个无聊的讨论组，会让我们质疑自己的智慧和理性；告诉另外一个学生一个无聊的任务很有意思，则是在挑战我们的人品。

想一想，别人的行为在什么时候会影响我们对其品行的判断，别人又会做什么来避免让自己的判断或道德品行遭到质疑？这方面的思考将会帮助我们理解什么样的认知可能会挑战我们对自己的判断力和个人品行的评价。想象一个场景，你请了一个精通计算机技术的朋友来帮你解决问题，但是他没有答应。那么你会给予他多么严厉的评价呢？答案可能取决于几方面因素。第一，如果他没办法帮你，那么你就不该指责他——例如，如果他在工作，他的老板不让他离开，他就没有选择。第二，如果他能证明他的行为是对的，你便不该太责怪他（见第5章）。他可能要去安慰一个心烦意乱的室友，或者熬夜准备一次重要的考试。他可以帮忙——他可以有很多的选择——但是很明显，这样做会使他没办法去做更该做的事情；而在同样的情况下，你也会做出和他一样的选择。第三，你的责备有多苛刻也和他不提供帮助造成的后果有多严重有关。要是你因为他没帮忙而有一门课挂科，你对他的评价肯定会比耽误了你看脸书网（facebook）或上网闲逛时更严厉。第四，如果你没有告诉他你多么迫切地需要他的帮助，你也不应该太怪他，因为他没有办法预见不帮忙可能会造成什么后果。

对我们何时会责备他人的分析将帮助我们认识到自己何时会责备自己，并因此而引起失调反应。换句话说，这一分析表明，当我们的行为与我们的核心价值观或想法不一致时，而且在（1）行为是个体自由选择的，（2）行为没有充分的理由，（3）行为有消极后果，而且（4）消极后果是可以预见的情况下，我们会产生失调反应。

自由选择权

非常早期的认知失调实验就明确体现了自由选择权的关键作用，在诱从范式中体现得尤其频繁和清晰。在最早的一项此类别研究中，研究者要求美国杜克大学的学生写一篇文章来支持颁布禁止共产主义者在大学校园中发言的州法律，一部分被试得到了0.5美元的酬劳，另一部分被试得到了2.5美元的酬劳。（这一实验是在20世纪60年代中期进行的，在当时，这两笔酬劳实际上分别相当于现在的4美元与20美元。）这一部州法律违背了联邦法律支持言论自由的精神，几乎所有的学生都不认同它，因此他们写的文章是有违他们的真实想法的。实验者向一半的被试强调他们可以自由选择是否写这篇文章，但没有对另一半被试传达这样的意思。认为自己没有自由选择权力的被试并没有出现认知失调反应；但在他们中，与收到0.5美元酬劳的被试相比，得到了2.5美元的被试变得更加支持这一禁令（可以猜想，写文章的过程会和得到更多钱的愉悦感联系起来）。然而，在可自由选择的组中出现了标准的认知失调反应：得到了0.5美元酬劳的被试态度改变得更多（Linder，Cooper，& Jones，1967）。

理由不足

就像所有的诱从研究一样，上述实验也证明了理由不足在产生认知失调的过程中的重要性。如果一个人的行为能够被一个现存的动机合理解释，即便个体的行为与其价值观和想法严重冲突，也不会出现认知失调或出现反对这一现存动机的合理化解释。那些因为写了违背心意的文章而获得2.5美元酬劳（今天的20美元）的被试，并没有感受到要改变态度的压力，因为他们的行为在心理上用较高的经济回报就得到解释了。而只得到了0.5美元（今天的4美元）的被试却找不到这样的合理解释，于是感受到了自己的行为与态度之间的不一致。这样看来，我们好像愿意为了钱出卖灵魂；如果得到的钱足够多，我们甚至都不需要为这笔交易的合理性辩护。

负面后果

如果你做出与态度不符的行为且没有造成后果，你很容易就会把它当作琐事忽略。的确，有实验证明，人们只会在行为在一定程度上造成危害的情况下出现认知失调。例如，有一个实验应用了Festinger与Carlsmith的范式（前文已经介绍），诱导被试告诉某个人一个无聊的实验很有趣。有的被试接受了大激励，有的接受了小激励。在一半的情况下，后进来的实验参与者（即研究者的同伙）看起来真的相信了被试的话，觉得这个无聊的任务将会非常有趣；而在另一半的情况下，这个人则明显地表现出并不相信被试的话（“呵呵，你有权表达自己的观点，但是我从不喜欢参加实验，所以我也不觉得这次实验能有什么有趣的”）。请注意，当这个人看起来没被说服时，并没有什么消极的后果发生——没人被骗。因此，如果消极的后果是产生认知失调的必要条件，那么标准的失调反应只会在那些看起来成功地说服了他人的被试身上发生。这正是研究者所发现的：只有那些得到了小激励，而且看起来成功欺骗了他人的被试，才会对这个无聊的任务转变态度，认为它更有趣（Cooper & Worchel，1970；Nel，Helmreich，& Aronson，1969）。

预见性

如果危害不可预见，我们通常不会认为有谁该对这个后果负责。如果晚饭时，一个对花生过敏的客人因为吃了含有花生酱的主菜而生病，但他事先没有向主人提及自己的过敏症，我们就不会责备主人。正如这个例子表明的那样，可能是由我们的行动导致的可预见的消极后果使我们产生了认知失调反应。不可预见的消极后果不会危及一个人正派的形象，所以它们不会导致失调反应。

这一假设已经得到了实验证实，实验者诱导被试写一篇与自己立场不符的文章（例如，他们学校的新生班级人数应该加一倍）。如果事后才告知被试所写的文章会带来消极后果（比如，这篇文章将会被拿给大学委员会审议），并不会令被试产生失调反应，而且被试对文章主题的态度也没有发生改变。而如果已经提前预见到了消极的后果（被试事先知道他们的文章将会被提交给委员会），或者是可以预见到后果（被试事先知道他们的文章有可能被提交给委员会），被试就会出现标准的失调反应（Cooper，1971；Goethals，Cooper，& Naficy，1979）。

自我肯定与认知失调

如果认知失调是因为人们觉得自己理智、能干、品行良好的形象受到了挑战和威胁所导致的，那么我们可以猜测，他们不仅可以通过对付具体的威胁本身来避免认知失调，还可以间接地通过评价自己其他的品质和核心价值观来防止发生认知失调。Claude Steele 及其同事认为，这种**自我肯定**是人们应对自尊威胁的常用方式（Cohen，Aronson，& Steele，2000；Correll，Spencer，& Zanna，2004；McQueen & Klein，2006；Schmeichel & Martens，2005；Sherman & Cohen，2002，2006；Steele，1988；Steele，Spencer，& Lynch，1993）："当然了，我可能辜负了一个朋友的信任，但当其他人遇到困难时，我是一个很有同情心的人。""我知道我开着一辆大排量的 SUV，但是没人能像我这样定期去教堂。"通过在一个领域中抬高自己，人们能够忍受在另一领域中受到更大的打击。

自我肯定（self-affirmation）：通过注意到我们的身份中的重要成分，例如我们重要的价值观，来强化我们的身份和自尊。

Steele 做的一个实验清楚地展现了自我肯定的作用。Steele（1988）采用了决策后失调范式（参见本书第 245 ～ 247 页），邀请了美国华盛顿大学的理科生和商科生参与实验，被试需要从两个价值相当的物品中选择一个。在对照条件下，两组学生都出现了常规的失调反应：在自己选择的物品身上发现了新优点，而在没选的那个物品身上发现了新缺点。而在另一条件下，实验者让理科生和商科生在评价物品的时候穿上白色的实验服。Steele 预测，穿上实验服会强化理科生的身份认同，而对商科生没有作用。实验结果支持了他的预测：商科生也像在对照条件下那样出现了失调反应，而理科生则没有发生失调反应。如果你的自我感觉良好，就不会因为做出了一个小小的选择而紧张得汗流浃背。

认知失调普遍存在吗

根据本章之前对认知失调的讨论，它似乎是一个在各种文化中都普遍存在的现象。真的是这样吗？关于这个问题有大量的证据，我们可以从中得到一些有趣的结论。Heine 和 Lehman（1997）使用自由选择—自我肯定范式进行实验，他们让被试在两个物品中做出选择（在这个例子中，研究者使用了 CD），但是对其中一些被试，研究者通过给被试提供积极的人格测验结果来让被试获得自我肯定。他们选择了日本人和加拿大人作为被试，想研究来自这两种不同文化的人是否会产生相同的失调反应。加拿大被试的表现与早期的研究结果相似：对照组被试展现出了强烈的失调反应，在自己选中的 CD 上又发现了新优点，且认为没被自己选中的 CD 还有其他缺点；而来自积极人格反馈组的被试则没有发生认知失调。与此相反，日本被试并未受自我肯定这一干预影响；更不同寻常的是，他们在两种情况下都没发生失调反应。Heine 和 Lehman 就此得出结论：认知失调可能是西方人身上独有的现象。但是，Sakai（1981）使用诱从范式，要求被试做自己本不想做的事情，结果发现，如果告诉日本被试还有其他学生在观察他们的行为，他们就会产生失调反应。

这些发现是否表明东亚人在诱从范式中会有失调反应，而在自由选择范式中没有呢？我们还无法得出肯定的、一致的答案。好在还有一种方法可以调和这两组结果。正如本书一直强调的那样，东亚人以及世界上的许多人都比西方人更倾向于关注他人及他人的反应。如果东亚人在诱从范式中因为得知自己的行为将被他人观察而怀疑自己的行为并产生认知失调反应，那他们在自由选择范式中如果被引导着去考虑他人对他们的选择的反应，应该也会展现出认知失调反应。

循着这一逻辑，Kitayama、Snibbe、Markus 和 Suzuki（2004）请日本被试和加拿大被试在两张 CD 中做选择。在一个条件下（这是研究者已经应用了 60 年的标准条件），在给出了一系列 CD 的排名后，要求被试在中间排名的两张 CD 中做出选择。在另一个条件下，要求被试依据他们自己设想的“大学生整体的喜好程度”来给 CD 排名，通过这种方式，研究者在被试心目中“启动”了一个“有意义的社会他人”的概念。这一操作对加拿大被试没有影响，却在日本被试中掀起了波澜。在标准条件下，日本被试并没有表现出失调反应，但是在社会启动条件下，他们的失调反应比加拿大被试的更强烈。

另一个实验能更突出地体现出东方人和西方人发生认知失调的诱因的不

同。在这一实验中，研究者会请被试在两张 CD 中做出选择（Kitayama，Snibble，Markus，& Suzuki，2004）。在一些被试的正前方，眼睛正好能看到的地方，悬挂如图 7.4 所示的招贴画。依据研究者的描述，这张招贴画是一个无关实验所用的材料，研究者的意图是看这些结构化的面孔刺激能否在被试心中启动“他人”这个概念，进而唤起日本被试强烈的失调反应。招贴画产生了预期的效果：在标准的自由选择实验条件中，没有证据表明日本人发生了认知失调；而在悬挂着招贴画的实验条件中，他们的失调反应出现了。事实上，美国被试在有招贴画的条件下所展现出的失调反应比标准条件稍弱。

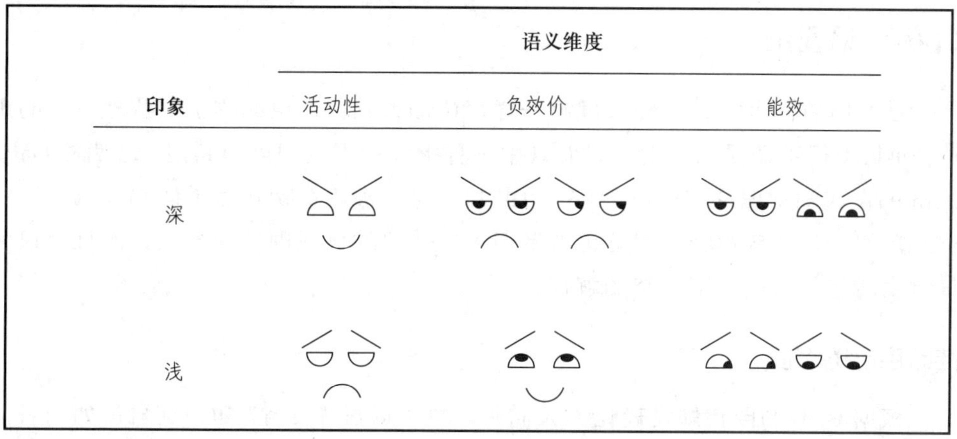

图 7.4　文化和启动。Kitayama 及其同事（2004）用来启动“其他社会个体”的想法的招贴画。画中包含的标签仅仅是为了把这张招贴画伪装成另外一个无关实验的实验材料。

Hoshino-Browne、Zanna、Spencer 和 Zanna（2004）在请被试给自己或一个朋友挑选一张 CD 时，观察到了相似的社会性启动作用。欧裔加拿大人与对自己的亚洲人身份认同较弱的亚裔加拿大人一样，在为自己挑选 CD 时比为朋友挑选时表现出了更强的失调反应；而对自己的亚洲人身份认同较强的亚裔加拿大人则在为朋友挑选 CD 时表现出了更强的失调反应。

上述实验表明，决策后失调可能确实是普遍存在的，但是激发它的条件可能因人而异。对于独立的西方人来说，与他们个人做出恰当选择的能力相关的、体现了他们的决策能力的事件，更能激发他们的失调反应；而对于东方人或者其他倾向于相互依存的群体来说，由他人判别其选择能力的事件更能激发他们的失调反应。

小 结

行为对态度具有强有力的影响，这在很大程度上是因为人们希望他们的不同态度或态度与行为之间保持一致。当认知、价值观和行为之间出现不一致时，认知失调就有可能出现。我们可以通过改变态度的方法来使态度与行为一致，以减少失调反应。当不一致意味着个体自身有不足时，认知失调会更加显著。因此，如果我们能够用某种方式肯定自我，出现认知失调的可能性就会降低。对于来自不同文化的人来说，唤起认知失调的情境也是不同的。

自我知觉理论

就像所有问世很久的经典理论一样，认知失调理论也面临了一些理论上的挑战，而且不得不经受大量批评。而其中一种批评的影响力远超其他，这就是 Daryl Bem 的自我知觉理论（Bem，1967，1972）。这一理论最初是对于认知失调理论所有发现的一种代替解释，但它也涉及很多更一般的自我理解的含义，而且为很多日常生活与行为提供了新奇的解释。

推断自己的态度

自我知觉理论（self-perception theory）：人们通过观察他们的行为和行为出现的环境，然后推断他们的态度应该是什么，并据此了解自己态度的理论。

根据 Bem 的**自我知觉理论**，人们并不总是通过“反省”和识别自己如何看待特定事物来了解自己的态度，而是经常通过观察自己的行为和行为发生的背景来推断其态度。自我知觉和社会知觉的原理是相似的。人们用和理解他人及他人的态度同样的方式，来理解自己和自己的态度。

最初看到这一理论时，可能感觉很奇怪——让人想起了一个关于两个行为主义者刚刚做爱后的笑话：“我看你是觉得很爽，你看我感觉如何？”这个理论与直觉不符，因为我们相信我们有时候“就是知道”自己对某个事物是怎么想的，根本不需要借助任何推理和猜测。然而，如果进一步审视，自我知觉理论其实比表面上看起来的更有意义。一部分是因为 Bem 承认我们有时确实能够自省和了解自己的态度。Bem 辩称，当我们最初的态度“无力、模糊、难以解读”的时候，“自我其实在机能上和一个外部观察者一样”（Bem，1972，p.2）。他的告诫是有助于我们理解的。我们很多人都会记得我们有时会通过检视自己的行为来明白自己的态度。当你狼吞虎咽地吃完了第二份奶酪双层汉堡之后，你可能会说“我想我比自己想象得更饿”。那么关键问题就在于，这个构成自我知觉理论核心的推断过程，是只在处理这样的琐事时才会出现，还是在我们认识自己对大是大非的态度时也会发生，例如，是否志愿加入在阿富汗的作战、是否要投身政治运动或者是否要帮助贫困儿童。

Bem对于在过去的研究中所观察到的认知失调的现象给出了相当简单的解释。他辩称，在这些情境下，人们并没有被认知失调的不愉快境况所困扰；他们只是在经历一个理性的推断过程。在前面进行的研究中，他们并没有改变自己的态度；相反，他们会推断自己的态度一定是怎样的。人们做出了选择之后，会更加珍惜自己选择的东西，因为他们会推断“如果我选择了这个，我一定会喜欢它。”人们会与那些入会仪式非常令人不快的团体形成更强的心理纽带，因为他们推断，“要是我忍受了这件事，我一定认为这是值得的”。而那些没有动机告诉别人实验任务很有趣的人，反而会认为这个任务真挺有趣的，因为他们得出的结论是，“如果它并不有趣，我就没有理由这么说，所以它一定很有趣”。为了支持这一理论，Bem做了以下实验：在观察者被试阅读了关于认知失调实验的描述后，询问他们认为参与实验的被试的态度如何，而观察者被试报告的态度与参与实验的被试实际的态度相符。例如，他们会认为，一个只得到1美元还完成了一个无聊任务的人，一定比那些拿了20美元的人对这个实验更有兴趣。Bem推断，如果观察者被试的推测与参与实验的被试报告的态度相同，那么就没有理由认为后者是为了减少失调而改变态度的。

“在我听到我说的是什么之前，我怎么知道我想的是什么？”

——佚名

对唤起的检验

认知失调理论假定，行为和最初的态度（或价值观）之间的不一致导致了一个不愉快的心理状态，而这种现象驱动着人们去减少这种不一致。如果没有任何唤起，就不会有态度的改变。相反，自我知觉理论则争论说，这个过程中没有发生唤起：人们能冷静、理性地依据自己的行为及其发生的背景推断出自己的态度。因此，任何试图确认两个理论中哪一个更准确的决定性试验，都应该专注于研究人们在标准认知失调范式（如诱从范式）或日常情境中有没有经历唤起的过程。

很多证据表明，正如失调理论预测的那样，与自己真实的想法违背的行为确实能够导致唤起（Elliot & Devine，1994；Galinsky，Stone，& Cooper，2000；Harmon-Jones，2000；Norton，Monin，Cooper & Hogg，2003；Waterman，1969）。如果唤起是由认知失调实验导致的，那就有可能控制这个唤起导致的结果——也就是说，可以通过改变对唤起的解读方式，来决定唤起是否会导致态度转变（Cooper，Zanna，& Taves，1978；Losch & Cacioppo，1990）。研究者在使用“转移归因”操作（详见第6章）的实验中就是这样做的。在一项研究中，研究者发给被试一份药（事实上是安慰剂），并且告诉一部分被试这个药其实没有药效，对另一部分被试宣称这种药会让他们感到紧张，对其余的人则宣称这种药会让他们放松（Zanna & Cooper，1974）。被试们后来在自由选择或者无法选择的条件下写了一篇辩称大学校园应该封杀煽动性演讲者的文章，这个立场与被试的态度严重违背。实验者预测，被告知药物没有任何作用的被试将会在自由选择条件下出现标准的失调反应，而在无法选择的条件下则不会出现相应现象；正如图7.5中间的那组柱状图所示，结果证实了研究者的预测。

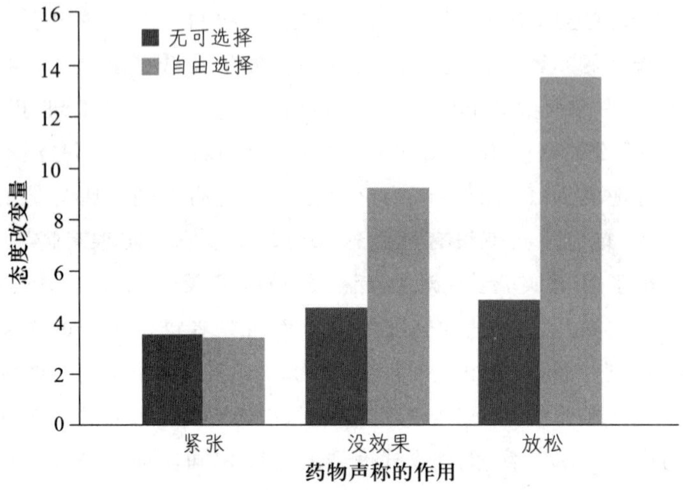

图7.5　与最初的态度冲突会导致唤起吗？图中展示了在自由选择和无法选择这两种条件下，被试从最初的反对态度改变为支持态度的态度改变量。在写文章之前，被试得到了一片药，有的被试得知药片会令他们紧张，有的被试得知药片没有作用，其余被试得知药片会令他们放松。

来源：Adapted from Zanna & Cooper, 1974.

而其他两种条件下的结果则展现了更多信息。研究者们预测，当被试被（错误地）告知药品会让他们感到更加紧张时，失调反应将会消失。那些自由选择了写文章的人会因为行为和态度不相符而经历认知失调的唤起状态，但他们会将之归因于药物作用，因此并不会被迫改变自己的态度，以摆脱这种不适的心理状态。他们相信，等到药效过后，这种状态就会消失。正如图7.5最左边的柱状图所示，这一预测也被证实了。那么被告知所服药物有放松疗效的被试有什么反应呢？那些自由选择写文章的人经历了唤起，而这种内心感受和这个药物可以导致放松的声明是不一致的。实验者预测，无论有多么内隐，被试的感受都会告诉他们，“我现在之所以感觉这么沮丧，一定是因为我做了什么不对的事情”，而这一想法将会让他们产生尤为强烈的减少认知失调的行为。这一预测也被证实了。正如图7.5最右边的柱状图所示，在这种条件下，可自由选择的被试和无法选择的被试之间的差异最大，说明这些被试的失调反应最显著。

一致化认知失调与自我知觉解释

刚刚介绍的实验对于说明认知失调理论与自我知觉理论的相对优势很有

意义。我们已经确认，与最初的态度不一致的行为确实会导致唤起（Croyle & Cooper，1983；Elkin & Leippe，1986），而个体试图驱除这种唤起状态的努力，则驱使他们发生了在认知失调实验中可观察到的态度改变（Harmon-Jones，Brehm，Greenberg，Simon，& Nelson，1996）。如此看来，Festinger 是正确的。认知失调理论（而不是自我知觉理论）是对这些实验（以及它们在日常生活中对应的事件）的合理解释。

但是，要注意这里有着讽刺意味的事实：最有力地支持了认知失调理论的实验，正建立在推断过程的基础上，而推断过程则是自我知觉理论的核心。实验被试内隐地想，“我被唤起了，但是实验者告诉我这种药物会导致焦虑，所以……”，就像自我知觉理论所预测的一样，他们正在对自己的内心发生了什么做出推断。也许自我知觉理论并没有准确地描述出当人们做出挑战自己那高尚而理性的个人形象的行为时究竟发生了什么，但这一理论的确抓住了人脑的工作方式上的某些重要方面。

因此，社会心理学家达成共识，认为减少认知失调的过程和自我知觉的过程都会发生，并影响人们的态度及对自己的更广泛的认识。当人们的行为与最初清晰且相对重要的态度不一致时，减少认知失调的过程会被唤起；相反，当人们的行为与相对模糊、不重要的态度“冲撞”时，自我知觉过程就会发生（Chaiken & Baldwin，1981；Fazio，Zanna，& Cooper，1977）。

这一共识看似说明自我知觉过程只适用于社会生活的边缘琐事。但事实上不是的。当我们的态度较不坚决或不清晰时，自我知觉过程可能会起到首要作用，而大量的研究清晰地表明，不坚决的模糊的态度在我们的态度中占到了惊人的比例。尽管自我知觉过程通常会更多地影响不重要的态度，但有时它的确会影响重要的态度以及随后的行为。例如，自我知觉操作已被证实会影响到一些意义重大的现象，比如是否为公益事业做贡献（Freedman & Fraser，1966；Uranowitz，1975），是否会为了达到一个目标而作弊（Dienstbier & Munter，1971；Lepper，1973），我们对自己的情绪与感受的内容及其强烈程度的确切判断（Dutton & Aron，1974；Schachter & Singer，1962；White & Knight，1984），我们对自己人格特征的评估（Schwarz et al.，1991；Tice，1993），以及我们是否真的喜欢一项我们将终生参与的活动（Lepper & Greene，1978）。

此外，自我知觉理论的关键原则——我们会运用自己能够获得的任何线索，包括对于周围环境和自身行为的了解，来判断我们的想法和感受——与大量最新得到的证据相符。这些证据表明，我们的想法和感受是受我们的身体状态和肢体动作影响的，甚至是基于它们而产生的。最近关于“具体化的”认知与情感的研究在许多心理学领域十分活跃，而且值得进一步去细细探究。

专栏7.3 聚焦教育

过度辩护效应与多余奖励

如果你在异国他乡去别人家中做客吃饭，听到主人家父母中的一方告诉小孩说，他必须先吃 pfunst，再吃 pfeffatorst，你一定会迅速地得出结论 这个孩子喜欢吃 pfeffatorst 而不喜欢吃 pfunst。因为我们相信，如果人们做一件事情的唯一目的是得到别的什么东西，那么这件事情一定是他们不喜欢做的。但是，如果这个孩子其实很喜欢 pfunst，会出现什么情况呢？家长让孩子为了得到吃 pfeffatorst 的优待而吃 pfunst，孩子就不再觉得 pfunst 有那么棒了。

自我知觉理论就做出了这样的预测。如果我们为了得到其他东西而实施了某个行为，那么这个行为的价值会被我们低估，这一现象被称为过度辩护效应（Lepper，Greene，& Nisbett，1973）。我们对这个行为的合理化过度了：我们做这件事，可能既是因为它本身是值得的，也是因为它能够带来外部的回报（外部原因）。因为外部原因足以解释我们的行为，我们可能会忽略做这件事的内部原因，而得出我们并不喜欢这件事情本身的结论。

关于过度辩护效应有一个尤其有趣的证据，来自对儿童在校选择行为的研究。研究者给小学生展示了两个有吸引力的画画活动。在一种条件下，孩子们被告知他们必须先参与其中的一个活动，再参与另一个活动。而在第二种条件下，研究者告诉小学生们，为了能够参与其中一个活动，他们必须先做完另一个活动（在两种条件下，实验者都对半平衡了两个活动的顺序）。在活动结束后的几天内，实验者把两个绘画活动安排在学校的自由活动时间中，并偷偷观察孩子们在两个活动上各花了多长时间。那些只是按照先后顺序参加了这两项活动的孩子，在之后的几天时间里从事这两项活动的时间是相当的；而那些从事其中一个项目是以参与后一个项目为目的的孩子，则倾向于避免再去接触前一个项目（Lepper，Sagotsky，Dafoe，& Greene，1982）。他们对于第一个项目的兴趣已经被破坏了。

过度辩护效应为如何在教育和培养孩子的过程中运用奖赏机制提供了重要的信息。例如，按照人们通常的习惯，人们经常会为孩子读书、考高分或者练钢琴去奖励孩子。如果孩子在没有奖励的情况下就不会读书、努力学习或者练钢琴，这种行为还算可取；但是如果孩子原本对这些活动还有些兴趣，那么这些奖励将会让这些兴趣岌岌可危。有一个关于这种危险的有力证据：研究者们在小学生的校内自由玩耍时间中安排了一些新颖的数学游戏。如图 7.6 中“初始阶段”

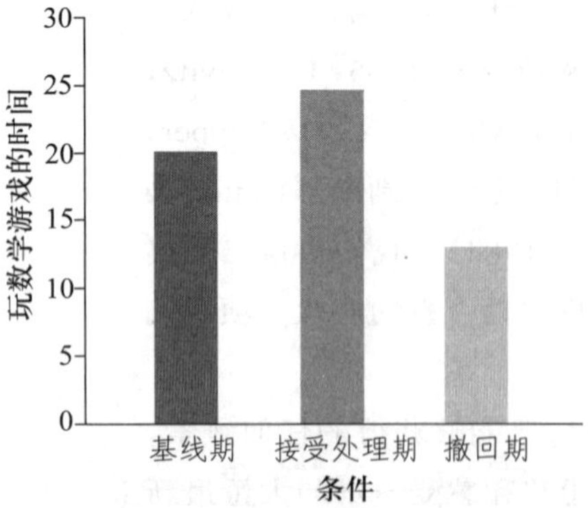

图 7.6 多余奖励的作用。图中的玩游戏时间分别为小学生最开始玩数学游戏的时长（基线期），当他们因玩游戏而得奖励时的时长（处理期），以及不再接受处理之后的时长（撤回期）。

来源：Adapted from Greene，Sternberg，& Lepper, 1976.

所示；孩子们选择在实验之后花在这些数学题上的时间表明，他们最初觉得这些数学题很有趣。几天后，研究者们启动了一个“代币制”规则，孩子们可以通过做数学游戏来换取点数，而点数又可以兑换奖励。他们做的数学游戏越多，获得的点数就越多。

代币制对于增加孩子们做数学游戏的时间是有效的（见图中“奖励阶段”）。但是，当代币制终止后，孩子们再也不能用玩数学游戏赚点数了，会怎么样呢？他们还会继续玩数学游戏吗？正如图 7.6 最右边的柱状图所示，他们不再玩数学游戏了。有过一次为了这一活动而获取奖励的经历后，孩子们把玩数学游戏看成了获取奖励的手段，而他们最初的兴趣也就消失了（Greene，Sternberg，Lepper，1976）。

这些研究结果并不说明给予奖励总是坏事。人们并不总是有内在动机，如果他们没有内在动机，那么给予奖励通常是让他们做其本不会做的事情的最好方式。奖励也可以用让负面影响最小化的方式来给予，比如，奖励可以和具体表现相关——也就是说，依据表现的好坏来给予奖励。已经有实验表明，这种做法与任务权变奖励（完全取决于做不做某任务）相比，更不可能降低个体对特定活动的兴趣（Deci & Ryan，1985；Harackiewicz，Manderlink，& Sansone，1984；Sansone & Harakiewicz，2000）。

认知和情绪的具体化本质

许多身体行为都和各种各样的心理状态有关。当人们高兴时，他们通常会微笑；当人们不喜欢某样东西时，他们经常将它推开；而当人们同意某事时，他们通常会点头。这正是之前讨论过的态度的行为要素：这些微笑、推开和点头的动作是态度中的重要部分。于是，如果人们受到诱导而做出了与特定态度、想法或情绪相关的肢体动作，他们也可能会有或者更容易有相应的态度、想法或情绪。也就是说，在分辨我们自己的态度、感受或想法的过程中，我们会提取一切可获得的线索，包括我们的行为，而我们却无法意识到自己在这样做。

这一效应最早期的证据是 Gary Wells 和 Richard Petty（1980）让学生们在听音乐或者广播社论的同时上下或左右摇动头部，借此假装测试耳机。当学生之后被问起对于社论中支持立场的态度时，那些边听社论边点头的学生比边听社论边摇头的学生表达出了更多的赞同。我们会为我们赞同的事情点头，这一毕生的联系令我们对自己在点头时接触的事情更加认同（Epley & Gilovich，2001；Forster & Strack，1996）。

沿着类似的思路，Fritz Strack 及其同事请了一些学生用牙齿叼着一支记号笔，这令他们有了微笑的表情（见图 7.7，可以尝试着这样做）；另一些学生则要用他们的上唇与鼻子夹住这一支记号笔，这让他们有了噘嘴的表情。在保持这种状态的同时，研究者请被试观看一些动画片并就自己感觉动画片有多么好笑打出分数。也许你已经猜到了，用牙齿叼着马克笔的学生（微笑的人）比对照组学生更觉得卡通片好笑，而那些将马克笔搁在自己的上唇上的学生（噘嘴的人）认为卡通片并没有那么有趣（Strack，Martin，& Stepper，1988）。

图 7.7 你来做被试：动作影响自我知觉

试着用下面呈现的两种方法夹住铅笔。

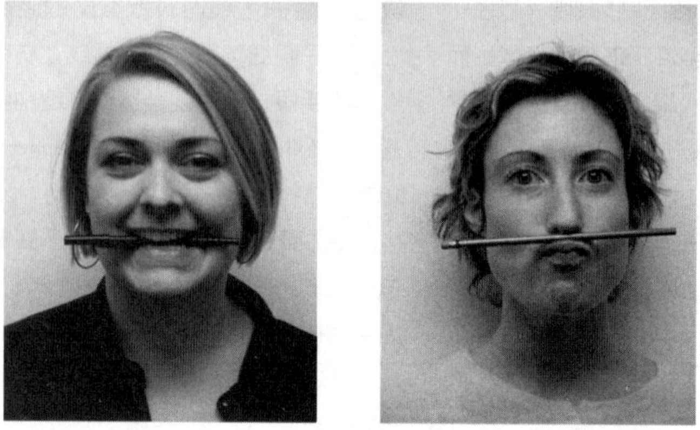

保持第一种姿势看一部好笑的电视节目；在第一段插播商业广告的间歇结束后，转换到第二种姿势。在广告前后，电视节目是更有趣了还是更无聊了？

结果：研究证据表明，我们评价一个刺激时，正在进行的身体运动能够影响我们如何评价那些刺激。（详见专栏 7.4。）

其他研究者已经发现了我们表达自身倾向的暗示：我们会推开那些令自己讨厌的东西，拉近那些让我们喜欢的东西（见第1章）。因为伸展手臂与负性刺激紧密相关，弯曲手臂与正性刺激相关，被诱导做这些身体动作能够对态度产生可预测的影响。在一项研究中，John Cacioppo、Joseph Priester 和 Gary Berntson（1993）在美国俄亥俄州立大学的学生向下按压桌子（手臂伸展）或是从下面向上举起桌子（手臂弯曲）时，向他们展示了一组24个中国的象形文字。那些在评价象形文字时弯曲手臂的学生比那些伸展手臂的学生给出了更高的评价（又见 Chen & Bargh，1999）。其他使用这个范式的研究已经表明，手臂的弯曲培养了在各种各样的问题解决任务中的创造性洞察力（Friedman & Forster，2000），并且能让人们更趋向于接受他们在估计未知数据时的最初尝试（Epley & Gilovich，2004）。

所有这些效应都挑战了这样一个观点（正如自我知觉理论所做的一样）：我们的态度、知识和观念均作为抽象的命题或象征被储存在大脑里。它们为另外一种观点提供了支持证据，即认为我们的态度和观念，甚至那些最抽象的概念，被部分地呈现在与态度、信仰或概念相关的身体运动上（Barsalou，2008；Niedenthal，Barsalou，Winkielman，Krauth-Gruber，& Ric，2005）。表示反对的态度或者我们不喜欢某些事物的观念一定程度地表现在“推开”这一身体动作上。就连我们

专栏7.4　聚焦认知科学

被呈现的暗喻

抽象的概念常常以具体的观点为基础，特别是在简单的、身体的暗喻当中（Lakoff & Johnson，1980）。当我们明白了你想要表达的是什么时，我们说我们“看明白”了你的意思；当我们很乐观的时候，我们说事情正在“向上发展”；当一个人是个和善、外向的人时，我们说她有着“温暖”的个性。考虑到体验认知的本质，这些隐喻性的关系暗示了这样一种可能性：简单地感受到某种身体上的感觉就有可能激活与它们相关联的更复杂的、对人们的思想、感受和行为产生可预测影响的想法。支持这个观点的 Zhong 和 Leonardelli（2008）让被试回忆他们在社交上被排斥的一段时间或是他们受到别人欢迎的一段时间，然后要求他们估计这个房间的温度。支持了“凄冷和孤寂”感觉的结果是，那些刚刚想到自己被拒绝的人明显认为房间更冷。在另外一个研究中，被试要填写一个被粘贴在轻的或重的剪贴板上的调查问卷，估计各种货币（日元、瑞士法郎等）的价值。那些在较重的剪贴板上进行估计的人认为这些货币更加值钱，加强了重量作为重要性的隐喻这一观点（Jostmann，Lakens，& Schubert，2009）。研究者已经表明，与拿着冰咖啡相比，当我们拿着一杯温咖啡时会感觉与其他人更亲近（Ljerman & Semin，2009）。

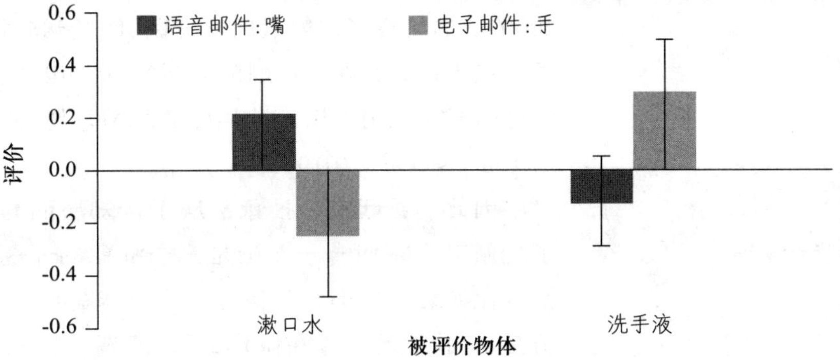

图 7.8　道德净化与不良行为有关吗？依赖于语音邮件或电子邮件的被试愿意（在标准水平上，或者是高于或低于标准水平的差值）支付适用于嘴部或手部的清洁产品的数量。

来源：Adapted from Lee & Schwarz, 2010.

其他研究已经表明，在回忆过去的不正当行为之后，认为自己在道德上“不纯洁”的人，也明显会感受到身体上的肮脏，因为他们更有可能选择抗菌的手帕而非一支铅笔作为参加实验的象征性礼物（Zhong & Liljenquist，2006）。一项检验当身体的不同部分涉及一个不正当行为时人们可能会如何表现的非凡研究证明了这些影响的精确性（Lee & Schwarz，2010）。所有被试都要想象他们在一家法律公司为了升职与另一位同事竞争，而且他们已经找到了那位同事丢失的一份文档。把文档归还给同事将有助于同事的事业，但是不利于被试自己的事业。被试们在实验者的引导下要么留下了一条电话语音留言，要么写了一封电子邮件，声称他们没有找到那个文档（换句话说，就是让他们撒谎）。之后，在另一个“无关”的研究中，被试们要表明他们会在各种日用产品（包括漱口水和洗手液）上花多少钱。研究表明，那些在电话上说出谎言的人明显认为他们的嘴巴更不干净，因为如图 7.8 所示，他们在漱口水上投入了更多的金钱。相反，那些用手打出谎言的人，明显认为他们的手更脏，因为他们愿意花更多的钱买洗手液。正如作者们解释的那样，他们发现，“保持道德纯洁度的具体表现会因违反道德的行为方式而异，使得人们对清洁‘肮脏’的身体部位的渴望多于其他身体部位”（Lee & Schwarz，p.1424）。

对一些句子（例如，“他冲下走廊”）的理解也是以跑步这种身体动作为基础。当人们读到这样的一句话时，与跑步有关的运动部位便会得到轻微激活，而当他们读到“雷蒙德捡起复活节彩蛋”时，有关抓东西的脑区会被激活（Speer et al.，2009）。这解释了注射过肉毒杆菌（它能够通过固定脸部肌肉来消除脸上的皱纹）的人们为什么会在一段时间内觉得加工包含感情的句子有些困难。如果他们在阅读的时候无法用表情表达相应的感情，伤心、生气等概念就有点难以获取和被理解（Havas et al.，2010）。

因此，看起来很抽象、属于认知层面的理解过程，其实一点也不抽象。为了理解某个东西——无论是一个抽象的命题、一个句子还是未来可能发生的事情（比如芝加哥小熊队赢得职业棒球赛）——人们必须从精神上“试穿”或者模仿它。“我们的身体在做什么”，或者“感觉怎么样”，能够促进或者阻碍模仿行为，影响我们的思考和感受。想想这个非凡的（并且令人烦恼的）发现：人们在热天比在冷天更相信全球变暖的事实，并将其看作一个更严重的环境威胁（Li，Johnson，& Zaval，2011；Risen & Critcher，2011）。在一项研究中，被试所在的实验室温度被设定为27℃或22℃。在更温暖的房间里的被试更多地表达了对全球变暖这一事实的相信程度。这个效应相当强——强得足以让在更温暖的房间里的保守者与在更凉快的房间里的激进者对这一问题表达的担忧程度持平了。换句话说，室温对于政治态度的影响能够定量比较。所以，要理解全球变暖这个观点，我们似乎必须在精神上模仿它，当我们觉得热的时候，在这件事上达成共识就变得容易得多了（Risen & Critcher，2011）。

小　结

自我知觉理论认为，人们会依据自己的行为推断自己的态度，因而，它提供了一种关于人们在态度与行为发生冲突时为什么会改变自己的态度的备选解释。然而，实验证据已经表明，当行为与态度不一致时，唤起便产生了，而且这种唤起的确常常会引发态度改变。不过，研究者们已经调解了失调理论和自我知觉理论，指出认知失调理论最好地解释了先前已经存在的清晰态度的改变，而自我知觉理论最好地解释了不那么清晰的态度的转变。近期关于具体化的认知的研究表明，人们会将各种来源的信息——不仅仅是他们做出的行为，还包括身体的精确动作——作为他们理解想法和决定其态度与观点的依据。

超越认知一致性，从更广泛的视角认识合理化现象

认知失调的核心理论是这样的观点：人们意识到心理上的不一致令人不舒服，因此会付出心理努力来减少不适感。当然，其他类型的紧张也可以产生相似的心理不适，并引发相似的合理化的努力。两个更新的理论已经就我们为了应对

以下两种不适而做出的反应给出了解释：一种是思考与我们置身的广泛的社会和政治系统相关的问题而产生的不适；另一种则是极端的不适——事实上是恐惧——来自于思考死亡的必然性。

制度正当化理论

第3章讨论了人们有赞赏肯定自己的需要，也就是所谓的有自我合理化动机（Jost，Banaji，& Nosek，2004）。第11章讨论了人们需要赞赏他们所属的群体，或者叫作群体合理化动机。除了去高度评价我们的才能、美德和习惯的渴望，或者以作为一个加拿大人、一个加州人、一名基督教徒或一个牛仔迷为傲，我们还想高度评价我们所从属的广泛的政治和社会系统——我们想将它们视为公平的、公正的和令人满意的（Jost & Banaji，1994；Jost et al.，2004）。

那些已经研究过这些倾向的人们就此解释说，社会和政治系统并不会平等地满足所有人的需求。那些从一个既定的系统中得到了最多好处的人，比如那些更富有的和在社会中拥有更多权力的人，有心理和经济上的双重动机来保卫这个系统。那些没有从这个系统中得到益处的人（甚至是被它置于不利地位的人）明显没有经济动机来保卫这个系统，但是他们的确有一个心理上的动机来做这件事。根据**制度正当化理论**，相信这个世界是（或者应该是）公平的，与表明其不公平的充分证据结合，能够产生相当程度的思想上的失调。赞扬一个现行系统的好处是，它显然比推动有效的制度改变更易减少这种失调。反对很难，拥护却很容易。

制度正当化理论（system justification theory）：人们将现有的政治和社会现状视为理想的、公平的和合理的。

看起来好像支持了系统公正理论的常见现象有：女人通常认为她们可以和男人做同样的工作却得到了更少的报酬（Jost，1997；Major，1994）；美国低收入群体并不一定支持在现行阶段实行平均主义的经济政策（Fong，2011；Jost，Pelham，Sheldon，& Sullivan，2003）。最有趣的一些支持系统公正的理论证据来自对补偿性刻板印象的研究，或者说是这样一个看法：尽管有的人在社会上拥有更少特权，但他们还是获得了一些补偿性好处：“低收入群体可能会很贫穷，但是他们比富人更快乐。”“女人可能没有那么多权力，但是她们比男人更好、更善良且社会性更强。”这些刻板印象被认为是在对现状给予思想上的支持，让人们更接受目前的性别分工和广泛的社会与文化现状（Jost & Kay，2005；Kay & Jost，2003）。

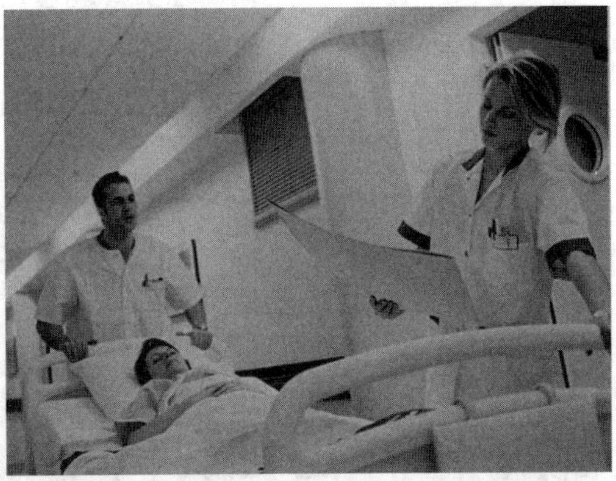

制度正当化。为了保护他们所处的社会和政治制度，在经济上处于劣势地位的人们经常会维护自己的弱势地位。比如图中的女护士有时就会承认她也认为自己应该比做同样工作的男护士拿更少的薪水。

恐惧管理理论

人类大概是唯一一种清楚地知道自己会死的生物了。这可不算好事儿。事实上，想到自己死亡的必然性——真正

恐惧管理理论（terror management theory，TMT）：人们在意识到死亡不可避免后都会有焦虑和恐惧情绪，为了缓解这种恐惧，人们通过保存重要的世界观以及遵守其价值与指示的信念，来争取象征性的不朽。

"我不想活在工作中，我想活在我的公寓里。"

——美国电影导演伍迪·艾伦（Woody Allen）

"未来不可预测，生命的尽头永远近在眼前。"

——大门乐队《汽车旅馆布鲁斯》（*Roadhouse Blues*）

地去思考并完全理解它时，会带来一定程度上的趋向于无力的焦虑。人们需要处理这种有害的潜在焦虑以继续生活。**恐惧管理理论**（TMT）详细说明了人们是如何应对这一问题的。人们处理这个问题最常见的方式就是简单地否定它——坚持相信会终结的只是身体这一典型的现世的存在。世界上绝大多数的人都相信当他们在地球上的生命结束后，还会以另外一种形式继续活下去。另一种超越了这种所谓的"对死亡的否定"（Becker，1973）的常见应对方式是，虽然人们可以相信自己会停止存在，但是他们重视的很多事物将会一直存在，并从中得到安慰。对于许多人来说，这种间接的不朽是通过想到自己作为父母的角色来实现的。他们不会一直活下去，但是他们的子孙会。这大概就是为什么想到自身死亡的必然性时，人们会有兴趣生更多的孩子（Wisman & Goldenberg，2005）。

恐惧管理理论进一步强调，人们会试图通过认为自己与广泛的文化、世界观、价值观系统相连接来实现一种象征性的不朽。你肯定会在某一时刻死亡，但是你最看重的许多事物——国家、自由和民主、基督教、佛教或伊斯兰教，甚至是你的母校或者最喜欢的运动队——将会在很久以后依然存在。当人们与这些事物的联系紧密到一定程度时，他们会象征性地与它们共同存在。因此，当提及自身死亡的必然性时，人们会坚守自己的世界观和文化习俗。当然，为了与一个广泛的文化习俗共同活下去，哪怕是象征性的，我们必须和那个习俗保持坚固且有意义的联系。恐惧管理理论因此认为，为了做到这一点，我们会通过迎合或者超越被价值观、规范以及既定文化的世界观所指定的标准来达到或维持高自尊。通过迎合这些标准，我们满足了有意义地与那个世界观相连接的条件，让我们感觉到象征性的永恒。

恐惧管理理论学家已经通过让被试面对自己终将死亡的暗示的方法观察到了被试的屈从，从而验证了这一理论。最常见的方式是让被试写出对两种指示的反应：（1）"简要地描述想到你的死亡时你身体内所唤醒的情绪"；（2）"尽可能详细地记下你认为当你的肉身死亡之后，在你的身上会发生什么事"。在其他研究中，研究者会让被试在殡仪馆或一个与死亡无关的地点填写一份问卷；或是给被试展示致命车祸现场的照片或与死亡无关的照片，从而达到同样的目的。

与恐惧管理理论的信条一致，死亡提醒已被证明能够让人们对批评他们国家的人更有敌意（Greenberg et al.，1990），对他们的内群体更效忠，对他们的外群体更敌对（Dechesne，Greenberg，Arndt，& Schimel，

死亡提醒与民族主义。在对美国世贸大楼和五角大楼的"9·11"恐怖袭击后，美国社会中民族主义情绪流露，图中是在美国佩珀代因大学展览的国旗，这种情绪的流露或许一部分是因为恐怖袭击明确地提醒着人们死亡终将降临，而被点燃的。

2000；Greenberg et al.，1990），更热衷于惩罚那些挑战现行法律和已经确立的程序的人（Rosenblatt，Greenberg，Solomon，Pyszczynski，& Lyon，1989），并且更不愿意使用与文化相关的人工制品，如十字架或者美国国旗，来实现世俗的、功利的目的（Greenberg，Simon，Porteus，Pyszczynski，& Solomon，1995）。换句话说，死亡提醒让人们想要维护他们所认同的社会机构的价值观，那些会在他们死后长久存在的价值观。

要理解恐惧管理问题的潜在政治含义不难。例如，在2004年美国总统选举气氛高涨的时期，调查者询问了受访者对民主党的挑战者约翰·克里（John Kerry）以及在任的总统乔治·沃克·布什（George W. Bush）的看法。研究者在一部分受访者的访谈前对其进行了死亡提醒，而另一部分受访者是在描述了自己牙痛的经历之后再正式回答问题的。因为布什作为当时在任的总统，是美国的领袖，并且被许多人视为对抗基地组织和其他恐怖组织的领袖，因此调查者预测，受访者在经过死亡提醒之后会更偏爱布什而不是克里。正如图7.9所示，这个预测被证实了（Landau，Solomon，Greenberg，Cohen，& Pyszczynski，2004）。对这个观点的进一步支持来自于这场总统选举期间的民意调查结果，每当国土安全部公布的恐怖主义威胁等级上升时，对布什的支持率就倾向于提高。照此推测，这是因为高度的威胁警告让公众的死亡意识变得倍加清晰（Wilier，2004）。

恐惧管理问题不是美国人独有的。研究者让来自伊朗的受访者阅读了一份据称是由一名激进的伊斯兰教徒（"美国代表的世界是安拉真主想要我们摧毁

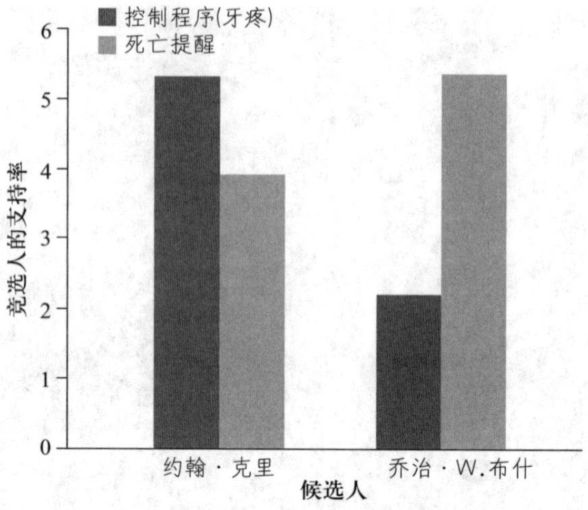

图 7.9 死亡提醒与 2004 年美国总统竞选期间对竞选人的支持率。被试在分别接受常规的调查或接受死亡提醒操作后的调查中，报告了他们对两位总统竞选者克里和布什的态度。

的"）或是一名爱好和平的伊斯兰教徒（"一个人应该用尊敬和关爱之心对待其他人，无论他人来自什么种族、民族或宗教背景"）发表的声明。一部分人是在死亡提醒后读到的，另一部分人则是在一个控制程序后读到了。死亡提醒条件下的受访者比控制条件下的受访者表达出了更多的对激进主义的伊斯兰教徒的赞同（Pyszcznski et al., 2006）。

大量的证据也支持恐惧管理理论提出的对死亡必然性的认识增加了人们争取自尊的努力的观点（Arndt, Schimel, & Goldenberg, 2003；Kasser & Sheldon, 2000；Taubman-Ben-Ari, Florian, & Mikulincer, 1999）。在一项研究中，被试在一种条件下读到了一篇文章，表达了对于濒死体验报告（包括离开并俯瞰自己的肉体，向下穿过一条长长的、明亮的隧道等的感觉）的一致认同的科学观点。该文章声称，考虑到大脑的组成，这正是我们可能的体验，但它们并不能以任何方式表明有来世。在另一种条件下，被试会读到的被一致认同的科学观点恰好相反：认为这些濒死报告指出了在死亡之后存在似乎合理的来世。所有的被试都收到了一份对于他们自身的良好反馈，但这些反馈都是基于星座或有问题的性格测试等值得怀疑的数据，然后被试需要评价他们所收到的反馈的有效性。与那些所读文章在鼓励人们相信有来世的人相比，那些所读文章在质疑来世的人会对这些反馈的有效性给予更高的评价。换言之，如果我们能够相信来世，我们就不需要如此担心如何象征性地继续活下去，因此对自尊的需要也就减少了（Dechesne et al., 2003）。

小　结

人们进行合理化的倾向性超越了处理个人的认知不一致性的范畴。人们还需要看到自己身处的更广阔的社会和政治系统也是公平、公正、美好的。人们也需要处理死亡的必然性所带来的焦虑，常常会通过与自己的世界观建立更紧密的联系来避免焦虑。

本章总结

态度的三个成分

- 态度是沿着一个负性或正性的维度对态度对象的主要评估，它们包括三个元素：情感（情绪）、认知（想法和知识）和行为倾向（行为）。

测量态度

- 态度可以用利克特量表来测量，而态度的强度和重要性可以通过态度的可达性和反应潜伏期（在一个个体的头脑中，态度有多容易被激活）测量。态度关联度测量估计了态度的集中趋势（一个态度与对其他事物的态度有多大程度的相关），而内隐测量挖掘了人们没有意识到的或者不愿意报告的态度。

由态度预测行为

- 有时候，根据态度来预测行为是件出人意料的难事，因为态度有时是模糊的或不一致的；态度有时候与其他决定行为的有力因素冲突；态度有时基于关于这个事物的二手信息；对某件事物的态度和我们实际面临的对象可能不在同一层级的概括性上；而且我们的某些行为是自发的。

由行为预测态度

- 行为能对态度产生实质性的影响。绝大多数表明了这种影响的研究是从认知一致性理论中萌芽的。该理论强调了人们有多么重视自己的各种态度的一致性，以及他们的态度和行为之间的一致性。
- 平衡理论详细地说明了人们渴望平衡他们的信念和情感，因此偏向于坚持与其他态度相符合的态度，并表现出与他们的态度相一致的行为。
- 认知失调理论基于当自己的态度和行为不一致时就会感到失调或不适的观点。人们常常试着通过改变他们的态度使之与行为相一致来减轻失调感。
- 在两个物体或做法之间做出选择之后，人们会通过找到被选事物的新的魅力点和未被选择的事物的新缺陷来减轻失调感。
- 当人们为某一目标付出努力但结果令人失望时，他们就经历了心血辩护。他们通过相信那个目标值得争取，来使他们付出的努力变得合理。
- 人们会在诱从情况下试着减轻失调感。比如说，当被另外一个人诱导着为与他们真实的态度有出入的观点做辩护时，报酬很少的那些人会认为他们必须使他们的行为变得合理，并通过转变他们的态度使其与行为相一致来做到这一点。
- 态度和行为的不一致，只有在行为是其自由选择的（或者给人一种自由选择的错觉），做出该行为的理由不足，或者该行为会带来可预见的不良后果的情况下，才会产生失调感。
- 我们可以通过自我肯定，也就是说通过肯定自身的其他一些重要元素（例如，重要的价值观），来弥补或减轻心理失调和威胁到自我认同及更广泛的自尊的不良后果。

- 很明显，失调是很普遍的，但是激起人们体验到这种感觉的条件具有文化差异。例如，日本人只有在被要求考虑另外一个人会选择什么的时候才会经历决策后失调。

自我知觉理论

- 自我知觉理论基于这样一个前提：人们改变他们的态度使之与自己的行为相一致，因为他们观察到已经发生的行为和条件，然后正如一个观察者可能做的，他们推测出了自己的态度应该是什么。
- 虽然自我知觉可能在一些失调实验所产生的效果中发挥一些作用，但是证据表明，这通常也包含了动机性的因素在内。当态度很弱或者一开始不太明确时，自我知觉似乎造成了态度的改变；而当态度更强烈时，会唤起更多的动机性失调的消减。
- 身体上的感觉常常被并入我们关于一个事物或者对一个情况的评估当中。比如说，当我们在拉拢某个物体时，比推开某个物体时，更相信正在沟通的事。

超越认知一致性，从更广泛的视角认识合理化现象

- 根据制度正当化理论，人们有动机为自己所处的广泛的政治和社会系统做出辩护。他们这样做的一个方法是通过鼓吹从属于一个相对不利的群体的好处，例如认为穷人比富人过得更开心。
- 知道我们每个人都注定会死亡能够引起会使人陷入瘫痪的焦虑。恐惧管理理论认为，人们常常会通过自己的子嗣、在自己死后仍将长存的习俗、对文化世界观的认同，来寻求象征性的永恒，从而应对这种焦虑。

关键概念

第 8 章

说 服

本章要点

- 态度的功能
- 说服与态度改变
- 媒体与说服
- 对说服的抵御

1964年，美国外科医生总会发表了关于“吸烟与健康”的协会咨询报告。这份报告详细阐述了在已知的科学层面上吸烟与罹患肺癌之间的相关关系。在此之后，美国就见证了一场当代顶级规模的关于说服的战役。美国政府为了阐述吸烟的危害，在印刷品、电视、广播和网络上斥资几十亿美元。而烟草工业也毫不示弱，它们花费了几十亿美元来赞美吸烟带给人的愉悦感受。这场关于烟草的战争代价高昂而充满激情，

“演讲的目标不是道出真相，而是说服听众。”

——英国政治家、历史学家托马斯·巴宾顿·麦考利（Thomas Babington Macaulay）

“群众的接受能力是很有限的，他们的理解力也很差，与此同时，他们又很健忘。因而，一切有效的宣传，都必须限于数点。同时采用标语的形式进行宣传，以期每个人都知晓标语的含义。倘若涉及的事项过多，而忽略了此项原则，那样由于人们实在无法对宣传的信息进行记忆或融会贯通，宣传的效力反而易于涣散。”

——阿道夫·希特勒（Adolf Hitler）

一直持续到今天。与此同时，有成千上万的生命正在消逝，又有成千上万的人要么刚刚加入了烟民的大军，要么仍然坚持吸烟。

旨在说服人们放弃吸烟的公益服务广告是形象有力的，并且得到了来自医学领域和政府中具有高可信度并享有崇高声望的专家支持。这些广告帮助人们意识到了吸烟的高风险性——研究发现，在每三例与癌症相关的致命疾病中就有一例与吸烟有关；在美国，每年有40万～50万名新生儿死于吸烟造成的影响；吸烟会增加男子早年阳痿的概率；同时，吸烟的女子相较于不吸烟的女子，服用避孕药产生副作用的概率会提高4倍，也更容易患不育症。这些公益服务广告已经产生了一定的影响：在20世纪50年代，50%的美国人都在吸烟。而如今，仅有20%左右的人在吸烟（美国疾病控制与预防中心，2010）。

然而，既然人们对吸烟的高健康风险有充分的认识，为什么仍然有超过20%的人继续抽烟呢？每年，烟草行业投入130亿美元进行的广告宣传毫无疑问要对规模庞大、坚持吸烟的群体承担一定的责任。其中一个特别成功的吸烟广告案例是“骆驼老乔”广告。其中，骆驼老乔作为骆驼烟草的卡通吉祥物，出现在了广告牌、杂志以及一些促销产品（比如T恤衫）上。在广告活动开始后不久，骆驼烟草在未成年人中占有的市场份额由0.5%增长到了32.8%。另一个成功的案例是维珍妮牌香烟和它销售增长的例子，他们的宣传标语是“宝贝，你辛苦了”，意在针对女性消费群体，并且把吸维珍妮牌香烟与女性对成功、独立和苗条的渴望关联起来。在维珍妮公司的推广活动的影响下，在维珍妮牌香烟的客户群体中，12岁女孩的数量翻了2倍多。

这场关于烟草的战争，这个关于上百万人戒烟成功同时又有上百万人仍然坚

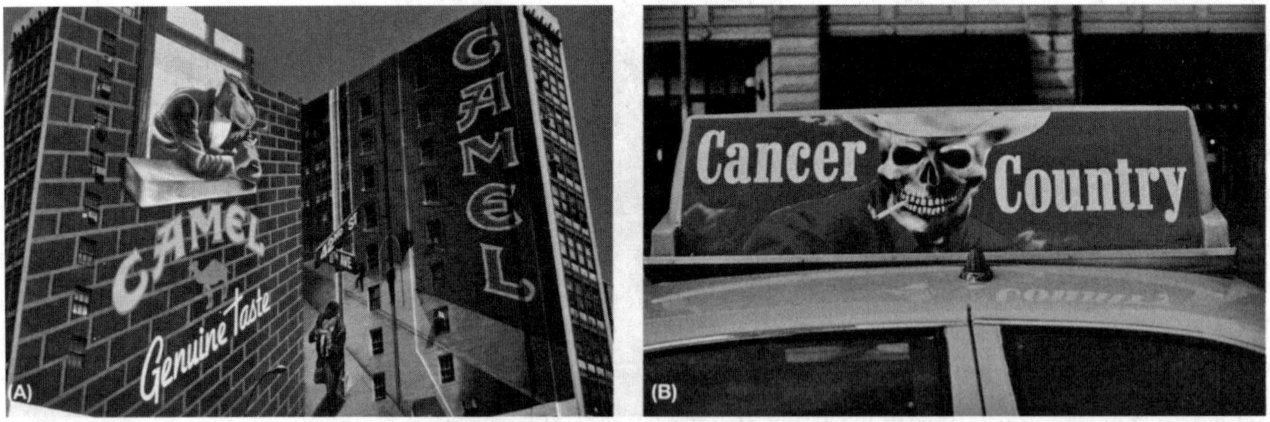

广告与吸烟。（A）1985年，雷诺烟草公司为骆驼香烟设计了一个很酷的动漫广告形象“骆驼老乔”。这个广告主要针对儿童，并且使得骆驼香烟在儿童和青少年之间的销量显著上升。联邦贸易委员会成功通过起诉雷诺香烟公司针对儿童客户群体，迫使雷诺香烟公司结束了骆驼老乔活动。（B）公益广告旨在说服人们停止吸烟。这个“癌症之国”的广告通过模仿万宝路香烟广告中吸着香烟的粗犷而充满男子气概的牛仔进行了犀利的嘲讽，明确指出了香烟与癌症之间的关系。

持吸烟的故事，揭示了本章关注的两个主题：我们面对说服时的脆弱性以及我们对说服的抵抗。令人印象深刻的是人们面对说服时很容易受到说服者的影响。诸如纳尔逊·曼德拉（Nelson Mandela）、马丁·路德·金（Martin Luther King Jr）和莫罕达斯·甘地（Mohandas Gandhi）等充满魅力的领导人尽管缺少政治权利和金钱，却能够激发群众发起彻底的社会变革。

“人不受公平正义支配，而受法律与说服支配。当人们不被法律和说服统治时，人们就会被暴力或欺骗，甚至是被这两者共同统治。”

——英国剧作家乔治·萧伯纳（George Bernard Shaw）

与此同时，人们同样具有非凡的能力来抵抗说服。鼓励人们进行安全性行为或抵制毒品的宣传尽管投入了巨大的手笔且设计得也非常巧妙，但也常常以失败告终（Aronson，Fried，& Stone，1991）。即使在自身的健康或财政状况会受影响的情况下，人们对改变自己的想法仍然会顽固抵抗。

本章的行文围绕着一个核心问题：作为对从政治教化到上门式传教等不同形式的说服的回应，为什么人们有时会改变自身的想法，有时却不会呢？什么是态度改变的驱动力呢？说服性信息是如何做到显著而持久地改变人们的态度的呢？在讨论态度为什么改变或为什么不改变之前，本章将首先讨论人们为什么具有态度。

态度的功能

态度的目标是什么？有一种解释是态度可以指导行为——这是一种有效的解释，尽管态度对行为的指引作用比人们设想得有限（参见第7章）。然而，研究者强调了态度的其他四种功能，并描述了态度在诸如食物喜好和死亡恐惧等广泛领域内的重要性。

态度的功利性功能

态度具有**功利性功能**——也就是说，态度提醒我们去接近奖赏性目标并且避免惩罚性目标（Ferguson & Zayas，2009）。当你意识到了自己对某件事物（比如，食物的味道、图书馆的景象、一个非常挑剔的同事或是一个你很想与之交往的人）所持有的态度时，你就在根据积极的或消极的信息对这些事情进行态度的定义。这些态度往往会被我们当下的目标（如取得好成绩和找到恋爱对象）激发，进而促使我们采取某些可以帮助我们达到目标的行动（Ferguson，2008）。假设在你的心中有一个目标是在心理学考试中取得好成绩。由于这一目标，你会对与之相关联的事物（图书馆、书籍）持更多的正性态度。并且有研究显示这一转变是自动生成的，你甚至没有意识到自己决定要给予图书馆正性的评价（Ferguson & Bargh，2008）。当你对与目标相关联的事物态度积极时，你自然就更可能参与到与目标相关的行为中去（比如去图书馆）。总而言之，态度让我们在评价层面上为

功利性功能（utilitarian function）：态度的一种功能，提醒人们接近对自己有利的事物或环境，远离那些代价过高或具有惩罚性的物体或环境。

态度与关联。我们的态度帮助我们判断奖赏性、惩罚性或中性的物体。如果在漂亮女人和汽车之间建立联系，那么对于美丽女性的正性态度可能会对卖车有所帮助。图中有一位富有魅力的模特在车旁摆造型，人们会把由漂亮女人所唤起的情绪与汽车联系在一起。

幸存者与偏爱的栖息地。一些进化心理学家声称人们更倾向于选择在有水、有半开放空间、有地表植被、有一望无际地平线的栖息地定居，因为这些环境提供了利于生存的条件，位于美国加利福尼亚州的哈奇（Husch）葡萄园就表现出了这些特征。

达成重要的目标而做好了准备。

我们对食物的偏好也说明了态度的功利性作用。在这里，我们对食物喜好与否有助于我们食用那些对我们的生存有益的食物，并且避免食用具有潜在危害的食物。对甜食的喜爱（无疑是我们最强的正性态度之一）能帮我们确定食物的营养价值，比如可以提供维生素C的食物——人类不能像很多哺乳动物一样在体内合成维生素C。我们对苦味食物的厌恶有助于我们避免误食在自然界中偏向于具有苦味的毒素（Profet，1992；Rozin & Kalat，1971）。有趣的是，女性怀孕的前3个月对苦味和辛辣的味道极为敏感。孕早期的晨吐可防止她们食用这一类的食物，从而保护正在发育的胎儿，防止他们在极其容易受伤的时期接触到危险的毒素（Profet，1992）。

态度的功利性功能的观点帮助我们阐明了为什么来自世界各地的人们均对一些自然事物情有独钟（Orians & Heerwagen，1992）。进化心理学家解释了人们偏爱拥有水、丰富的树木和灌木、半开放的空间、地表植物以及一望无际的地平线的地点的原因。这一类的环境为我们的祖先提供了可靠的水资源、猎捕动物和储存食物的条件、避难所以及抵御或躲避捕食者的方式。有证据表明，我们对这一类的环境抱有积极的态度，因为这些态度的进化性优势在拥有这种优势的族群中得以保留，并且被进一步发扬光大。

在现代生活中，广告商对态度的功利性功能有着很好的应用。研究者发现，人们对一个完全中性事物的态度可以被与之伴随的可引发强烈的正性或负性反应的刺激所改变（Petty & Wegener，1998）。人们对于政治宣传标语、促销产品以及说服性信息的态度可以被与之伴随的情感唤醒类刺激（如令人愉悦的气味、电刺激或刺耳的声音）改变（Gresham & Shimp，1985；Janis，Kaye，& Kirschner，1965；Razran，1940；Staats & Staats，1958；Zanna，Kiesler，& Pilkonis，1970）。与利用卡通或历史人物等缺少内在奖励的人物形象来打广告相比，那些利用了动物、婴儿、具有性诱惑力的男女的广告往往能销售更多的商品。

“亲爱的，这是花椰菜。”

“我要说这是菠菜，并且见它的大头鬼去吧。”

态度的自我防御功能

除了为奖赏和威胁发送信号，态度还具备**自我防御功能**，能保护我们远离不愉快的情绪和真相。我们会发展出特定的态度，并据此维持我们对自身以及世界的重要信仰。恐惧管理理论就介绍了一种能保护我们所珍视的信仰的应对方式。这种解释认为，我们对于死亡的恐惧引领我们接受或者依附于某种态度，这种态度反映在文化世界观中——相信如果我们这样做了，我们身体的一部分就能够超越死亡、获得永生。比如，研究发现，当群体内的死亡人数由于各种原因显著增高时，相对于其他群体，人们往往会对自己的群体产生更多的正性的评价，比如更强的爱国主义情结、增强的宗教认同感、对文化标准更强的认同感，以及更强的惩罚道德违背者的趋势。然而，人类强烈的求生本能与死亡的必然趋势相对立，因此它成为了很多最鲜明的态度和最深层的价值观的来源。

自我防御功能（ego-defensive function）：态度的一种功能，态度能让人们秉持他们珍视的对于自己和世界的信念，让人不会因相悖的信息而产生动摇。

依据类似的逻辑，John Jost 及其同事证明了政治保守也是一种帮助人们避开特定焦虑的能自我防御的认知形式（Jost，Glaser，Kruglanski，& Sulloway，2003）。这些研究者总结了几十年中来自不同文化的研究，并确认了政治保守的两个核心价值观：拒绝改变和对不平等的认同。保守的第一个核心维度是拒绝改变，因为保守表现为任何形式的改变都会令其产生不安，无论是政治革命、社会传统的改变、性别身份的改变，还是艺术潮流的改变或科学的进步。保守的第二个核心维度是对不平等的认同。社会在资源分配和机会上存在不平等的现象（尽管这些不平等现象在程度上是不同的）。保守思想更倾向于接受这种不平等。

那么保守的这两种核心思想是从何而来的？根据 Jost 及其同事的研究，这些保守主义的核心观念是在尝试控制恐惧和不确定性。保守主义者和持有其他政治观点的人相比，往往展现了更高水平的恐惧，他们将世界评价为一个更加危险的地方，对与危险相关的词反应更快，甚至更容易做恶梦。保守主义者也对科技革新、不熟悉的音乐、工作要求的改变等一切要求对不确定性有所忍耐的事物表现出更少的兴趣。保守主义者会设想出一个有结构且有序的世界，并受这种态度和信仰吸引。同时，这种行为强化了他们的核心价值观——对改变的抗拒以及对不平等的忍受。

态度的价值表现性功能

价值表现性功能（value-expressive function）：态度的一种功能，态度经常帮助我们表达最珍视的观点，特别是在支持和强化了这些观点的群体之中。

参照群体（reference groups）：对个体有重要影响力的群体，并且可以影响个体的观念和行为。

对于我们为什么有态度，第三个观点是态度的**价值表现性功能**，更多的是抓住了态度在社会层面的表现：态度帮助我们展示了我们最为珍视的价值观，这一功能通常在支持了我们的价值观或能够让我们的价值观得到巩固加强的群体中得以体现。如果去预测哪些大一新生会参加大量的社团（譬如韩国基督徒协会、茶社、学生多样性组织和“还我安宁夜”① 协会等），那么了解这些学生的社会态度将对预测有很大的帮助。同样，浏览脸书网或者接收推特(Twitter)消息也能帮你做出预测。我们加入群体的一部分原因就是为了表达自己的态度。这些群体被认为是我们的**参照群体**，即在群体中，群体的意见可以对个体非常重要并且能改变个体的观点和信仰。

态度的价值表现性功能为许多现象都提供了解释。比如美国孩子为了在家庭这个重要的群体中表达自己的一部分价值观，在很小的时候就会表示要对民主党或者共和党效忠（Niemi & Jennings，1991）。致力于减少偏见的人更愿意与能鼓励这种态度的群体建立联系，并且当他们对少数群体做出的行为与他们的这一态度相违背时，他们会感到内疚与自责（Devine，Monteith，Zuwerink，& Elliot，1991；Devine，Plant，Amodio，Harmon-Jones，& Vance，2002；Plant & Devine，1998）。认为我们与处于同一群体的人分享着相同态度的观点有时甚至会在特定

价值表现与参照群体。我们在参照群体中的同伴允许我们自由地向与我们持相似观点的其他个体表达我们的观点。（A）在以色列特拉维夫举行的一场同性婚礼上，人们表达了他们对同性恋婚姻的支持。（B）美国新奥尔良的“赞美我主”唱诗班用唱歌这一古典的方式来表达集体的信念。

① “还我安宁夜”（Take Back The Night）如今已成为高校校园的一大主题活动，而最早的“还我安宁夜”游行是在20世纪70年代抗议针对妇女的暴力犯罪大行其道而举行的。如今在世界各地，每年都会举行“还我安宁夜”游行，一方面为了守护那些遭受暴力侵害的妇女，另一方面为了抗议暴力行为。——译著注

情况下导致偏见：在政治群体中，人们倾向于过高地估计自己的态度与群体领导的态度之间的相似性（Judd，Kenny，& Krosnick，1983）。

Theodore Newcomb 对美国本宁顿学院学生态度的研究向我们全面展现了态度的价值表现性功能（Newcomb，1958）。Newcomb 对进入本宁顿学院的600名学生进行了研究。本宁顿学院是一所独立的具有实验性质的文理学院，坐落于美国佛蒙特州的乡村。Newcomb 在20世纪30年代进行研究时，该学院刚刚成立。这所学院在政治上具有左倾倾向，同时这所学院是由颇具魅力的自由主义教授运营的。另一方面，学校内的学生大部分来自上层的保守主义的共和党家庭。问题是这些学生的保守派背景和他们周围的自由主义环境之间的较量，谁能成功塑造这些学生的政治态度。

结果表明，在本宁顿学院的学习经历对学生政治态度形成的影响是巨大而深远的（其中部分影响可能来源于家长对子女来到大学读书存在的矛盾心理）。在4年的学习生涯中，大部分学生保守的政治倾向发生了显著的改变。这种态度的改变对他们的投票选择产生了影响，这一点可以在图8.1中看出。大一学生更倾向于选择共和党的候选人；而大四学生倾向于选择民主党或激进的左翼候选人。25年后一项针对129名学生的后续调查显示，在总统大选中，60%的学生选择支持更倾向于自由主义的总统候选人约翰·F·肯尼迪，而不是他的竞争对手理查德·尼克松。这项研究提示我们，学生时代的经历将影响他们的一生。

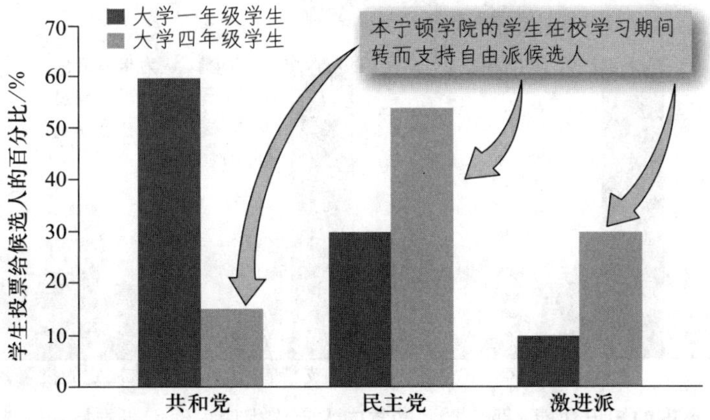

图 8.1 态度的价值表现性功能。

来源：Adapted from Newcomb, 1958.

其余的研究发现证明了本宁顿学院所持的自由主义态度具有价值表现性功能。尤其显著的是，奉行自由主义的学生能够在本宁顿学院的同侪间获得更多的尊重，并且相较于保守派同学，前者更容易融入校园的群体生活。相比而言，保守派学生在同龄人中更少成为领袖，他们在大学中更易感觉疏离，同时也更倾向于待在家中。无论这些学生是转而支持自由主义还是坚持保守主义，他们的态度都折射出了价值表现性功能的巨大影响。

态度的知识功能

知识功能（knowledge function）：态度的一种功能，帮助人们构建对世界的理解与认知，指引人们记忆、储存和提取信息。

态度的第四个功能是**知识功能**，即态度能帮助我们统筹对世界的理解。态度指导着我们该注意什么、记住什么。这使我们在知觉复杂的社会情境时更为高效，但有时也使得我们心怀偏见。最典型的是，对于和我们的先存观念相一致的观点，我们会更加关注，也能回想起更多与之相关的信息（Eagly & Chaiken，1998）。

例如，Lepper、Ross、Vallon 和 Keavney（未公布的数据）进行的一项研究选取了吉米·卡特（Jimmy Carter）和罗纳德·里根（Ronald Regan）的支持者以及还未决定最终支持谁的投票者，让他们一起观看两位候选人在1980年总统选举时所录制的录像。三组成员需要回答一个简单的问题：谁能够赢得这场选举？在图8.2中我们可以看到，学生先前的态度让他们对于谁将获胜得出了完全不同的结论。卡特的支持者认为卡特最终会获胜，里根的支持者则强烈地确信里根最终能获胜。而未拿定主意的投票者存在分歧，尽管他们中的大部分还是认为里根会最终获胜。

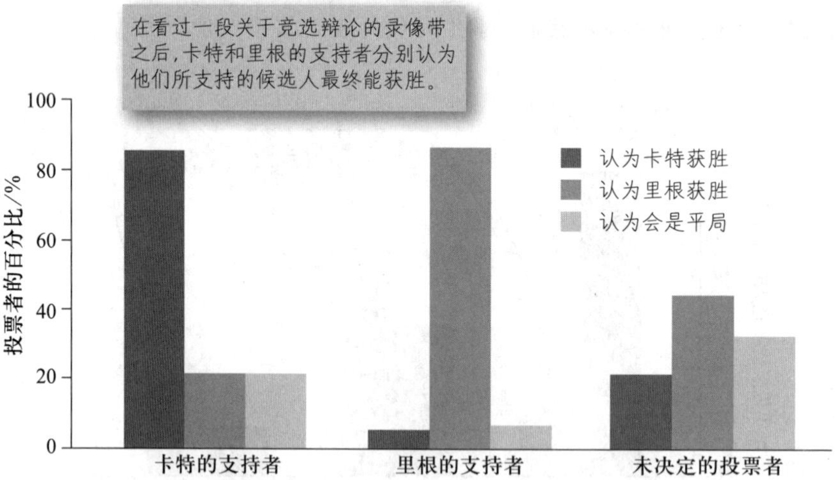

图 8.2　态度的知识功能。两个党派的党内人士均相信，他们所支持的候选人在辩论中会获得胜利，即使他们看的是同一部影片。

来源：Adapted from Lepper, Ross, Vallone, & Keavney, unpublished data.

社会心理学中曾反复提起某些关于态度的观点——态度能够帮助我们搜寻并且关注那些可以证实我们的先存想法的主题。我们先存的关于个体或由个体组成的群体的信念或态度引领我们选择性地想起了与之一致的信念和观点（Fiske & Taylor，1981；Strangor & McMiaan，1992；参见第4章）。我们喜欢外表富有魅力的个体，同时我们解释他们的行为时也更为顺利（Dion，Brescheid，& Walster，1972；参见第10章）。与此相比，对外群体带有偏见的态度使我们在解释外群体个体的行为时更为消极，与我们的偏见相一致（Hamilton & Trolier，1986；参见第11章）。

显然，这里的工作有一点讽刺意味。我们的态度建立在我们过去的经历和我们拥有的知识之上。但最终，我们的态度会变得根深蒂固，使我们偏向于只留意那些支持我们的观点的信息。为了提高效率，我们的态度有时会使客观性变成效率的牺牲品。

小 结

我们的态度为我们的日常生活提供了四方面的重要功能：帮助我们趋利避害，避免拆穿不愉快的生活真相以及自我认知，是我们从属于不同群体的原因之一，也强力地指导着我们如何解释社会世界。

说服与态度改变

科学界已经达成了绝对的一致，认为人类正在导致地球表面变暖，而这种变暖可能导致灾难性的后果——像卡特丽娜一样威力巨大的飓风频繁造访、海平面上升（可能使大量的沿海地区沉没于海底，同时还会导致很多热带岛屿的消失）、极地冰川的融化、肆虐的森林火灾以及成千上万物种的灭绝。同时，另一件事也很显而易见：我们能做许多事来降低碳排放这一全球变暖的基础来源。以下就是其中几点：

- 减少使用私家车，多使用自行车或公共交通。
- 在度假时，少乘空中交通。
- 少吃红肉（你会为这能起到的作用感到惊讶）。
- 使用节能高效的灯泡、厕所抽水设备、供热系统以及太阳能电池，这些事物现在比传统的选择花费更多，但从长期来看，它们会逐渐显露出许多益处。
- 在不用计算机和电灯时将它们关闭。
- 购买本地生产的产品或者自己种植食物（这之所以对减少碳排放有帮助，是因为减少了货车运输）。

现在，请设想你承担了发起一次公益服务的任务，来说服人们接受这些习惯。这项任务并不像说服人们通过改变性行为来预防艾滋病这么艰巨，但其中仍然有许多涉及改变人们与减少碳排放有关的态度和行为的障碍。人们需要改变他们旧日的习惯（像开私家车），放弃强烈的喜好（那些令人垂涎欲滴的双层吉士堡），同时还要调整他们的日常生活方式，每天花更多的时间乘坐公共交通或是直接在农贸市场买菜。那么你想设计什么样的绿色运动？有关说服的讲座指出，并没有一种简单的放之四海而皆准的说服策略。事实上，说服有多种途径，该采取什么样的方式，取决于你的说服对象是谁。

两条说服的途径

系统启发式模型（heuristic-systematic model）：关于说服的一种模型，认为说服存在两种不同的途径：系统式和启发式模型。

详尽可能性模型（elaboration likelihood model，ELM）：说服模型的一种，认为说服存在两种不同的途径：中心途径和外周途径。

在20世纪80年代，两个重要的旨在解释人们在说服性信息面前是怎样改变态度的理论模型被提出。这两个模型分别是 Shelly Chaiken 关于说服的**系统启发式模型**（Chaiken，1980；Chaiken，Liberman，& Eagly，1989）以及 Richard Petty 和 John Cacioppo 关于说服的**详尽可能性模型（ELM）**（Petty & Cacioppo，1979，1984，1986）。这两个模型是两组研究者分别提出的，所用名称也不同，但从本质上来说，这两个模型十分相像（见图8.3）。为了方便，接下来的讨论将围绕详尽可能性模型来进行。

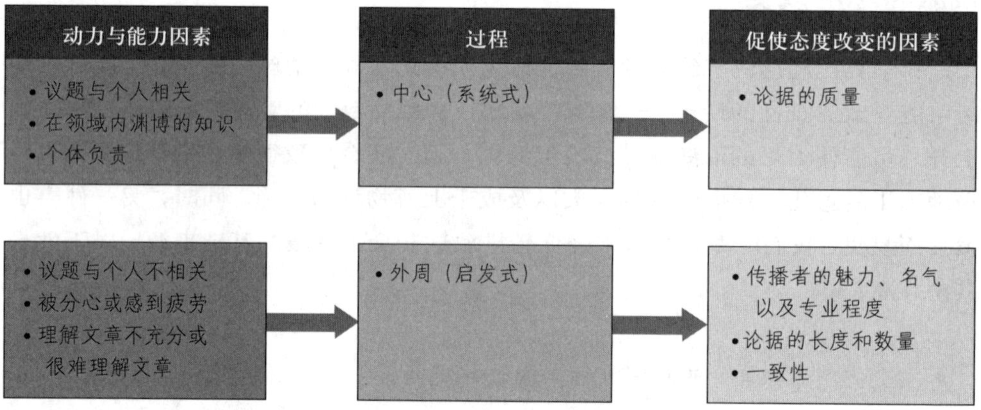

图 8.3 说服的两种途径。根据 Petty 和 Cacioppo 的详尽可能性模型，说服有两种途径：中心途径和外周途径。在这两种途径中，人们的动机水平和注意到信息的能力均不同，而且在这两种途径中，使人们改变态度的因素也有所不同。Chaiken 的模型将这两种途径分别称为系统式途径和启发式途径。同时需要注意的是，任何与说服有关的变量（比如说传播者的专业意见）均可以从中心途径和外周途径这两条路径导致态度的改变。

中心（系统式）途径（central/systematic route）：说服途径的一种，在这种途径之中，人们对信息的内容和途径进行仔细认真地思考，同时也更加关注逻辑、是否中肯、论点以及与之相关的论据和原则。

详尽可能性模型由说服的两种途径提出假设。通过**中心途径**（在 Chaiken 的模型中被称为**系统式途径**），人们会更加认真谨慎地思考信息的内容。他们会注意到信息中所包含的观点的逻辑性以及中肯性（这个观点有多可信），同时也关注其观点所依据的证据和原则，他们还会回想自己与之相关的经历、记忆和图像。所有这些详细的思考都建立在对观点和信息中的其他证据进行了认真筛选的基础上，来引导个体决定是否要改变自己的态度。

通过**外周途径**（在 Chaiken 的模型中被称作**启发式途径**），人们主要注意的是表面上与观点无关紧要的信息。与信息内容无关的线索（比如传播者的专家意见或者表面上的可信度）在得到了细致周全地加工之后，也会被当作一种证据。但是当通过外周途径进行说服时，个体更容易在没有对信息本身进行仔细甄别时就被线索的表象所影响。在这里，个体考虑的可能是信息的长度或传播者看起来有多专业。使用外周途径时，个体更多的是依靠相对简单的启发式沟通或者经验法则来证明改变态度的合理性。因此，一个人改变了自己吃红肉的习惯可能是因为“好像很多人都在说不应该吃红肉”或者“有很多证据都反对吃红肉”。除此之外，外周线索可能改变个体对态度客体（说服信息攻击的焦点）的基本情感反应（见图8.4）。比如一个具有吸引力的或者可靠的传播者，可能会通过诱发个体喜爱或者受吸引的总体感觉，来使得接收者对态度客体（例如公共交通）持更加积极的态度。

外周（启发式）途径（peripheral/heuristic route）：说服途径的一种，在这种途径中，人们注意的是相对简单表面的与信息相关的线索，比如信息的长度以及信息传播者的魅力和专业程度。

图 8.4 你来做被试：中心与外周说服策略

前往 www.thegreenguide.com

列举中心说服策略：	列举外周说服途径：
论据的强度、可信度、证据的清晰程度。	信息来源者的魅力和可信度、论据和支持者的数量。
______	______
______	______
______	______
______	______
______	______

结论：你有可能被网站中重要的或者在某种程度上与你自身相关的信息（有可能是一段关于旅游的内容）所吸引。在这些领域，你更有可能理解论据，且更多地通过中心途径受影响。在与你并不那么相关的领域（也许是一段关于园艺的内容），你也许会更多地被外周途径所影响，比如图片的精美程度。

是什么决定了我们对说服性信息是采取中心途径还是周围途径？一个因素是我们对一个信息投入时间和精力的动机。例如，当这个信息会对我们自身产生影响时，我们更倾向于使用中心途径来解决问题，并对信息中的证据和其他的证据采取较为认真的态度。第二个因素是我们对信息进行深加工的能力。当信息是清晰的且我们有充裕的时间时，我们有能力将其加工得更详细。当我们没有什么动力或者能力不足以加工信息时，我们会转而注意容易加工过的与信息相关的启发式线索，比如传播者的外貌以及证书。

让我们一起来看一些具体的案例。三个要素使得中心途径更有可能：(1) 信息的个体相关度——即是否与我们的目标、忧虑或福祉相关；(2) 我们关于这项议题的知识——我们知道得越多，就越可能仔细认真地查阅相关信息；(3) 该信息是否能使我们感到要对某些可能的行为或结果负责任——例如，当我们需要再向别人解释这条信息时。相比而言，促使人们使用周围途径进行加工的因素有：(1) 会削弱我们的动机；(2) 妨碍我们认真注意相关信息的干扰因素（Eagly & Chaiken，1994；Petty & Cacioppo，1986；Petty & Wegener，1998）。因此，当人们的注意力不集中时——比如让他们同时执行其他任务——他们会更倾向于关注信息的启发式线索。当人们处于困倦状态，或姿势不舒服，或得到的信息不完全，或信息难以理解时，也容易关注信息的启发式线索（Kiesler & Mathog，1968；Petty & Wegener，1998）。

"演讲者有三种说服方式：第一种取决于演讲者的个人魅力，第二种将听众置于一种特定的情境中，第三种方式注重证据，把演讲的重点放到了演讲本身。"

——古希腊哲学家亚里士多德（Aristotle）

为了验证说服的详尽可能性模型，研究者们一般会针对一个议题分别给出强论据和弱论据，然后在一段信息中呈现这些强论据和弱论据。他们同时也会改变与信息相关的不同的启发式线索，比如提供论据的数量以及传播者的名望。最后，通过改变一个因素（比如，议题与个体的相关程度）来控制个体使用中心途径或外周途径进行加工的可能性。如果被试使用中心途径对信息进行加工，他们应该主要受强论据影响。然而，对于那些仅仅注意到信息的启发式线索的被试而言，论据的强度相较而言并不那么重要，因为他们会更多地被如论据的数量和传播者的名望之类的事情影响。

让我们来看一项改变了论据的强度、议题与个人的相关程度以及一个外周线索（说服性信息中专家意见的来源）的研究。在这项研究中，就支持学校实行综合测验的议题，被试要么会读到八个强论据，要么会读到八个弱论据（Patty，Cacioppo，& Goldman，1981）。研究者通过告诉被试这项考试从明年就开始实施（即意味着这些被试都要参加这项考试），或者大概在他们毕业10年后才会实施，来控制该议题与个体的相关程度。最后，专家意见的来源是不同的：一半被试被告知，这些论据是当地的一个高中班级提出的，另一半被试则被告知这项论据是由一位普林斯顿大学的教授所领导的“卡内基协会高等教育分会”提出的。

请仔细看图8.5。你可以发现当信息与学生不相关时（即这项考试在学生毕业10年后才会实施），专家意见的来源是重要的，但论据的强度却不那么重要。缺乏动力的被试对论据的质量没有过多的考虑，却会受论据是来源于一个高中班级还是一个专业的机构所影响。而认为自己将要参加这项测试的被试的情况却有所不同；对于他们而言，信息显然是与他们相关的。他们会更多地被强论据而不是弱论据所说服，但他们并没有因传播者是否为专家所影响。

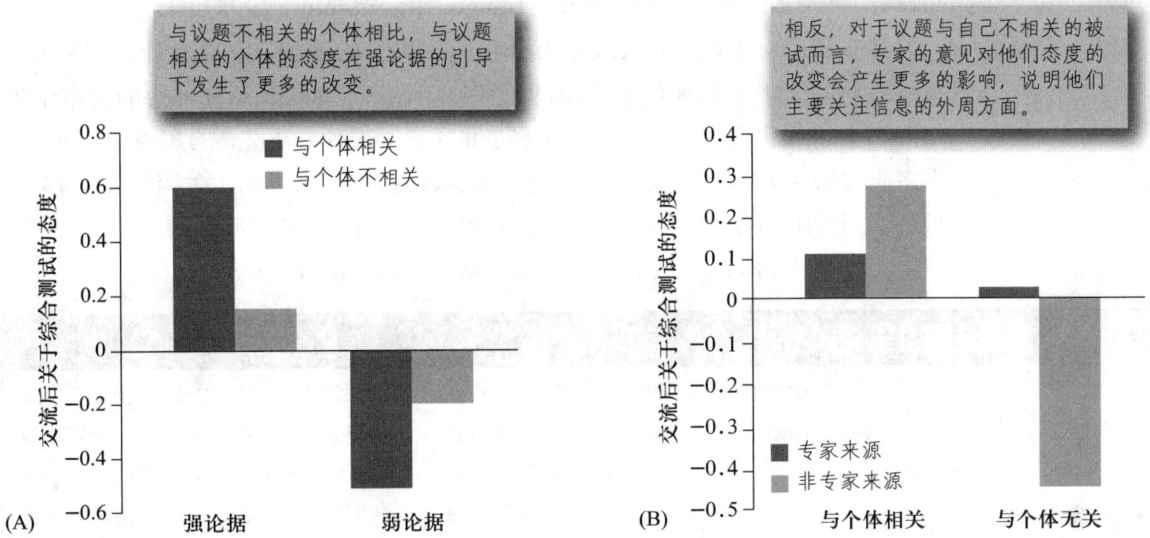

图 8.5 说服的中心或外周途径。当人们有积极性时，态度可以被强论据改变；当人们没有积极性时，态度的改变则主要由沟通者的专业程度决定。

来源：Adapted from Petty & Caioppo, 1986, p.154.

在这项研究中，高个人相关性使得被试被强论据所说服，然而低个人相关性会使被试被专家的意见说服。注意，尽管如此，详尽可能性模型和系统启发式模型都认为说服变量（如论据的强度和意见的来源）不止和一条说服途径绑在一起。反而，说服变量能够起多大作用，是通过中心途径（系统式）还是外周途径（启发式）的方式进行说服，由具体情况决定的（Chen & Chaiken，1999；Petty，1997；Petty & Brinol，2008）。比如，考虑到人们很容易注意到某人是专家，所以专家意见的来源通常确实能通过外周途径来改变人们的观点。但是如果人们具有很强的动机和能力来进行认真的思考，专家意见的来源的功能就可以被当作强度已被评估过的论据。如果它的强度被认为很高，说服的效果便会有所增强，但是如果强度被认为很低，说服便遇到了阻碍。一些专家意见也可以通过让人们对态度客体或议题产生偏好（比如，变得更喜欢该客体或议题）的中心途径来影响说服效果（Chaiken & Maheshwaren，1994；Tormala，Brinol，& Petty，2007）。

总体来说，说服的途径是双重的。一些情境或者信息提示把合理的新论点和证据整合到人们旧有的信念系统中，从而促进了态度的改变。在其他时候，我们并没有付出太多的努力进行思考，也就更容易被表面的线索（如传播者的美貌或魅力），甚至是潜意识的线索所说服（见专栏8.1）。但如果你对更持久的态度改变感兴趣，你最好的选择是通过中心途径去说服别人。使用中心途径，人们会对呈现的信息更加注意，它所产生的效果也会更为显著。与外周途径相比，中心途径产生的说服效果更可能持久，更不易动摇，能更好地预测人们的行为（Eagly &

Chaiken，1993；Mackie，1987；Petty，Haugtvedt，& Smith，1995）。

既然你已经对于说服信息如何起作用有了更好的理解，那么就让我们来看一些更加具体的关于说服如何起作用的研究。Carl Hovland 及其在耶鲁的同事于20世纪四五十年代发展了一套研究态度转变的方法，这种方法非常有影响力，给后来的许多研究带来了启示（Hovland，Janis，& Kelley，1953）。他们的方法源于对第二次世界大战期间军队间大量的通信信息的研究，他们将说服信息分成三部分：（1）谁（信息的来源）；（2）什么（信息的内容）；（3）对谁（信息所针对的目标）。

专栏8.1 聚焦现代生活

潜意识的说服？

1990年，摇滚乐队“犹大圣徒”以导致雷·贝尔纳普和詹姆斯·万斯的自杀为由接受审判。检察官指控说，这两名男子被“犹大圣徒”一首歌中嵌入的“就这样做”的潜意识信息引上了自杀的不归路。潜意识信息真的能有这样强大的影响力吗？潜意识信息能成为第三种隐含的或无意识的说服方式吗？

在潜意识层面呈现的刺激可以激活某些观念，甚至塑造人们的日常思想、感觉和行为（Dijksterhuis，Aarts，& Smith，2005）。来看一组认为潜意识说服可能有效的实验室实验。在其中的一个实验中，研究者在被试的阈下呈现了愉悦的图片（比如一个孩童在玩玩偶）或不愉悦的图片（如一条浑身是血的鲨鱼）后，立刻为被试呈现了关于目标人物的图片。当过后让被试评价那个目标人物时，之前看到正性阈下刺激的被试比之前看到负性阈下刺激的被试给出了更积极的评价（Krosnick，Betz，Jussim，& Lynn，1992）。在另一个可以直接检测出潜意识信息对行为影响的研究中，被试被告知在到达实验室前的3小时内不能喝任何东西（Strahan，Spencer，& Zanna，2002）。被试到达后，有一半被试可以喝水解渴，而另一半被试要继续保持口渴的状态。接着，被试接受阈下处理，其中一些词语和口渴相联系（如口渴、干旱），还有一些是中性词汇（如海盗、胜利）。然后，被试要把两种饮料喝个够。在口渴的被试中，看过与口渴相关的词的人比看过中性词的人喝得明显多。运用同样的过程，接下来的研究发现，潜意识信息甚至可以影响人们对于饮料的选择。具体来说，供给被试的两种饮料被描述为运动饮料——一个名叫“超级解渴”，另一个名叫“能量之源”。实验结束后，研究者告诉被试，现在有两种饮料的优惠券，他们各想要多少券时，在口渴的被试中，被呈现了与口渴有关的潜意识信息的人比那些中性潜意识信息组的人多要了24%的叫“超级解渴”的饮料的优惠券。

那么，我们是否应该警惕广告商、政治运动领导者或者摇滚乐队通过灌输给我们看不见的信息来左右我们的行为？答案是否定的。现实世界与实验室环境在很多方面都存在差异，使得上述影响在现实中表现得并不是那么强烈。被试在这些研究的说服目标（例如，一种新的运动饮料）上本来就没有坚定拥护的选择。利用中性刺激改变人的态度和行为是一码事，当涉及人们熟悉的或具有重大心理意义的刺激时，要想改变人们的态度和行为则是另一码事——例如，让共和党人为民主党候选人投票或让人们少喝可口可乐而转去喝百事可乐。此外，实验室中潜意识信息的呈现恰好出现在目标态度或行为被评估之后，个体在间歇中不会遇到任何矛盾的信息，而这在现实生活中几乎是不可能的。“喝可口可乐”的潜意识命令可以让人信服地离开座位去喝点可口可乐；但如果是在一个商品广告混杂的大厅中，人们既有可能选择可口可乐，也有可能选择百事可乐，甚至不选择饮料而是选择一根棒棒糖。

实际上，没有一个实验曾证明潜意识信息能够诱导人们做他们反对的事。所以，我们没有理由相信“就这样做”这几个字的潜意识呈现会使本就对自杀念头感到不适的人实施自杀，也没有理由相信民主党人会被潜意识诱导而把票投给共和党人。同样，在潜意识中呈现的信息也不可能让苹果牌产品的爱好者购买戴尔牌产品，或者让完全不信教的青年人变成宗教狂热信徒。

信息来源的特征

富有的、著名的、漂亮的人为社会事件做代言人的情况似乎变得越来越多。例如，演员马特•达蒙是water.org的创始人，该组织旨在为贫困国家送去洁净的水资源，他还经常出面担任该组织的代言人。让能吸引大量眼球的人作为代言人会有怎样的效果呢？这些关于由谁来传递信息的问题被称为**信息来源特征**，信息来源的特征独立于信息的实际内容，并且在详尽可能性模型的框架之下成为了改变人们态度的一种强有力的方式。

信息来源特征（source characteristics）：传递信息的人的特征，包括他的吸引力、可信性和专业性。

吸引力

传播者的吸引力是信息来源特征中的重要部分。U2乐队的主唱博诺·沃克斯险胜安吉丽娜·朱莉成为非洲贫困国家的代言人。迷人的电影明星会定期出现在公共服务的发布会上，比如会鼓励青少年多读书、不要逃学、不要欺凌弱小或吸毒。有一种观点认为，这些活动毫无意义，因为漂亮（或名人）与公众信服地选择某种消费品或冒险行为没有任何逻辑联系。但在这里，详尽可能性模型起了作用：有吸引力的传播者可以通过说服的外周途径促进人们发生态度转变。例如，我们更喜欢并且信任那些外表有吸引力的人（见第10章），无论是好是坏，这个简单的事实会让我们更加认可他们传达给我们的态度。

说服与名人。广告商们经常聘请名人为他们的产品代言、参加公共服务发布会和社会活动。他们相信，由谁来传递信息可以影响人们是否可以信服地购买他们的产品或加入到活动中。最近的一个例子是Lady Gaga高调宣传的反欺凌运动。①

社会心理学调查显示，有吸引力的传播者比没有吸引力的传播者更有说服力（Petty & Cacioppo，1986）。有吸引力的传播者可以通过中心途径进行说服——例如，使人们更愿意努力思考他们所认同的职位。然而，大多数关于信息来源吸引力的调查研究显示，对于那些认为该信息不重要的人以及对该领域知之甚少的人来说，有吸引力的传播者尤其具有说服力，因为在这些情况下，人们更容易注意到外周线索，比如，信息来源的吸引力（Chaiken，1980；Petty，Cacioppo，& Schumann，1983；Wood & Kallgren，1988）。

可信性

第二个有影响力的信息来源特征是传播者的可信性。可信性指的是传播者既是专家又值得信赖。广告商会努力运用可信性来获利，比如，在牙膏和阿司匹林的广告中就经常有专业的药物检测人员出现，证明产品的有效性。就连对药

---

① 图中英文译文“无欺凌”。——译著注

可信性与说服。如果人们相信传播者是真诚的、知识渊博的并且值得信任的，就更容易相信其所传达的信息。上图为马丁·路德·金在1963年8月于华盛顿举行的大游行期间，正于林肯纪念堂前准备进行《我有一个梦想》的演讲。他几个月来为了领导集会付出的努力、强有力且富有诗意的言辞以及激情的演讲赋予了其能说服公众的可信性和可能性。

物知之甚少的演员都受邀在电视广告中为和健康相关的产品代言，并在其中扮演医生。这种策略真的有效吗？详尽可能性模型能预测什么？正如你期望的那样，这样的传播者可以激活说服的外周途径，让你的态度发生很大的转变。因此，当主题与个人目标无关或目标混杂难辨时，在人们心中具有较高可信性的传播者的说服将更加有力，因为这种目标并不关注信息本身（Kiesler & Mathog，1968；Petty，Cacioppo，& Goldman，1981；Rhine & Severance，1970）。但是积极而且思考严谨的说服目标还是可能会对信息来源的可信性表示怀疑。例如，他会将信息来源的可信性视作一种论据，该论据有利于将他的态度引向信息来源试图证实的方面。

睡眠者效应

近期有很多不可信的传播者混进了电视广播中，这些疯子声称犹太人大屠杀从未发生过，艾滋病不是性接触造成的，而全球变暖只是一个骗局，对这件事你怎么看呢？是不是把那些诳语当成了耳边风？Hovland 和 Weiss（1951）的一项早期研究指出并不尽然。在这项研究中，被试首先要评估在不久的将来即将建成一艘核潜艇（那时还没有核潜艇）的可能性。5天后，被试读到了一篇关于核潜艇建造迫在眉睫的文章，并被告知该文章或者由可信度很高的物理学家、“原子弹之父”罗伯特·奥本海默撰写，或者由一个为苏联宣传部的报纸《真理报》工作的缺乏可信度的记者所写。就像你期望的那样，即使文字内容完全一样，和《真理报》记者的文章相比，署名奥本海默的文章仍能让更多的人发生态度转变。

“每当一个信息看似要抓住我们时，我们就会想‘我只是试一下’，于是就站在了选择与被广告说服的交叉路口。”

——美国政治学者安德鲁·哈克（Andrew Hacker）

然而，更令人惊奇的是，那些先前读到《真理报》记者文章的被试虽在刚开始时并没有改变态度，但4周后他们的态度转到文章的作者所主张的方向上去了。这种滞后的效应称为**睡眠者效应**——即不可信的信息来源最初会产生些微的影响，但是随着时间的推移，它仍有着转变人们态度的潜力。Anthony Pratkanis、Tony Greenwald 及其同事通过仔细地研究，确认了睡眠者效应是如何工作的。看起来，随着时间的推移，在人们心中，信息源与信息本身的联系断开了。当你听到几个我行我素、不计后果的人在收音机里强烈抨击全球变暖的证据时，你会觉得他说的信息不一定真实，因为他缺乏可信性。但是随着时间推移，这个信息将有机会影响你的观点，因为信息来源与它的实际内容之间的联系已经断开了。更重要的是，当挑战不可信来源的线索优于信息本身时——例如，当传播者

睡眠者效应（sleeper effect）：源于不可信来源的信息最初产生些微影响，但是后来造成了个体态度转变的现象。

的可信性在一开始就受到质疑时，睡眠者效应就不会发生（Pratkanis，Greenwald，Leippe，& Baumgardner，1988）。在这种情况下，人们对于随之而来的信息以及对它的驳斥都会形成一种消极的反应，以此来减少它的影响。

信息的特征

从哲学家亚里士多德探究阐明说服性信息的原则，到今天在课堂上讲授的天花乱坠的销售技巧，什么样的**信息的特征**能使言论具有说服力呢？现在你应该可以预测到详尽可能性模型会怎么说：这取决于听众的积极性和加工处理信息的能力。

信息的特征（message characteristics）：信息本身的性质，包括证据的质量和其结论的明确性。

信息的质量

如你在图8.3中看到的，高质量的信息在通常情况下更有说服力，尤其是对于那些觉得信息切题而有意义、在这一领域内有知识基础和对于这一问题有责任感的人来说。那么，高质量的信息是由什么构成的呢？通常情况下，高质量的信息通常会告诉人们，如果根据该信息采取行动，会带来合其心意且新奇的结果（Burnstein & Vinokur，1973）；它们常常能切中听众的核心价值观（Cacioppo，Petty，& Sidera，1982）；并且直接、清楚而富有逻辑（Chaiken & Eagly，1976；Leippe & Elkin，1987）。

通常情况下，如果让你的结论清楚明确（Hovland，Lumsdaine，& Sheffield，1949），清楚地反驳了对立派的观点，并为信息接收者提供了用以驳斥其他相左信息的材料（Hass & Linder，1972；Petty & Wegener，1998），将更可能改变信息接收者的态度。如果你的观点并不是以自身利益出发的，你将更有说服力。例如，Walster、Aronson和Abrahams（1966）发现，主张判决更长的监禁时间的犯人，比起主张更短监禁时间的犯人，更有说服力。当有人朝着明显不利于自己的方向争论时，信息的来源会被认为更加真诚。

违反自身利益的争论。帕特里克·雷诺兹是R. J.雷诺兹（雷诺兹烟草公司创始人，雷诺兹烟草公司是美国第二大烟草公司，拥有众多品牌，如Camel、Kool、Winston和Salem牌的香烟）的外孙兼继承人，他正在向学生讲述烟草的危害。他目睹了自己的父亲和长兄死于由吸烟导致的肺气肿与肺癌，决定致力于反烟草活动。他经常发表反烟演讲，公开支持建立无烟社会，拥有很高的公信力。他的言语的分量不仅源于其家族的历史，更是因为他越是宣扬反烟思想，所能继承的财产就越少。

生动性

你认为你所听到的说服性信息真实吗（见专栏8.2）？当事实真相与生动却荒谬的陈述相比时，有胜算吗？Hamill、Wilson和Nisbett（1980）的研究表明，将生动的信息嵌入具有情感感染力的个人叙述中，会比客观的数据更有说服力。在他们的研究中，研究者首先评估了被试对于福利的态度。在一种条件下，被试阅读了一篇有关一个终生接受福利的女人的生动而有吸引力的故事。这个故事的原型是罗纳德·里根介绍过的一位产生了巨大影响的“福利女王”，

可识别的受害者效应。当一个事件是由清楚的可识别的受害者的画像展示的时候，人们通常更易被说服，正如这个给人留下了深刻印象的联合国儿童基金会的广告一样。

她开发了福利系统，终生接受福利，一生在舒适与悠闲中度过。在第二种条件下，被试看到的是关于福利的事实：福利接受者平均接受福利的时限为2年，只有10%的人可以接受4年以上的福利。在第三种条件下，被试看到的既有生动叙述，也有客观事实。在这种情况下，他们读到的情况很明显只是福利接受者中的特例。你认为哪一种信息将会让被试产生更大的态度转变呢：是生动却不具代表性的故事，还是清晰的事实？毫无疑问，你会预计：学生在听完生动的故事后更容易产生态度的转变——即使是在他们也同样得知了冰冷现实的数据时；而事实几乎不会改变他们的态度。

可识别的受害者效应（identifiable victim effect）：比起更抽象的个体数量，我们倾向于被单个个体的困境所感动。

传媒中充斥着生动的图像，很明显有巨大的影响力。警示全球变暖的信息描绘了北极熊宝宝站立在逐步融化的冰块上，四处飘浮，十分危险。夜间新闻会特别强调当地发生的谋杀、诱拐和火灾案件。更常见的情况是，生动图像的威力也是**可识别的受害者效应**的证据。生动的、有血有肉的受害者比起抽象的数据更能强有力地说服人们（Collins，Taylor，Wood，& Thompson，1988；Shedler & Manis，1986；Taylor & Thomposon，1982）。例如，瑞恩·怀特（Ryan White）13岁时感染艾滋病，并与病魔进行了顽强的斗争，直到6年后才去世。随着他的去世，美国国会通

专栏8.2 聚焦流行文化

《别对我说谎》

前几年颇受欢迎的美国电视剧《别对我说谎》（*Lie to me*）是以社会心理学家Paul Ekman的研究为基础的，他做过早期面部表情的普遍性研究。撒谎当然是说服中最富有挑战性的行为：让别人相信你实际上完全不相信的事。Ekman和Bella DePaulo等人发现了特定的线索来判断一个人是否在说谎。当一个人说谎时，他们更容易表现出特定的行为，如说话犹豫，摸脸，与消极情绪有关的微表情，轻微摇腿，言语障碍（两个词汇混淆或形成新的单词），音量突然升高，以及减少目光接触（Depaulo，Lanier，& Davis，1983；Ekman，O'Sullivan，Friesen，& Scherer，1991；Mehrabian & Williams，1969；Riggio & Friedman，1983）。

我们有多擅长揪出说谎者？事实证明，在这一点上，我们的表现往往不佳。Ekman及其同事向成千上万的人呈现了人们撒谎和说真话时的录影带（Ekman & O'Sullivan，1991）。被试只需指出每个人是在说谎话还是实话。随机猜测的正确率是50%，但是实际上，被试回答的正确率平均只有57%。这一研究也能告诉我们，谁尤其擅长揪出说谎者。你猜是谁呢？答案可能与你的预期正好相反，法官、临床医生以及心理学家等人虽然看起来都很贤明，却并不比普通人高明。唯一展现了揪出说谎者的能力的人群是特工，因为他们受过良好的关于撒谎的社会心理学训练。

过了瑞恩·怀特关心法案，给全美最大的针对艾滋病病人的服务机构提供资金支持。很明显，瑞恩和艾滋病抗争的故事是令人感动的，6年顽强的抗争比起大量的数据或医学报告更能转变人们对于该病的态度。

恐惧

在说服性交流中，恐惧会起什么作用呢？让我们回到假设的问题上——如何组织一场倡导减少碳排放的运动。在想象难民、食物短缺、被火灾和洪水袭击的地区的图景时，你会十分恐惧吗？详尽可能性模型提供了对抗性的关于恐惧和说服的观念：一方面，极度的恐惧会破坏细致的有逻辑的信息加工过程，因此会降低说服的可能性；另一方面，适当的恐惧有时可能会加强被试了解信息的积极性，因而增加态度改变的可能性。

这说明什么？在通常情况下，让活动适当引起一点恐慌并提供一些如何应对这种恐慌的方法是很明智的（Boster & Mongeau，1984）。一项研究支持这种宣传方式，Howard Leventhal 及其同事试图通过以下三种方式改变被试的吸烟习惯。他们向第一组被试呈现了有关肺癌的后果的影像资料，包括了一个移除肺部变黑部分的手术镜头。第二组被试拿到了一本关于如何戒烟的小册子（没有激发恐惧）。第三组被试既看了电影又拿到了小册子（Leventhal，Watts，& Pagano，1967）。观看了恐怖电影的被试比仅阅读了小册子的被试更多地减少了吸烟行为。恐惧本身可能是有说服作用的。但是既看了电影又读了小册子的被试的吸烟行为减少得最多，图8.6呈现了在干预后的一个月，被试自我报告的日常吸烟行为。在通常情况下，提供具体的行为改变方法是很有效的（Leventhal，1970；Leventhal et al.，1967；Robberson & Rogers，1988）。然而，太令人惊恐的信息可能会使人们选择否认危险，而不是与其抗争，尤其是在缺乏应对恐惧的明确方法时（Becker & Josephs，1988；Job，1988；Rogers & Mewborn，1976）。

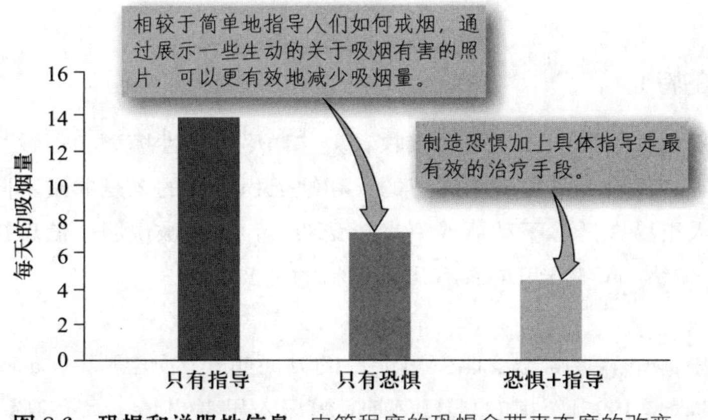

图 8.6 恐惧和说服性信息。中等程度的恐惧会带来态度的改变。
来源：Adapted from Leventhal, Watts, & Pagano, 1967.

文化

生动性和恐惧不是让信息具有说服力的唯二因素。但一个信息是否能契合特定文化群体也很重要。因此，我们在独立型社会和相互依存型社会的媒体上会发现，信息的内容有明显的不同。营销专家韩升洙和Sharon Shavitt分析了美国和韩国的新闻杂志以及女性杂志上的广告（Han & Shavitt，1994）。他们发现，美国的广告强调对于个体的利益（“在人群中找到属于你自己的路”或者“活得快乐”），然而韩国的广告却更注重集体的利益（“我们有能够拉近人们关系的方法”）。韩升洙和Shavitt还进行了实验，操纵广告的内容并衡量它们的影响。他们发现，有个体倾向的广告对于美国被试更加有效，而有集体倾向的广告对于韩国被试更加有效。

(A)

(B)

信息的特征和目标信息。根据时代和文化的不同，广告呈现的信息也不同。信息在相互依存型社会中通常关注于集体主义，而在独立型社会中则关注个人主义。同样，在同一个社会中，广告呈现的信息可能会随着时代的变迁而改变。(A)在第二次世界大战中，美国军方的海报强调集体；(B)最近美国军方征募新兵的海报则强调在军队服役能塑造个人品质(例如，个人实力)。

信息接收者的特征

交流总是包含信息的传播者和接收者。与详尽可能性模型相一致，那些置身其中、知识丰富且对于信息有责任感的人和缺乏积极性的人是非常不同的。一般来说，有些人更易在诱惑下动摇或更肯接受劝告，从而被说服。**信息接收者特征**（例如个性、情绪和年龄）可能具有出人意料的重要影响。

信息接收者特征(receiver characteristics)：接收者的特征，包括年龄、心情、个性和关注信息的积极性。

认知需要

在个性中，一个影响态度改变可能性的方面叫作认知需要（Cacioppo，Petty，Feinstein，& Jarvis，1996），指的是人们有多想深入思考事情。具有高认知需要的人喜欢仔细思考事情的多个方面。这种人会在地铁上阅读《美国科学》（*Scientific*

American）或在闲暇时进行复杂的思考来打发时间。具有低认知需要的人不认为思考有什么乐趣可言。你可以想象具有高认知需要的人更易被高质量的论据说服，但对于外周线索无动于衷（Cacioppo，Petty，& Morris，1983；Haugtvedt & Petty，1992）。

心情

信息接收者的第二个重要特征就是情绪。擅长交流的人会竭尽全力地为听众营造一种特别的情绪氛围。希特勒会为其最重要的演讲筹划大型集会，让集会现场被纳粹的黑字条幅、令人畏惧的军事力量和齐声呼喊口号的支持者所环绕。他的目的就在于激发听众的情绪，使他们接受他的思想。除了纳粹集会沉郁的气氛之外，信息传递者还能为听众营造其他的情绪氛围，一种不同的听众心情。罗纳德·里根被誉为“伟大的沟通者”，以其在演讲和新闻发布会中总能让人放下戒备、传染力十足的幽默闻名于世。（有一次，里根总统访问了一所大学，但是由于他削减了国家对大学的资金投入，学生给予了他令人尴尬的沉默。当他走过沉默的抗议者的队伍后，里根转过身来，将手指放到嘴边，说到“嘘”。）

说服和情绪。听众的情绪将影响某信息能否改变听众的态度。在20世纪30年代的德国，阿道夫·希特勒举行了多次如图所示的集会，以期创造一种强大、团结的气氛，鼓励人们支持他的思想。

研究发现，当人们吃东西或者听优美的音乐时，更可能被外周途径的说服信息改变态度（McGuire，1985）。但情绪也可以通过中心途径来发挥影响。例如，Duane Wegener 和 Richard Petty 的研究显示，当信息与接收者的情绪达到共鸣时，按照中心途径进行说服更容易成功。尤其是对于沮丧或抑郁的人来说，悲观的、逆态度的信息更能促进人们对信息的加工；而对于快乐的人来说，积极、向上、顺态度的信息更能促进人们对信息进行加工（Bless et al.，1996；Mackie & Worth，1989；Wegener & Petty，1994；Wegener，Petty，& Smith，1995）。

年龄

最后，听众的年龄有什么影响呢？你可能已经猜到了，跟成年人或老年人相比，年轻人对于说服信息会表现出更多的怀疑（Sears，1986）。这个发现有着重大的现实意义。例如，罗纳德·里根总统取得政治成功的重要原因之一就是在18～25岁群体中获得了极大的支持率；28年后，也是这个群体的极力支持成就了巴拉克·奥巴马。这个年轻的群体在政治效忠上是极具可塑性的。

另一个证明年龄在说服中的影响力的例子来自在法庭可否信赖儿童目击者的问题。如果在虐待儿童的案件中，儿童的态度会轻易受到别有用心的律师和误导信息的左右（Loftus，1993，2003），那么法庭应该严肃对待儿童的证词吗？最后是有关针对年轻人的广告的问题。广告和媒体信息能够塑造人们的态度，与老年人相比，它们对年轻人的影响更大，也许我们真应该谨慎看待大量的针对16岁以下儿童的广告。

David Sears 将年龄与说服敏感性之间的关系作为说服文化的划分界限之一进行了研究（Sears，1986）。大部分改变态度的实验都以刚进入大学的学生为被试，但本宁顿大学的研究表明，这类群体处在活跃的发展年龄，尤其易于改变自己的态度。随着年龄的增长，态度的可塑性会下降。Sears 提出了一个严肃的问题：该文献关于态度改变的结论差异可以推广到其他年龄的群体中吗？这是可能的，他总结到，关于说服的研究高估了我们的态度被可能的说服者改变的程度。本章的最后一部分会详尽阐明这个主题，并讨论人们抵抗态度改变的具体事例。

让我们回到你为了减少碳排放而试图改变人们的日常习惯的宣传活动上。上述内容能给你带来哪些有用的启示？也许最重要的启示就是为信息接收者量身订做说服信息。特定的人群——包括全球变暖与其息息相关的人、对于这场危机知之甚少的人、对此有个人责任感的人，以及有高认知需要的人——更可能受益于中心途径，被信息中的深层次本质触动。对于这些类型的人来说，没有什么可以代替有清楚逻辑、有清楚结论并且涉及价值观的高质量信息，它们比那些笨拙的推荐更能产生微妙的影响。

对于其他人来说，在许多情况下，外周途径可能比中心途径更有效。例如，外周途径对于年轻的听众、对全球变暖知之甚少的人以及那些认为全球变暖与自身关系不大的人来说，可能更有效。此时，你可能需要求助于有吸引力的环保主义者（马特·戴蒙）、具有高可信度的人（获得过诺贝尔奖的科学家）以及对你最有利的具有交流启发性的信息。

小　结

详尽可能性模型和系统启发式模型阐述了两种加工说服信息的方式。当信息接收者的积极性和能力均较高时，说服更可能通过中心（系统式）途径发生，人们被信息的系统分析说服，例如，有力的论据。当信息接收者的积极性和能力较低时，态度转变倾向于通过外周（启发式）途径发生，人们会被易加工的线索说服，例如，论据的绝对数量和信息传播者的吸引力。表述清楚的信息、驳斥对立面的信息、符合接收者文化价值观的信息以及生动的信息往往更加有效。有高认知需要的信息接收者更可能通过中心途径加工信息。另外，情绪好的信息接收者比情绪不好的信息接收者更易被说服，年轻人比老年人更易被说服。

媒体与说服

我们生活在一个媒体无处不在的世界中。最近，通过汇总相关研究，美国成年人平均每天要看4.34小时的电视和录像，上2.47小时的网，收听1.34小时的广播，阅读0.44小时的报纸和杂志（eMarketer，2011）。这些数据告诉我们，美国人在醒着的时候花费了超过一半的时间与媒体接触，远远超过了用于和朋友及家人面对面交流的时间。

我们生活在媒体的世界中，所以不难想象，我们几乎所有的态度都会受到大众传播的塑造。最近在电视上看到的或在广播上听到的商业广告可能会左右你是购买戴尔牌计算机还是购买苹果牌计算机，是买李维斯牌牛仔裤还是买盖普牌牛仔裤。我们在投票站选择候选人的时候可能会被最近的政治宣传广告所引导。事实上，许多阴谋论都建立在这样一个基础上——我们的日常生活被无处不在的媒体组织控制，并由一些幕后的不法精英分子操纵。我们真的那么容易受到媒体的影响吗？

在所谓的**“第三者效应”**中，大多数人都假设“其他人”比自己更容易受到说服性活动的影响——“其他人”缺乏合理的分析和控制自己的能力（Duck & Mullin，1995；Hoorens & Ruiter，1996；Perloff，1993；Vallone，Ross，& Lepper，1985）。在一项对于“第三者效应”的研究中，被试评价了三种媒体呈现对于他们自己或者其他被试的可能影响（Innes & Zeitz，1988）。这三种媒体呈现分别是政治宣传广告活动、媒体所描述的一个关于暴力问题的故事，以及一个阻止人们与酒驾者来往的活动——被试都认为其他人比自己更容易受到影响。

第三者效应（third-person effect）：大多数人所持有的一种假设，认为相较于自己，“其他人”（比如在媒体活动中出现的那些人）更易受到说服性信息的影响。

那么媒体在塑造我们的态度上究竟有多大的影响力呢？要证明媒体对于态度的影响不是一个简单的工作。研究者做了一些实验，但是更多地依赖于调查法，让被试自行报告他们所看到的广告。然而，回顾性自我报告并不可靠。如果被试说他们看过某一广告，或者没看过一些广告，研究者该怎么确定是不是真的呢？他们怎么能知道那些看过的被试是在相同的情况下看的呢？是否存在自我选择效应呢？例如，有高积极性的公民更可能关注政治广告（Iyengar，2004）。任何广告活动都可以被这种政治动机因素混淆。

尽管有这些困难，还是有很多实验证明了媒体的力量。例如，研究表明，媒体和游戏中的暴力场面和行为确实可以让人们变得更有侵略性（见第13章）。但是，媒体的影响不像你想象得那么强大。让我们来看几个证明媒体在说服人们改变态度上，影响力出人预料地小的例子。这给我们提供了一个思考人们如何拒绝说服尝试的机会。

出人预料的媒体的微弱影响

William McGuire回顾了有关紧密的媒体宣传对非常具体的行为有何影响的证据后，发现媒体宣传的影响其实非常小，有时甚至丝毫没有动摇人们（McGuire，1985，1986）。他的结论在后来得到了广泛的认同，人们在面对媒体轰炸的时候常常表现得非常自主。让我们来看三个具体案例，在这些案例中，媒体的影响微乎其微，令人咋舌。

消费者广告

广告业在美国是一个价值数十亿美元的产业。耐克或阿贝克隆比和费奇（A&F）的广告虽然魅力难挡，但它们真的会让你出门去购买它们的产品吗？McGuire 声称，它们并没有这样的效果。当研究者仔细地审阅一个产品的广告预算及其市场份额（也就是购买该产品的顾客比例）之间的关系时，他们发现二者之间只有很弱的相关关系，甚至是没有相关。即使出现了相关，通常也非常短暂，而且通常不会持续一年（Bird，2002；Landes & Rrosenfield，1994）。公司投入到产品宣传上的金额大小可能不会影响消费者购买该产品的意愿。广告的确有其他影响，然而它们可能不会直接影响消费者的购买行为。广告可以培养顾客对产品的忠诚度、塑造产品的知名度以及产品带给人们的温暖和激动感，而这些因素可以进一步影响人们的购买行为（McGuire，1986）。

政治广告

政治广告的情况如何呢？随着选举的临近，电视就会逐渐被激动人心的、时而具有争议的政治广告所占据。有许多政治学者的研究已经挑战了传统观念。大多数研究报告没有发现候选人花费在选举上的时间和他是否成功有相关关系（Jacobson，1978；Levitt，1994）。一份关于1976年的民主党总统初选的研究的确发现了候选人的开支和获得的选票数存在相关，但是相关只存在于选举的初级阶段。其他影响因素（例如，候选人过去取得的成绩）在预测候选人的最终成功上更为重要（Grush，1980）。其他研究表明，政治广告对于投票行为的影响非常

政治广告。在总统选举中，为了给候选人塑造有力量和魅力的形象，政党往往要在正面的竞选广告上花费上百万美元。

小（Kaid，1981）。它们主要会影响较晚才能做出决定的和反对该候选者的投票者们。Ansolabehere 和 Iyengar（1995）表明，特定种类的广告，如明显在对竞争对手进行攻击性抨击的负面政治广告，反而会导致潜在选票的流逝。作为这一研究的证据，这些研究者指出，历史数据表明，在总统大选期间，随着负面广告的增加，对应着投票率的减少。在1960年，总统大选的投票率为62%；截止1988年，投票率下降至50%（尽管2008年总统大选的投票率曾升至57%）。在一项关于1992年参议院的竞选活动的细致研究中，Ansolabehere 和 Iyengar 将竞选活动分成了负面部分（带有攻击性的广告）和正面部分（强调选举人的特定参选理由的广告）。这些正面的竞选活动赢得的平均投票率（57%）比负面竞选活动赢得的平均投票率（49.7%）更高。

公益广告

在电视节目的空档中播放的公益广告往往是呼吁公众采取有益于健康和社会的生活方式。它们针对使用毒品、吸烟和不安全性行为提出了强有力的反对声音。还有的公益广告鼓励父母为孩子们读故事，陪孩子们一起玩耍。那么，这些广告真的能对人们之后的行为产生明显的影响吗？答案似乎还是否定的（Tyler，1984）。更为细致的研究发现，精心设计的旗帜鲜明的反对滥用毒品的公益广告，几乎没有增加儿童对于毒品危害的了解，更重要的是，也没有减少儿童的毒品使用行为（Schanie & Sundel，1978）。这其中就包含了 D. A. R. E. 运动，一项耗资巨大、应用广泛的旨在抵制毒品的运动。最近的一项纵向研究发现，在六年级参与了 D. A. R. E. 运动的学生与那些没有参与该运动的学生相比（其他条件基本匹配），20岁时在吸烟、饮酒和违法使用毒品方面并没有表现出明显的区别。

公益广告。公益广告旨在劝说人们远离酒精、毒品、香烟和不安全性行为；它鼓励人们采取更加健康的行为。这个反毒品广告被用于一场鼓励孩子们远离毒品的活动。

尽管标准的大众传媒收效甚微，但一些新颖的说服方法似乎颇有成效。例如，根据具体情境教青少年如何拒绝不安全的性行为之后，青少年自我报告的不安全性行为以及性传播疾病患病率都下降了（Jemmott，Jemmot，& Fong，1988；Jemmott，Jemmott，Braverman，& Fong，2005）。

媒体和关于社会现实的观念

研究已经广泛证明了 McGuire 激进的观点，即认为媒体想说服民众改变态度和行为的尝试往往收效甚微，特别是当广告针对具体行为时。我们的行为（是买黑莓手机还是苹果手机，发生性行为时是否采取安全措施）背后往往有一套复杂的联合动机。这似乎意味着在每天轰炸我们的彼此竞争的广告声之外，还有某种信息可能会促使我们采取特定的行为。

然而，其他人会争论说，媒体拥有更加使人不安的影响力：它们塑造着我们关于社会现实的观念（Eibach，Libby，& Gilovich，2003）。特定的广告或许不会引导我们去购买特定的商品，但是它们可能会诱使我们相信个人的幸福会在对物质的追求中实现。政治广告或许不会让我们去为特定的候选人投票，但可能会使我们认为国家的状况正在每况愈下。

议程控制（agenda control）：媒体挑选需要强调的特定的事件和话题，因此引导人们形成了认为哪些事情更重要的观念。

政治学者 Shanto Iyengar 将媒体的影响视为**议程控制**：媒体塑造了你对什么东西重要和怎样才正确的认知。例如，新闻媒体常常把对于犯罪的恐惧、对于交通堵塞的关注，以及对于经济的担忧当作重要的事情加以重点报道，从而导致公众以为这些事件是最重要的（Dearing & Rogers，1996；Iyenger & Kinder，1987）。在一项实验中，被试看了一系列的新闻报道。在第一种条件下，他们看到三则有关美国如何依赖于进口能源的报道；在第二种条件下，被试看了六则类似的报道；在第三种条件下，被试所看的新闻报道中没有提到这方面的内容。在没有看到任何有关美国依赖于进口能源的新闻的被试中，24% 的人认为能源问题是美国所面临的三大首要问题之一。而在之前看过三则或六则能源报道的被试中，分别有 50% 和 65% 的人认为能源问题是美国面临的三大首要问题之一（Iyengar & Kinder，1987）。因此，掌权的政治家应该期待媒体更多地报道说明当下社会欣欣向荣、发展良好的事件；而期待击败在任者的政治家应该希望媒体把报道的焦点放在社会发展中的问题上。

George Gerbner 及其同事通过对电视节目的内容进行编码，并检查重度电视痴迷者的态度，来探索议程控制这一问题（Gerbner，Gross，Morgan，& Signorielli，1986）。结果并不令人惊讶，电视中描述的世界与现实几乎完全不同。例如，在黄金时间的节目中，男性和女性出现比例是 3:1。少数族裔、幼童和老年人的代表名额严重不足。犯罪行为在黄金时段的电视节目的单位时间中出现的次数比美国普通城市真实的犯罪数字高很多。重度电视痴迷者（平均每天观看电视在 5 小时以上的人）在解释真实世界时，会认为真实的世界与电视中的所展现的更为相似。重度电视痴迷者往往持有更偏激的种族偏见态度。他们认为女性与男性相比，能力更弱。他们高估了暴力犯罪的普遍程度并且认为世界是充满危险和灾难的。同时，他们还高估了医生和律师的人数。当然，这些发现可以被视为自我选择的结果。也许，人们越是持有偏见、越是愤世嫉俗、越是愚昧无知，就越爱看电视节目，而正是这种个体差异导致了这样的结果。

受议程控制观点的指导，Shelly Grabe、L. Monique Ward 和 Janet Shibley Hyde 想知道，面对媒体，女性是否更易受到形体方面的问题困扰——这是一项事关健康和生活质量的重要威胁（Grabe，Ward，& Hyde，2008）。女性形象在如今的杂志、电视节目和电影中比真实生活中的女性形象更瘦，因此许多女性为了达到媒体中的体重标准而患上了神经性厌食症。实验研究了媒体上较瘦的女性形象对女性观众的短期影响，而相关研究也检验了在媒体上花费更高的女孩或女性是不是更多地被形体问题困扰。这两种类型的证据都表明，面对媒体上更瘦的同性时，女性倾向于认为瘦才是正常标准，会对自身的体型感到不满意，并发展出有问题的饮食行为。

专栏8.3 聚焦媒体

怀有敌意的媒体氛围

随着约翰·麦凯恩和贝拉克·奥巴马之间的总统竞选进行到白热化阶段，两者之间的差距逐渐在缩小。2008年7月23日，约翰·麦凯恩做客福克斯新闻频道，与主持人肖恩·汉尼提（Sean Hannity）展开对话。除了谈到了伊拉克战争，两人的中心话题是媒体偏见。麦凯恩和汉尼提认为，媒体对待奥巴马的方式是不加鉴别的，是一种有偏见的时尚，将他视为一位摇滚明星，而不是批判地审阅他的执政纲领。媒体带有偏差的看法是政治策略的一部分，但在是政治家和民众身上都能观察到。小布什总统倾向于将媒体看成“过滤器”，认为主流媒体是在带有偏见的政治镜头中报道他的总统生涯的，没有良好地反映出他的观念和纲领。理查德·尼克松认为，媒体被犹太精英派控制。关于媒体思想带有固定偏见的说法不仅吸引了自由主义者，也在保守主义者中十分吃得开。一个旨在倡导新闻报道的公平和准确的组织FAIR（Fairness and Accuracy in Reporting，其网址是www.fair.org）就致力于报道媒体中的偏见（例如，指出保守主义者更倾向于以专家的身份在晚间在线节目中出现）。

Rovert Vallone、Lee Ross和Mark Lepper在1985年的研究表明，我们倾向于相信媒体对我们青睐的事件原因抱有成见。根据这些研究，大多数的民众都相信自己看待世界的方式是合理而客观的。含蓄的表达就是，如果一个媒体在报道某一问题时试图呈现对立双方的观点，那么它就一定是带有偏见的。这种认为媒体都怀有敌意的基本倾向常常体现在我们会将总统政策视为政治煽动，这也是媒体在我们眼中的一个基本特征。例如，1980年总统大选3天前的一项电话调查显示，在吉米·卡特的支持者中，83%的人认为媒体更偏爱里根，而在里根的支持者中，有96%的人认为媒体更偏爱吉米·卡特。

小 结

媒体的说服效果和广告的影响力比人们想象得小很多，但我们大多数人都相信媒体宣传对其他人来说是非常有效的。媒体最大的影响似乎就是影响我们关于社会现实的观念，从而实现了议程控制，即让我们感到某些问题尤其重要。

对说服的抵御

媒体似乎对塑造我们关于现实社会的观念具有极强的影响力。但是它们为什么没有强烈地影响到我们决定购买什么产品、投票给谁或者接受关于健康生活的倡议呢？为什么在这些方面，媒体的影响似乎都微乎其微呢？部分答案就藏在社会心理学的众多原理之中，即受知觉偏差、先前的承诺以及既有知识影响——这些因素会促使我们独立思考，并且有力地抵御外界的说服企图。

注意偏差和抵御

当美国卫生部部长办公室在1964年宣布吸烟和肺癌之间存在关系时，就已经证明了吸烟可以让人罹患肺癌，要求吸烟者和不吸烟者一起改变对吸烟的态度。然而，在报告发布之后，40%的吸烟者（同时只有10%的不吸烟者）认为这份报告是有缺陷的。我们都倾向于认为自己能够以一种相对公平的方式去理解数据和信息（Pronin，Gilovich，& Ross，2004）；而且如果我们意识到了一个习惯对身体健康有危害，我们就会相应地改变对待该习惯的态度。但是我们的大脑有时会以保持一贯态度的方式，选择性地回应这些信息。

让我们一起打破这个断言。首先，一些研究指出，人们倾向于选择性注意能够证明他们之前态度的信息（Egaly & Chaiken，1998；Sweeney & Gruber，1984）。这就意味着，我们会接收能巩固我们的态度的信息，而不理会与态度相悖的证据。在一项研究中，支持和反对将大麻合法化的学生都要收听一条支持大麻合法化的信息（Kleinhesselink & Edwards，1975）。这条信息中包含了14个论点，其中有7个论点是有说服力的且难以反驳（对支持大麻合法化的学生有明确的吸引力），还有7个论点是非常愚蠢的且易于反驳（对反对大麻合法化的学生非常有吸引力）。这些学生在通过耳机听到这些信息时，还会听到与之相伴的稳定的嗡嗡声。学生们可以通过按压一个按钮，来使这种嗡嗡声消失5秒，这样就能更加清楚地听到他们想听的信息了，即与他们的态度一致的论点或想要反驳的论点。

“人类知道当他采纳一项意见时，他就会从其他一切事物中找到支持该意见的一面。尽管还有更多的、有分量的证据支持另一边的观点，人们也会忽视或轻视它们，驳斥或拒绝它们，这样一来，根据重要而有害的预先决定的权威得出的结论就能保证不被玷污。”

——英国哲学家弗朗西斯·培根（Francis Bacon）

就像你预期的那样，那些支持大麻合法化的学生在听到有力地支持合法化的论点时会频繁地按压按钮——想要听到支持他们先前态度的证据。相反，反对大麻合法化的学生在听到易于反驳的支持合法化的理由时，即有利于其观点的理由，更倾向于去按压按钮。在一项类似的研究中，需要写文章来论证将联邦资金用于流产或使用核能的学生倾向于从杂志上挑选能够支持其观点的材料（Mcpherson，1983）。在总统选举中，许多人都更愿意看支持了他们所偏爱的候选人的报纸、博客和网站，并且会避免看那些支持其竞争对手的材料。

我们不仅会有意识地挑选和寻找支持我们态度的信息，我们还要选择性地评估我们接收的信息。具体来说，我们非常喜欢去寻找支持我们态度的信息，并且反驳与我们态度相悖的信息。例如，在一项研究中，Ziva Kunda（1990）让男生和女生阅读了一篇发表在《纽约时报》（*New York Times*）上的关于咖啡因的摄入会提高女性患腺纤维囊疾病风险的文章。一半的实验被试是高咖啡因摄入者——拿铁、热牛奶咖啡、健怡可乐或私酿威士忌的爱好者。另一半被试是低咖啡因摄入者。当然，那些摄入高剂量咖啡因的女生应该认为这篇文章是最具威胁性的，并且对其抱有最大的怀疑。就如你在图8.7中看到的那样，结果确实如此。男生被试无论是否摄入了大量的咖啡因都认为该文章是可信的，摄入较少咖啡因的女生被试也相信该文章。只有摄入高剂量咖啡因的女生被试对该文章不那么确信。

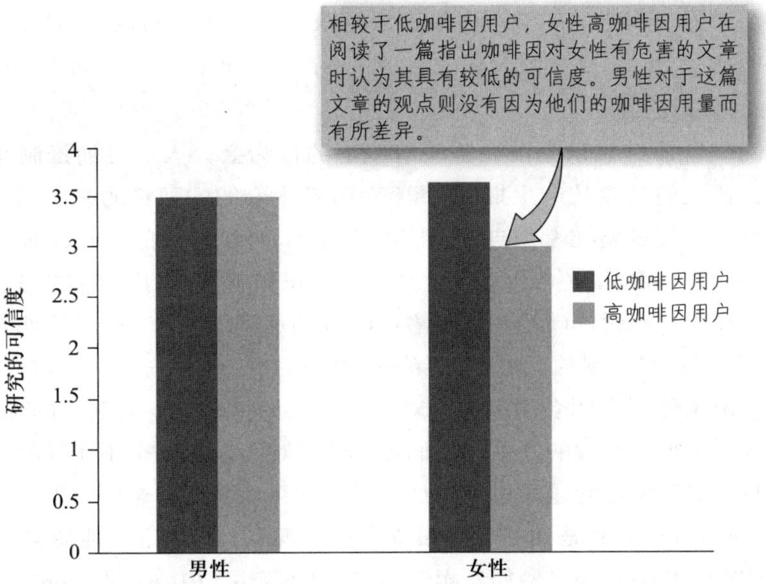

图8.7 选择性评估。具有个人动机的人会贬损那些挑战其珍贵信仰的信息。
来源：Adapted from Kunda, 1990.

在一项相关研究中，Peter Ditto及其同事发现人们对侵犯他们自身健康信念的证据有更强的批评倾向（Ditto & Lopez，1992）。所收到的诊断信息是指出他们不健康的病人更倾向于贬低该诊断的严肃性和得出该诊断的检验方法的有效性（Ditto，Jemmott，& Darley，1988）。Ditto和Lopez（1992）对该研究进行了巧妙的拓展，把大学生置于一个虚拟的被称为“TAA缺陷”的医学条件下，声称该缺陷与患上胰腺疾病有关联。检验TAA缺陷的方法很简单：把唾液涂在一张黄色的纸上并进行观察，看它是否会在之后的20秒内变色。在缺陷条件下，研究者告诉被试，如果试纸仍为黄色，就说明有该缺陷；在非缺陷条件下，如果纸张颜色变成深绿色，就说明被试有该缺陷。事实上，无论在何种环境中，试纸始终是黄色的。很明显，在缺陷条件下的被试会期待纸张改变颜色，并且会因为纸张始终呈黄色而感到不安。而事实上，在该实验中，被试有权自由决定何时结束实验并离开，结果缺陷组被试比正常组被试多花了近30秒的时间来结束测试。既然我们会有选择性地注意和评价那些在某种程度上支持我们先前态度的信息，那么我们就不用奇怪媒体为什么很难改变我们的既有态度了。

先前的承诺和抵御

许多说服性信息之所以没成功，是因为它们无法打破说服对象先前的承诺。例如，最近的实证研究表明，我们的政治忠诚经常继承自父母，有点像DNA（见专栏8.4）。希望让潜在投票者支持本方候选人的政治广告必须要做到让投票者放弃他们之前对另一政党的忠诚，而不仅仅是获得一个表面的投票结果。相似的，在策划反毒品运动时，需要减少那些将摄入毒品深深地嵌入其生活方式或其交友圈子的人的摄毒行为。

这里同样有证据显示先前在公共情境下的行为会让人们更加抵制态度的改变（同时也让人们对顺从产生抵制；阅读第9章中介绍的阿希的线段判断实验）。在一些研究中，被试要在考虑自身态度的情况下，做出公开声明（Kisler，1971；Pallak，Mueller，Dollar，& Pallak，1972）。当被试公开声明了自身的态度时——就像人们在和朋友们讨论政治和社会事件时做的那样——与未公开声明态度的被试相比，他们对后来听到的反对意见会抱以更强的抵御。

思维极化假设（thought polarization hypothesis）：这种假设认为，越对某个议题进行更广泛的思考，越会形成更极端、更坚定的态度。

为什么做出公开声明会增加人们对说服企图的抵御呢？最明显的理由就是，此时即使看到了足以反驳的证据，人们也会骑虎难下。另一个不明显的理由是公开声明使我们对于特定问题的思考更加宽泛，这会让我们的态度变得更极端、更坚定。Abraham Tesser的**思维极化假设**支持这一观点。为了证实他的假设，Tesser测量了被试对于社会问题（例如，卖淫合法化）的态度（Tesser & Conlee，1975）。接下来他让被试花几分钟时间对这个问题进行思考。当被试第二次对相同的问

专栏8.4　聚焦生物学

态度的基因基础

最能影响我们对自身重要观点的忠诚度和对说服我们的观点的抵御能力的因素之一就是基因。1993年佐治亚大学的Abraham Tesser认为，我们的态度部分是受遗传决定的。为了证实他的观点，Tesser检查了基因完全相同的同卵双生子和拥有50%相同基因的异卵双生子的态度。对于他所调查的大多数态度而言，同卵双生子的态度都比异卵双生子更为接近，例如，对于死刑、爵士乐、审查制度、离婚和社会主义等的态度均属于这种情况。此外，研究者还发现，态度的可遗传成分越多，就越易被接受，越不易被说服，他越可能被一位持相同态度的陌生人吸引。当然，没有基因与审查制度、社会主义直接相关；遗传性传递必须通过某些气质的成分才能完成，如一种对新奇事物的畏惧（让你更讨厌爵士乐却更能忍受审查制度）、冲动性或者勇于冒险。

最近James Fowler及其同事的进一步研究发现，基因不仅如Tesser所言和人们对政治的态度有联系，还与政治参与相关（Fowler，Baker，& Dawes，2008）。更具体地说，他们还发现同卵双生子与异卵双生子相比，在共享党派关系上更可能相似，在参与洛杉矶地区的选举投票时，行为也有更多的相似之处。难怪要转变人们的政治观点和选举偏好那么困难，因为要想改变他们，需要改变他们的基本组成部分。

题表明自己的态度时，他们都给出了更强烈的态度：赞成者和反对者都变得更加极端了。反复表达态度在不同的领域都引起了更强烈的态度，包括对待他人、对艺术、对流行风潮、对足球战术的态度（Dowing，Judd，& Brauer，1992；Judd，Drake，Downing，& Krosnick，1991；Tesser，Martin，& Mendolia，1995）。然而，当人们先前对该事物没有思考的动机或没有了解时，继续深入地思考能够引发人们较为温和的态度。

知识和抵御

根据详尽可能性模型改变态度的方法，先前的知识能让人们对之后的信息进行更细致的思考。拥有大量知识的人能更好地抵御说服，这让他们的态度更加难以改变。这已经得到了实验研究的证实（Haugtvedt & Petty，1992；Krosnick，1988；Lydon，Zanna，& Ross，1988；Zuwerink & Devine，1996）。例如，在一项对环境保护的态度的研究中，Wendy Wood（1982）将学生分成了两组：一组是支持环境保护并非常了解这一项目的学生，另一组是支持环境保护却并不了解这一项目的学生。在第二步中，她让这两组学生阅读了一份反对环境保护的文章。非常了解这一项目的学生仅仅略微改变了他们的态度，并且强烈驳斥了这一文章。那些不太了解这一项目的学生却因为这篇反对环保的文章而改变了态度，因为他们没有足够可用的知识来驳斥这篇文章。

态度免疫

到目前为止，本节已经检验了人们的信念体系（偏差、承诺和先前的知识）是如何让他们抵御态度改变的。这种抵御源于一种更一般化的趋势——选择性地注意和更愿意评估支持其先前态度的证据。某些技术能够用于进一步强化这种对说服的抵御，或者将它们逐渐灌输给那些对自己所选择的观点较缺乏承诺、知识和信念的人。

William McGuire 从人们接种疫苗中寻找到了灵感，并发展出了一种方法。当我们接种疫苗时，我们被暴露在较小剂量的病毒前。较小剂量的病毒将会刺激我们的免疫系统，从而抵御之后暴露在更大剂量下的病毒下的危险。McGuire 相信，通过**态度免疫**，即对于我们的信念的微弱冲击，能够强化我们的态度、先前的承诺或知识框架等，而后再抵御以后将面对的较强势的说服（McGuire & Papageorgis，1961）。

态度免疫（attitude inoculation）：对于信念的较小冲击能够强化人们的态度、先前的承诺和知识框架等，使得人们抵抗之后较大的冲击，并且对劝说有抵御能力。

在关于态度免疫效果的研究中，McGuire 首先评价了被试对于不同社会常识的支持程度，例如，“在每餐饭后刷牙是一个好习惯”或者“青霉素对人类的影响几乎都是有益的（Mcguire & Papageorgis，1961）。超过 75% 的被试在衡量他们关于这些常识的支持程度的 15 点量表中得到了 15 分。

之后就是实验干预。McGuire 和 Papageorgis 对被试在社会常识上的信念施加了很小的冲击，例如，在刷牙的例子中，实验被试会读到“刷牙太频繁可能会伤害牙龈，从而使口腔中易受感染的地方发炎”。在一些情境下，实验者要求被试说出反驳的论点来对抗冲击。在其他情境下，实验者要求被试思考支持那些常识的证据。在此次实验之后的1小时和7天之间，实验者会要求被试阅读一篇分为三段的完全反驳该常识的文章。

图8.8是证实态度免疫的证据，就像你在第一列中所看到的那样，在呈现抨击信息之前，实验被试坚定地相信这一众所周知的道理。之后的纵列则显示了没有经历最初的小抨击的被试对于那些常识的信念的确受损了（第二列）。但是接受并成功抵御了第一次小抨击的被试面对较大的抨击时显示出了较强的抵御能力（第三列）。此外，反驳最初的小抨击明显比寻找支持常识的证据有效（第四列）。

图 8.8 科学方法：态度免疫

假设：对于核心观点的小抨击使得人们更能抵御劝说。

研究方法：

1. 研究者测量被试关于社会常识的认可程度。
2. 对实验被试关于社会常识的信念施加较小的冲击。
3. 在态度免疫的条件下，研究者要求被试对较小的冲击进行反驳。在其他的条件下，研究者要求被试思考支持社会常识的证据。
4. 在实验之后的 1 小时和 7 天间，研究者要求被试阅读一篇完全否定该社会常识的文章。

结果：在两次冲击之前，被试强烈地认可社会常识。对于那些没有经历过态度免疫的被试，完全否定的冲击损害了他们对社会常识的认可程度（第二列）。但是接受了态度免疫的被试面对随后较强烈的反驳时，基本保持了原先的信念（第三列）。态度免疫比提出支持社会常识的证据的方法更有效（第四列）。

结论：态度免疫，即人们运用先前的态度、信念和知识来进行反驳，让人们更能抵御态度的改变。

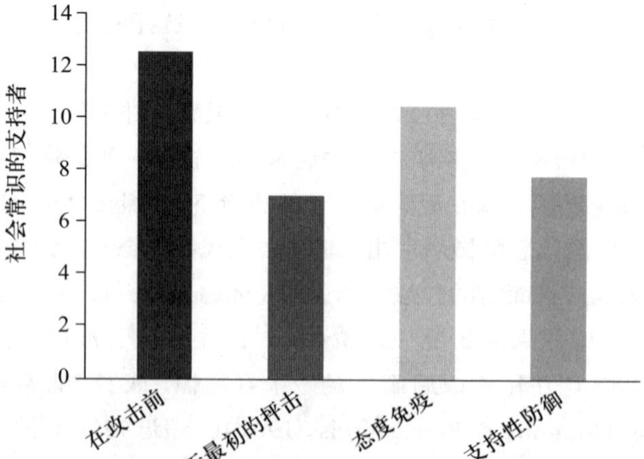

来源：Adapted from McGuire & Papageorgis, 1961.

想想态度免疫可能有多大作用。例如，在吸烟预防项目中，先为青少年呈现同龄人或广告中会提出的支持吸烟的观点（例如，“吸烟是自由和成熟的标志”）。之后再鼓励他们反驳这些观点，这样会收到较好的教育效果，这就是一个明确利用了态度免疫的例子。

态度的确定性的改变

在先前对抵御态度改变的讨论中，一个观点认为如果人们拒绝了富有说服力的呼吁，他们面对目标对象的态度将不会发生改变。但是在该领域的大多数研究中，“态度没有改变”意味着目标态度在方向和极端性上都没有发生改变。但是态度的其余维度仍可能发生改变，就算态度仍是有点消极的。Tormala、Petty及其同事所进行的越来越多的研究（Tormala & Petty，2002；Tormala，Clarkson，& Petty，2006）表明，即使态度的方向和极端性不发生改变，对于自身态度的确信程度也可能会变化。理解影响态度确定性的因素是重要的，因为态度确定性越高就越能很好地预测行为（Fazio & Zanna，1978），态度也越能经得住富有说服力的煽动（Wu & Shaffer，1987），存留更长的时间（Bassilli，1996）。对说服的抵御程度究竟在多长和多大程度上影响态度的确定性？

在一项典型的研究该问题的实验中，实验被试接触了一则逆态度的说服信息（一项支持某观点的证据，而被试已经知晓该观点且肯定会进行驳斥的），之后被试要就该信息提出反驳。在这项练习之前和之后，实验者测量了被试关于另一个相关问题的态度的确定性。类似的研究发现，当被试抵御了说服时（即他们态度的方向和极端性没有发生改变时），抵御过程能够增加或降低态度确定性。当人们感受到他们成功地抵御住十分具有说服力的信息时，就会加强态度的确定性（Tormala & Petty，2002；Tormala & Petty，2004a，2004b）。如果人们没有觉得自己抵御住劝说（即使他们的态度并没有变），或者他们认为所抵御的信息很无力且来源不可靠，那么态度确定性就不会增加。

另一方面，如果人们感到他们在抵御说服方面做得很差，例如，提出了一项很无力的反驳的证据，那么对于说服的抵御将会降低态度的确定性（Tormala，Clarkson，& Petty，2006）。就连态度的方向和极端性没有发生改变时，人们也会这样认为。此外，当人们感觉自己在抵御说服方面做得很差时，与此相关的态度将更难预测其行为，并且让他们在面对未来逆态度的说服时更易被说服。颇有讽刺意味的是，先前对说服的抵御有时会使得之后相似的态度在面对随后的说服时更易改变。总的来说，这项研究代表了有关抵御说服方面重要的研究方向：抵御说服不仅是态度的方向和极端性发生改变的问题。

小　结

媒体和其他人尝试去改变人们的态度的效果并没有我们大多数人想象得好。人们经常有选择性地挑选和评价那些支持他们先前信念和观点的信息，而忽视那些驳斥他们先前观点的批评性证据。最初对政治意识形态的忠诚和价值观加强了对相反观点和态度说服企图的抵御能力。态度免疫，或者对我们的信念的小小冲击，能够让我们更好地抵御之后的说服，因为较小的冲击给了我们在面对强有力的驳斥先前信念和态度的冲击时，形成自己反驳证据的机会。最后，对劝说的抵御可能引起态度确定性的变化，即使原先的态度在方向和极端性上均没有发生改变。

本章总结

态度的功能

- 态度拥有多种功能。态度具有功利性功能，是奖罚的信号。态度具有自我防御的作用，防止人们被不真实的信念和情感所欺骗。态度具有价值表现性功能，反映人们希望他人（特别是参照群体）所了解的价值观。态度还具有知识功能，可组织人们对社会的建构，并且指导人们去获取、储存和检索信息。

说服与态度改变

- 系统启发式模型和详尽可能性模型都假设说服有两条途径。决定作用途径的因素包括动机、信息对个体的重要程度以及个体加工信息的能力。
- 当使用中心（系统式）途径进行说服时，人们会认真地加工信息，并会具体思考相关的证据和背后的逻辑。当信息与信息接收者自身相关、或信息接收者具有该领域内的知识储备，或者信息激起了信息接收者的个人责任感时，人们倾向于使用这条途径。在这条途径中，人们更可能被高质量的信息说服。
- 当使用外周（启发式）途径进行说服时，人们对表面的信息更感兴趣。当人们没有太强的动机或没有能力进行更深层次的理解时，人们倾向于使用这条途径。在这条途径中，人们会被信息源的特征影响，包括说服者的吸引力和可信赖程度，以及信息本身的特征（如信息中有多少证据，结论是不是清晰明白的）。
- 说服过程的基本组成元素能够被分解成三部分：说服信息的来源、说服信息的内容以及说服信息的目标。
- 一个不可信的信息来源往往不能引起态度即刻的改变，但是随着时间的推移，睡眠者效应可能会出现，使得态度改变发生在一段时间之后，而此时，信息与其来源的关联已经断开了。
- 生动的交流（包括可识别的受害者的形象）通常比不带感情的事实述说更能有效地改变人们的态度。在激发恐惧的谈话中提供消除恐惧的方法，这种说服比那些不引发恐惧或者引发了恐惧而不提供解决方法的说服更能改变说服对象的态度。
- 在独立型和相互依存型社会中，说服信息的内容通常有所差异。独立型社会中的广告强调个体，相互依存型社会中的广告强调集体。
- 说服目标（或者说听众）同样影响着特定的信息是否能有效地改变他人的态度。观众（或信息接收者）的特征包括情绪、年龄、认知需求（即人们考虑问题的深度）。

媒体与说服

- 根据第三者效应，大多数人都相信其他人比他们自己更易受媒体影响。但是事实上，媒体对大多数人的影响都出乎意料得小。在消费广告（广告很少引起长期影响）、政治广告（对大多数投票者的影响很小，仅对稍后才做决定的投票者起作用）和公益广告（除非伴随着具体的可以减少负面行为的建议和实践方法，否则很难产生持续性影响）中，情况确实如此。
- 媒体在议程控制（即塑造人们思考的内容）上最有效果。它们通过呈现与议题（例如，恐怖主义、道德观、战争、环境和经济等）相关的大量故事和讨论，从而在人们的头脑中留下影响。

对说服的抵御

- 人们先前的偏见和知识对说服能够产生抵御效果。人们根据他们之前的态度有选择性地接受和评价信息，接受与自己之前态度相同的信息，忽略和自己之前态度相悖的信息。
- 拥有更多知识的个体对态度说服更能抵御，因为他们能够从自己知道和确信的事物中提出反对说服信息的理由。
- 对说服的抵御可以通过态度免疫增强，将说服对象暴露于较弱的反驳其原先观点的信息中，之后让他思考反对该信息的证据。
- 即使一个人态度的方向和极端性没有发生改变，对说服的抵御也可能改变个体的态度确定性。

关键概念

参照群体（p278）
第三者效应（p295）
功利性功能（p275）
价值表现性功能（p278）
可识别的受害者效应（p290）
睡眠者效应（p288）
思维极化假设（p302）
态度免疫（p303）
外周（启发式）途径（p283）
系统启发式模型（p282）
信息接收者特征（p292）
信息来源特征（p287）
详尽可能性模型（p282）
信息的特征（p289）
议程控制（p298）
知识功能（p280）
中心（系统式）途径（p282）
自我防御功能（p277）

第 9 章

社会影响

本章要点

- 什么是社会影响
- 从众
- 服从权威
- 顺从

生活在1980年的一位年轻女性更有可能抽雪茄而不是文身。在19世纪80年代后期之前，除了水手和囚犯，几乎没有人会选择文身。而现在文身已经被建筑师、家庭主妇，甚至是医生、教授和法官所接受。皮尤研究中心在（Pew Research Center）2007年发表的一项研究发现，在40岁以下的人群中，大约有40%的人至少有一处文身，在40岁以上的人群中有10%的人至少有一处文身。这些数据在发表之时就可

社会影响与时尚。社会影响在我们如何做、如何说以及如何把自己展现给他人方面产生了重要的影响。(A)在19世纪40年代，除了囚犯和水手，很少人会文身。(B)在现代社会中，文身在男人女人身上都很常见。

能已经因为低估了新增文身者的数量而过时了，但是这些数字依然反映了最近几十年间文身的风靡程度。

文身的人气急剧上升是社会影响的一个十分具有说服力的证据。毕竟，数以万计的人之所以涌入当地文身店，并花钱给身体刺上永久性的图案并不都是因为所有人都忽然领会到了人体艺术之美。相反，他们是因为受到了相互的影响。当然，这种影响有时候是内隐的（“看吉尔脚踝上的蝴蝶多酷啊”），有时则是外显的（“看看我脚踝上刺的女生联谊会的字母，你也应该刺上”）。

社会影响，无论是外显的还是内隐的，或许可以解释监狱看守为什么会虐待囚犯（参见第1章）、学校里的孩子为什么不能制止对弱者的欺凌，以及士兵为什么会以压抑恐惧的心态投入战斗等现象。有时候，人们会有意识地模仿他人的行为或者顺从他人的要求和请求；有时候，人们会在无意识的状态下模仿他人的行为。这一章将探索不同类型的社会影响——内隐的和外显的——在每天的社会生活中所发挥的重要作用。

社会影响与社会心理学的其他主题一样，都非常多地强调了一个在第1章就出现的重要观点：在一个情境中看起来十分微不足道的细节能够对人们的行为产生深远的影响。结果可以发现，社会心理学的研究永久改变了我们对人类行为的看法——无论是冲进世贸大楼救人的英勇的消防员，还是与之相反的人，比如自杀式袭击者、欧洲种族大屠杀或是近期发生的苏丹达尔富尔大屠杀等种族灭绝行动的参与者。

在探索社会影响的过程中，本章会讨论社会心理学领域的很多“经典情境”——这些实验在心理学和其他更广泛的领域都十分著名，因为它们都揭示了一个结果，即看似不重要的因素会对人们的行为产生惊人的影响。这些实验的结果令人十分震惊，并由此吸引了一代又一代的学生，驱使他们重新思考他们对人类天性的假设。

什么是社会影响

社会影响，从广义上来说，指人们互相影响的多种途径，包括由于他人的评论、行动甚至单单是他人的存在而造成的态度及行为的改变。社会影响与每个人都息息相关。每个人每天都在试图影响我们——朋友劝说你出去喝酒；美国广告业努力让你接受最潮流的流行风尚；慈善机构请求你付出时间和金钱；父母、政治家或牧师试图塑造你的道德、政治或宗教价值观。当我们不自觉地对他人做出的行为露出笑容或皱紧眉头时，当我们有意识地哄自己的朋友帮忙时，我们扮演的是社会影响的施予者。要有效地处理与他人的关系需要知道我们什么时候应该顺从他人对我们的影响，什么时候应该拒绝改变。有效的交往还需要我们练习影响别人的技巧。

社会影响（social influence）：人们影响他人的多种途径，包括态度、信念、感觉和行为由于他人的评论、行动甚至只是他人的存在而发生的改变。

社会心理学家将社会影响分为几种。其中，最为大众所熟悉的是**从众**，从众的心理学定义是：在来自他人真实（或假想）的压力下，我们改变了自己的行为或信念。如前文所述，从众的压力可能是内隐的，比如，你选择扔掉宽松的牛仔裤而穿上紧身裤（或者反过来）的原因仅仅是因为别人也这么做了；从众的压力也可能是外显的，比如同龄人群体会有意地鼓励彼此抽烟、尝试新的毒品或挑战新的极限运动。

从众（conformity）：在来自他人真实（或假想）的压力下，改变行为或信念。

当从众的压力是外显的时候，它会成为另一种被称为**顺从**的社会影响。顺从的心理学定义是：对他人直接的请求做出赞同的回应。试图令你顺从的人可能是地位比你高的人，比如上司或老师让你跑腿；也可能是地位与你相同的人，比如你的同学向你借笔记。同级若试图令你顺从，其过程会更微妙复杂一些，而你的上级则完全没必要这么扭捏。（试想一下，你的老师问你借20美元会比教室里坐在你旁边的人容易多少。）

顺从（compliance）：对他人直接的请求做出赞同的回应。

最后一种社会影响类型被社会心理学家称为**服从**，这是另一种发生在不同地位的人之间的社会影响。在这种情况下，地位较高者会发出命令而不是请求，而地位较低者就会服从。

服从（obedience）：发生在不同地位的人之间的社会影响。在这种情况下，地位较高的人会发出命令而不是请求，而地位较低者就会服从。

从　众

如果你回到19世纪30年代的美国去观察火车站内的通勤者，你会发现那里的景象和现在有许多相似之处，同时也有很多不同之处。一个很重要的相似之处就是大多数人（不是所有人）都是靠右站立，这样可以将冲突和不便降到最小。同时，又至少有两个不同之处值得我们注意：在19世纪30年代，几乎所有的通勤者都是男性，并且他们几乎都戴帽子。劳动力从那时的男性主导变为现今更为平等的局面，是大大小小多方面力量共同作用的结果，而参与者也为此付出了巨大的代价。然而，戴帽子这件事呢？这股潮流的消失也是某种力量蓄意导致的吗？如果是这样，是谁导致了这样的结果呢？我们很难否认的一条结论是，这一趋势其实是在无意识中形成的——只是大多数人模仿了他人的穿衣风格而已。

跟随他人的倾向是一件好事还是坏事呢？在今日崇尚自主和独特的西方社会中，从众对于大多数人来说并不意味着好事情。比如，如果有人把你称作从众者，你很有可能是不喜欢这一称号的。有些从众行为的确是不太好的，比如跟随群体去做有害的恶作剧、尝试危险的毒品或是在醉酒状态下驾驶卡车。然而也有一些从众行为是中性的，比如，我们遵从社会常规穿很短（在19世纪70年代）或很长（在19世纪90年代）的运动短裤。当然，还有一些从众行为很明显是有益的，无论是对我们自己（因为我们不用考虑每一种可能的行动）还是对他人（因为从众能够消除潜在的冲突，令人际交往更加顺利）。从众在抑制愤怒、交税、在剧场（或博物馆和杂货店）门口排队，以及在路上靠右站立等许多方面都发挥了非常重

日常生活中的从众压力。从众行为可以从图片上19世纪30年代和今日的通勤者身上看到。在19世纪30年代，几乎所有通勤者都戴帽子，但今天很少有人这样做了。

要的作用。真的有人愿意消除所有从众的趋势吗？事实上，进化心理学家和人类学家认为，从众的趋势从大体上来说是有益的。除非有很好的理由拒绝，否则我们很可能会从在相同情境下做出与他人相同的举动中获益（Boyd & Richerson，1985；Henrich & Boyd，1998）。

自动模仿

就像本页漫画中展示的，有时候我们会无意识地模仿他人的行为。俗话说，打哈欠和大笑是可以传染的，实际上，其他一些行为也可以传染。无论你是否愿意接受这一事实，但我们常常是无意识的模仿者。

反射性模仿周围人的姿态、习性、面部表情及其他行为的趋势已经得到了实验验证。在一个研究中，纽约大学的本科生和另一个人一起参加了两个时间长度为10分钟的实验，实验任务是描述《纽约时报》和《时代周刊》等著名杂志上的照片。实验中的第二个人实际上是主试的助手，在两个实验中，被试会分别和两个不同的助手共同参与实验。在第一阶段的实验中，实验助手会频繁地摩擦脸颊，而第二阶段的实验助手则会持续地抖脚。在被试与实验助手描述图片时，实验者对被试单独进行了录像（实验助手并没有出现在录像中），这样一来，对被试摩擦脸颊或抖脚的时间长短的评价就不会被实验助手的行为信息干扰了。

"我不知道为什么，就是突然想打电话。"

就如预料的那样，被试趋向于模仿伙伴（与其一致）表现出的行为。在摩擦脸颊的同伴面前，他们会更频繁地摩擦脸颊；在抖脚的同伴面前，他们更经常抖脚（见图9.1）。后续研究表明，有共情倾向及有建立亲密关系需要的人或是与非常相似的人相处时，人们模仿的倾向尤为强烈（Chartrand & Bargh，1999；Lakin & Chartrand，2003；Leighton，Bird，Orsini，& Heyes，2010；Stel et al.，2010）。

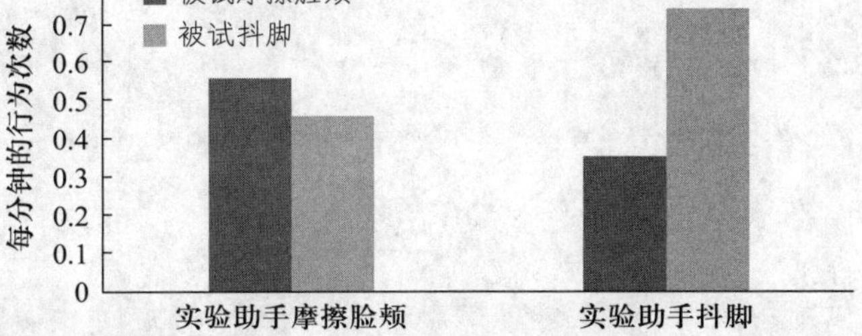

图 9.1　无意识模仿。在实验助手在场或不在场的情况下，每分钟发生的行为（摩擦脸颊、抖脚）次数。

来源：Adapted from Chartrand & Bargh, 1999.

我们为何要模仿他人

动念动作（ideomotor action）：通过想象一个行为从而使得它产生可能的实际效果的现象。

我们为什么会无意识地模仿他人的行为呢？可能有两个原因。William James（1890）通过提出**动念动作**给出了第一种解释：仅仅是想到某一动作就会使这一动作更有可能发生。比如，只是想想吃上一盒美味的冰激凌这件事，就会使我们更有可能打开冰箱，拿出冰激凌然后吃掉它。只是想想自己可能打错字，就会使我们更有可能真的打错字（Wegner，1994；Wegner，Ansfield，& Pilloff，1998）。动念动作的原理基于负责观念的脑区与负责动作的脑区有重叠这一事实。当把这一原理应用于模仿时，它意味着当我们看到别人以某一特定的方式行动时，产生这一行为的想法会被有意无意地带到头脑中，然后使我们更有可能按照这种方式行动。

我们会反射性地模仿他人的第二种解释是：为了对与他人互动做准备。这种互动在建立亲密关系之后能够更好地进行。我们在第4章中讨论了这样一个研究，被试在想到老人的时候，行动也更像老人，他们从实验室走到电梯会花费更长的时间，有关老年人的想法似乎使得他们无意识地在为周围有老人做准备，从而放缓了动作。这一想法得到了后续研究的支持。研究发现，自动化地接收来自其他社会群体的行为只发生在人们对那一群体持有积极态度的时候——即对期望与之交流且能顺利进行交流的群体。对老年人持积极态度的个体在想到老年人之后走得更慢了，但是对老年人持消极态度的个体在想到老年人之后走得更快了（Cesario，Plaks，& Higgins，2006）。

事实的确如此，我们模仿他人是为了建立顺利的、令人满意的互动关系，而这一方式确实有效！实验表明，和不模仿自己的人相比，人们更喜欢模仿自己的人，就连并没意识到有人模仿自己时，也是这样（Chartrand & Bargh，1999）。

动念运动和从众。当我们看到别人以特定方式行动时，我们会无意识地模仿他们的姿态、面部表情和行为。在1995年中东和平协议签署之前，比尔·克林顿（Bill Clinton）、以色列总理伊扎·克拉宾（Israeli Rabin）、埃及总统胡尼斯·穆巴拉克（Hosni Mubarak）和约旦国王侯赛因（Hussein）都调整了自己的领带。这时，没有系领带的亚西尔·阿拉法特（Yasser Arafat）在一边旁观。

不仅如此，被模仿的个体之后更倾向于做出亲社会行为——比如向公益事业捐款或是给予模仿他们的人更多小费（van Baaren，Holland，Kawakami， & van Knippenberg，2004；van Baaren，Holland，Steenaert， & van Knippenberg，2003）。模仿似乎是通往和谐人际关系及表达友好情谊的第一步。

模仿的文化差异

在不同文化下，人们对人际交往中的模仿的期待以及因对方没有模仿自己而产生的失望程度是有差异的。Sanchez-Burks、Bartel 和 Blount（2009）采访了身为公司中层管理者的盎格鲁美国人和西班牙裔美国人。这次访谈模拟了一次求职面试，被试如果做得好就有机会赢得一大笔钱。在对一些人的面试中，面试官有意识地模仿了面试者的行为：在面试者跷二郎腿时，自己也跷二郎腿；在面试者用手托下巴的时候，自己也这样做，等等。而在对另一些人的面试中，面试官有意识地避免做出与被试相同的动作。西班牙文化比盎格鲁文化更强调和关注与他人保持情感和行为的协调，Sanchez-Burks 及其同事相信这种协调包括模仿他人的行为。他们进而预测西班牙裔面试者在面试官模仿他们的行为时会表现得比不模仿时更好。研究结果也证实了他们的假设。当面试官模仿西班牙裔面试者时，面试者会比不被模仿时表现出更少的焦虑，得到更高的分数。对于盎格鲁裔美国人来说，模仿与否没有体现出差别。

信息性社会影响和谢里夫从众实验

穆扎菲·谢里夫（Muzafer Sherif）的一项早期从众实验（1936）研究了一种不那么自动化和反射性从众。谢里夫对群体如何通过塑造被感知的现实来影响个体行为很感兴趣。他注意到，即使是最基本的行为，也会被参照框架影响（例如，在图9.2展示的著名的缪勒－莱耶错觉中，由于参照箭头不同，一条竖直线看起来比另一条长）。谢里夫设计了一个以他人作为社会参照框架的实验情境。

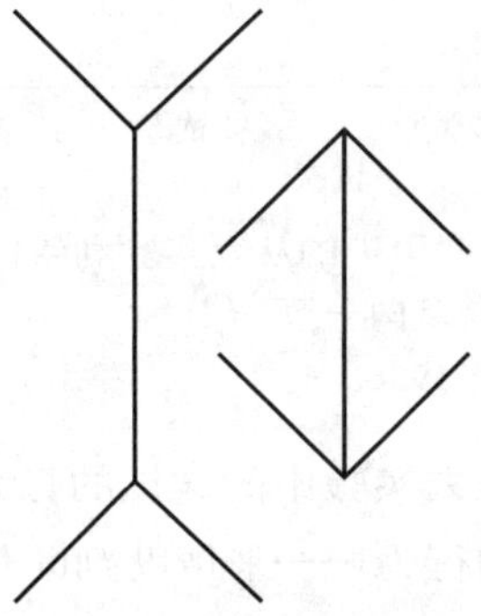

图 9.2 缪勒－莱耶错觉。在缪勒—莱耶错觉中，竖直线段的箭头框架影响了人们对线段长度的感知。尽管两条竖直线段实际一样长，左边的线段看起来比右边的长，因为它的两端有指向外的箭头，而右边的线段端点处的箭头指向内。

谢里夫的实验建立在基于似动现象的错觉上，即在完全黑暗的环境里把静止的光点知觉为运动的。古代天文学家最早发现了这一现象，而它出现的原因是在完全黑暗的环境里没有其他刺激帮助观察者对光点进行定位。谢里夫认为，也许他人的判断可以发挥这一功能，成为观察者评估光点运动时的参照框架。首先，谢里夫让被试单独进入黑暗的房间，一次次呈现静止的光点，并让他们评价光点每次"移动"的距离。他发现，在通常情况下，有些人认为每次光点都只移动了很有限的距离（比如说5 厘米），而有些人认为光点移动得很远（比如20厘米）。

谢里夫接下来把几个被试带到同一个房间里，并让他们说出自己对光点移动距离的评估。他发现，大家的评估会逐渐趋近。那些在单独评估时认为光点移动了很远的被试会马上降低他们对距离的估计值；那些单独评估时认为光点没移动多少的被试很快提高了他们的估计值（见图9.3）。谢里夫认为，个人的判断会迅速融合成为群体规范，这一规范会影响人们对光点移动距离的估计。后续实验证明了这一点，实验发现，即使在一年后再次对被试单独进行测试，他们的判断仍然受到了之前的群体反应的影响（Rohrer，Baron，Hoffman，& Swander，1954）。

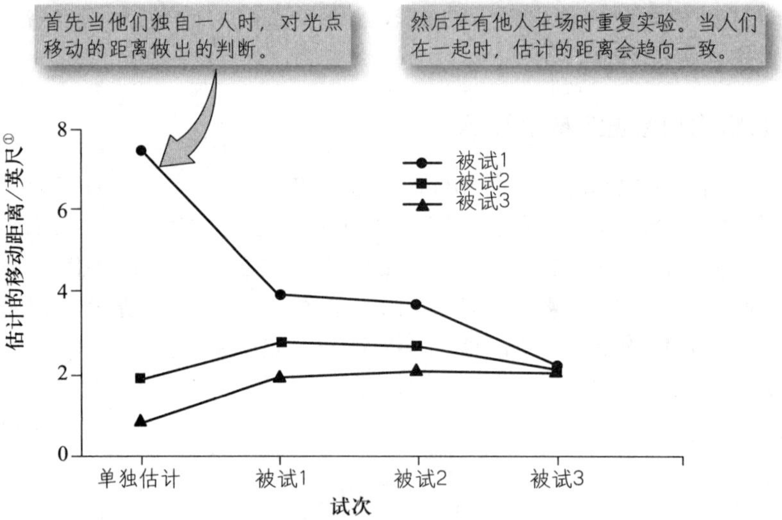

图 9.3　信息性社会影响。谢里夫的从众实验利用似动现象去评估群体影响。被试的评估随着时间的推移趋向一致。

来源：Adapted from Sherif，1936.

信息性社会影响（informational social influence）：一种来自他人的影响，把他人的评论或行动看作信息来源，以判断什么是正确的、合适的或有效的。

社会心理学家通常把谢里夫实验中的被试的行为解释为**信息性社会影响**，或是借助他人——他人的评论和行为——来帮助判断什么可能是对的、合适的或是有效的（Deutsch & Gerard，1955）。我们希望事事正确，而他人的观点则是我们

① 1 英尺 = 30.48 厘米。——译著注

达到“正确”的有效信息源。当我们不确定该如何做或什么才正确时，把他人作为信息来源的倾向最为显著。我们身处其他国家时会比在自己国家中更易从众，我们在只有模糊认识的主题上（比如宏观经济政策等）会比在我们有清晰认识的主题上（比如北京和夏威夷檀香山的相对空气质量等）更易从众。考虑到谢里夫要求被试完成的任务十分模糊，因此其信息性社会影响应该非常明显。光点实际上并没有移动，它只是看起来动了。这一现象是如此不确定和模糊，很容易被他人表达出的观点所影响（也可见于 Baron，Vandello，& Brunsman，1996；Levine，Higgins，& Choi，2000；Tesser，Campbell，& Mickler，1983）。

规范性社会影响和阿希的从众实验

你可能会这么想，“这有什么大不了的？被试为什么不和其他人的判断保持一致呢？毕竟，这是一个不可能完成的任务，没有人对自己的判断有信心。为什么不依赖其他人呢？”如果你有这样的想法，那么你正好和另一位从众实验的先驱所罗门·阿希（Solomon Asch）的想法一致。他认为，虽然谢里夫的实验为某种类型的从众提供了解释，但它并没有涉及当个人判断和群体判断发生明显冲突时的情况。谢里夫的实验并不适用于某些情况，例如，当你已经喝醉了无法安全开车而你的同事还是劝你去驾驶时（“上啊，不要做一个胆小鬼，你不会有事的”）。阿希预测，当个人判断和之前的群体判断产生明显冲突时，从众的现象会远小于谢里夫实验中的数据。阿希是对的。但是减少的从众现象并不是使他的实验在心理学史上举足轻重的原因。真正使它出名的是被试从众的频率，即使在被试认为群体的思维已经变疯狂了的情况下。

所罗门·阿希。从众研究的先锋学者，阿希研究了规范性社会影响的效应。

你可能对阿希的实验很熟悉（Asch，1956）。8个人聚在一起去完成一个简单的感知任务——判断在三条线段中，哪条和目标线段一样长（见图9.4）。

每个人要轮流说出自己的判断。这个任务实在太简单了，所以实验在刚开始的时候平淡无奇。

然而，在第三次实验中，有个人发现他的个人判断和组内其他所有人的判断都不一样。这个人就是实验中真正的被试；其他7个人都是阿希安排的故意做出错误判断的假被试，他们在整个实验中故意答错了11次之多；问题在于，被试有几次放弃了他认为正确的答案，而选择和其他人提出的错误判断保持一致呢？这里没有谢里夫实验中的模糊性；正确的答案对于被试来说是很清楚的（当个体在对照组中没有社会压力“胁迫”，可以自己做出判断时，他们几乎不会犯错）。

图 9.4 科学方法：规范性社会影响

假设：即使知道大多数人是不正确的，被试还是会和大多数人保持意见一致。

研究方法：

1. 一个真正的被试（中间那个人）和7个假被试在进行实验，研究要求他说出在三条线段中，哪条和目标线段一样长。

2. 假被试一致地做出了错误的回答，使得真正的被试怀疑自己的判断（他前倾着身体，再次去看那些线段）。

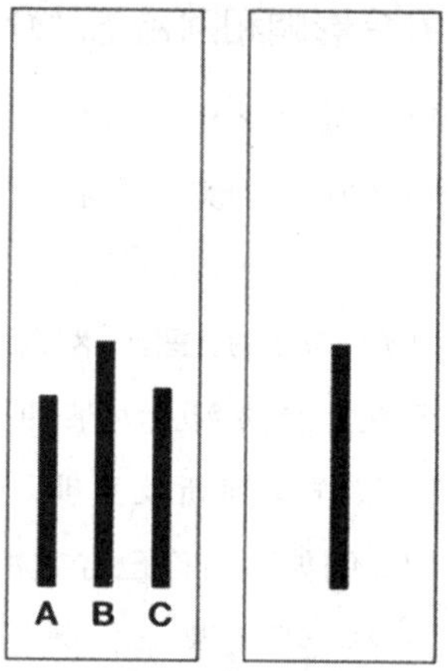

测试线段 目标线段

结果：有 1/3 的真被试给出了和多数人保持一致的错误判断。

结论：为了避免群体的反对，很多被试选择了和多数人的判断保持一致，而不是说出自己的判断。

来源：Adapted from Asch, 1956.

就像阿希预料的那样，在他的实验中，从众现象比在谢里夫的实验中少。但是被试屈从于群体意志的比例还是高得惊人。3/4的被试至少有一次顺应了群体的错误判断。总的来说，被试会在1/3的情况下选择从众。阿希的实验有如此大的影响力不仅因为实验结果惊人，它同时也使很多人感到不安。我们更愿意看到人们——尤其是我们自己（Pronin，Berger，& Molouki，2007）——坚持自己认为正确的事情，而不是人云亦云，我们担心人们会背弃良心跟随他人做出执迷不悟的行为或是潜在的破坏行为。

就像在上述讨论中暗示的，信息性社会影响似乎不是阿希实验中的从众压力的主要来源。毋庸置疑，这里肯定有一些信息性社会影响在起作用；群体错误判断的那条线段与正确答案的差距在1～2厘米。所以被试有可能怀疑他们自己的判断，从而把假被试的判断当成信息来源。但要再次说明的是，在没有社会压力的情况下，对照组被试几乎能全部回答正确；所以人们从众的最基本原因是避免在组内显得突出，这里指负面的突出（见专栏9.1）。社会心理学家把这一现象称为**规范性社会影响**，或是希望避免招来他人的反对、批评或排斥（Deutsch & Gerard，1955）。人们通常不愿意脱离社会规范，或者至少是他们最在意的小群体的规范，因为他们害怕随之而来的社会后果（Cialdini，Kallgren，& Reno，1991）。在阿希的实验中，规范性社会压力是足够严重的，以致被试发现他们处于两难的困境之中："我应该说出我的真实想法吗？但是别人会怎么想？他们全都同意那个答案，而且他们看起来都那么自信。他们会认为我疯了吗？他们会把我的不赞成看作公然的侮辱吗？但是如果我和他们保持一致，我成什么人了？我到底应该怎么做啊？"

规范性社会影响（normative social influence）：来自他人的社会影响使得个体希望避免招致他人的反对、刻薄的评判或是其他社会惩罚（比如伤人的话和排斥）。

为了理解被试所处困境的紧张程度，请想象如下情境。作为对阿希实验的讨论，你的社会心理学教授展示了目标线段和三条测试线段，教授说虽然正确答案是线段B，但假被试都说是C。当教授准备在阿希实验的基础上进行引申时，一个学生忽然举起手来，坚定地说"但是正确答案是线段C！"

接下来将会发生什么？毫无疑问，每个人都会笑起来，并做出仁慈的假设：那个学生只是想搞笑一下。但如果那个学生坚持认为假被试的判断是正确的，那么笑声就会变得尴尬、紧张，所有人都会转向教授，暗暗请求"赶快让这个尴尬的局面结束。"在接下来的课程中，大多数人都会避免和那个有问题的学生坐在一起，在他周围会形成一圈空座位。（当然，午饭邀请、约会的机会和加入互助会和其他社会小团体的机会也将消失。）这就是阿希实验中的被试认为如果自己违背群体意愿可能会迎来的命运。所以，被试如此高频率地选择不冒风险并遵从群体的回答，就不那么难以理解了（Janes & Olson，2000；Kruglanski & Webster，1991；Levine，1989；Schachter，1951）。现在让我们来考虑一下，从众压力在什么时候、出于什么原因会变得特别强烈。

专栏9.1 聚焦健康

暴食症和社会影响

为什么年轻女性会在暴饮暴食之后通过呕吐或是使用泻药将食物排出？这一现象是近期才愈演愈烈的。事实上，这种被称为暴食症的行为直到最近45年才出现。这一现象的出现是因为时尚产业和媒体影响着女性，使之希望比自然状态更瘦吗（见第10章）？是因为抑郁和焦虑的患病率在近几十年提高了吗？还是因为人们的自我形象和自尊变差了？

这些因素可能都对最近暴食症的流行有影响，但是还有一个不容忽视的原因，即社会影响。Christian Crandall（1988）研究了一所中西部大学的女大学生联谊会里的女生，发现一个女生有越多朋友患暴食症，她本人就越可能患暴食症。Crandall发现，这一关系并不是因为食欲亢进的女生恰巧发现了彼此并成为了朋友，而不暴食的女生则会找饮食情况正常的同伴。在进入学校的早期，当女生们刚刚结识没多久时，女生本人是否有暴食症和她朋友的饮食状况并没有关系。但是经过一段时间之后，在已经建立起来的朋友圈中（不是新建立的朋友圈），女生们开始变得有相似程度的暴食状况了。

Crandall研究了两组女大学生联谊会，发现了两种略有不同的影响方式。在一个联谊会中，暴食程度和平均水平不同的女生也不太可能成为受欢迎的一员。Crandall推断，在联谊会中存在一个“合适”或规范的暴食程度，无论朝哪个方向的偏离，个体都会遭到人际拒绝以示惩罚。在另一个联谊会中，吃得越多（达到了一个很大量），人气也越高。Crandall总结道，在这个联谊会中，有一种让人患暴食症的压力，那些越依赖暴食的人就越会被接受，越受欢迎。

苗条和社会影响。当联谊会中的一些成员暴食之后会通过排泄来维持苗条身材时，在其他成员中就会有很强的压力迫使她们做出相同的举动。

影响从众压力的因素

几代研究者研究了影响从众趋势的群体特性和任务特性，这些研究清楚地解释了从众的趋势何时会变得特别强烈。现已证明，信息性社会影响和规范性社会影响都是强大的势力；任意一种势力加强，都会使从众的概率增大。

群体规模

从众现象会随着群体规模的增大而增强，这并不会令人感到惊奇。大群体比小群体有着更强的信息性和规范性社会影响。令人诧异的或许是，当人数增加到一定量后，群体规模的影响力就不会再继续攀升了（见图9.5）。例如，研究者使用了阿希实验的范式，发现随着群体规模的增大，从众现象一开始会增加，但当群体规模达到三四人之后，从众量就趋于平稳了（Campbell & Fairey，1989；Gerard，Wilhelmy，& Conolley，1968；Insko，Smith，Alicke，Wade，& Taylor，1985；Rosenberg，1961）。

对于群体规模的影响来说，信息性社会影响和规范性社会影响都可以给出解释。持有某种观点的人越多，这种观点具有优越性的可能性就越大，但只限于一定程度。只有在观点相互独立时，信息的有效性才会增加。如果观点不是独立的，其他人的观点就不能提供纯粹的信息；而持有相同观点的人越多，观点之间相互独立的可能性就越小。同样的，群体规模越大，持相反意见的个体会触怒的人就越多。但是在这里，群体规模达到某一点后，其影响力就不再攀升了。因为一个人只能感受到那么多的尴尬，与是6人还是8人或者是12人还是14人相比，是2人还是4人觉得你奇怪、愚蠢和麻烦能造成更大的心理差异。

“进入国会以后，人们是这样告诉我的，‘和人相处的方法就是和别人保持一致。’”

——美国前总统约翰·肯尼迪（John F.Kennedy）

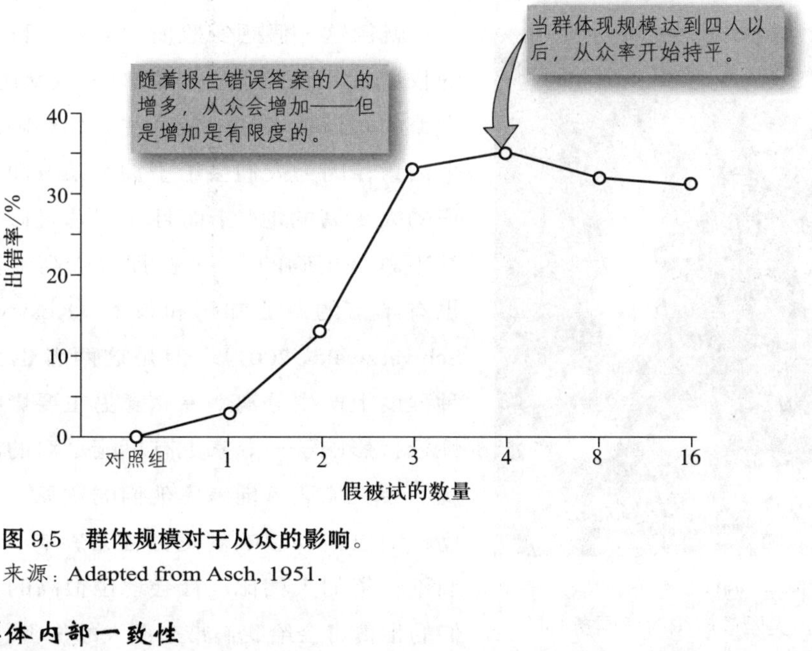

图 9.5　群体规模对于从众的影响。

来源：Adapted from Asch, 1951.

“对抗敌人需要很大的勇气，对抗自己的朋友也同样如此。”

——阿布思·邓布利多《哈利·波特与魔法石》

群体内部一致性

若打破阿希实验中的群体一致性，会出现惊人的现象。回想一下，在基本的范式中，被试有1/3的时间会跟着群体报告错误答案。而一旦被试有了一个同盟

（即另一个人背离了群体），这一数字会立刻降为5%。这一效应出现的原因是同盟的出现削弱了信息性（“也许我还没发疯”）和规范性（“至少还有人同情我”）社会影响。这一效应还为我们指出了一种保持思维及行动的独立性的有效方法。如果你希望在从众的压力下坚持自己内心真实的信念，就找个同盟者吧。

请注意，另一个打破群体一致性的人其实并不需要赞同正确的答案——只要背离群体的一致回答就可以了。假设正确答案是最短的那一条线段，而群体认为答案是最长的那一条，如果打破一致性的人认为答案是中间那条，那么从众率依然会下降，尽管被试自己的看法并没有得到认同。这其中的关键只是要打破群体的一致性。这一事实对于言论自由有重要影响。它说明，我们之所以想容忍令人憎恶的显然错误的言论（“大屠杀从未发生”；“总统有猥亵儿童的癖好”；“世界贸易中心被袭击是政府的骗局”）并不是因为这些说法有什么价值，而是因为它释放了其他人说出有价值的话语的自由。这些脱离主流的（甚至是奇怪的）声音的存在，能够解放政治团体，使之畅所欲言，从而产生了丰富的政治观点。

“如果宪法中有什么最必不可少的原则，那就是自由思想的原则——不是那些认同我们的人的思想自由，而是我们所憎恶的思想的自由。”

——美国著名法学家奥利弗·温德尔·霍姆斯（Oliver Wendell Holmes）

专家意见和地位

请想象你是阿希实验中的一个被试，莫名其妙地说你的想法错误的其他人全都荣获过美国棒球大联盟的击球冠军。你相信：运动员如果没有过人的视力，就不能因击打率而在联盟中称雄。这样一来，你极有可能认为这一群体的权威性极高并遵从他们的意见。相反，如果群体里的其他人都戴着厚厚的可乐瓶底似的眼镜，你将不太可能认真考虑他们的意见。

专家意见、地位和社会影响。当美国在2003年3月准备入侵伊拉克以消灭其大规模杀伤性武器时，美国政府派时任国务卿的科林·鲍威尔（Colin Powell）向联合国代表发言，因为他有很高的公信力。科林·鲍威尔陈述了他认为伊拉克拥有大规模杀伤性武器的事实，并希望使联合国代表相信入侵伊拉克是必要的。

就像这一假想实验所说明的，群体成员的权威性和地位有力地影响了从众的比例。专家的知识技术和地位往往是如影随形的两个因素，因为人们会给予拥有某方面专业知识的人更高的地位；而且我们总是假设（但并不总是正确的），那些拥有崇高地位的人也有丰富的专业知识和技术（Koslowsky & Schwarzwald，2001）。但是这两者也会在某种程度上产生分离，专家意见主要影响信息性社会影响——专家更有可能是对的，所以我们会更加认真地考虑他们的意见。与之相反，地位主要影响规范性社会影响——和我们不在意的人相比，社会地位很高的人对我们的指责将会给我们带来更大的伤害。

许多研究者研究了专家意见和地位对从众的影响（Cialdini & Trost，1998；Crano，

1970；Ettinger，Marino，Endler，Geller，& Natziuk，1971）。其中最早也是最有趣的实验之一使用了和阿希的实验差异很大的范式。Torrance（1955）给海军轰炸机机组人员——驾驶员、领航员和炮手——提出了一些推理问题，比如马匹交易问题：

一个人花60美金买了一匹马，然后以70美金的价格卖出。后来他又花80美金买回这匹马，结果再次改变主意，将马以90美金卖出。在这一系列交易中，他赚了多少钱？（答案在第324页）

这些人需要报告一个代表全组的答案。Torrance监视了组内的商议过程，发现如果是驾驶员（一般有最高的权威）最开始提出正确的解决方案，机组最终有91%的可能性把它作为答案报告出来。如果是领航员提出了正确答案，那么机组最终报告它的概率为80%。但如果是地位较低的炮手提出了正确答案，那么机组最终报告它的概率仅为63%。实验结果显示，地位高者的意见在整个群体中更有分量（Foushee，1984）。

文化

就像本书自始至终强调的，来自相互依存型文化的人比来自崇尚独立的文化的人更加关心和他人的关系，也更加希望融入更广泛的社会环境中。在相互依存的文化中成长起来的人对信息性社会影响（他们赋予他人的行为和意见以更多的内涵）和规范性社会影响（他们把他人的社会评价看得更重要）都更加敏感。所以来自相互依存型文化的个体似乎应该比来自独立型文化的个体更易从众。

有很多证据支持这一论点。在早先对从众的跨文化差异的研究中，斯坦利·米尔格拉姆（Stanley Milgram，1961）用阿希实验的范式在法国和挪威进行实验。米尔格拉姆认为，挪威人更看重群体凝聚力和礼貌；而法国人更享受在谈话时进行争论，而且在争论时绝不会退缩。就像他预料的那样，米尔格拉姆发现，挪威被试比法国被试更易从众。

但是为什么要在挪威和法国展开研究呢（除了都是旅游和进行研究的理想之地以外）？在本书中，挪威和法国似乎并不是相互依存型文化和独立型文化的典型代表。如果从更广泛的世界范围内，抽取差异更大、能典型地代表这两种文化的国家加以研究，情况又是怎样的呢？一项更加系统地分析了利用阿希范式在17个国家进行的133项研究的元分析研究发现，相对独立型国家而言，从众在相互依存型国家中表现得更明显（Bond & Smith，1996）。在美国和西欧社会中备受推崇的个人主义使得这些社会中的个体更愿意显得与众不同。同时，人们希望抵制大众思想影响的意愿也愈发强烈。最近在美国和英国使用阿希的方法进行的从众实验最近也开始倾向于得到更低的从众率（Bond & Smith，1996；Perrin & Spencer，1981）。

传统保守型文化和宽松型文化

第 323 页关于马匹问题的答案：$20。付出的金额 = $60 +$80=$140；得到的金额 =$70 +$90 =$160。

Michele Gelfand 及其同事们（2011）发现了一种文化上的差别虽然与独立—相互依存这一维度有部分重叠，但又不完全相同，应该对其独立命名，即传统保守型文化和宽松型文化。对社会规范的从众性是区分这两种文化的关键所在。一些被 Gelfand 称为“传统保守”的文化对民众的行为有着非常严格的规范要求，不能容忍其成员违背这些规范。而在“宽松”的文化中，规范则没有那么严格，其中的成员也更能容忍相对不符合规范的行为。

在一项研究中，Gelfand 及其同事们在33个国家中对一系列变量进行了研究。他们发现，和宽松型国家相比，传统保守型国家更有可能有独裁专制的政府，会严惩异议，严格控制舆论媒体，制定更多的法律并严格监视以确保人们对法律的遵守，对于不守法的人则施以更多惩罚。如果一个国家在上述某一方面保守，它极有可能在所有方面都保守；如果它在某一方面宽松，则有可能在所有方面都宽松。传统保守型国家包括印度、德国、中国、韩国、日本、澳大利亚、葡萄牙、英国、土耳其和意大利。宽松型国家则包括希腊、匈牙利、以色列、荷兰、乌克兰、新西兰和巴西。

同时，Gelfand 及其同事调查了这33个国家的民众，询问他们在15个不同情景或场合中（包括银行、医生办公室、餐馆、葬礼、图书馆、电梯和电影院）进行争论、哭笑、唱歌、调情、读报以及其他行为的合适程度。结果发现，一个国家的法律和规范越传统保守，在这些情境中进行这些行为就越不适当。调查者也询问了民众，如果他们国家的社会规范很多，那么一个行为表现不合适的人是否会被强烈指责。结果和前一项调查一致。这再次说明，一个国家越传统保守，它的民众就会受到越多的传统约束。

传统保守型文化和宽松型文化（A）正如图片中所展示的，法国男孩要排队上学，可见一些文化相对“保守”：它们对民众的行为有着强烈的规范要求，并对偏离规范的行为的容忍余地很有限。（B）其他文化则相对“宽松”：它们的规范要求没有那么严格，就像图中混乱的队伍所显示的那样。

为什么有些民族是传统保守的，而有些民族是宽松的呢？Gelfand及其同事发现，越传统保守的民族就越可能拥有更高的人口密度、更少的自然资源、更少的固定食物来源、更少的安全水源、更多的自然灾害、更多来自邻居的威胁恐吓，还有更高的疾病传播率。这显示，行为方面的约束与生态限制有关，也许部分是由生态限制造成的。

性别

在同一个特定社会环境下成长为男孩或女孩，其实也相当于成长在略有不同的文化里。虽然不同的社会在如何使男孩和女孩社会化方面有巨大差别，但在一定程度上来说，所有的社会都会塑造性别差异。如果从众的问题存在文化差异，那么我们是否应该考虑从众的性别差异呢？或许吧。女性在成长过程中会逐渐学会注重依赖，且会比男性在意维护更多重要的社会关系；而男性则会在成长过程中比女性更注重自主性和独立，并为之奋斗。因此，我们预计女性可能会更受制于社会影响，因此比男性更容易从众。

然而，当人们对身边发生的事件感到迷惑时，也更有可能从众。如果对女性的教育是要求她们关注人际关系，使之更有可能成为人际关系方面的“专家”，那么她们在关系方面老练的经验可能会给予她们必要的自信，以抵制大多数人的影响。

研究的结果正如你所期待的，证实了这两种相反的看法。回顾有关从众的性别差异的文献，即可得知女性比男性更容易从众，但这种性别差别很小（Bond & Smith，1996；Eagly，1987；Eagly & Carli，1981；Eagly & Chrvala，2006）。当涉及面对面接触的情境时，就像在阿希最初的研究，性别差异会更明显。但是差异程度会受问题的具体内容的强烈影响。比如说，你在下面哪种情境中更容易从众呢？是周围人都声称元素周期表中的第62号元素是钕时，还是其他人都坚持认为做好三明治的关键材料是山葵制成的调味剂时？如果你和大多数人一样，了解三明治比元素周期表更多一些，那么你会在讨论午餐方面的问题时更能坚持自己的想法。在具体情境中，对从众倾向的性别差异的分析也揭示了上述效应（Sistrunk & McDavid，1971）。因此，女性在传统的男性优势领域（例如，有关地理或猎鹿的问题）中更容易从众，而男性在传统的女性优势领域（例如，有关化妆或养育孩子的问题）中更容易从众。所以，总的来说，男性和女性在从众方面有差异，但差异很小。实际上，这个事实并不令人惊讶。

任务的难度（或者模糊性）

对阿希和谢里夫的实验进行的比较突出强调了任务难度，并指出了要给出自信的答案是非常具有挑战性的。当所进行的判断一清二楚且容易给出答案时，信息性社会影响几乎就可以忽略了。这时，只有规范性社会影响在起作用，对集体的抵抗性也更强（Allen，1965；Baron et al.，1996）。比如，就像我们之前注意到的那样，当你身处异国他乡并且不确定在特定的情境下需要做什么时，你将会表现得更不果断、更不自信。当人们不确定该如何“正确”行事时，尤其倾向于依赖别人的引导。

匿名性

当在一项简单的任务中，信息性社会影响不起作用时，使用匿名的回答方式还可以消除规范性社会影响。例如，在阿希的经典实验中，如果要求真正的被试在纸上写下自己的判断，而不是大声说出答案，那么从众率就会显著下降。当没有其他人注意到自己的判断时，也就没有必要害怕群体的指责了。上述结果揭示了信息性社会和规范性社会影响之间的重要区别。信息性社会影响通过影响人们看待问题或刺激的方式，从而影响**内化**或我们对于大多数人支持的观点的个人接纳程度（Kelman，1958）。我们不仅仅是模仿一个特定的反应，也是接纳了群体的观点。相比之下，规范性社会影响的作用在于让公众顺从，而不是使得个人接纳群体的观点。为了避免不被群体指责，我们有时候会口是心非。

内化（internalization）：个人对于一个提议、信仰或者意识形态的接受。

对分歧背景的解释

在阿希实验中最令人惊讶的部分是，被试会服从陌生人群体给出的错误答案。为什么被试会如此关心别人对自己的看法呢？他们之前从未见过这些人，之后也极有可能不再遇见。如果人们对陌生人给出的不可信的判断都如此顺从，那么他们对于自己认识的人、关心的人以及会在将来有所来往的人的判断将会更加顺从（Lott & Lott，1961；Wolf，1985）。

如何解释阿希实验中这一令人好奇的问题呢？关键在于，我们必须意识到被试在阿希的实验中所面临的两难困境。首先，他们要面对其他人看到的东西都与自己的所见不同的事实。其次，他们无法理解为什么其他人看到的东西都与自己看到的不同。他们会想，“是我错了吗？不，答案是一清二楚的。是他们错了吗？我看不出来，因为他们离屏幕的距离并不比我远，他们也能看清图案。那么是他们与众不同吗？不，他们看上去和我或其他人并没有差别。”

了解了观点不一致的原因（“他们看这些线段的方式与我不同，因为他们戴的眼镜扭曲了图像”）会同时减小信息性社会影响和规范性社会影响。信息性社会影响之所以被减小，是因为解释可以削弱群体作为信息来源的影响（“他们是有偏见的”）。规范性社会影响的减小是因为我们可以推测大多数人已经意识到了我们和他们不同的原因。比如说，如果我们在当天的政治焦点问题上持有不同的观点，我们不能苟同的那些人可能也认为我们心怀偏见、自私自利，或者持不同的价值观，但是他们至少不会认为我们疯了。相比之下，在阿希的实验情境中，被试面临的是合理的担忧，即如果自己和其他所有人的判断都不同，那么他们自己的行为反而会被认为是怪异的，所有人都会觉得他们是怪人或是疯了。

在这里，有一点很重要，当我们不知道该如何理解一件事物时，将很难独立地做出判断并有所行动。当我们清楚地了解别人为何会做出与自己不一样的判断时，我们就更容易坚持自己的立场了（Ross，Bierbrauer，& Hoffman，1976）。

少数人对多数人的影响

在美国历史上，人们曾拥有奴隶，妇女没有投票权，儿童为了极低的收入会在不利于健康的环境下长时间工作。但是一小群废奴主义者、妇女参政权论者和儿童福利倡导者能力排众议，开始从不一样的角度看待问题，并为了改变公众在这些问题上的观点而不知疲倦地工作。他们最终成功了。更多的公众改变了观念，一些重要的法律法规也随之得以通过。可以说，少数人的观点变成了多数人的观点。

相似的例子提醒我们，尽管从众的社会压力很强大，但多数人的观点不一定总能获胜。人们可以顶住从众的社会压力，人们可以清晰地听到少数人的声音，从而让大多数人的观点也随之改变。那么少数人的观点是如何影响多数人的？这些影响在本质上是否和多数人对少数人的影响一样？

"给我一个支点，我就能撬起整个地球。"

——古希腊数学家阿基米德

在第一个对这一问题进行研究的实验中，Serge Moscovici 及其同事要求被试识别一种颜色是绿色还是蓝色（Moscovici，Lage，& Naffrechoux，1969）。当然，

少数人对多数人的影响。少数人的观点可以影响多数人，他们可以通过一致而清晰的信息来说服多数人去系统地检验并重新评估个人观点。（A）1918 年，英国的妇女参政权论者 Emmeline Pankhurst 向美国民众表达了自己支持妇女拥有投票权的观点。（B）1955 年 12 月，在美国亚拉巴马州的蒙哥马利，非裔女性 Rosa Parks 拒绝让出公交车前面的座位。她的行为引发了联合抵制蒙哥马利公车的运动，并最终使得美国最高法庭宣布种族隔离在城市公交体系中是不合法的。

在这种情况下，蓝色和绿色的边界并不清晰，实验选取的关键刺激是被试在单独测验时总认为是蓝色的那种颜色。实验者在有少数人回答“绿色”的情况下（他们是实验者的同谋，即假被试）给被试呈现这些刺激。随后实验者记录了真正的被试的回答。

当少数人的答案在“绿色”和“蓝色”之间随机变换时，被试在别人说该颜色是“绿色”后也回答是“绿色”的情况只占其自行作答整体情况的1%。但是，当少数人坚持回答该颜色是“绿色”时，真正的被试有8%的比例会回答“我也这么认为”。但少数人的影响不止于此。当被试认为实验结束了以后，实验者会将他们介绍给第二个据称也对色彩视觉感兴趣的实验者。第二个实验将会给被试呈现一系列蓝绿颜色，并单独记录每个被试所认为的蓝色消失而绿色出现的分界点。Moscovici 及其同事发现，那些早期与坚持绿色的少数人一起参与实验的被试现在会将刺激更多地认为是绿色——在他们的感觉中，蓝色和绿色之间的边界已经发生了改变。因此，当少数人坚信自己的观点时，他们会对被试在公共情境下的回答产生直接影响，并对其随后的个人判断产生潜在影响。

进一步的研究表明，少数人在 Moscovici 的范式中的影响说明少数人的观点主要是通过信息性社会影响来发挥作用的（Moscovici，1985；Nemeth，1986；Wood，Lundgren，Ouellette，Busceme，& Blackstone，1994）。与多数人观点一致的人通常并不十分在意大声说出自己想法的社会代价——大多数人都站在自己这边，所以规范性社会影响的效应是很小的。但是他们可能想知道为什么少数人能坚持说出自己的不同见解。这能引导多数人更认真地进行思考，这是一种能使态度和信念发生真正改变的周密而系统的思考。因此，多数人通常会引发更多的从众，但这种从众常常是公众顺从型的。相比之下，少数人所能影响的人往往更少，但这种影响在本质上更深刻，能被个人真正地接受（Maass & Clark，1983）。

小　结

从众可以被认为是对潜在或明确的社会压力的回应，也可以是自觉模仿、信息性社会影响或规范性社会影响的结果。群体的规模会影响从众，其中4个人的群体规模对从众影响最大。群体一致性也是影响从众的关键因素，一个不从众的伙伴会增强个人对群体影响的抵制。来自相互依存型文化的人比来自独立型文化的人有更多的从众行为，同时，女性比男性的从众行为略多一些。难度更大的任务会引发更多的从众行为，而貌似可信的对他人的观点为何和自己不同的解释会降低从众倾向。虽然有从众压力，但少数人经常可以产生影响，主要是通过信息性社会影响。

服从权威

对于人们何时以及为何会服从权威命令的研究以由斯坦利·米尔格拉姆

(Stanley Milgram)进行的一系列社会心理学实验为主。米尔格拉姆的实验非常著名，事实上，“这些实验已经构成了社会共有的智慧遗产的一部分，就像历史事件、《圣经》、寓言和经典文献一样。也就是说，伟大的思想家在探讨人类本性和思考人类历史时经常会引用它们”（Ross，1988）。

米尔格拉姆的实验步骤

米尔格拉姆关于服从的研究一开始是对从众进行的一次调查。他被阿希的发现激起了兴趣，想弄清楚阿希的实验有哪些局限性，就像阿希想知道谢里夫的实验有什么局限性一样。回忆一下，阿希认为，当人们本身没有坚定的观点时，他们就会准备顺从其他人的观点，而这是人天生的倾向。但是他想知道，当个人信念与群体的答案间明确存在矛盾时，将会发生什么？阿希发现，即便如此，还是有相当多的从众行为，这令他很震惊。而米尔格拉姆的发现则令自己更加震惊。

米尔格拉姆想弄清在阿希实验中所观察到的压力是否已经强大到会使人们做出比报告错误的线段长度更严重的事。他想知道，如果他要求被试对在进行一项任务却回答错误的被试（实际上是实验者的同谋）实施电击，将会发生什么？当要求他们去伤害另一个人时，被试会服从命令吗？

这是个有趣的问题，但米尔格拉姆并没有探究过它。因为他首先需要获得在不存在从众压力的情况下，对照组在实施电击的意愿上的数据（Evans，1980）。就在这个过程中，他得到了令人震惊的结果，也使得他日后的研究进程发生了彻底的改变。在被试中，有相当大比例的人愿意做明显会伤害他人的事情，甚至在没有群体引导时也愿意。

让我们回顾一下米尔格拉姆实验的基本步骤（见第1章）。米尔格拉姆在《新天堂报》(*New Haven newspaper*)上登了一则被试招募广告，便有人报名参加了这一“学习”方面的实验。看似随机的抽签分组实际上是人为操纵的，真正的被试总会抽到“教师”这一角色，而实验者的同谋（即假被试）总是“学习者”。“教师”的工作就是在“学习者”——一个被绑在椅子上并在手腕上缚上电极的面目和善的人——每次错误地报告了之前呈现的成对的词汇表中的单词（比如说，手套和书、烧烤和清洁剂、铁砧和教皇）时，对他实施电击。“教师”之前会被简单地捆在椅子上并感受了45伏的电击所带来的刺痛。在“学习者”第一次

斯坦利·米尔格拉姆。通过使用一个看上去像“发电机”的道具，米尔格拉姆研究了被试是否会继续服从指令去电击“学习者”，即使被试明知道电击的后果会使“学习者”身陷丧命的危险中。

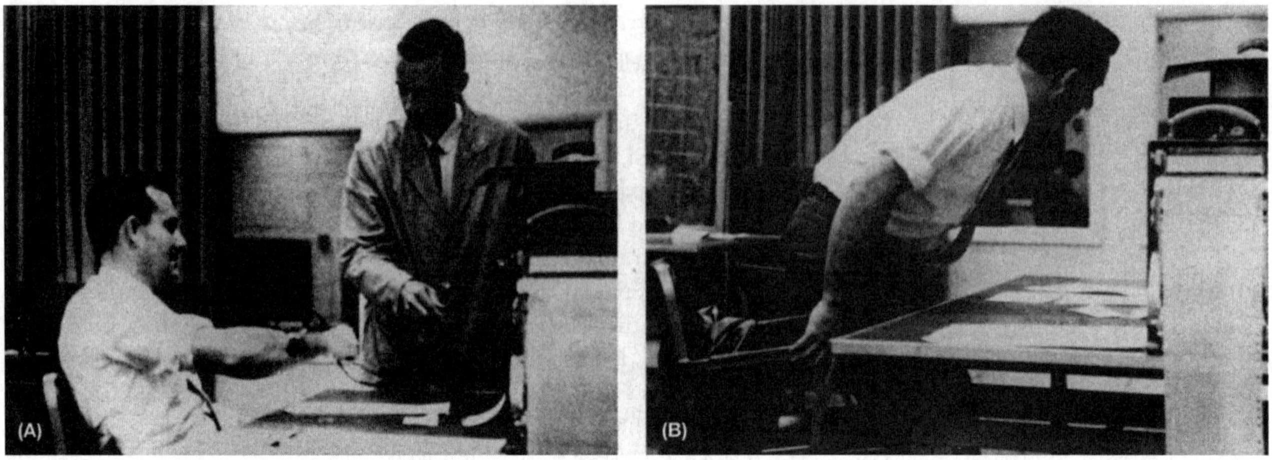

米尔格拉姆的实验。研究者让被试相信发电机有 30 个水平的电击强度，从“轻微电击”到“危险：高强电击”，再到“XXX”。(A)被试体验了 45 伏的电击(在实验中唯一一次真正的电击)。(B)一个被试站起来向实验者询问是否可以停止实验。

犯错后，“教师”会对其施加15伏的电击，之后每多犯一次错误就要增加15伏的电击。随着错误的累积，被试发现自己需要实施250伏、300伏、330伏的电击，最后电压会高达450伏（实际上“学习者”并没有受到任何电击）。如果被试表现出保留意见或者试图终止实验，实验者将会给出一系列认真的答复——“请继续”，“这个实验要求你继续进行下去”，“继续进行下去是绝对必要的”，“你没有其他选择，必须进行下去”。

这些研究令人震惊的地方在于人们会选择继续服从实验者的命令，即电击“学习者”。在远程反馈的实验形式中，“学习者”在和“教师”相邻的房间里，“教师”只能听到他在受到300伏电击后猛烈撞击墙壁的声音，这时仍有66%的被试会选择继续进行“学习”实验，并最终实施了450伏的电击。在有声音反馈的形式中，被试可以听到“学习者”发出一连串急切的恳求，包括尖叫着说自己有心脏病。直到最后，“学习者”已不再发出求助声音了。尽管这些线索都指明“学习者”正在遭受痛苦，但仍有62.5%的被试选择实施了最大电击（Milgram，1965，1974）。

针锋相对的力量

米尔格拉姆实验中的被试发现自己在两股对立力量的夹击下痛苦而矛盾。一方面，有些力量强迫他们去完成实验，继续施加电击（Reeder，Monroe，& Pryor，2008）。这其中有一种要按规则公平对待彼此的感觉——他们已经答应参与实验，也拿了实验报酬，所以现在他们需要完成自己在实验中的任务。一些被试也有可能是因为觉得自己既然答应要参与这一研究，就该为了促进科学发展、增进对人类行为的理解而坚持下去。另一个重要的动机因素是规范性社会影响，即希望避免被实验的主试指责，或被之后可能遇到的实验相关人员指责。因为人们都害怕出丑，不想让别人失望（Goffman，1966；Miller，1996）。

而另一方面，一些强大的力量又迫使被试想要终止这个实验。其中最主要的是在道德上有必要解除“学习者”所遭受的痛苦（Burger，Girgis，& Manning，2011）。被试可能有一种特殊的愿望，不愿伤害那个刚见过面的和蔼可亲的人，也不愿意伤害其他人。一些被试也可能担心如果事情变糟糕了将会产生什么样的后果。“如果他死了或者受到了永久性伤害怎么办？”“我会被告吗？”还有些人可能不确定在实验结束后和那个“学习者”一起走出去时该怎样化解由实验带来的尴尬（甚至报复）。同时，被试如何确定实验角色不会颠倒过来？他们现在扮演的是“教师”角色，但万一在新一轮的实验中，需要把他们绑在椅子上接受电击又该怎么办？

详细了解了这些被试所感受到的两股力量能帮助我们理解他们为何会这么做，以及整个实验为何会如此令人紧张。如果改变这些力量的强度，那么服从率会改变吗（Blass，2000，2004；Miller，1986）？这就是米尔格拉姆试图回答的问题，在原始实验的基础上，通过操控一些重要的变量，他进行了一系列综合实验研究。

减小受害者的情感距离

米尔格拉姆最初的尝试是增强了迫使人们终止实验的力量。这些力量会使被试意识到“学习者”的痛苦，从而发挥作用。所以，米尔格拉姆试图通过使“学习者”更突出——用他自己的话就是“拉近‘学习者’”——来增强这种力量。（被试的本能恰好相反——为了摆脱自己的不安，会对“学习者”不理不睬，有时会渐渐避开绑在椅子上的“学习者”。）在远程反馈的实验形式中，“教师”看不到也听不到“学习者”的情况（除了偶尔能听到猛烈的撞击声）。在声音反馈的实验形式中，“教师”仍不能看到“学习者”，但能清楚地听到“学习者”的抗议声，这不断提醒着他“学习者”的存在。在近距离的实验形式中，“学习者”跟被试共处一室，就在后者的眼前接受电击，两人仅距离不到半米远。最后，在近身接触的实验形式中，被试需要强制性地把“学习者”的手按到电击板上（有片绝缘体保护着被试免于电击）。图9.6展示了这些操作的效应。当“学习者”变得越来越有存在感且“真实”时，“教师”会觉得实施电击越来越困难，服从率也有所下降。

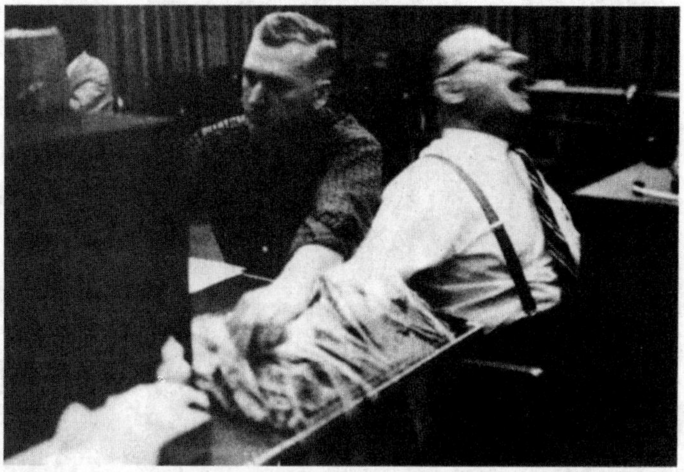

拉近“学习者”。在“近身接触”的实验形式中，被试要强制性地把“学习者”的手按在电击板上，此行为降低了被试的服从率。

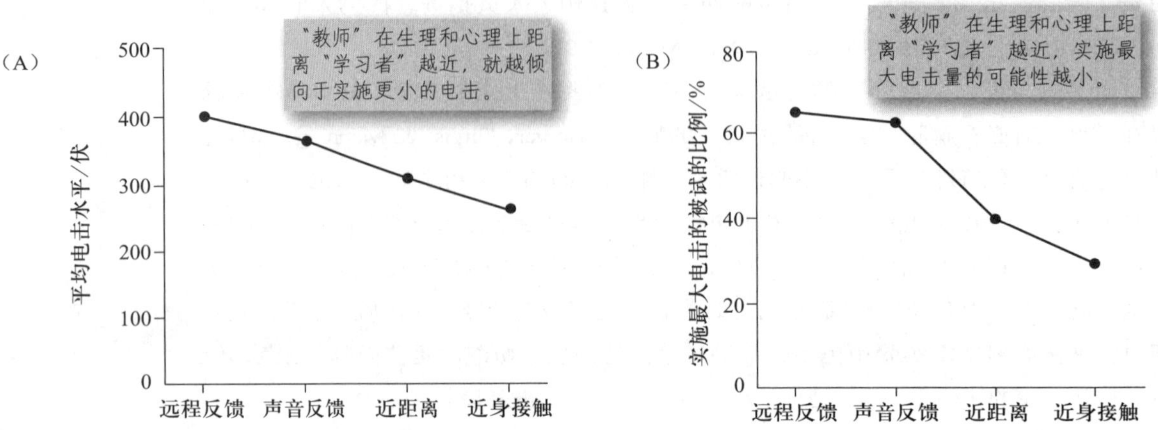

图 9.6 注意"学习者"。实验控制"学习者"越来越突出的效应。(A)被试实施电击的平均水平。(B)实施最大电击量的被试的百分比。

来源：Adapted from Milgram, 1965.

从这个实验中我们可以得出令人较为心痛的事实：我们离别人越远，就越容易伤害他们。现在，军事技术让人们可以在远距离伤害他人，战斗不再是短兵相接的形式。只要按下按钮，无人机就可以向目标前进，导弹就可以从相距一个大洲的地下筒仓里发射。在这些情境中，受害者的远距离性使得我们对他们的伤害变得抽象，在这种情况下，我们对于侵犯的情感制动显著减弱了。

加大与实验者的距离

在米尔格拉姆的实验中，另一个影响服从的因素是通过增强或减弱来自实验者的"信号"，从而增强或减弱迫使被试完成实验的力量。在这方面，米尔格拉姆也进行了不少实验。在标准实验中，实验者就在被试身边。在实验者缺席的条件中，实验者在被试身边给出最初的指令后就离开了房间，随后通过电话来下达指令。通过在物理空间中将自己移出情境，实验者大大减少了自己的影响力。

增大与受害者的情感距离。一个千里之外的人可以操作无人飞机挟带并发射导弹。这个距离使得伤害更加抽象，发射命令也更少被质疑。

另一个减弱实验者影响的措施是改变他的权威性。比如说，在一个实验中，在"学习者"每次犯错后发布增强电击命令的是一个"普通人"（看上去是另一个被试，实际上是实验者同谋）。而在另一个实验中，有两个实验主试命令被试电击犯错误的学习者。在某一时刻，其中一个实验者声称发现了有异议的实验程序，并和另一个催促被试继续完成实验的实验者起了争执。

图 9.7 显示了上述操作的结果。当实验者在被试的

意识中越来越不突出，权威性越来越弱时，被试越容易反抗，服从率也有所下降。注意，这一系列实验变量比“调节学习者”变量产生了更显著的效应（比较图9.6与图9.7可知）。因此也证明，使被试更容易不服从的措施比增强他们不服从的意愿更有效。这个差异给理解米尔格拉姆的实验中令人震惊的服从水平提供了重要线索。

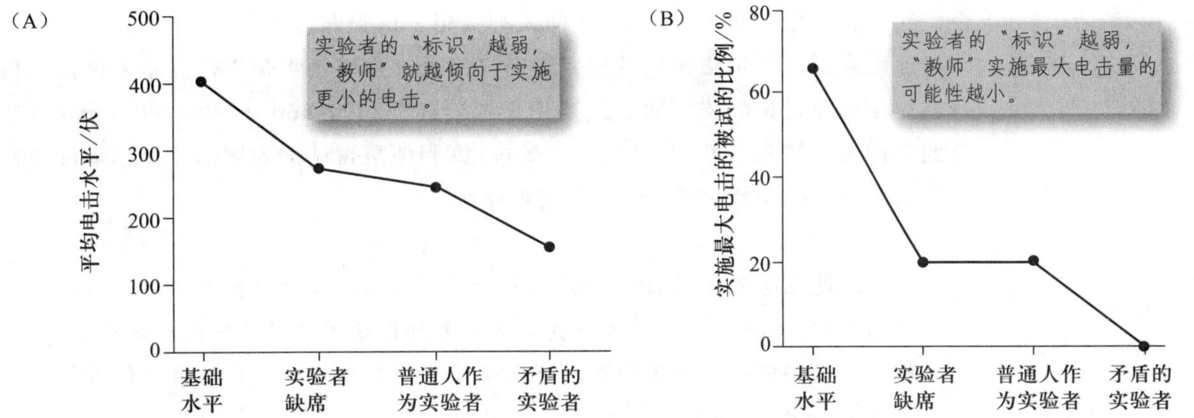

图9.7 加大与实验者的距离。通过实验控制让实验者越来越不突出所产生的效应。(A)被试实施电击的平均水平。(B)实施最大电击量的被试的百分比。

来源：Adapted from Milgram, 1965.

你服从过吗

正如第1章中提到的那样，没有人会预料到米尔格拉姆发现的服从效应是如此普遍。一群精神病学家预测，只有不到1%的被试——一个病理学的边缘——会继续实施电击，直至最大值。这种预测的失败和一种同样值得注意的事后洞察失败相匹配：几乎没有人（即使在听到初始实验的结果和所有的实验变量之后）相信自己会实施高水平的电击。因此，尽管米尔格拉姆的实验变量让我们部分理解了人们在什么时候以及为什么会表现出如此令人震惊的行为，但这并没有给我们一个满意的解释。正如一个社会心理学家所说的，这些实验并没有通过关键的“移情检验”（Ross，1988）。它们没有让我们完全移情于服从的被试，也没有让我们认真对待我们自己最终也会服从的可能性——就像大部分被试一样。一个真正令人满意的解释可能不会让我们信服自己一定会这样做，但它至少应该让我们相信我们可能会这么做。

在关于人们有时为何会服从心狠手辣的政府官员的命令，而不顾自身人格地参与到虐待和折磨他人的行动中（就像我们在阿布·格莱布监狱中观察到的那样），或者犯下可怕的反人类罪行（就像德国纳粹的大屠杀、波斯尼亚的“种族清洗”以及卢旺达或达尔富尔地区的大屠杀）的讨论中，米尔格拉姆的研究经常被提及。人们对于这些无法理解的残忍行径的解释分布在“特殊—正常”这位维度的不同位置上。特殊理论认为，只有“特殊的人——即特别残酷、无可救药的人或民族中心主义者”才会犯下这样的罪行。许多德国人都是充满敌意的反犹者。塞尔维亚人对波斯尼亚人有着长久的怨愤仇恨。卢旺达的胡图族与图西人也有一笔旧账要算。相比之下，正常化理论认为，每个人都有可能服从具有破坏性的命令，而且在适当的情境下，几乎任何人都会犯下这类罪行（见专栏9.2）。

通常来说，米尔格拉姆的研究理所当然地支持了正常化理论。米尔格拉姆自身就是正常化理论的支持者。当哥伦比亚广播公司的《60分钟》（*60 Minutes*）节目的主持人摩尔利·塞弗（Morley Safer）询问他是否认为大屠杀之类的事件会在美国发生时，米尔格拉姆给出了下述观点：

> 通过在实验中对1000个人进行的观察，以及我自身被这些实验培养出的直觉，我要说，如果要在美国建立像纳粹德国建的那种死亡集中营，那么美国任何一个中等规模的城镇都能为该集中营找到绰绰有余的工作人员（Blass，1999）。

让我们仔细地了解一下。

他们试过但失败了

人们认为自己不会像米尔格拉姆实验中的普通被试表现的那样，原因之一是他们对这些普通被试的行为并不十分清楚，存在误解（Ross，1988）。人们想象被试轻率地支持实验者的要求，在一次又一次的试验之后不断增加电击强度，忽视了学习者的情况。事实上，米尔格拉姆的实验经常被描述为典型的“盲目”服从。

但实际并非如此。哪些被试不是不假思索就盲目服从的。几乎所有人都试图以各种方式拒绝服从主试的命令。几乎所有人都要求实验者注意学习者所遭受的痛苦，含蓄地请求过停止实验程序。许多人都明确地表达了对继续实验的拒绝（但最后仍然继续实验）。一些人从椅子上站起来表示抗议，但几分钟后也只能再坐回去。被试试图不去服从命令，但他们在这方面并不擅长。正如Lee Ross所说，“米尔格拉姆的实验说明的不是‘具有破坏性的服从’，而是不能有效地违抗命令和在这件事情上的优柔寡断。”

这是一个重要的差别。我们大部分人都有过这样的经历：意图是好的，但常常不能把这种意图转化成有效的行动。我们非常想要说出更有说服力的能有效反对种族歧视或性别歧视的观点，但是我们往往不能及时地反应过来或者词不达意。又或者，我们想要向在社会集会中被忽视的人伸出援手，但常常被正在发生的事和自身的社会需要困住。我们中的大部分人都是有好心却无作为的人，而不是不关心他人疾苦的人。

米尔格拉姆的实验被试的行为和在第二次世界大战中奉命执行波兰犹太人计划的部分（真的只有一部分）德国士兵的行为有着令人不寒而栗的相似性（Browning，1992）。比如说，德国汉堡的后备警察101大队基本是由希望通过志愿承担警察职责来避免战争引发的暴力行径的警员组成。然而，在纳粹侵占波兰后，他们被作为军事警察从汉堡调到波兰。他们的大部分工作是无害的常规警察工作。但是在1942年的7月13日，这些士兵在清晨前就被叫醒了，并奉命从军营来到了位于约瑟乌夫的村庄，在那里，上级向他们下达了可怕的命令——围捕村里所有的犹太男人、女人和孩子，把四肢健全的年轻男人送去工作营，剩下的全都射杀。

大部分人都对他们接到的命令感到震惊，试图反抗。许多人都发起了抵制，但是就像米尔格拉姆实验中的被试那样，他们的抵制是无力的。一些人给自己找了点小差事来逃避，或躲到了营地后面，希望借此避免参加围捕。其他人参加了围捕行动，但只要无人监视就会停止射击，或者在不得已开枪时故意打偏。他们的行为清楚地表明了他们不想参与其中，他们奉命执行的任务是错误的。他们试图找到一种简单的避免服从命令的方法，但是没有找到。

专栏9.2 聚焦现在

如今，米尔格拉姆会得到一样的结果吗？

如果你在今天再进行米尔格拉姆的实验，你会得到同样的结果吗？一些人认为，经过媒体对阿布·格莱布监狱中滥用职权问题的广泛关注与报道，以及对2003年之前伊拉克有关大规模杀伤性武器的情报真实性的怀疑，人们对于权威越发缺乏信任了，因此人们服从命令去伤害他人的可能性也就减小了。也许吧，不过现在要检验这一观点的正确性是很难的，因为今天的实验伦理规范不允许再使用像米尔格拉姆的这种实验了。现在，所有的心理学研究都必须获得伦理审查委员会的许可（见第2章），以确保初步拟定的研究项目不会给被试带来过大压力或对他们造成任何伤害。显然，伦理审查委员会批准复制米尔格拉姆实验的可能性很小。

然而，美国圣塔克拉拉大学的Jerry Burger提出了一种几乎完美的复制米尔格拉姆实验的方法，近似地复制了米尔格拉姆的基本实验，从而探究了和米尔格拉姆的时代相比，现在的人们服从权威的倾向有没有改变（Burger，2009；Burger，Girgis，& Manning，2011）。在实验过程中，Burger在实验程序中找到了一个关键的时间点，即不服从最有可能发生的时刻——就在被试发出了（或假设发出了）150伏的电击，而“学习者”发出抗议并希望被释放之时。这是一个机不可失的时刻：若此时没有停下，80%的被试都不会在随后的实验过程中罢手。

Burger看到了机会。将人们置于一种选择压力下——是不服从实验者的要求，还是实施300伏或400伏的电击——在伦理上是需要商榷的。但如果实验程序（最高只发出150伏的电击）给人的压力并没有这么大，从而让它在伦理上更易被接受呢？毕竟到那个电击点前，“学习者”都没有提出抗议，被试也推测由电击引起的痛苦并没有那么糟糕。因此，Burger 把该实验程序报告给了圣塔克拉拉伦理审查委员会，且得到了批准，这样他就可以复制米尔格拉姆的基本实验了，但最大电击量只到那个关键点。

Burger 也采取了不少措施来保护被试的权益。第一，有意参与的人首先要接受电话问询，筛选掉确诊过精神疾病的人，正在接受心理治疗或服食治疗抗焦虑、抑郁药物的人，以及曾经历过严重创伤的人。第二，通过了最初筛选的人被告知，他们会收到 50 美元作为两段时长为 45 分钟的研究的报酬。在第一个 45 分钟里，被试会填写一系列心理量表，比如贝克抑郁量表（Beck Depression Inventory），接着会和有资格证书的临床心理学家进行面谈。如果心理学家在被试的问卷回答中或面谈中发觉任何表明其可能不适于该研究挑战的迹象，被试就会马上拿到 50 美元并被从第二段研究中剔除。

那些通过层层筛选的人将会参与声音反馈形式的米尔格拉姆实验的近似复制版。其结果与在米尔格拉姆实验中所观察到的结果是基本一致的，在听到“学习者”的抗议后，仍有 70% 的被试愿意实施下一等级的电击（165 伏）。这同米尔格拉姆实验的结果（82% 的被试）并无统计上的显著差异。男性和女性有相同的可能性在给予 150 伏的电击之后继续实施电击，而且被试是否服从实验者与他们在测试移情或对生活事件的控制欲的人格量表上的得分无关。也就是说，现在的人们在服从的压力下，似乎会和 50 年前的人一样进行反应。

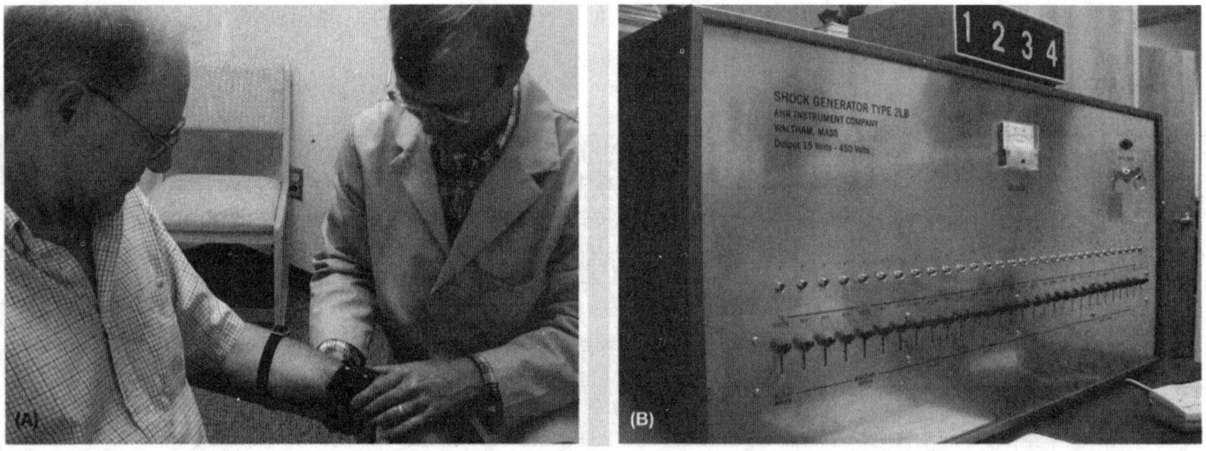

重现米尔格拉姆的研究。在 Jerry Burger 对米尔格拉姆实验的近似复制实验中，被试面临同样的冲突：是对“学习者”实施更高水平的电击（到 165 伏），还是拒绝继续实验，以解除“学习者”的痛苦。

在米尔格拉姆的实验案例中，被试在试图停止实验进程时之所以感觉困难，一部分是因为实验者并不被社会生活的规范约束。被试提出了停止实验的理由，但实验者直接忽视了大部分理由，只给出了“实验要求你继续”之类的简单回复。被试感到困惑，不确定接下来应该如何行动。同时，在关于从众的讨论中提到，当人们缺乏对身边事物的可靠把握时，就不可能果断行动。当我们在一个似乎不关心“学习者”的困难处境的权威人士的执意要求下，得通过给予电击来“教”不再试图学习任何内容的某人时，我们要做什么？当事情不再能用道理讲得通的时候，我们又该如何回应？

这些问题对于我们最需要关心的在真实世界中可能遇到的具有破坏性的服从具有重要启示意义，比如说，在大规模社会动乱之后出现的令人发指的种族灭绝行动。因为在缺乏对恰当行为的可靠规范时，人们更不可能振作起来果断坚定地做出阻止暴行的行为。

摆脱责任

被试无法终止实验也意味着他们被重重的矛盾和巨大的压力困住了。他们知道不应该让正在发生的事继续下去，但他们无法让它结束。他们也因此极度渴望有什么东西能减轻他们压力。就被试而言，所幸有实验者来承担责任，从而减轻了他们的压力（不过如果真的遭到了电击，对于“学习者”则是不幸的）。大多数被试都会问，“谁要为发生的一切负责？”实验者会说由自己承担一切责任。于是，被试就会以此作为其行为的正当理由，而他们所感受到的压力也会明显减轻。

我们都曾经历过相似的令人紧张和困惑的情境，希望压力和困惑赶紧消失。“我的朋友们让我感到不舒服，因为他们总是粗鲁地戏弄英语课上的那个家伙，但如果我站出来，他们将会认为我是个笨蛋。”“所有人都服食这些药片，就像它们对身体无害一样，如果我不这么做，他们将会认为我是个懦弱无用的人。”在这些情境中，人们会不顾一切地抓住任何可以把困境“驱赶开”的东西。比如，上述的两个人或许会这么想，“也许我们班上的那个家伙真的活该，只是我太敏感了。”“也许这些药片对身体真的无害，是我小题大做了。”

当然，米尔格拉姆实验的实验者要想让被试获得“解脱”，就必须是被试眼中能够承担责任的正当权威。人们不会随便找一个人来承担责任的，然后假设所有的事情都进展顺利。如果你在校园里，忽然有一个陌生人走近你说，“快，帮我烧了这幢心理学大楼，我会承担一切责任”，那么你当然会断然拒绝。然而，在米尔格拉姆的实验中，被试相信他们可以把责任合法地转移给实验者。他是科学的代表，而且在米尔格拉姆进行的几乎所有实验中，实验者都来自耶鲁大学——一所令人敬仰的高等教育与科研机构（尽管实验者在布里奇波特市区的一家商店外做实验时，服从率仍旧很高）。这些因素都使得被试的压力更容易减轻，只要他们假设实验者对该实验非常了解，而且会为发生的一切承担责任。

历史上最糟糕的具有破坏性的服从事件往往都有权威声称可以承担责任。在纳粹德国、卢旺达以及阿布·格莱布监狱，权威人士下达命令要求人们服从，这些权威明确表示自己会承担责任，或者他们的地位足以担起责任。而且几乎总是有某种重要的意识形态赋予这种责任声明以合法性。不管是基于民族主义、宗教思想还是民族认同，这种有组织的攻击总是披着合法的意识形态的外衣，将眼下可怕的行为美化成在道德层面上看上去更加适当的行为（Staub，1989；Zajonc，2002）。

实验的合法性。米尔格拉姆想知道，如果实验地点不是在耶鲁大学，而实验者的合法性似乎也较弱，被试会有怎样的反应。他让被试到位于布里奇波特市区的一家商店里的破旧办公室报到，这个办公室挂的牌子是“布里奇波特相关研究”。在这种情况下，服从率虽有所下降，但还是很高。

循序渐进地卷入

我们也要记住，这些实验中的被试并不是马上就实施了450伏的电击的。每个被试第一次只对“学习者”实施了15伏的电击。谁会拒绝呢？这只是给“学习者”的反馈，而不是惩罚。接着是30伏，也没有问题。接着是45、60、75伏——每次只增加一点点。不过，一旦被试这么走下去了，就很难停下来，他们会执行越来越强的电击任务。事实上，在增幅如此之小的情况下，如果说某一次的电击强度过大，那么之前那次稍小了一点的电击强度就不大吗（Gilbert，1981）？

意识到服从行为逐步升级有强大的影响力是很重要的。我们大部分人也有过因这种方式而渐渐屈服的经历。也许，我们最初只是说了一个“小小的善意的谎言”，结果此后却要为此撒一个又一个越来越大的谎。（许多情景喜剧都是这样展开的。）或者在一场纠纷中，我们起初只是在一件小事上坚持自己的立场，随后却发现自己因为最初的顽固越发难以下台。我们的行为常常自带冲力，使我们很难预知它将会带来什么。米尔格拉姆的被试当然可以获得原谅，因为他们无法预知事情会如何发展。在我们之中，又有谁可以看清呢？

米尔格拉姆的实验程序和在纳粹德国发生的事情有着令人震惊的相似性（见专栏9.3）。出乎意料的是，纳粹政府并没有要求德国民众协助或实施对犹太人、吉普赛人、同性恋者以及共产主义者的驱逐。相反，上述群体的权利是逐渐被剥夺的。起初是限制他们从事某些商业形式的活动，接着是强加上了旅行的约束，再之后公民权利范围也缩小了；经历了所有这些之后，人们才被装进货车车厢送到死亡营中。纳粹如果一开始就直接实施这最后一步，无疑会遭遇更多阻碍。一方面，他们自己的人民可能会更不合作；另一方面，也会有更多的受害者采取更积极的抵抗。这就解释了为何对纳粹的种族灭绝计划的最激烈抵抗发生在其占领国而不是在德国本土。在众多解释中，比较有力的解释是德国在其占领国比在其本土更快地实施了“最后一步”。

专栏9.3 聚焦历史

循序渐进的种族灭绝计划

下面是德国政府在第二次世界大战的战前和战时的反犹法令和政策。请注意这些反犹法令和政策呈循序渐进的特点。

1.1933 年 4 月 1 日

声明反犹贸易。

2.1933 年 4 月 7 日

恢复专业公务员法，使得解雇大部分非雅利安血统的公务员（尤其是那些父母或祖父母是犹太人的公务员）有了法律依据。

3.1933 年 9 月 22 日

帝国商会文化的重建导致非雅利安人被迫离开了与文学、出版、广播、音乐以及艺术有关的机构和企业。

4.1935 年 9 月 15 日

帝国公民法定义了只有拥有日耳曼或其亲属血统的人才是帝国的公民。

5.1935 年 9 月 16 日

保护德国血统和德国荣誉法禁止犹太人同日耳曼或其亲属血统的人通婚，违背这个法律的婚姻都是无效的；禁止犹太人同日耳曼或其亲属血统的人发生婚外关系；禁止犹太人雇用 45 岁以下的日耳曼或其亲属血统女性作为家庭佣工。

6.1936 年 11 月 16 日

无特殊情况，禁止犹太人获得护照或去国外旅游。

7.1938 年 4 月

强制犹太人去政府登记所有超过 5000 马克的财产。

8.1938 年 7 月 25 日

帝国公民法的第四条法令将犹太医师资格证书的到期日规定为 1938 年 9 月 30 日。

9.1938 年 9 月 27 日

帝国公民法的第五条法令规定，犹太法律顾问只有在处理犹太人的法律事件时才能以专业身份出席。

10.1938 年 10 月 5 日

犹太人的护照和配给卡上都有 J 的标识。

11. 1939 年 1 月 1 日

要求所有犹太人携带特殊的身份证。

12.1940 年 7 月

犹太人的采购被限制在特定的时间和商店里；剥夺犹太人打电话的权利。

13.1941 年 9 月 19 日

强制犹太人将犹太徽章别在衣服上的显眼位置，同时除少数人员，犹太人不可以使用公共交通。

14.1941 年 10 月 14 日

开始大规模驱逐德国犹太人去集中营。

15.1941 年 10 月 23 日

禁止犹太人移民。

16.1942 年 1 月 20 日（万湖会议）

纳粹头目下令将 1100 万犹太人（每个在欧洲的犹太人）杀死。

小 结

许多因素都会影响人们服从要求其做出不道德行为的领导的意愿。一些情境因素会使服从更容易理解：人们不服从的尝试常常受阻；往往有权威人士来承担后果；一旦开始服从，通常就很难找到契机停下来。但是，当环境使得个人意识到了受害者的存在时，服从率就会大幅下降。当环境引导个人不去理睬权威人士时，服从率也会显著下降。

顺 从

米尔格拉姆的研究展示了人们普遍会服从某个权威人士坚决的命令要求，以及为什么会这样。很多没有特殊权威或地位的人也常常能够影响人们的行为，慈善机构鼓励我们捐钱，骗子试图让我们上钩，销售员想让我们买他们的产品，朋友要求我们去帮忙。如果你想要某个人去做某件事，但你并没有权力要求他，只能发挥你的才智说服他，这时你应该怎么做呢？或者，如果你担心被那些只想着让自己的利益最大化（而不考虑你的利益）的人利用，你该如何避免被利用呢？社会心理学家已经研究了诱发顺从行为的不同策略，同时，他们的研究也给我们提供了理解这些策略的作用原理的线索。

使人顺从的方式大致分三种类型：理智指向型、内心指向型以及基于规范型（考虑到信息性社会影响和规范性社会影响的冲击，同时对理智和内心起作用）。人们之所以可以在别人的引导下做某件事，要么因为他们看到了这样做的合理理由，要么因为其他人都这样做了。当然，这些影响的类型并没有严格的区分，许多使人顺从的方式都同时含有这三种对人施加影响的途径。

基于合理理由的方法

互惠原则（norm of reciprocity）：一个规定人们必须给使自己得益的人提供好处的原则规范。

当某个人为我们做了事，我们会觉得必须得为那个人做些事来回报他。事实上，所有被研究过的社会都有强大的**互惠原则**，即认为人应该使那些让自己获益的人获益（Fiske，1991；Gouldner，1960）。这种规范在很多鸟类和哺乳类动物中也存在。比如说，在一只猴子为另外一只猴子清理了背上的寄生虫后，后者也会回报前者，如此一来，相互帮忙巩固了它们之间的社会联系。

当有人向我们施以援手时，我们便有了一种同意那个人所提出的任何合理请求的义务。没有对这些请求做出回应会违背一个非常有力的社会规范，并且可能会受到社会制裁（Cotterell，Eisenberger，& Speicher，1992）。事实上，用来形容不遵守互惠原则之人的词汇非常丰富，包括乞丐、赖账者、忘恩负义的人、寄生虫、水蛭以及吸血鬼。如果你给某个人提供了帮助，由于害怕被说成忘恩负义之人，那个人非常可能同意你接下来提出的合理要求（Strohmetz，Rind，Fisher，& Lynn，2002）。

一个简单的实验非常清楚地证明了互惠原则对引发顺从的影响。该实验声称是研究美学问题的，要求两个被试分别对一些画进行估价（Regan，1971；see also Whatley，Webster，Smith，& Rhodes，1999）。在这两个被试中，有一个是真被试，另一个是实验者的同谋（假被试）。在一种条件下，假被试在实验间隙的休息时间带了两瓶碳酸饮料回来，并分给了真被试一瓶，并说“我问了一下实验员，是否能拿瓶可乐，他说可以，我就给你也带了一瓶。”而在另一种条件下，假被试是两手空空地回来的。接下来，在下一次休息时间里，假被试请求真被试帮一个忙，说他自己正在卖彩票，奖品是一辆崭新的汽车，如果他卖的彩票最多，就能额外得到50美元的报酬。然后他继续问真被试是否愿意买几张彩票，每张25美分。他说：“买多少都是帮了我的忙，当然越多越好。”（为了确保所有的被试都可购买一些彩票，他们已经因为参加这项研究而得到了25美分的报酬。）

“人类之间所有的联系都仰仗于给予和等价回报这一图式。”

——德国社会学家格奥尔格·齐美尔（Georg Simmel）

“没有比回报一种善意更加不可推卸的义务了。”

——古罗马政治家西塞罗（Cicero）

在确定互惠原则的影响力时，研究者发现，和没有从假被试那里得到过可乐的被试（为了控制收到可乐的愉快心情而不是互惠对增加顺从的影响，实验者给了这组被试一瓶可乐）相比，先前从假被试那里得到过一瓶可乐的真被试买了2倍于另一组被试的彩票。因此，给他人提供一点帮助就自然给接受了帮助的人留下了一笔有义务去偿还的人情债。商业和其他组织经常利用这一点给顾客制造压力，比如在提出要求前送一些小礼物；而保险公司也会给顾客或潜在顾客分发日历或有回信地址的标签；民意调查员为了让你完成一项调查，会在装着调查问卷的信封中附上1美元；狂热的信徒会在向你宣扬极端思想之前送你一朵花。看到这些礼物时，我们的心会很沉重，并且会竭力推掉它们和它们所带来的义务。

互惠和哺乳动物彼此清理毛发。互惠帮助有益于团体生活并能减少侵犯，猕猴会为彼此清理皮毛就证明了这一点。

互惠性让步或者以退为进技巧

社会心理学家 Robert Cialdini 富有创造性的工作为研究顺从的问题做出了巨大的贡献，他探索了一种关于互惠规范的新颖应用。他自己对他使用这种技术从事研究的灵感来源给出了极佳的介绍：

当一个十一二岁的男孩向我走来时，我正沿着一条街散步。他自我

> 介绍后说自己正在卖周六晚上举办的年度童子军（Boy Scouts）马戏团门票。他问我是否愿意买几张票，每张5美元。对我来说，周六晚上最不想去的地方之一就是童子军团，所以我拒绝了。"那么，"他说，"如果你不想买票的话，买一些大巧克力棒怎么样？每个只要1美元。"我买了两个，然后马上意识到这件事非常值得深究。这件事的特别之处在于以下方面：(1) 我不喜欢巧克力棒；(2) 我确实非常喜欢钱；(3) 我站在那里拿着他的两根巧克力棒；(4) 他拿着我的2美元走了。

Cialdini 和这个小童子军的故事使得他能清楚地阐述一种普遍的顺从技术，这种技术能够迫使人们用自己的让步去回应他人做出的让步（Cieldini et al., 1975；O' Keefe & Cieldini，1991）。首先，你请求某人帮一个很大的忙，他当然会拒绝；然后你可以紧接着请他帮你完成一件你实际希望他帮忙但又不用他付出太大代价的事。这种主意就是让人把你降低请求标准的行为看作一种让步，而为了遵守互惠原则，被请求者也必须做出相应的让步。而最容易做出的让步就是顺应对方的第二个要求。如果要换一种方式来生动地阐述这种互惠性让步技术，可以这么说：第一个请求太难完成、也太不合理，以致被请求者必然会拒绝，狠狠地摔门拒绝；而在听到后面较低的请求时，被请求者则会把门打开一道缝。这种在很大的请求后面紧随着更小的请求的组合被称作"**门前技巧**"（或者是**互惠让步技巧**）。

门前技巧或互惠让步技巧（door-in-the-face technique/reciprocal concessions technique）：向某个人提出一个非常大的当然也会被拒绝的请求，然后伴随着它提出一个较小的请求（会被看作一种让步，使目标人物为了面子而不得不顺从）。

Cialdini 在美国亚利桑那大学的校园里进行的现场研究证实了这个技术的威力。Cialdini 研究团队的一员冒充"县青年顾问项目"的代表，走到大学生中询问他们是否愿意花一天的时间陪同一组少年犯游览动物园。可想而知，绝大部分(83%)的人都拒绝了。但是另一组学生的情况（顺从的比例）就截然不同了，因为"县青年顾问项目"的代表先给他们提出了一个更大的要求——是否愿意在接下来的2年内每周花2小时做少年犯的顾问。所有的被调查者都拒绝了，接着"项目代表"又问到了陪同少年犯去动物园游览的事情。结果，有50%的学生表示同意，这个比例是第一组的3倍（Cialdini et al., 1975）。接下来，Cialdini 的团队进行了一系列认真精细的研究，揭示出在感受到对方的让步时，人们产生了一种回报这一让步的压力，导致他们顺从请求的比例有了显著增长。如果两个要求是由不同的个体提出的，那么这项技术就不起作用了。因为在这种情况下，第二个较低的要求并不会被看作一种让步，所以它并不会带来得有所让步的义务感。

想在自己的生活中运用这种技术吗？那就让我们再来看一个实验。在这项实验中，研究者问教授们是否愿意花费15～20分钟聚到一起讨论一个学生感兴趣的话题。仅要面对这么一项请求时，57%的人同意了。但是如果有另一个请求在先——“在接下来的这一学期里每周花2小时和一个学生进行讨论”，则有78%的人同意今天花20分钟讨论学生感兴趣的话题（Harari，Mohr，& Hosey，1980）。

折扣技巧

另一种用相似的方式使用互惠规范的技术叫作**折扣技巧**，你可能对此更加熟悉。假设你在一家电子用品商店询问你想要的等离子电视的价格。销售员告诉你，这台电视的价格是1299美元，保修期3年。一会儿，见你没说话，售货员又说：“不止这些，现在购买这款电视还赠送一台DVD播放器。”像这样的附赠品会让你感觉收到了商店或售货员送来的一份礼物，从而制造出了互惠的压力。这类压力确实可以增加销售量。

折扣技巧（that's-not-all technique）：在最初的提案上再加码，使得对方感受到一种进行报答的压力。

Jerry Burger已经证明了这种技巧的有效性。在圣塔克拉拉大学的一次艺术博览会上，研究者告诉一半被试，在心理学俱乐部的糕点售卖摊位上，可以花75美分买到一个纸杯蛋糕和两块中等大小的曲奇饼干。而对于另外一半被试，研究者开始时会声称一个纸托蛋糕的就价格是75美分，然后在他们回答是否想买之前，又告知他们同时还可以得到两块中等大小的曲奇饼干。在“一次告知所有”的条件下，仅有40%的被试购买了这些小零食，而在“不只如此”条件下，有73%的被试购买了零食。

登门槛技巧

人们做出特定行为的原因常常是这些行为与我们的自我形象具有一致性。环保人士会花时间循环利用废弃物（即使他们当下非常想把一个瓶子或铁皮罐扔进垃圾桶里），因为这是想成为环保者的人必须做的事情。滑雪的人为了铲新雪起得很早（就算他们其实非常想要睡大觉），因为那才是真正的滑雪爱好者会做的事情。这说明，如果可以把一项请求巧妙地与被请求者有关自我形象的诉求结合起来，就会增加其顺从请求的可能性。

要做到这一点，一种方式就是使用所谓的**登门槛技巧**。在某种意义上，这种技巧和门前技巧正好相反，因为它会从一个每个人都会顺从的小请求开始（这个要求会使被请求者把一只脚踏进门内），然后在小请求之后紧跟其真正希望提出的较大的请求。原理就是，最初同意了小请求之后，人们的自我形象也会随之发生改变，变得和会答应这种请求或者为这种事情出力的人一样。这就使得这个人有了一个理由（“我就是这么一个人”）来同意别人接下来的更大的请求。

登门槛技巧（foot-in-the-door technique）：一种顺从技巧，先提出一个小到几乎所有人都会答应的请求，紧接着提出涉及真正目的的较大请求。

在第一个关于登门槛技术的系统实验中，调查者在加利福尼亚州的一个住宅区敲居民的门，并问房主是否愿意把一个写着“认真开车”标语的广告牌安置在自家草坪上一周时间（Freeman & Fraser，1966）。研究者向一组居民展示了一张广告牌的照片，让他们认识到这个牌子非常大且谈不上美观，所以果不其然，只有17%的居民答应了这个请求。对于另一组居民，研究者先是提出了一个小得多的请求——在他们房子的一扇窗户上贴上一块写有“做一个安全的司机”字样的牌子，这块牌子只有20平方厘米大小。这组居民几乎都同意了这一请求。2周后，再请求这组居民把那块巨大的广告牌放在他们的草坪上展示时，结果十分令人吃惊，有76%的人同意了。

为了检验这个效应的适用范围，研究者又在这个实验的基础上加了一个条件，即第一个请求（签一个请愿书）与第二个请求（保持加利福尼亚的美丽）并不具有相似性，涉及不同的问题。然而即使两次请求有所不同，但同意了第一个请求之后仍有近一半的人又同意了第二个更大的请求。也许，当我们答应别人的请求时，应该更谨慎。为最琐碎的请求敞开大门之后，我们往往会屈服于比之大得多的请求（Burger，1999；Burger & Guadagno，2003；Schwartzwald，Bizman，& Raz，1983）。

登门槛技巧。让顾客首先同意试驾一次后，也许销售员接下来就更容易“达成交易”并让顾客购买这辆车。

请注意，登门槛技巧在本质上和米尔格拉姆的服从实验会循序渐进地提要求是相似的。这两个实验都是让被试同意一个小的不可拒绝的行为（签一个请愿书，给予30伏电击），以铺设一条路，直通更加严重的行为。两个实验之间的相似性还说明，拿走了不做某事的理由可以和提供做某事的理由一样有力。比如说，如果已经实施了160伏的电击，就没有理由拒绝实施175伏的电击。毕竟，160伏和175伏也没多大区别。同意最初在窗户上放一个小牌子的请求，也消除了拒绝立一块更大牌子的理由（“谢谢，我不做那种事”）。

另一个也遵循着该原理的技术是连最小的贡献也认可。比如说，慈善团体可能会在募捐请求的最后说这样的话，“即使是一美分，也会有所帮助”。这样的请求就会让“我真的捐不起”的借口失效。而且，一旦做出捐款的决定，大多数人并不愿意只捐很少的钱。的确，对这一技术的有效性进行的研究发现，这种“一美分也行”的恳求实际上会增加捐款超过一般数目的人的比例（Brockner，Guzzi，Kane，Levine，& Shaplen，1984；Cialdini & Schroeder，1976；Reeves，Macolini，Martin，1987；Weyant，1984）。最终的效果是，这样的恳求会增加募捐到的总体金额。

基于情感的方法

认知性的或合理的恳求在获得顺从方面可以很有效，但是情感性的、基于情绪的方法也是有效的。

积极的情绪

假设你想跟你爸爸要一台新计算机，或者为你的吉他加个扩音器，或者为了一次公路旅行借家里的车。你会在什么时候去求他呢？是在他刚带着糟糕的心情下班回家，大发牢骚抱怨他的老板和令人窒息的工作的时候吗？还是在他刚获得提拔并且工资大涨的时候？你并不需要拥有心理学的高级学位，也知道在他心情好的时候去求他更容易成功。当人们心情好时，他们会感觉自我膨胀、慷慨且自信，所以此时更可能同意别人的请求。就连小孩子都知道要求一个人帮忙，最好是在他心情好的时候。

这种方法的有效性已经被无数的实验所证实。在一项研究中，被试接到一个人的电话，那个人声称自己打完这个（误拨的）电话就欠费了，问被试是否可以给她真正想拨的那个号码打个电话并发一条短信，帮她传个话（Isen，Clark，& Schwartz，1976）。在第一种条件下，被试在接到电话前的20分钟内，曾免费拿到了一份文具样品，这让他们很开心。在第二种条件下，被试在接到电话之前没有获得免费的文具样品。当请求没有获得文具的被试帮忙传短信时，只有10%的人同意了。但在几分钟前刚刚收到了小礼物的被试对误打了电话的那位女士的请求有很高的顺从率（见图9.8），不过随着收礼物和接电话的时间间隔逐渐拉开，顺从率又渐渐下降了。

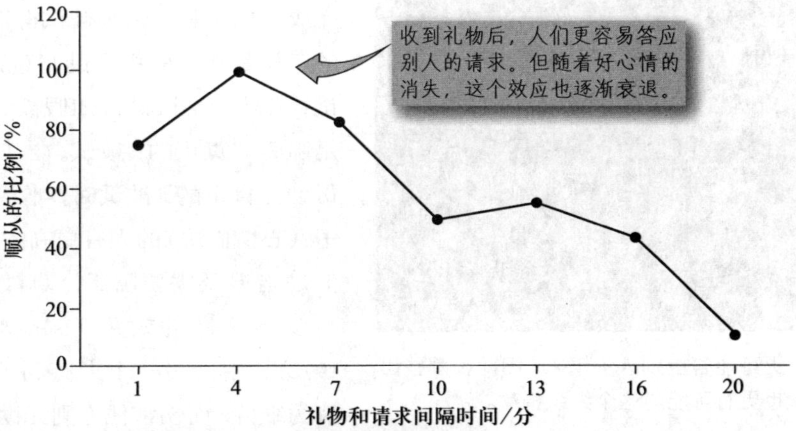

图9.8　好心情和顺从。在收到小礼物后的1～20分钟内，答应帮助一个陌生人来打一个电话并发一条短信的被试的比例。

来源：Adapted from Isen, Clark, & Schwartz, 1976.

好心情显然让人们更有可能答应别人的请求，而且一般会使人们更有可能帮助别人。这种效果已经在实验中得到了证实。这些实验会告诉被试，他们取得了好成绩，让他们想开心的事，给他们曲奇饼干，或者播放令人愉悦的音乐，来使被试心情舒畅。然后就有人请被试帮忙换点零钱、进行慈善捐款、帮忙做实验、献血和指导学生（Carlson，Charlin，& Miller，1988；Isen，1999）。

好心情能提升顺从性的主要原因有两点。首先，心情能影响人们对事物的解释。心情好的时候，我们更可能认为别人希望获得帮助的请求不那么有侵犯性和威胁性。我们虽然有所怀疑，但仍会给他人留点情面，比如不把那个来借笔记的人看成不负责任的、懒惰的、不值得帮助的人，而是认为他迫于环境遇到了一点麻烦，只要稍稍施以援手就能让这个可怜人回归正道（Carlson et al.，1988；Forgas，1998a，1998b；Forgas & Bower，1987）。

好心情能提升顺从性的另外一个原因涉及情绪维持假设。心情好能使人感觉良好，而且我们通常希望这种良好的感觉能尽可能长久地持续。而维持好心情的方法之一就是为另一个人做点什么（Dunn，Aknin，& Norton，2008）。换句话说，破坏好心情的一种途径就是拒绝一个请求，然后陷入污染并侵蚀积极精神状态的各种自责之中（“我是多么无情的人啊”）。一些研究指出，情绪维持是积极情绪之所以能增加顺从性的重要原因之一。在一项研究中，一组被试一开始就得到了曲奇饼干（这使他们心情愉快），另一组被试则没有得到曲奇饼干，然后有另一个人（并非给他们曲奇饼干的人）问他们是否愿意作为假被试来协助自己完成一项实验。一半被试得知假被试的工作是在实验中帮助“真正的”被试；另外一半被试得知假被试的任务是阻碍“真正的”被试。当任务涉及帮助“真正的”被试时，收到曲奇饼干（心情愉快）的人有更高的顺从率；但是当涉及需要阻碍“真被试”时，则没有这样的效果（Isen & Levin，1972）。帮助另一个人有利于良好心情的维持，而伤害他人则无助于此。

积极的情绪和请求。人们心情愉快时更可能答应别人的请求。因此，那些出席了联合国儿童基金会募捐晚宴的人也更有可能向这个组织捐款。

消极的情绪

如果好心情提升了人们的顺从性，那么坏心情有碍于对请求的顺从吗？当然如此，但是只要稍稍反省一下，就不难发现某些类型的坏情绪可能会增加顺从性，而不是降低顺从性。人们深知这个道理并会加以利用。比如，假设你的男朋友或女朋友跟别人频频打情骂俏，而你也意识到了这种挑衅，那么此时正是向你的对象要求某种东西的好时机！当人们有负罪感时，他们往往会在负罪感的驱使下做可以令其摆脱糟糕感觉的事。所以至少有一种与负罪感有关的坏心情可以增加人的顺从性。

社会心理学家已经在很多实验中证明了负罪感和顺从之间存在强烈而显著的联系。这些实验通过引诱被试说谎、摔坏一架相机、弄翻几叠看似认真整理过的索引卡片或者伤害一只非常惹人喜爱的实验老鼠，来使被试产生负罪感（Carlsmith & Gross，1969；Darlington & Macker，1966；O'Keef & Figgé，1997；J. Regan，1971；D. T. Regan，Williams，& Sparling，1972）。在一个研究负罪感对顺从效应的巧妙的实验中，研究者请天主教徒为基金会捐钱。实验时，有的教徒正在赶往教堂做忏悔的路上，有的教徒则刚从教堂出来。研究者假设，那些要去教堂进行忏悔的人正好关注着自己的罪恶，因此更有负罪感；而那些刚从教堂出来的人已经为他们的罪恶进行了忏悔和修行，因此不再会被罪恶感困扰。正如研究者的预料，跟刚走出教堂的人相比，正赶去忏悔的人会捐更多的钱（Harris，Benson，& Hall，1975）。

另外一项关于负罪感和顺从的研究清楚地展现了其他相关的情感也能引发顺从性的提升。在这项实验中，实验者招募被试在据称是有关成长和发展的研究中帮忙（J. Regan，1971）。实验者描述，这项研究已经进行了6周了，而被试的任务是监管一个电压计（放在被试的左边），以确定在一只8周大的白血病老鼠（放在被试的右边）身上施加的刺激“保持在预定的温和的水平上”。同时，实验者在相邻的房间里，假装在测量小鼠的脉搏，其实是在秘密监视被试的每一个举动。实验开始后，所有被试都（暂时）按照分配好的任务进行操作。但是因为在一段时间内，电压计的记录一直维持在109～110伏，不曾变化过，所以不久后，所有的被试都因为任务太单调无聊而开始关注小鼠本身。等他们一走神，实验者就通过小鼠笼子下的地板施加了一次非常强烈的电击，这让小鼠跳了起来并发出了痛苦的呻吟，同时电压计上的数值也从110伏骤升至140伏。然后，实验者开始在隔壁大叫起来，“出问题了……它的脉搏跳动得非常剧烈……（用一种非常受挫的语气）6周啊！”随后，实验者终止了

从消极状态中解脱。奥斯卡·辛德勒（Oskar Schindler）在纳粹的大屠杀中拯救了1200名波兰犹太人的生命。起初，他救这些人是为了获得更大的经济利益，因为他接管了一家犹太人的工厂，并且用廉价的犹太劳动力经营。出于对从消极的状态中获得解脱的渴望，或者出于纯粹的人道主义精神，他用从廉价的劳动力中赚取的数百万元贿赂官员，以救助那些本会被处死的人。这是他在以色列特拉维夫和他救下的犹太人及后代在一起的照片。

实验，并让被试到秘书那里领取之前约定的报酬。在秘书的办公室里，被试应邀向一个公益事业捐款。

那个扰乱人心的小鼠实验当然是为了让被试产生负罪感而设计的（因为他们的注意力不集中才导致小鼠受到了过多电击，结果破坏了实验）。这样一来，研究者就能发现被试的负罪感是否会增加他们给公益事业捐款的金额。确实是这样的。和实验进行“顺利”的被试相比，认为自己的行为导致了实验惨败的被试的捐款额是前者的3倍。这再次说明，负罪感提升了顺从性。

但是在另一种条件下，实验结果更加引人注目。同样目睹了老鼠跳起来并且尖叫的情境，但这个“意外”发生的时间是随机的，并不是在他们刚刚转移注意力时，而且他们会听到隔壁房间的实验者喊道：“发生了短路……这不是你的错。”这样一来，这些被试就没有必要为发生的事情感到内疚了，但是他们最后却和那些有负罪感的被试捐了一样多的款。显然，目睹伤害本身（并不需要成为导致伤害的原因）就能增强人们“做好事”的冲动。所以，单纯感到心烦或者伤心，能使人们更乐意答应别人的请求。

消极状态解脱假设（negative state relief hypothesis）：人们会参与特定的行为活动，比如同意一个请求，来从消极的情感中解脱出来，获得更好的自我感觉。

这些结果表明，坏心情能在某种程度上增加顺从性，因为我们不想感觉糟糕，所以会急切地抓住机会做一些能让我们高兴的事。根据**消极状态解脱假设**，为其他人做些事情，特别是做公益之举，是让我们自己感觉更好的一种方式（Cialdini, Darby, & Vincent, 1973；Cialdini & Fultz, 1990；Cialdini et al., 1987）。经常帮助其他人就是在帮助我们自己。

关于消极状态解脱的研究并不意味着它是坏心情和顺从性增长之间存在联系的唯一原因。尽管在日常生活中，想要改善坏心情的渴望可能是人们最持续有力的动机，但是除此之外，还有其他需要考虑的因素。虽然我们对从负罪感、悲伤和尴尬中解脱的渴望是同等的，但是对这些情感来说，能让我们从中解脱的方法是不同的。负罪感和悲伤都能够导致退缩——这涉及顺从性——但是对这两种状态来说，引起退缩的情况可能是不同的。当你伤心的时候，你可能不愿意和那些快乐的人相处；而当你有负罪感的时候，你可能会逃避让你回想起自己所犯的罪恶的人或事。

另外一种因生气所引起的坏心情就完全不同了。有时候，人们会沉浸在愤怒的情绪中，因此至少有段时间，可能并无兴趣寻求从中得到解脱的办法。所以，尽管每种坏心情都能提升人的顺从性，因为帮助他人能够使人们从坏心情中得到解脱，但是要对坏心情和顺从性的关系进行精确描述，可能就得依情况而定了。在历史上，研究顺从问题的社会心理学家将目光聚焦在处于好心情和坏心情时明显的不同。但是在与社会心理学相关的领域，更加注重区分不同种类的好心情和坏心情，而这被证明具有重要意义。在顺从这一研究领域，我们也期待着未来有更多更加细致的研究成果（Lerner, Gonzalez, Small, & Fischhoff, 2003；Lerner, Small, Loewenstein, 2004；Tiedens & Linton, 2001）。

基于规范的方法

正如从众研究所表明的，人们会相互模仿。如果有朋友体重超标，那人们维持自身健康的体重往往也有难度；跟未成年就怀过孕的朋友在一起的少女自身也更容易未成年就怀孕；老年人安排其退休后生活的周密程度也会在很大程度受其同事的影响；学生饮酒也与他们知觉到的其他学生的饮酒量有关。显而易见，人们的行为倾向于和其周围人保持一致，好好地利用这种倾向性，就可以让人们同意别人直接的要求或者含蓄的建议。这也是为什么广告商经常会这样声称："越来越多的人正在变为……"或者"每10个人中就有9个人使用……"

有效的基于规范的要求

让人们知道其他人在做什么可以提升公共效益。设想一个在加利福尼亚州利用基于规范的方法对能源使用进行的研究。房主们收到的信息向他们显示了在过去几周内他们使用了多少能源（每天千瓦时），以及他们周围邻居的平均用电量。这种简单介入的效应很明显并且起效迅速：那些能量消耗高于平均水平的户主显著减少了他们的用电量。

但是用电量比平均水平低的户主呢？告诉他们邻居不够尽责会让他们更加浪费吗？是的，但是调查者有个简单的补救措施，使得高于平均水平的能耗减少了，同时又不造成对低能耗习惯的破坏。在给一半户主提供用电情况信息的同时，还会根据其用电量是高于还是低于平均水平，附上一个小小的表示支持或反对的标志（一个笑脸或一个悲伤的脸）。支持的标志足够维持那些人良好的节俭作风，否则他们也会变得更加浪费（见图9.9）。

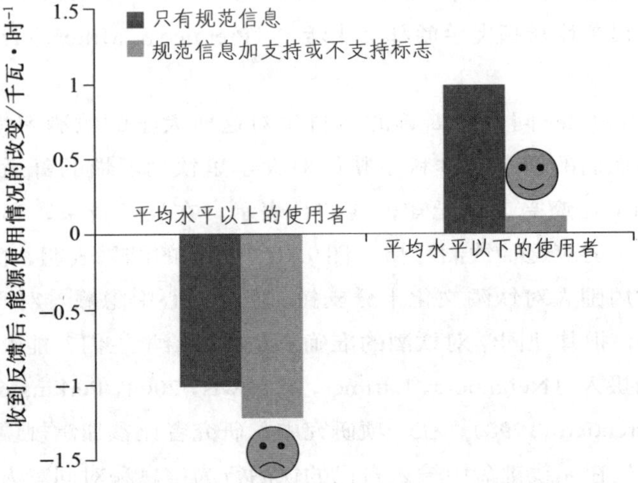

图9.9 用规范来节约能源。用电量超过平均水平的消费者在得知自己的能耗和平均能耗后，能够显著降低他们的用电量（见左边的柱状图）。把这个信息展示给用电量低于平均水平的消费者能够显著增加他们的用电量，除非同时向他们展示一个简单的支持标志（见右边的柱状图）。

来源：Adapted from Schultz et al., 2007.

另外一个有生态性想法的基于规范的方法是用来说服宾馆客户重复使用毛巾以节约水和能源的。调查者发现，当在督促客户重复使用毛巾的小卡片（你可能已经见过很多了）上声称以往绝大多数顾客都会选择重复使用毛巾时，顺从的比例会显著上升。有趣的是，如果卡片上再特别注明是“住在这个房间里”的绝大多数顾客会选择重复使用毛巾，甚至会进一步提升顺从率（Goldstein，Cialdini，& Griskevicius，2008）。

当规范被误解时——也就是当人们高估了破坏性行为的普遍性或者低估了建设性行为的普遍性时，重新澄清规范可能是最有效的。学生饮酒就是这么一种案例，还记得第4章描述过的人众无知现象吗？在美国的大学里，虽然实际状况并不是这样的，但学生们还是认为喝酒狂欢是非常普遍的事情，很少有人“完全不喝酒”或者适度饮酒。在一项调查中，Deborah Prentice 和 Dale Miller 在普林斯顿大学验证了关于酒的私人态度和公共规范之间的矛盾。他们认为，两者间之所以有矛盾可能是出于以下原因：

> 在普林斯顿大学，酒在惯例和传统中扮演的中心角色恶化了这所大学的饮酒状况。比如，在大学生活的核心——饮食俱乐部里，会一周7天，一天24小时地供应酒水。在美国，在普林斯顿校友会中消耗的酒精量号称排在全国各种盛会的第二位，仅次于印第安纳波利斯500英里[①]大奖赛。在这所大学里，饮酒的社会规范很清楚：学生必须适应饮酒，从而参与到普林斯顿大学的社交生活中（Prentice & Miller，p.244）。

Prentice 和 Miller 问普林斯顿的本科生对这所大学的饮酒习惯的舒适程度，以及他们认为他们的朋友和本科生整体对大学里饮酒习惯的舒适程度。如果学生在这个问题上正遭受人众无知，他们会表示，在他们看来，和大多数同学相比，自己更不能适应这种饮酒习惯。图9.10中显示的结果表明，情况确实如此。学生普遍感觉周围人对饮酒文化十分支持，但自己心中隐藏着对酒精的不适感。

研究证实，把其他同学对饮酒的准确看法提供给学生们，能够非常有效地减少过多的酒精摄入（Neighbors，Larimer，& Lewis，2004；Perkins & Craig，2006；Schroeder & Prentice，1998）。在一项研究中，研究者让参加常规俱乐部活动或者组织会议的学生在无线键盘中输入自己的饮酒行为信息和对同龄人饮酒习惯的想法。他们汇总的答案会马上展示给所有人看，从而纠正学生们对其他同学的饮酒频率和饮酒量的广泛误解。一两个月之后进行的在线调查显示，和对照组相比，了解了这些信息的学生的饮酒量显著降低了。

---

① 1 英里 =1609.34 米。——译著注

(A)

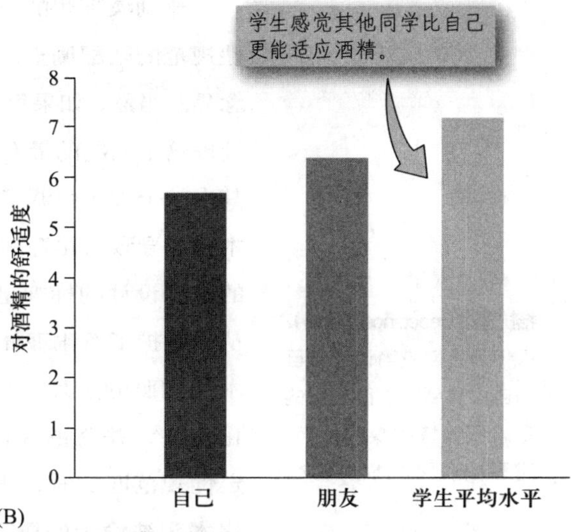

(B)

图 9.10　人众无知。(A)大学生认为喝酒在他们同辈人中比实际情况更流行。由于这种信念，他们会检讨自己对饮酒的保守态度，因此加深了以为饮酒很流行的错觉。(B)普林斯顿大学学生对他们自己和其他同学关于校园中的饮酒文化的舒适程度的打分。

来源：Adapted from Prentice & Miller, 1993.

描述性规范(descriptive norms)：在一个特定环境中，人们对大多数人有怎样的行为的知觉。

指定性(命令性)规范(prescriptive/injunctive norms)：人们对什么样的行为一般会被其他人支持或反对的知觉。

描述性规范和指定性规范

在建立基于规范的请求顺从模型时，必须意识到规范可以分两类：**描述性规范**只是简单地对人们通常的行为进行描述；**指定性规范**，也常被称为**命令性规范**，是指一个人应有的行为。描述性规范回答了“是什么”的问题；指定性规范回答了“应该是什么”的问题。大学管理人员经常说学生应该保证8 ～ 9小时的睡眠（指定性规范），但是大多数学生的睡眠时间往往少得多（描述性规范）。

要想让你的请求行之有效，就要确保这两种规范之间没有冲突。一个普遍的错误方法是希望通过声称很少有人遵循指定性规范来加强它的影响力。“难道不是很遗憾吗，只有这么少的人去为选举投票（或有健康的饮食习惯、对癌症进行排查……）。”这样进行请求也是可以理解的，但是需要注意的是，它在无意中让描述性规范与想要强调的指定性规范对立起来了（Sieverding, Decker, & Zimmerman, 2010）。在告诉人们只有这么少的人投票是多么遗憾的同时，你就是在告诉他们只有很少的人投了票。有了描述性规范的制约，这些信息让人们更加不可能去投票了。事实上，那些负责拉票的人已经明白了强调有多少人“已经”投了票比强调“只有”多少人投了票更加有效（Gerber & Rogers, 2009）。

描述性规范和指定性规范的冲突。告诉人们不应该从石化林国家公园中拿走石化木头(指定性规范)，其实是在表明偷走石化木头是人们在做的事情(描述性规范)。(牌子上写着：“禁止拣走石化木头。”)

亚利桑那州的石化林国家公园中实施了一项非常巧妙的对指定性规范和描述性规范的匹配调查。在这里，游客们有时会把一些石化木头的样本带回家作为纪念品。当然，如果每个人都带走样本，很快就没有石化森林可供参观了。为了检验处理这个问题的最有效的方法，调查者在公园内的不同地方放置了不同的警示牌。其中一个牌子强调了这个问题的严重性，“以前有很多游客从这个公园里拿走石化木头，导致石化森林状况的恶化”，并附上了游客拿走木头的照片。另一个从积极的角度设计的标牌是这样的：“过去绝大多数的游客都留下了公园里的石化木头，从而维护了石化森林的自然状态”，并且附上了游客欣赏公园景致并为一块石化木头拍照的照片。研究者特意沿着临近这些牌子的小径旁放了几块很明显的石化木头，并监视着它们在实验过程中被偷走的次数。结果，当描述性规范与指定性规范匹配时，当牌子强调有极少的人从公园里拿走了石化木头时，那些石化木头被偷走的概率降为不到3成（Cialdini，Demaine，Sagarin，Barrett，Rhoads，& Winters，2006）。

拮抗理论（reactance theory）： 人们为了回应当认为自己的自由受到威胁而经历的令人不愉快的唤醒状态，而重申自己的特权的概念。

专栏9.4 聚焦积极心理学

反抗社会影响

“我宁愿在我的坟墓里做一个自由的人，也不愿意以一个木偶或者奴隶的身份苟活。”

——雷鬼传奇吉米·克利夫（Jimmy Cliff）

人们并不总是从众、顺从和服从的。他们有时候会做出鼓舞人心甚至英勇的独立行为——拒绝和他们误入歧途的同辈同流合污，公然反抗一个贪污的老板的命令，或者对不道德的商业惯例喝倒彩。是什么让人们坚守自己的阵地，遵从着自己的良心，并且拒绝被其他人影响呢？

这种倾向——反抗限制他们自由行动或如己所愿进行思考的企图——能够抵消屈服于他人的压力。根据**拮抗理论**，当人们感觉自由受到威胁时，会经历一种不愉快的唤醒状态，使他们经常通过重申自己的权利来降低这种不愉快的唤醒。如果你的父母告诉你不准染发，那你对染发的渴望是降低了还是提升了？拮抗理论预言，一旦你感觉到自己的自由被剥夺了，自由就会变得更加珍贵，而你渴望保护它的欲望也会提高。

但是一旦有动机去反抗，那么什么因素可能提高你坚守自己的立场的能力呢？回想一下阿希和米尔格拉姆的实验，一个重要的变量就是练习。在米尔格拉姆的实验中，很多被试想要反抗甚至努力去反抗，但是他们并不擅长这样做。也许，如果经过合理的训练，学会在情况需要时进行反抗，他们的表现会更好。有证据显示，在大屠杀中努力营救犹太人的基督教徒一般来说在之前就有过帮助他人的经验。那些提供了很多帮助的人并不比做得少的人更尊重他们的犹太人邻居：他们只是熟练地多次伸出了援手而已。

另一个提升抵制社会影响之能力的方法是找到一个盟友。在阿希的实验中，只要再有一个与大多数人产生了分歧的人，就足以明显地降低从众率。事实上，在阿希的研究中，最重要的课题就是要探讨做一个独自坚守的人是多么困难。人们同样需要警惕事情可能迅速失控。在那些观察到了惊人的服从程度的研究中，米尔格拉姆的实验所使用的循序渐进的程序起到了重要作用。在最初就反抗社会影响是最容易的，而不是先屈服然后期待着接下来再反抗。就像天主教的教诲所言，“要避免给罪恶靠近的机会。”

同样请记住，很多能产生影响的企图都基于情感需要。一个非常有效的应对这类需要的策略就是延迟答复。如果要说什么是情绪经验的“第一准则”，那就是情绪会随着时间的推移而逐渐消失。因此，只要等一段时间再答复，那么由于受困于一种特别的情绪而产生的必须屈服的感觉就会渐渐消退。在最初的情感消散后，你就能够根据一个想法的价值而不是一种紧张的情感状态来决定是否要顺从一个请求。

反抗社会影响。这几位登上了《时代周刊》(*Times*)杂志封面的女人都是拒绝和故意掩饰罪行的人同流合污的人。辛西娅·库珀(左侧)是世界通信公司内部审计部门的副总管，她发现了一笔假账并且拿着自己的证据去找公司的总监。科琳·罗莉(中间)是美国联邦调查局的一名特工，她在“9·11”事件之前就告诉自己的上级已知的飞行训练嫌疑犯可能会构成恐怖威胁。谢伦·沃特金斯(右侧)是安然公司合作部的副总管，她确认了这个公司中的诈骗行为，并且向她的老板写信详细说明她的怀疑，而不是假装一切正常。

小　结

基于合理理由的方法会提供一个让人们顺从请求的理由来引起顺从行为。理由之一就是互惠规范，人们通常会感觉到必须使那些帮助过自己的人获益。在门前技巧(或者互惠让步技巧)中，拒绝了一个较大请求的人接下来会同意一个较小的请求。在折扣技巧中，人们可能会由于在交易中得到了一个礼物而去买一个更昂贵的商品。在登门槛技巧中，人们会先顺从一个较小的请求，然后会同意一个更大的请求。基于情感的方法也能够导致顺从。心情好的人为了维持他们的好心情更可能答应一个请求。相反，根据消极状态解脱理论，为了能感觉好点，有负罪感或者悲伤感的人也很可能答应别人的一个请求。基于规范的方法利用了人们观察他人作为指导的倾向。人们对描述性规范和指定性规范都会做出响应，但是基于规范的请求不应让这两者对立起来。

本章总结

什么是社会影响

■ 有三种类型的社会影响。从众涉及为了回应来自他人的压力(通常是含蓄的)而做出的态度或者行为的改变。服从涉及对一种权威命令的屈服。顺从则涉及同意其他人做出的明确的请求。

从众

■ 从众有三种来源。有时，从众是无意识自动的，仅仅是由知觉到另一个人的行为所引起的。有时，人们的从众是因为信息性社会影响——也就是说，他们把其他人的行为当作最好做什么的有用信息。除此之外，人们还会因为规范性社会影响而从众——也就是说，是因为考虑到了自身行为的社会后果。

- 一些群体的特点影响了从众压力。群体的规模越大，它的影响就越大——但是这种规律最多只适用于4个人。内部一致性高的群体会比至少有一个反对者的群体产生更大的社会影响。而且，专业知识越强、群体成员的地位越高，他们的影响也越大。
- 文化和性别也影响从众。受相互依存型文化影响的人比受独立型文化影响的人更容易保持从众。女人也比男人更加容易从众，但是两者在自己不熟知的领域的从众性都会提高。
- 一些任务因素也影响了从众压力。任务越困难、越模糊，像在自主运动错觉实验中，从众就越高。当人们的回答是匿名的时候，他们就会更少受其他人的答案影响。最后，当人们对其他人的判断有令人满意的解释时，也会更少被其他人的答案影响。
- 从众影响的方向并不总是多数人影响少数人。有的时候，少数人的影响力也可以很大，特别是当少数人表达的观点具有一致性的时候。

服从权威

- 关于服从的研究已经被斯坦利·米尔格拉姆的实验所主导，他证明了一个出人意料的结果：大多数人都乐意追随看起来有害的权威的命令。
- 服从实验中的被试被困在两股相对立的力量中（规范性社会影响和道德责任）。当被试拉开与“学习者”的情感距离而“靠近”实验主试时，两种力量之间的平衡便向规范性社会影响倾斜。
- 尽管米尔格拉姆的研究结果因强烈违反直觉而使人们大为吃惊，但是只要想想该实验命令的循序渐进性、大多数被试都有想要终止实验的企图（虽然几乎无效），以及实验者承担了大部分责任等条件，就不会再那么惊讶了。

顺从

- 基于合理理由的、基于情感的以及基于规范的技术可以使人们顺从他人的要求。
- 有力的基于合理理由的方法包括通过帮其他人一个忙或者做出让步（“门前技巧”）来引出互惠原则，或者通过在提出更大的实际要求之前先让某人同意一个很小的要求来运用“登门槛技巧”。
- 有力的基于情感的方法包括让目标人物心情良好，这样一来，由于心情维持理论和好心情会渲染他们对于请求的解释，从而提升顺从性。
- 对从一种负面情绪中脱离出来的渴望也能导致顺从，因为顺从行为可以减少负罪感或者悲伤的感觉。
- 基于规范的方法利用了人们通过观察他人来指导自己的行动的倾向。在通常情况下，人们并不想与主流脱离很远，所以关于其他人做了什么的信息有非常大的影响力。大多数人有“行事正确”的动机，所以指定性规范的信息也会有很大的影响。描述性规范与指定性规范信息不应该以相冲突的方式展现。

关键概念

从众（p311）
登门槛技巧（p343）
动念动作（p314）
服从（p311）
规范性社会影响（p319）
互惠原则（p340）
拮抗理论（p352）
门前技巧或互惠让步技巧（p342）
描述性规范（p351）
内化（p326）
社会影响（p311）
顺从（p311）
消极状态解脱假设（p348）
信息性社会影响（p316）
折扣技巧（p343）
指定性（命令性）规范（p351）

第 10 章

人际吸引

本章要点

- 人际关系的特征
- 吸引力
- 爱情关系

在ABC 电视台的热播剧《摩登家庭》(*Modern Family*)中，观众们认识了一对普通的夫妻——克莱尔和菲尔，虽然说他们的穿着、语言和应用的科技都是现代的，但他们在本质上与我们在20世纪五六十年代的电视节目中看到的传统家庭没有什么不同。克莱尔和菲尔都是白人，他们已经结婚16年了，并育有3个孩子。爸爸菲尔是家中的经济支柱（就像许多超现实的电视节目一样，他几乎没有实际工作）。随着他们的大女儿海莉把她的第一位男朋友带到家里，混乱开始了。

之后我们碰见了杰伊，一个50来岁藏着一颗金子般的心的粗犷男人，还有刚与他结婚6个月的年轻貌美的哥伦比亚女人格洛丽亚，以及格洛丽亚和前夫生的儿子曼尼。更多的混乱接踵而至，人们一直认为杰伊是格洛丽亚的父亲，同时曼尼又向另一个女孩表明了他的爱意。

接下来，我们又在剧中认识了卡姆和米西尔，一对同性恋男人，当他们连同刚收养的越南籍女婴莉莉返回洛杉矶时，混乱再次升级。这次的问题核心在于这两个男人谁比较女性化，可以负责带孩子，以及他们该如何向米西尔那些无法接受这个事实的家人说出收养的事。

当卡姆和米西尔出席家庭聚会时，我们发现米西尔的家人就是我们早先遇见的那些人物。杰伊是他的父亲，同时也是克莱尔的父亲。所以克莱尔的3个孩子和莉莉是同辈；克莱尔成了曼尼的姐姐；还有克洛丽亚，虽然比克莱尔还年轻，却成了她的继母。真是摩登！

这部电视剧展现了我们在当今社会可以相互产生关联的几个家庭人物关系的复杂性。尽管混乱，至少在这部剧里以及在现实生活中，这全都行得通。这部剧一经播出就轰动一时，因为观众非常容易产生代入感，把自己想象成为这个关系复杂的家庭中的一员，无论他们自己的家庭环境如何。

摩登家庭。从这部最近大火的剧集中可以看出，家人彼此可以各不相同，并形成各种各样的浪漫关系。

在这一章中，《摩登家庭》能够让我们了解什么，是人际关系和人际吸引吗？它向我们展示了一件事，人类可以被各种各样的人吸引——性别是否不同、文化是否不同、年龄差距有多大，这些都不能阻挡人们相爱。它也向我们展示了各式各样的人际关系（甚至是各式各样的家庭关系）也都“行得通”——从能满足个人参与其中的需求的意义上来说，都行得通。

本章将探讨个体与家人、朋友、伴侣以及同性与异性之间形成的范围广泛、时间持久的关系。本章主要关注的是人际关系和依恋（随着时间的推移，家庭、友谊、爱情、尊重或长幼之别的羁绊把两个或是更多的人紧紧地绑在一起）。在这些关系中，人们一般会一起参与某些活动，而且拥有共同的回忆与经验。研究结果表明，这些关系是人类机能的核心。

人际关系的特征

在研究人际关系时，研究人员所面临的某些挑战在社会心理学的其他领域是不常见的（Bradbury & Karney，1993；Finkel & Eastwick，2008；Gonzalez & Griffin，1997；Karney & Bradbury，1995）。例如，许多有关人际关系的研究并不是真实验，因为不能把被试随机分配到不同的条件中去。于是他们会利用纵向研究方法来探索原有的关系随着时间的推移会发生哪些动态变化。研究人员试图了解在先前的人际关系中，是什么因素让人们形成了更加愉快或有更多问题的联结。这类研究所面对的挑战是自我选择的方法学问题，只要研究者无法把被试分配到可供对照的条件下，就会出现这一问题。当被试自行“选择”实验条件时，我们就无法得知在两种实验条件下观察到的某种差异是由实验条件自身使得分配到两个条件下的人表现不同呢，还是因为不同的条件原本就容易吸引特定类型的人呢。举例来说，与不怎么过结婚纪念日的伴侣相比，会大张旗鼓地庆祝结婚纪念日的伴侣更不可能离婚。但是，如何解释这一结果呢？是没有庆祝结婚纪念日才导致了伴侣的不和，还是因为不和的伴侣本来就不会庆祝结婚纪念日？

人际关系的重要性

很多深受西方文化影响的人都会以独立的（个人主义的）方式定义自己，比如更强调自己与他人的不同之处，且会把自己与别人分离开来。然而，人性本是极为社会化的，一个人的自我认同以及自我意识都是由社会关系塑造的（见第3章）。实际上，人类（和其他动物）归属于一些社会关系的需要就像生理需要一样强烈。

“我们欢聚一堂，我们彼此独立。”

——美国演员莉莉·汤姆林（Lily Tomlin）

显而易见，食物、氧气、温暖以及安全感是人类基本的生理需求。没有氧气、空气或水，我们都会死亡。Roy Baumeister 和 Mark Leary（1995）说，人际关系也是如此的不可或缺——我们非常需要健康的人际关系。他们提出了大量的证据来支持他们的主张，即我们每个人都有归属的需要（注意，不是欲望，是需求）。

有关归属需求的争论

Baumeister 和 Leary 指出，我们寻求社会关系的倾向可能源于进化。人们已经达成了广泛的共识，即人际关系能帮助个人和其后代生存下去，因此就提高了这些个体的基因得以复制的可能性。在很大程度上说，在进化中形成长久的爱情关系有利于人类繁衍和哺育后代，尤其是人类的后代在出生后的许多年里都是相当脆弱的，需要依靠别人来照顾（Diamond，2003；Ellis，1992）。父母与子女间的依恋有助于保证婴儿以及孩童在能够独立生存之前得到保护（Bowlby，1982）。友情关系也是在进化中形成的，因为它使得非近亲之间也能够合作，从而免于因竞争和互相攻击而深陷险境，付出惨痛的代价（Trivers，1971）。

"没有什么惩罚比一个人被彻底放逐，被所有社会成员彻底忽视更加残忍了。"

——美国心理学家威廉姆·詹姆斯（William James）

如果人际关系有其进化基础，那么应该有许多普遍特征。在全世界的各种文化中，情侣之间、亲子之间、兄弟姐妹之间乃至朋友之间，都应该有相似的动力。人类习性学的先驱们研究了许多还生存于自然环境中的原始社会，并记录许多具有普遍性的社会行为模式——母子之间的哺育、兄弟姐妹之间的争斗、恋爱中的年轻人之间的调情、伴侣之间的感情、青春期男性之间的支配关系（Eibl-Eibesfeldt，1989）。本章既会详细介绍人类关系的普遍性，又会详细分析其文化差异。

普遍的关系。（A和B）来自不同文化的兄弟姐妹都会一起玩乐、相互扶持以及打架。虽然具体的玩法、扶持的方式以及争吵的类型会因文化的不同而有所差异。（C）来自不同文化的父母展现了相似的依恋行为，包括抚摩孩子并与其进行目光交流的模式。

Baumeister 和 Leary 也指出，倘若归属需求真的是一种需要，就应该是可以满足的。也就是说，当人们感到口渴和饥饿时，他们就会喝水、吃东西，不过一且这些需要得到满足，人们就会停止吃吃喝喝的行为。我们真实的社会生活也是如此。以一种对我们来说至关重要的人际关系——友谊关系——为例。在西欧文化中，平均来说，大学生会与6个朋友保持有意义的人际交往（Wheeler & Nezlek，1977）。看起来，特定数量的亲密伙伴就能满足我们对于友谊的需要，只要这一需要得到满足，我们就不用再从更多的人身上获取这种关系了。但是如果我们的归属需要不能在现有的关系中获得满足，我们就会试图从其他人际关系中获得满足。例如，在监狱进行的观测研究发现，囚犯会因与家人失去了联系而感到非常痛苦。因此，他们会与其他囚犯在类似亲人的关系上形成替代家庭（Burkhart，1973）。

归属需求的证据

或许对于归属需求而言，最有力的支持来自那些展现了它对我们的身心健康是多么至关重要的证据。当我们的归属需要长时间得不到满足时，人们很可能会深深地陷在非常消极的状态中。例如，在 Harry Harlow（1959）的经典实验中，研究者剥夺了小恒河猴与其他恒河猴的联系，只给了它两个“代理母亲”（类似猴子的道具），让它们在这样的条件下长大（见图 10.1）。小恒河猴在与世隔离的状态下长大了，青春期以后，它们常常感到极度恐惧，不能与其他同龄的猴子互动，只能进行不适当的性行为，比如会攻击潜在的伴侣或是在交配中不能做出典型的交配动作。

在对大象的自然实验中也出现了类似的结果。自然实验包括碰巧自然形成的

归属的需要。归属需要是有进化基础的。成年象不仅会哺育和保护幼象，还会教它们适当的社会行为，以确保它们能在群体中生存。如果幼象是在没有成年象的陪伴下长大的，它们就可能会变得反社会且具有攻击性，并且很难在群体中生存。

一系列条件（不是由实验者安排的），这大大避免了自我选择问题。非洲某些地区的大象会因为象牙而被屠宰，留下小象自己成长。这些未成年的小象与其他同类相比，具有相当多的反社会行为和侵略性；例如，它们会为了好玩而杀死犀牛。这些非洲猎场的看守人想了一个办法来解决小象变得凶残的问题，他们引入了成年的大象，让它们向未成年的小象示范该如何成长为一头象。

图 10.1　科学方法：Harlow 的猴子和它们的"母亲"

假设：幼猴会与为它提供了温暖和舒适感的"代理母亲"形成依恋，而不能与为它提供营养的"代理母亲"形成依恋。

研究方法：将恒河猴宝宝放在有两个不同的"母亲"的笼内：

1. 一个"母亲"是由布制成的，看起来像猴子，但不能供奶。
2. 另一个是由金属线制成的，但能供奶。

结果：幼猴会紧紧抱着布制母亲并且在受到威胁时向它寻求安慰。幼猴仅仅会在饥饿的时候去接近金属线母亲。

结论：幼猴更喜欢为它提供了温暖和舒适感的"代理母亲"，并会与它形成依恋；它们并不喜欢能提供营养的金属线母亲。

在人类社会中，离婚、未婚和丧偶的个体死亡率比较高（Lynch，1979）。相比结了婚的人，离婚的人因为心理问题就医的次数是前者的 3 ～ 23 倍（结果会因所研究的心理问题是什么而有所差异；Bloom，White & Asher，1979；Hughes &

Waite，2009）。单身和离婚的人的自杀率更高（Rothberg & Jones，1987），犯罪率也更高（Baumeister & Leary，1995）。得到他人的支持能够加强我们的心血管系统、免疫系统以及内分泌系统的功能（Oxman & Hull，1997；Uchino，Cacioppo，& Kiecolt-Glaser，1996；见应用模块1）。

人际关系与自我意识

社会关系除了对于我们保持身心健康举足轻重，还能塑造我们对于自己是谁的感觉。Susan Andersen、Serena Chen及其同事通过检验我们的关系自我（即源于我们生命中的重要他人的信念、情感以及期望），来探讨人际关系对自我认同有多么重要（Andersen & Chen，2002）。遇到了某个让我们想起了重要他人的个体，能激活我们在那个重要他人面前往往会展现的特定“自我”，同时也激活了相关的信念、情感和期望，从而塑造了我们与这个新个体互动的方式，但我们往往对此并无觉察。比如说，你的母亲经常对你的努力和所取得的成就百般挑剔。在她身边，一种自惭形秽的感觉定义了你此时的关系自我。当你遇到的某个人让你想起自己的母亲时，比如工作上的主管或是交通法庭上的法官，你可能会将这些信念、感觉及互动模式转移到那个人身上，从而塑造这段新的关系。

为了记录过去的人际关系是如何塑造当前的互动模式的，Hinkley和Andersen让被试写下14个句子来形容他们心中重要的正面人物和重要的反面人物；然后，被试要再写20个句子来形容他们与那个人相似的地方（Hinkley & Andersen，1996）。2周后，实验组被试拿到了一系列关于另一个人的描述，这个人要么跟被试心中重要的正面人物相似，要么跟被试心中重要的反面人物相似；而对照组被试看到的则是对其他被试的重要他人的描述。之后，被试要写下14个句子来描述当下的自己。

与对照组相比，遇到与重要他人相似的个体时，被试更容易用与重要人物相似的描述来形容自己。举例来说，若一个被试在形容她与父亲的相似之处时写下了如“愚蠢”、“无礼”等特征，那么2周之后，在读到对于让她想起父亲的人的描述时，这些特征词更可能出现在她的自我描述中。因此，遇见与我们的重要他人相似的人，往往会自动改变我们当下对自身的想法，并塑造更直接的、更易想到自我看法。

除了激活特定的自我信念和感觉，关系自我也影响了我们当下与他人的互动。在一个研究中，研究者让被试与一个和其正面或负面的重要他人很相似的目标任务互动（Berk & Andersen，2000）。被试更喜欢与其正面的重要他人相似的目标人物，而这个目标人物也更可能向被试展现正面情绪。整个过程看起来是这样的：(1) 目标人物让我想起了某某，他是个好人，(2) 因此我喜欢这个目标人物，(3) 所以我向这个目标人物表达了积极的情绪，(4) 因此目标人物也向我表达了积极的情绪。

与他人建立关系的不同方式

尽管很多人际关系都有益于我们的幸福，并塑造着我们的自我意识以及我们与他人建立关系的方式，但是不同的关系在这些方面能产生不同的影响。和新交到的男女朋友、极限飞盘团队里的密友、牧师或拉比、老师或是公司主管在一起时，我们的行为举止当然会明显不同（Fiske，1992；Moskowitz，1994）。尽管本章主要关注与朋友或情侣的关系，但是了解不同种类的人际关系的重要区别也是必要的。

社群关系和交易关系

"成捆的木棍是坚不可摧的。"

——肯尼亚谚语

随着经济的高速增长，中国和印度共同目睹了过去10年所带来的重要文化变迁。数以百万计的年轻人离开他们的村庄、迁向经济迅速发展的新兴城市。原本所适应的在乡村生活中与朋友和家人的简单互动，被与陌生人或是没有私人关系的老板的互动代替。我们该如何从心理学的角度更好地理解这些改变呢？

Margaret Clark 和 Judson Mills 提出，社群关系和交易关系是两种有着根本区别的人际关系，它们形成的背景不同，且受不同的规范支配（Clark，1992；Clark & Mills，1979，1993）。在**社群关系**中，个体会觉得自己对于另一个人负有特殊的责任，且往往期望彼此的关系可以持久。社群关系建立在一种"同一感"上，分享着和家人一样的同一认同感（Fiske，1992）。在"好闺蜜"、"铁哥们"这样的社群关系中，人们会越来越像对方，会一起哭一起笑。在社群关系中，人们是按照需要原则来给予和接受的，也就是说不论在何时，只要有人迫切需要帮助，个体就会伸出援手。家庭成员之间的关系以及亲密朋友之间的关系都是典型的社群关系，这类人际关系是乡村社群生活的主要社会架构。

社群关系（communal relationships）：在这种人际关系中，个体会觉得自己对于另一个人负有特殊的责任，且往往期望彼此的关系可以持久。

相反，**交易关系**是一种基于买卖的关系，通常是短暂的，个体对于另一人也没有特殊的责任感。在交易关系中，付出与接受要依从公平（你在人际关系中投入了什么，就会得到什么）和互惠（你的付出会给你同样的回报）原则。与销售员、官员的互动，或是在企业组织中与员工、上司的互动，都是交易关系的代表。

交易关系（exchange relationships）：在这种人际关系中，个人对于另一人没有特殊的责任感；付出与接受依从公平和互惠原则。

社群关系和交易关系之间的区别让我们注意到，在不同形式的关系中有着明显的文化差异。首先，在更偏好哪种形式的人际关系上，不同的社会之间存在巨大的差异。来自东亚与拉丁美洲社会的人们在许多情境下都倾向于采取社群的方法；相比之下，来自欧洲与英联邦国家的人们倾向于采取交易的方法。现在考虑一个问题，就是在第1章中提到的生意人会如何对待近期状况不佳的老员工，这位员工兢兢业业地工作了15年，但在过去一年中的工作业绩下滑严重，而且看起来不太可能回归正规。东亚人一般会认为该公司有义务如同对待家人一样地对待这名员工，仍旧给他发工资。西方生意人更多地觉得彼此的关系只是纯粹的契约或交易关系，现在应该辞退这名员工。然而，即使是在西方国家中，也存一些差异：相较于信奉新教的国家，来自天主教国家的人们更可能站在社群立场上。实际上，即使是在美国，天主教徒也比新教徒更可能采取社群立场（Sanchez-Burks，2002，2004；Sanchez-Burks，Nisbett，& Ybarra，2000）。

人际关系中的酬赏理论与社会交换理论

尽管社群关系和交易关系之间有着重要区别，但许多社会心理学家都认为，即使是最亲密的关系也要在某种程度上基于交易。实际上，一个被广泛接受的人际关系理论之一就非常简单，认为人们倾向于喜欢那些为他们提供了酬赏（积极交易）的人，并为之吸引。这些奖赏也许并不是有形或直接的，也不一定来自直接的互动。但是根据这些酬赏框架，我们倾向于喜欢那些让我们感觉良好的人（Clore & Byrne，1974；Lott & Lott，1974）。

你自己可能就检验过酬赏理论：想想你所有的朋友，然后问问自己，酬赏理论是否可以解释你为什么喜欢这些人。有些回报是明显的。比如说，你与一个人的友情让你加入了一个你本不属于的团体。你喜欢另一个人可能是因为她非常幽默，在她的身边让你很快乐。在很多朋友那里，回报也可能是间接的，不那么明显。实际上，你最亲密的朋友可能是那些最间接地给予你回报的人——当你在他们身边时，会自我感觉良好。

“在我们的社会中，求婚变成了一个男人总结他的社会属性的方法，他们会选择一个在这些事上不可缺的女人作为合作伙伴。”

——美国社会学家艾尔文·戈夫曼（Erving Goffman）

值得注意的是，酬赏框架有助于回答一个最基本也极实际的问题：你能做什么让别人喜欢你？根据交易观点，答案也是明显的：回报他们。让他人在你身边的时候感觉良好。这个方法与戴尔·卡耐基（Dale Carnegie）在他的畅销著作《如何赢取友谊与影响他人》（*How to Win Friends and Influence People*）中给出的建议十分相似：想要赢得朋友，就“大方地给予赞美”。

“我们总是相信那些对于自己的赞美。即使我们知道那是有目的的，但我们仍认为那是理所当然的。”

——英国小说家大卫·洛奇（David Lodge）

这种策略也许看起来只会事与愿违。人们当然会看穿你这么卖力只是为了博得他们的喜爱或试图影响他们。比方说，富有的人当然会警惕那些为了他们的钱而虚情假意的“淘金者”。但如果大部分“淘金者”都没能如愿以偿，那就不会有“淘金者”这种说法了。他们的成功表明，奉承的效果可能超过它“本应”达到的效果。毕竟，恭维别人也能成全你（Jones，1964；Vonk，2002）。

一个更具概括性的理论认为，人类的许多互动其实都是社会交换，而酬赏理论就是该理论的一个变式（Kelly & Thibaut，1978；Rusbult，1983）。**社会交换理论**的基本假设是，人们有使自我满足感最大化的动机。人们在与他人的互动中，要寻求回报，他们愿意付出一定的代价来换取这些回报。通常，人们希望在人际互动或人际关系中获得的收益大于付出，也就是说，希望这种互动是有净收益的。然而，如果没有能让其有所收获的互动，则个人可能会退而求其次，寻找付出稍微多于收益的互动。用更具概括性的说法是，社会交换理论的主张是：人们倾向

社会交换理论（social exchange theory）：该理论的假设是所有的人际关系都有收益和代价，人们对于人际关系的感觉取决于他们对收益和代价的评估，以及他们在其他人际关系中的收益与代价。

公平理论（equity theory）：该理论认为，人们有追求人际关系中的公平或公正的动机，希望自己在人际关系中的付出和回报是大致相当的。

依恋理论（attachment theory）：一个关于人早期与父母的依恋如何塑造其余生的人际关系的理论。

于追求那些能带来最有利的酬赏与成本差的互动。这个理论的核心概念是“货比三家”：社会交换理论家认为，人们就像精打细算的购物者一样，会去比较和谁的互动最“价廉物美”。然而值得注意的是，太丰厚的酬赏和太低的成本组合在一起，不一定就具有吸引力。实际上，**公平理论**认为，人们也会追求公平或公正，使个人的酬赏与代价是平衡的。

依恋类型

依恋理论最初是由Bowlby提出的，他较早提出用进化的方法研究人类行为（Bowlby，1982；Hazan & Shaver，1994；Mikulincer & Shaver，2003；Simpson & Rholes，1998）。Bowlby的理论核心是我们最初与双亲以及其他看护人形成的依恋塑造着我们余生的人际关系。

Bowlby注意到，和很多哺乳动物不同，人类婴儿出生的时候生存技能极其有限。事实上，他们是地球上最脆弱的后代，多年之后才能获得十分有限的自立能力。Bowlby注意到，人类婴儿需要通过与父母或是代理父母产生十分紧密的依恋来确保自己能生存下来。进化给予了婴儿各种能促进亲子感情的特征，比如温馨的微笑、欢快的笑声以及咕咕的声音，他们的面部特征也能激发看护人的爱与奉献（Berry & McArthur，1986；McArthur & Baron，1983）。同样的，为人父母者也在进化中获得了种种能促进依恋的亲代特征，特别是父母对孩子强烈的爱以及保护婴儿的本能（Fehr，1994；Fehr & Russell，1991；Hazan & Shaver，1987，1994；Hrdy，1999）。

在早期发展的过程中，儿童依靠父母给予他们的安全感，可以探索环境和学习。能帮助孩子建立信心的安全感部分源于父母有效而敏感地回应孩子不断变化的情绪。随着时间的推移，儿童渐渐发展出了他们对于自我和人际关系功能的内部“工作模式”（Baldwin，Keelan，Fehr，Enns，& Koh-Rangarajoo，1996；Collins & Read，1994；Pietromonaco & Feldman-Barrett，2000）。自我的内部工作模式包括对于他们有多讨人喜爱以及自己有多大能力的个人信念；人际关系功能的内部工作模式则反映了他们对其他人的可利用性、热情以及提供安全保障的能力的个人信念。Bowlby声称，这些工作模式源于人的早期生活，且塑造人们终生的人际关系，能导致迥然不同的依恋风格。

Mary Ainsworth从Bowlby的思想中得到了灵感，根据观察婴儿在实验室及在家里与看护人分离和重聚时的反应来对婴儿的依恋模式进行分类（Ainsworth，1993；Ainsworth，Blehar，Waters & Wall，1978）。Ainsworth所使用的是陌生情境实验，她让儿童与他们的看护人进入一间有很多有趣玩具的陌生房间。当儿童探索房间并开始玩一些玩具时，一个陌生人进来了。那名陌生人留在了房间内，然后看护人悄悄离开，3分钟后才会回来。若婴儿心烦意乱，看护人会安慰他们。分离通常会让婴儿很痛苦。如果看护人能快速可靠地安抚孩子的哭闹，那么外部观察员就会认为这个婴儿形成了典型的安全型依恋。这些婴儿会自在地离开他们的看护人去探究新鲜的环境，有时他们会回望看护人一眼从而确定一切正常。尽管没有和看护人保持联系，这些婴儿也会觉得很安全。如果看护人没能可靠地对婴儿做出回应——有时会打扰婴儿的活动或拒绝婴儿——婴儿就倾向于呈现出一种焦虑的依恋。这些婴儿身处新环境时很可能哭泣或生气，与看护人接触时往往也并不自在。常拒绝孩子的看护人更可能使得婴儿发展出一种回避型依恋。在陌生情境中，回避型婴儿不会寻找看护人，甚至在看护人出现时都不去关注。

"伊斯拉，我没有邀请你参加我的生日派对，因为我们的关系无法再满足我的个人需求了。"

陌生情境。Mary Ainsworth 建立了一个能够测量婴儿对其看护人的依恋类型的实验情境。(A)一位母亲与她的孩子进入了有许多有趣玩具的陌生房间。婴儿探索房间并玩着玩具。同时，一个陌生人进入房内，然后母亲离开。(B)当母亲回到房里时，若发现婴儿对于母亲离开房间感到心烦意乱，就会抱起婴儿并给予安慰。(C)母亲放下婴儿，然后婴儿可以继续玩玩具——或他会因为分离而哭闹并提出抗议。

依恋类型的分类

研究人员会开始使用自我报告的方式来对成人的依恋类型进行分类（如：Bartholomew & Horowitz，1991；Brennan，Clark，& Shaver，1998；Hazan & Shaver，1987）。对人们在这些测验中的反应进行分析时发现，有两个维度可以概括成人依恋的大多数变化，这两个维度分别是焦虑和回避（见图10.2）。顾名思义，第一个维度——焦虑——指的是一个人对于在亲密的关系中被拒绝和抛弃的害怕和焦虑的程度。第二个维度——回避——指的是一个人在主要的成人关系中

安全型依恋（secure attachment style）：一种在人际关系中有安全感的依恋类型。这种类型的人能自在地享受亲密关系，在受到威胁时或在模糊不清的情境下，希望与他人贴得更近。

对于亲密是会感到自在舒适还是会极力回避。这两个维度构成了四种具体的依恋类型。低焦虑、低回避的人属于**安全型依恋**：他们对于自己的人际关系非常有信心，能自在地享受亲密，在受到威胁和面对不确定性时，想与他人贴近。

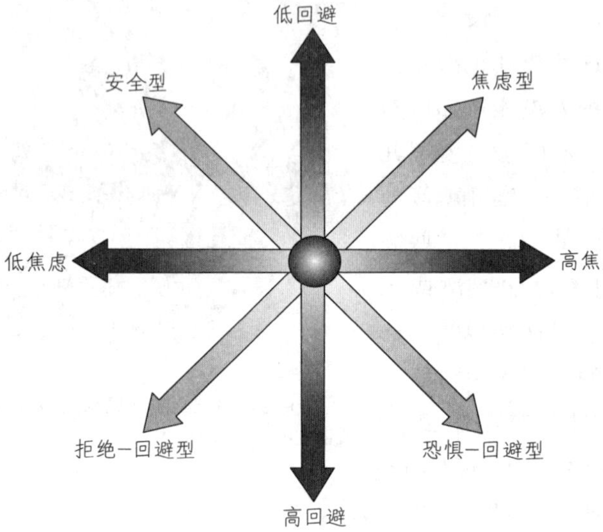

图 10.2 依恋类型。根据焦虑与回避这两个维度可以区分不同的依恋类型的人。

焦虑型依恋（anxious-preoccupied style）：这种依恋类型以依赖性或是"黏人"为特征。焦虑型的人往往对自己缺乏积极的看法，但他们重视并会寻求亲密行为。

拒绝—回避型依恋（dismissive-avoidant style）：这种依恋类型以独立和自立为特征。拒绝—回避型的人很少寻求与他人的亲密行为，并会否定亲密关系的重要性。

恐惧—回避型依恋（fearful-avoidant style）：这种依恋类型以对亲密关系感到矛盾与不适为特征。恐惧—回避型的人渴望与他人亲密，但会觉得自己配不上他人的情感，故不寻求亲密行为。

其他三种依恋类型都伴随着一定程度的不安全感。那些感到焦虑但并不回避的人属于**焦虑型依恋**。他们会自然地寻求亲密行为，但主要是出于怕被拒绝和抛弃。这类依恋会让人变得非常黏人，但并不会考虑这段关系中的其他人是否也对此感到满意。那些回避却不感到焦虑的人属于**拒绝—回避型依恋**。他们有一种强迫性的自立，与他人保持距离，对于被拒绝的反应是快速地把拒绝他们的人推得更远。最后，高焦虑、高回避的人属于**恐惧—回避型依恋**。这些人对亲密关系往往抱有复杂的心情，十分想与他人建立亲密的关系，却无法回应他人的感情，或感觉配不上他人的感情，因此会对亲密的行为感到不适。

依恋类型的稳定性

依恋理论的中心论点之一是：早年形成的依恋类型在人的一生中会保持稳定；也就是说，你自小形成的依恋塑造了你长大后与伴侣、孩子以及朋友的相处方式。支持这个激进论点的证据就是：生命早期重要的生活事件与后来的依恋类型是相关的。Brennan 和 Shaver（1993）发现，焦虑的人更可能有父母早逝、在孩童时期受到虐待或双亲离异等经历。研究者对1960年毕业于加利福尼亚州奥克兰市密尔斯学院的女性进行了长达40年的纵向研究，Klohnen 和 Bera（1998）发现，在52岁时将自己归类为回避型的女性，其家庭在30年前（也就是21岁时）尤其可能发生过巨大的冲突。

而且，在1岁时被归类为安全型、回避型或是焦虑型的人在成年早期也更可能被归类为相似的类型（Fraley & Spieker，2003）。一个为期4年的纵向研究发现，70%的成年人在这4年的研究中都报告了相同的依恋类型（Kirkpatrick & Hazan，1994）。尤其是安全型的人，更可能（占83.3%）始终属于安全型。

你可能预计安全型依恋可以预测更多积极的生活结果。也许你是正确的（Cooper，Shaver，& Collins，1998）。报告显示，有安全型依恋的人对关系的满意度最高（Shaver & Brennan，1992）。在一个为期4年的纵向研究中，与回避型依恋的人（52.2%）或焦虑型依恋的人（43.6%）相比，安全型依恋的人在研究期间较少有分手的经历（25.6%）。在密尔斯学院的研究中，与回避型的人（82%比50%）相比，安全型的人在52岁时更有可能是结了婚的，并且很少出现婚姻问题。此外，一些研究还发现，属于焦虑型依恋的个体在抑郁症、饮食失调、酗酒以及药物滥用等方面出问题的比例尤其高（Mikulincer & Shaver，2003）。

如果你读到这里开始担忧自己将来在处理人际关系时遭遇失败，因为你有一些让你感到不安的负面人际关系的经历，请你不要绝望。尽管依恋理论假定人们的早期经历塑造了其一生的人际关系，并有证据指出依恋类型有一定程度的稳定性，但这个问题其实是相当复杂的。首先，人们是否在其所有的人际关系（与父母、朋友、兄弟姐妹以及伴侣）中都形成了相同类型的依恋。Mark Baldwin及其同事（1996）要求大学生写下10个自认为重要的人际关系，然后让他们指出哪种依恋类型（安全型、焦虑型或回避型）最符合每一个人际关系。人们认为在每一种或绝大多数人际关系中，其依恋类型是不变的吗？正相反，超过50%的被试认为自己在这十种人际关系中体验过全部3种依恋类型。此外，与这个观点相一致，在人们的记忆中，储存着很多种依恋工作模式。Baldwin等人发现，不同的依恋类型都可以随时启动或激活——比如说，即使一个人在人际关系中的典型依恋模式是回避型的，但受到激活后，他也可以表现出一种安全的依恋。

第二个问题是一个人的依恋类型是否会在特定的关系中始终保持稳定。早期证据指出，依恋类型是具有一定程度的稳定性的，但这种稳定性至多是中等水平的。总而言之，既然大部分的人在不同的人际关系中会展现不同的依恋类型，而且在特定关系中的依恋类型也只有一定程度的稳定性，我们就可以安心地下结论说即使在某种特定的关系中，人们的依恋类型依然有变化的空间。

这里描述的有关依恋的研究结果最适用于西方文化（Morelli & Rothbaum，2007）。在没有这么重视自主性的文化里，没有母亲在身边，被独自留在家里的婴儿可能更害怕独自探索周围的环境，而且在与母亲重聚后可能会哭闹得更厉害。这一观察结果并不意味着这个孩子形成了不安全的依恋。相反，这表示他们在社会化的过程中渐渐地变得更愿意与他人相互依赖，尤其是与家庭成员相互依赖。

专栏10.1 聚焦文化

如何让小婴儿独自睡觉

如果你是一名中产阶级的北美白人，你可能并没有让婴儿睡在你自己的房间里。这一点在你看起来可能完全正常。正常？也许吧。但这种做法绝不普遍。在这个世界上，只有这种文化有这样的安排睡眠的习俗。Shweder、Jensen 和 Goldstein（1995）曾在一篇文章中描述了在世界上的许多文化中，人们是如何安排睡眠的。睡眠安排能相当准确地预测某种文化是相互依存型的还是独立型的。在日本，大部分孩子都和父母一起睡觉，直到青春期。在西方以外的非工业化国家，我们很少能听说一个小孩不和其父母睡在一起，而且如果让儿童自己睡，会被视为对儿童的虐待。即使在美国，也有55%的1岁以下的非裔美国儿童每晚和父母之一睡在一起，有25%的1～5岁非裔美国儿童每晚和父母之一一起入眠。在肯塔基州阿巴拉契亚的蓝领阶级中，研究者发现71%的小孩在2个月～2岁时都会和父母一起睡，47%的2～4岁儿童也是如此。

这项研究揭示了相互依存型和独立型的自我解释会在多大程度上影响社会行为。和独立型文化相比，在很多相互依赖型文化中，孩子更喜欢与父母睡在一起。心理学家只能推测这些睡眠模式对依恋模式的影响。我们或许会预期独立型文化所定义的安全型依恋更强调独立性和自主性，而在相互依存型文化中，对安全型依恋的定义并不是这么强调这两点。

小　结

人际关系对我们的社会适应至关重要。我们归属于一定的人际关系的需求是进化而来的普遍动机，能塑造我们的想法与行动。如果这种需要无法得到满足，就会威胁我们的健康与安乐。我们的自我意识或关系自我会根据身边的人能否令我们想起生命中的重要他人而发生改变。在社群关系（通常是长期的）中，人们会关注别人的需求；相较之下，交易关系重视的是公平，而且这种关系通常是短期的。人际关系的酬赏理论主张，人们倾向于喜欢能为他们带来酬赏的人。社会交换理论主张，人们通常更喜欢收益多于付出的互动；而公平理论主张，人们追求的是公平，或者说收益与付出能够持平。我们与关系亲密之人的相处方式源自我们早期与父母建立的情感纽带。这种依恋大大地影响了我们现在在人际关系中的行为、对人际关系事件的评价，以及我们的个人幸福。

吸　引　力

建立人际关系似乎是人类和其他动物的本能，且是获得幸福的必需品。但我们为什么能够吸引一些人而无法吸引另一些人呢？很难弄明白两个人为什么会相互吸引，且能相处得很好。尽管我们明明知道自己喜欢某个人，却往往不能解释这是为什么。诚然，我们喜欢对我们善良、让我们笑、与我们有共同的价值观的人。尽管这些都是明确的理由，但我们有时还是不能解释自己为什么能吸引一些人或是被别人吸引。

什么因素最能决定你喜不喜欢某个人？这种“化学作用”的潜在基础是什

么？尤其重要的是，什么因素会让两个人爱上彼此。关于这些问题的某些答案会让你大吃一惊。你所认为的能影响吸引力的诸多变量确实不负期望——但是这种影响力有时候会强得出乎你的预料。

接 近 性

你在大学里最好的朋友是谁？他们是你上一年级时在大厅里遇到的新同学吗？他们是你上课时最常遇到的人吗？他们是你在田径队、戏剧班或是辩论社里的同伴吗？影响人们成为朋友或者爱人的一个必要因素是单纯的物理上的接近性，也叫**邻近**。事实上，生活轨迹常常交叉的人之间往往能形成最长久的友谊。

邻近（propinquity）：物理上的接近。

关于接近和吸引力的研究

许多研究都证明了接近性会影响人们与谁为友、与谁相爱。我们要记住，这些研究之所以很重要，不是因为它们证明了接近性和吸引力存在关联（大多数人都能猜到这一点），而是因为它们证明了这种关联是多么强大。

20世纪40年代，研究者在麻省理工学院的一个已婚学生公寓进行了一项关于接近性的研究。该公寓项目也被称为韦斯特盖特西镇已婚学生公寓项目（Festinger，Schachter，& Back，1950）。此项目为第二次世界大战后的美军服役人员及其家人建造房屋，并建造了17栋公寓大楼，每栋公寓里有10户，其地点远离该市其他的住宅区。学生们被随机分配到他们的住宅，很少有人事前就认识。图10.3显示了韦斯特盖特西公寓大楼的布局。

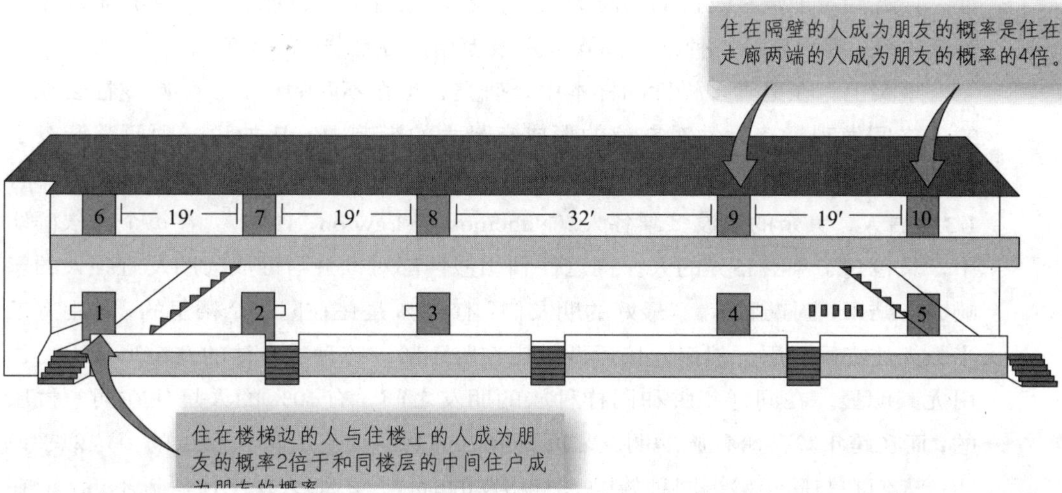

图 10.3 接近性与友谊。麻省理工学院公寓的布局图。

来源：Adapted from Festinger, Schachter, & Back, 1950.

调查者进行了一项社会测量学的调查，他们请每个居民说出他们在这整幢房子中最常看见的3个人的名字。接近性的影响力格外引人注目：有2/3的被视作朋友的人与被调查者住在同一栋楼里（在韦斯特盖特西，人们住在同一栋公寓里的概率是5%）。更引人注目的是，在每栋楼里还有一些友谊形成模式。请注意，该公寓的每个房间都离得比较近——相邻房间大门的间距是5.8米，位于各楼层两端的房间的大门距离27米。可是，即使在这么狭窄的空间里，研究者也发现，人们住得越近，越可能成为朋友。住在走廊两端的人成为朋友的比例只有10%，相比之下，住在相邻房间里的人有41%的可能性成为朋友。

功能性距离（functional distance）：一种建筑布局，它倾向促进或阻止人与人之间的接触。

接近性之所以能激发友谊是因为它为人们创造了更多相遇的机会。如果是这样，那么纯粹的物理距离的影响力应该不及所谓的**功能性距离**，即建筑布局能促使某些人接触彼此，并阻止另一些人之间的接触。麻省理工学院的研究表明了功能性距离的重要性。如图10.3所示，由于楼梯的设置，住在二楼的人更有机会遇到房间1和房间5的居住者，而很少有机会遇到住在一楼中间几户的居住者。事实上，住在房间1和房间5的人和住在楼上的人形成友谊的可能性是和一楼中间几户居民变成朋友的2倍。房间1和房间6的居民与房间2和房间7的居民之间的物理距离相同，都是住上下楼的关系。可是恰好位于1号房间门口的楼梯使得1号房间和6号房间在功能性上更为接近。住1号房间和6号房间的人比住2号房间和7号房间的人更容易成为朋友吗？绝对是的，前者的可能性是后者的2.5倍。所以说，功能性距离比物理距离更有决定性。接近性能促成友谊是因为它把人们带到了一起。

但是下这个结论是否太草率了呢？你可能会怀疑麻省理工学院居民的多样性。接近性对于建立友谊的影响力或许只在同质群体中方能显现，在异质群体中就会失效，因为年龄、种族、民族或宗教上相似性会与其"竞争"。

事实上，在更具多样性的样本中，研究者也在不同的种族、年龄或社会地位的人之间发现了接近性对友谊的形成有最大的影响力。比如说一项研究调查了在曼哈顿住宅项目中居民的友谊形成模式，该地区住户有一半是非裔美国人、有1/3是白人，其余的是波多黎各人（Nahemow & Lawton，1975）。在每个种族群体中，又包含了年龄各异的人。接近性和相似性都对谁会与谁成为朋友有强大的影响力。结果，调查显示，"最好的朋友们"有88%是住在同一个楼里的，其中有近半数人住在同一层。然而，接近性效应在跨年龄、跨种族个体的友谊形成上，作用尤其明显。在同样年龄和同样种族的朋友之间，有40%的人是住在同一楼层的；而在跨年龄、跨种族的朋友之间，有70%的人是住在同一楼层的。这似乎说明，人们在与同年龄、同种族的人交朋友的时候，不那么在乎住得近不近；但在另一方面，与不同年龄和不同种族的人建立友谊时，他们倾向于在自己的生活圈子内结交朋友。

接近性、有效性和预期的相互作用

为什么接近性对于友谊的影响如此强大？就像我们刚才讨论的那样，第一个原因就是接近性更能使人们有机会接触到彼此。

随之而来的是第二个原因：人们倾向于对预期会接触到的人抱以最大的善意。仅仅是知道我们会和某人交往，就会让我们更加喜欢那个人。在一项证明了这一观点的研究中，研究者事先向明尼苏达大学的女学生介绍两个人的个性。其中一人稍后会来参加关于学生恋爱习惯的讨论，但另一个人不会出现，被试也没有机会接触到（Darley & Berscheid，1967）。对这两个人的个性描述经过平衡：一半的被试得知自己会见到第一位同学，另外一半被试得知自己会见到第二位同学，这样一来，对个性的描述就不会干扰所得结果了。最后的结果是，被试明显更喜欢他们预期会见到的那个人。

对他人的初始友好姿态很可能把人带入这样一个循环中：对他人良好的期望被他人积极的行为强化，而这又进一步提升了人们的预期。如此往复，就使得接近性对于友谊的形成构成了重要的影响。因为我们知道自己会时不时地与隔壁的或楼下的邻居有所来往，所以我们努力让彼此在初次相遇时就形成良好的关系。这样一来，大多数的初次接触都是让人有所获益的，这也有助于友谊的建立。

轻微暴露效应

Robert Zajonc 对于接近性（和因接近而保持的频繁接触）为何会使人喜欢彼此提供了一种最简洁、最基本的解释，即**轻微暴露效应**（Zajonc，1968）。Zajonc 的主张是，人们往往更喜欢在其面前暴露过更多次的东西。你可能觉得这难以置信。比如说，收音机里反复播放的某些流行歌曲真是越听越惹人烦。而且有一句话就说“亲不敬，熟生蔑”。可是，再三思考你会发现，Zajonc 的主张其实是有道理的。也许你记得小时候恨透了收音机里反复播放的某首歌，而现在再听却勾起了一丝怀旧的美好记忆。

轻微暴露效应（mere exposure effect）：研究发现，反复暴露于一个刺激物（比如一个物体或一个人）面前，会让人更喜欢这个刺激物。

研究者们进行了大量的实证研究来支持 Zajonc 的观点，认为反复的呈现会增加喜爱感（Bornstein，1989；Moreland & Beach，1992；Zajonc，1968）。一些最引人注目的证据是相关性的（虽然缺少一些说服力）。人们暴露于各种东西（单词、水果、城市、化学元素等）面前的频率和他们有多喜欢那些东西存在非常显著的相关。比如说，人们对多种英语字母的偏好和字母在英语中出现的频率存在强有力的关系（Alluisi & Adams，1962）。我们很难想象英语里之所以会有很多 e 和 r，只是因为人们喜欢它们。更合理的说法是，人们之所以喜欢那些字母，是因为他们经常能见到它们。

为了在实验室环境中检查轻微暴露效应，Zajonc（1968）用其被试完全陌生的土耳其单词（比如 kadirga、afworbu 和 lokanta）创造了一套刺激。不同的单词向被试展示的次数分别是0、1、2、5、10或25次。后来，研究者要求每个被试指出他们认为这些单词所代表含义的好坏程度。单词呈现的次数越多，被试就会越猜测其代表某种好的含义。Zajonc又用中国的象形文字和大学年刊中的学生照片（被试要判断自己有多么喜欢照片上的人）作为刺激物，重复了这个实验。每次的实验结果都支持了轻微暴露效应。

轻微暴露对喜爱之情的影响。这或许难以置信，可是许多备受欢迎的地标最初丝毫没有获得如今这般推崇。（A）1889年，为纪念法国革命100周年，埃菲尔铁塔在巴黎竣工。当时，包括大仲马、莫泊桑和左拉在内的一批艺术家和知识分子联名批判这座铁塔“毫无用处、荒谬怪诞”，像根“丢人现眼的螺栓。”（B）旧金山的泛美大楼最初也引起了公众消极的反应；《旧金山纪事报》的知名专栏作家Herb Caen生气地建议织一件巨大的茶壶套来把尖塔包住。

进一步的证明轻微暴露效应的证据是，研究者发现我们对自己面孔的印象与朋友们对我们的面孔的印象是不同的。这是因为我们通常是在镜子里看到自己的，我们看到的是镜子里的形象，而朋友们看到的才是我们“真正”的形象。所以，如果单纯的暴露就能让人更喜欢，我们就应该偏爱自己在镜子里的形象，而朋友们应该偏爱我们真正的形象。当用被试的照片和镜像照片做比较实验时，研究结果证实了轻微暴露效应（Mita，Dermer，& Knight，1977；见图10.4）。

图 10.4　你来做被试：轻微暴露效应

你偏爱哪张图片，左边的还是右边的？

结果：在看他人的照片时，人们往往偏爱其正面照；可是在看自己的照片时，就会偏爱自己的镜像照。（右边这一张是美国总统奥巴马的正面照。）

解释：人们要在镜子里才能看到自己，这表示他们对自己镜像的形象更熟悉——而这也往往是他们偏爱的形象。不过，人们在看别人时就不是镜像的，所以会偏爱他们真正的形象，而不是呈现在镜子里的形象。

最有趣的轻微暴露效应实验是用大鼠来做的（Cross，Halcomb，& Matter，1967）。研究者精心培育了两组大鼠：一组大鼠每天要听12小时的莫扎特的古典音乐，另一组大鼠则要听舍恩伯格的轻音乐。然后，研究者将大鼠逐个放到实验笼子里，并在笼子边上安装了一个开关，当大鼠来到笼子的一边时，就能触发里控制从未听过的莫扎特音乐的开关；当大鼠跑到笼子的另一边时，笼子里就会自动播放一段新的舍恩伯格的音乐。这样一来，大鼠就可以"用脚投票"了，看看它们到底是更喜欢典型的古典音乐，还是偏爱现代的、无调性的音乐作品。实验结果还是支持了轻微暴露效应：听着莫扎特的音乐长大的大鼠明显会常常跑到能触发莫扎特音乐的一边，而只听舍恩伯格的音乐长大的大鼠更常跑到笼子的另一边，去听舍恩伯格的音乐（见图10.5）。（从小从来没听过音乐的大鼠后来也展示出了自己的偏好……和你猜的一样，莫扎特赢了。）

图 10.5 科学方法：轻微暴露与音乐偏好

假设：暴露让人（大鼠）更喜欢。

研究方法：

1. 一组大鼠从一出生就要每天听 12 小时的莫扎特音乐（《魔笛》《第四十交响曲》《第四十一交响曲》以及《第五小提琴协奏曲》），听了 52 天。
2. 第二组大鼠则从出生起就开始听舍恩伯格的音乐（《月迷彼埃罗》《一个华沙的幸存者》《升华之夜》《晚祷》，以及《第一室内交响曲》和《第二室内交响曲》）。
3. 之后把大鼠逐个放到实验笼里。研究人员在笼子的两边安装的装置能让笼子里的大鼠控制播放什么音乐：大鼠到笼子的一侧时，就响起之前从未播放过的莫扎特音乐，而跑到另一侧时，就会响起之前从未播放过的舍恩伯格音乐。

结果：听着莫扎特音乐长大的大鼠明显更常到能触发莫扎特音乐的一侧，而听着舍恩伯格音乐长大的大鼠常爱跑到能触发舍恩伯格音乐的另一侧。

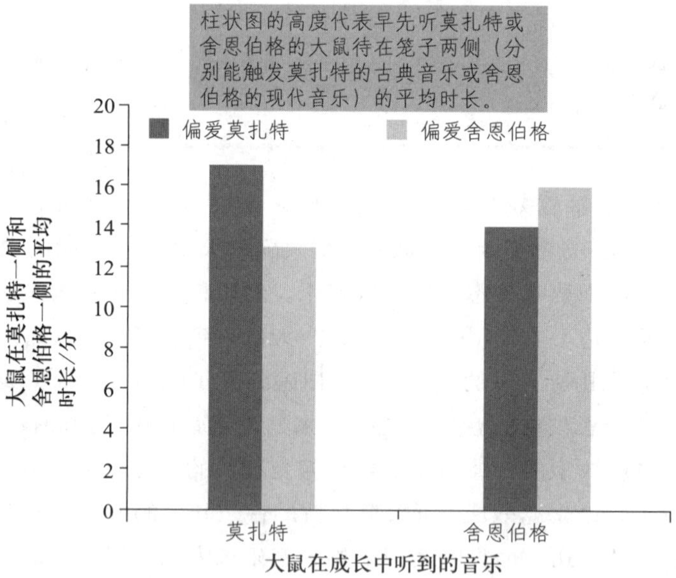

结论：暴露让人（大鼠）萌生喜欢之情。听惯了莫扎特音乐的会更爱莫扎特音乐。听惯了舍恩伯格音乐的会更爱舍恩伯格音乐。

来源：Adapted from Cross, Halcomb, & Matter, 1967.

但是为什么简单的重复暴露就会让人萌生喜欢之情呢？对这种现象，似乎有两种解释。第一种解释：人们觉得感知和认知加工熟悉的刺激更容易，即加工熟悉的刺激更“流畅”。而且人们往往觉得这种流畅是令人愉快的，如此一来，这些积极的情感就会为熟悉的刺激增添魅力（Reber，Schwarz，& Winkielman，2004；Winkielman & Cacioppo，2001；也请见第4章）。

Robert Zajonc 还给出了第二种解释，着眼点落在一些最基本的心理过程（包括经典条件反射）上。如果一个人或一个事物反复暴露，且没有带来消极的结果，我们学会了把该刺激跟无不利后果结合起来，并与该刺激形成舒服的、令人愉快的联结。因此，单纯的重复暴露因为具有强化作用而变得格外吸引人。这种条件作用可以帮助有机体把“安全”的刺激与不安全的刺激区分开来（Zajonc，2001）。所以，人们越常暴露于某物，就越是喜欢它。

专栏10.2　聚焦积极的心理学

美的基础

是什么原因让金门大桥如此赏心悦目？为什么数学家们会说数学证明题是“美”的？还有为什么大熊猫和格陵兰海豹比软体动物和秃鹫之类的动物更可爱？古往今来的思想家们一直都在思考与争辩美的本性问题。持客观主义观点的人（尤其是古希腊人）认为，美是客体固有的属性，会使感知者产生愉快的感觉。他们的目标是确定有这种效果的刺激特征——平衡性、比例、对称性和对比度。这些特征以及其他特征被视为重要的美的元素。另外一些持主观主义观点的学者说，“美在观众的眼睛里”，所以寻找美的一般规律是没有意义的。

最近，心理学家们提出了一个不同的观点：把审美享受归于知觉流畅性和认知流畅性（Reber，Schwarz，& Winkielman，2004），或者能否轻松地加工这些信息。有些客体比其他的更容易识别（知觉流畅性），有些客体更容易解释、定义及整合到现有的语义知识中（认知流畅性）。核心思想就是加工一个客体时越流畅，所获得的美术体验就越积极。这一观点中的重要思想之一就是人们在加工流畅的刺激时会感觉到愉悦。人类面部的肌电图（EMG）发现，和呈现不流畅刺激相比，当给人们呈现流畅的刺激时，颧大肌有更多的激活（Winkielman & Cacioppo，2001）。这一观点中的另外一个重要思想就是客观主义者所提出的天生就令人愉快的特征（如对称性、对比度等）往往能增加知觉的流畅性。

加工对称的模式时是很高效的，所以对称的面孔显得格外好看——就像埃菲尔铁塔、克莱斯勒大厦、金门大桥等对称的建筑。具有高对比度的物体加工起来也很快，实验室研究已发现这种刺激（比如花、金翅雀和摄影家安塞尔·亚当斯拍的照片）往往被认为特别有吸引力（Reber，Winkielman，& Schwarz，1998）。除了这种经典的美学特征，该观点坚称，任何能增加某客体的加工流畅性的特征都能增加美感。如果事先就见过、听过某个刺激，之后再进行加工，就变得更容易了，所以重复暴露会让人更喜欢这个刺激。加工事物类别的典型原型时也更加流畅，人们也往往觉得“大众脸”比较有吸引力，同理可证普通的手机、鸟类和花朵也都更有魅力（Halberstadt & Rhodes，2000，2003）。

但这又怎么解释人们对复杂刺激的审美欣赏呢？比如，贝多芬的《第九交响曲》、毕尔巴鄂的古根海姆美术馆或西斯廷教堂的天花板。加工简单的刺激肯定比加工复杂的刺激更流畅，但是最简洁的并不总是最讨人喜爱的。这明显是事实。但是尤其吸引人的似乎是“复杂中的简洁性”。人们似乎喜欢那些加工起来比原本期待的更容易、整体又比较复杂的事物。流畅地加工一个简单的图形往往不能给人以满足感，但是一个看起来复杂但其根本的结构又很容易理解的图形或声音模式往往可以给人们带来最大审美喜悦感。

因此，审美观的流畅观点在客观主义观点和主观主义观点之间获得了一席之地。美的确是在观众的眼中，但又不是完全因人而异的。美在于观众的加工经验中，这种经验取决于客观刺激的属性是如何影响知觉和认知流畅性的。

积极心理学。对称的刺激容易加工（即流畅性高），而且加工起来流畅的刺激总体上是能带来审美上的愉悦感的。旧金山金门大桥的对称性可能是它被称为世界上最美的大桥的原因之一。

相 似 性

吸引力的另一个重要决定因素是相似性，即人们倾向于喜欢跟自己相似的人（Berscheid & Reis，1998；Byrne，1961；Byrne，Clore，& Smeaton，1986；Caspi & Herbener，1990；Locke & Horowitz，1990；Ptacek & Dodge，1995；Rosenblatt & Greenberg，1988）。毕竟，“物以类聚，人以群分”。当然，朋友之间并不会在所有问题上都达成一致。但是，跟是否支持同一个棒球队或都认为某乐队是20世纪90年代最伟大的乐队相比，核心的政治价值观是否一致似乎更能影响你喜不喜欢某个人。

关于相似性和吸引力的研究

相似性对吸引力的影响已经得到了各种证明。打算步入婚姻殿堂的情侣们有非常广泛的相似特点。在一项研究中，研究者要求1000对订婚的情侣（其中850对真的结了婚）在88种特点上进行自评（Burgess & Wallin）。之后研究者们把真实情侣间特点的相似程度与从中随机重组的“情侣”的相似程度进行了比较。结果显示，在这88种特点上，真正的情侣在66个特点上都比随机重组的“情侣”更相似；而且在所有特点上，真正的情侣的相似性从没有低于随机重组的“情侣”。在人口统计学特点（如社会阶层还有宗教）和身体特点（如健康状况或身体吸引力；见专栏10.3）上，真实情侣间的相似性最高；性格特点（如领导力或敏感性）上的相似性虽然没有那么高，但依然是相似的。随后针对性格相似性的研究发现，已婚的伴侣在展现了核心性格特点（比如外向性和真诚性）的外显行为上具有惊人的相似性（Buss，1984）。此外，来自不同种族和不同民族的伴侣往往比同种同族的伴侣拥有更高的性格相似性。伴侣间若在某一个方面不太相同，就会在其他方面寻找更大的相似性以进行补偿（Rushton & Bons，2005）。

支持相似性和吸引力相关的第二种证据是对被持续安排在一起的个体的研究。在一个研究当中，Theodore Newcomb 招了一批密歇根大学的转校男生，让他们免费在一间大房子里住一年，而这些男生每周只需要花几小时做问卷调查即可（Newcomb，1956，1961）。Newcomb 已经确保事先没有任何一个人是认识其他人的。在他们填写的问卷中，有几个问题要求他们指出自己有多么喜欢每一个室友。在 15 周的时间里，随着研究的进展，这些学生也会越来越了解对方，学生们对别人的喜欢程度越发可以用他们之间的相似度来预测了（see also Griffitt & Veitch，1974）。

另一类支持该命题的证据来自“伪造的陌生人”研究（Byrne，1961；Byrne et al.，1986；Byrne，Griffitt，& Stefaniak，1967；Byrne & Nelson，1965；Griffitt & Veitch，1971；Tan & Singh，1995）。在这些实验中，被试拿到了别人填好的态度或性格自评问卷（但事实上，这些调查结果都是研究者伪造出来的，从而控制了这些调查结果与被试自己的相似程度）。看完了“陌生人”的回答后，被试要在几个方面给予其评价，包括他们有多喜欢这个“陌生人”。此类研究纷纷显示，“陌生人”跟被试越相似，被试就越喜欢这个“陌生人”。

专栏10.3 聚焦日常生活

伴侣们会越来越像彼此吗？

很多人都声称，伴侣在一起久了，会越长越像。这其中的原因有很多。生活在一起的人穿衣打扮会很像，吃的东西当然也差不多，时间久了会让他们越来越像。他们住在同一个地方，由于气候的影响，他们可能会有一样肤色、一样多的皱纹。

或许关于这一话题，最有趣的要数心理学的解释上——伴侣往往有共同的情感经历。比如，孩子的死亡会给予父母二人毁灭性的打击；赢得彩票会让夫妻二人都欢欣鼓舞。更概括地说，在悲观的家庭里，夫妻二人往往都不快乐；在乐观的家庭里，夫妻二人往往都是快乐的。最终，伴侣在一生中共同经历的喜怒哀乐在两个人脸上和举止神态上留下了相似的印记。有人曾说过“年过 40，我们的模样都是我们应得的。”幸福的人生让人们的眼角长出了“鱼尾纹”；而不幸的人生在人们的嘴角旁留下了法令纹。所以，生活在一起的、经历着同样的情感波澜的人们可能会有相似的脸部特征。

这个观点正确吗？Robert Zajonc 及其同事收集了支持性证据（Zajonc，Adelmann，Murphy，& Niedenthal，1987）。他们研究了 12 对已婚伴侣，看他们是否会随着时间的流逝变得更像。这些人都年届五六十岁，他们需要提供最近拍的照片和大概 25 年前在结婚第一年时拍的照片。这些照片经过裁剪与合成，隐去了诸如服装款式和胶片类型等无关的干扰信息。评价者需要做的是评价每个男人和每个女人的相似程度，但他们并不知道谁和谁是夫妻（过去的照片和现在照片都要评）。

为了排除老年人整体上都更相似的可能性，Zajonc 还将不同的夫妇重新组合，这些随机配对的“伴侣”可以作为对照组。结果这些随机配对的“伴侣”没有随着时间的推移展现出更高的相似性，所以可以排除老年人一般都更相像的观点。但是在真实的夫妻身上，评价结果显示，在约 25 年的婚姻生活之后，每对夫妻都比他们新婚燕尔之时更有夫妻相了。所以，我们不仅会寻找跟我们相似的伴侣，而且会随着时间的推移变得越来越像彼此。

身体相似性。夫妻生活在一起，久而久之，会长得越来越像。这也许是因为他们一开始就长得比较像，但另一个重要的原因是，相同的饮食、相同的居住条件和相同的情感经历让他们愈发相像。

互补理论（complementarity）：人们倾向选择具有与自己不同的且互补的特点的人作为自己的伴侣。

不同之处就没有吸引力吗？

虽然大多数人都支持相似性可以提升吸引力之一观点，可是他们也认同另一种截然相反的理论——**互补理论**，即不同之处也有吸引力。这种观点是说，当两个人的不同之处可以互补时，二人也能相处融洽。的确，依赖性强的人和喜欢关怀别人的人在一起时会有很多好处，或是安静的人可能会和喜欢说话的人相处得很融洽。两种截然相反的性格特点阴阳结合，或许能组成一对非常适合彼此的伴侣。

但是要注意，互补性对吸引力的影响即使存在，也不及相似性那样作用广泛。比如说，和相似性不同，我们没有理由认为态度、信念或者身体特点上的互补性能提升吸引力。互补的假设只在一个人的需求能因另一个人的不同特质而得到满足时才有真正的意义（Levinger，1964）。喜欢关怀别人的人能满足一个依赖性强的人的需要。但是那些刻苦努力的人可能不想跟懒惰的人在一起，而那些看重诚实品格的人不会愿意跟惯于说谎的人有什么瓜葛。所以我们可以合理地预期依赖性和关怀性或内向性和外向性等特点能互补，可是不能为正直、乐观或责任感等找到与之互补的特点。

"Jack Sprat 不吃肥，他老婆不吃瘦，他们合起来能把盘子舔干净。"

——鹅妈妈绕口令

这些证据告诉了我们什么？虽然有一些研究提供了支持互补假设的证据（Wagner，1975；Winch，1955；Winch，Ktanes，& Ktanes，1954，1955），但是这类研究大多因为其采用的方法而受到了批评（Katz，Glucksberg，& Krauss，1960），而且还有更多的研究没能支持这种假设（Antill，1983；Boyden，Carroll，& Maier，1984；Levinger，Senn，& Jorgensen，970；Meyer & Pepper，1977；Neimeyer & Mitchell，1988）。

所以，相似性似乎是一个定理，而互补性是一种例外。即使两个人看似是互补性的完美典范，他们也只是在一两个性格特点上与彼此是互补的，而在其他特点上更可能是相似或无关的。

为什么相似性能促进吸引力？

跟与我们持相同信念、价值观或具有相似性格的人交流，看起来是有所回报的，因此就增强了对方对我们的吸引力。首先，跟和自己相似的人交流往往更顺畅。比如说，两个有共同宗教信仰的人一起看电影、听新闻或共度假期时经常会发现共同之处。两个无神论者似乎也是这样的。可是如果把宗教信徒和无神论者放在一起，他们的观点可能常会发生分歧，导致他们无法一起好好地欣赏电影、收听新闻或享受假期。

此外，与我们持相同信念和价值观的人也证实了这些信念和价值观。我们喜欢和与自己相似的人交流也是因为他们会加强我们的信念、观点、思想意识以及目标——他们不会使我们质疑这些对我们至关重要的东西。这种影响可能在我们和那些信念或态度不同的人交流时也有作用。如果你与别人就某个政治问题进行过争论，就能明白和挑战你的信念和假设的人交流起来是多么令人不安，而这种经历也会告诉我们别和自己不喜欢的或让自己感觉不安的人打交道。一个实验采用了测谎仪监控人的心理反应，并明确地证明了这一观点（Clore & Gormly，1974）。被试面对同意和不同意自己观点的两个派别，需要选择与哪一派结盟。毫无疑问，被试都倾向于选择与自己观点一致的那一派，而非观点与自己相左的那一派。更重要的是，被试听盟友发言时的唤起强度可以预测其情感反应强度。听到盟友表示认同自己时的唤起越强，他们就越喜欢这些盟友；听到盟友不认同自己时的唤起越强，他们就越讨厌这些盟友。

最后，人们倾向于认为他们大部分的信念、价值观、体验和习惯是“对”的。于是从逻辑上来说，我们也就倾向于认为想跟我们相似的人拥有值得称道的品质，就像我们一样。相反，和我们持不同意见的人简直“不可理喻”（Pronin，Gilovich，& Ross，2004）。谁想跟不可理喻的人在一起呢？

“我们又想到一块儿去了，我也正要找你离婚呢。”

身体的吸引力

果不其然，最能决定人际吸引力的因素之一就是身体的吸引力。想想吧，在聚会上、健身俱乐部或者超市结款的队伍里，谁会最受关注？有魅力的人更容易赢得别人的关注和喜爱。因为一个人身体上的魅力是真实可见的——而且是非常直观的——它会影响我们第一次看见一个人时瞬时的、本能的反应。一个人机智和优良的道德品行也可以被证明，可那需要时间。而身体上的美好立刻就可以显现出来。实证研究表明，一个人的外貌在人际关系上的吸引力可能比你直觉想象得更重要。

“这世界还有更多比未得到赏识的美女更隐秘、悲惨和贫困的天才。”

——美国《新闻周刊》资深作家杰里·阿德勒（Jerry Adler）

在了解相关的研究发现之前，我们应先花时间（并让我们之中不太有魅力的人做好思想准备）记住一些重要的警告。第一，虽然某些特征会被大多数人认为是富有魅力的，可是对于何为美的理解是见仁见智的。第二，一些人因为富有身体魅力而为人所爱；但把这句话反过来也是成立的——人们往往认为自己喜欢的人比自己不喜欢的人更有魅力（Kniffin & Wilson，2004）。第三，不管别人怎么想，但正所谓“情人眼里出西施”（Murray & Holmes，1997；Murray，Holmes，& Griffin，1996）。第四，虽然也有人可以美上一辈子，但是身体上的魅力并没有大多数人想象得那么不稳定（Zebrowistz，1997；Zebrowitz，Olson，& Hoffman，1993）。在青少年时代不太好看的人可能在成年以后方显其魅力，而高中时代当选舞会国王和皇后的人也有渐渐“长残”的。

身体吸引力的影响

要说身体吸引力对日常生活有什么影响，最常见的当然要数对异性的吸引力了——有身体吸引力的人往往比没有身体吸引力的人更受欢迎。许多相关研究都发现了身体吸引力与一些表示某人受欢迎程度的指标（如约会的频率和友谊评级）息息相关（Berscheid，Dion，Walster & Walster, 1971; Curran &Lippold, 1975; Feingold, 1984; Reis, Nezlek, & Wheeler，1980）；有研究调查了人们在初次约会之后觉得自己对于对方来说有多大的吸引力（Brislin & Lewis，1968；Curran & Lippold，1975；Walster，Aronson，Abrahams，& Rottman，1966）；在对网络约会和闪电约会[①]的研究中，研究者调查了约会者觉得自己在照片中或面对面的相处中有多少吸引人（Alterovitz & Mendelsohn，2009；Asendorpf，Penke & Back，2011；Eastwick & Finkel，2008；Luo & Zhang，2009；Riggio & Woll，1984；Woll，1986）。

“美，是生活的速通卡。”

有吸引力的人在其他领域也更有优势。一位富有魅力的作家写出的文章通常也比缺乏吸引力的写者得到更多好评（Anderson & Nida，1978；Cash & Trimer，1984；Landy & Sigall，1974；Maruyama & Miller，1980）。还有不少研究曾经证明，身体吸引力的得分每增加1分（最多为5分），年薪差不多也会增加2000美元（若考虑到通货膨胀，接近于3500美元；Frieze，Olson，& Russell，1991；Hamermesh & Biddle，1994；Roszell，Kennedy，& Grabb，1989；see also Cash & Kilcullen，1985）。如果一位女性长得好看，那么男性会更愿意帮助她（West & Brown，1975）。陪审团成员经常会放有吸引力的被告一马（Efran，1974）；即使在被定罪时，有吸引力的罪犯也会获得较轻的量刑（Gunnell & Ceci，2010；Sigall & Ostrove，1975；Stewart，1980）。例如，在一项研究中，有86%的不漂亮的被告都比漂亮的人获得了更长的刑期（Sigall & Ostrove，1975）。

晕轮效应

晕轮效应（halo effect）：这是一种普遍的信念，但并不一定是对的，即认为有吸引力的个体有许多超出其外貌的积极特质。

有吸引力的人也受益于**晕轮效应**，人们通常认为——无论是否准确——有吸引力的人拥有许多超越外貌的积极品质。因此，人们之所以愿意尝试跟有身体吸引力的人约会或结交，不仅是因为他们的容貌，也是因为觉得他们还拥有其他一

① 在美国非常流行的交友方式。十男十女分别坐在桌子的两边，每对男女有5分钟的时间发问和闲聊。5分钟过后，他们会在纸上勾选“来电”或“不来电”，然后就换下一个人。聚会结束后，大家要把纸条交出来，情投意合者就可以进一步交往了。——译著注

些特点。一项实验要求被试对图片上所描绘的人进行推断，好看的男性和女性都被认为是更快乐、更聪明且更受欢迎的，有更多优良的人格品质，收入更高，而且更能取得专业成就（Bar-Tal & Saxe，1976；Dion，Berscheid，& Walster，1972；Eagly，Ashmore，Makhijani，& Longo，1991；Feingold，1992b ；Jackson，Hunter，& Hodge，1995；Moore，Graziano，& Millar，1987）。身体有吸引力只有一种消极影响，即人们可能认为他们的作风不太正派，也不太可能成为合格的父母（Bar-Tal & Saxe，1976；Dion et al.，1972；Wheeler & Kim，1997）。有魅力的女生有时候会被认为是自大而物质的（Cash & Duncan，1984；Dermer & Theil，1975；Podratz，Halverson，& Dipboye，2004）。

晕轮效应在不同的文化中有不同的表现。在美国这样的独立型文化里，人们会认为有身体吸引力的个体比在这方面稍微欠缺一点的个体更有影响力和自信。在韩国这样的相互依存型文化中，人们会认为有吸引力的个体比吸引力欠佳的个体更慷慨、更敏感、更有同情心（Wheeler & Kim，1997）。

那么这些信念真的正确吗？既然有身体吸引力的人经常受到优待，那么若说这种经历对其发展没有影响也说不过去。事实的确如此，有证据显示，具有身体吸引力的人确实能从某些人格维度上受益。有身体吸引力的人似乎更快乐、压力较小，也更能满足于自己的生活，他们也觉得自己对发生的事更有控制力（Diener，Wolstic，& Fujita，1995；Umberson & Hughes，1987）。

一项实验证实了某些性格特质和身体吸引力是有关联的。在该实验中，每个被试都会和另一个异性被试进行5分钟的电话交流。实验者对每个被试的身体吸引力进行了评估。但因为对话是通过电话进行的，所以被试并不知道对方的长相。事后，被试在一些性格维度上对和他们通话的人进行了评价。结果发现，和不太有吸引力的人相比，在实验者看来有吸引力的人也被认为更可爱，是社交高手（Goldman & Lewis，1977）。顺遂的人生和社交经历似乎为有吸引力的人赋予了自信和社交技能，而这些又使得他们在今后与人交往时能获得更多的回报（Langlois et al.，2000；Reis et al.，1982）。

但是如果人们事先就知道说话对象的“颜值”高不高，又会发生什么呢？因为有那么多的人都十分看重“颜值”，而且人们总是认为颜值高的人拥有许多富有魅力的性格特点，所以当人们和好看的人交流时，会非常用心。和有吸引力的人交流时，人们可能会更仔细地倾听、更积极地响应、更有活力且更愿意表达认同。最终的结果是，有吸引力的人们更容易使人觉得他们有良好的社会技能（即使他们并非如此），并

“不用担心，在工作上，我打算安排长得最漂亮的人。”

能在这种印象中获益。换句话说，对身体吸引力的刻板印象可能启动了自我实现的预言（请见第4章和第11章）。有一项实验证实了这一现象。在该实验中，男性被试需要通过电话与一位女士结识。每位男士都收到了一张据称是这位女士的照片。事实上，那些照片都是假的，而且一半被试看到的照片上的女士非常漂亮，而另一半被试拿到的女士照片不太漂亮。研究者对这些通话进行了录音，并单独把这位女士的回应播放给没看过该女士照片的被试（没有形成先入为主的偏见）听，结果出现了一个相当惊人的结果。他们觉得相比之下，被对方认为很有吸引力时，该女士在说话时更热情、在社交中更泰然自若（Synder，Tanke，& Berscheid，1977）。这又一次证明了身体吸引力是有叠加效果的：人们跟别人对话的方式可以促使后者变得更热情、更自信，从而又再一次强化了前者对后者社交能力的刻板印象。

性别和身体吸引力的影响

身体吸引力对男女的影响不同。在书报亭扫一眼，即便是刚造访地球的火星人都能发现漂亮的女性的脸和身体是视觉媒体的主流。总之，与男性相比，这个世界更关注且看重女性的吸引力。

这样一来也就不用奇怪了，和男性相比，身体的吸引力对女性来说更重要，能决定女性的人生。比如说，肥胖能消极地影响女性的流动性，但对男性则不会造成这种影响。与身材适中或偏瘦的女性相比，肥胖的女性被大学录取的可能性更低（Wooley & Wooley，1980）。和没有吸引力的男性相比，不怎么漂亮的女性在工作上往往更可能遭遇挫折（Bar-Tal & Saxe，1976）。而且和男性相比，身体的吸引力对一个女人是否受欢迎、找男朋友甚至结婚等方面都更有影响力（Margolin & White，1987）。就连如果成长的地区饮用水含氟（有助于长出一口健康漂亮的牙齿），都会与女性在成年之后的年收入增加4%有关，但这对男性的收入没有任何影响（Glied & Neidell，2008）。

所以美对女性来说就像一种能力。它就像一种货币，女性可以用它来获得经济和社会资源。Barbara Fredrickson 和 Tomi-Ann Roberts（1997）认为，这类外部奖励会鼓励女性特别关注自己的吸引力，甚至会哄骗她们从一种局外人的角度来看待自己的身体。在这个太过强调女性吸引力的世界，也许把弗洛伊德口中的“女性的虚荣”看成她们生存的战术会更合适。

身体吸引力的普遍性

好吧，也就是说身体吸引力是非常重要的；但是吸引力都来自哪里呢？人们认为有吸引力的人长什么样子呢？是什么特征让他们高人一等的呢？

这个问题似乎很难回答。毕竟正所谓“萝卜白菜各有所爱”——每个人都有自己的偏好，而且社会对于美的理解也会随着时代与流行文化的变迁而发生变化。总之，在人与人、文化与文化、时代与时代之间，关于吸引力的评价都是不同的。

诚然，人与人的审美差异很难用三言两语概括（Beck，Ward-Hull，& McLear，1976；Wiggins，Wiggins & Conger，1968），在不同的文化和历史中也在不断变化（Darwin，1871，Fallon，1990；Ford & Beach，1951；Hebl & Heatherton，1997；见专栏10.4）。但是这并不代表决定身体吸引力的因素是随意的或昙花一现的时尚。来自西方文化的人对谁更有吸引力的问题可以达成相当广泛的一致（Cross & Cross，1971；Iliffe，1960；Langlois et al.，2000），但不仅仅是他们，来自不同文化和亚文化的人都倾向于同意他们的评价（Cunningham，Roberts，Barbee，Druen，& Wu，1995；Langlois et al.，2000；Rhodes et al.，2001）。比如说，亚洲人、非洲人和白人在哪些亚洲人、非洲人和白人的脸庞更有吸引力的问题上基本可以达成一致（Bernstein，Lin，& McClellan，1982；Maret，1983；Maret & Harling，1985；Perrett，May，& Yoshikawa，1994；Thakerar & Iwawaki，1979）。

此外，把成年人看来更有吸引力的脸和没有吸引力的脸相比，婴儿也更愿意看前者。在一些实验中，研究者为3个月大的婴儿呈现幻灯片，每张幻灯片上并排有两张人脸。成年人已经评价了其中一个有吸引力，而另一个没有。幻灯片向婴儿呈现的时间一般是10秒，然后有专人（并没有在留意哪张照片更有魅力）观察婴儿的脸并记录其看每张照片的时间。在这里，看照片的时长可作为婴儿的偏好指标。在很多研究中，婴儿都对有吸引力的人表现出了明显的偏好（Langlois et al.，1987；Langlois，Ritter，Roggman，& Vaughn，1991；Samuels & Ewy，1985；Slater et al.，1998）。1岁时，当婴儿的行为能力有了一定发展时，他们更倾向于和有吸引力的陌生成年人一起玩耍，而不是和没有吸引力的人一起玩。

专栏10.4

越来越瘦

任何看过雷诺阿和鲁本斯画作的人都会注意到，随着时代的变迁，女性的理想体重是如何变化的。近年来，媒体的注意焦点发生了巨大的转变，因为世界上的绝大多数国家和地区，尤其是美国，都太着迷于追求苗条了。社会也开始指责这种病态的着迷害得许许多多的年轻女性患上了贪食症和厌食症之类的进食障碍（Brumberg，1997）。社会当前对苗条女性的偏爱一反历史上对女性丰满体格的青睐。注意，丰满肥胖并非一直以来都像现在这般被人厌弃的。在18世纪的法国，美食家Brillat-Savarin是这样说的："所有女人一生的课业就是追求完美的丰满程度"（Shapin，2006）。

很多材料都记录了追求苗条的流行趋势是如何发展起来的。研究者检查了《*Vogue*》和《妇女家庭杂志》（*Ladies'Home Journal*）在整个20世纪登载的女性照片，并计算了这些女性的胸围和腰围，发现在整个20世纪，女性的胸腰比明显在持续下降。这说明追求丰满的女性之美的时代已经一去不复返了（Silverstein，Perdue，Peterson，& Kelly，1986）。研究者还分析了20世纪后半叶以来《花花公子》（*Playboy*）的中间插页以及美国小姐选美比赛的参赛者，发现了相似的追求苗条的倾向（Garner，Garfinkel，Schwartz，& Thompson，1980；Wiseman，Gray，Mpsimann，& Ahrens，1992）。

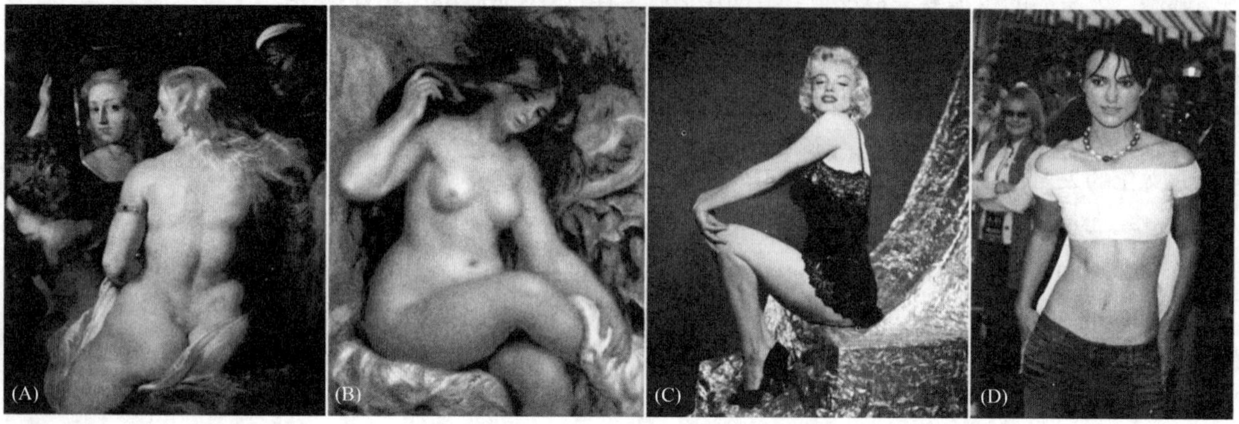

偏爱的身材。在如今的美国，大多数女性都希望能更瘦。但是很多个世纪以来，人们一直更青睐丰满、有匀称曲线的女性，就像画家鲁本斯在其 17 世纪早期的作品中和画家雷诺阿在其 20 世纪早期的画作里展现的那样。(A)鲁本斯的《镜子前的维纳斯》(1614—1615)。(B)雷诺阿的《金发浴女》(1919)。近年来，更瘦的体型成了时髦女性的追求，可以从 20 世纪五六十年代开始追求的性感象征的照片中看到这一趋势。(C)玛丽莲·梦露。(D)凯拉·奈特莉。

为了理解历史上的标准和当代对这一标准的偏离，Judith Anderson 研究了 54 种文化，以了解它们各自偏爱的女性身材类型（Anderson，Crawford，Nadeau，& Lindberg，1992）。她和她的同事发现了理想体重和在不同文化中食物补给的稳定性之间存在关联。在食物补给相对不可靠的文化中，体重中等或偏重的女性更受欢迎。而在食物供给十分充裕的文化中，人们更偏爱偏瘦的体型。而且很难再想象有比当代美国更加食物充沛、更加疯狂迷恋细长体型的文化了。

Anderson 从不同的文化中发现的长期结果也可在短期内见于个体身上。Leif Nelson 和 Evan Morrison 要求走进自助餐厅（很可能是饿了）的男学生说出他们在“某位异性的理想体重上的个人见解”。正走进自助餐厅的饥肠辘辘的男生宣称的理想的异性身材明显比正准备离开餐厅的男生的答案要丰满。

当代对于苗条的痴迷也体现在一些不幸的误解上。在一项引人瞩目的研究中，男女大学生要看 9 张有关身材的图片，从非常瘦的到非常胖的都有（Fallon & Rozin，1985）。被试需要从这一系列图片（共 9 张）中挑出：（1）哪张图片最能代表他们自己的身材；（2）哪张图片上的身材是他们最渴望的；（3）哪种身材在他们看来是最吸引异性的；（4）哪类异性的身材在他们眼中是最有魅力的（这次当然要从一系列异性身材图中做选择）。平均来说，男生会认为自己目前的身材就是最接近理想体重的。而且他们相信自己的身材对于宾夕法尼亚大学的女大学生来说也是最有吸引力的（虽然女生真正偏爱的是比男生以为的更细长的身材）。但在女生这里，结果就非常不一样了。女生都觉得自己目前的体重比理想体重要重，而且还重不少；同时觉得自己的体重比最吸引异性的体重也重不少。也许，最令人不安的发现是女性所以为的最吸引男性的身材比男性真正青睐的身材瘦很多。所以男性和女性站在一起时，脑子里的想法是很难对上的：一个女人站在男人身边时会想“如果我能再瘦几斤，在他身边时，我们会显得更配”，而男人此时脑子里想到的是“她很美，要是能再长几斤就更美了”。

但是为什么女性希望男性更瘦一些（比男人自以为的更瘦一些）会更有魅力呢？大多数解释直指大众媒体，女人看到的都是又高又瘦的模特、演员和新闻播音员。在这方面，的确有相当多的现实例证，但是它回避了一个特殊的问题：为什么媒体长久以来要树立一个男人或女人都不觉得理想的“理想”身材形象呢？一种解释把矛头指向了时尚产业。设计师希望他们设计的服装成为舞台的焦点，不希望穿着这些服装的模特夺走全部光芒，而且丰满迷人的曲线往往会“毁了线条”。换句话说，很多服装穿在又瘦又高的女人身上更好看（或者至少是设计师认为这样更好看）。根据这种解释，最终的结果是时尚产业狭隘的审美观导致了一个社会的病态审美（疯狂节食、神经性厌食症和贪食症）。

生物学与吸引力

那么来自不同文化的成年人和孩子眼中的身体吸引力具有哪些特征呢？大多数试图回答这个问题的观点都受生物学或进化理论的引导，关注的都是性吸引力。其核心思想是进化赋予了人类特定的审美偏好或“品位”，人类所偏爱的身体特征都预示着身体的健康，或者通俗地说，就是预示着**繁育适合度**。通过与适合繁殖的个体交配，自己的基因遗传下去的机会得到了最大化。

繁育适合度（reproductive fitness）：把自己的基因传递给后代的能力。

根据进化的理论，最能吸引我们的应该是那些身体特征拥有较高的繁育适合度的人，而不是看起来病弱或可能有生殖问题的人。因此，我们可能期待人们倾向于避开面部特征有些奇怪的人——比如说，双眼间距太近或太远的人。极端地说，那些特征可能反映了基因的缺陷或者早期发展出现的一些问题，这两点都可能使其后代出现进化劣势。

有证据说明，人们确实认为跟“平均脸”比起来，不寻常的面部特征更缺乏吸引力（见图10.6）。摄影技术或计算机技术都可以用几张面孔来合成一张综合（或平均）的脸（Galton，1878；Langlois & Roggman，1990；Side & Todorov，2011）。人们一般认为这种合成的男性或女性的面孔比用来合成它的个体真实的脸更有吸引力，而且用来进行合成的面孔越多，这种效应就越强。所以可以在很大程度上说，越是平均的或典型的脸，就越有吸引力。（也许，我们没有必要嫉妒那些有身体吸引力的人，因为他们毕竟“普普通通”。）

有吸引力的面部特征。（A）公元前 14 世纪的埃及王后奈费尔提蒂在她那个时代就被认为十分具有身体吸引力，且在当今也依然魅力十足。她皮肤通透，长了一双大眼睛，鼻子和下巴小巧精致，嘴唇丰满，眉毛高挑。这些特征在任何时代都是具有吸引力的。（B）这些特征在今天公认的富有吸引力的人身上也可以看到，如安吉丽娜·朱莉。

图 10.6　科学方法：平均脸的吸引力

假设：人们会被平均脸吸引。

研究方法：

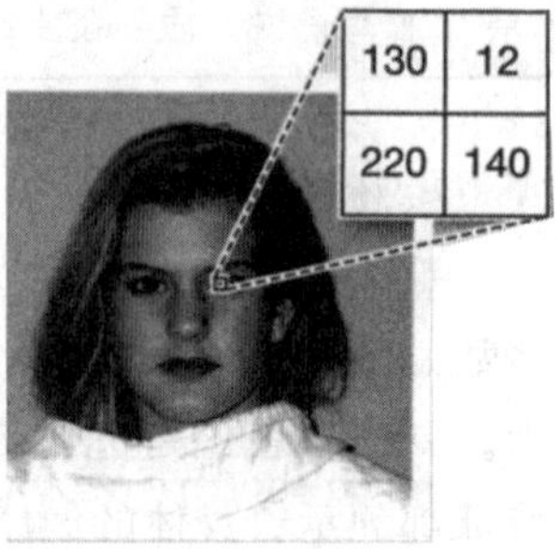

1. 通过把每个个体的面孔图片切分成极小的正方形（右图就展示了这样的四个方块），研究者可以合成出一张平均脸。
2. 根据其灰度为每个正方形指定一个数字。
3. 然后研究者计算出两张照片上相对应的小方块之间的平均值，从而创造一幅面孔图，然后再继续把更多个体的脸合成进来。

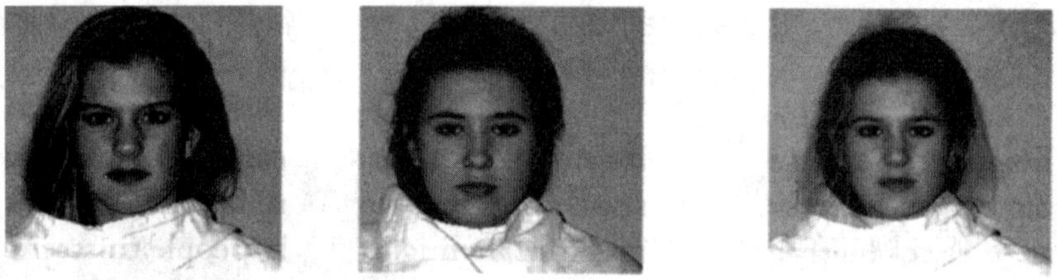

结果：被试觉得平均的脸比合成之前的每个个体的脸都更有吸引力。

结论：更接近于所有面孔的平均面孔更有吸引力。

可是，这并不是说所有平均的东西就是有吸引力的（Rhodes，2006；Said & Todorov，2011）。很多人之所以有吸引力还是因为他们拥有某种极端的东西。超级模特丰满的厚嘴唇让她们显得与众不同，瞳孔颜色浓郁的人也往往显得特别迷人。为了探讨这个问题，一项研究使用了三种类型的合成面孔：(1) 平均合成面孔是对60张人脸照片的综合；(2) 有魅力的合成面孔是对15张事先被评价为有吸引力的脸的综合；(3) 魅力 +50% 合成面孔的计算稍微复杂，先逐点比较平均合成面孔和有魅力的合成面孔之间的差异，然后将这种差异扩大50%（Perrett et al.，1994；见图10.7）。

如果平均是吸引力的全部原因，那么平均的合成面孔是用很多脸平均出来的，所以它应该是最吸引人的。此外，对平均合成面孔进行任何夸张的面孔都应该比平均面孔缺少一些吸引力。可是实验并没有证实这两个假设。相反，被试觉得有魅力的合成面孔比平均合成面孔有吸引力，而且魅力 +50% 合成面孔比前两种合成面孔更有吸引力。

在评价身体吸引力的时候，另一个起了重要作用的特征是双侧对称性。在很多动物当中，双侧对称的个体在性竞争中更有优势（Manning & Hartley，1991；

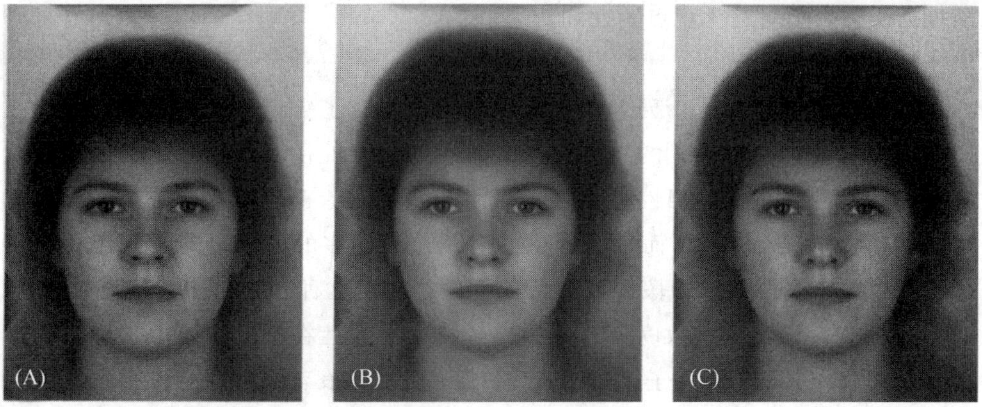

图 10.7　被夸张的特征吸引。为了进一步了解平均脸对人们的吸引力，Perrett、May 和 Yoshikawa（1994）制作了三种不同的合成脸：（A）对 60 张照片进行平均从而合成的脸；（B）对 15 张富有吸引力的脸进行平均从而合成的脸；（C）计算前两种面孔之间差别，并将这种差异夸大 50%，从而合成的脸。被试觉得夸张的脸是最有吸引力的。

Markow & Ricker，1992；Moller，1992a）。对人类来说，脸的吸引力跟双侧对称的程度也密不可分（Scheib，Gangestad & Thornhill，1999；Thornhill & Gangestad，1993）。

生物学家相信，非对称性通常是因为机体在子宫中（出生前）就受到了损害，感染寄生虫（Hubschman & Stack，1992；Moller，1992b；Polak，1993）和母亲在怀孕期间患上传染性疾病（Livshits & Kobyliansky，1991）尤其容易导致这样的后果。此外，身体双侧对称性较高的成年人比长得不太对称的人更不易患有呼吸道感染或肠道感染（Thornhill & Gangestad，2005）。所以身体两侧长得对称预示着有机体有更强的抗病能力。所以，根据进化论，双侧对称的个体应该更能吸引异性成为伴侣。

所以，平均面孔和双侧对称是预示着个体健康且适合繁育的两个特征，它们也是决定人们的吸引力的重要因素。顺便说一句，这两种效应是彼此独立的，即在计算面孔的平均性对吸引力的影响时，在统计上控制了双侧对称的影响；反之亦然。明确这一点很重要，因为在外形上的“平均”的脸应该也是高度对称的。这些发现证明了用生物学方法研究吸引力的价值。

交配偏好的性别差异

任何关于吸引力的生物学讨论都绕不开一个问题：在评价吸引力时，是否存在性别差异。寻找伴侣的时候，男性和女性所看中的东西有差别吗？一些证据证明确实有。但这些差异是生物学和进化导致的，还是受到了社会和文化的影响呢？以下是一些由进化心理学家提出的核心思想和他们提供的证据，以及其他人从社会文化视角对进化观点的批判。

投资后代

进化心理学家主张，男人和女人在进化中形成了完全不同的偏好，因为在亲代投资上，这两种性别的典型行为是不同的。女性往往付出得更多，而且从怀孕伊始就肩负重任。男性只贡献了极小的精子，除了遗传物质，几乎没有再为受精卵提供任何东西；而女性提供的是一个大得多的卵子，其中既包含遗传物质，也包含生命最初阶段需要的营养物质。由于这种差别，卵子是更“昂贵”的，和男性每天能生产数以百万计的精子相比，女性在她的一生中平均只能产出200 ～ 250个成熟的卵子。当然，受孕后，胎儿的发育过程完全发生在女人的身体里，这对女人来说是一个沉重的负担，而且在之后至少9个月的时间里，女人也无法再怀上另一个孩子（在此期间，她的男性伴侣则可以——从生理上来讲——生出一支婴儿军团）。孩子出生以后，在相当长的一段哺乳期里，女人依然无法解放，而这也大幅降低了她的生育能力，再次延长了她可以生育后代的时间间隔。

异性间的吸引力（intrasex competition）：为了得到异性，在两个或两个以上的男性或女性间展开的直接竞争。

性别内竞争（intersex attraction）：对异性成员的兴趣和吸引力。

生物学家们观察到，在整个动物王国，在亲代投资上付出得更多的性别在挑选伴侣方面往往更挑剔。雄性动物为了吸引雌性的注意、赢得伴侣（**异性间的吸引力**）往往需要与其他雄性展开激烈的竞争（**性别内竞争**）。雄性之间一对一的直接竞争使得它们的体型在进化中变得越来越强大。性别内竞争的压力也使雄性往往在种群中显得更招摇、更惹眼。（当然，人类在这一点上是例外：尽管在某些社会里，男人需要夸张地装饰自己；当然，总体而言，女人的外表更需要好好打理，也更受重视。）

再来看看像巴拿马的毒箭蛙之类的物种，雄性在哺育后代的过程中付出得更多。那么伴侣选择上的性别差异在这类物种身上会雌雄反转吗？的确是这样。在这一物种中，雌性的个头一般都比其雄性伴侣大，它们也会为了得到挑三拣四的雄性的青睐，而与其他雌性展开残酷的竞争（Trivers，1985）。

所以，要用最直接的一句话概括进化心理学的观点就是：雌性在挑选伴侣时有更多的选择性；换句话说，雄性对于配偶的选择应该更加随意。这种假设既符合历史记录，又能与我们对日常生活的观察相契合。研究人员已经就这一问题对几乎所有的社会进行了系统研究：一般来说，和女人相比，男人似乎随时都准备好了以更快的速度跳上床去，而且所选择的女性伴侣范围更宽。（需要注意的是，在卖淫这个古老的行当里，付款的几乎总是男性。）很多研究都通过实证研究证实了这一点。其中最野心勃勃的跨文化研究让来自全世界的16 000多名被试参与其中。研究者抛给男女被试的问题是在一定时间（从一个月到余生）内，“在理想状态下，你想要有多少个性伴侣”。无论在何种时间范围内，无论在世界上的哪个角落，男性都表示出了对更多的性伴侣的渴望（Schmitt，2003）。

男人想要什么？女人想要什么？

“凡是有钱的单身汉，总想娶位太太，这已经成了一条举世公认的道理。”

——简·奥斯汀（Jane Austen）《傲慢与偏见》

在人类社会中，男性觉得什么样的伴侣是有魅力的？如果女性确实比男性更有识别力，那么女性认为什么样的伴侣更有魅力呢？从进化论的角度说，如果男性想要成功地繁殖后代，他们需要寻找适合的配偶。可他该怎么找出那个能生育好多孩子的女性呢？我们没有直接的线索，但是因为女性终生的可生育窗口相对狭窄，所以至少可以确定一个相当合理的间接线索——年轻。因此，男性应该被年轻以及相关的特征（例如，柔软的皮肤、有光泽的头发、丰满的嘴唇和蜂腰肥臀）吸引（Singh，1993）。

“他还能再赚钱吗？”

女性面临的生育现实和男性非常不同。虽然男性年老之后，精子的质量会下降一些，但是他们一般来说在整个人生中都是可以生育的，所以女性并没有要选择年轻男性的进化压力。但是鉴于女性长达9个月的妊娠期和多年的哺乳期，我们的女性祖先最需要的是找到一个具有资源且可以为她和后代不断付出的伴侣。根据进化心理学家的观点，女性应该被拥有较多物质资源或具有表示他能够获取这些资源（如身体健壮、勤奋和具有较高社会地位）的人所吸引。

研究人员系统调查并分析了美国、加拿大和印度的个人征婚广告和线上约会网站，并证实了两性之间在择偶上的不同（Alterovitz & Mendelsohn，2009；Gustavsson，Johnsson，& Uller，2008；Harrison & Saeed，1977；Kenrick & Keefe，1992；Rajecki，Bledsoe，& Rasmussen，1991）。调查显示整体的趋势是：男性愿意通过提供物质资源来吸引年轻漂亮的女性，而女性愿意用自己的年轻和美貌来换取男性可以提供的物质资源和相关才能。

研究者还对来自37个不同文化的超过10 000名被试进行了调查，从中也发现了这一趋势（Buss，1989，1994），其中既包括德国、荷兰、以色列和巴西这样的西方文化，以及中国的上海、伊朗的德黑兰这样的非西方工业化城市，还有一些更加乡土的文化（印度的古吉拉特文化和南非的祖鲁文化）。值得注意的是，当问到他们对伴侣有什么期待时，所有文化中的男性和女性都给予了善良和智慧很高的评价，超越了身体的吸引力和收入潜力。不过就像进化心理学家预测的那样，几乎来自所有文化的男性都比女性更看重伴侣的身体吸引力（见图10.8A）。而且在每一个文化中，男性偏爱选择比自己年轻的女性做结婚对象（见图10.8B）。女性们也一致偏爱选择比自己年纪大的男性作为伴侣，同时她们也比男性更看重能反映伴侣有能力提供物质资源的特征，包括“良好的经济条件”、“社会地位”和

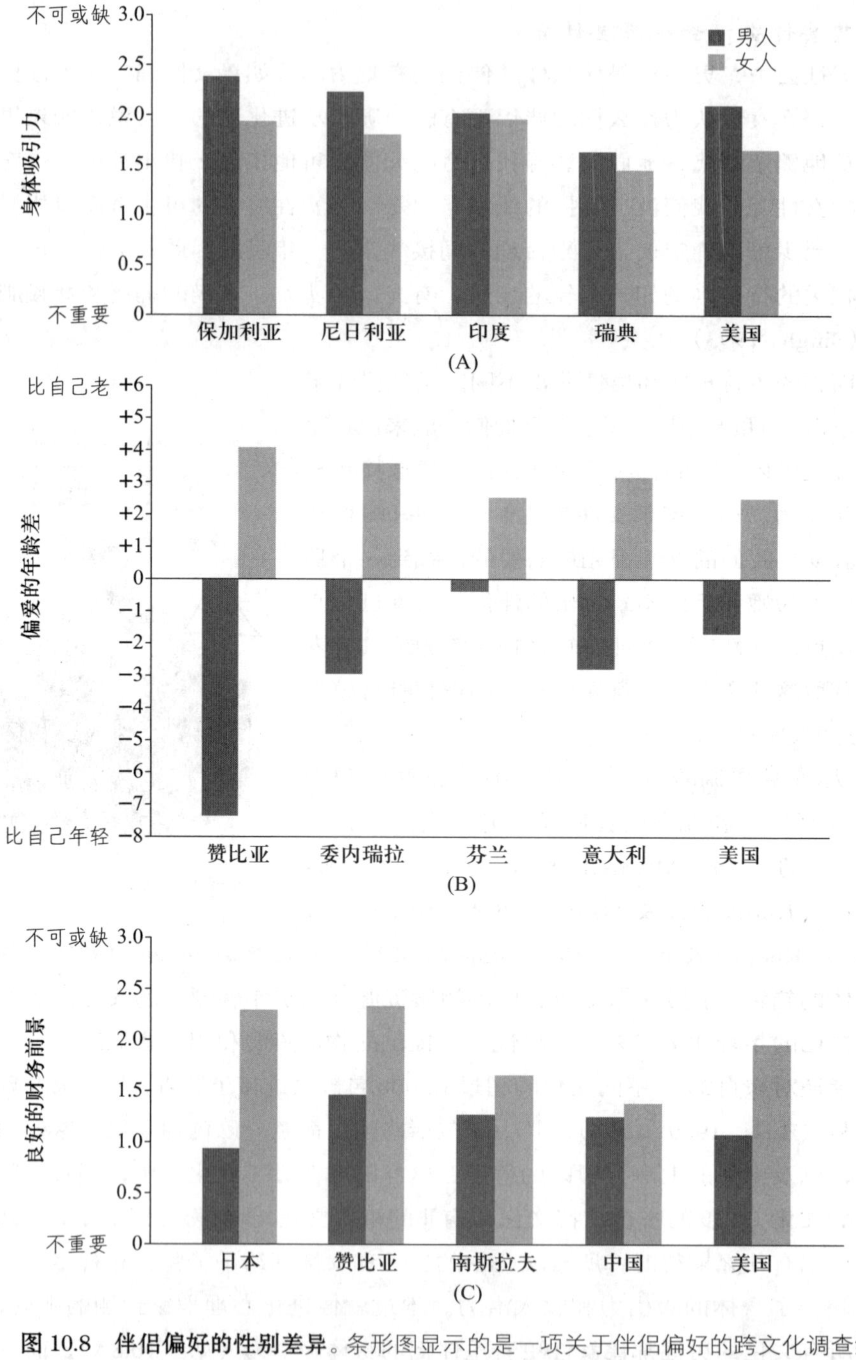

图 10.8 伴侣偏好的性别差异。条形图显示的是一项关于伴侣偏好的跨文化调查结果，这几方面的结果都非常具有代表性。其中，有关身体吸引力和良好财务前景的调查是用四点量表测量的，回答选项从“不可或缺”到“不重要”。关于偏爱的年龄差则由被试直接报告。

来源：Adapted from Buss, 1989.

"有雄心且勤奋"（见图 10.8C）。

对进化理论的批判

也许证实了吸引力的性别差异的实证研究结果并不让人惊讶。但是这些研究结果真的表示进化理论取得了胜利了吗？是否应该从这个理论符不符合这些数据的角度对其进行评价呢？

这不是一个简单的问题。与现有数据的一致性肯定是评判一个理论的标准之一。然而，如果抛开繁育适合度或遗传上的性别差异，我们也可以解释几乎所有的研究结果。比如说，在所有已知的文化中，女性之所以容易被能提供社会地位和物质资源的男性吸引，很可能是出于一种灵活的、非生物性的环境适应需要。因为来自所有文化的男性都比女性有更魁梧的身材、更强大的力量，而且不会受到怀孕和哺乳的束缚。所以，几乎在所有的文化中，都是由男性来控制物质资源的。因为女人的经济实力脆弱，所以女性可能比男性更关注对于物质资源的需要（Eagly & Wood，1999；Wood & Eagly，2002）。

"我爱那个走在街上看着我的帅小伙……我有着金色的及肩长发、蜜桃一样的臀部以及棕色的魅惑的眼睛。"

"我在寻找一个人来宠爱。明说吧，我在一家投资公司工作，我能赚很多钱。我想找一位甜美漂亮的女生或女人，用我的钱来养活她。"

——美国大型分类广告网站 Craig's List 上的个人广告

这种物质资源差异给我们的启示之一是：在一个两性相对势均力敌的社会里，女性应该就不会那么看重伴侣的社会地位和经济实力了。通过对进化心理学家收集到的跨文化数据进行再分析，Wood 和 Eagly（2000）发现了这个规律。在一个社会中，男女的地位越是平等，女性就越不会把未来伴侣的收入能力看得很重。不过性别平等并不影响男性对女性吸引力的的评价。

"头脑是不分性别的。"

——美国人类学家玛格丽特·米德（Margaret Mead）

是生物因素还是文化因素

如果最常用来支持两性吸引的进化论方法这么容易就遭到了质疑，那么为什么还要采用这种方法呢？进化心理学家会说，处理这种问题的最好方法，就是科学界最常采用的方法——检查在一系列条件下会发生什么，从而得到一种其他方法无法相比的精细化模式。

检验在更广泛的条件下会发生什么，当然也是前面描述的模糊的跨文化研究所关注的（Buss，1989；Schmitt，2003）。其指导逻辑很清晰：如果我们预测的性别差异在每种文化中都出现的话，它就不应该是社会实践（应该因文化而异）的结果。但就像刚才所讨论的一样，这种说法的力度还是受到了怀疑。跨文化的一致性可能单纯地间接来自于男女在身材大小和力量强弱上的差异，以及只有女人才能怀孕和哺乳，而这最终促使男女形成了各异的行为模式。但这些并不是直接遗传而来的行为倾向。结果到头来，这里所描述的跨文化研究无法解决该理论本应解决的一个问题，因为他们的样本都基于人类。

同时要记住，更广泛的进化理论是无与伦比的，能够很好地解释许多在整个动物王国中所能观察到的复杂行为模式。对于人类行为的生物学解释会一直存在争议，我们应该对巧舌如簧和过度引申的报告持怀疑态度（Bem，1993）。然而，我们也很难相信，塑造了地球上的所有动植物的行为趋势的进化力量唯独没有影响到人类的行为。

那么什么才是可以真正明确支持了进化理论的证据呢？答案很简单：就是不以进化论作为指导就无法发现的或者其他理由很难解释的实证结果。事实证明，也有一些研究结果符合这些条件。回忆一下我们以前关于身体的双侧对称性与身体吸引力的关系的讨论。该观点是，人们之所以愿意与双侧对称的个体交配是因为对称性意味着“基因良好”，与这样的人结合会增加我们把好的基因遗传给下一代的机会。这种逻辑导致研究者认为，对称性应该在配偶受孕的概率比较高的时候显得尤其重要。因此，在一项研究中，研究者让处在月经周期不同阶段的女性（我们不是在讲笑话）去闻被一群双侧对称程度不同的男人穿过的 T 恤。就像他们预测的那样，只有接近排卵期的女性给出了这样的答案：双侧对称的男性穿过的 T 恤比不对称的男性的 T 恤更好闻（Gangestad & Thornhill，1998；Thornhill & Gangestad，1999；Thornhill et al.，2003）。如果不是受进化论的启示，任何人都不太会想到去研究这种关系，并做出这种预测。

一些证据也显示，在月经周期的不同阶段，女性的偏好也会发生改变。比如说，人们一般认为，硬朗的下颌线条会显得男人特别阳刚，也预示着良好的基因。可是女性通常会认为稍微女性化一点的脸是最有吸引力的（perrett et al.，1998）——只有在受孕概率最高的排卵期，她们才更偏爱特别阳刚的面孔（Penton-Voak et al.，1999；见图 10.9）。随后的研究显示，跟处在月经周期其他阶段的女性相比，处在排卵期的女性：(1) 能够更加迅速地把男性的面孔认成男人（但不能更快地认出哪张是女性的脸）；(2) 想要跟声音比较低沉的有男人味的男人调情；(3) 更喜欢追求会表现得更有自信、主见和竞争力的男人（Gangestad，Simpson，Cousins，Garver-Apgar，& Christensen，2004；Macrae，Alnwick，Milne，& Schloerscheidt，2002）。

处在排卵期的女性也会对她周围的男性表现出一些行为。一项研究要求男人去闻处在月经周期不同阶段的女性穿过的 T 恤。研究发现，跟参加实验的其他男人相比，闻了接近排卵期的女性身上的气味的男人，其体内的睾酮水平更高（Miller & Maner，2010）。另一项研究发现，当男人与一名接近排卵期的女性互动时，不但更容易去模仿她的非言语行为，而且在她面前也更愿意在决策中冒一些险，好像是为了努力留下一个好的印象（Miller & Maner，2011）。

这种研究在有不同的生物学意义的条件下评估了吸引力评价上发生的变化，为使用进化的方法解释人类吸引力提供了最有力度的证据。这些证据超越了证明两性差异的简单的实证研究，这可不是大多数人在日常生活中就能观察到的。

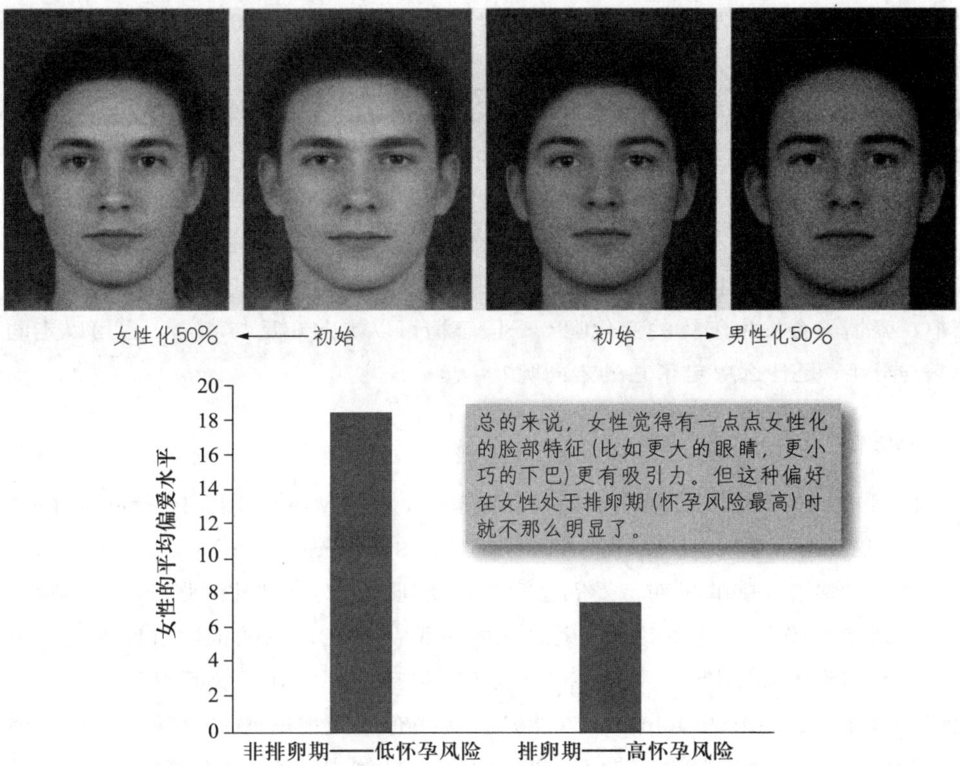

图 10.9　女性在月经周期各阶段对男性吸引力的判断。照片描绘的脸分别比原始照片增加了 50% 的女性化特点（左边）和 50% 的男性化特点（右边）。女性需要从中选出她们认为最具吸引力的脸部照片。结果如图所示，女性总体上会更倾向选择女性化一点的脸部照片，但在她们受孕的可能性很大时，她们偏爱女性化面孔的平均程度会降低。

小　结

跟别人接近预示着我们更可能与他们邂逅；根据轻微暴露效应，邂逅的次数越多，我们就越可能喜欢他们。此外，当人们得知自己会和别人频繁互动时，就往往会假设对方是不错的人，然后为了确保互动的顺利而尽他们最大的努力。人们也倾向于喜欢和自己更为相似的人。相似的他人能强化我们的信念和价值观；他们有我们所喜欢的品质；我们跟他们的互动也很少发生冲突和遭遇阻碍。更有身体吸引力的人也更受异性的欢迎，人们会对有身体吸引力的人产生更积极的评价，觉得他们更会社交。身体吸引力的影响看起来部分来自于生物倾向：能增添身体吸引力的某些元素也预示着繁育适合度。

爱情关系

纵观历史，通览不同的文化，结婚的理由多种多样。在原始社会中，父母会让自己的孩子与其他临近部落的成员结婚。无论是有意的还是无意的，这一习俗保证了部落之间的贸易合作关系，同时也减少了因为‘近亲繁殖’而导致一些基因问题出现的可能性。在西欧的历史上，父母包办婚姻在很长一段时间里都用来巩固与其他家族的联系，确保产业与资产都保留在这些家族之间。在其他一些文化里，包办婚姻至今仍很普遍。

但是在当代美国，每年有230万对新人会步入婚姻的殿堂，他们结合在一起的主要原因不是别的，是爱情。那么，我们所说的爱情是一种什么样的东西呢？人们希望在爱侣身上找到什么东西呢？又是什么让他们坠入了爱河？在长期的相处中，爱情又会发生怎样的变化呢？一段感情可以走向知足与幸福，也可以走向不满与分手，是什么决定了它的走向呢？

什么是爱情

爱情三角理论（triangular theory of love）：爱情有三个主要元素：激情、亲密和承诺，它们可以通过不同的方式组合成不同类型的爱情。

根据Robert Sternberg著名的**爱情三角理论**，爱情从本质上源于三种元素的交互作用，这三种元素分别是激情、亲密与承诺（Sternberg，1986）。

在一段感情发展的早期，爱侣之间会感受到一种对于彼此的强烈的、吞噬一切的激情或性唤起。有许多对恋爱之人的钟情与失控之状的描述（比如，恋爱中的人会感到不知所措、“渴望”对方或因为欲望而“疯狂”）都反映了充满强烈激情的爱情（Lakoff & Johnson，1980）。这些有关激情的感受反映在一些具体的行为模式中，例如，抚摩、拥抱、性行为及女性体内激素（尤其是雌性激素）的波动。

重要的是，这种早期的爱的激情具有专一性。Eli Finkel及其同事是采用闪电约会方法研究早期欲望的先驱（Finkel & Eastwick，2008）。在这项研究中，大约

不同文化中的婚姻。人们大婚之际，不同的地方都会举办独具特色的结婚仪式。我们可以看到（A）斯堪的纳维亚半岛的拉普兰、（B）埃塞俄比亚的贡德尔和（C）中国上海举行的婚礼。

12名年轻女性和大约12名年轻男性来到实验室之后，便要立刻与在场的每位异性进行2分钟闪电速配对话。每完成一段对话，就让那些被试来评价自己对对方的性渴望，评价双方有没有产生化学反应。Finkel及其同事发现，当一个个体唯独对另一个人怦然心动，产生了独一无二的渴望时，这种感觉往往是相互的，对方也感觉很来电（Eastwick，Finkel，Mochon，& Ariely，2007）。如果参加闪电约会的人对许多人都很来电，对方往往很少会产生同样的性欲望和化学反应。很明显，人们是可以觉察到别人对自己的兴趣是专一的还是滥情的。

调查表明，两个人相处了一段时间以后，早期的激情会开始减退，爱情关系的第二要素——一种深刻的亲密感——的地位开始突显（Acevedo & Aron，1997；Sprecher & Regan，1998）。情侣之间会因为彼此变得更加亲近和了解而感到更加舒服与更有安全感。随着恋爱双方的关系变得亲密，一方会把另一方的观点、体验以及性格特征越来越多地纳入自我概念（Aron & Aron，1997；Aron，Aron & Allen，1989；Aron & Fraley，1999）。在一项关于"第二阶段"的研究中，已婚夫妇先要评定90个特质形容词与自己及与自己的另一半的相符程度（Aron，Aron，Tudor & Nelson，1991）。在完成了一项简短的干扰任务之后，被试将会在计算机屏幕上看到一些特质词，并且需要以最快的速度指出这些特质词是"像自己"还是"不像自己"。正如你可以在图10.10中看到的，被试能以更快的速度识别与他们自己及伴侣都相似的那些特质词，而在判断像他们自己但其伴侣并不具有的特点时会慢一些。随着伴侣间的亲密关系逐渐发展，两个人会变得好像成了一个人。

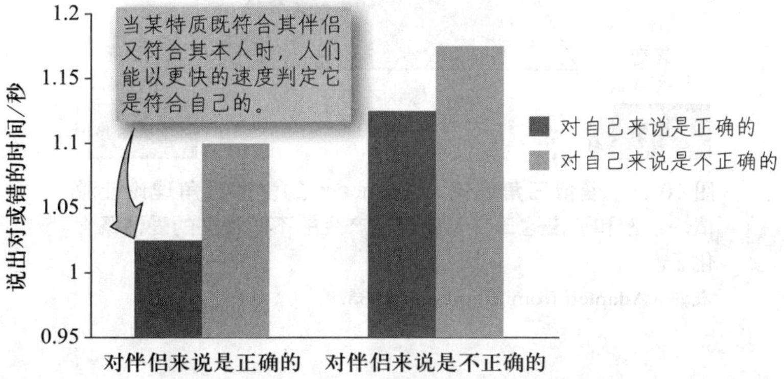

图10.10 用分析自己的方式分析自己的另一半。坠入爱河时，我们身上的特质会与另一半的特质融合吗？Arons兄弟及其同事提出了回答这一问题的方法：让恋爱双方来评价一些特质词汇是否与自己的情况相符。某些特质词也适用于他们的伴侣，而有些特质词则不然。

来源：Adapted from Aron, Aron, Tudor,& Nelson, 1991.

在Sternberg的理论中，第三个元素是承诺（Frank，1988；Gonzaga，Keltner，

Londahl，&Smith，2001）。一个长期的承诺需要人们为之牺牲许多——放弃与其他人调情、发生关系以及繁殖后代的机会；协调双方各自的兴趣、价值观、朋友圈和事业抱负的实际需求。

由这三种成分互相组合可以组合出不同类型的爱，我们可以用图10.11所示的三角形来描述这一概念。写在三个角上的爱情源于单一元素。例如，只有激情而没有亲密性或承诺只不过是单纯的迷恋；只有亲密性而没有激情或承诺只是简单的喜欢；只有承诺而没有了激情或亲密性则是斯滕伯格所说的“空缺”的爱。三角形的三条边表示由两种元素产生的爱。例如，只有亲密性和承诺而没有激情，在本质上是“伙伴之爱”。最后，位于三角形里面的爱情才是完美的爱情，也就是说当二人之间同时拥有激情、亲密性和对彼此的承诺时，所体验到的那种爱。完美的爱正是人们口中在某个人生阶段追求的理想型爱情。

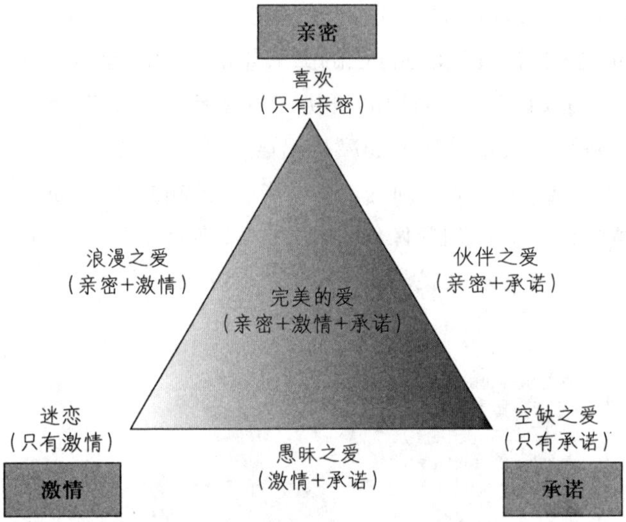

图10.11 爱情三角理论。Sternberg的爱情三角理论使激情、亲密和承诺这三个元素组合产生的不同类型的爱情概念化了。

来源：Adapted from Sternberg, 1988.

人际关系投资模型（investment model of interpersonal relationships）：一种人际关系模型，主张有三件事会让伴侣对彼此做出更多承诺，它们是奖励、没有可代替的伴侣人选和对感情的投资。

浪漫关系满意度的投资模型

几乎所有人都想知道是什么因素决定了一段恋情能否长久。由Caryl Rusbult提出的**人际关系投资模型**曾尝试解释为什么一些爱情关系能够天长地久，而另一些则不能（Rusbult，1980，1983）。在图10.12中可以看到一个投资模型的流程图。当情侣之间形成了长期的浪漫纽带时，有三个要素会使他们更忠于彼此，即奖赏、相对缺乏可供选择的伴侣和对感情的投资。

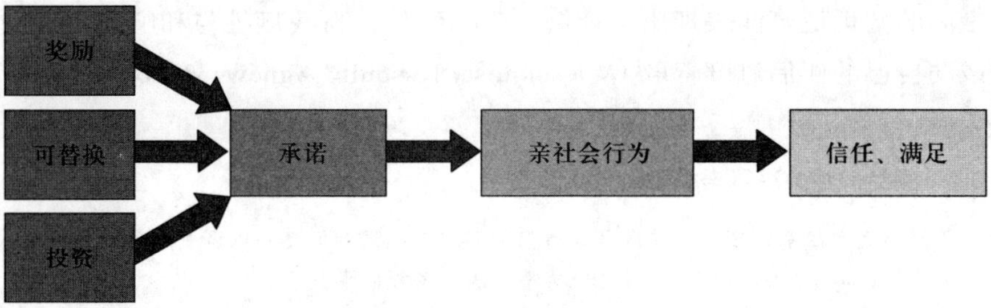

图 10.12 浪漫关系承诺投资模型。根据 Rusbult 的模型，有三个因素决定了情侣之间有多少承诺：他们得到了多少奖励、是否有可以代替的人，以及他们对于这段感情的投资。承诺度高的情侣更可能表现出亲社会行为（例如，原谅）并且更可能在这段感情中感受到信任和满足感。

第一个能决定承诺不会变质的因素是奖励，我们在前面已经讨论过这一变量了。当要求情侣们评价自己在一段长期的感情中有多少受益以及他们给予了对方多少回报时，可以看出，最能决定浪漫关系满意度的是人们自己能够在这段感情中获得多少（Cate，Lloyd，Henton，&Larson，1982）。事实上，一位首屈一指的婚姻研究者 John Gottman 主张，在美国为了避免离婚，人们在长期浪漫关系中的有益经验与负面经验的比例应该在5∶1（Gottman，1993）。

但是简单的回报显然是不够的。是否有其他可以作为伴侣的人选是另一个可以决定人们能否长期对一个伴侣履行承诺的因素。可供选择的伴侣人选越少，个体对一段感情就越忠诚，越不会抛弃这段感情。例如，在问卷调查中报告自己没什么别的伴侣人选的人，之后也不大可能选择分手（White & Booth，1991）。在别无选择时，即使一段感情并不十分令人满意，人们也会坚持走下去。相反，有时候人们会因为一些看起来更让人满意的感情而放弃一段已经很不错的感情。（想一想那些漂亮的明星与富豪们的婚姻。）

第三个决定性因素则是情侣们为这段感情投入了多少。投入得越多，人们坚持下去的可能性就越大。投资可以是直接的，例如，投入时间、精力、关爱和为这段感情付出的爱；也可以是间接的，例如，共同的回忆、共同的朋友和共享的资产——这些都是共同生活的一部分。

在 Rusbult 有关投资模型的实证研究当中，研究者们通常要求情侣们报告有关感情承诺的三个决定性因素（奖励、可供选择的伴侣和投资）、他们承诺的程度和对这段感情的满意度（见表10.1）。这些研究差不多每隔6个月重复一次并会持续若干年（Berg & McQuinn，1986；Rusbult，1983；Simpson，1987）。在这些纵向研究当中，那三个决定因素均可以预测情侣是会继续在一起，还是会选择分手。其他研究发现，情侣为一段感情付出得越多，他们之间的关系就越令人满意、越稳定。若要求情侣们描述他们的关系，越是忠于彼此的情侣越愿意使用“我们”等复数的代名词（Agnew，Van Lange，Rusbult，& Langston，1998）。研究还发现，承诺度高的情侣更可能表现出亲社会行为，例如，自我牺牲与和解，而不是施加报复或向自己的伴侣过度索取（Wieselquist，Rusbult，Agnew，& Foster，1999）。

表 10.1 测量浪漫关系承诺模型中的因素

为了评价情侣之间的承诺度，研究人员让情侣们回答了一系列问题，以调查可代替的伴侣人选、对感情的投资、对于感情的承诺和对这段感情的满意度等因素。

模型因素	问题示例
可代替的伴侣人选	“总的来说，除了你的伴侣，其他也可以跟你在一起的人是不是也很迷人？”
奖励	“如果结束这段感情，你会在某种程度上失去或难再拥有某些特殊的东西（例如，共同的朋友、对孩子的抚养权、娱乐活动、工作）吗？”
投资	“你是否为了改善现在的这个家、培养友谊、抚养小孩或共同创业而投入了时间、精力和金钱，而一旦这段感情结束，这些付出也就打了水漂？”
承诺	“你希望你们的感情能持续多长时间？”
满意度	“总的来说，你对这段感情有多满意？”

对婚姻的不满

众所周知，在美国有近半数的第一段婚姻是以分居或离婚收场的（Martin & Bumpass，1989；Myers，2000a）。但大家不知道的是，实验发现，与30多年前相比，现在的人们更觉得婚姻是令人失望的（Glenn，1991；Myers，2000a）。婚姻中的矛盾可以刺激肾上腺和垂体的应激反应，而这又可以引发心脏问题并抑制免疫反应（Kiecolt-Glaser，Malarkey，Cacioppo，& Glaser，1994）。不幸的婚姻将会后患无穷——来自离异家庭的孩子在童年期和之后的成年期，更有可能经历较大的个人挫折或学业困难（Amato & Keith，1991；Wallerstein，Lewis，& Blakeslee，2000）。既然对爱情关系的不满是一个普遍问题，会造成深远的影响，那么我们就非常有必要搞清楚什么导致爱情关系中的种种不满以及最终的离婚。

能预测婚姻不幸与离婚的因素

了解不幸的爱情关系的方法之一是问问什么样的人或什么样的情况更可能导致婚姻不幸福或离婚。这跟你选择什么样的人结婚有关系吗？情侣彼此的社会地位或年龄重要吗？

为了回答这些问题，研究人员将测量婚姻满意度与测量情侣的个性和背景联系在一起。首先，他们研究发现，性格真的很重要。那些容易焦虑、紧张、喜怒无常、自怨自艾的神经质的人很少拥有幸福美满的婚姻，离婚的可能性也更大（Karney & Bradbury，1997；Karney，Bradbury，Finchman，& Sullivan，1996；

Kurdek，1993）。出于类似的原因，对于拒绝高度敏感的人也更难以与人形成亲密关系（Downey & Feldman，1996；Downey，Freitas，Michaelis，& Khouri，1998；另请参阅 Murray，Holmes，MacDonald，& Ellsworth，1998）。此外，那些对于拒绝高度敏感的人会对其伴侣的拒绝表现出更大的敌意（Ayduk，Downey，Testa，Yen，& Shoda，1999；Downey，Feldman，& Ayduk，2000；Downey，et al.，1998）。

某些人口学因素也可以预测爱情关系中的问题。最值得我们关注的是，来自较低的社会经济地位的人们更有可能离婚（Williams & Collins，1995）。社会经济地位是指教育背景、经济能力和个人的职业声望或家庭的结合（参考第5章）。来自较低的社会经济地位的人更容易陷入经济困难，也较难找到令人满意且稳定的工作，而这些恰好是造成婚姻破裂的主要原因（Berscheid & Reis，1998）。

最后，更早结婚的人更容易离婚。这其中可能有几个原因。例如，太年轻的人可能并不适合做长期的伴侣。又或者是早婚的人在选择自己的伴侣时不够实际。

“四骑士启示录”

随着一段爱情关系的成熟，伴侣之间的话题和情感交流将会围绕着为人父母、儿女、家庭经济和性行为等主题。那么当一段感情出现问题的时候，我们可以从情侣之间谈话的模式当中看到信号吗？为了回答这个问题，John Gottman 和 Robert Levenson 率先使用了动态交互的方法来研究男同性恋、女同性恋和异性恋。这个方法识别出了哪些情绪或交流方式可以预测对婚姻的不满，并最终导致分手（Gottman & Levenson，1992；Levenson & Gottman，1983）。

Gottman 和 Levenson 用录像机记录了在实验室激烈对话中的已婚夫妇，并认真分析了其中预示着不满的线索。在一项冲突讨论实验中，情侣们要在15分钟内就一项双方公认的威胁其关系的话题进行激烈的讨论，并且尽力尝试去解决它。Gottman 和 Levenson 把这些互动模式编码为愤怒、批判、具有防御性、阻碍、蔑视、伤感和恐惧，同时也编码了有一些积极的行为，包括了喜爱、热忱、兴趣和幽默感。

在一项长期的研究中，Gottman 和 Levenson 用了许多年的时间跟踪研究了美国印第安纳州布鲁明顿市的79对伴侣的婚姻。根据他们的观察，他们确定了“四骑士启示录”，也就是四个对于一段感情最有害的负面行为——批判、防御、阻碍和蔑视。

也许你已经预料到了，Gottman 和 Levenson 发现已婚人士如果不断地对自己的另一半吹毛求疵和挑毛病，那么其婚姻幸福的可能性就较低；如果倾向于采用防御或阻碍（即抵抗解决问题）的相处模式，也同样有害于夫妻关系。如果伴侣之间不能摒弃防御心理而进行坦率地自由沟通，拒绝考虑当下的所作所为对矛盾的激化作用，

“我希望等我长大后，能够和平分手。”

那么他们将会遇到大麻烦。对于男人来说更是如此。如果男性抵制、逃避或者否认其伴侣提起的问题，往往会令婚姻蒙上更大的阴影。与此相反，伴侣之间越是能够做到开诚布公，他们就越会喜欢对方（Collins & Miller，1994）。

蔑视对方对于感情来说是特别有害的。图10.13 显示了研究者在最终离婚和没有离婚的夫妻身上观察到蔑视表现的频率（Gottman & Levenson，1999）。离婚的夫妻所表现出的蔑视是没有离婚的夫妻的2倍。一个妻子表现出的轻蔑往往是婚姻不满和离婚的前兆。

图 10.13 科学方法：蔑视与对婚姻的不满

假设：蔑视和优越感会危害亲密关系。

研究方法：

1. 研究人员将在 15 分钟的对话中对夫妻表示蔑视的表情进行编码。
2. 然后，他们要计算表示蔑视程度的数字与情侣之后的婚姻状况（仍在一起或离婚）之间的相关。

结果：和表情中很少显露轻蔑之情的夫妻相比，表现出更多轻蔑表情的夫妻更可能离婚。

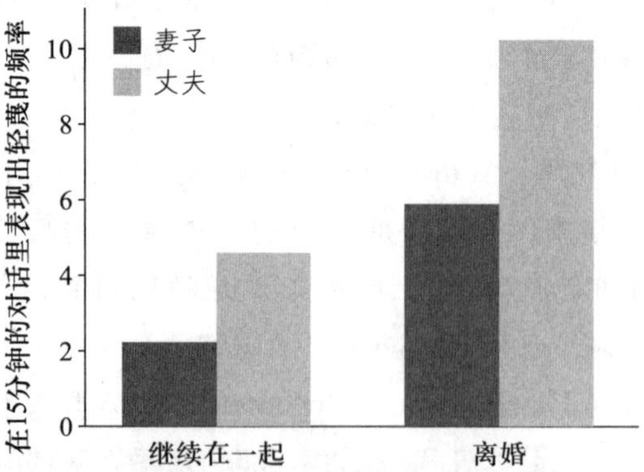

结论：对你的伴侣表现出轻蔑或嘲笑对感情是非常有害的。

来源：Adapted from Gottman & Levenson, 1999.

Gottman 和 Levenson 的研究易受本章所提到的自我挑选的影响：已婚的伴侣离婚是因为表现出了蔑视和其他的负面情绪，还是因为彼此的感情已经举步维艰才表现出这些情绪的呢？ Gottman 和 Levenson 的研究还额外指出了负面的沟通模式可能会导致离婚。在对印第安纳州的79对夫妻的研究中，Gottman 和 Levenson 在被试结婚伊始就测量了这四种有害的行为（批判、防御、阻碍、蔑视），来预测哪些夫妻会继续在一起，哪些在14年后会离婚。让人吃惊的是，他们在15分钟的对话中采集到的行为在预测离婚情况时有93% 的准确率（Gotmann & Levenon，2000）。

危险的归因

一些解释的倾向也与维持一段感情有关。与婚姻不满有联系的解释倾向是责备。在对23项研究的回顾中，Bradbury 和 Fincham（1990）看到了情侣之间的因果归因方式和他们对于感情的满意度之间的关联。

他们发现对感情不满意、过得不幸福的情侣会对他们的另一半和他们的感情做出负面的归因（Karney & Bradbury，2000；McNulty & Karney，2001）。不幸福的情侣会将他们在感情中的获益、正性生活事件归属为特殊的、无意识的和自私的不稳定因素。例如，一个在感情中觉得痛苦的人会将伴侣给自己的惊喜解释为伴侣那天的一时兴起，并且觉得对方之后一定会提出一个自私的请求。过得更幸福一点的人则倾向将这些正性生活事件归属为普通的、有意识的和无私的稳定的原因。而真正对婚姻感到心满意足的人则会将另一半送给自己的礼物归因于对方一直以来的体贴与善意。与此相似的是，过得较幸福的人会将负性生活事件（例如，对方忘记了重要的纪念日或者讽刺评价）归因于有特殊的原因或者是在无意之中犯的错。而不幸福的人会将同样的负性生活事件归因为稳定和整体的原因，并且会将另一半视为应受责备的、自私的人。

巩固爱情关系

我们已经把爱情关系中最普遍的问题确定下来了，现在我们将转向讨论哪些东西能使爱情关系变得更牢固。你已经得到一些提示了。也许你已经明白了，应该晚一点结婚；避免选择高度紧张的、对拒绝很敏感的、神经质的人做自己的另一半；在与自己的另一半相处时，尽力避免批判、防御、妨碍和蔑视对方；尝试将另一半的行为解释为值得赞扬的行为方式。

利用善行

有没有什么健康的对话方式可以培养更加令人满意的恋爱关系？ Shelly Gable 及其同事认为，利用一些善行是特别重要的——与你的另一半分享生活中的好事（Gable，Gonzaga & Strachman，2006；Gable，Reis，Impett，& Asher，2004）。在这项研究中，Gable 及其同事发现，从重要他人那里得到积极的、有建设性的“资本”的人报告了更高的关系满意度（Gable et al.，2004）。当其中一方能热情地回应另一半所带来的好消息时，效果尤为明显。例如，当听到另一半即将迎来自己的美术作品展时，一个积极的、有建设性的伴侣可能会问对方将会展示哪些作品或者要邀请谁——这些问题展示了其对另一半的重要发展过程的积极参与。

活泼一点

在求爱和恋爱前期，恋爱双方的愉悦水平非常高：在午夜共舞、在烛光灯下读诗谈心、共度周末短假、一起夏天旅行和进行其他令人愉快的活动。到后期，尤其是涉及孩子时，则常常围绕一些不那么有趣的活动——换尿布、打扫房间、缴纳费用、陪孩子去练习足球或上钢琴课。所以，孩子在带来快乐的同时，通常也导致了婚姻关系满意度的下降（Myers，2000a）。事实上，已婚伴侣的感情满意度通常不会恢复到恋爱之初，直到孩子长大离家。（一个关于神父、拉比和牧师的故事很好地印证了一观点：当说到生活起于何时时，神父说是在怀孕时，拉比说是在出生时，牧师说是当狗死了和最小的孩子离家去上大学时。）

相关的研究显示，一些简单的行为，比如用昵称称呼对方（Baxter，1984）或在争吵中互相打趣（Kelner et al.，1998），就可以保持嬉戏常在，也让彼此更加快乐。适当的幽默感和逗笑可以使激烈的冲突逐步降级为和谐的交流（Gotmann，1993）。Art Aron 及其同事做的实验性工作证明，在婚姻中令人愉快的愚蠢颇有益处（Aron，Norman，McKenna & Heyman，2000）。在他们的研究中，已婚多年的伴侣将参与两项任务中的一项。在活泼的振奋人心的条件下，伴侣们的膝盖和手腕都被魔术贴粘在一起，并要一起用头夹着一个软球走过一块长垫。在另一种条件下，伴侣需要各自用一根长棍将球推到长垫的中间。与完成了无趣的单人任务的伴侣相比，在做完了新奇好玩的联合任务后，伴侣们报告出了明显高的婚姻

美好感情的关键。(A)分享欢乐及一起嬉闹对于一段健康的感情是至关重要的。(B)发生冲突时能开诚布公地交流比起阻碍交流更有帮助。

满意度。不同寻常的是，好玩的活动振奋人心——而伴侣则常将情绪高涨错误地归因为自己对另一半的感情，从而增强了双方对感情的满意度。

浪漫关系中的幻想与理想

将自己的另一半理想化对于构建令人满意的亲密关系十分重要。Sandra Murray 及其同事收集了与此相关的证据（Murray & Holmes，1993，1997；Murray，Holmes，Dolderman，& Griffin，2000；Neff & Karney，2002）。在一项研究中，已婚夫妇和正在恋爱的情侣要在21个特质上评价自己和伴侣，其中包括美德（例如，善解人意、有耐心）、对爱情关系至关重要的特质（例如，容易相处、诙谐）以及缺点（例如，爱抱怨和有距离感）（Murray et al.，1996）。Murray 及其同事之后将被试对另一半的优缺点的评分与他们对感情的满意度的评分做了对比。那些将自己的另一半理想化的人——也就是给另一半的评价比对方对自己的评价还高的人——对于自己的感情生活更加满意。当自己的另一半将自己理想化的时候，人们也会对自己的感情生活有更高的满意度。

"爱情是盲目的，充满了愉悦，是无法无天的、迅速的、不受拘束的，能够打破所有的枷锁。"

——英国诗人威廉·布莱克（William Blake）

在其他研究中，Murray 与 John Holmes（1999）调查了人们是如何将另一半理想化的。在一项研究中，人们要写下自己的另一半所犯的最大错误。那些对感情满意的情侣有两种进行理想化的形式：一种是在另一半的缺点中看到了优点，例如，一个人可能会说另一半是忧郁的，但这种忧郁的特性给其个性赋予了深度，而这是无比值得的；另一种是对另一半的缺点用"是的……但是……"进行反驳，例如，一个对感情满意的人可能会说她的丈夫无法坚持稳定的工作，但是这起码给了他更多时间在家里帮忙（参见专栏10.5给出的来自神经科学的解释）。

专栏10.5 聚焦神经科学

这就是你恋爱时的脑

正如 Murray 及其同事说的，恋爱时，人脑会将缺点转化成迷人的特性（Murray & Holmes，1999）。谈恋爱时，你的脑在做什么？最近，神经科学家和情感研究者协力回答了这个问题，而且他们的回答既直观又令人惊讶。在这些研究里面，我们收集了人们在看着自己另一半的照片并陷入苦苦爱恋时，脑部的 fMRI 图像（Fisher，Aron，& Brown，2006）。不必惊讶，该方法揭示了浪漫的爱情与脑中的奖励区域（腹侧纹状体）的激活有关——这区域富有催产素（提升信任感和爱，参见第 6 章）和多巴胺（激发与亲近相关的行为）受体。

但是，浪漫的爱情会让负责觉察到危险的杏仁核失效（再次参见第 6 章）。似乎在深深的爱里，我们的脑使我们无法看到新的恋情所带来的威胁和危险。这一项发现也许可以帮助你的父母理解你为什么有可能爱上一个不符合他们标准的人。你的脑对于你的新恋情中的危险信号（例如，喜欢摩托车、奇怪的文身、对于传统社会不尊重）没有反应。这些神经科学的发现也有助于阐明 Murray 及其同事的发现，当你将另一半的缺点和缺陷（如果出现在其他人身上则会激活你的杏仁核）转化为令人愉悦的优点时，你的脑在做什么。

不同的文化背景下的爱情与婚姻（其中的大部分都是事实）

现代西方人或许很难理解，我们关于爱情和婚姻的一般概括并不适用于大多数的其他文化，甚至不适用于以前的西方文化。虽然几乎每一种文化都会传颂浪漫的爱情，但它往往不是婚姻的首要条件（Dion & Dion，1993）。更典型的婚姻形式是父母包办的婚姻。一个年轻小伙子的父母与一个年轻姑娘的父母对于这两个人彼此的合适度达成了一定的共识之后，他们就会告诉自己的孩子做这笔姻缘交易。我所说的交易是在非常经济化的意识下形成的：通常，准新娘的父母会提供嫁妆，又或者，稍微少见的是，新郎的父母会支付“新娘价”。这个风俗至今依旧可以在南亚、东亚、东南亚和非洲的大多数地方见到。

爱情，通常发生在婚姻之后；在很多文化中，都有关于这一发展过程的说法，就像“爱会在枕头里”。换句话说，人们预期陪伴、喜爱和承诺这些后浪漫的感觉会在结婚之后出现，而不是在结婚之前出现。你也许会惊讶地听说，历史学家相信婚姻应该基于浪漫的爱情是近期才出现的想法，是近500年才兴起的。在那之前的很长一段时间里，在很多国家里，包办婚姻才是传统。

包办婚姻避免了因为浪漫而结婚的缺陷，包括因两个人的社会经济地位和宗教信仰（两个与高离婚率相联系的因素）的不同所导致的婚姻不幸。他们也会让亲家之间更尊重彼此——亲家因为某些原因被拉到一起却缺乏相互尊重的可能性更小。缺少对浪漫的爱的期望减小了平常的、最终从浪漫转化成陪伴的爱所带来的失望和不满。最后，多数文化下的包办婚姻都会提供远远超出直系家族所能够提供的社会支持。而且这种关系也可能比在高流动性的现代西方社会中萌生的可被代替的感情更深刻。

小 结

浪漫关系在人类社会中是普遍存在的，对于我们的幸福是必要的，但是对于现在的世界却并非易事。个性和人口学因素可以预测婚姻中的不快乐。例如，批判、防御、阻碍、轻蔑和责备等有害行为也同样可以导致婚姻中的不幸。对关系的科学研究为良好爱情关系提出了重要的观点：当情侣利用善行、变得活泼和理想化地看自己的另一半时，更可能获得满意的感情。

本章总结

人际关系的特征

- 当人们依赖彼此来满足生活需求时，关系将会形成。
- 归属的需求有生物学基础，它具有明显的进化优势且在不同的人际关系具有普遍性，而且关系的缺失也能带来负面结果。
- 关系可塑造自我意识以及对社会事件的记忆和解释。人们在与某个人的关系中会形成特定的关系自我或信念、感受和期望。当特定的人激发了这种关系自我时，这个人就会以此来看待自己。
- Clark 和 Mills 比较了长期的社群关系和短期的以公平为原则的交易关系。
- 我们更倾向于喜欢那些给予了我们最大奖励的人。社会交易理论认为，人们会追求奖励与代价比最大的关系。
- John Bowlby 的依恋理论认为，在早期的发育中，孩子会为了安全感而依赖他们的父母。依恋在焦虑（害怕被拒绝）和逃避（对于亲密不舒服）这两个维度上有所不同。例如，安全型依恋的人既不会焦虑也不会逃避，亲密让他们觉得舒服；当他们有压力时，他们也希望去亲近别人。依恋的形式在整个人生中是较稳定的，并且对于个体的幸福有着很广泛的影响。

吸引力

- 接近性，纯粹的亲近，可以导致吸引。接近性的力量源于纯粹的可及性、预期的交流和轻微暴露效应。
- 相似性也可导致吸引。研究总是发现，和与自己不相似的人相比，人们更加喜欢与自己相似的人。说“互补性能带来吸引”，依然缺乏证据。
- 外形迷人的人对于异性更有吸引力、可以赚更多钱并且在犯罪时得到的判决也会更轻。因为晕轮效应，人们认为美丽的外表下会有许多正性的特质。
- 与男人相比，女性的生活更受外表的影响。就好比在职场上，不吸引人的女性得到的待遇比不吸引人的男性差得多。
- 进化心理学家认为，我们会被预示着高繁育适合度的特征吸引——当我们与这个人交配并孕育孩子时，能够将我们的基因和有那些特征的人的基因传给下一代。这其中就包括预示着生命力、生育能力和可能繁殖成功的外表特征。
- 在一些雌性对后代投资更大的物种中，雄性为了接近那些挑剔的雌性，必须激烈地竞争（性别内竞争）。雄性也必须为了吸引雌性的注意力（异性间的吸引力）而竞争，所以才有雄性的外貌更夸张和花哨的物种。
- 进化心理学家相信，男性和女性在后代投资上的差异导致男性更喜欢外表特征表示她们易受孕的女性。而女性则会被看起来能供养自己和孩子的男性（强壮、勤勉且有社会地位）吸引。
- 虽然很多证据支持进化心理学家的假设，但大多数的人类发现并不需要求助进化论来加以解释。最强有力的支持关于吸引力的进化理论的证据表示，女性在她们月经周期的排卵期会更加喜爱迷人的（起码是对称的）和具有男性气概的男性，而这时她们受孕的概率更高。

爱情关系

- 浪漫的关系在社会生活中非常重要，且对我们的生活满意度和身体健康都很重要。根据爱情的三角理论，浪漫的爱情是建立在激情、亲密和承诺上的。
- 根据感情的投资模型，幸福的爱情关系受承诺影响。同样也被有没有奖励、是否有可代替的人选和对感情的投资影响着。
- 纵向实验中发现了许多可以预示爱情关系中的问题因素。离婚和对婚姻的不满大多早婚、批判、防御、阻碍、蔑视和责备造成的。

■研究也揭露了一些令人满意的爱情关系的重要因素。幸福的情侣善于发现生活中的好事，他们懂得寻乐，并且对另一半有更多的积极的幻想。

■在许多文化背景下，婚姻是由父母安排的。爱情——并不一定是浪漫的——往往在结婚之后才能出现。

关键概念

爱情三角理论（p394）
安全型依恋（p366）
繁育适合度（p385）
公平理论（p364）
功能性距离（p370）
互补理论（p378）
交易关系（p362）
焦虑型依恋（p366）
拒绝—回避型依恋（p366）
恐惧—回避型依恋（p366）
邻近（p369）
轻微暴露效应（p371）
人际关系投资模型（p396）
社会交换理论（p363）
社群关系（p362）
性别内竞争（p388）
依恋理论（p364）
异性间的吸引力（p388）
晕轮效应（p380）

第 11 章

刻板印象、偏见和歧视

本章要点

- 描述群际偏见的特征
- 经济学视角
- 动机视角
- 认知视角
- 作为受非难的群体中的一员
- 减少刻板印象、偏见和歧视

克里斯托弗·哥伦布的心情在1492年10月12日的清晨格外地好。当时，哥伦布在巴哈马群岛的瓜纳哈尼岛登陆，并很快将此岛更名为圣萨尔瓦多岛。当时距他为寻找去日本、中国和东印度群岛的西线航路而从西班牙扬帆起航已经过去11周了。如今，哥伦布已成功发现了新大陆，并被授予了他梦寐以求的荣誉，同时也因为发现新领土获封总督头衔。①

① 这则公益广告中写道："我是同性恋，而这是我打篮球的地方。我们一直都是这个社会的一部分。同性恋者和异性恋者会一起打篮球，会在同一家理发店、同一所教堂相遇。请友善地对待我们，因为我们值得被爱。"——译著注

我们可以理解在哥伦布的航海日志里所表现出的膨胀的自信。从他对圣萨尔瓦多岛居民的描述中就可以看出来（Columbus，1492/1990）：

“他们涌向我们所乘的小艇，带来了鹦鹉、棉线球、矛等各种东西。他们拿这些东西和我们交换玻璃球和哨子。事实上，他们友善地把一切东西都带给了我们……他们身体强健，面容、体态优美。他们的头发密厚如马尾……他们并未携带武器，而且并不知道武器，因为我在向他们展示一些刀剑的时候，他们会用手抓住刀刃割伤自己……他们都很高，长得好看，身材比例匀称。”

“他们应该是不错的奴隶。”

哥伦布的这篇航海日志涉及了本章的主题：刻板印象、偏见和歧视。他对他所遇到的人形成了一种（颇为正面的）刻板印象，他以恰巧碰到的人为基础概括全体岛民的特性。但是，哥伦布很快对岛民们（有着不同于欧洲人的外形和风俗习惯）形成了偏见。而且哥伦布感觉并没有必要像对待自己的船员或者其他欧洲人那样对待这些岛民。这一点在他的日记里显露无疑，他冷冰冰地陈述道：“他们应该是不错的奴隶。”

我们也许并未把哥伦布的“过时”行为放在心上，觉得如今的人要文明得多。从某些方面来说，确实是这样的（Devine，Plant，& Blair，2001；Pinker，2011；Swim & Campbell，2011）。奴隶制虽然依旧存在，但不再是法律允许的，也不是国家支持的。除此之外，在当今世界，文化的多元性是前所未有的。不同种族、民族、宗教的人能够比以往的任何时代都更和平地在一起工作和生活，并能一起创造价值。2008年，美国选出了第一位非裔总统，几乎所有民权运动的先驱者都说，他们从来没有想过能在有生之年亲眼看到这一天。

但是除了这些进步，人类依然具有形成刻板印象、怀有偏见、热衷于歧视的倾向，这是再清楚不过的了。在达尔富尔、卢旺达、波斯尼亚和索马里发生的恶性事件，中东地区或者克什米尔地区长期存在的矛盾冲突，都清楚地表明了群体间的憎恨敌视和矛盾冲突依然威胁着人类的生存。而这些问题也不是世界上的动乱地区所独有的。刻板印象、偏见和歧视也盛行于美国，警员会残酷地对待少数群体成员，少数群体成员会毫无缘由地被警方强制拦截停车，或是被出租车司机和潜在雇主轻视……我们可以看到不计其数的例子作为这种现象的佐证。

民族、宗教和种族敌意的持续存在迫使我们所有人都想了解导致群际关系紧张的潜在原因。刻板印象、偏见和歧视是从哪里来的？为什么它们能始终存在？为了消除或减弱它们的影响，我们能做些什么？

要想解决这个问题，前提就是必须了解和认识到也许并没有一个全面概括刻板印象、偏见和歧视问题的理论。此类现象出现的原因可能各式各样，任何能给

对外群体形成刻板印象。这幅德国雕版画描绘的是哥伦布在巴哈马群岛中的一个小岛登陆的情景。哥伦布及其船员得到了当地人的盛情款待，当地人送来了丰厚的礼物以示欢迎。但是哥伦布却因为这些岛民和欧洲人不同而歧视他们，他对当地人形成了“适合做奴隶”的刻板印象，而他也的确是这样对待他们的。

出令人满意的回答的理论都包含大量的因素。因此，本章重点关注三个能够阐明这些问题的宽泛角度。经济学视角认为许多群际敌意的根源是对利益的争夺。动机视角强调了导致群际矛盾的心理需求和愿望。认知视角把刻板印象的起源追溯到使人可以进行分类（比如，把家具分成椅子、沙发和餐桌等不同的类别）的认知加工过程。这一角度能够解释为什么人们的信念和价值观会频起冲突，以及人们为什么会对来自特定种族和民族的人、从事特定职业的人或者来自其他群体的人做出迅速的反射性反应。

值得注意的是，这三个角度仅仅是角度，并不是精确的分类。另外，也不要把它们看作相互矛盾的解释，应看作在更加完整的分析中相互补充的元素。有时候，同样的现象或者同样的实证发现既可以被看作经济学视角的例子，又可被看作动机视角的例子。但是，正因为这些角度之间的边界有时比较模糊，它们之间的差别其实对整合和厘清刻板印象、偏见和歧视的众多原因颇有帮助，我们也能从中找到一些降低群际矛盾的方法。

描述群际偏见的特征

你是否相信，亚洲人勤奋，意大利人喜怒无常，穆斯林狂热，而加利福尼亚人比较随和？这些信念就是**刻板印象**：认为某些属性是特定群体成员的特征。刻板印象可以是积极的，也可以是消极的；可能正确，也可能错误。无论有效与否，它都是一种对人进行分类的方法（Lee，Jussim，& McCauley，1995）。刻板印象包括不把人当作独立的个体来看，而是把他当作某群体的一员，并把你所知道（或者说你认为你所知道）的关于那个群体的知识投射到对该个体的期待中去。

刻板印象（stereotypes）：认为某些属性是特定群体成员特征的一种信念。

一些刻板印象确实有些道理，但某些只是无稽之谈。有个老掉牙的笑话是这样说的：所谓天堂就是一个可以住着美国房、开着德国车、吃着法国菜、雇着英国警察、拥有意大利情人而且一切都由瑞士人来管理的地方；而所谓地狱就是一个可以住着日本房、开着法国车、吃着英国菜、雇着德国警察、拥有瑞士情人而且一切都由意大利人来管理的地方。瑞士的政府机构确实比意大利的政府机构完善许多，汽车杂志也更喜欢扯一些关于宝马和奥迪公司的新闻，而不是介绍标致和雷诺公司的装配线上正在生产什么。所以，有些刻板印象是准确的。但另一方面，提防德国警方有什么根据吗？在20世纪三四十年代，这么说确实有道理，但自此之后，德国的执法人员是否依然倾向于侵犯公民的自由呢？也许是，也许不是。那么意大利情人真的比瑞士情人好吗？这就要因人而异了。

"我对我的使节说法语，对我的会计师说英语，对我的情妇说意大利语，对我的神说拉丁语，而对我的马说德语。"

——普鲁士大帝腓特烈二世

关于瑞士的行政系统、德国警方或者意大利情人的刻板印象（重申一遍：不管它们是否正确）并非心理学家所关心的（Judd & Park，1993）。多数备受关注的刻板印象还是最能引起争议的类型和最有可能引起恶性偏见和歧视的类型。

偏见（prejudice）：对某一特定群体及其成员带有个人的消极态度和情感的反应。

偏见指对某一特定群体及其成员所持的个人态度和情感反应。负面的态度最为引人关注，但人们有时也会对特定群体形成正性偏见。偏见会让人们对来自某一群体的个人进行预判。

歧视（discrimination）：对特定群体成员的不公平对待。

歧视是指针对特定群体成员的消极的或者有害的行为。歧视包括不公正地对待他人，即不是根据对方的性格特征或者能力来对待他，而只是因为他是某个群体的成员。

粗略地说，刻板印象、偏见和歧视分别指消极群际关系中的信念、态度和行为成分。刻板印象、偏见和歧视往往同时存在。人们往往倾向于伤害他们并不怎么尊重的人。但是群际偏见的这些成分并不一定同时出现。一个人可以不带偏见地歧视他人。例如，犹太父母有时会说，他们不希望自己的孩子与异教徒通婚，这并不是因为他们对其他群体有负面评价，而是因为他们担心孩子被同化以及这对犹太教的未来的影响。为了保护文化传统和本文化的生活方式，几乎所有族群的成员都会怀有同样的情感。因而在并不存在外群体敌意的情况下，群体内偏爱也可能出现。当然，有时候诸如“我并没有什么好敌视他们的，只是……”的表述只不过是在掩饰其心里的偏见；但是有些时候，这种说法无疑是真诚的（Lowery，Unzueta，Knowles，& Goff，2006）。

在厌恶种族歧视的文化下，也可能存在无歧视的偏见。美国的民权法特别区分了带偏见的态度和歧视行为。据此所给予的惩罚旨在抑制人们做出歧视行为的冲动。

现代种族主义

世界上的很多地方已经改变了关于该如何看待和对待其他群体人士的规范。尤其是在西方国家，半个世纪之前还很普通的歧视行为已经为法律所不容，社会也已经无法接受表达那些在不久之前还颇为常见的偏见和刻板印象。在这种改变下，许多人的“真实感觉和想法”与“应持的感觉与想法”（或在公共场合下的谨言慎行）发生了冲突。对很多人来说，它也造成了相悖的价值观和信念之间的冲突（例如，平等待人的信念 vs 通过积极行动弥补过去的不公），或者相悖的抽象信念和本能反应之间的冲突（例如，认为我们应当对所有群体的成员一视同仁的信念 vs 对该信念的顽固抵制）。此外，正如最近的调查所显示的那样，我们对其他群体的某些反应是无意识的和自发的，而这些反应有别于经过我们仔细推敲而要求自己牢记的信念和态度。社会心理学家已经着手探究此类冲突，以发展新的理论去解释这种现代的更受约束、更加矛盾的偏见类型。

(A)

(B)

刻板印象、偏见和歧视。刻板印象、偏见和歧视往往是同时出现的。（A）认为非裔美国人更容易违法的刻板印象可以与反非裔人情绪相联系，从而引起歧视。例如，警员更可能拦下由非裔美国人驾驶的车。（B）把伊斯兰教和极端主义联系起来的刻板印象会导致人们做出针对穆斯林和伊斯兰教组织的消极行为。[①]

在有关美国种族关系的叙述中，这种理论转变尤其值得注意。主张旧式种族主义的人在美国已经基本消失，取而代之的是更微妙、更现代的种族主义（Kinder & Sears，1981；McConahay，1986；Sears，1988；Sears & Henry，2005；Sears & Kinder，1985；see Haddock，Zanna，& Esses，1993；Swim，Aiken，Hall，& Hunter，1995）。这种理论转变的一个例子是，**现代种族主义**被定义为拒绝明确的种族主义信念（例如，认为不同种族天生存在智力差异），却仍然暗涌着对非裔美国人的怀疑、不爽甚至敌意。

Gaertner 和 Dovidio（1986；Dovidio & Gaertner，2004）已经对经常和现代种族主义相伴出现的冲突和矛盾进行了探究。他们指出，许多人持有坚定的平等主义价值观，这让他们反对偏见和歧视，但是他们又怀有不被他们所承认的针对少数群体的消极感觉和态度，后者来源于内群体偏爱和对维持现状的渴望（Sidanius & Pratto，1999）。这些人是否会以一种带着偏见和歧视的方式行动，取决于具体的情境。如果情境不能给歧视行为提供正当的或“经过了伪装的”理由，他们的反应就会符合平等主义的价值观。但如果当下的情境让偏见找到了合理化的借口，现代种族歧视者的偏见就会表现出来。

在一个关于这个理论的早期实验中，被试所处的情境是要他帮助一个需要医疗救助的白人或非裔人（Gaertner & Dovidio，1977；也可参考 Dovidio，Smith，Donella，& Gaertner，1997；Saucier，Miller，& Doucet，2005）。如果被试认为自己是唯一可以提供帮助的人，那么比起白人

现代种族主义（modern racism）：对其他种族持有偏见，同时又拒绝明确的种族主义观念。

① 图 B 中的标语上写着：“英国保卫联盟。立刻关闭东伦敦清真寺！”——译著注

(81%)，他们更常向非裔人伸出援手（94%）。但是当他们认为还有其他人在场而且他们的不作为也有非种族主义的合理借口时（“我认为其他更专业的人会介入此事”），他们帮助非裔人的概率（38%）就远远低于帮助白人的概率（75%）。在此类情境中，偏见或者歧视“戴上了假面具”，而且那些人并不知道自己表现得像种族主义者一样。因此，现代种族主义表现得更加微妙。现代种族主义者虽然绝不会加入三 K 党[1]，但他们总会和路过的非裔人保持更远的安全距离。这样的人不会说出一个带有种族主义色彩的词语，但也永远不会支持任何旨在帮助非裔美国人的社会政策。

在另一个引人关注的研究中，白人被试要去评估一批大学申请者，其中既有非裔人又有白人（Hodson，Dovidio，& Gaertner，2002）。被试在对非裔人态度量表中的得分显示，这些被试对非裔人持有或高或低的外显偏见。当申请者在所有相关维度上都很优秀或都低于平均水平时，无论被试对非裔人的外显偏见是高是低，都能在对非裔申请者和白人申请者的评价中做到一视同仁。但是当申请者在某些方面很优秀，而在另一些方面差强人意时，带有偏见的被试和不带偏见的被试所给出的评分就出现了分化：带偏见的被试给这种非裔申请者的评分低于不带偏见的被试。带偏见的被试可以辩称其带有歧视性的反应是非歧视性的（也就是说，他们可以把歧视隐藏起来），因为被试可以宣称非裔申请者所欠缺的东西比他们所擅长的东西更重要。

然而，当人们强烈需要表现得不带偏见时（比如，当听众可能对偏见特别抵触时），我们很可能会观察到相反的结果——指向群体内的偏见。在一项研究中，白人被试事先读到了一段评论：“一些招生程序被指带有偏见，而激进组织正在向全国的院校施压，要求重新审查评估其招生标准。”当他们之后读到的非裔申请者的档案显示，申请者在某些方面的成绩优异，但在某些方面成绩较差时，这些被试给非裔申请者的评价比给条件相同的白人申请者的高，因为这些被试此时慎重地选择了赋予哪些评价维度以更高的权重（Norton，Vandello，& Darley，2004；Harber，1998；Norton，Sommers，Apfelbaum，Pura，& Ariely，2006）。

善意的种族主义和性别歧视主义

诸如“我的一些朋友就是　　　　”（请填补空白）或者“我不是性别歧视主义者，我热爱女性”之类的表述表明了一个基本信念：只有消极的刻板印象才会构成危害。但事实上，我们的很多“主义”（种族主义、性别歧视主义、年龄主义）都是矛盾体，既包含积极的一面，也包含消极的一面（Czopp & Monteith，

---

① 一个奉行白人至上主义和基督教恐怖主义的民间仇恨团体，也是美国种族主义的代表性组织。——译著注

2006；Devine & Elliot，1995；Ho & Jackson，2001）。比如，一些人可能相信，亚洲人比白人更为冷酷顽固，但同时也更聪明。再比如，某人可能相信女人在能力、智力上不如男人，但同时也相信女人更温暖热情、更懂社交。

在有关矛盾的性别歧视主义的研究中，Peter Glick 和 Susan Fiske（2001a，2001b）调查了来自19个国家的15 000个男人和女人，并且发现善意的性别歧视主义（一种为乐意接受传统角色的女性提供保护和温情的骑士主义观念）常常和带有敌意的性别歧视主义（对“篡夺”了男性权力的女性的厌恶）共存。Glick 和 Fiske 认为，即使是具有积极一面的刻板印象也不一定有益。矛盾的性别歧视者或者种族主义者的态度可能特别难以改变。这种信仰结构中讨人喜欢的一面会使刻板印象的持有者否认自己有任何偏见。（设想一下，有一个卡车司机，他把女人想象得如此美好，以至会用女人的照片来装饰卡车的挡泥板。）通过奖赏能安于现状的女性或少数群体，善意的种族主义和性别歧视主义严重妨碍了对平等的追求。换句话说，那些持有矛盾态度的人只是在其他群体的成员符合他们心中的理想形象（例如，是个快乐的家庭主妇，或者是《花花公子》内页插图中的裸女）时，才倾向于积极地对待他们。而那些违反其心中理想形象的人则会受到敌视（Lau，Kay，& Spencer，2008）。

测量对群体的态度

最简单的弄清楚人们对各种群体的态度的方法当然是直接询问。而且美国等国家和地区常用民意测验的方法调查受访者对其他群体成员的态度。为此，研究者开发了大量的系统化态度量表，例如，对非裔人态度量表（Brigham，1993）、现代种族主义量表（McConahay，Hardee，& Batts，1981）、无偏见应答内在动机量表（Plant & Devine，1998），等等。但是，因为人们可能不愿意或不能准确地表达他们的信念，所以社会心理学家又开发了评定偏见与刻板印象的新方法（Wittenbrink & Schwarz，2007）。针对特定群体的态度调查并不是永远值得信任的，因为被调查者可能认为他们的真实感觉是无法被人接受的，或者因为人们口头报告的态度仅仅是他们对其他群体成员的一部分立场。考虑到有那么多偏见形式是矛盾的、不确定的或隐藏着的（甚至把自己也瞒过去了），我们不太可能通过自我报告法来揭示人们持有的偏见（Crandall & Eshleman，2003）。因此，社会心理学家采用了许多生理测量方法来评估偏见和刻板印象（Amodio，2008；Amodio et al.，2004；Amodio & Lieberman，2009），并开发了一些被广泛使用的间接测量方法，在这里就要介绍其中的两种。（欲更加全面地了解内隐测量程序，请参见 Gawronski & Payne，2010；Wittenbrink & Schwarz，2007。）

内隐联想测验

Anthony Greenwald 与 Mazarin Banaji（1995）率先使用了一种被称为**内隐联**

内隐联想测验（Imolicit Association Test，IAT）：一种揭示针对特定群体的无意识偏见的技术。

想测验（IAT）的技术，来巧妙地测量无意识偏见。它甚至能从鼓吹万物平等和对一切群体高度尊重的人身上发现其持有的偏见。这种技术的原理是：在计算机显示屏上呈现一系列词语或图片，要求被试在图片或词语符合某一规则的时候，用左手按一个键；并在其符合另一种规则时，用右手按另一个键。在图11.1中，你可以去尝试一个非计算机化操作的版本。或者你也可以在线参加一些内隐联想测验，看看你是否对某些群体持有刻板印象和偏见（网址 :http://implicit.harvard.edu/implicit/research/）。

图 11.1　你来做被试：内隐联想测验

首先，当你阅读下列词语的时候，如果发现它是女性的名字或是一个"弱"词，你就敲一下左手食指；如果发现它是男性的名字或是一个"强"词，你就敲一下右手食指。

玛莎	虚无缥缈
精力旺盛	瑞秋
杰森	健壮
小的	艾米
大卫	精致
强劲	乔治
凯伦	花朵
纤巧	贝琪
格洛丽亚	粗壮
羽毛	夏琳
托尼	钢铁
强势	

接下来，重复上面的程序，但现在变成在看到女性名字或"强"语时敲左食指，在看到男性名字或"弱"词时敲右食指。两次相比，你觉得自己在哪一次敲得更快？

Greenwald 和 Banaji 认为，如果能对特定群体的成员和一些词语形成刻板印象上的联系，被试按键的速度会更快；而当词语和对特定群体成员的刻板印象相悖时，被试按同一个键的速度会更慢。当面对被分类的成员和与该群体相关的特性要用同一只手按键作答时，很容易就能迅速反应；反之则较难。

相同的一般性程序也被用于测量内隐性偏见，但在这种情况下，被试首先要在看到正性词语以及某一群体中成员的名字或者图片时按一个键，而在看到负性词语和另一个群体中的成员时按另一个键。举例来说，对老年人怀有偏见的人们应该会在老年人的面孔和负性词语对应同一个键时按得更快（因为他们认为年老是消极的），而在老年人的面孔和正性词语对应同一个键时会按得较慢。之后，被试重复了这一步骤，但两个群体和正性或负性词语的搭配改变了。从老年人的面孔和正性词语搭配以及老年人的面孔和负性词语搭配时的平均反应时差异，可以捕捉到人们对老年人的无意识偏见。

有数百万人参加过在线内隐联想测验。在其他测验中，调查者发现，个体无论年轻与否，都对年轻人表现出了显著的偏爱（和老年人相比），且有约2/3的白人被试表现出了对白人的强烈的或者中等的偏爱（Nosek，Banaji，& Greenwald，2002）。此外，大约有一半的非裔被试也表现出了对白人的偏爱。

但是，与在计算机上的按键速度相比，更重要的是能否根据一个人在内隐联想测验中的反应预测其在现实生活中的行为（Amodio & Devine，2006；Brendl，Markman，& Messner，2001；Karpinski & Hilton，2001）。虽然有批评者质疑（Blanton & Jaccard，2008；Blanton et al.，2009），但是有证据表明，人们在内隐联想测验中的反应确实和其他有关偏见的测试相关（Lane，Banaji，Nosek，& Greenwald，2007；Rudman & Ashmore，2007）。在一项脑成像研究中，被试看到了非裔人与白人的脸部图片。被试先前在内隐联想测验中的反应与他们看到非裔人面孔时杏仁核（一个与情绪习得和评价相关的脑部中枢）的神经活动加强显著相关。而被试在另一个外显的传统偏见测验——现代种族主义量表——中的得分与神经兴奋程度的变化相关不大。这说明了内隐联想测验获取了在被试不能够或者不愿意说清楚的态度中的重要成分（Phelps et al.，2000）。在另一个研究中，被试先与一个白人主试交流，然后接受内隐联想测验，之后再与一个非裔主试交流。结果，被试在内隐联想测验中的成绩预测了他们在下述表现上的差异：与白人主试和非裔主试的交谈量；对白人主试和非裔主试微笑的频率；在和主试交流时，交谈中出现口误和犹豫的次数（McConnell & Leibold，2001）。

启动和内隐偏见

社会心理学家还通过一些**启动**（心理激活）程序测量了连个体自己都未必知道的或者想要加以否认的偏见。这种程序的逻辑很简单：如果我展示给你一个词语“butter（黄油）”，再给你看一串字母，然后要求你尽可能快地辨认出这些字母是否组成了一个词，你会发现由于在你脑海中先存的“butter（黄油）”和“bread（面包）”之间的联系，你辨认出“bread（面包）”的速度要比辨认出“car（汽车）”的速度快。相似地，如果你会把修女和美德、慈善相联系，你在看到一张修女的图片后，更可能对一些正性词语（如好的、仁慈的、可信赖的）产生较快的反应。但如果你对修女有负性的联想，如严厉、顽固和冷酷，你就更可能对负性词语（如吝啬的、不爽的和冷漠的）产生较快的反应。通过比较在看过特定群体成

启动（priming）：一种用于提高某一概念或者图式（例如，一种刻板印象）的可提取性的程序。

员的面部图片之后，一个人对正性或者负性词语的平均反应时（作为比较，对照组中正性词语和负性词语是在呈现非此类群体成员的面部图片后出现的），一种测量内隐偏见的方法就诞生了。正如稍后会讨论的，许多采用启动模式的研究已经发现人们常常怀有针对各种目标群体的难以捉摸的偏见，即使他们会强烈地否认自己有这些偏见（Banaji，Hardin，& Rothman，1993；Bessenoff & Sherman，2000；Dijksterhuis，Aarts，Bargh，& van Knippenberg，2000；Dovidio，Kawakami，& Gaertner，2002；Fazio & Hilden，2001；Friese，Hofmann，& Schmitt，2008；Gawronski，Cunningham，LeBel，& Deutsch，2010）。而且我们并无理由认为人们是在撒谎：他们有可能只是没有意识到自己的态度和信念。

小 结

如今在西方世界，人们非常介意偏见和歧视这种事。所以人们会明确抗拒带有偏见的态度，但有时这种抗拒会和难以捉摸的、无意识的歧视行为相伴出现。人们有意识地拥护的信念和他们实际的想法和行为之间出现了分裂，于是多种间接测量人们对不同群体的态度的方法应运而生，其中包括内隐联想测验和启动程序，可测量不同群体能在多大程度上激发正性或负性的联想。

经济学视角

毋庸赘述，社会群体之间的某些最强烈的紧张情绪源自于不同群体对于有限资源的竞争。以色列人和巴基斯坦人都宣称自己拥有那片狭长陆地的大部分主权，结果导致他们相处得并不愉快。因被美国居民视作就业竞争者，所以墨西哥和中美洲各国的移民遭到了美国人的强烈歧视。在卡塔尔和阿联酋这样富裕的海湾国家，来自菲律宾、斯里兰卡和非洲的工人与其他群体之间存在着鲜明的分界，这也是众所周知的。

这些观察结果强调了从经济学视角来看待偏见和歧视的核心原理。根据经济学的观察，当群体之间要争夺物质资源时，偏见和歧视就会产生。宗教群体、种族群体和文化群体都会通过抨击貌似对她们构成威胁的人来维护自己的利益。

现实群体冲突理论

现实群体冲突理论（realistic group conflict theory）：一个认为群体间争夺稀缺资源常常导致偏见和歧视产生的理论。

现实群体冲突理论是一种经济学原理，因为它认为群体冲突本质上是经济问题（LeVine & Campbell，1972）。这条理论认为，对稀缺资源的争夺常常导致偏见和歧视的产生。现实群体冲突理论准确地预言了在经济萧条的情况下，偏见和歧视现象会增加（King，Knigh，& Hebl，2010）。当物品供给变少或人们害怕失去自己所拥有的东西时，竞争会变得更加激烈。同时，该理论还预测了当其他群体的经济优势导致某些群体蒙受了损失时，后者就会萌生强烈的偏见和歧视。比如说，美国的工人阶级最激进的反非裔人偏见就出现在民权运动爆发之后（Simpson & Yinger，1985；Vanneman & Pettigrew，1972）。因为，在过去，非裔人不能与白人竞争同样的工作，但是一旦上百万非裔美国人能够更自由地竞争一些初级制造行业的工作岗位后，原来的工人阶级的饭碗就受到了严重的威胁。

现实群体冲突理论也列举了一些解决群际冲突的可能方法。首先，显露出明显的**民族优越感**——贬低外部群体，美化自身群体。打过篮球的人一定能很好地理解这种现象。之前不可忍受的对手一旦成为队友，他的举动很可能就会显得可爱多了。一般来说，人们会用刻板印象来看待外群体成员，且常会以一种有违自身道德准则的方式来对待他们。同时，民族优越感使得人们对自己的内群体愈发忠诚，为保障群体成员的共同利益而团结起来。比如说，“9・11”事件后，许多人反映美国的不同种族之间似乎更加团结了。一项研究这种趋势的实验发现，如果告诉白人学生袭击事件是针对全体美国人的，那么无论是哪个种族和阶层，对于非裔美国人的偏见都会减少（Dovidio et al.，2004）。

民族优越感（ethnocentrism）：美化自身群体，同时贬低外部群体。

罗伯斯山洞实验

社会心理学的一个经典研究验证了由群际竞争而引发的民族优越感中的众多因素。1954年，Muzafer Sherif 及其同事突破了实验室的限制，完成了一次伟大的实验（Sherif，Harvey，White，Hood，& Sherif，1961）。22个五年级的男孩被带到美国俄克拉何马城东南部的罗伯斯山洞州立公园（这个公园之所以起这样的名字，是因为据说美国历史上的传奇大盗 Belle Starr 和 Jesse James 曾藏身于此）。男孩们报名参加了一个为时两周半的夏令营，但他们并不知道自己其实是一个研究群体关系的实验的被试。实验团队花了超过300小时从俄克拉何马城筛选了22个在各个方面都很“平均”的男孩。他们在学校的表现都中规中矩，都来自完整的中产阶级家庭，彼此之间也没有明显的种族差异。互不相识的男孩们被分为两组，每组11人。研究者安排这两个组在公园里的两个地方扎营。开始时，他们都不知道另一组人的存在。

“不了解敌意的根源，我们就别妄想有效地运用自己的智慧来控制敌意的破坏性。”

——美国人格心理学家高尔顿・奥尔波特（Gordon Allport）

竞争和群际冲突

在实验的第一阶段，两个小组单独活动，这些活动能促进团队内部的团结（比如一起搭帐篷、做饭），并且组织了一些像打棒球、游泳、表演小品等常见的夏令营活动。两支团队都建立起了强大的凝聚力，并且分别为自己起名为老鹰队和响尾蛇队。同时，协调的等级系统也在团队中出现了，比如说“有效的发起者”被认为是最受欢迎的人，他们会提出建议，而其他男孩们也会接受。

在实验的第二阶段，老鹰队和响尾蛇队被放在一起进行比赛。研究人员告诉

罗伯斯山洞实验。Muzafer Sherif 将 10 岁的男孩们分成两组，并观察这两个团队是如何互相影响的。(A)在实验的最初阶段，为奖品的竞争引发了他们对对方的敌意。(B)在接下来的阶段，两个团体要去合力完成一个任务，比如一起去推卡车，这些任务都是他们单个团体无法完成的。(C)共同完成超常任务使男孩们放下了彼此间的分歧而成为朋友。

男孩们，获胜队伍中的每个成员都将获得一块奖牌和一把男孩们都渴望的小折刀(研究人员们不会把这种礼物作为奖励送给今天的男孩子)，而输掉的队伍不会获得任何东西。比赛持续了5天，项目包括棒球、橄榄球、拔河和寻宝游戏。比赛体现的竞争本质是为了使两个团队将另一方看成阻止他们实现自己目标的障碍和敌人，事实上也的确是这样的。

从第一次极具竞争性的相遇后，两个团队在比赛中互相辱骂的频率不断增加，他们用“乞丐”、“懦夫”、“臭鬼”等词汇来形容对方。虽然这些词汇跟今天的脏话比起来要平淡许多，但它们也绝不是什么友善的意思。同时，这些词与男孩们对同队成员的夸耀和祝贺之词明显不同。两个团队间的敌意不止体现在语言上。老鹰队夺走了响尾蛇队的旗子并且烧毁了它，这当然导致了响尾蛇队出于报复也将老鹰队的旗子偷走了。有关食物的争斗在吃饭的地方也爆发了，他们在各自的小屋里筹划着突袭。同时，由于身体对抗也产生了许多问题。

记录两支团队在这场争斗中的内部动力变化是一件着实有趣的事，他们就像被困在这场争斗之中了一样。那些具有运动天赋或者是对对方团队持有更激进态度的男孩会更受欢迎。比如说，老鹰队的前队长就不具备这两种特点，所以他的地位迅速被一个更强壮、更爱煽风点火的男孩取代了。

除了关于敌意的详细记录，观察者还实施了一系列更为严格的受控评估，来测量在贬低对方团队时，男孩们对自己的队友们感到了何种程度的亲切。在一次评估下，观察者将大量豆子洒在田野里，然后让两支队伍在一分钟内捡回尽可能多的豆子。拾到豆子最多的团队能获得5美元的奖励。比赛结束后，在公布获胜者之前，研究者把每个男孩拾豆子时的形象投影在墙上，并要求男孩们在看过投影后估计照片中的男孩所拾豆子的数量。事实上，投影显示出的都是35颗豆子，但由于投影时间十分短，所展示的豆子数量较大，男孩们是无法分辨出实际数量的。男孩们估计的豆子数清楚地展现了组内偏好的倾向：两支队伍都认为自己的队员比另一队的队员收集到了更多的豆子。

通过超常目标来减少团队间的矛盾

实验的第三阶段在各个方面来说都是最重要的。它的目的是评估能减少两个团队间矛盾的方法。首先，在接下来的两天中，两个团队要在7种不同的情境下共同完成一些非竞争项目，而研究人员则在观察他们之间的敌意是否能消除。事实上，敌意并未消除。两个团队间的简单接触只会导致更多的互起绰号、相互嘲笑、争夺食物和辱骂彼此的行为。

鉴于简单的非竞争性接触并没有减少团队间的矛盾，研究者们便设计了一些只有通过团队间的合作才能化解的危机。比如，营地的水源供给中断了，他们必须排查从水库到营地的整个管道。如果两支团队中的所有男孩都参与进来，一人检查一段水管，这件事情会好办很多。再比如说，给营地运送物品的卡车在远处离奇地抛锚了。怎样才能让卡车重新启动呢？研究人员在卡车附近放了一大段绳子，希望孩子们能一起用绳子拉动卡车。一个男孩说："让我们一起拿起拔河的绳子，和卡车来场拔河比赛吧！"于是两队的男孩们合力拉动了卡车。

两支团队之间的关系很快便受到了**超常目标**的影响。所谓超常目标是指单个团队无法完成，但可以通过团队间的合作来实现的目标。男孩们不再叫对方的外号，两支团队之间的友谊也逐渐建立起来了。研究结束后，男孩们不再像来时那样分开坐在两辆车上了，而是坚持坐一辆车回俄克拉何马城。回程途中，车在路边的一家餐馆旁停下稍事休息，当初在拾豆子比赛中赢得了5美元的响尾蛇队决定用他们的奖金请两个队的所有男孩喝麦芽牛奶。前5天比赛形成的敌意在共同完成了目标之后烟消云散了，最终迎来了一个圆满的结局。

超常目标（superordinate goals）：超越了任何一个团体的利益，而且由两个或多个团体共同合作就更加容易实现的目标。

罗伯斯山洞实验给我们上了几堂非常重要的课。第一，背景、外貌上的差异和先前发生的冲突都不是团队间敌意产生的必需因素。冲突需要的只是两支团队共同追求一个目标，但因只有一个团队能达成目标而形成的竞争关系。第二，对抗外敌的挑战往往能提高团队的凝聚力。值得注意的是，一些政治煽动者经常利用这一倾向，煽动人们对外部敌人的恐惧，从而解决内部纠纷，或通过团队内部的矛盾和问题来转移注意。第三，团队间的矛盾是可以消除的。为解决出现在特定团队之间的矛盾，政策制定者应该想个办法令他们为了实现共同的目标而合作。仅仅为了"更好地了解对方"而将对手们集合在一起是不够的（Bettencourt，Brewer，Croak，& Miller，1992；Brewer & Miller，1998；Stephan & Stephan，1996；Wilder，1986）。正是对超常目标的追求使人们能着眼于最终的奖励，而不再为小团队的荣誉而蝇营狗苟。

评价经济学视角

经济学视角之所以有用，是因为它正如我们在身边的群体间关系的成败上所见到的。想一想美国的种族关系和民族关系，再想想有着长期的矛盾和猜疑历史的群体间要建立和谐关系需要付出多少努力。哪些促进融合的努力是最成功的呢？许多评论家高度赞扬了军队中的非裔人、西班牙人、印第安人和白人（还有像爱尔兰人、意大利人、斯拉夫人、犹太人和天主教徒等不被友好看待的白人小群体）的融合。罗伯斯山洞实验的结论就能很好地解释军队里的种族融合为何能取得成功。军队中不同种族和宗教群体的融合过程就像是罗伯斯山洞实验中的第三阶段。他们的共同目标就是抵抗外敌、保卫国家。因此，他们只有学会合作和相互依存，才能完成共同的目标，这与在罗伯斯山洞实验中建立健康的群际关系所需的环境如出一辙。在这样的环境下，个人从属的小群体不再重要，而为群体的共同努力所做的贡献会变得更加重要（Gaertner，Mann，Dovidio，Murrell，& Pomare，1990；Gaertner，Murrell，& Dovidio，1989；Miller & Brewer，1986）。

Sherif 的发现对大学校园中的种族关系和民族关系有什么启示意义呢？对于许多学生（无论来自少数群体还是多数群体）来说，大学生活让他们第一次有机会与来自其他民族的人如此亲密且长时间地接触。他们能好好相处吗？我们首先要明确的一点是，教室中的条件并没有战场那么有利。尽管同学们会帮助亲密的朋友得高分，但普遍来说，他们几乎不会和同班同学产生一种强烈的合作纽带。没有学生会问“我要怎么提高我们班的平均分呢？”然而，当另一个学生的高分威胁到自己的分数，且分数对每个人来说都很重要时，便会激发一种所有人对所有人的竞争意识。

军队中的融合。在美国军队中，不同的种族群体和民族群体的融合获得了巨大的成功。在军队里，士兵们必须合作方能完成保卫国家的共同目标。

因此，在这样的条件下，校园中的种族融合不像军队中那样成功。事实上，无数大学校园中的学生、教师和管理者都在讨论，如何才能改变来自不同种族和民族的学生只生活在各自的圈子里的趋势。在宿舍、食堂甚至是学习区域的选择上，许多学生近乎排外地将自己关在自己民族或种族的圈子里，与其他圈子隔离。诚然，许多来自不同民族的学生——可能是绝大多数学生——的确能融入大学校园，整体来说，大学在民族融合上已取得了巨大的成功。但是，大学在民族融合上付出的努力还远远落后于军队。对罗伯斯山洞实验的进一步研究能使我们获得启示（见专栏 11.1）。

专栏11.1　聚焦教育

“拼图”教室

如果在兼收非裔人和白人的综合学校里，大多数班级里的竞争气氛加剧了不同民族和种族间的紧张关系，那么减少竞争会缓解紧张气氛吗？一个更加乐于合作的学习环境能够提高学生的学习成绩和群体间的关系吗？

社会心理学家 Elliot Aronson 发明了一种合作学习方法来探究这个问题。1971 年，得克萨斯州奥斯汀市的公立学校系统进行整合时，情况并不顺利。非裔学生、西班牙裔学生和白人学生经常在教室里大打出手，班级中的气氛也不像种族融合的提出者期望的那样融洽。校领导请来了 Aronson，希望他能帮忙解决问题。Aronson 牢记罗伯斯山洞实验的结论，希望能建立一个制度，以掌握一些课程资料为共同目标，从而把学生们团结在一起，不再使他们为了追求高分或吸引老师的注意而互相竞争。所以，他和同事们提出了“拼图”课堂（Aronson，Stephan，Sikes，Blaney，& Snapp，1978；Aronson & Thibodeau，1992）。

在“拼图”课堂中，学生们会被划分为小组，每组约 6 个学生。分组时，研究人员均衡了每组成员的民族、性别、能力和领导力等特点。特定主题的教学资料被分成六部分，每个学生需要掌握其中的一部分（只能是一部分）知识，并要把这部分知识教给其他人。比如有一节关于美国总统巴拉克·奥巴马的课，第一个学生负责介绍奥巴马在夏威夷和印度尼西亚时的经历，第二位讲述他在芝加哥大学任法学教授的经历，第三位学生展示奥巴马在伊利诺伊州的立法机关时的成就，第四位讲述他历史性的总统选举的历程，最后一位同学向大家介绍奥巴马入主白宫的经历。如此划分教学资料，Aronson 保证没人能在脱离同伴帮助的情况下完成学习整章的任务。每个学生就像是拼图游戏中的一块拼图，必须跟组中的其他人一起合作才能学完整堂课。

每个学生对同伴的依靠减少了竞争的氛围，同时也鼓励学生们为共同实现目标合力工作。由于小组由来自不同民族的学生组成，不同民族的成员们都获得了和其他个体一起合作的机会，而不再把他人看作某个特定民族的代表。

人们通过比较在“拼图”课堂中学习的学生和在教授同样教材的普通课堂中学习的学生，从而评定“拼图”课堂的效果。结果表明，“拼图”课堂中的学生比传统课堂中的学生更喜欢学校，而且对不同民族的同学有更积极的态度（Slavin，1995）。

由此，我们发现罗伯斯山洞实验的启示——通过合作实现超常目标能减轻群体间的敌意——有着深远的实践意义。由此而诞生的一种简单的课堂教学模式——可以穿插在传统的、更个人主义的教学实践中——不仅可以提高学生的成绩，还能促进积极的族群关系的形成。

小　结

偏见产生于群体间争夺稀缺资源的现实矛盾。罗伯斯山洞实验为化解这种矛盾提供了一个富有启发意义的模型，它展现了群体在为稀缺资源竞争时，友善的男孩们也会变成彼此的敌人。而当他们为了一个涉及双方利益的超常目标共同努力时，群体之间的敌意就消失不见了。这个结果对管理世界各地有潜在问题的群体间关系都有相当重要的启示意义。

动机视角

事实上，群体间的敌意在竞争不太激烈的时候也会产生。在罗伯斯山洞实验中，当两个团队第一次意识到另一个团队的存在时，群体的凝聚力顿时增加了，这种迹象甚至在他们知道两队要展开一系列比赛之前就有所体现。在实验的第一阶段，两个团队还互不干涉的时候，他们是可以走进另一个团队的可见范围内的。但另一个团队的存在使本团队中的每个男孩都更加重视队中成员间的关系。然后，两个团队都迅速形成了区域概念，比如，在说到棒球场地时，他们会称其为“我们的宝地”而不是“宝地”，而称他们喜爱的游泳地点为“我们的游泳池”。老鹰队一开始并没有意识到队名的重要性，但在发现公园中还有另一队男孩时，他们便立即给自己起了“老鹰队”这个名字。此外，当两个团队都意识到了对方的存在时，就都总想着要“赶他们走”和“收拾他们”。

他们对彼此的敌意在比赛开始之前就已经产生了，这表明光是有其他群体存在这一点就可以孕育出群体间的敌意。只要有个体的聚集，群体间都会划清界限，而这足以引发群体间的歧视。

最简群体范式

最简群体范式（minimal group paradigm）：研究人员通过看似随意且无意义的标准分组，并验证这些“最小团体”中的成员如何偏袒自己一方的成员。

大量的实验数据证明，人们愿意采用一种“我们或他们”的思想，这种思想被称作**最简群体范式**，最初由 Henri Tajfel 提出（Tajfel & Billig，1974；Tajfel，Billig，Bundy，& Flament，1971；see also Ashburn-Nardo，Voils，& Monteith，2001；Brewer，1979；Yamagishi，Mifune，Liu，& Pauling，2008）。在这样的实验中，研究者随意地按照在表面上看似毫无意义的标准对被试进行了分组，然后被试在这样的“最简群体”中将倾向于怎样对待其他人呢？被试先完成了一项比较普通的工作，然后再被分成两个团队，分组的标准看上去和他们之前的表现有关。举例来说，一项任务要求被试估计在屏幕上一闪而过的图片中所包含的点数。一半被试被告知自己是“高估组”，而另一半被试则被分到“低估组”。实际上，分组是完全随机的，被试只知道自己被分配到某个组，但不知道谁和自己是同一个组的，也不知道谁是另一个组的。因此可以说，成为这个“团队”的一部分的过程是极其简略的。

在实验的第二部分，被试被逐个带到小房间里进行分配点数的工作，而这些点数可以在之后被其他被试换成现金。被试们并不知道收到点数的那个人的具体身份；他们唯一知道的是所有被试都有一个“编号”，且都属于某个团队。被试在分配点数的时候，只要说“高估组的4号”或“低估组的2号”就可以了。有些被试给两队成员分配得差不多，但给对方组分配得稍微多一点；而有些人则想要让自己团队的收益最大化，但结果还是另一队的收益多一些；也有些人非常重视自己群体的利益，却对群体中成员的奖励分配并不关心。

对于大多数被试而言，增加与自己有关的组内成员的收益比增加自己从所属群体的收益更有意义。这一点已被大量实验验证了。这一现象说明了上面的那种选择有多么奇怪。被试们并不知道谁是同组的或谁是异组的，而自己所做的选择对自己是没有好处的；而分组的标准也是完全没有意义的。但他们仍然体现出了一种对自己团队的偏袒。除此之外，被试也很乐意为自己的团队做出一定奉献，比起自己的利益，他们更专注于“打败”另一个群体，即使这可能让自己赚得更少。在这种环境下出现的偏袒情绪无疑能够证明我们是很容易产生“我们对他们”这种想法的（Brewer & Brown，1998）。历史告诉我们，我们和他们的分界一旦形成，将会带来巨大的灾难。

社会认同理论

“对持任何信仰的人来说，对异见者的虐待与折磨都是很自然的事情。”

——西格蒙尔・弗洛伊德（Sigmund Freud）

最简群体范式的实验向我们展示了群体内偏袒现象的顽固性和广泛性，那么它对从动机视角研究偏见有什么作用呢？它能使我们不再只根据认知上的冲动把世界分成我们的和他们的这两类吗？小孩很快就能学会区分自己和他人，但是学习区分“我方”和“他方”真的必要吗？

很多群体内偏袒背后的心理学知识都能很好地解释认知上的影响。我们和他们的区别是我们分解和重组这个世界的第一步。尽管如此，最简群体范式中的群体内偏袒现象也不能仅仅作为认知能力的产物。对此，我们需要一个动机方面的理论，这种理论能解释为什么一旦建立起我们和他们有别的概念，就会把自己人看得比别人更好。一些划分界限的标准正是受到了资源或经济方面的影响。这些足以成为我们更加偏袒内部人员的动机。不过也不是所有的动机都具有经济上的意义，在最简群体范式中，不同群体的划分标准是不具有经济学意义的。为了解释群体内偏袒现象，我们需要一个更加具有概括性的动机理论。

社会认同理论（social identity theory）：该理论说明人们不仅会通过自身的个性与成就获得自尊上的满足，也同样通过所属不同群体的地位和成就来满足自尊的需求。

群体内偏袒现象在现实生活中十分常见，即便群体间并没有什么明显的区别，人们也更偏袒自己的群体。在关于群体内偏袒现象的研究中，最被人认同的是 Henri Tajfel 与 John Turner 的**社会认同理论**（Tajfel & Turner，1979；& Spears，

社会认同理论。人们不只会从自己的成就中获得认同感，也同样会从同一个群体中的其他人那里获得认同。(A)这些参加共和党代表大会的代表就等同于共和党。(B)这些人通过身处冲浪爱好者群体中来获得认同感。

2011；Stroebe，Spears，& Lodewiikx，2007)。这个理论建立在一个不容置疑的事实上，就是人们不仅会通过自身的个性与成就获得自尊上的满足，也同样会通过其所属不同群体的地位和成就来满足自尊的需求。我是"一个美国人"是绝大多数美国人自我概念中的一个元素，伴随它的还有权利法案，美国的经济和军事实力，美国的科学家、实业家、运动员、明星所带来的骄傲，以及美国的奴隶制度、对美国土著居民的不公正态度所带来的羞耻。同样的，作为犯罪集团中的一员、教授、电影爱好者或冲浪爱好者，同样意味着我们的个性与自尊也悄悄地和其他犯罪同伙、学者、电影爱好者和冲浪爱好者挂上了钩。

提高群体的地位

因为我们的自尊有一部分来源于我们所从属的不同的群体，所以我们便想要尽可能地提高群体及成员的地位和价值。对群体的良好感觉让我们对自身更加自信，这为群体内偏袒提供了有力的动机：在一次实验研究中，被试在最简群体范式中做出群体内偏袒行为后进行的自尊水平评估往往比较高，这就很好地证明了这个命题。正如我们所预测的，那些曾产生群际歧视的被试比没有产生歧视行为的被试取得了更高的自尊分数（Lemyre & Smith，1985；Oakes & Turner，1980）。其他的实验也证明对群体事物有着较高自豪感的人更容易产生群体内偏袒的行为（Crocker & Luhtanen，1990）。而那些对群体有着较强烈归属感的人在自己的群体受到批评时，会感觉自己也受到了批评（McCoy & Major，2003）。

狐假虎威

社会认同理论也同样体现在我们的日常生活中，当一个和我们有关联的团队取得了不错的成绩时，我们会竭尽全力地宣传他们的事迹。举例来说，球迷们经常在自己支持的球队取得胜利后高喊："我们是第一！"那么"我们是第一"又意味着什么呢？是球迷就为胜利欢呼呐喊过，也曾质疑裁判和谩骂球员。数不胜数

狐假虎威。人们有愿意为和他们有关系的团体的成就感到骄傲的倾向，正像球迷对于他们的球队那样。像科罗拉多大学的学生们一样，在自己学校的队伍获胜后，运动爱好者们会在潜意识里认为自己就是球队的一员，并为此感到高兴；而在球队落败后感到灰心。为了产生更强的共情作用，他们会在比赛中穿着自己球队的队服——并在队伍获胜后的第二天也穿着队服。

的球迷都希望球队的胜利与自己有关，而失败与他们无关。

Robert Cialdini 把这种将队伍的胜利等同于自己的胜利的倾向称作**狐假虎威**。他主要通过记录在校橄榄球队获胜或落败后，学生穿着学校运动衫或 T 恤的频数来研究这种倾向。正如我们所期待的那样，橄榄球队胜利后，学生们更愿意穿着代表自己学校的色彩鲜艳的服装。Cialdini 及其同事也研究了学生们在橄榄球队获胜或落败后使用第一人称（“我们赢了”）和第三人称（“他们输了”）的次数。群体胜利后，学生使用包含性的第一人称“我们”的次数明显比球队落败时多，而限制性第三人称“他们”在球队落败后使用的次数也有明显的增多（Cialdini et al., 1976）。正如社会认同理论预测的那样，我们所属团体的成败会影响我们的自尊——就连我们所钟爱的球队也有这样的影响力（Hirt, Zillman, Erikson, & Kennedy, 1992）。因此，我们乐于在群体取得好成绩时拉近和群体的距离，而在群体失败时拉开自己与群体的距离。

狐假虎威（basking in reflected glory）：人们愿意为和他们有关系的团体的成就感到骄傲的倾向。

灭他人威风，长自己志气

狐假虎威是通过增强和自己群体之间的一致性来提高自尊的。那么，贬损别的群体能不能提高自尊呢？诋毁另外一个群体能不能让我们觉得自己的群体更好——或者说让我们觉得自己很好呢？很多实验都向我们展示了刻板印象与偏见的确能够提高自尊。在一个实验中，研究人员让一半被试认为自己在智力测验中取得了不太理想的成绩，以此来使他们的自尊受挫；而另一部分则被告知自己在智力测验中成绩很理想（Fein & Spencer, 1997）。之后，被试们观看了一部参加应聘的面试视频。研究人员控制视频的内容，让一半被试（其中没有犹太人）认为申请人是犹太人，而另一半则无法得到这个信息。之后，让被试为这个申请人打分。在自尊受挫的被试中，认为申请人是犹太人的被试比不知道这个信息的被试

“胜利能为自己找到一百个父亲，而失败注定是个孤儿。”

——加莱亚佐·齐亚诺伯爵（Galeazzo Ciano）
《齐亚诺日记》（1945）

做出了更加负面的评价；而在自尊未受挫的被试中则没有这种区别（见图11.2A）。此外，那些自尊受挫并“报复”犹太人的被试在实验最后收到真实的智力测验成绩反馈后，自尊分数明显提升了（见图11.2B）。歧视和诋毁外部成员似乎确实增强了自尊。

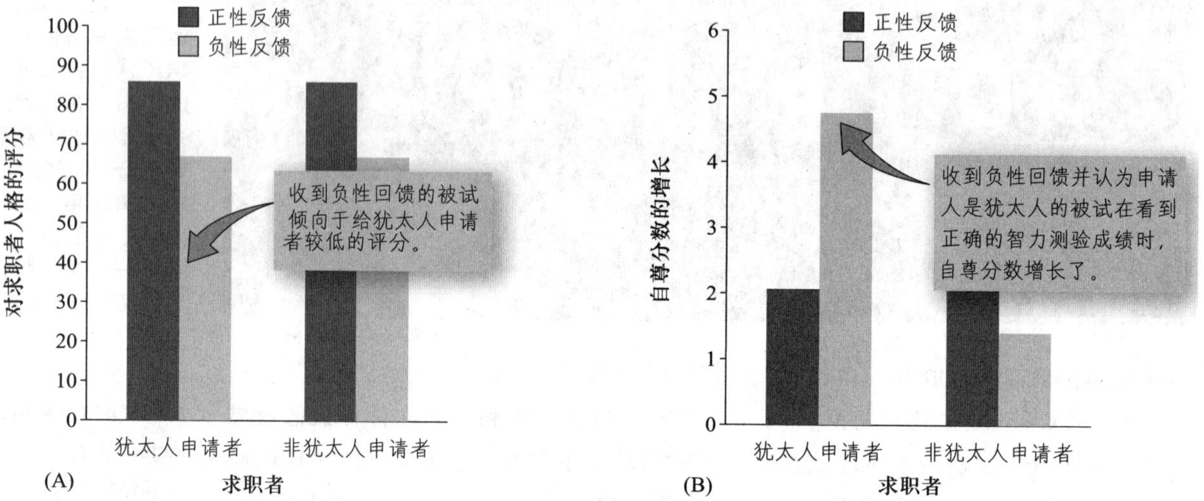

图11.2　自尊的增强。被试对求职者人格的平均评分，以及被试自尊分数的增长，都取决于被试是否认为求职者为犹太人，以及在实验初期收到的反馈是积极的还是消极的。

来源：Adapted from Fein & Spencer, 1997.

Lisa Sinclair 和 Ziva Kunda 在1999年发表了这项令人惊讶的关于这一趋势的报告。在他们的研究中，被试（不是非裔人）得到了一名医生（不论非裔人或白人）的表扬或批评。Sinclair 和 Kunda 预测被试将会坦诚地接受赞美，而对批评持质疑态度，而且医生的种族对此也有影响。他们认为，当受到非裔医生的赞美时，人们更倾向于将他看作一位医生（一份高声望的职业），而不是一个非裔人；当受到非裔医生的批评时，人们则倾向于不再将他看作医生，而仅把他当成一个非裔人。

为了验证他们的预测，Sinclair 和 Kunda 让他们的被试在收到医生的反馈后做了一些词汇判断。该任务是在计算机屏幕上快速呈现一系列词汇或字母，并要求被试尽可能快地判断闪过的是单词还是字母。一些单词和医疗有关（比如医院、药方），一些单词与常见的有关非裔人的刻板印象有关（比如说唱、爵士）。Sinclair 和 Kunda 发现，如果被试将他们的评价者看成一位专业的医生，那么他们认出医疗词汇的速度会更快；如果他们仅将评价者看成非裔人，那么认出跟对非裔人的刻板印象有关的词会更快。

如图11.3所示，当受到非裔医生的批评时，被试对与非裔人的刻板印象有关的词更为敏感；而受到表扬后，人们对那些词就不会那么敏感了（见图 11.3A）。换句话说，被试受到医生的批评后，会将他视为一个非裔人；受到表扬后则不会这样做。对医疗词汇也是一样的（见图 11.3B），被试受到医生的表扬后，对医疗词汇的反应时间更短；受到批评时反应则会更慢。

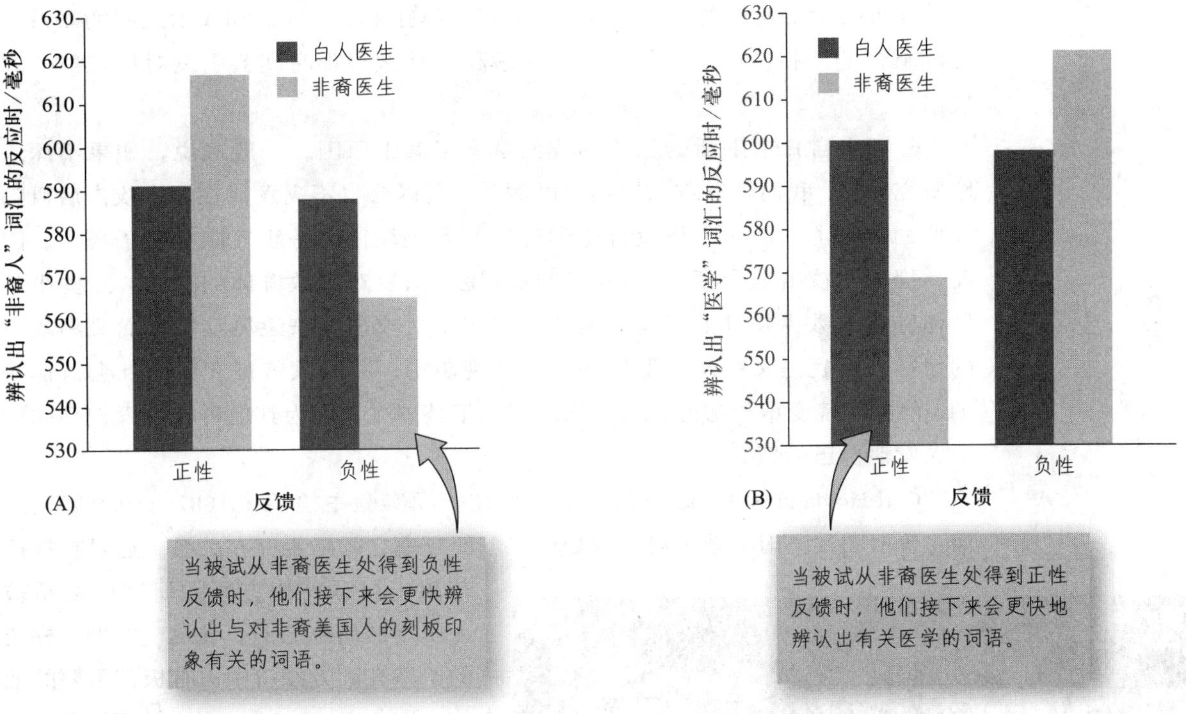

图 11.3　自尊和种族偏见。在被白人医生表扬或者批评后，被试对“非裔”词汇和“医学”词汇的反应时大致相同。但是这一结果并不适用于被非裔医生表扬或批评的被试。

来源：Adapted from Sinclair & Kunda, 1999.

挫折—攻击理论

因为塞车而被困在前往开会途中的人一定明白**挫折—攻击理论**，这条理论被公认为心理学中最强有力的法则之一。简而言之，挫折会增强人的攻击性。就像塞车时，司机鸣笛和咒骂的概率会明显增大。将这一理论扩展到关于偏见与歧视的研究中会得到一个新的发现：人们在受挫和愤怒的情况下更容易丑化外群体成员。值得注意的是，这条理论对有关刻板印象与偏见中的经济原因和动机原因之间不时存在的模糊关系做了很好的解释。如果挫折是由常受偏见和歧视的群体中的成员引发的，或者说，有外部成员妨碍了个人实现目标，那么挫折—攻击理论在经济学视角和动机视角上都能对此做出解释。但挫折并不总是某个确定的群

挫折—攻击理论（frustration-aggression theory）：详细说明挫折引发攻击行为的理论。

体引发的，它可以是一个很热的房间（Miller & Bugelski，1948），也可以是一段让我们愤怒的回忆（DeSteno，Dasgupta，Bartlett，& Cajdric，2004）。在这些情况中，经济竞争不再是动机，这两个原因分离了。

从大范围攻击到对特定目标的攻击

挫折会引发大范围的攻击行为，所以，单独来说，挫折和攻击之间的联系不足以解释偏见和歧视的产生，也不能解释为什么艰难时期会引发对特定群体的攻击。

一项来自日常生活的经验为我们解释了其中原因。一般来说，如果不深入地研究问题，我们就很难揪出挫折的源头，所以会将不满发泄在一个攻击后风险较低的目标上。正如工作没有得到升迁的大人往往会将怨气撒在孩子身上。因此，挫折—攻击理论预测了身处困难环境会引发对少数群体的敌意。这些少数群体往往人数少并且处于弱势地位，形成了对攻击者来说风险较低而又易攻击的目标。反犹主义就是典型的例子。纵观历史，犹太人曾被无数的社会群体接纳，而当环境变得恶劣时，又突然间变成了替罪羊，因为其他种族的人们会向犹太人发泄自己的愤怒。

Carl Hovland 和 Robert Sears（1940）在一项实验中检验了1882—1930年美国棉花价格和美国南部地区对黑奴处以私刑的频率之间是否存在关系。这是在挫折与攻击目标转移方面的研究中最常被人引用的研究之一。在这一时期，棉花的价格在南方经济中占有极其重要的地位，因此 Hovland 和 Sears 假定棉花价格高时人们的生活条件较好，也没有什么不满情绪；价格低时，人们的生活条件则较差，不满情绪也会较高。不出所料，他们发现了棉花价格和私刑频率之间有着强烈的负相关，即贫困时私刑泛滥，而富裕时私刑相对较少。

转嫁攻击。4 名白人警察因对违反交通法规的非裔人 Rodney King 进行暴力威胁而受到指控。1992 年 4 月，4 名肇事警察在白人陪审团的裁决下被无罪释放，这一审判使非裔人群体发生暴乱。因为不能向警察和陪审团抗议，他们通过在非裔人社区附近实施暴力袭击和抢劫大型商店来发泄愤怒。

使用现代的统计模型重新分析 Hovland 和 Sears 的数据可以更好地支持挫折—攻击理论（Hepworth & West，1998）。同时，研究者们也发现之前的另一项研究虽然与 Hovland 和 Sears 的研究大相径庭，但依然说明在美国南方的经济情况与对白人的私刑之间有着相似但偏弱的负相关。这项研究的结果也符合挫折—攻击理论，因为挫折会让人产生实施大范围攻击的冲动。但是棉花对非裔人遭遇私刑的影响比对白人的影响更强烈，这也符合挫折引起的攻击一般会转嫁到弱势群体上的观点。

评价动机视角

动机视角建立在人类的两个不可否认的重要本能上。首先，人类乐于划分群体，个人的群体归属感与建立自尊有着密切的联系。其次，人们在面对挫折时容易攻击他人并将怒气发泄在社会中“攻击后风险最低”、最弱势的群体身上。社会心理学家 Roger Brown 曾将群体之间的矛盾比喻成“三条腿的凳子”，那是因为人类具有美化内部群体、不均分资源和对其他群体成员产生偏见的普遍趋势（Brown，1986，p.533）。经济学视角和动机视角都说明了人们乐于奖励自己而惩罚他人——这是第一条腿；这两个角度也都阐明了资源的不合理分配会播撒群体间敌意的种子——这是第二条腿；而 Brown 所说的第三条腿也就是我们在有关认知的角度中会阐述的刻板印象。

小　结

哪怕群体成员间的关系没有那么亲密，人们也更偏袒内部集团。这是因为人们认同他们的群体，而且和群体荣辱与共。对自尊的威胁也使人们倾向于诋毁外群体成员。挫折—攻击理论演绎出一种新理论，这种理论认为，挫折更容易引发人们对较弱势群体的攻击。

认知视角

从认知视角来看，刻板印象是不可避免的。刻板印象起源于社会中的普遍现象以及分类的必然性。人们几乎会对所有事物分类，包括自然界的事物（如把水体分为小湾、小溪和小河）和人工的事物（如把车分为赛车、轿车和运动型多功能车）。就连由连续变化的电磁波引发的颜色也被人们分了类。

所有的这些分类行为都有一个目的：简化理解事物的过程，并对我们面前复杂多样的新鲜刺激进行加工。最早提出刻板印象这一术语的美国记者 Walter Lippmann 说过：

> 这个世界对于直接面对它的我们来说太过庞大、复杂且短暂。我们并没有处理如此多的细节、变化和排列组合的能力。所以我们在能够熟练掌握它们以前，得把这些事物重组成一个更为简单的模型，来帮助我们理解。（Lippmann，1922，p.16）

刻板印象为我们提供了一个简单的模型，让我们更好地面对这个“伟大而又嘈杂的现实”（Lippmann，1922，p.96）。从更一般的层面来说，从认知视角来看，刻板印象是在人脑保存和加工信息的过程中自然形成的结果。

刻板印象与心理保护区

从认知视角来看，刻板印象是一种非常有用的认知分类行为，它能让人们更有效地理解信息（Macrae & Bodenhausen，2000）。如果是这样，我们在超负荷或疲劳时，或在图省事时，会特别倾向于使用它。几个实验都精确地说明了这一点（Kim & Baron，1988；Macrae，Hewstone，& Griffiths，1993；Pratto & Bargh，1991；Stangor & Duan，1991；Wigboldus，Sherman，Franzese，& van Knippenberg，2004）。有趣的是，当学生处于生理节律低谷的时候，他们更倾向于借助刻板印象。举例来说，若让“适合早上工作的人”在晚上进行实验，他们会更倾向于借助一个公认的刻板印象或结论，比如被指控在尿检中作弊的运动员就是犯了错误的。当“适合在夜晚工作的人”在早上进行实验时，也更倾向于认为被指控贩卖毒品的非裔人有罪（Bodenhausen，1990）。综上所述，人们最有可能在缺乏精力的时候选择遵从无意识的刻板印象进行判断。

如果说借助刻板印象能够帮助我们节省脑力，那么编码有关刻板印象的信息应该能为我们提供额外的、可以应用于其他任务的认知资源。在一项实验中，被试要同时完成两项任务。一项任务是：由计算机显示一定数量的对某个（虚构）人物的特质进行评价的语句（比如，叛逆的、危险的、好斗的……），被试需要组织出关于这个人的印象。另一项任务则是要求被试同时监控一段介绍印度尼西亚的经济和地理特点的录音。对一般的学生来说，用于特质评价的词语夹杂着适当的刻板印象成分（像是平头）；对于剩下的学生来说则没有。研究的主要问题就是其中夹杂的适当的刻板印象成分是否会在之后帮助学生想起特质信息；更重要的是，它是否会为关于印度尼西亚的演讲提供额外的认知来源。为了得出结论，学生们进行了一次关于演讲内容的小测验（如“印度尼西亚的官方宗教是什么”，“雅加达位于爪哇的哪个海岸”）。

正如实验者所预料的那样，对刻板印象的使用让第一项任务的难度降低了，从而有助于被试在第二项任务中的发挥（见图11.4）。使用了刻板印象的学生不仅能更好地回忆与之相关的特质信息，也能够在有关印度尼西亚的测试中取得更好的成绩（Macrae，Milne，& Bodenhausen，1994）。

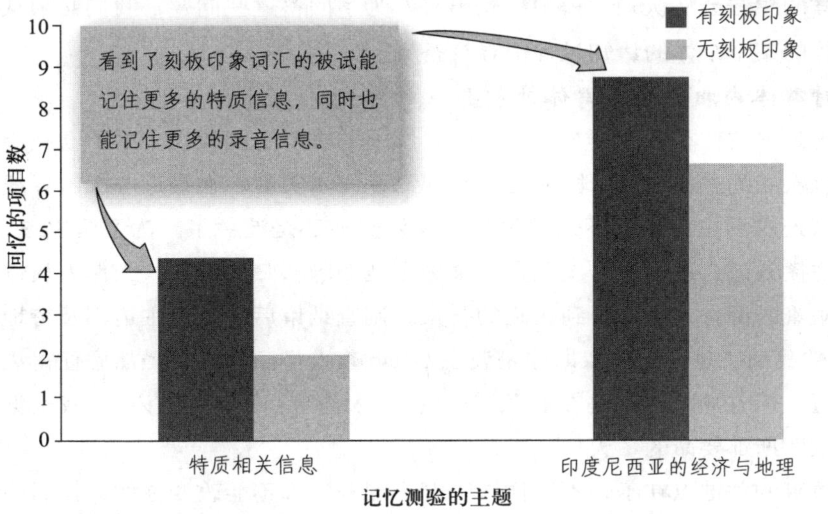

图 11.4　刻板印象与对认知资源的保护。刻板印象有助于唤醒与刻板印象一致的信息，并保护了有助于完成其他任务的认知资源。

来源：Adapted from Macrae, Milne, & Bodenhausen, 1994.

理解过程与有偏见的评估

刻板印象的优势就是它能够保存认知资源。但正如我们常说的，有得必有失。刻板印象方便快捷，有时却会导致错误的发生，因为它并不能概括各种类型的群体成员。借助刻板印象或许会节约时间与精力，但它也会让我们对个体产生错误印象或做出不公正的判断。此外，带有偏见的信息加工过程能解释为什么在刻板印象毫无有效性可言时，它依旧能形成并被接受。如果人们根据自己道听途说的东西、一句玩笑暗示的东西抑或一个难以解释的行为，就怀疑来自特定群体的人和其他人在某些方面不一样，那么以这种思想为基础而进行的信息分析就很容易使这种怀疑得到证实并深化。

"为什么我们从来都不关注能让我们团结起来的事物，像是——沙拉三明治？"

从认知视角来看，刻板印象显然会歪曲我们对他人的判断。东方的社会认知心理学家也同样在寻找对于这种歪曲现象的合理解释。是什么样的错误归因过程造就了这样错误的刻板印象呢？换句话说，是什么让这样一个没有恶意的好人怀有和令人苦恼的刻板印象一样的错误想法呢？而为什么这样的想法会从认知过程中独立出来？为了回答这些问题，我们必须从理解其他群体的某个个体的认知过程中寻找答案。

对群体内相似点与群体外相异点的强化

这是一位住在俄罗斯与波兰的国界线上的农场主的故事。由于欧洲历史的变迁，该农场的主权在两个国家之间来回易手。事实上，在最近一次国界线变更之后，就连农场主自己都不知道他是住在俄罗斯还是波兰了。为了解决这个问题，农场主攒钱请人进行了一次调查，来确定他的国籍归属问题。工作人员进行了漫长而艰难的调查，力求得到正确的答案。调查结束后，农场主迫不及待地想知道答案："我到底是住在俄罗斯还是波兰？"调查人员回答说，虽然您住得离国界线非常近，但农场整体上是在波兰境内的。"太棒了！"农场主说，"我也觉得我受不了俄罗斯那要命的冬天！"

故事的关键点在于，不管你属于哪个国家，都不能改变你的具体居住地的天气状况，但分类的确对人的想法产生了巨大的影响。虽然在现实中几乎不会有人犯农场主那样的错误，研究却发现只要将一个连续体分成两组，就能让人们感觉组内差异较小，而组间差异较大。在一个早期的实验中，研究者将一系列逐一变化的线条展示给被试看（Tajfel & Wilkes，1963）。当这些线条被分成两个组时，被试倾向于低估同组中临近线条的差异，而高估不同组间边界线条的差异。在关于这个理论的进一步实验中，被试被分成两个"最小的"组。然后，他们填了两次态度问卷，一次是为了了解他们自己的态度，另一次是为了记录他们觉得同组和异组成员可能会有怎样的回答。被试一致认为他们的想法和同组人的一致性高于和异组人的一致性。然而事实上，小组成员完全是随机分配的（Allen & Wilder，1979；Wilder，1984）。

在这个结果中，需要注意的并不是人们认为他们的想法和同组人之间的一致性会高于和异组人之间的一致性。因为这一点是唯一说得通的，毕竟，如果同组间成员的一致性不如异组间成员高，那么为什么一开始会这样分组呢？真正值得我们注意又让我们感到苦恼的是，当分组是随机的或者只是单纯地按照某个标准（像是肤色）而分的时，人们也有这样的毫无道理的特殊态度或行为。在这样的情形中，单单是分组这一个行为就影响了我们的判断。

外群体同质效应

外群体同质效应（outgroup homogeneity effect）：认为外群体中的群体内相似性大于内群体中的群体内相似性的倾向。

想一个你不属于的群体：伊斯兰基督教徒、集邮者、海洛因成瘾者、美国温尼贝戈族印第安人，你很容易把他们想成一个单一的群体。我们倾向于给那些想法接近、举止相似，甚至长相相近的人赋予一个群体的意象。同时，我们还倾向于认为外群体中的群体内相似性强于内群体中的群体内相似性。他们的想法、行为和长相都是相似的，而我们却不是。这种倾向性就称作**外群体同质效应**。

在一项研究外群体同质效应的实验中，研究人员向普林斯顿大学和罗格斯大学的学生们展示了一段关于其他学生进行抉择的视频，比如选择是听摇滚乐还是听古典乐，或是选择在实验间歇一个人待着还是同其他被试待在一起。在这两所大学的学生中，有一半人被告知视频中的学生来自普林斯顿大学；另外一半的学生被告知视频中的学生来自罗格斯大学。在看过视频后，研究者让被试们预测校友和自己做出一样的选择的概率。结果表明，被试觉得对方群体的一致性大于自己所属的群体。那些以为视频中的学生来自罗格斯大学的普林斯顿大学的被试更愿意相信其他罗格斯大学的被试也做出了和视频中一样的选择。相比之下，以为视频中的学生也来自普林斯顿大学的被试就不会给出这么一致的概括。相同的结论也在罗格斯大学的学生中得到了证实。人们更多地看到了内群体成员的兴趣与观点的多样性，而觉得外群体内的成员间更一致（Quattrone & Jones，1980；see also Bartsch，Judd，Louw，Park，& Ryan，1997；Linville，1982；Linville，Fischer，& Salovey，1989；Ostrom & Sedikides，1992；Park & Judd，1990；Park & Rothbart，1982；Read & Urada，2003；Simon et al.，1990）。

我们很容易理解为什么外群体同质效应会出现。首先，我们和内群体成员的接触通常多于和外群体人员的接触，所以我们更容易了解内群体成员的爱好与观点的多样性。有时，我们所掌握的关于外群体的信息也只是传闻中的刻板印象而已。不过接触机会上的差异只是其中的一部分原因。群体内和群体间的信息交流的性质似乎也非常不同。因为我们共享着同一个群体身份，所以我们不会把自己所在的群体中的某个成员当作这个组的代表。所以在群内内部交流中，个人特异性的好恶、天赋和短处就摆在眼前，而且是交流的核心。但是和外群体成员的交流则是另一回事。我们经常会把某个外群体成员当成该群体的代表，所以人们的独一无二的特点就退到后面去了。

克服外群体同质效应。我们总是认为来自其他群体的成员在思想、装扮、长相上是相似的。我们可能会预期所有的犹太教哈西德派乐队都差不多，却很快会发现哈西德派雷鬼乐队明显和别的哈西德派乐队以及主流乐队不同，同一个乐队中的不同成员也各有特色。我们会看到主唱 Matisyahu 穿着哈西德派的传统服装，而乐队中的其他成员却没穿传统服装。

独特性和虚假相关

虽然认知的观点强调纯粹的认知在刻板印象的形成和保持中的作用，但是人们经常分不清楚无偏的信息加工过程止于何处，而感情、动机和私利又起于何时。比如说，把外群体成员看得比内群体成员更同质的倾向可能在很大程度上源于刚刚描述过的认知加工过程，但是这种效应有时会因为想把内群体看得更多样化、更多元、更不墨守成规而变得更突显。

但是，至少有一类刻板印象偏差只源于认

知加工本身。人们有时候会“看见”实际上并不相关的事件、特点或分类中的关系（联系），这种现象叫作虚假相关（Fiedler，2000；Fiedler & Freytag，2004；Garcia-Marques & Hamilton，1996；Hamilton & Sherman，1989；Hamilton，Stroessner，& Mackie，1993；Klauer，& Meiser，2000；Shavitt，Sanbonmatsu，Smittipatana，& Posavac，1999；Stangor & Lange，1994；亦见第4章）。一些虚假相关的发生单纯源于我们加工不寻常事件的方式。

独特的事件会抓住人们的注意力。如果一个学生上课时穿着小丑服装，那么我们就会注意到他；如果他并没有穿小丑服装，我们就不会注意到他。这是因为我们会更加注意独特的事情，我们也能更好地记住这些事，所以在我们的记忆中，它们具有了过度的代表性。这一加工过程对于理解与少数群体有关的刻板印象有着重要的启示。在定义的过程中，少数群体在多数群体的大部分成员看来是独特的，因此少数群体的成员就被凸显出来了。再看看不良行为，抢劫、袭击和谋杀比修剪草坪、表达感谢和遵循交通规则等良性行为罕见得多（真是谢天谢地）。所以，不良行为就显得更独特了。而少数群体成员的不良行为有着双重的独特性，因此更加令人难忘。而且因为由多数群体成员做出的不良行为或由少数群体成员做出的良性行为并没有那么令人难忘，所以由少数群体做出的不良行为就更有可能比实际情况常见。因此，人们经常以为少数群体需要为超出实际情况的问题行为负责。

成对的独特性（paired distinctiveness）：因为两件无关的事件同时发生，导致二者的搭配显得更加突出。

David Hamilton 和 Robert Gifford（1976）做的一个实验表明了**成对的独特性**的影响。成对的独特性指的是因为两件不同的事情同时发生，导致两件事的搭配显得更加突出。在实验中，研究者向被试展示了39张幻灯片，每一张幻灯片都描述了由“A组”或“B组”成员做的一件好事或一件坏事。(例如，“约翰来自A组，在医院里看望一个生病的朋友。”“比尔来自B组，总是想着他自己，说他遇到的麻烦。”) 幻灯片的内容完全是虚构的，所以被试对这些人做出的判断都不可能源于先存知识或经验。研究者把2/3的行为分配给了A组，因此A组变成了多数群体。分配给各组的多数行为都是良性的，而且是等比分配的：分配给B组的良性行为是9/13，占69%；分配给A组的良性行为是18/26，也占69%。因此，成员的群体归属和做出良性行为或不良行为的可能性无关。

在看完整套幻灯片后，实验者又向被试呈现了他们之前看到过的行为，但是并没有附上做出该行为的人的名字或组别，而被试要指出，每一种行为是由哪组人做出的，还要在一个多样特质量表上评价两组成员。这两项指标都表明，被试形成了一种基于独特性的虚假相关。他们高估了B组（更小的组）成员做出不良行为的频率，低估了A组（更大的组；见图11.5A）成员做出不良行为的频率。结果，他们都对大组的成员给予了更高的评价（见图11.5 B）。

图 11.5　科学方法：独特性和虚假相关

假设： 两个独特的事件因为同时发生，所以就突显了出来，从而给人留下了深刻的记忆而不只是一个模糊的印象。

研究方法：

1. 向被试展示一系列幻灯片，每张幻灯片都描述了一个来自“A组”或“B组”的人所做的良性行为或不良行为。
2. 2/3 的行为分配给了 A 组，因此 A 组变成了多数群体。分配给每个组的大多数行为都是良性的（对于两个组而言，良性行为所占的比例是相同的）。

结果： 认为少数组的成员们对不良行为负有多于实际比例的责任。

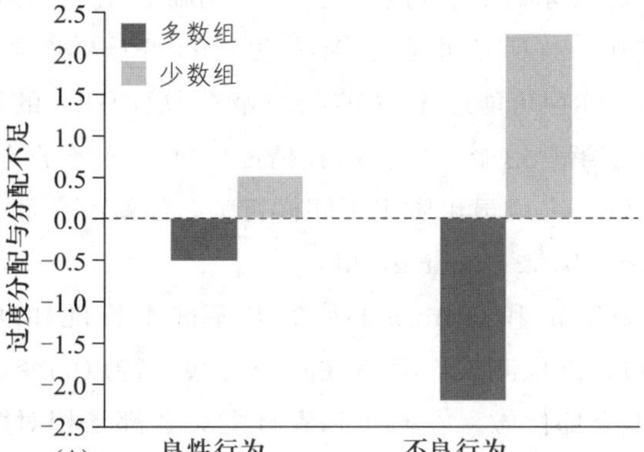

(A)

和多数组的成员相比，评价少数组的成员们拥有更多的负面特质。

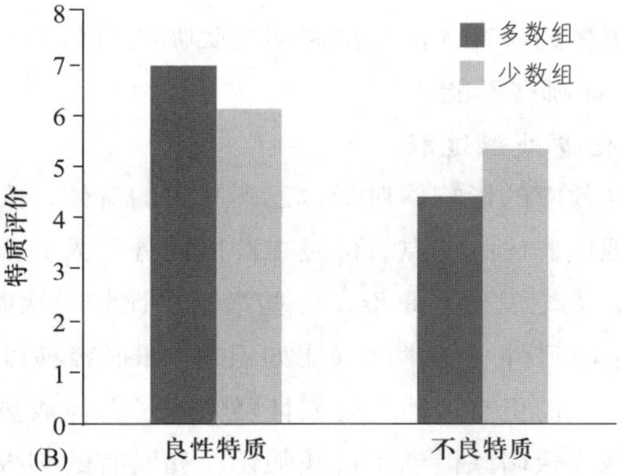

(B)

结论： 两个独特的事件（作为少数派和罕见的行为）同时突显了出来，并形成了虚假相关。

来源：Hamilton & Gifford, 1976.

成对的独特性。因为吃了数目惊人的热狗是不寻常的，一个在年度吃热狗比赛中目击了小林健获胜的非日本人可能想知道日本人是不是特别喜欢吃热狗。

为了体现是成对的独特性而不是和不良反应相关的东西导致了这个结果，Hamilton 和 Gifford 展示了当良性行为变得更为罕见时，虚假相关也可能出现。在这样的环境下，被试高估了和人数少的组相关的良性行为的出现频率。

在把 Hamilton 和 Gifford 得到的结果推广到每天都能看到的各种各样的、随之发生的、牢不可破的刻板印象中时，有两个重点需要注意。第一，他们得出的结果之所以那么令人印象深刻，是因为那是在实验室条件下获得的，排除了在日常生活中可能产生虚假相关的因素。当不同的族群聚集在一起时，人们往往马上就意识到了其他种族的存在。而且当你特别注意一个人的种族时，那人又恰好在做一些不同寻常的事情，那么种族往往就是第一个进入你脑子里的解释这个行为的理由。比如说，如果在你的一生中没见过几个波利尼西亚人，唯一见过的那个人当时正在诅咒一个银行出纳员，那么你很可能忍不住下结论说波利尼西亚人的某些特质至少可以在一定程度上解释这个事件。（“我猜他们就是这样子的。”）当然，如果你自己种族内的一名成员也做出了同样行为，你就不会那么轻易地下结论了（Risen，Gilovich，& Dunning，2007）。

不过，Hamilton 和 Gifford 的研究并不能很好地和现实生活中的刻板印象相适应。他们的分析预测人们易于在两个有共同特点的变量之间发展出虚假相关。但是人们并不会那样做。左撇子和素食主义者都是相对罕见的，但是我们的文化中并没有传出左撇子不愿意吃肉之类的刻板印象。人们也没有认为拉美裔人特别有可能是同性恋，或者亚裔特别有可能去参加滑雪活动。因此，尽管 Hamilton 和 Gifford 的分析把握住了一些真实而重要的东西，但其可预测的范围被高估。我们需要做更多的研究才能详细说明到底哪些与众不同的配对更有可能组成常见的刻板印象，而哪些不能。

“比如说，对于女性角色的刻板印象，或许能让人准确无误地看到一个女人是在光线昏暗的房间里给针穿线而不是在系渔网，但是这种刻板印象也有可能让一个人错误地认为，她穿针是为了刺绣而不是为了做心脏手术。”

——哈佛大学心理学教授丹·吉尔伯特（Dan Gilbert）

期望和有偏见的信息处理过程

受到外群体同质性效应的影响，对于自己不从属的群体，人们更倾向于假设某个人的行为可以体现该群体的特点。但是在群体内外，人们都不能同等地概括他们看到的所有东西。无论发出者是谁，一些举动（比如一次癫痫发作）并不适于从个体推广到群体；而另外一些举动（比如粗鲁）却很容易被从个体身上推广到群体中。总体而言，人们更有可能用他们怀疑体现了群体成员特点的行为和特质去概括该群体。于是刻板印象得到了自我强化。和既有的刻板印象相一致的行为会被人们注意到，继而被看重，然后被铭记；但是和刻板印象不一致的行为会被人们忽略，不予理会，或者很快就被大家遗忘了（Bodenhausen，1988；Kunda & Thagard，1996；von Hippel，Sekaquaptewa，& Vargas，1995）。

刻板印象也会影响人们对事件细节的解释。在一个引人注目的实验中

（Duncan，1976；Dunning & Sherman，1997；Kunda & Sherman Williams，1993；Plant，Kling，& Smith，2004；Sagar & Schofield，1980），白人被试要观看一段有两个男人进行激烈讨论的视频，研究人员会时不时地提问，要他们给看到的行为分类（比如说，"提供信息"、"轻率对待"、"攻击行为"）。在视频中有一处，一人用身体撞向另外一人。有一半的被试会看到被撞的是一名非裔人，而另一半的被试会看到被撞的是一名白人。种族的差异改变了人们解释该行为的方式。当撞人者是白人时，人们倾向于认为这件事较为良性（比如"轻率对待"）；而当撞人者是非裔人时，人们则倾向于将它归类为较严重的行为（比如"攻击行为"）。

这一研究结果很值得注意，因为被试都亲眼看到了撞人的整个过程。如果这个片段是经过了编辑的，就更容易引起差异化解释了，刻板印象的影响就可能更明显。比如说，在一项研究中，被试要听一场大学篮球比赛的现场报道，并需要把注意力集中在一个球员马克·弗里克的表现上。一半的被试可以从马克的照片中清楚地看到他是非裔美国人，而另一半被试看到的照片说明马克是白人。当要求被试评价马克的表现时，他们的评价反映了人们对非裔篮球运动员和白人篮球运动员的刻板印象。以为马克是非裔人的被试说他的体格更加健壮，表现得也更好；而以为马克是白人的被试说他表现得更卖力，打起球来更聪明（Stone，Perry，& Darley，1997）。

像这样的研究清楚地指出了人们并不会公平公正地评价信息。和对某个群体的刻板印象不一致的信息相比，和对群体的刻板印象相一致的信息往往更受重视。

辩解反例

每一条规律都有例外，对于刻板印象来说也是一样的。在被公认的智力卓越的群体中也会有几个白痴。被公认的运动能力非凡的群体里肯定有两三个笨手笨脚的家伙。即使一个刻板印象在很大程度上是准确的，人们也总能找到与它矛盾的证据。当然，如果刻板印象不合理，就会更加频繁地碰到与它矛盾的证据。当人们碰到这些矛盾的证据时会做什么呢？他们会不会舍弃刻板印象或者不再认为它们绝对正确呢？

人们会如何对待与刻板印象有出入的情况，取决于其对于刻板印象的情感卷入程度，取决于这个刻板印象是孤立的，还是一系列相关的刻板印象之一。但是可以肯定的是：人们不会轻易放弃他们的刻板印象。大量研究表明，人们在评价与刻板印象相矛盾的证据时，会用各种各样的方法来达到抑制其影响的效果。对这些加工过程的理解能让我们了解一个最令人烦恼的问题：为什么人们在面对看起来矛盾的证据时仍然会坚持自己的主见。

子类型化

第一件要注意的事情就是不能预期一种刻板印象能完美地契合行为。严重不诚实的、懒惰或者不负责任的群体只是平均而言的不诚实、懒惰或者不负责任，或者比其他的群体更加不诚实、懒惰或者不负责任。我们并不能预期这个群体中的所有成员每时每刻都会用这种不诚实、懒惰或者不负责任的方式行事。因为任何与刻板印象表现得不一致的人都被简单地归为了“例外”，因此这个漏洞让人们在面对有违刻板印象的情况下仍然不为所动。心理学家把这种倾向性称为**子类型化**(Queller & Smith，2002；Richards & Hewstone，2001；Weber & Crocker，1983)。 相信女性是被动的、依赖他人的、应该留在家里抚养孩子的性别歧视者更有可能把自信的、独立、不想生孩子的女性归为“激进的”、“强硬的”女权主义者，这样就可以尽可能不损害他们对女性的刻板印象了。相似的，主张非裔美国人不能在体育和娱乐以外的领域取得成功的种族主义者就不会因巴拉克·奥巴马(“他有一半是白人”)或者是美国司法部部长埃里克·霍尔德(“他的父母都是来自巴巴多斯的移民”)之类的人而困扰。在种族主义者看来，他们仅仅是“考验规则的特例”。

子类型化(subtyping)：通过创造出本来就会被预料到与整个刻板印象群体不同的分类，来解释一个特定的刻板印象的反例。

子类型化的倾向反映了一个更为一般性的事实：人们在用不同的方式和标准对待支持刻板印象的证据和反对刻板印象的证据。人们很容易相信支持刻板印象的证据，却会带着批判精神去分析反对刻板印象的证据，且不愿意全盘接受，比如说把和刻板印象一致的行为归因于人的性情，而把和刻板印象不一致的行为归因于外部原因(Crocker，Hannah，& Weber，1983；Deaux & Emswiller，1974；Kulik，1983；Swim & Sanna，1996；Taylor & Jaggi，1974)。一个相信犹太人低贱的反犹人士可能会忽视犹太人在慈善事业中的投入，说那是他们博取社会认同的方法，同时把他们追求自身利益的做法看作“真实”的犹太性格的体现。这样一来，与刻板印象一致的部分使刻板印象本身愈发有道理，而不一致的地方则变得无关紧要(Pettigrew，1979)。

具体解释与抽象解释

我们处理支持性信息和反对性信息时的不同还表现在我们如何编码不同群体的行为，是具体编码还是抽象编码。人们几乎可以用不同的抽象程度解释任何行为(Vallacher & Wegner，1987)。如果你看到有人正在搀扶摔倒的人，你既可能确切地描述这个动作为“搀扶”；也可以抽象地认为这个人正在“帮助”摔倒的人；甚至可以更抽象地把那个人看作“乐于助人”或者“利他”的人。抽象程度的不同让你的解释带上了不同的含义。描述得越具体，被解释的东西与那个当事人的关联就越弱。任何人都可以搀扶他人，但并非人人都可

辩解反例。对一些种族怀有消极刻板印象的人有时会忽视并不符合刻板印象的例子，而把他们当作相对少见的子类型中的一员。

以无私利他。因此，如果人们的评价是以先存的刻板印象为指导的，我们可以预测人们会以一种更为抽象的方式来描述和刻板印象一致的行动（因此强化了刻板印象），并且以更精确的语言描述与刻板印象相悖的行动（从而防止对刻板印象构成潜在的威胁）。换言之，刻板印象可能通过影响编码相关行动的具体程度而将自己与矛盾感隔离开来（von Hippel et al.，1995）。

在意大利费拉拉举行的一年一度的派力奥赛马节上，研究者检验了这一预测（Maass，Salvi，Arcuri，& Semin，1989）。派力奥源自13世纪（黑死病时期曾有短暂的中断），是意大利众多城镇都会举行的赛马比赛。不同的队伍要展开对决，而各队的支持者会纷纷前来加油助威、热情高涨。比赛当天总是犹如节日一样热闹。所以在举行派力奥赛马比赛的那几周里，群体间的竞争感尤为强烈。

在一次派力奥竞赛之前，研究者给两支队伍（圣乔治和圣雅各福群）的支持者展示了许多画着本队或敌队中的一名选手的速写图。研究者用选手身着的队服颜色来标志他从属于哪支队伍。有些速写图画出了令人满意的行为（例如，帮助他人），而另一些画出了令人不满的行为（例如，乱丢垃圾）。被试在看到每幅速写之后都要描述速写所表达的内容，研究者对其回答的抽象程度给予了评价。

结果显示了明显的差异（见图11.6）。被试在描述与被试先存的立场相符的

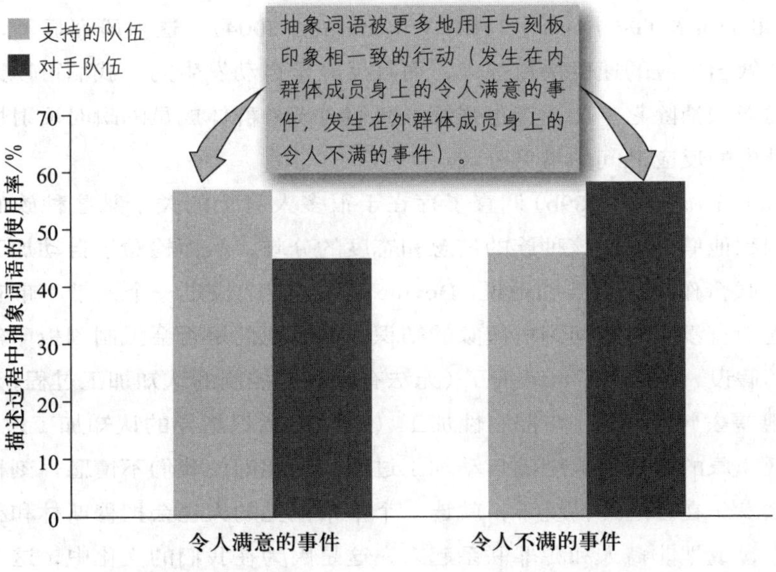

图 11.6　刻板印象和行为编码。跟与刻板印象不一致的事件相比，与先存的刻板印象相一致的事件被描述得更抽象，因此也更意味深长。此图体现了当描述在内群体或者外群体中发生的令人满意或者不满意的事件时，抽象词语和具体词语的相对使用频率。抽象词语包括状态动词或者描述特质的术语（例如，憎恨、可恨），而具体词语包括描述性、解释性的动词（例如，击中、伤害）。

来源：Adapted from Maass, Salvi, Arcuri, & Semin, 1989.

行动（也就是说，本队成员的积极行为或者敌队成员的消极行为）时更抽象。这种不对等满足了人们从好的方面考虑自己人的需要。抽象地编码印证了符合刻板印象的事件，并且让这些事件变得意义非凡；而具体地编码违背了一个人的偏好或者期望的事件，从而使得这些事件不那么重要了。因此，“欺骗”某人要比从某人处“拿”了什么东西意义重大，“帮助”某人要比“搀扶”某人意义重大，“表示关心”要比“拜访”某人意义重大。

自动加工和控制性加工

正如本章前文所述，一些引发刻板印象和偏见的认知加工过程是蓄意的、经过思考的，也就是说，是有意识的。例如，子类型化常常是有意识的加工过程（Devine & Baker，1991；Kunda & Oleson，1995；Weber & Crocker，1983）。相比而言，其他认知过程并不需要意识参与，不需要进行精细加工，它们能快速且自动地导致刻板印象和偏见。对于基于特殊性的虚假相关和外群体同质性效应，这种说法很可能是成立的。

在过去25年间，调查者探究了自动加工和控制性加工的相互作用，探究了它们是如何共同导致针对不同群体成员的反应的（Bodenhausen，Macrae，& Sherman，1999；Devine & Monteith，1999；Fazio & Olson，2003；Sherman et al.，2008；Sritharan & Gawronski，2010；Wittenbrink，2004）。这项研究显示，我们对不同群体做出反应的速度快得惊人，而且反应是自动发生的。我们可以无视这一过程，但无法消除它。此调查也强调了我们对于外群体成员的瞬时反射性反应和经深思熟虑的反应之间的常见分歧。

Patricia Devine（1989b）调查了存在于很多人身上的关于某些种族的刻板印象的知识和他们个人对该种族的信念和态度的分歧，从而检验了自动加工和控制性加工的联合作用。更准确地说，Devine 试图说明：决定一个人带不带有偏见的并不是他们有没有对负面刻板印象的知识，而是他们是否会抵制刻板印象。为了验证她的假设，她利用了自动加工（无法有意识地控制的认知加工过程，例如，利用双眼视差去判断距离）和控制性加工（可以用意识指导的认知加工过程）的区别。刻板印象的激活是典型的自动加工过程，因此即使我们不情愿，刻板印象也可以被激发。在合适的情境下，就连一个不带偏见的人也会把穆斯林和狂热分子联系起来，或把非裔人和犯罪联系起来。这是因为在我们的文化中，这些联系是存在的。但是，一个带偏见的人会公开赞同或者使用这样的刻板印象，而一个不带有偏见的人会用更多的控制性加工过程压制刻板印象，至少是尝试去压制。

为了检验这些观点，Devine 根据被试在现代种族主义量表中的分数选出了高偏见组和低偏见组被试。为了显示这两个群体在对刻板印象的自动加工过程中并无区别，她会给这些被试看一系列词语，每次快速呈现一个词，时间短得使他们无法有意识地识别这些词语。她给一些被试看的是中性词语（如“数字”、“植物”、“记住”），给其他被试看可以和有关非裔人的刻板印象关联的词语（如“福利”、“爵士”、“乘公车”）。Devine 假设，虽然这些词语快速闪现以致无法辨认，但是它们仍然可以启动被试对非裔人的刻板印象。为了验证这一猜测，她接下来给被试们展示了一份书面描述，在这份描述中，一个人的行为表现出了含糊的敌意（强调“敌意”这一关于非裔美国人的刻板印象）。举例来说，在一次事故中，所描述的人拒绝在他的公寓被修缮前支付房租。他是在表现出不必要的敌意呢，还是表现出了适当的坚定呢？结果表明，先前被用来激活对非裔人的刻板印象的词语（这些词语和敌意的概念无关）启动过的被试认为描述中的人更有敌意，而且整体印象也更加负面。最重要的是，这一结果在带偏见的被试和不带偏见的被试中都应验了。因为那些词语激活了他们无意识中的刻板印象，不带偏见的被试们猝不及防，没有能力去抵抗对刻板印象信息的自动化加工。

为显示带偏见和不带偏见的个体在控制性认知过程中有根本性的差异，Devine 接下来要求被试列出非裔美国人的特性。正如我们所预计的那样，两个被试群在控制性加工的结果中表现出了显著的不同：带偏见的被试比不带偏见的被试列出了更多的有关非裔人的刻板印象的负性特质。因此，虽然带偏见和不带偏见的被试都在脑海中储存了对非裔美国人的刻板印象（正如 Devine 研究的第一部分所显示的那样），但带偏见的个体相信这些刻板印象并且会愿意讲出这些信念，而不带偏见的个体会拒绝这些刻板印象。

接下来的探究证实了 Devine 调查中的一个因素：比起不带偏见的人群，在带偏见的人群中更容易激活与各种把受歧视群体成员联系在一起的自动化的负性刻板印象（Fazio，Jackson，Dunton，& Williams，1995；Lepore & Brown，1997；Wittenbrink，Judd，& Park，1997）。而且，就连在不带偏见的人群中，自动加工与控制性加工引发的信念和情感之间也存在区别。有一项研究检查了当白人被试看到非裔人面孔和白人面孔时，脑区的哪些部分被激活（Cunningham et al.，2004；也见于 Lieberman，Hariri，Jarcho，Eisenberger，& Bookerheimer，2005）。这一研究的关键操作是向被试呈现非裔人与白人面孔的时间。当每张照片展示了30毫秒时，与面对白人面孔相比，面对非裔面孔的被试的杏仁核（调节人的情绪反应）显示出了更高的激活程度。而且，杏仁核的激活程度与用内隐联想测量出的内隐性歧视指数相关。当照片的呈现时间改为525毫秒时，被试的杏仁核在面对白人面孔和非裔人面孔时，激活程度并没有表现出差异。结果表明，在这些被试——他们全都表现出了避免偏见的强烈意愿——面对非裔面孔时，刚开始有一个自动的反应，接下来他们会尝试去控制它。事实上，当照片呈现525毫秒时，非裔人面孔的照片比白人面孔的照片导致了前额叶（大脑中与认知和行为调节相联系的区域）更高程度的激活。

Dovidio、Kawakami 和 Gaertner（2002）进一步探究了人们针对不同种族的群体成员的自动加工和控制性加工的分歧有何含义。这些调查者刚开始时使用了在“启动和内隐偏见”一节中描述的启动程序，来测量白人被试对非裔人的内隐偏见，并且用对非裔人态度量表测量了他们对非裔人的外显态度（Brigham, 1993）。然后，调查者让被试参与到2段3分钟的对话中，其中一段对话是和一个白人学生进行的，另一段对话是和一个非裔学生进行的。调查者录下了对话，并评价了这些对话中的被试表现出的友善程度，第一遍评分根据的是静音处理过的录像，第二遍则是根据原录像。

Dovidio 和同事们预测，对偏见的外显测量可以预测被试在原录像中表现出来的友善程度，因为这里的友善程度主要由被试所说的话决定，而人们可以轻而易举地控制自己说的话。他们还预计，对偏见的内隐测量可以预测被试非语言的友善程度——也就是，仅仅从录像画面上了解到的被试的友善程度——因为非言语的行为是很难控制的。而这恰恰就是所发生的事情。被试在对非裔人态度量表中的成绩预测了他们在观看原录像后对白人和非裔学生评价的差异性。量表的成绩也与他们自己对友好程度差异的认识相关。但是他们在偏见的内隐测量（如他们的反应时）上的得分预测了他们对白人和非裔人的评价的差异性，结果就像此前仅仅根据录像画面对友善程度的评分一样。这些分数与他们的谈话伙伴的友好程度的评价相关。偏见外显测量似乎能够预测可控的行为，而内隐测量在预测自动化行为上更准确（also see Fazio et al., 1995）。

另外一些关于人们对群体成员的自动反应的研究结果却令人非常疑惑。Payne（2001）让被试尽可能快地辨别照片中所展示的是手枪还是一个手持工具（如钳子）。每张照片都紧跟在一张非裔美国人或白人的照片之后。Payne 发现，当面前出现的照片是非裔人时，被试（都是白人）能更快地将武器识别出来；而当面前的照片是白人时，被试能更快地将手持工具识别出来（Payne, Lambert, & Jacoby, 2002；见图11.7）。

是白人被试对非裔美国人的自动偏见导致了实验的结果吗？换言之，是因为白人被试对手枪和非裔美国人都有负性评价，促进了非裔美国人对手枪的再识别吗？或者这源于自动刻板印象的影响吗？还是说，手枪与非裔美国人之间的固定联系甚至影响了一些心无成见的人，从而更加支持这种理念？

好消息是（一个差强人意的好消息，但依然是个好消息）似乎后一种解释是正确的。Clarles Judd、Irene Blair 和 Kristine Chapleau（2004）重新做了 Payne 的实验，他们使用了四种目标刺激，有的刺激能被积极地看待，有的会被消极地看待；有的能与非裔美国人联系起来，有的不能。特别需要注意的是，与非裔美国人联系起来的刺激包括手枪（负性）和运动器械（正性），而没有和非裔美国人发生联系的刺激有昆虫（负性）和水果（正性）。Judd 及其同事发现，无论刺激是正性的还是负性的，非裔美国人的脸能同时促进对带有正性和负性色彩的模式化事物（手枪和运动器械）的再认，而对于非模式化的事物（昆虫和水果），无论是正性的还是负性的，都没有这种促进作用。

图 11.7　科学方法：刻板印象与分类

假设：社会态度能够改变分类的基本标准。

1 让白人被试看一张白人或非裔人的脸。

2 在看过脸之后，立刻向被试展示一个物品，并让被试尽快辨别该物品是一把手枪还是一个工具。

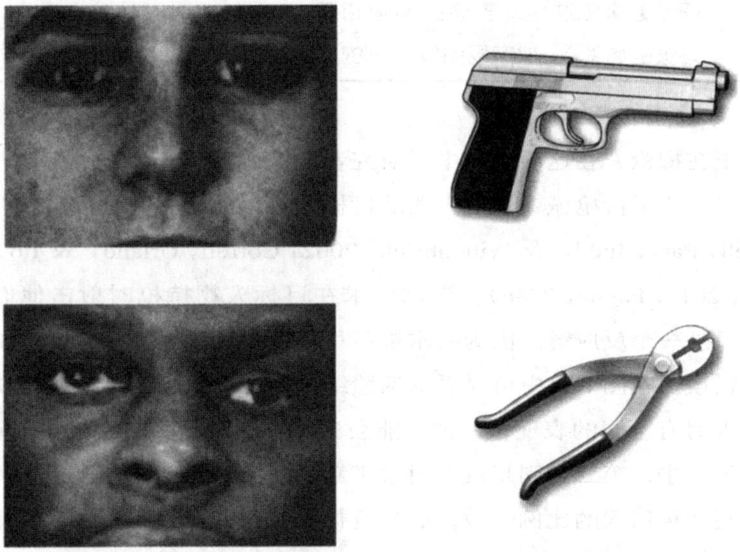

结果：在看过非裔人的脸之后，看到手枪的被试会更快地将手枪辨认出来，而看到工具的被试更容易把工具错认为手枪。

结论：内隐的刻板印象会影响识别和分类。

来源：Adapted from Payne, Lambert, & Jacoby, 2002.

一些研究得到的相似结论，但它们所揭示的非裔人的日常生活更使人寒心（见专栏 11.2）。Amadou Diallo 的不幸死亡促使了这项研究的开展。Amadou Diallo 是一位非洲移民，1991 年，他被警察射击 19 枪后身亡。事后，警方说他们

专栏11.2 聚焦法律

模式化的面部特征与死刑

巴拉克·奥巴马当选美国第四十四任总统让宗族模糊性的问题再次凸显出来。尽管他的父亲是非裔人而母亲是白人，但人们总称他为第一任非裔总统，却没有人说他是第一位黑白混血的总统。“一滴血原则”的流传从未被质疑：在历史上，只要祖上有非裔血统，那他在法律上就是非裔人。美国南部地区利用这一标准支持臭名昭著的非裔人法律进行种族隔离，限制非裔人的权利。但现在我们已经不再信奉“一滴血原则”，我们有了谁算是非裔人、白人、亚裔人、西班牙裔人的难题。事实上，连生物学家们质疑种族的分类是否真的有意义，种族是否存在过呢？（Bamshad & Olson，2003）

“一滴血原则”的背后有许多心理学现象，对他人种族的不同判断基于其个人的身体特征在多大程度上符合一个民族的刻板印象。非裔美国人越符合典型的非洲人的相貌特征（更深的肤色、更厚的嘴唇和更外张的鼻孔），越容易引发偏见的产生（Livingston & Brewer，2002；Ma & Correll，2001）。此外，具有典型的非洲人相貌特征的白人和非裔人更容易被人们冠以与非裔美国人一样的刻板印象（Blair，Judd，Sadler，& Jenkins，2002）。在连续的示威游行中，拥有典型的非洲人长相的人更容易受到严厉的惩罚（Blair，Judd，& Chapleau，2004），并且长得像非洲人的罪犯也更容易被处以死刑（Eberhardt，Davies，Purdie-Vaughns，& Johnson，2006）。

误以为他正在掏枪。在这项研究中，研究者让被试观看一个视频游戏，视频中会突然出现了一个手持枪械或其他东西的目标人物，他们有时是白人，有时是非裔人（Correll，Park，Judd，& Wittenbrink，2002；Correll，Urland，& Ito，2006；Ma & Correll，2011；Payne，2006）。被试要求在目标人物持枪时射击他们，而其他时候则按另外一个反应键。因为要求被试尽可能快地做出反应，所以他们一定会出现一些错误。在图11.8中可以看到实验结果，我们能清楚地看到被试在对待非裔人和白人时有不同的表现。被试可能会犯两种错误：第一种是对一个没有拿武器的人进行射击，第二种则是没有对拿了武器的人进行射击。当目标人物是白人时，被试犯两种错误的比例一致，而当目标人物是非裔人时，被试犯第一种错误的可能性比犯第二种错误时大得多。值得注意的是，在后续的对非裔被试进行的实验中也获得了相同的效应。无论是在实验室中还是在现实生活中，持续进行这种射击抉择的练习会减小误击非裔人的趋势，但是射击反应时还是存在一定的差异（决定去射击一个持枪的非裔人比不去射击一个不拿枪的白人更快）（Correll，Park，Judd，Wittenbrink，Sadler，& Keesee，2007；Payne，2006；Plant & Peruche，2005；Plant，Peruche，& Butz，2005）。

评估认知视角

认知方面的评论家们认为，尽管上述方法让心理学家对群体间矛盾的认识更进了一步，但近来对反应时方法和简单的反射现象的重视可能会误导人们，它会使人们忽视在现实生活中司空见惯的、令人担忧的偏见和歧视发生的真正原因。事实上，当非洲、东亚和印度尼西亚等地区的民族群体们正征服和消灭另一个民族时，当全世界的警察都频繁且粗暴地对待少数群体时，用反应时上的差异来评估难以捉摸的偏见问题似乎偏离了问题的核心。评论家们同时提到，这类研究所涉及的现象都是非常短暂的。看到属于一个特殊的民族群体中的成员会自然地激活我们对这一群体的刻板印象，但这种激活特别短暂。一个研究团队发现，只要与一个少数群体的成员接触10分钟，人们关于刻板印象的脑区就不再活跃了（Kunda，Davies，Adams，& Spencer，2002）。

同样重要的是，许多悲剧都是在人们最原始而迅速的反应基础上引发的，射击实验就足以说明这个问题了。即使 Amadou Diallo 的家人知道，使得警察以为 Amadou Diallo 是在掏枪而不是在拿钱包的认知过程其实可以被更加冷静的思考过程取代，他们也并不会感到安慰。但是不论这些原始而自动化的过程有多么复杂，它们都能使事情向不幸的方向发展，它们是深层偏见和歧视的种子。

无意识的反应与刻板印象。纽约市的白人警察企图质问 Amadou Diallo，而他只是想走出公寓呼吸一点新鲜空气，不幸的是，他长得有点像警方正在抓捕的西非裔连续强奸犯。Diallo 快速跑上公寓的楼梯，并做出像是想从怀中掏出枪的动作，而事实上，他只是想把钱包掏出来。4 名警察在慌乱之中以为他要拿出武器反抗，当即向无辜的 Diallo 开了 41 枪，19 枪击中，结果杀死了他。

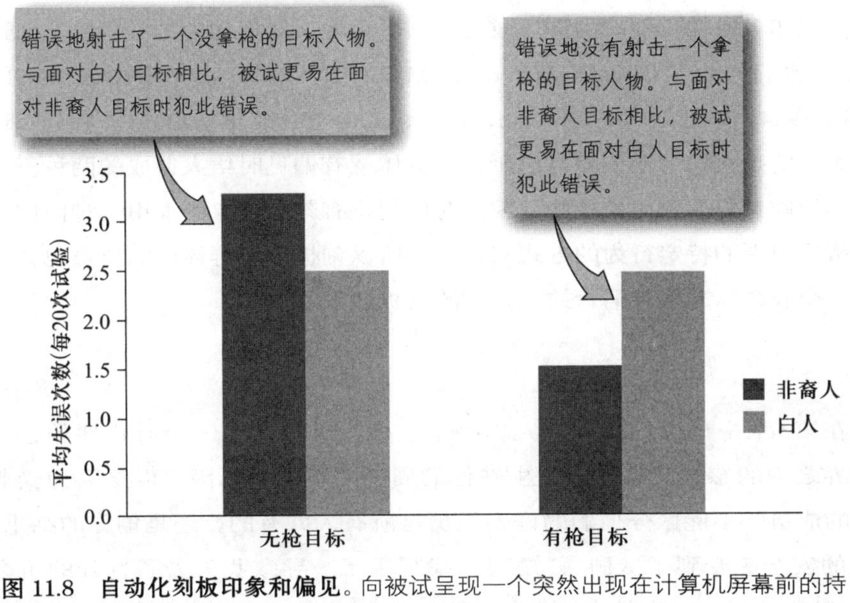

图 11.8 自动化刻板印象和偏见。向被试呈现一个突然出现在计算机屏幕前的持枪或不持枪的个体的图片。他们需要尽可能快地按下一个键去“射击”一个持枪个体，如果那人不持枪，则按另一个键。

来源：Adapted from Correll, Park, Judd, & Wittenbrink, 2002.

此外，致力于认知研究的社会心理学家尽其所能地向我们清楚地揭示所有人都倾向于形成刻板印象，而且是在自身没有察觉的情况下就产生了这种恼人的偏见。

如果将你自己放在内隐联想测验（见图11.1）这样的情境下，你会发现自己也对一些特殊群体持有你并不愿承认的消极联想。认识到这一点正是克服偏见的第一步。

小 结

刻板印象能帮助人们有效地认识世界和加工信息，而不需要占用认知资源。但它也会使我们犯很多错误，比如会使我们将外群体中的成员看得比实际上更同质化。我们对于群体成员的预期会影响我们处理信息的方式，从而形成偏见。我们会想办法解释那些违反刻板印象的信息，并对不符合刻板印象的信息进行子分类化。自动化和控制性的认知加工过程都能导致刻板印象。即使是从不表现出偏见的个体也会在没有意识到的刻板印象和偏见的影响下，对他人做出反射性反应。

作为受非难的群体中的一员

到现在为止，本章已经全面分析了偏见的施加者（至今我们应该明白，他可以是我们当中的任何一个人）。但是偏见的受害者又如何呢？他们在大量物质和心理幸福感指标（比如健康、财富、就业前景和寿命）方面遭遇了不公平的对待。而且，受刻板印象或偏见影响的群体成员尤其看重他人对他们的刻板印象，而这种意识会对他们产生负面影响（Crocker，Major，& Steele，1998；Herek，1998；Jones et al.，1984；Pinal，1999；Shelton，Richeson，& Salvatore，2005）。社会心理学家重点关注的是在得知他人对自己所在的群体持有偏见时给人造成的两种不良影响——归因歧义和刻板印象威胁。因为对他们持有刻板印象的人用一种倾向于引起在刻板印象中的特定行为的方式来行动，所以刻板印象群体中的成员也会对自己存有一个长久以来很难消除的、共有的刻板印象。

归因歧义

就像在第5章中讨论的一样，人们为了获得一种生活在一个有秩序的、可预测的世界之中的感觉，想知道发生在他们周围的事件的原因。但是因为受非难群体中的成员并不能区分他们的许多经历是所有人共有的，还是偏见的结果，所以他们的安全感受到了威胁。“是因为我超重了，导致我失去了晋升的机会吗？”“如果我是白人，警察还会把我摁倒在地吗？”“因为我是拉美裔，所以才拿到了助学金吗？”虽然在结果消极的情况下，这类问题尤其令人苦恼，但是在结果积极的背景中，它们也同样令人不安。当某个人很想知道他的成就到底是不是一项福利政策的结果时，就很难为其应得的成就而感到骄傲。

在一个检验这类归因歧义的研究中，非裔美国学生和白人学生都会收到相邻房间里的白人学生的反馈，有的反馈是奉承性的，有的不是（Crocker，Voelkl，Testa，& Major，1991）。一半的被试以为那个学生能够通过单向玻璃看到他们，而另一半被试以为那个学生并不能看见他们（因为有一个百叶窗把镜子遮住了）。被试是否能被看见对于白人学生怎么回应反馈并没有产生影响，却影响了非裔学生的回应方式。当非裔学生认为另一个人并不能看到他们的时候——因此另一个人并不会知道被试的种族——面对不奉承的反馈时，他们的自尊水平会下降，而面对奉承的反馈时，他们的自尊水平会提高。相反的，当非裔学生认为另一个人能看到他们的时候，他们面对坏消息的时候，自尊水平并不会受伤，而面对好消息的时候，自尊水平也不会提高。所以这个研究表明，受偏见影响的群体成员生活在一个更加不确定的世界里，不知道是应该把正面的反馈归因于自己的能力，还是他人的屈尊照顾，也不知道是应该把负面的反馈归因于自己的错误，还是他人的偏见。

刻板印象威胁

Claude Steele 及其同事启动了一项大型研究计划，该研究戏剧性地说明了受非难群体成员所面对的另一个困难（Steele，1997；Steele，Spencer，& Aronson，2002）。这个研究特别地表明：**刻板印象威胁**会损害受非难群体成员的表现，刻板印象威胁指的是受非难群体成员害怕印证他人对其所在群体的刻板印象。在一个研究当中 Spencer、Steele 和 Quinn（1999）检验了强调女性在数学方面表现不好的刻板印象对女性数学测试成绩的影响。在一种条件下，研究者告诉被试他们将要进行的测验并不会出现有性别差异的结果。而其他被试则以为该测验存在性别差异且对男性有利。正如图 11.9 所示，当被试以为测验不存在性别差异的时候，

刻板印象威胁（stereptype threat）：人们害怕自己将会印证他人对其所在群体的刻板印象。

(A)

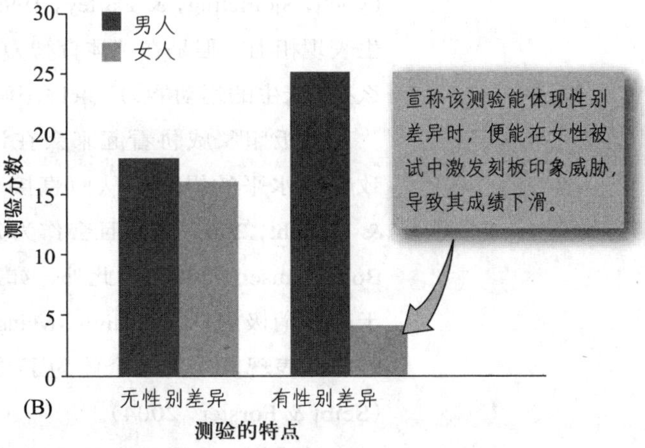

(B)

图 11.9　刻板印象威胁和成绩。宣称数学测试成绩受性别影响（会引起关于女性的刻板印象威胁）或与性别无关时，男女被试在测验中的成绩。

来源：Adapted from Spencer, Steele, & Quinn, 1999.

男性和女性的表现相当；但当他们以为测验存在性别差异时，女性比男性表现得更差。

要使刻板印象威胁起作用，其实并不需要太过明显的操作。比如，Michael Inzlicht 和 Talia Ben-Zeev（2000）让女大学生在两名男性或两名女性的陪同下完成一场数学测试。由女性陪同测试的女大学生平均获得了70%的正确率，而由男性陪同的女大学生平均只得到了55%的正确率。

Claude Steele 和 Joshua Aronson（1995）检验了一些非裔美国学生对刻板印象威胁的敏感度。在关于非裔人的智力的刻板印象上，他们让斯坦福大学的非裔学生和白人学生完成了一份难度很高的词汇测验，其中的词汇全部摘自研究生入学考试。研究者引导一半学生以为该测验能够测量出他们的智力，而另一半学生则被告知该测验尚处在初级开发阶段，测验成绩与智力并无关系。该操作对于白人学生的分数并没有什么影响；相反，当非裔美国学生认为该测试尚不成熟时，他们的成绩和白人学生差不多，但是当他们认为这个测试是在测量他们的智力时，他们的表现就会比白人学生差很多。这里也表明，要让非裔美国学生的成绩产生显著的差别并不需要什么明显的操作。接下来的研究发现，只要让被试在试卷的顶端写下自己的种族，非裔美国学生的表现就比不用写下种族的那组被试更差（Steele & Aronson，1995）。

看起来没有一个人可以幸免于刻板印象威胁。Joshua Aronson 及其同事（1999）发现，当提醒白人男性亚洲人精通数学时，前者的数学运算能力也会出现下降。在一个特别巧妙的实验中，Jeff Stone 及其同事让大学生执行了一项据称可以衡量人们“天生的运动能力”、“体育智力”或“运动心理”的实验室高尔夫球任务（Stone，Lynch，Sjomeling，& Darley，1999）。在“运动心理”的条件下，非裔学生和白人学生表现相当。但是在“体育智力”条件下，非裔学生的表现明显不如白人学生。那么在“天生的运动能力”条件下呢？如你所料，白人学生的成绩变差了。

刻板印象威胁看起来会在许多方面让人们的表现变差。刻板印象威胁会导致唤醒水平的提高，从而直接干扰人们在复杂任务中的表现（Ben-Zeev，Fein，& Inzlicht，2005），并且会作为分心源而干扰人们对手头任务的专注（Cheryan & Bodenhausen，2000）。此外，如果一个人知道他所在的群体受人“怀疑”，则倾向于产生消极想法（Cadinu，Maass，Rosabianca，& Kiesner，2005），这样既会直接破坏其表现，也会令个体为了“打安全牌”而热衷于避免失败，却不是争取成功（Seibt & Forster，2004）。

虽然每一个人都容易受到基于其群体成员身份的一些刻板印象的威胁，但是Steele（1997）认为，非裔美国人的弱点有特别的潜在危险。刻板印象威胁可能会在整体上干扰他们的学业成绩，从而有损其自信，使其对刻板印象威胁更加敏感。

这种恶性循环可能会导致在学术追求上的“否定的认同感”，就如同敏锐地感受到威胁的学生会退出学术领域而认同其他领域，从而在其中投入他们的天赋和精力，并从中找回自尊。

自我实现的预言

因为大部分关于刻板印象的信念都可以导致一种自我实现的预言（即人们对待特定群体成员的方式鼓励后者做出如其所愿的行为），所以受非难群体中的成员经常会觉得被困在不合理和不公正的刻板印象中。试想特定群体中的成员是有敌意的，所以某人可能会用防御的方式来对待他们，而对方也会冷淡相对，结果却成了证明他们充满敌意的证据（Shelton & Richeson，2005）。一个认定某群体成员的智力不高的老师可能不会给予他们足够的指导，结果他们落后于其他同学的概率就真的提高了。就像提出“自我实现的预言”一词的美国著名社会学家 Robert Merton 说的：“自我实现预言的力量在于它能够使错误恒久地统治下去，因为预言者会把实际的事件经过作为他一开始就正确的证据。”（Merton，1957，p.423）

“压迫是没有逻辑可言的，只是一个能被一套永在的系统证实的自我实现的预言。”

——美国女权运动先驱格洛丽亚・斯坦能（Gloria Steinem）

一个实验让普林斯顿大学的白人学生面试假装成求职者的非裔男性和白人男性。该实验强有力地证明了由一定类型的自我实现预言设下的陷阱（Word，Zanna，& Cooper，1974）。面试受实验者监控，实验者发现学生们（那些白人面试官）会不知不觉地区别对待白人求职者和非裔求职者。当求职者是非裔人时，面试官倾向于坐得更远，而在面试的过程中也吞吞吐吐，会比面试白人求职者更早地终止面试。他们在这种场合中无法做到冷静应对和流畅面试。

可以肯定的是，第二阶段的实验反映了面试对于非裔求职者来说是多么不容易。这些面试官事先学习了面试白人求职者或非裔求职者的方式，然后再来面试一批新的求职者（都是白人）。面试过程经过了录音，此后会有独立的评分者对面试官的表现进行打分。结果，被面试官以面试非裔求职者的方式对待的白人求职者，表现得更差强人意。换句话说，白人面试官通过把非裔求职者放在劣势上，从而确认了他们对非裔人的消极刻板印象。对同性恋求职者的面试研究也得出了相似的结论（Hebl，Foster，Mannix，& Dovidio，2002）。

小　结

刻板印象的受害者不知道别人对他们表现的反馈是真实的还是基于他们的群体成员身份，而在归因歧义中受到了伤害。他们因为害怕证实别人对其所在群体的刻板印象而表现得更差，从而备受刻板印象威胁的折磨。他们也会发现克服普遍存在的刻板印象是很困难的，因为别人对待他们的方式会导致他们做出与刻板印象一致的行为，而压抑那些与刻板印象不一致的行为，从而令刻板印象的预言自行实现。

减少刻板印象、偏见和歧视

本章始于对美国和世界大部分地区的群际关系是否取得了进步的讨论——要在这个世界中真正实现人人平等，我们还有多远的路要走。是什么帮助我们取得了有目共睹的群际关系的改善？要想在未来取得进一步的成绩，我们又可以着眼于何处？

许多因素（包括特定的法律干预、广泛的经济发展和看似偶然的社会潮流）带动了同性恋和异性恋、非裔人和白人、拉美裔和盎格鲁人和大量其他群体之间关系的改善。一个既是这些发展的原因又是结果的因素是不同群体成员之间日渐增加的互动。当人们互动频繁的时候，会更多地把他人看作独立的个体，而较少把他人看成特定群体的代表。就像巴拉克·奥巴马在其总统就职演讲中说的一样，“随着世界的变小，我们共有的人性将展现出来。”

但是不同群体之间泛泛而简单接触并不是对和谐关系唯一重要的因素，其他类型的接触会更有帮助。在布朗诉托皮卡教育局案之后，美国最高法院取消了美国学校中的种族隔离政策。很多研究就这一法案的影响展开了调查。最初的研究并没有为“接触学说”提供强有力的支持，接触学说最简单的意思就是把来自不同种族和民族的学生放在一起会减少偏见和歧视。对相关文献的一个评论发现，在大部分观察种族间融合对种族间态度影响的研究中，看到的是偏见有增无减（Stephan，1986）。

减少偏见。“接触假设”的支持者认为，对受非难群体成员的熟悉度的增加能够减少对这些群体的偏见，当接触的增加发生在一定的讨人喜欢的条件下时更是如此。

当然，这不是一个鼓舞人心的发现，但是从多方面来看，这也不出人意料。毕竟，罗伯斯山洞实验证明，简单地把响尾蛇队和老鹰队放在一起是不会减少两队对彼此的憎恨的。如果达到了一些特定条件，不同群体的接触就更有可能变得更积极而富有成效。第一，不同的群体需要有相同的地位。如果一个群体觉得更有优越感而厌恶另一群体，那么和谐的、有成效的互动也不太可能成为常事。第二，就像在罗伯斯山洞实验中一样，如果有一个需要不同群体通过合作方能达成的共同目标，就会引发一个共同的组内身份，从而促成有成效的群体间互动（Gaertner & Dovidio，

2000，2009；Nier，Gaertner，Dovidio，Banker，& Ward，2001；West，& Pearson，Dovidio，Shelton，& Trail，2009）。第三，需要一个应用范围更广的社会规范去支持群际接触。如果来自不同种族、宗教和民族的孩子和其他孩子一起上学，但是他们的父母觉得这种做法很勉强，并且不愿意错过任何一个说“其他”孩子坏话的机会，那么那些学生自己就不太可能会超越群体的界限和他人接触。另一方面，仅仅知道在自己的群体里有一个人是一个外群体成员的朋友——这就意味着认识到对和外群体接触的社会支持——就足以减少偏见和外群体歧视（Wright，Aron，McLaughlin-Volpe，& Ropp，1997）。最后，接触应该鼓励不同群际成员一对一的互动。这样做可以把每个人的个人身份放在最显著的位置上，而淡化其群体成员身份。一项分析研究整合了大量针对废除种族隔离的影响的研究，囊括了来自超过25个国家的上万学生，发现满足了上述大部分条件时，来自不同群体的成员间的互动确实可以有效地减少偏见（Pettigrew & Tropp，2000，2006，2008）。室友来自不同种族的大学生报告他们对于跨种族互动的焦虑感降低了，内隐联想测验显示，他们对外群体的态度显著改善了。

但是我们应当注意，即使加强群体间的互动能有效地消除偏见，本章的内容仍令我们清楚地意识到新的偏见和憎恨有可能重新抬头。人类强大的天性将促使刻板印象、偏见和歧视的产生——如果希望不同群体之间的关系保持和谐，就需要持续地关注这些势力。资源是有限的，人人都想得到它，这使得冲突永远都存在（经济学观点）。而且，人们需要感觉到自己是重要的，感觉到自我价值，感觉归属于某一群体。因此，即使由稀缺资源引起的冲突减弱，那些动机上的考量仍可以毁坏群际关系（动机的观点）。心理学家对于心理的工作原理的了解令我们清楚地知道个体的归类和演绎推断会增加群际的差异，从而会引发群体冲突（认知的观点）。

因此，我们每个人都持有对他人的刻板印象、偏见甚至歧视。减少群体间的敌意和冲突也是我们每个人的责任。群体间的和谐相处需要得到长期的重视。在整个社会层面上，我们需要尽到公民的责任，确保公民权利受到尊重和落实；媒体的描述报道应该做到不偏不倚，不同的群体应有更多的机会为了共同的目标而共事，而不是为了稀缺的资源相互竞争。另外，在个体的层面上，我们一定要尽量克服觉得外群体成员不愿意和我们交流的恐惧（Shelton & Richeson，2005）。只有主动地和作为个体的外群体成员联系，群体间的边界才会开始失去其重要性。这些积极的互动能够取代我们从失真的媒体描述或是他人口中听来的负面信息，代之以能够建立积极的群体间联系的个人对个人的、平等的关系。

小 结

不同群体成员之间的接触在减少刻板印象和团体间敌意上还有很长的路要走。当不同群体的成员能够平等地接触、为了完成共有的目标而一起工作、在一对一的基础上凝聚在一起且可以得到广泛的社会规范支持的时候，团体间的接触就会特别有益处。

本章总结

描述群际偏见的特征

- 刻板印象是有关于群体的概括观点，它常被用于单个群体成员身上。偏见包括对某一群体的成员产生的负性态度与情绪反应。歧视涉及因为某人的群体归属而对他产生的负性行为。
- 如今，在世界上的绝大部分地区，明目张胆的、外显性的种族主义已经较少了。但是现代种族主义依旧存在，即人们一面公开宣扬平等主义的态度，一面在潜意识中仍然怀抱消极的态度，并表现出更微妙的偏见形式。
- 虽然善意的种族主义和性别歧视主义所持的态度是让个体更喜欢某一群体，但是它也支持了弱势群体成员的传统的、卑屈的社会角色。
- 近年来，研究者利用内隐性测量方法成功地测量了人们的无意识态度，从而让研究取得了进展。内隐联想测验要比较外群体图片（或词语）和一类正性项目出现时的反应时，以及外群体图片（或词语）和一类负性项目出现时的反应时。另一种内隐性测量方法涉及用特定群体成员的图片进行启动。如果该启动导致人们认出随后呈现的正性词汇的用时增加，而减少了人们认出负性词汇的用时，那么对该群体的偏见就暴露出来了。
- 三种研究偏见和歧视的方法是：经济学视角、动机视角和认知视角。

经济学视角

- 经济学视角的一个观点是现实群体冲突理论，认为稀缺的资源所引发的竞争常常导致群际偏见和歧视。罗伯斯山洞实验将在营地里的男孩们分成两组进行竞争，很快群体之间开始表现出公开的敌意。而当两个群体一起在没有竞争的环境下完成一个只有合作方能实现的超常目标时，敌意就瓦解了。

动机视角

- 根据动机视角，团队间关系之所以会变恶劣，有时只是单纯因为他们来自不同的群体，其中存在着一种“我们”与“他们”的想法。这种现象甚至可以发生在随机分配成员的群体之间。比起其他队伍的成员，人们无疑更喜欢自己团队里的成员，即便是在他们需要牺牲自己才能“打败”敌对群体的时候。
- 社会认同理论企图解释群际偏袒，说明了个体的自尊部分源于与团队成员的关系以及团队的成功。
- 挫折—攻击理论说明了当人们在努力完成目标的过程中受挫时，往往会向一个弱势群体发泄愤怒，对个人自尊的威胁也同样会造成这种影响，同时研究也证明了当人们的自尊受到毁灭性打击时，他们会对别的群体表现得更加敌对。

认知视角

- 认知方面的研究集中在刻板印象上。刻板印象是一种分类行为，人们一直都依赖着刻板印象，尤其是在疲惫或负担很重时。

- 一些认知过程导致错误的刻板印象。我们倾向于认为外群体比内群体更加同质化，这种现象叫外群体同质性。我们也容易受到有偏见的信息加工过程的影响，只看到那些符合刻板印象的现象，而看不到与它不符的事实。
- 人们经常把特殊的群体（因为他们是少数）和特殊（少见）的行为联系在一起。这种成对的独特性使我们将一些并非事实的错觉归为这一群体的属性，引发了虚假相关。
- 我们看到不符合群体特征的行为可能不会改变我们对群体的看法，因为我们会将这些行为看作刻板印象外的特殊情况。与刻板印象一致的行为被看作群体的性情，而与之不一致的行为则被看作情境的作用。我们倾向于把内群体成员的积极特征抽象化，而把外群体成员的积极特征具体化；负性特征则恰好相反。
- 我们有时会反射性地凭借自动加工过程来对外群体成员做出回应，这些自动的加工过程让我们无意识地释放了自己的偏见。自动反应经常能被有意识的、控制性的加工过程更正。

作为受非难的群体中的一员

- 受非难群体的成员会受归因歧义困扰。他们不得不问自己，别人积极或消极地对待他们的行为是出于偏见，还是出于和他们的群体成员身份无关的因素。
- 刻板印象威胁会干扰受非难群体的成员的表现。刻板印象威胁指的是他们害怕证实别人对他们的刻板印象。
- 我们经常会不经意地创造自我实现的预言——用将会带来预期行为的方式来对待别人。

减少刻板印象、偏见和歧视

- 当来自不同群体的成员能够地位平等地一对一互动时，当有一个更高的目标鼓励他们进行合作时，当他们间的接触得到了现行规范的支持时，来自不同群体的成员接触得越多，就越能减少群体间的憎恨。

关键概念

超常目标（p419）
成对的独特性（p434）
挫折—攻击理论（p427）
狐假虎威（p425）
刻板印象（p409）
刻板印象威胁（p447）
民族优越感（p417）
内隐联想测验（p414）
偏见（p410）
歧视（p410）
启动（p415）
社会认同理论（p423）
外群体同质效应（p432）
现代种族主义（p411）
现实群体冲突理论（p416）
子类型化（p438）
最简群体范式（p422）

第12章

群　　体

本章要点

- 群体生活的性质和目的
- 社会促进作用
- 群体决策
- 领导与权力
- 去个体化与暴民心理

2010年12月17日，一位名叫默罕默德·布阿吉吉的突尼斯小贩通过自焚来抗议政府部门的“粗暴对待”。他自焚的画面被路人录了下来，并上传到You Tube网站。这一事件迅速扩大，引发了突尼斯全国范围内的抗议活动。抗议活动在社交媒体的推动下愈演愈烈，最终迫使总统本·阿里于次年1月14日逃离突尼斯。这一事件就是席卷阿拉伯世界的政治暴乱的开始。

这些抗议活动受到了多种新式社交媒体的帮助，同时引出了各种各样的关于什么才能构成“群体”的问题。

2周后，埃及的抗议者们受到突尼斯事件的影响，开始在开罗等城市聚集并要求时任埃及总统的侯赛尼·穆巴拉克下台。脸书网、推特以及其他诸多社交网站上开始大量出现埃及军队和警察的负面消息，使得人们对于街头抗议产生了更多的警惕。同时，这些消息为抗议者们组织和进行活动提供了战略性建议。政府尝试切断全国范围内的互联网服务，并希望以此平息骚乱，然而收效甚微。2月11日，穆巴拉克宣布辞职，结束了他长达30年的执政生涯。

发生在突尼斯和埃及的一系列事件继而又导致了发生在利比亚的抗议活动，这一抗议旨在结束穆阿迈尔·卡扎菲的长期统治。在北约国家的空袭支持下，反对派迅速成长为武装叛乱组织，最终击败了卡扎菲的军队并剥夺了他的权力。在卡扎菲出逃约2个月之后，他在尝试逃离其家乡苏尔特的时候被叛军凌辱并杀死。

该事件引出了本章将要探讨的极具意义的问题，群体如何行动、如何做决策，以及在某些情况下群体决策如何阻碍人们探寻最佳的行动方案。本章同时考察了人们是如何在群体内获得领导地位的，以及权力对人和权威的影响。最后，本章探索了当个体的身份意识和对行为的正常约束力被削弱时，有组织的群体是如何成为难以控制的暴民的。也许，首先需要解决的问题正是对于群体的定义。

群体生活的性质和目的

人类和所有大型灵长类动物（除了红毛猩猩）都以群体为单位生活，所以群体生活必然能够给我们提供生存斗争中的某些优势。然而，要理解这些优势并非易事，因为不同的哺乳动物有它们各自成功的独居或群居的生活方式。狼是群居动物，而熊不是，但这两个物种的生存情况都没有因为其特定的生活方式而恶化。

“没有谁是一座孤岛，在大海里独踞；每个人都像一块小小的陆地，连接着整个大陆。”

——英国玄学派诗人乔治·邓恩（John Donne）

但是，人们通常认为群体生活还是保护了我们的人类祖先免遭捕食者的侵害，能够高效地获得食物，在抚养孩子上获得了帮助，并抵御住了其他人类入侵者——这些益处使得人类得以凭借较小的个人能力完成熊和猩猩所不能完成的事情。而且这些益处对于生存十分重要，导致我们具有与他人共处和群体归属的心理需要。

所以，群体究竟是什么？这并不是一个简单的问题，因为众多不同类型的群体之间并没有多少共同点。一支棒球队的成员显然属于一个群体，但是大多数人都不会将一堂讲座的听众当作一个群体。同样的，大多数人都不会把同乘一部电梯的乘客视作一个群体。但假设电梯突然坏了，被困于里面的乘客必须找到逃生或求救的方法。在这种情况下，大多数人应该会认为他们属于一个真正的群体了。这究竟是怎么回事呢？

群体被描述为“相互之间存在关系，并在一定程度上具有相互依赖性的一群人”（Cartwright & Zander，1968，p.46）。因此，同在一部运行正常的电梯里的人之所以不能构成群体，是因为他们之间并不是相互依赖的。但是，一旦电梯坏了，他们就必须为共同的行动做决策（或者决定是否采取共同行动），这就使他们相互依赖，从而构成一个群体。应该指出的是，相互依赖性会持续地变化；因此，一群人能不能构成群体也会随之变化（McGrath，1984）。对于大多数人而言，这个想法看起来没有什么问题。一个家庭的成员比参加某研讨班的人更像是一个“真正的”群体，而研讨班成员也比同听一堂讲座的学生更像一个群体。依据这种逻辑，一个国家的公民构成了一个群体，但他们的群体性又不及宗教组织的成员或乐队成员，因为后两类成员之间有更频繁的接触，更加相互依赖。

社会促进作用

让我们从最简单、最基本的关于社会生活的问题开始对群体进行考察——他人的存在对于人类的行为有什么样的影响？也就是说，在通常情况下，他人的存在究竟有助于人类的行为还是对人类行为有所妨碍，又或者是根本没发挥任何作用？为了解答这个问题，让我们在一个更加生动的个人化条件下进行思考。假设你正在努力熟悉一项技能——练习弹钢琴、为参加网球比赛而练习发上旋球，或者是学习错综复杂的复合拉丁文动词。当某个人——一个陌生人、你的母亲或者是奥普拉、乔治·克鲁尼之类的明星——坐在你旁边并且一直在观察你时，你感觉自己会做得更好吗？这些人的存在对你的行为造成了什么影响？他们给了你能量和必要的关注以使你表现得更好吗？还是说，你会因此而变得十分紧张、心烦意乱，致使表现变差吗？

社会促进作用与竞争。只要某种行为得到过很好的训练，该行为的表现通常可以在他人存在的情况下得到提高与增强。在这张图里，兰斯·阿姆斯特朗（Lance Armstrong）因为观众的存在与鼓舞而获得力量，最终赢得了2004年的环法自行车赛。

最初的研究

Norman Triplett（1898）是第一个以实验的方式探究他人的存在对人类行为的表现产生了何种影响的人。Triplett是狂热的骑行爱好者，在查看了由美国自行车联赛委员会发布的竞速记录后，他发现，最高记录往往是在和其他骑行者同时在同一赛道竞技时产生的。而在骑行者独自骑行的计时赛中，速度往往较慢。因此，他相信：他人的存在会产生促进人类行为表现的作用。

Triplett意识到，骑行的速度并不是对其假设的最好检验，所以他设计并进行了社会心理学史上的第一个实验。他邀请了40个孩子到他的实验室参加实验，要求他们尽可能快地卷起渔线。每个孩子都完成了6组试验，其间可以稍事休息。在其中的3组试验里，孩子都是独自一人完成任务的；而在另外3组试验里，会有另一个孩子在被试旁边做着一样的事情。实验室实验能更好地控制各种变量，就在这样的条件下，Triplett发现，在有另一个孩子参与同一件事情的情况下，被试能更快地卷好渔线。他人的存在看似促进了人类行为。这就是对**社会促进作用**的研究。

社会促进作用（social facilitation）：起初用来描述他人的存在能提高个体的行为表现的现象；现在的意义更为宽泛，用以描述他人的存在对个体的行为表现起到的正面或负面的影响。

随后的一系列研究证实了Triplett的发现，并将之延伸到两个重要的方面：第一，有他人存在，但从事着不同的事情时（意味着没有“共同行动”），也可以发现同样的效应，但仅限于有被动观察者在场的情况下（Gates，1924；Travis，1925）；第二，在许多动物种群中，也可以发现该效应，这意味着这一现象是普遍、基本的。举例而言，和自己独处时相比，狗、鱼、犰狳、猩猩、青蛙等物种都会在有同类存在于周围的情况下吃得更多（Boice，Quanty，& Williams，1974；Platt & James，1966；Platt，Yaksh，& Darby，1967；Ross & Ross，1949；Uematsu，1970）。其他一些研究显示：在群体中，蚂蚁会挖掘更多泥土（Chen，1937），果蝇会更频繁地整理嘴上的绒毛（Connolly，1968），蜈蚣会更快地跑出迷宫（Hosey，Wood，Thompson & Druck，1985）。对于人类和其他动物来说，许多研究都表明，他者的存在会促进行为表现。

“对一个骑行者而言，另一个骑行者的客观存在是唤醒竞争本能的刺激体；因此，他人的存在可以是释放他紧张情绪的方式，而他独自一人是做不到这一点的。”

——诺曼·特里普利特（Norman Triplett）

然而遗憾的是，大量例外的情形也在Triplett最初的发现之后涌现。举个例子，Floyd Allport（1920）要求哈佛大学和拉德克利夫大学的学生在5分钟内尽可能地驳斥一些哲学命题。与有其他同学在场的情况相比，独自一人时，这些学生给出了更高质量的驳斥。他人的存在也对解决算数问题、完成记忆任务和迷宫学习产生了抑制作用（Dashiell，1930；Pessin，1933；Pessin & Husband，1933）。对于一些动物而言，同类的存在有时也会产生抑制行为表现的作用（Allee & Masure，1936；Shelley，1965；Strobel，1972）。

解决矛盾

当我们把所有的相关研究结果放在一起时，会发现在回答“他人的存在对于行为表现究竟有怎样的影响”这一问题时，最好的解答似乎是：它时而有利，时而有弊。这并不是一个令人满意的答案。这一答案就和政治学者宣称“共和党人可能会在下一个选期重获总统职位，也可能再次与该职位失之交臂”一样，帮助不大。也许你心目中的政治预测人就是这样的，但你肯定会希望研究社会促进作用的心理学家们能给出更好的答案。

Zajonc 的理论

令人欣喜的是，当社会心理学家 Robert Zajonc 提出了一个异常精练的理论来解释该主题中的所有分歧时，我们终于对这一问题有了一个更好的认识。Zajonc（1965）指出：他人的存在通常对于完成一个简单的或熟练的任务来说，具有促进作用；但是也会妨碍人们在完成困难或复杂的任务时的表现。更重要的是，Zajonc 的理论解释了他人的存在为什么会有如此效应。

Zajonc 的理论包含三个成分（见图 12.1）。第一，单单是他人的存在就能提高个人的唤醒水平。（一般而言，同物种的另一个体的存在本身就能使任一有机体被唤起。）其他人是动态的、无法预测的刺激体，几乎可以在任何时刻做出任何事情。因此，我们必须警惕，或者保持较高的唤醒水平，以应对他们可能做出的任何反应。

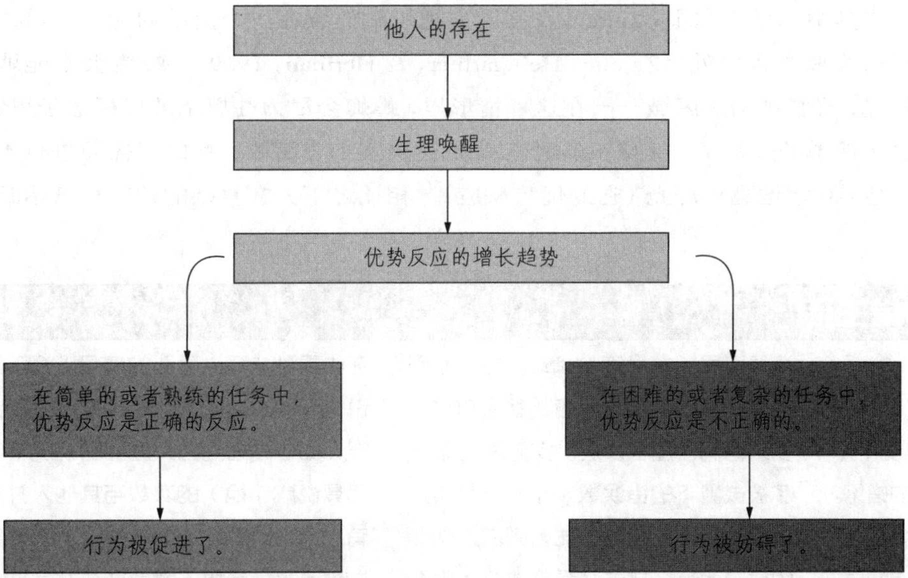

图 12.1　Zajonc 的社会助长作用理论的模型。他人的存在（仅仅是他们的存在）会提高唤醒水平并促进优势反应。这将会提升人们在简单、熟悉的任务上的表现，但妨碍在困难、复杂的任务上的表现。

优势反应（dominant response）：在个体反应的结构层次里，最有可能采取的反应。

第二，唤醒状态可能会让人更加“僵化”——个人在某种意义上更倾向于做他本来就倾向于做的事情。在 Zajonc 的描述中，唤醒状态会让一个人更容易做出**优势反应**。这样想：在不同的情况下，你可能会做出许多不同的反应，它们会依据发生的可能性以某种结构层次分布。在具体情况下，你最倾向于做出的反应处于这一结构层次的顶端，因此被称为“优势反应”。Zajonc 指出，当被唤醒时，人们更倾向于采取优势反应。

Zajonc 理论的第三个成分将采取优势反应的增长趋势与对简单任务的促进和对复杂任务的妨碍联系在一起。对于简单的、熟悉度较高的任务，优势反应——你的反射性反应——很有可能是正确的反应。因此，他人的存在会以促进你优势反应的方式来促使你做出的正确反应，并提升表现（见专栏 12.1）。相比之下，对于困难或复杂的任务，优势反应往往不是正确的反应，因此，他人的存在会促使你做出不正确的反应，并抑制你的表现。

对理论的检验

Zajonc 的理论为当时不统一的研究结果提供了精准的总结。然而，正如其他理论一样，Zajonc 的理论需要经受更加严格的检验。现有的发现并没有提供充分严格的检验；毕竟，所有的理论都建立在现有发现的基础上，它们之间必须保持一致。因此，在 Zajonc 的研究成果和理论横空出世之后，研究者在一系列不同的情境下对它进行了检验，而这些研究都很好地支持了这一理论。

在其中一项研究中，Zajonc 及其同事把蟑螂放置在一个简单的迷宫入口，然后用灯光照亮入口处（Zajonc，Heingartner，& Herman，1969）。蟑螂会本能地逃离灯光，寻找黑暗的区域——在这种情形里，蟑螂会尽力往黑暗的目标盒子里钻。在这个简单的迷宫里（仅有一条跑道），抵达暗室十分简单。蟑螂只需要进行本能的反应：直接地逃离灯光（它的优势反应）。相比之下，在复杂的迷宫里抵达暗室

专栏 12.1 聚焦日常生活

社会助长作用与偏见

人们通常认为那些有偏见的个体不会经常在公共场合表露自己的偏见。如果这样做，从逻辑上说，就会承受他人反对的风险。但是如果某种形式的偏见呈优势反应趋势，那么他人的存在就可能促进该反应，即使他人反对该偏见。

在一项检验该想法的研究中，研究者在计算机屏幕上快速向被试展示成对的图像：一张非裔人或白人的脸，紧跟着一把手枪或工具。学生要在最短的时间内指出第二张图究竟是手枪还是工具（参见第 11 章）。如果他们没有在半秒内做出反应，就会有提示要求他们再加快反应。实验者记录下了被试犯下的错误数，作为测量偏见程度的指标。相对于先看到白人面孔的情况而言，被试在看到非裔人面孔的条件下，误把工具当手枪的频率十分高。另外，一些被试是单独进行实验的，在整个实验中都不用和别人打交道；其余的被试则需要在实验结束后将自己的反应与他人分享。

研究者发现：在被试知道自己需要和他人互动的情况下，他们比其他人多犯了 13% 的刻板印象错误（即在先看到非裔人面孔的情况下将工具说成手枪），但是犯下非刻板印象错误（即在先看到白人面孔的情况下将工具说成手枪）的次数与其他人并没有显著差别（Lambert et al.，2003）。诚然，这一结果不需要联系社会助长作用也能得到解释（也许是对于在实验后与他人分享自己结果的期待使被试分心了，使他们更难控制自己的偏见）。但是，这与社会助长作用的解释是一致的。研究者们受到了先前对社会助长作用的研究成果的鼓舞，继续进行相关的研究。

就更加具有挑战性了——蟑螂不能仅仅通过服从本能来逃离灯光，它需要进行一次转向。这一设计中，有两点十分重要。第一，蟑螂总是会逃离灯光，所以这显然是它们的优势反应。第二，Zajonc创建了两个不同的条件：在一个条件里，优势反应会让蟑螂抵达目标（简单迷宫）；在另一个条件里，情况却恰好相反（复杂迷宫）。

乡巴佬 Leigh Rubin著

为什么蟑螂们举办惊喜派对总不成功？

Zajonc让蟑螂单独跑两个迷宫，或者和另一只蟑螂一起跑两个迷宫。他预测：在简单的迷宫里，有同伴存在时，蟑螂会更快地抵达目标；在复杂迷宫里，情况则相反。的确，实验结果就是如此：其他蟑螂的存在促进了蟑螂在简单迷宫中的行为，但是它们的存在也妨碍了蟑螂在复杂迷宫里的行为。

他人存在的共同作用

最后，为了展示另一只蟑螂单纯的存在具有这些效应——以与竞争或者其他更加复杂的因素形成对比——Zajonc增加了一个条件：蟑螂并没有与同类一起走迷宫，而是单纯地作为被动的“观众”存在。为了创建这个情形，Zajonc制作了一套树脂玻璃箱（或者说是“看台”），并将其置于两个迷宫的侧翼，以容纳旁观的蟑螂。再一次，如图12.2中指出的那样，结果与预测完全一致：旁观蟑螂的存在促进了其他蟑螂在简单迷宫中的行为表现，但妨碍了它们在复杂迷宫中的表现。

现在，经过诸如上述实验的检验，心理学家们可以将Zajonc的理论付诸现实世界了，并能更精确地预测日常生活中可能发生的情形（Ben-Zeev, Fein, & Inzlicht, 2005；Thomas, Skitka, Christen, & Jurgena, 2002）。一项在大学台球厅里进行的实验就很好地说明该理论在现实世界中极富指导性（Michaels, Blommel, Brocato, Linkous & Rowe, 1982）。研究者在暗中观察打台球的学生，并将他们分为技术较好组与技术较差组。根据Zajonc的理论，我们可以再一次预言：他人的存在将会让有技术的学生表现得更好（对他们而言，这个任务是简单的），但是会让技术较差的学生表现得更糟糕（对他们而言，这个任务是困难的）。为了检验这个预言，实验者故意走到台球桌旁并进行观察。正如所预料的那样，有技术的学生的确比之前打得更好，而技术较差的学生表现得恰恰相反。

是他人的存在，还是评价顾虑

直到今天，对于社会促进作用来说，Zajonc的理论仍然是最引人注目、被广泛接受的解释。极少有理论家质疑“他人的存在能提高唤醒水平”的观点，事实

图 12.2　科学方法：社会助长在简单和困难任务中的作用

假设：同一物种中其他个体的存在会促进个体在简单任务中的行为，而妨碍个体在困难任务中的行为。

研究方法：

1. 研究者将蟑螂放在两个迷宫入口的盒子中，并用灯光照射，促使蟑螂逃向黑暗区域（目标盒子）。

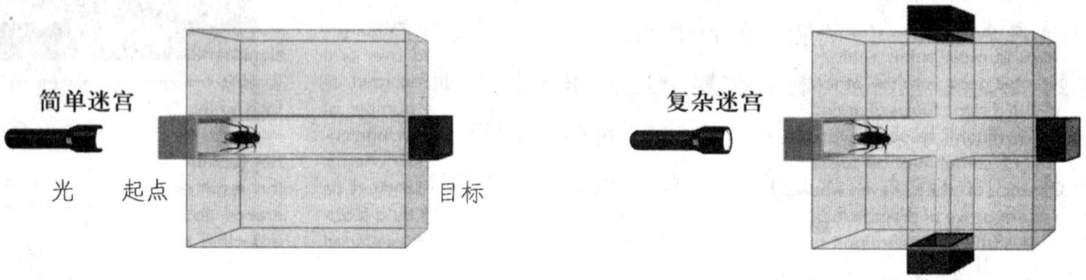

2. 蟑螂或单独进入迷宫，或与另一只蟑螂一起进入迷宫，又或者在另一只处于透明墙外的蟑螂的旁观下进入迷宫。

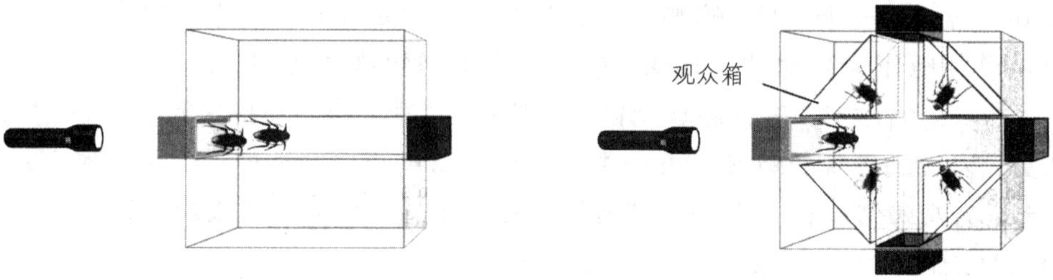

结果：在有同类存在的情况下，蟑螂更快地跑完了简单的迷宫，但在困难迷宫里花费了更久的时间。

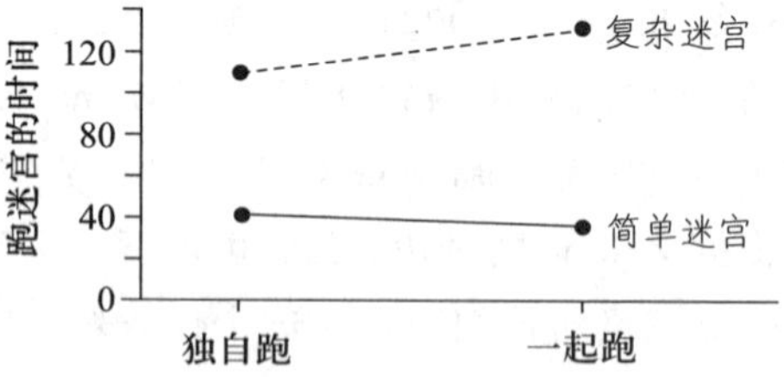

在简单的迷宫里，蟑螂只需要遵从自己的优势反应，径直跑向远离灯光的地方，即可抵达终点。

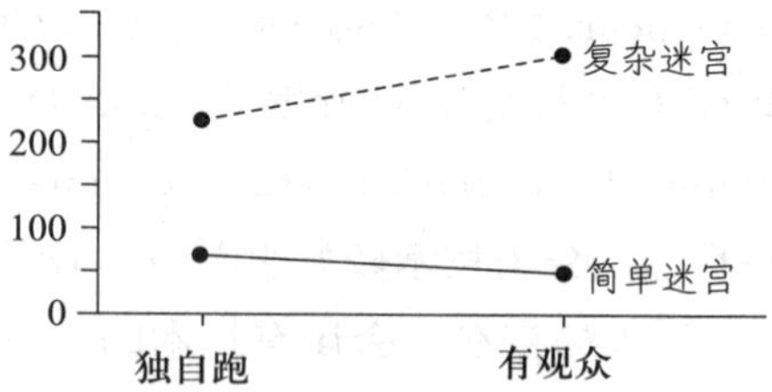

在复杂的迷宫里，蟑螂的优势反应并不能很好地带领它抵达终点。它必须进行一次转向。

结论：在动物王国中，社会助长作用可以被广泛地观察到。蟑螂和人类一样，同类的存在会提升采取优势反应的趋势，进而导致在简单任务中有更好的表现，而在困难任务中的表现更糟。

来源：Zajonc, Heingartner, & Herman, 1969.

上，也没有人怀疑他关于“他人存在往往能促进简单任务并妨碍困难任务”的主张（Green，1989；Guerin，1993；Sanna，1992；Thomas et al.，2002）。然而，Zajonc的理论中仍有一点受到了质疑——提高唤醒水平的究竟是不是单纯的他人的存在？让我们仔细思考一下，为什么唤醒水平会在他人存在的情况下得到提高，起决定作用的似乎并不只有“他人的存在”。**评价顾虑**——一种对受到他人负面评价的担忧——似乎也十分重要（Blascovich，Mendes，Hunter，& Salomon，1999；Cottrell，Wack，Sekerak，& Rittle，1968；Seta & Seta，1992）。

评价顾虑（evaluation apprehension）：人们对于自己在他人眼里的形象（亦即对他人会如何评价自己）的顾虑。

对评价顾虑的检验

许多社会心理学家提出，评价顾虑是构成社会促进作用的关键要素。通过实验的方法评估这一观点必须涉及三种条件：一个人单独进行行动；一个人在另一个进行评价的观察者的面前行动；一个人在另一个无法对其进行评价的观察者面前行动。在这样的实验里，研究者们聪明地在被试中从零开始构建了反应结构层次，这样他们就能够确切地知道被试的优势反应和次要反应究竟是什么了（Cottrell et al.，1968）。被试会拿到10个没有意义的单词（比如nansoma、paritaf或者zabulon），并需要读出其中两个单词1次、2次、5次、10次和25次。他们因此更加熟悉其中的一些单词。在最初的训练阶段后，实验阶段就开始了。现在这些被试得知，相同的单词将会在屏幕上闪现（闪现的速度极快甚至无法被观察到），而他们的任务就是在单词显示的时候将之辨别出来。如果他们无法分辨，则必须猜测。被试们并不知道真正的目标词汇没有一个出现过，他们在每一次尝试中都进行着猜测（因此被称作伪辨认实验）。

被试要在三种条件下完成这个任务：（1）独自一人；（2）在两个同学的注视下；（3）在被蒙住眼的“观察者”存在的情况下。在第三种单纯存在的条件下，眼罩本来是为参与一个知觉实验的被试准备的，但是事实上，本研究的被试清楚地知道这些蒙住眼的人无法评价他们。研究者对于被试猜测优势词语（被读了25次的词语）的频率以及该频率在三种条件下的变化十分感兴趣。研究结果（见图12.3）强调了评价顾虑的重要性。相对于单独一人的条件，在有可进行评价的观察者的条件下，被试会做出更多的优势反应；而当有蒙住眼的“观察者”在场时，被试做出优势反应的频率并没有增多。因此，那些无法进行评价的观察者对被试的行为不会产生影响。这个实验看似准确地展现了他人作为评价源，而非其单纯的存在，对社会促进作用产生的影响。但也许，这一论证和呈现在我们眼前的东西仍有差距。

对单纯存在的检验

先前描述的实验所设计的条件似乎已经囊括了能有效地分辨他人的存在和对评价的顾虑会影响社会促进作用的三种条件，即独自一人完成任务的情境、有他人单纯在场的情境和有一个可以进行评价的他人在场的情境。但是表象往往是具

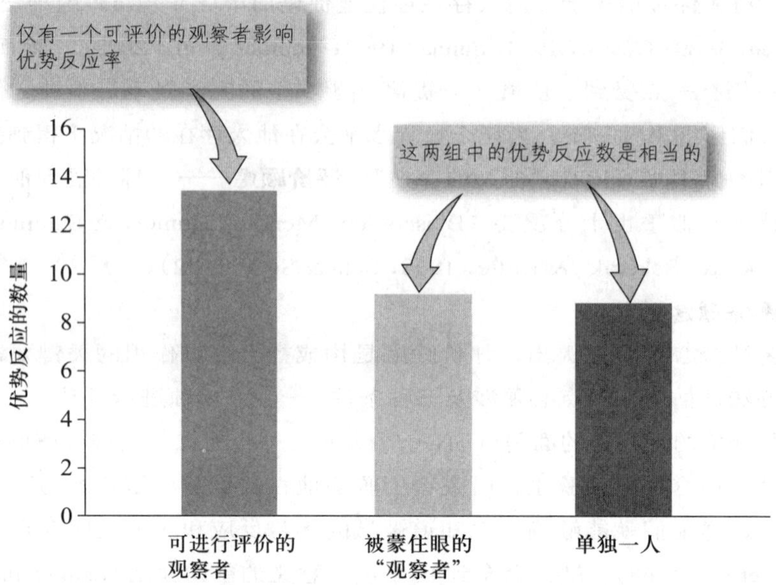

图 12.3 评价顾虑和社会助长作用。在独自完成任务的条件下、身边有一个被蒙住眼睛的“观察者”（无法评估他们的表现）的条件下和有一个聚精会神的观察者（可以评估他们的表现）的条件下，被试做出优势反应的平均次数。

来源：Cottrell, Wack, Sekerak, & Rittle, 1968.

有欺骗性的。尽管被试在客观物理意义上的确是独自一人的（没有其他任何人存在），但他们在心理上可能并非独自一人。毕竟，他们身处实验情境，这个实验还要求他们完成奇怪的、陌生的实验任务。他们可能会觉得有人在偷偷记录他们的行为（事实的确如此）。因此，这一实验所涉及的独自一人情境也许并不理想。为了充分地检验 Zajonc 的理论，我们还需要设计一个更好的让被试感觉自己周围真的没有人的情境。

在一个精巧的实验中，Hazel Markus（1978）成功创建了一个真正意义上的独自一人的情境。当被试单独抵达实验地点时，研究者让他们去旁边的房间等其他被试。在那个房间里等待的时候，他们会穿上一套为实验准备的服装。他们需要：(1) 脱掉自己的鞋子；(2) 在他们原来穿的袜子外套一双实验室用袜；(3) 穿上一双特大码的实验室用鞋；(4) 穿上一件特大码的实验室外套。被试做完这些事情后，会一直等待其他人的到来。事实上，不会再有人来了。十分钟后，研究者会再次出现并告知这名被试，其他人都不来了，实验取消了。接下来，被试会换回自己的衣服。

被试并不知道，在一面单向玻璃后面，研究者正在观察并记录着被试换衣服的时间。Markus 感兴趣的是，这些被试将会以多快的速度完成穿上和脱下不熟悉的实验室用衣、用袜、用鞋的新任务，又会以多快的速度完成穿上和脱下自己的鞋子的熟悉任务。被试是在三种情境下完成这些任务的：独自一人、受到另一人的注视、一个维修人员维护着某个设备并背对着被试。

值得注意的是，在这一实验中，独自一人情境有了显著的改善。被试不仅在客观物理意义上是独自一人的，同时他们也不需要担心有人在暗中观察和评价自己。在被试看来，实验一直都没有开始，因此不会产生评价顾虑。所以我们认为在这一情境下，被试在生理与心理上都是孤立的。

依据 Zajonc 的理论，即使被试不认为自己正在进行实验，他人的存在仍会让他们以更快的速度穿上自己的衣服，并以更慢的速度穿新衣服。正如表12.1所示，情况确实如此。在有旁观者的情况下——即便“旁观者”背对着被试而无法观察他们——被试会更快地穿上和脱下自己的衣服，更慢地穿上和脱下实验者提供的鞋子、袜子和外衣。因此，在一个真正孤立的情境下，他人存在的影响就可以被观察到了。结果再一次证明，一个聚精会神的观察者比一个单纯存在的旁观者产生的效应更强，这意味着评价顾虑可以提升一个人的唤醒水平从而产生和旁观者的存在一样的效应。总的来说，这些结果和类似的调查研究（Cottrell et al.，1968；Platania & Moran，2001；Rajecki，Ickes，Corcoran，& Lenerz，1977；Schmitt，Gilovich，Goore，& Joseph，1986）有力地支持了 Zajonc 的理论。

表 12.1 社会助长作用与旁观者的影响

被试更换衣物所用的时间会根据衣物是否属于他们自己以及实验情境（独自一人的情境，他人单纯在场的情境，或有旁观者注视的情境）而发生改变。

	独自一人 / 秒	他人单纯在场 / 秒	受到旁观者的注视 / 秒
熟悉任务（自己的鞋子）	16.5	13.5	11.7
陌生任务（实验室的鞋、袜和外套）	28.8	32.7	33.9

来源：Adapted from Markus, 1978.

关于社会促进作用的更深入的观点

Zajonc 和 Markus 的研究似乎可以比较充分地说明旁观者的存在完全可以提升人的唤醒水平，并因此可以促进简单任务的完成，并妨碍复杂、困难的任务。与此同时，一场有趣而有益的有关旁观者的单纯存在为什么会产生如此效应的争论仍然持续着。一些社会心理学家认为，起作用的并不是他人的存在，而是在注意到他人存在的时候始终伴随的某种东西。他们提出了针对社会促进作

分心—冲突理论（distraction-conflict theory）：这一理论认为：注意到他人的存在将会激发是关注那个人还是专注于手头任务的矛盾。关注对象上的矛盾提升了人的唤醒水平，并产生和社会促进作用一样的效应。

用的**分心—冲突理论**。这一理论认为：注意到他人的存在将会激发一个是关注那个人还是专注于手头任务的矛盾。他们相信，对于关注对象的矛盾会提升唤醒水平，而这就构成了标准的社会促进作用的基础（Baron，1986；Baron，Moore，& Sanders，1978；Groff，Baron，& Moore，1983；Huguet，Galvaing，Monteil，& Dumas，1999；Sanders，1981）。迄今为止，尚未收集到强有力的证据来证明这一观点（Guerin，1993）。但有趣的是，研究者们已经证明，非社会性的分心（例如，同时做两件事）也可以产生和标准社会促进作用一样的效应（Sanders & Baron，1975）。

100年来，关于社会促进作用的研究已经明确地表明：人是一种复杂的刺激体，他们的存在会产生一系列的影响，从而可能掩盖了“他人的存在”所产生的基本影响。人们总是希望能给别人留下好印象，这种评价顾虑会强化人的唤醒水平，并导致更加显著的社会促进作用。如果有人贬损其付出的努力和取得的成就，那么即使是面对一个简单的任务，其表现也可能不尽如人意。比如，在很多工作环境中，如果大多数员工都对努力工作有着很强烈的抵触，那些工作效率高于平均水平的人就会感受到群体对他们的愤怒，结果会妨碍他们完成简单的任务（Homans，1965）。同样，在有其他非裔美国人在场的情况下，非裔美国学生有时候会更不努力并因此表现不佳，从而避免被人说他们“像白人一样”（Ogbu，1991；Ogbu & Davis，2003）。让我们来思考一下Erving Goffman提出的一个有趣的例子——青春期男孩骑旋转木马。当有他人在场时，男孩们会做出各种各样的行为以表达“角色距离”，即对旋转木马缺乏兴趣（Goffman，1961）。如果这种保持角色距离的渴望出现在绩效情境中，无疑会妨碍人的产出，而无论他本来是多么富有干劲。

社会惰化（social loafing）：在完成群体的任务时，若无法监控个人的贡献量，个人付出的努力就有变少的趋势。

也许，最常见的与社会促进作用相对立的反应模式就是社会心理学家所说的**社会惰化**，这种趋势是说在完成群体任务时，如果人们无法监控个人的贡献大小，那么个人付出的努力就会变少（Hoeksema-van Orden，Gaillard，& Buunk，1998；Karau & Williams，1995；Latané，Williams，& Harkins，1979；Plaks & Higgins，2000；Price，Harrison，& Gavin，2006；Sanna，1992；Shepperd，1995；Shepperd & Taylor，1999；Williams，Harkins，& Latané，1981）。举个例子，如果你和朋友们需要将沙发抬上一段楼梯，你也许会偷点懒，并希望你的朋友多出点力。在这种情况下，人们常常变得懒惰，因为他们的贡献对于成功而言显得并不至关重要，也因为他们的贡献（亦即他们自身）得不到有效评估。

实际应用

根据对于简单任务的促进作用和对困难任务的妨碍作用的基本模式而提出的建议是十分可靠的。也许，在众多与学生生活相关的内容中，最重要的就是关于如何学习的建议。要独自学习。当学习的内容是你不熟悉的，而且你需要牢记它们时，最好的学习方法就是避免唤醒水平的上升和他人存在所带来的分心作用。小组学习更适用于复习或者对大量的学习内容进行分类、总结。当某些小组成员拥有其他成员所不具备的信息和方法时，这种学习方式显得尤为有价值，但是理解、吸收新知识的工作必须独立完成。因此，一旦充分地理解与掌握了学习内容，在考试中与其他同学挨着坐将有助于在考场中的发挥。

另一个给了这一原理以用武之地的领域是对于工作空间的设计规划。如果所要完成的任务是简单的或者重复性的（而且工作人员都干劲十足），那么就应该把工作空间设计得利于互相交流。这样一种设计能激发有利于完成简单任务的社会促进作用。然而，如果任务是具有挑战性的，且在不断变化，那么就应该给每个人留出足够的个人空间。这种设计可以避免社会性抑制对完成困难任务的妨碍。

优势反应与社会促进作用。有他人在场时，人们往往能把简单的熟悉任务做得更好，而把困难的没怎么经过训练的任务弄砸。那些将知识掌握得很好的孩子很有可能在与其他孩子一起考试时，在标准化测试中取得很好的成绩，因为他们的优势反应就是正确的反应。相反的，那些学习不好的孩子在这种情境中很有可能会给出错误的答案。

小　结

即使是最小的群体情境——另外一个人的单纯存在——都会影响人的行为表现。他人的存在会提高唤醒水平，高唤醒水平会加强人现有的行为趋势，让简单的任务变得更简单，而困难的任务则变得更困难。

群体决策

当人们聚集在一起成为了一个群体时，他们要做的最重要的事情之一就是做决策。如果群体无法决定要做什么以及如何行动，就无法发挥其功能。他们会堕落、争吵，并且时常分裂。这就是为什么社会心理学家要用大量的精力来研究群体是如何做决策的，以及群体决策做得如何（Hinsz，　Tindale，& Vollrath，1977；Kerr，MacCoun，& Kramer，1996；Laughlin，Hatch，Sliver，& Boh，2006；Levine & Moreland，1990，1998；Sommers，2006）。

有关群体决策的研究主要基于一个假设，即群体做出的决策在一般情况下会比个人做出的决策好。众人拾柴火焰高。确实，当群体和个人所面临的问题有明确的、真实的答案时（例如第8章中讨论的马匹交易问题），与普通个人相比，群体更有可能想到答案（Laughlin，1988；Laughlin & Ellis，1986）。

然而在很多背景下，群体决策并不比个人提出的决策要好。理解这种背景的关键在于，认识到虽然获得最好的解决办法是群体最重要的目标，但并不一定是个体最看重的目标。个人可能更加关心别人会怎么看待他们，怎样能避免伤害别人的感受，如果出事该怎么规避责任，等等。做群体决策时，一些可预测的社会心理学过程显示，这些顾虑会妨碍群体得出最优的答案。

群体思维

在社会和谐非常重要而做出错误决策的代价也不太高的非正式情境下，人们因为面对群体压力而最终在一个不理想的决策上达成一致似乎没什么好大惊小怪的。但当生死攸关，必须做出正确决策时，又会发生什么呢？在这种情况下，人们显然不会仅仅为了群体和谐或者避免尴尬而沿着错误的推理路径做出决策，不是吗？不，他们还是会这么做。

Irving Janis 仔细分析了政府高层所做的大量决策，并且发现了这种灾难性群体决策的证据（Janis，1972，1982；see also Esser，1998）。这里有 Janis 看到的几个惨案：

- 肯尼迪政府在古巴猪湾安置了一组经美国中央情报局训练的古巴难民，以尝试推翻菲德尔·卡斯特罗的政权，但是这些难民没有得到美国的空中掩护。（这些难民迅速被捕，而美国也因此在国际社会中蒙羞，因为其试图破坏一个主权独立的国家，而且事发之后还试图否认与该事件的牵连。）
- 约翰逊政府的决定导致有更多的美军士兵被派往越南战场。（这一政策不但没有帮助美国实现其区域目标，反而增加了美军的死亡人数。）
- 在珍珠港，即便收到了日本迫近的攻击警告，美国海军高层指挥部仍认为没有必要准备额外的预防措施。（这一决策在 1941 年 12 月 7 日造成了严重的后果，日本在一次突袭中摧毁了珍珠港海军基地的美国船只。）

群体思维（groupthink）：一种高度团结的群体所产生的思维，其中本应有的针对手头上问题的严格审查因达成一致的社会压力而被破坏。

Janis 主张，这些灾难性决策就是拜**群体思维**所赐，群体思维是一个高度团结的群体所产生的思维，达成共识的社会压力破坏了本应针对问题进行的批判性审查。另一些灾难事件（例如，挑战者号和哥伦比亚号航空飞船发射失败）的调查员也给出了相同的说法（Esser & Lindoerfer，1989；Glanz & Schwartz，2003；见专栏 12.2）。

群体思维的征兆和来源

根据 Janis 的说法，群体思维是一种心理学上的削弱倾向，它的特征包括对信息粗浅的审查、对选择狭隘的考虑、无懈可击的感觉和道德上的优越感（Janis，1972）。在一个强有力的领导者的领导下，群体尤其可能忽视或拒绝可选择的观点，阻碍其他人自发提出想法和给予的评价，并以相信已提出的解决办法的智慧和道德正确性为结果。因此，能得出更好的群体决策的方式——发表不同的意见

专栏12.2　聚焦政府

小布什政府的群体思维

群体思维似乎在误判中具有一定的作用，导致小布什政府在2003年做出了入侵伊拉克的决策。美国参议院情报委员会确认，群体思维是导致小布什政府犯下声称伊拉克持有大规模杀伤性武器这一严重错误的原因之一。确切地说，报告得出结论称，参与评估伊拉克威胁的群体成员“充分地展现了群体思维的几个要素：只检验为数不多的选择、有选择性地收集信息、在群体内达成一致、克制批评声音的压力，以及集体文饰作用”（情报特别委员会，2004）。委员会也批评了政府的分析师没有采取措施防止群体思维的发生，“比如……确保有‘唱反调的人’，以及给出其他选择或者竞争性分析。”

不幸的是，制定政策的群体为既有观点寻求支持而不是让其遭受严格审查的趋势相当普通，以致美国军队把这一现象称为“偏激的信仰”（incestuous amplification），《简氏防务周刊》（*Jane's Defense Weekly*）将其定义为“战争中的个人只听从已经达成一致的人、增强共同信念并为判断错误做好准备的一种状况。”

和展示多种多样的事实和角度——反而得不到重视（见图12.4）。

历史数据为我们呈现了社会心理学因素插手大量的错误决策的实例，有时还带来了灾难性后果。然而，这些心理学的过程是否会聚集在一起产生一种特定的可识别的群体思维尚不明确（Choi & Kim，1999；Henningsen，Henningsen，Eden，& Cruz，2006；Turner & Pratkanis，1998）。团结、偏狭和巨大压力等条件是会一起发挥作用，还是会作为独立的因素分别妨碍群体做出有效的决策？群体思维多种多样的来源和征兆是这种错误决策的必要因素吗？这一类的问题并没有得到充分解释，为了检验Janis的理论而收集的证据充分地混合在了一起（Aldag & Fuller，1993；Longley & Pruitt，1980；McCauley，1989；Tetlock，Peterson，McGuire，Chang，& Feld，1992）。虽然如此，他观察到的结论能非常有效地确定

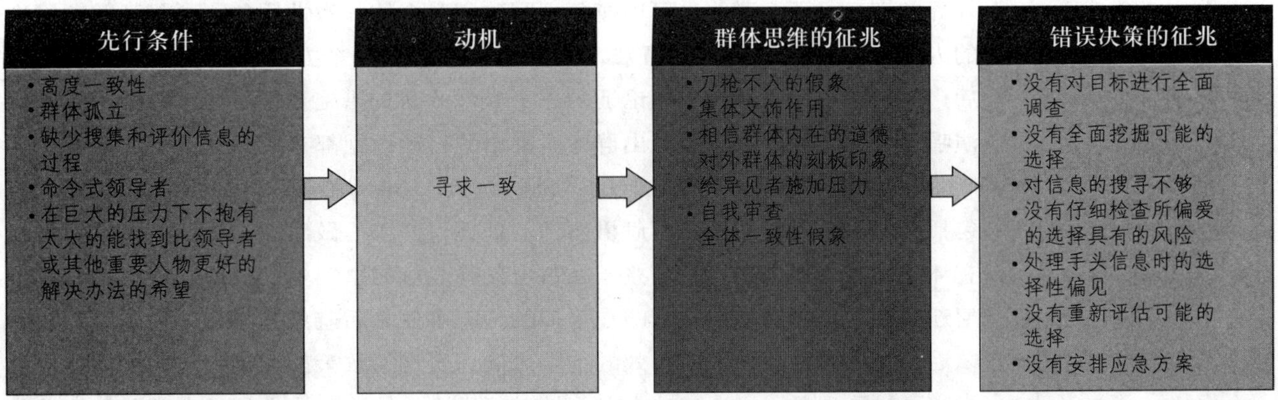

图12.4　Janis的群体思维假设的成分。某些条件导致决策群体极度在乎达成一致，结果不利于对现有问题进行完整合理的分析。

来源：Adapted from Janis & Mann, 1977, p.132.

预防群体思维。约翰·F. 肯尼迪的内阁在古巴导弹危机期间聚集在一起试图解开僵局。他们采取了一系列措施来防止发生群体思维，包括鼓励热烈的争辩、强调基于无偏见的分析提出建议。

自我审查（self-censorship）：在集体讨论中隐瞒信息或观点的趋势。

导致灾难性决策的社会因素，以及有助于提升群体决策的因素。

例如，让自己的偏好为人所知的强势指挥者有时甚至会威胁最见多识广的群体成员，使他们无法展开热烈的讨论（McCauley，1998）。另外，正如Janis所说，做出正确决策的压力有时是巨大的，以致群体希望从不成熟的或虚假的一致性中寻求安慰。强势的领导者和达成一致的驱动力都会导致**自我审查**或是隐瞒多方信息和观点就做出的决定。Janis报告称，肯尼迪总统在猪湾事件审议时期的核心集团成员之一，亚瑟·施莱辛格(Arthur Schlesinger)在事后久久无法释怀，他解释说，“在内阁会议室的关键讨论中保持沉默……我只能这样解释自己为什么除了小心翼翼地提了几个问题外，再没起到什么作用——讨论现场的环境能轻而易举地打消人去揭穿荒谬言论的冲动”（Janis，1982，p.39）。一些参与那场决策制定的人士记录了当时的情况：因为那个决策群体是临时组建的，与会人士都不愿意冒犯别人，所以他们面临着巨大的压力，不得不在一个不成熟的计划上达成一致。相反，当他们之后聚集到一起商讨该如何应对随后的危机时，彼此已然熟悉，就不那么担忧自己的观点会危及群体关系了，于是也愿意对彼此提出批评并接受批评。

预防群体思维

也许这一理论并不精确，但Janis对如何提升群体审议质量的建议仍显示出了优势。例如，领导者不要一开始就说出自己的观点或偏好，这样群体成员就更有可能自由、热烈地进行讨论了。如果没有切断群体与外界的联系，使他们听到外界的声音，那么群体也可以避免视野狭隘和全体一致性假象。参与了前期讨论的人可以提供一种新鲜的看法，并限制可能向另一个方向发展的轻率行动。最后，对抗轻率行动和不成熟论证的一个类似的防护措施是指派群体中的一个人扮演唱反调的人——鼓励他说出群体所提出的行动计划都有哪些弱点。

除了对美国外交政策失败的案例的分析，Janis调查了大量高度成功的决策，包括肯尼迪政府对古巴导弹危机事件的处理，并宣称做出这一决议的审议过程没有体现出任何群体思维的征兆。在古巴导弹危机的事例中，Janis发现了约翰·肯尼迪和他的幕僚们是如何试图在早期的猪湾事件之后避免另一起失败。因为从那以后，肯尼迪学会了采取有效的行动来确保所有的政策都经过完整的评估。他常常离开讨论现场，好让其他人自由地进行讨论。他让群体之外的专家对幕僚的分析和试验性计划发表评论，指派特定的人（他的弟弟罗伯特·肯尼迪和总统特别顾问西奥多·索伦森）当唱反调的人。这些举措似乎也取得了成效，阻止苏联的导弹进入古巴的谈判也成为肯尼迪政府短暂的执政生涯中不朽的闪光点之一。

其他文化中的群体思维

在非西方文化中，群体思维可以表现出不同的形式。在以日本为例的东亚文化中，有一种更明显的追求和谐的驱动力（Nisbett，2003）。事实上，在与日本类似的地方，群体思维是非常显著的，以至在科学会议中也很少有真正的争论或者任何可能导致对抗或让别人蒙羞的口角。熟悉西方科学交流模式的日本科学家觉得，不能在公众场合中公开表达自己的看法有碍于日本科学的发展。事实上，日本在科研上的资金投入巨大，但日本科学家的研究工作得不到预想的效果（French，2001）。然而，日本公司通常卓有成效，他们在一些产业中是最有竞争力的。他们是如何在缺乏开放的自由辩论的环境中做到这一点的呢？日本经理也会举行会议来讨论政策议题，但种会议只是在表面上类似于西方会议。会上并没有进行真正的讨论，与会者只是简单地点头赞同听到的提案。这种行为听起来似乎必然会导致不良的后果，结果却出人意料的好，因为经理们通常在开会之前就与每个与会者单独讨论过了，也了解了他们的观点。因为在会前进行坦率的交流并通过私下碰头而达成一致，所以正式的会议过程就不同于未经仔细斟酌就随意批准提案的过程。虽然这种程序与西方机构促进决策制定的程序有所不同，但先进行一对一沟通并达成一致的程序似乎也有助于预防群体思维。

群体决策：冒险还是保守

所有力图避免群体思维的担忧都暗示了一种对群体决策过于鲁莽草率的怀疑——与个人相比，群体做决策时总是更冒险，考虑得更不全面。但主流文化往往持不同意见，觉得群体更厌恶风险，倾向于采用温和的解决方案。所以，至少在美国，我们总是歌颂那些敢于打破制度的惰性并“把握机会”、“把事情搞定”的传奇的首席执行官或政治家。所以群体到底是倾向于做更冒险的决策，还是更注重规避风险呢？当我们要在群体中做出一个艰难的决定时，我们更可能招致哪种错误？是冒险，还是保守？

美国麻省理工学院的毕业生 James Stoner 在1961年就这个问题做了实验，让被试对不同的两难困境做决策，让他们给需要冒各种风险的一系列假象个体提出建议。例如，在一个剧本中，一个工程师要么可以留任现在的工作，拿一份不高不低的薪水，要么可以到一家新公司任职，如果公司成功，他就可以赚一大笔钱。他是应当为了稳妥而在目前的公司留任，还是该冒险选择那个新工作？下面是对该困境的完整描述（改编自 Stoner，1961）：

> A先生，一名电气工程师，已婚，有一个孩子，从5年前毕业起就在一家大型电气公司工作。他有终身工作保障，有一份中等水平但足以养

活家人的薪水，退休后也有丰厚的养老金。不过在退休之前，他的薪水不大可能有大幅提升了。一次参加会议之后，一家小型的、新成立的公司向A先生抛出了橄榄枝，提供了一份高度不稳定的工作。新工作的启动花费巨大，如果该公司在与大型公司的竞争中能存活下来，A先生就可以分享一部分公司股份。

想象你要根据新公司的下列财务证明，给A先生提出建议。

请在你认为A先生值得接受这份新工作的最低可能性前打钩。

______公司有1/10的机会财务良好。

______公司有3/10的机会财务良好。

______公司有5/10的机会财务良好。

______公司有7/10的机会财务良好。

______公司有9/10的机会财务良好。

______如果你认为无论概率有多大，A先生都不应该接受新工作，就请在这里打钩。

正如你所看到的，实验要求被试根据新公司成功的可能性给这位工程师要不要换工作提出建议。如果新公司一定会成功，这位工程师显然应该接受新工作，因为他可以赚更多的钱；如果新公司一定会失败，这位工程师就应该留在原来的岗位上。被试要决定当新公司成功的概率有多大时，换工作的合算的。

Stoner的被试们为12个不同的选择困境做决定。首先，他们要单独决策，然后和其他被试讨论每一个困境并达成一致。然后Stoner比较了群体同意换工作时的公司成功概率与个体同意时的平均成功概率。他期望群体选择的成功概率能高于群体成员单独选择的平均概率（也就是说，期望群体提出更为保守的建议）。结果恰好相反。群体比个人更倾向于建议冒险的行动。Stoner和之后的很多研究者得出的结论称，群体比个人更倾向于做出冒险的决策，这种模式被称作**风险转移**（Stoner，1961；Wallach，Kogan，& Bem，1962）。群体成员并不仅仅是在其他人面前假装勇敢。当要求被试为自己做出新的个人决策，而群体讨论的激情也余温尚存时，这些个人做出的选择也比他们原本的选择更大胆。

风险转移（risky shift）：群体比个人做出更冒险的决策的倾向。

但是随着社会促进方面的研究发现，关于群体决策比个人决策更冒险的看法开始变得模糊了。进一步的研究发现，与个人决策相比，群体所做的决策更谨慎或更“厌恶风险”。换句话说，在他们愿意建议别人采取冒险行动之前，群体会坚持更看到更高的成功率。事实上，在Stoner原先设计的12个选择困境中，在其中两个困境中，呈现出了这样的结果。但这样的答案（声称群体有时会比个人更冒险，有时会比个人更谨慎）并不令人满意。难道社会心理学家就不能告诉我们群体在什么时候会更冒险，在什么时候会更谨慎吗？

问题的关键要看议题的类型，是会引导群体做出更保守的决策，还是更冒险的决策。你已经看到了让群体更冒险的例子。现在再看看会在讨论后让群体更保守的选择困境（改编自 Stoner，1961）：

> C 先生，已婚，有一个7岁的儿子，他的薪水能保证家庭基本的生活开支，但不能让他们过上奢侈的生活。C 先生的妈妈最近去世了，并给 C 先生的儿子留下了一小笔遗产，这笔钱是她一辈子省吃俭用、一点点存起来的。C 先生把他儿子继承来的遗产投资到了股票市场。他正在考虑投资一组蓝筹股和债券，可以稳赚6%的收益。然而，他最近听到了一条消息，有一家新兴生物技术公司吸引了所有风险投资家的目光。如果一切发展顺利，他可以在第一年就从该公司得到4倍于投资的回报；然而，如果事情发展不顺利，他会血本无归，成为又一个投资高科技创业而遭遇失败的人。

这个例子与之前那个有什么不同？很多人报告称他们对这两个情境的第一反应是非常不同的。首先，在是否换工作的困境中，他们发现自己想的是："试一试，不要终身困在一个没有前途的单位里；你之后会后悔的。"相反，在读到第二个情境时，他们发现自己想的是："不要这么快下决定！你不应该拿儿子（和他祖母）的资产冒险。"

群体极化

研究者假设，群体讨论更容易让人们偏向他们原本想的方向。如果问题促使大多数人更倾向于冒险，那么和群体其他成员的讨论可能会使得每个人都更偏好风险；如果问题促使大多数人都不愿意冒险，那么和群体其他成员的讨论可能使每个人都变得更保守。换句话说，这与其说是全体的风险转移，不如说是**群体极化**效应。也就是说，群体决策比个人的决策更倾向于走极端。无论多数人偏向哪个方向，群体讨论都会让他们更加偏向那一方（Moscovici & Zavalloni，1969；Myers & Bishop，1971；Zuber，Crott，& Werner，1992）。

群体极化（group polarization）：群体决策比个人决策更极端的趋势。无论个人偏向哪个方向，群体讨论都会让他们朝那个方向偏得更远。

当群体讨论的问题与风险毫不相关时，仍然可以得到相同的结果。例如，在一项研究中，法国学生要和美国学生讨论法国军事家戴高乐将军。但在此之前，每个人都要先单独发表对戴高乐的看法；经过群体讨论后，每个人都要再发表一次看法。结果呢？法国学生最初对戴高乐的积极情感变得更积极了，而美国人最初对他的消极情感变得更消极了（Moscovici & Zavalloni，1969）。和单个外国人相比，我们似乎更有可能从一群外国人的口中听到"丑陋的美国人"这一说法。

但是群体讨论为什么会导致群体成员走极端呢？为什么群体中的个人不能只

参考群体的平均水平，从而不会被群体推向某个方向呢？之后的研究表明，有两个原因共同导致了群体极化的产生。一个涉及在群体讨论的过程中提出的信息；另一个涉及人们在群体观念分布中试图明确“正确”立场的倾向。

“说服性论据”解释

当人们尝试决定是否要冒险行动时，他们会考虑支持各个观点的不同论据。当人们在一个特定情境下预先选择了冒险时，他们会想到更多更好的支持冒险的论据，这是合乎情理的。相反，当人们预先选择稳妥行事时，他们会想到更多更好的支持谨慎态度的论据。但是任何一个人都不可能想到支持一个选择或另一个选择的全部论据。因此，当群体讨论这一问题时，每个人都可能接触到新的论点。论点的延伸共享反过来会在人们预先想要冒险时更偏向于支持冒险，在人们预先想要保守时更偏向于支持谨慎。

那么最终的结果就是群体讨论倾向于让处于平均水平的人接触到更多支持他们原本观点的论据。这种接触只会起到强化最初倾向的作用，而群体极化是不可避免的结果。这一解释说明个人的、面对面的讨论对群体极化的产生不是必需的。需要的只是接触到真正的群体讨论引起的论点分享。一些研究检验了这一理念，让被试私下阅读其他群体成员的论据，这样他们就接触到更多的论据而不知道群体中的哪一个人可能助长他们的观点了。这些研究结果一般都证明了阅读别人的论据足以产生群体极化，支持说服性论据的解释（Burnstein & Vinokur，1973；Burnstein，Vinokur，& Trope，1973；Clark，Crockett，& Archer，1971）。

“社会比较”解释

虽然接触到共享的论据足以导致群体极化，但其他社会心理学的加工过程也可以产生同样的结果。首当其冲的就是人类有把自己和其他人比较的倾向。“我像这里的大多数人一样聪明吗？”“邻居们开的车都比我的车好吗？”“我在生活中的所得和其他人一样多吗？”回忆第3章描述过的 Leon Festinger（1954）的社会比较理论，当自我价值的客观标准不可用时，人们会在和他们的关系中判断自己。由 Festinger 的理论引发的广泛研究显示，这样的比较是极其常见的，并且通常是自动化的（Mussweiler，2003），也会产生重要的后果（Suls & Wheeler，2000；Wood，1989）。

试想一下，这些比较是如何导致群体极化的。当面对一个让人偏向冒险的问题（人生早期的职业选择）时，人们可能认为自己比一般人更爱冒险。在这种情况下，风险是值得的，人们喜欢认为和一般人相比，自己拥有一些更有价值的特质。然而，当面对一个让人偏向谨慎的问题（用亲人的钱做投资）时，大多数人可能认为自己比一般人都更能规避风险。换句话说，人们往往认为自己大多数时候都能站在更正确的一方。

但当群体中的所有个人都倾向于做出同样的选择时——比如说，一个冒险的选择——并且都倾向于认为自己比一般人更能承受风险时，会发生什么呢？很多人必然会发现他们对风险的耐受性比他们想象的更接近于平均水平——甚至可能低于平均水平。这一认知导致一些个体试图表现得好像他们比一般人更能承受风险似的。然后，群体作为一个整体，在最初就让人偏向冒进的问题上变得更冒险了，而在最初就让人小心谨慎的问题上变得更为保守。换句话说，为了在群体中凸显自我，人们愿意在正确的方向上表达更加极端的观点，从而导致了群体极化效应。正如一位记者所说的："人们总是试图超越别人；如果群体中的每个人都认为一个人是傻瓜，那么其中总会有某人抢着说他是大蠢货。(Kolbert, 2009)"

我们可以把验证说服性论据观点的方法反过来，从而验证社会比较观点：让人们接触到其他人的论点，而不知道任何支持或反对某一论点的论据。正如所预期的那样，当人们仅仅被告知其他人的立场而没有给出支持其立场的根据时，研究者也发现了群体极化效应（Teger & Pruitt, 1967）。值得一提的是，这个实验中的群体极化效应更弱，可以预期说服性论据和社会比较都对群体极化效应起到了一定作用。

看重冒险

谜题的另外一部分也需要解释。社会心理学家已经完美地解释了为什么群体讨论倾向于使群体成员更偏向于最初选择。但为什么群体成员会频繁地倾向于选择冒险？让我们回忆一下 Stoner 之前的研究，在他设计的12个情境中，群体在其中10个情境中都对风险偏好起到了推波助澜的作用，在随后的无数次实验中也重复观察到了看重冒险的倾向。

说服性论据解释和社会比较解释的逻辑导致了不可避免的论断，人们——或者至少是经常作为研究被试的美国大学生——都典型地具有冒险倾向，而不怎么看重小心谨慎。这一点不难证明。当美国被试读到对人们的描述（一些人被描述为冒险者，而其他人则不是）时，会假定冒险者拥有多种多样的优秀特质，比如聪明、自信和有创造力（Jellison & Riskind, 1970）。同样的，当要求被试详细说明自己在特定情境下能够接受的风险水平、人们能够接受的平均水平和他们最崇拜的人能接受的水平时，被试认为他们崇拜的人能够承担最大的风险（Levinger & Schneider, 1969）。

美国人对风险的高度评价归因于这个国家整体的文化。锋芒毕露的资本主义是美国生活的整体特征，资本主义要求对于敢冒风险给予积极鼓励，也愿意承担失败的可能性。(值得一提的是，美国有2/3的新公司都会在一年内破产。) 因此，美国人欣赏像 J. C. 潘尼（J. C. Penney）一样的人（在他创业成功前曾两度破产）；或者像特德·特纳（Ted Turner）这样的人（他眼光独到地选择了24小时的全球电视新闻服务——美国有线电视新闻网络）。一些人甚至争论（一个不一定可靠的主张）说，美国人喜爱冒险的一部分原因在于其生物结构。这一主张声称，因为美国是移民国家，他们继承了新世界中拿人生冒险的基因——而那些有着谨慎观念的人因为没有这种基因而不会去打这个赌（Farley，1986）。

从这种逻辑来说，和来自不具有冒险文化的人相比，群体讨论之后的冒险转移现象应该在美国被试中更常见。事实上也的确如此。与美国被试相比，在乌干达和利比亚进行的研究中，被试在回应进退两难的困境时，提出的建议比美国人更为谨慎，而且经过群体讨论后，群体的建议也没有变得更大胆（Carlson & Davis，1971；Gologor，1977）。

现代生活中的极化

在现代生活中，刚才讨论的现象是如何影响群体在争论性问题上的决策的呢？如果大学管理层正在考虑减少对教育机会均等计划的支持，那么在群体讨论后会提出怎样的政策呢？一群一提到伊斯兰原教旨主义就很恐慌的人，在相互交流之后，会对打击伊斯兰恐怖主义的适当政策产生怎样的感想呢？

值得一提的是，这些问题和群体极化研究中设计的典型问题不同。人们通常不会在这些问题上偏向一个方向。归根结底，它们是有争议的社会政策问题，所以每个方面的观点都有强力的支持者。在群体极化文献中的发现（群体讨论让人更走极端）有一个前提，就是大多数人会偏向一方——在某些问题上更冒险，在某些问题上更谨慎。看起来，我们似乎没有办法预测群体成员对公共政策问题的争辩会有什么结果。

但在这种情况下，表象是具有欺骗性的。尽管所讨论的问题确实是容易引起激烈的辩论的，人们仍然最有可能和一群持相同看法、关注点和喜好的人一起讨论这些问题。因此，他们在问题上会偏向相同的方向。所以群体极化的经验实际上是适用的。当同质的群体聚集到一起之后，他们的讨论会使得群体成员的态度变得更强硬（Schulz-Hardt，Frey，Luthgens & Moscovici，2000）。

这是一个问题吗？群体一致性至少剥夺了群体最重要的潜力之一——能够提出并接受不同的观点和信息，从而能够使团体采取最佳的行动（Surowieki，2004）。当需要做出最有效的决策时，混杂的群体远比同质的群体做得更好。[然而，值得一提的是，这一效应并不像想象的那么强大，部分原因是群体成员更可能谈论他们共享的信息（这种信息更容易被谈及，并让人们觉得意气相投），而不是某个人提出的独特信息（Kelly & Karau，1999；Postmes，Spears，& Cihangir，2001；Stasser，1999；Stasser & Titus，1985）。] 美国的开国元勋们便预测到了这一效应，他激昂地谈及观念同一性的罪恶，以及应该采取行动（相互制衡）来谨防多数人暴政。随后的社会心理学研究有力地证实了他们的观点——能提供竞争性观点的时候，进行协商的主体能运转得最好。

"观念的不同、政党的冲突……让人们更可能深思熟虑、慎重地对待问题，并有助于防范多数人的过激行为。"

——亚历山大·汉密尔顿（Alexander Hamilton）《联邦党人》（*The Federalist*）

对现代思想来说，群体极化的问题之所以犹为棘手，是因为当代生活可能尤其鼓励思想相似的个体之间的对话。从某种程度上来说，当前世界的多样性和多元性是前所未有的，在公共辩论中可以听到更多的意见。但同时，我们也能够非常容易地输入我们想要的信息，筛选我们想听到的观点。收看晚间新闻的时候，我们可以选择收看与主流节目意见不同的小众节目（面向观念保守派或者自由派），从而选择和我们的看法一致的节目。我们也可以在互联网上搜索符合我们的固有偏好的信息，而不是阅读一份每日呈现社会的广泛兴趣的都市报。我们一般会坐在家里与志同道合的博友或注册了同一个聊天室的网友讨论当天发生的热门话题，而不是和一般的社会公众聚集到一起进行讨论（McKenna & Bargh，1998）。例如，研究显示，在最流行的政治网站和博客上，有超过80%的链接是导向另一个思想相似的网站的，即保守派的博客会与保守派的博客相链接，自由派的网站会与自由派的网站相链接（Sunstein，2007）。

输入的信息范围过于狭窄本身就有问题，即使这些信息只是强化了人们固有的信念也会成为问题。更何况有关群体极化的文献已经指出，思想相似的个体间所进行的群体讨论不仅会强化人们固有的观念，还会让这些观念变得更加极端。因此，互联网等现代交流技术可能孕育出极端主义。虽然会广泛利用网络传播的各种仇恨团体的出现并不能怪罪互联网，但是这种传播模式及其所催生的群体极化可能导致极端主义观点的滋生。

小 结

群体思维会导致决策缺陷，因为在一个团结紧密的群体中，人们可能会压抑自己的保留意见，忽略或拒绝其他可选择的观点，最终屈服于群体内部的压力。为了避免出现这一问题，群体应该鼓励各种观点的表达，领导者应该避免在一开始就陈述自己的观点，并由某人扮演唱反调的角色。群体决策也可以导致群体极化，即群体决策比个人决策更倾向于走极端，这是说服性论据和社会比较这两种势力推动的结果。为了避免现代社会的群体极化现象并促进更合理的决策，重要的是鼓励不同群体间的对话和表达全方位的意见。

领导与权力

在美国和加拿大这样重视平等精神的国家，人们一般会认为在整体的社会生活中是没有阶级贵贱、地位高低的，同时也没有谁是领导者。当然，妇女联谊会和学生会有主席、消防队和橄榄球队有队长、慈善组织和财富500强公司有执行总裁，然而在大多数人看来，在他们大多数的群体生活中是没有领导者的；每个人生而平等，享受均等的话语权和其他权利。

然而事实并非如此。社会阶级是群体生活天然的组成部分，必然会有领导者和被领导者。就连在刚加入其人生的第一个群体——幼儿园——的2岁幼童中，一些孩子也会在其中迅速获得领导地位，而其他孩子却做不到。在参加夏令营的中学生所形成的朋友圈里，也会迅速地区分出领导者和跟从者（Savin-Williams，1977）。即使在大学宿舍这种最主张人人平等的群体之一，生活一周后，同一楼层的同学们也能迅速在谁是该楼层里的领导者这一问题上取得共识（Anderson，John，Keltner，& Kring，2001）。

群体之所以倾向于分出阶级，是因为选出领导者有益于解决一些群体生活中固有的问题（Anderson & Brown，2010）。资源的分配可能会激化群体成员之间的紧张关系和矛盾，而社会阶级的分化提供了分配资源的规则，即使不公平（在高位的个体获得得多），但依然是一个消弭冲突或至少能缓和冲突的有效手段。群体决策有时会复杂得难以控制，而阶级分化能够让谁来决策和怎么决策变得透明。群体从事的集体行动要求每个成员的行为都和其他人相协调——而领导者的存在有益于发起更多的群体行动。最后，群体生活经常要求个人为了集体利益牺牲个人利益——而领导者（尤其是颇具人格魅力的领导者）能激发成员的无私行为。

既然领导者和阶级是群体生活中不可或缺的一部分，那么我们就至少要面对两个问题：(1) 谁能晋升为领导者？（2）一旦领导者获得了权力，会发生什么？下面就让我们仔细探究关于这个问题的研究。

谁来成为领导者

在社会阶级当中，人们是怎样获得领导地位的？提出这一问题可能不仅出于一时的个人兴趣，更是因为那些身处高位者享有的许多既得利益。比如，随着人们获得了较高的社会经济地位（即人的教育水平、财富状况和职业声誉），他们也不大可能遭受抑郁和焦虑的困扰，而更可能拥有良好的健康状况，且对未来的生活抱有积极的期望（Adler et al.，1994；Williams & Collins，1995）。

所以谁更倾向于成为群体的领导者呢？是适者当权，还是强者当权，亦或是精明者得权？意大利哲学家 Niccolò Machiavelli 在他的著作《君主论》（*The Prince*）中陈述了自己的假设。该书对领导行为的本质进行了精辟论述，影响甚广。他的观点是，人们是通过迷惑欺骗、挑拨离间、政治施压、播散恐惧和幕后操控来获得领导地位的，而不是通过展现平易近人、诚实守信这类的品质而登上高位的（Machiavelli，1532/2003）。

幸运的是，在人们是如何提高自己的社会等级的问题上，社会心理学研究表明，Machiavelli 是错误的。领导能力的一个决定性因素是跟群体目标有关的专业知识和相关技能的水平；没有什么特质能代替有益于群体实现特定目标的独特天赋（Anderson & Brown，2010；French & Raven，1959）。对基因测序有新见解的科学家在生物技术公司中更可能获得晋升；掌握了能使球队赢得比赛的精妙技术（及时传球、走位精妙、视野开阔、辅助防守或者精准投篮）的篮球运动员更有可能当上队长。Cameron Anderson 和 Gavin Kilduff 已经发现，群体往往会迅速选出在群体核心任务中展现了良好知识储备和技能的人作为领导者。当我们的领导者具有让团队更好地运行的知识和技能时，群体中被领导的个体也终将收益。

当然，领导力并不建立在精通某领域的知识和技术的基础上。成功的群体有强大的凝聚力；他们的组织运行平稳，而且有整体大于每个部分之和的效果。于是，那些有良好社交能力和技巧、建立起了稳固融洽的成员间人际关系的人，更有可能晋升到领导地位。在夏令营中，越是充满活力和外向的孩子，越可能成为领导者（Savin-Williams，1977）。在兄弟会中，越幽默风趣、擅长讲故事的成员，越有机会承担领导职责（Keltner，Young，Heerey，Oemig，& Monarch，1998）。

在大学宿舍和校园等社交群体中，那些非常外向的、善于社交的、善于建立并维持社会关系的人，能迅速在侪辈中获得尊重和地位（Anderson et al.，2001）。在工作场合，高度外向的人更有可能获得领导地位（Judge，Bono，Hies，& Gerhardt，2002）；同时，高情商的人——善于理解别人情绪和需求——能更有效地管理别人（Côté & Miners，2006）。就连在我们的灵长类近亲中，能够建立强大的联盟、调和下属间矛盾并能确保资源公平分配的具有社交技巧的黑猩猩和倭黑猩猩，也能在自己的族群中获得更高的地位（de Waal，1986）。

最后，除了专业知识和社交技巧之外，能为群体带来利益者也更有可能晋升为领导者。实证研究发现，那些无私地与他人共享资源的人实际上更有可能在社会层次结构中获取较高的地位（for example，Anderson & Brown，2010；Willer，

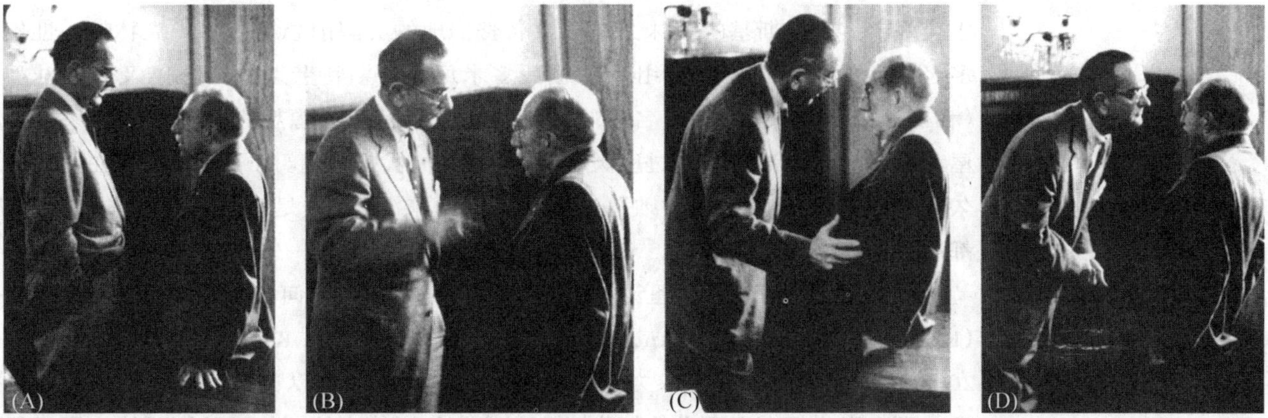

权力与威胁。在何为恰当行为的问题上，位高权重者受到的社会约束常常弱于权力弱小者。美国前总统林登·约翰逊与参议员西奥多·格林之间离得太近了，超过人们在社交中能接受的程度，总统扶着参议员的手臂，弯腰冲着参议员的脸说话，试图胁迫他按照自己的期望投票。

2009）。这种把权力授予更无私的成员的倾向有益于群体团结一致。

什么是权力

当人们获得权力时，他们要面临很多东西：财富和声望的增加，来自同事的尊重，在工作中承担更多责任，管理人事的挑战……权力是无形的，也是美妙的，以至历史上有无数人都对它垂涎三尺。在获得权力之后，人的行为很可能会发生巨大的改变，其中一些改变并不为人所知。

权力（power）：控制我们自己的和其他人的行事成果的能力；行为的自由。

地位（status）：对人的某些属性的评价结果，可让人得到不同程度的尊敬和重要性，在一定程度上决定了个体在群体中的领导地位和享有的权力。

权威（authority）：制度的角色或安排所赋予的权力。

支配（dominance）：以获取或行使权力为目标的行为。

在理解权力对社会行为的影响之前，谨慎地定义权力是非常重要的。**权力**被定义为控制我们自己和其他人的行事结果的能力和行为的自由（Fiske，1993；Kelley & Thibaut，1978）。权力和其他三种社会等级——地位、权威和统治有关，但是并不等同于它们。**地位**是对人的某些属性的评价结果，可让人得到不同程度的尊敬和重要性，在一定程度上决定了个体在群体当中的领导职位和享有的权力（French & Raven，1959；Kemper，1991）。然而，人有可能有权力但没有地位（比如，腐败的政治家），也有可能有地位但没有实际的权力（比如一位在车辆管理局痛苦排队的宗教领袖）。**权威**是在一种等级制度中，由制度化的角色、安排或正式职位赋予的权力（Weber，1947）。与之相比，权力可以存在于没有正式结构的群体中（比如在非正式的社会群体中）。**支配**是以获取或行使权力为目标的行为。人们可以在没有建立支配优势的情况下获得权力（和人通过自身的努力为群体带来收益而获得领导地位一样）。

权力如何影响社会行为

人类历史中充满了令人惊骇的滥用权力的情况。想想像希特勒这样的制造种族屠杀、恐怖专制的领导人；还有那些麻烦缠身的领导人，比如因为和白宫实习生莫妮卡·莱温斯基的暧昧关系导致名誉扫地的美国前总统比尔·克林顿、性侵多名女性的国际货币基金组织前总裁多米尼克·斯特劳斯·卡恩以及侮辱球员（和出版社工作人员）的著名篮球教练博比·奈特。再想想八卦杂志对好莱坞影星和歌星令人无法忍受的过度关注。权力易冲动、不道德的一面也反映在由来已久的谚语中："权力带来腐败"、"金钱（权力来源之一）是万恶之源"。这些现象都需要社会心理学的解释。

接近—抑制理论（approach/inhibition theory）：这一理论认为，权力大的人往往一心追求自己的目标并且更倾向于做迅速的决断；而权力小的人更可能在判断和决策时警惕和谨慎，同时在社会中的行为也更小心。

权力的**接近—抑制理论**提出了一个有关权力如何导致此类行为的解释（Keltner，Gruenfeld，& Anderson，2003；Keltner，Van Kleef，Chen，& Kraus，2008）。如前所述，如果权力包括更少的约束，以及可以自由地按自己的意愿行事，那么当你拥有了更大的权力时，应该会忽视他人的评价，从而可能为了满足自己的目标和欲望而不择手段（Guinote，2007）。反之，权力缩水会导致束缚的增加，也使人更易受他人行为的影响。所以，曾被削权的人在判断和决策时会更加警惕和小心，同时在社会中的行为也更谨慎。如果说权力的增加就像是给个体追求个人目标和长远期望的道路常开绿灯，那么削弱权力更像是亮起黄灯，告诉你需要小心谨慎、遵守秩序。

“权力是终极的春药。”
——美国前国务卿亨利·基辛格（Henry Kissinger）

权力的接近—抑制理论有两个核心假设。第一个假设涉及权力对人们如何看待他人的影响。权力越大的人，越倾向于追求自己的目标，这预示着他们在评价别人时更缺乏全面性和谨慎的态度（Brauer，Chambres，Niedenthal，& Chatard-Pannetier，2004；Vescio，Snyder，& Butz，2003）。按照这一假设，权力大的人更可能不假思索地对他人产生刻板印象，而不是认真全面地考察有关别人的信息（Fiske，1993；Goodwin，Gubin，Fiske，& Yzerbyt，2000；Neuberg & Fiske，1987；see also Vescio，Snyder，& Butz，2003）。他们不太能准确辨别别人的情绪（Gonzaga，Keltner，& Ward，2008）。这可能是因为世界上以男性集权居多，而男性在判断别人的行为表现时往往不如女性准确（Henley & LaFrance，1984；LaFrance，Henley，Hall，& Halberstadt，1997；but see also Hall，1984）。

Joseph Magee 及其同事提供的有关当权者无法换位思考的例子也许是最具戏剧性的（Magee，Galinsky，Inesi，& Gruenfeld，2006）。这些研究人员首先让被试回忆自己控制别人或者被别人控制的一次经历，诱导他们产生自己拥有权力或者没有权力的感觉。然后被试参与了一个简单的换位思考的实验：要求他们在自己的前额写一个字母 E，好让过路的人能认出来。这个实验要求被试用他人的视角思考，然后画出一个反写的 E。如图 12.5 所示，认为自己权利较大的人更不可能自发地在前额上画出从别人的视角能读懂的字母 E。可见，权力削弱了共情的能力。

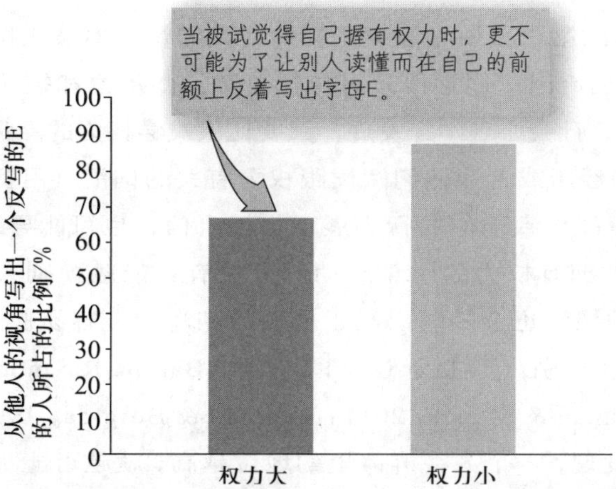

图 12.5　权力与共情失效。权力削弱了我们换位思考的能力。

来源：Magee, Galinsky, Inesi, & Gruenfeld, 2006.

很不幸，权力对觉察力的影响是负面的。例如，Theresa Vescio 及其同事发现，当权的男性往往因为过分关注女性雇员的缺点而产生刻板印象，进而在女性雇员身上投入过少的资源（Vescio，Gervais，Snyder，& Hoover，2005）；并且会在由男性主导的环境里消极地评估女性的能力，甚至认为男性雇员比女性雇员更容易获得成功（Vescio，Snyder，& Butz，2003）。与此类似，权力会让白人更在意非裔雇员与其他雇员相比有什么缺点，进而产生对非裔人的巨大偏见（Vescio，Gervais，Heidenreich，& Snyder，2006）。

权力弱小的人是否会为一直维持警惕、小心翼翼地与人交往而付出代价？答案是肯定的。被限制权力的经历让人在思维上缺乏灵活性，且不太能够及时变换思路来适应手头任务要求上的转变（Smith & Trope，2006）。例如，在一系列的研究过程中，Pamela Smith 及其同事通过用表达权力强大或者弱小的词语（服从、支配）启动被试，或者通过让被试回忆有关的记忆来诱使他们产生拥有强大或者弱小的权力的感受（Smith，Jostmann，Galinsky，& van Dijk，2008）。然后被试需要完成不同的认知任务。在一个任务中，被试能看到在屏幕上闪烁着的不同的单词，然后他们需要确定当前屏幕上的单词是否与先前的试验中出现的两个单词相匹配。在另外一个 Stroop 字色干扰试验中，被试要辨别书写单词墨水的颜色：在简单任务中，被试看到的是类似“轿车”这样的关于物体的单词；而在困难的任务中，他们需要辨别“蓝色”之类的颜色名是用什么颜色的墨水写成的。要想出色地完成这些任务，需要被试强大的认知灵活性和思维控制力。例如，在 Stroop 任务中，被试必须忽略那些表示颜色的单词的意思而关注墨水的颜色。据推测，经过随机分组后被诱发了权力弱小感觉的被试在这些认知任务中表现得更差。那些伴随权力丧失而产生的警惕和注意范围变窄有损于思维的灵活性和创造力（见图 12.6）。

接近—抑制理论的第二个核心假设是权力让人的行为不被压抑（更少的限制），有时甚至不怎么恰当。你觉得只有执行总裁、政治家和摇滚明星会爆出性丑闻吗？仔细想想。社会心理学家发现，只要让人浅尝权力的滋味——比如让他们回忆拥有权力的经历或者让他们阅读跟权力有关的词汇（用拥有权力的想法启动被试）——就能导致他们的行为展现出性自信，也可能导致行事不当。权力强大的人或者被拥有权力的感觉启动的人更有可能触摸别人、与别人靠得更近，跟性有关的想法也会随时出没于他们的脑海中，容易被陌生人吸引，高估自己对别人的性吸引，醉心于过度的新潮（Bargh，Raymond，Pryor，& Strack，1995；Kuntsman & Maner，2011；Rudman & Borgida，1995）。一份对 1261 个被试的调查发现，一个人在群体里的地位越高，就越可能报告在婚后发生婚外情（Lammers，Stapel，& Galinsky，2011）。权力确实是终极的春药（见专栏 12.3）。

图 12.6　你来做被试：摆个彰显权力的姿势

在动物园里，我们的灵长类近亲有着非常典型的展示权力大小的方式：猛击胸部和伸展肌肉可以展示强大的力量和权力；羸弱畏缩的姿态可以展示服从的姿态。用身体的姿态来标记自己在群体中的阶级地位和领导能力的，不只有我们的灵长类近亲，在人类生活中，我们也经常可以看到这种现象。我们会展示体型来表现自己的领导能力和力量，包括扩展胸部和肩部，还有把双手搭在颈后。同时，我们也会通过让胸部和肩部缩起来，来缩小身体，表示自己的弱小和地位的卑微。

你能通过改变自己的姿势来显得更有力量感吗？ Dana Carney 及其同事认为答案是肯定的（Carney，Cuddy，& Yap，2010）。他们想知道被试在摆出表现权力或者服从的姿势时是否会体验到与姿势对应的感觉。在一个实验中，他们把心理学记录设备连接在被试的手臂和腿上，然后被试要摆出两个表现权力或者服从的姿势，每个姿势保持一分钟。（研究者对被试的解释是，保持姿势是为了减小心理学测量当中的误差。）设备监测到了保持彰显权力的姿势的被试的睾丸酮水平有所上升，而睾丸酮是一种能增加支配行为和攻击行为的激素。在保持表现服从姿势的被试身上，设备监测到了皮质醇水平的上升，这是一种能增加人的警惕性和抑制性的激素。这种操作也能影响被试在冒险时的决策，保持显示权力姿势的被试更有可能在赌局中花掉所有的钱。

选择如下所示的彰显权力大小的姿势，并保持一段时间。保持左图所示姿势待一会儿，你能感受力量感和权威感有些许增加吗？

相比之下，权力弱小的个人往往会以不同的方式压抑自己的想法（Guinote，Judd，& Brauer，2002）。他们常常放低自己的姿态、抑制表现情绪的行为（Ellyson & Dovidio，1985）。同时他们往往不会毫无保留地说出自己的想法，他们会抑制自己发言的欲望、三缄其口，在群体交流时隐藏自己，因此使群体丧失了重要的信息和多样的观点（Holtgraves & Lasky，1999；Hosman，1989；Moreland & Levine，1989）。

专栏12.3 聚焦商业

权力、放荡和负责

在2001和2002年，总部在美国得克萨斯州休斯顿市的安然公司以一种惊人的方式倒闭了。它曾一度是享誉世界的公司，却因为财务造假而使股东手里的资产缩水数十亿，并且不得不裁掉了数以千计的职员。而该公司总裁杰弗里·斯吉林（Jeffrey Skilling）就是腐败、贪婪和道德沦丧的安然公司管理者中最具代表性的一位。

刚刚从哈佛大学毕业，斯吉林就被安然公司录取了。在进入安然公司之后，他就觉得自己在为安然公司开拓新能源市场的领域里是最专业和最具有远见的人。他极具有侵略性、傲慢自大而且不受掌控。他会出言不逊地呵斥质疑他提议的金融分析师。他会带着他最喜欢的雇员去奢华得离谱的地方度假，有一次甚至把昂贵的越野车废弃在澳大利亚境内。他还频繁出入于安然公司举办的有脱衣舞女表演的聚会，并最终和他的原配妻子离婚，娶了他迅速提拔到一份年薪60万美元的职位上的秘书。他还有毒品成瘾。最终，他胆大妄为的欺诈行为替他自己敲响了丧钟，同时也加速了安然公司的倒闭。

要想理解安然公司为何会倒闭，一种方式就是去思考这家公司的背景和文化，从中我们不难发现，正是这家公司对傲慢、大胆和非法行为的鼓励导致了它的垮台。据说，在因不当行为导致了2008年金融危机的许多跨国银行和华尔街投资的公司里，也存在这样的文化。这是一种助长力量感和成为“宇宙主宰”的感觉的文化（Wolfe，1987）。鼓励这种心理膨胀的机构为我们上了昂贵的一课，让我们认清了无限制的权力以及不去抑制其影响具有何等重大的危害。

还有一种理解斯吉林、他的同事和其他金融行业里的同类人的方式，那就是去思考这类积极追求权力地位的人和他们对权力的趋之若骛是如何使他们变得如此贪婪和胆大妄为的。David Winter及其同事采取的就是这种办法。他们用大学生们在主题统觉测验情境里对模糊的社会环境的演绎来测量这些学生对权力的需求（Winter，1973,1988；Winter & Barenbaum，1985）。他们发现那些对权力需求很高的学生更可能成为其所在宿舍、兄弟会和校内组织的干部，这些学生也更可能选择高权力的职业，例如进入法律界。这些学生也更容易做出放荡不羁，不受约束的行为。这些结果不禁让人联想到杰弗里·斯吉林胆大妄为的举动：他们更可能赌博、酗酒、寻欢作乐。

Winter及其同事也发现了一个能够约束无限制的权力的影响的重要因素——负责。负责指的是一种对他人感觉负有责任的状态。当对权力有着高需求的人经历了人生中能够增强责任感的大事，比如说，有了孩子，他们就会更少地做像赌博和酗酒之类的放荡行为。

最令人不安的研究结果或许是较高的权力和反社会行为有一定的联系。例如，权力强大的人更有可能违反有关礼貌的交流规范：他们更可能打断别人的话，并在工作中举止粗鲁（DePaulo & Friedman，1998；Pearson & Porath，1999）。有一项值得注意的研究，两个权力弱小的兄弟会成员和两个权力强大的成员被带到了实验室，研究者要求他们给彼此起绰号并相互打趣（见图12.7）。虽然对朋友来说，互相逗趣是打发时间的方法之一，并没什么坏处。但在这个研究中，有较高权力的兄弟会成员喜欢用更具攻击性和羞辱性的方式取笑权力较低的成员，而权力较低的成员在调侃有较高权力的兄弟时却十分克制（Keltner et al.，1998）。在一系列广泛而多样的场合中，如学校操场、医院机构和工作场合，有较高权力的人更有可能用充满敌意的方式取笑别人（Keltner，Capps，Kring，Young，& Heerey，2001）。

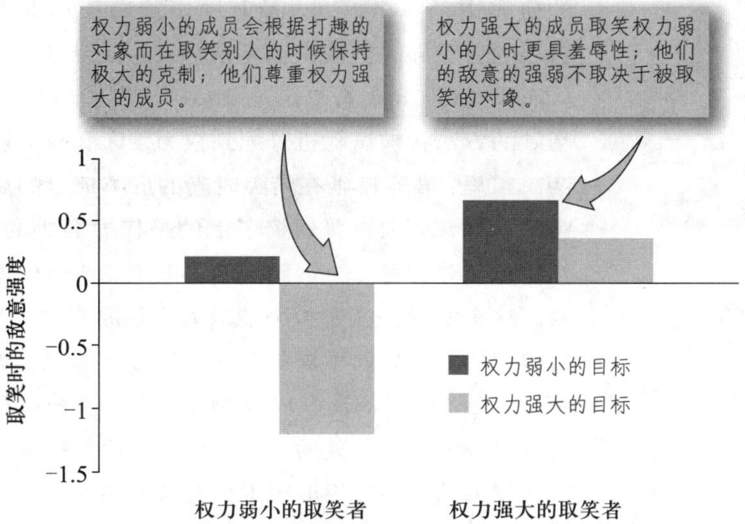

图 12.7　权力的接近—抑制理论和权力引起取笑的变化。接近—抑制理论认为，权力强大的个体行事时更冲动，而权力弱小的人更可能控制自己的行为，并且会随着社会环境的变化而不断调整。在这项研究中，两类兄弟会成员在 4 个人的群体中要通过给别人起绰号来互相取笑。

来源：Adapted from Keltner, Young, Heerey, Oemig, & Monarch, 1998.

"权力是社会科学当中的基础概念，就像能量是物理学当中的基础概念一样……社会动力的法则只能用权力来刻画。"

——英国哲学家伯特兰·罗素（Bertrand Russell）

无限制的权力也会带来更糟糕的攻击行为，从而导致针对弱势个体的暴力。例如，同事之间的权力不对等会增加发生性骚扰的可能性（Studd，1996）。在接受男性的统治地位和女性的从属地位的文化里，强奸女性的案件发生率也更高（Reeves-Sanday，1997）。针对少数族裔的仇视犯罪发生率和当地多数族裔的数量优势呈正相关（Green，Wong，& Strolovitch，1996）。

这项研究并不是在奉承权力。权力强大的人往往意气用事、莽撞冲动。他们更有可能做出不道德的举动，并且对别人和自己采用双重标准，在别人犯错时咄咄逼人，轻视自己犯下的错误（Lammers et al.，2011）。这项针对权力的研究让我们对一些令人不安的社会现象有了更加深刻的看法，比如，某些天主教神职人员对一些儿童犯下的施虐行为，某些高管在公司业绩下滑时仍然给自己发放高昂的奖金，某些国会议员挪用政治捐款去风花雪月。当我们考虑到权力强大的人对我们的生活造成的影响时，这些现象应当引起我们的警觉。

"你看到的权力就是握紧用来恫吓别人的拳头！"

——美籍华裔女作家谭恩美

我们应该做什么？科学研究告诉我们，应该小心那些当权者，因为权力会鼓励人们表现他们潜在的倾向，无论是好的还是坏的。如果一个人有用恶性手段竞

"我不是机器，黛博拉。我不能简单地开启关闭我的食欲。"

争的倾向，权力会增加他这么做的可能性；但是在另一方面，如果这个人道德高尚、会热心为公众谋利，权力也会放大他的优良品质。在一项证明了该现象的研究中，Serena Chen 及其同事预选了凡事先考虑自己的自我导向型被试和无私博爱的社会导向型被试（Chen，Lee-Chai，& Bargh，2001）。实验者用了极为巧妙的方法将被试随机分配到权力强大和权力弱小的两个组里：被安排坐在精美时尚的皮革椅上的是权力强大的被试；坐在普通椅子上的是权力弱小的被试。然后被试要在另一个迟到者的协助下完成一份调查问卷。这个实验证实了权力能放大人们原有的品质：拥有权力的社会导向型被试在完成任务时承担了更大的责任；与之相反，拥有权力的自我导向型被试更多地为自己服务，把任务的大部分留给了迟到的被试。所以，权力的具体作用取决于拥有权力的人。权力腐败的是那些心存腐败的人。

小　结

权力是行动的自由和控制自己和他人的行事结果的能力。一个群体的领导者往往是知识丰富、外向开朗和善于交际的人。权力倾向于让人们更少地为他人着想，行事更加冲动激进。

去个体化与暴民心理

让我们先来考虑两起发生在旧金山的事件，它们的起因截然不同，但人们做出的反应极为相似。第一起事件发生在1978年旧金山市市长乔治·莫斯科尼（George Moscone）和旧金山市监督委员会委员哈维·米尔克（Harvey Milk）遇刺的背景下。11月27日，美国政坛中第一位公开同性恋身份的米尔克和市长莫斯科尼在市政厅先后遭政治对手丹·怀特（Dan White）射杀。在一场十分简短的审讯中，怀特的律师辩称凶手患有由于严重的抑郁症，难以对自己的行为负责，并声称抑郁症使得怀特一直在食用垃圾食品，这最终"损害了他辨别是非的能力"。虽然如今的媒体嘲笑该辩护策略为无耻的"甜点抗辩"，但在当时十分有效。最终，怀特没有被判处一级谋杀罪，而是以过失杀人罪的罪名面临最高8年的监禁。如果在服刑期间表现良好，他只需服刑不到5年，就可以获得假释出狱的资格。

暴徒心理　(A)在得知哈维·米尔克和乔治·莫斯科尼被丹·怀特枪杀的事件后，一群游行示威者聚集起来为他们的离开表示哀悼。(B)当丹·怀特在审判中最终得到了从轻判决时，游行示威者再次走上街头，发动暴乱并点燃汽车，对他们眼中的司法正义遭到扭曲表示抗议。

(事实上，怀特也只在监狱里服刑了5年，但是他在出狱22个月以后便自杀了。)

对怀特的裁决激怒了旧金山同性恋团体的成员们。许多人认为，如果被杀的委员不是哈维·米尔克，判决会更加严厉。在判决出来的当晚，同性恋支持者组织了一次和平的抗议游行，但情况很快失去了控制。一开始，几个游行示威者砸碎了市政厅的门窗。之后，不顾集会组织者的反对，人们开始反复地齐声高唱："杀死丹·怀特！抓住丹·怀特！"破坏和暴力行为随之愈演愈烈。当警方介入并企图镇压骚乱时，交战开始了。游行示威者向警察投掷石块和瓶子，点燃了数辆警车，还洗劫了周围的店铺。最后，12辆警车被烧毁，20名警官受伤，70名示威者需要医疗救治，有8人被逮捕。虽然此次暴乱造成了悲剧的、破坏性的后果，但是多数人认为这是可以理解的。无论他们有多么不赞成这样的行径，多数旁观者不会把暴乱群众的所作所为理解成疯狂愚蠢的：那些人只是在抨击他们认为失去了公正性的司法体系。

现在我们再来看看3年之后在同一座城市爆发的另一起类似事件，只是这次事件的起因就没这么可以理解了：在第25届超级碗赛事中，旧金山49人队战胜了辛辛那提孟加拉虎队，这是旧金山有史以来首次赢得的职业运动赛事冠军。在比赛结束后的短短几分钟内，情绪高昂的球迷从家里和酒吧涌出，在大街上欢庆胜利。起初一切都很平和，只是简单的庆祝——人们吹起喇叭，畅饮啤酒，泼洒香槟。然而，当夜晚逐渐降临时，事情发生了危险的转折，并最终重蹈了在丹·怀特判决后的那场悲剧的覆辙。人们在一个十字路口和一辆车的车顶点燃了篝火。当警察试图恢复秩序时，遭到了群众用石块、砖头和瓶瓶罐罐发起的攻击。在街上人员被疏散之前，有8名警官和100名平民因伤被送医救治，共有70人在此次事件中被捕。

群体的突发特性。只有当人们成为群体的一部分并可以在群体中掩饰自己的个体身份时，有些行为才会出现。人们在收到集会时间和地点的通知后聚集在这家商店里，组成了图片中这群突然出现的暴民。高声的呼喊和举起的手臂显示出他们正身处同一个群体中，可以想象这些行为是他们自己在私下里很难做出的。

去个体化和群体心理

和其他遍布全球的相似案例一样，发生在旧金山的这两起事件不断地刺激我们，使我们渴望理解为什么一大群人有时会变成野蛮的暴徒。和平的集会是如何失去控制并走向暴力的？为什么遵纪守法的公民淹没在人群中时能做出他们平时根本不会去做的破坏性行为？我们该如何理解这些"暴民"的心理？

社会心理学家在研究群体的突发特性时就提出了这些问题。所谓群体的突发特性就是指人们只有在群体中才会表现出的行为。人们在群体中常常做出私下里绝对不会做的事情。事实就是如此，我们总是听到人们说每个群体都有"它自己的思想"。因此，当人们聚集成大的群体时，他们的行为就不再只是群体中每个成员的行为倾向的简单求和。你可能会在和朋友去摇滚演唱会时手舞足蹈、唱歌、假装自己在弹吉他，但如果换成是乐队为你专门演出，你很有可能就不会那样做了。总之，我们会在群体中做自己私下不会去做的事情。

"无论组成它的个体是谁，无论他们的生活经历是否相似……无论他们的性格或智力如何，只要他们聚集成一群人，他们就被赋予了某种共同的心理。"

——法国社会心理学家古斯塔夫·勒庞（Gustav LeBon）

法国社会学家古斯塔夫·勒庞（Gustav LeBon，1895）是暴民心理学研究的先驱。勒庞认为，人们在身处大群体中时，容易丧失诸如理智和谨慎等高级的心理能力："单单是成为了一个井然有序的组织的一部分，人们就会在文明的阶梯上后退几个台阶。（p.52）"在勒庞看来，后退的原因是个体的聚集，后者使得理性的头脑让步于更加草率的"群体心理"。

社会心理学家通过研究个体的思考方式如何在群体中发生改变，以及这种改变如何让他们更易受到群体影响，而扩展了勒庞的观点。在多数时候，我们都感到自己是个体化的，也就是说，我们感觉自己可以被别人识别出来的，我们认为自己应当对自己的行为负责，并关注自己的行为是否合适以及它可能带来的后果。但正如一些社会心理学家所强调的，当我们处于群体中时，我们常会体验到一种个体身份的缺失——一种**去个体化**的感觉（Diener，1980；Festinger，Pepitone，& Newcomb，1952；Prentice-Dunn & Rogers，1989；Singer，Brush，& Lublin，1965；Zimbardo，1970）。在庞大的群体中，我们有时会感到"迷失在人群里"，被当前发生的一切所裹挟，逐渐失去对自己行为的责任感。

去个体化（deindividuation）：处于较大的群体中时，人们对个体身份的感知被削弱，自控能力降低。

去个体化的解释模型

菲利普·津巴多（Philip Zimbardo，1970）曾提出去个体化现象的理论模型，详细说明了特定的条件是如何引发特定的心理，并促使暴徒们做出冲动的破坏性行为的（见图12.8）。或许，在这些条件里最重要的就是匿名感和责任分散，前者是混杂在群体中的个体所能体验到的，后者发生在当有许多人共同承担责任时。伴随着被唤醒和加强的生理活动，以及沉浸于群体所带来的感知上的超负荷，这些条件导致了去个体化的内在心理状态。去个体化状态的特征是自我观察能力和自我评价能力的下降，对他人评价的关注度也减少了。

去个体化和骚乱。当人们在群体中并感到愤怒时，他们可能会放弃自我控制，屈服于冲动，造成严重的破坏。平日里遵纪守法的市民涌入这个人群中，打碎玻璃，砸烂汽车，毫不考虑自己对这样的行为应付的法律责任。

因此，一个处于去个体化状态的人对自己的关注度下降，转而更加在意他人和当前的环境，于是更容易受到行为暗示的影响——无论它们是好是坏。去个体化的状态降低了行为的门槛，使得人们做出了本来被禁止的行为。人们变得更容易采取一系列的冲动行为，因为不仅有“推力”（也就是被提高的唤醒水平和对周围那些冲动个体的模仿）在促使他们这样做，而且平日里阻止他们做出此类举动的“拉力”（降低的自我评价能力和责任感）也被削弱了。

最终爆发的就是暴徒的特征——冲动的、不理智的、情绪化的、有时甚至具有破坏性的行为。这种行为本身便能产生驱动力，而那些可以让人在私下里控制住自己行为的刺激也对它们无可奈何，因此这样的行为一旦开始，就很难停下来。所以，津巴多关于去个体化的解释模型并不是针对暴民暴力本身的解释，而是对于由群体引发的冲动性行为的理论分析——正是那些冲动性行为最终导致了暴力

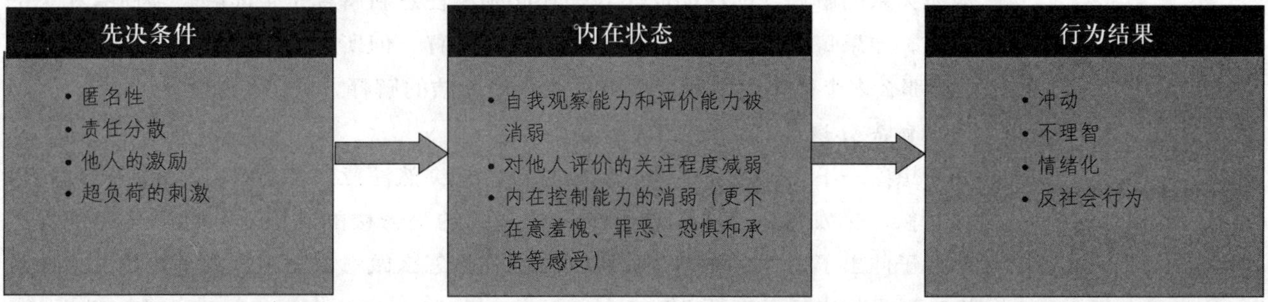

图12.8　去个体化的理论模型。特定的先决条件导致去个体化的内在状态，转而引发相应的行为结果，使人们做出在其他情况下本可以控制住的举动。

来源：Adapted from Zimbardo, 1970.

去个体化和冲动行为。在节庆期间，人们倾向于“释放自己”，并放松平日里对自身行为的控制。图中的女人在新奥尔良市的嘉年华中抛开了她的顾虑。

(Spivey & Prentice-Dunn，1990)。

该模型中默认的前提就是伴随去个体化而产生的冲动是释放性的。津巴多认为，人们在生活中的绝大多数时候都处于认知控制的束缚里。这些约束令人感到疲惫和沉闷，所以人们有时会渴望冲破束缚，能更自由随意地做事。为了支持这个观点，津巴多提到，实际上，所有的社会都在试图引导这种需求的适度发泄，安排鼓励人们“放松”的机会。我们可以在许多地方看到这样的影子：农业社会里的丰收仪式、宗教社会里的狂欢节、纵贯历史的节日和庆典，或许还包括现代摇滚演唱会上狂舞的观众和酒精饮料的使用。

对模型的验证

在本部分的最开始，我们必须强调这样一个事实：暴民心理和其他群体的突发特性是极其难以研究的。因为人们在进入科学实验室后会表现出他们最好的一面，所以研究者很难创造一个可以让人们表现出冲动和破坏性行为的实验环境。同时，把人们置于可能引发攻击和破坏行为的环境中也面临着道德约束。因此，该领域内一些富有成果的研究都发生于外面的世界，而非实验室中（如果想找例外，可以看 Lea，Spears，& de Groot，2001；Postmes & Spears，1998）。

无论是在真实的世界中还是在实验室环境里，这方面的研究都很少包括控制实验，而常常采用对档案的检查分析——尽管人们在当初收集那些数据时并没有考虑到它们与去个体化的关系。研究者通过这些记录寻找到了多种先决条件与行为结果之间的可预测的关联。

由于这些经验性的验证并不是控制实验，所以它们并不能控制或排除各种其他的解释方式。事实上，根据一些经验性结果，你可能也想出了其他与去个体化毫无关系的解释。即便如此，我们还必须要注意新解释是否能够覆盖所有相关的发现。如果每个发现都能找到一种不同的解释，但所有的发现都符合去个体化模型，那么去个体化模型便是最有可能且最简洁的解释方式了。

自杀引诱

想象一下，你正在前往教室的路上，却突然注意到了前方的骚乱。当你走近的时候，你发现所有人都在盯着一栋高耸的宿舍楼的高层。一名学生已经将半个身子伸出了窗外，并扬言要跳下去。你会怎么做？试图阻止那个可怜的生命跳楼？还是打电话寻求帮助？

尽管这很难令人相信，但人们通常会做出恰恰相反的举动——他们加入了自杀引诱，鼓励那个人跳下去。当有很多人聚集在下面时，自杀引诱会更容易发生吗？换句话说，当人们感到去个体化时，他们更有可能加入自杀引诱吗？

为了回答这些问题，研究者检查了15年间的报纸上关于自杀跳楼与跳楼未遂的报道（Mann，1981）。他们发现了21起企图自杀的案例，其中10起发生了自杀引诱现象。随后，研究者通过分析数据来确定与去个体化有关的2个变量——它们分别是夜色的笼罩与大群旁观者的在场——是否与自杀引诱的发生有关。图12.9显示，当围观者数量超过300人时，自杀引诱发生的概率是围观人数在300以下时的2倍多。另外，如果事情发生在晚上六点之后，自杀引诱发生的概率会提高3倍多。无论是在大群体中感到自我的丧失还是在黑夜的笼罩下，人们的匿名感会更加明显，于是他们会更容易逗弄并怂恿一起潜在的自杀事件。

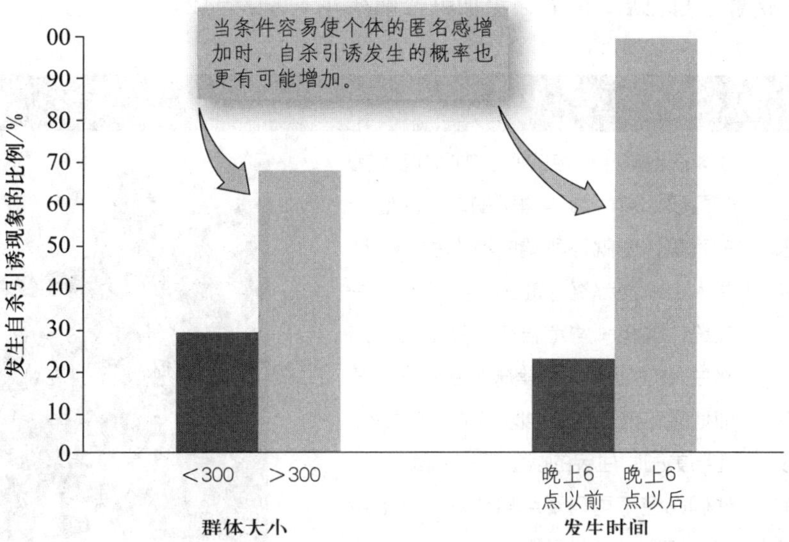

图 12.9 去个体化与自杀引诱。

来源：Adapted from Mann, 1981.

虽然可能存在对分析细节的质疑（比如说，为什么要把界线定为300人和晚上6点？）和其他的解释（围观的群体越大，就越有可能包含一个开始逗弄自杀者的“神经病”），这些数据仍然可以说明导致去个体化的变量也会导致反社会行为。

战争的爆发

战争一直是英国小说家、科学家C. P. Snow口中“人类冗长而黑暗的历史”中的一部分。然而，在不同的文化和时代里，战争的过程具有极大的差异。例如，战争进行过程中的暴行有所不同。在最残忍的暴行中，我们可以看到头颅悬赏、惯例性的折磨和对平民百姓的大规模屠杀。而最低层的暴行则被Tome（1979）描述为单体战争：在大卫王与歌利亚人之间的战争中，敌对双方各挑选一名士兵来与对方作战。虽然输掉的一方需要赔偿领土或以其他财富代替，但是双方的军队都避免了大的损失。

战争的残暴是否与去个体化有关？理论研究预测二者之间的确有关。当人们感到匿名感，认为无须对自己的行为负责时，他们更容易放开自我平时对野蛮行径的禁止。为了确定是否存在这样的关系，研究者调查了在23个非西方文化地区爆发的战争（Watson，1973）。研究者检查了每个文化中的士兵在上战场前是否被去个体化了（也就是说，他们是否佩戴了面具或在脸上画了油彩），以及他们在战争进行过程中的好斗程度（也就是说，他们是否会折磨敌人，是否会在所有战斗中都视死如归）。正如之前所预测的，去个体化和战争中的好斗程度具有强烈的相关关系。在战斗前要战士改变面容的文化里，80% 的战争被评为尤其具有攻击性的；而在没有改变战士面容的习俗的文化里，只有 13% 的战争特别具有攻击性。当士兵在战场上伪装了自己后，他们会更加野蛮地战斗（见专栏 12.4）。

专栏12.4 聚焦历史

凯尔特人与战争

古罗马人曾经很惧怕高卢人，因为他们在战争中十分凶残，对自己的生命也无所顾忌。要是让你来评判，一定不是认为高卢士兵十分个体化，就是认为他们十分去个体化：他们在战斗时是裸体的！罗马人最终获得了胜利，将高卢人驱赶到了罗马帝国的偏远角落。在那里，高卢人发展成了布里尼人、威尔士人、爱尔兰人和苏格兰人，并在现代以凯尔特人的身份为人所知。在多个世纪里，苏格兰人都有在战争中把脸涂成蓝色（正如你可能在电影《勇敢的心》中所见到的）的习惯，被认为是勇猛的斗士。他们的后裔，也就是所谓的苏格兰－爱尔兰人（一些苏格兰血统、一些爱尔兰血统，以及一些定居在北爱尔兰的苏格兰人的血统），是美国东部阿巴拉契亚地区和美国南部地区的主要定居者。在与美国原住民的战争和南北战争中，他们已经不再需要用身体彩绘来维持自己“令人闻风丧胆的斗士”的名号了。这一传统一直延续到了 21 世纪。在美国军队中，南方人的比例至今仍远远大于其在美国人中所占的比例。

凶猛的苏格兰人。这是一尊苏格兰领袖威廉·华莱士（William Wallace）的雕塑，他的一生在电影《勇敢的心》中有所展示。

万圣节大破坏

对于美国读者来说，万圣节夜大概是他们最熟悉的可以无所顾忌地做出冲动行为的场合了。在节日当天发生的破坏性行为中，从较为温和的扔鸡蛋到十分严重的流氓行径，应有尽有。一群社会心理学家决定利用万圣节氛围来进行一项富有野心的实验，以验证去个体化在反社会行为中的作用（Diener，Fraser，Beaman，& Kelem，1976）。他们在遍布西雅图市的 27 个家庭设置了研究站点，监测了超过 1000 名参与万圣节活动的孩子的行为。在每个参与实验的家庭中，孩子们都被告知他们可以到位于房子入口处的桌子那里，从一个大碗中拿一块糖。在放着糖的碗旁边，放了一个装满硬币的碗。实验者之后会借口离开，并在远处秘密监视孩子们的行为。孩子们是会只拿他们应得的那块糖，还是会拿走更多的糖，甚至包括一些硬币？

研究者检测了两个与去个体化相关的变量所造成的影响。首先，孩子可能是单独一人去拿糖的，也可能是成群结队地去的。研究者预测，成群结队的孩子会更有匿名感，所以更可能违反规则。其次，实验者有目的地随机选取了一些独自或集体去的孩子，并使他们"个体化"。具体来讲，实验者在离开前会询问每个孩子的姓名、家庭住址，并大声地重复出这些信息以示强调。研究者预测，通过名字认识每个孩子，会使他们不再有匿名感，从而可以阻止违反规则的冲动。

正如图12.10所示，这两个变量的效应都符合预期。无论匿名与否，相比于独自来的孩子，成群结队来的孩子更有可能违反实验者的要求。而与被个体化的孩子相比，当孩子处于匿名状态时，无论他们是否有同伴，都更有可能违反要求。将这两个发现综合起来，随群体而来的并且处于匿名状态下的孩子是最有可能违反实验者要求的。

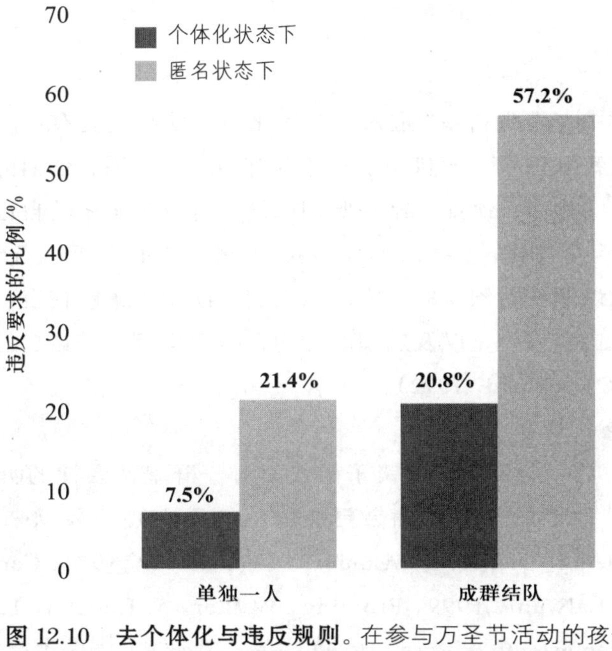

图 12.10　去个体化与违反规则。在参与万圣节活动的孩子中，违反实验者要求的孩子所占的比例受到两个因素的影响：他们是否被问及姓名（即是处于个性化状态还是匿名状态）、他们是独自来的还是集体来的。

对于证据的小结

上述研究的影响在于其因变量（自杀引诱、战争爆发、偷窃行为）的真实性

个性化与自我意识。任何一种对自身和个体身份的关注都可能会加强对自我控制和准则的关注。在商务会议中，这些人身上的名牌会导致个体化，当然最可能的就是去约束行为。

与重要性。不幸的是，除了关于万圣节的研究以外，所有这些结果都只是相关性的发现，研究者并不能确定究竟是什么导致了这样的关系。在关于万圣节的研究中，一部分研究是相关性的：一些被试单独出现，而其他人是成群结队出现的。或许身处某个群体的确会使一个人感到去个体化，从而更有可能做出违反规则的行为，但这也有可能仅仅是因为那些粗暴的人更喜爱与他人一起参加万圣节活动。然而，研究的另一部分是真正的实验，没有受到这种自我筛选问题的影响。孩子们被随机地分到匿名或个体化的条件下，所以研究者可以确定，平均来讲，这两个实验组由具有相同特质的孩子组成。因此，匿名的孩子违反要求的倾向可以被肯定地认为是匿名感本身在作祟，而不是寻求匿名感的孩子所具有的心理特质导致的结果。

自我意识与个体化

如果在群体中“迷失自我”进入去个体化状态使我们更有可能冲动地做出反应，那么处于自我意识很强的状态下显然具有相反的效果。任何能让人将注意力聚焦在个体身上的物体，例如，站在照相机前、盯着镜子中的自己或胸前配一个姓名牌，都会引起**个体化**，使我们小心行事，并遵从内心关于适当行为的规则。这恰恰就是**自我意识理论**所预测的内容。当人们将注意力集中在自己身上时，他们会变得十分关注自我评价，以及当前的行为在多大程度上符合自己内心的标准和价值观（Duval & Wicklund，1972）。

个体化（individuation）：由于将注意力集中在自身而引起的对于个体身份认知的增强，通常会使得人们小心谨慎地做出行为，并严格遵照他们的价值观。

关于自我意识的研究

大量实验表明，当人们站在镜子前或面对一群聚精会神的听众并因此感受到自我意识时，他们的行为的确会更加依从自己内心长久以来的态度与价值观（Beaman，Klentz，Diener，& Svanum，1979；Carver，1974；Carver & Scheier，1981；Duval & Lalwani，1999；Froming，Walker，& Lopyan，1982；Gibbons，1978；Scheier，Fenigstein，& Buss，1974）。在一项研究中，一些大学生要解决一系列字谜并在铃响后停止答题。在对照条件下，几乎有3/4的学生并没有完全遵照规则，而是在铃响后继续答题。但是处于能引起自我意识的条件中时，即在一面镜子前解字谜，只有不到10%的学生作弊（Diener & Wallbom，1976）。虽然大多数学生都知道作弊是不光彩的，但要想让他们在行为与认识上保持一致，似乎

自我意识理论（self-awareness theory）：这一理论主张，当人们将注意力集中在自身时，他们会变得关注自我评价以及当前的行为在多大程度上符合自己内心的标准和价值观。

需要一定的自我意识来帮忙。需要注意的是，由于感受到自我意识与感到去个体化是完全相反的状态，所有可以支持自我意识理论的研究同样可以间接地支持关于去个体化的解释模型。

自我意识与聚光灯效应

自我意识和去个体化之间负性的关系让我们不禁疑问：在平时的状态下，人们究竟能感受到多少自我意识？当然，鉴于人们关注自身的程度和他们认为别人关注他们自己的程度不甚相同，不同个体感受到的自我意识存在显著的差别（Fenigstein，Scheier，& Buss，1975）。但是我们仍然有理由相信，人们的自我意识通常处于很高的水平，在有其他人在场的情况下尤为如此。只有在一个很大的群体中，人们才会开始感觉到去个体化。这也就是为什么心理学家们假设人们是享受去个体化的状态的——这是一个让人们打破平时的自觉状态的好机会。

聚光灯效应（spotlight effect）：人们相信周围人正在注意自己的一言一行，尽管实际情况往往并非如此。

关于**聚光灯效应**的研究为我们提供了人们容易处于高水平自我意识状态的证据。所谓聚光灯效应，就是人们会夸大周围人对自己的行为举止的关注度（见图12.11）。例如，那些在集体讨论中发表了深刻见解的人相信，其他人会注意到他们的发言并留下深刻的印象，但事实并不总是这样。那些经历了令人尴尬的小事故的人，比如在公共场合触发了警报器或在进入演讲大厅时摔了一跤，认为其他人会刻薄地看待他们，尽管人们实际上并没有那么刻薄（Epley，Savitsky，& Gilovich，2002；Fortune & Newby-Clark，2008；Gilovich，Kruger，& Medvec，2002；Gilovich，Medvec，& Savitsky，2000；Savitsky，Epley，& Gilovich，2001）。

在对聚光灯效应的一次清晰的验证中，单独来的实验被试要穿上一件印有流行歌手巴瑞·曼尼洛（Barry Manilow）照片的T恤。尽管被试明显是不情愿的，但所有人都照做了。随后他们进入大厅中的另外一个房间，并在那里发现了一群正在填写问卷的学生。在离开了那个房间一段时间后，研究人员让被试估计能回忆起T恤上所印人物的学生所占的比例。正如预测的那样，被试过高地估计了他们的新T恤的显眼程度，认为有差不多一半的学生能够认出那是巴瑞·曼尼洛的照片。而事实上，只有大概1/4的人做到了这一点（Gilovich et al.，2000）。

图 12.11 你来做被试：聚光灯效应

想象你自己来参加一个晚餐聚会，发现除了你以外的其他人都为主人准备了礼物。

1. 为别人评判你的疏漏时的严厉程度打分

完全可以理解 0 1 2 3 4 5 6 7 8 9 10 **不可原谅**

2. 为你自己评判别人犯同样疏漏的严厉程度打分

完全可以理解 0 1 2 3 4 5 6 7 8 9 10 **不可原谅**

哪一个的评分更低?

结论：你是否在第一题中打了更高的分数？其中的部分原因就是聚光灯效应，即多数人会高估他们的行为（在这个例子里就是在社交中无意犯的错误）的显眼程度。

小　结

社会心理学家从两个方向检验了自我意识与行为之间的关系。对于去个体化的研究让我们知道，当我们处于大群体中时，我们的自我意识有时会被削弱，这让我们陷于眼前的事件中，容易做出冲动甚至具有破坏性的行为。对于自我意识和聚光灯效应的研究则告诉我们，人们平时会多么小心地监测他人对自己的行为的评价，以及我们对自身的关注是如何促使我们做出更加合适的行为的。

本章总结

群体生活的性质和目的

- 人类，正如除了红毛猩猩以外的所有灵长类动物一样，是会对同类造成影响并需要互相交流的群居动物。

社会促进作用

- 他人的存在有时会促进行为表现，而有时也会产生妨碍。关于社会促进作用的研究已经表明：他人的存在可以提升唤醒水平，而这会增加人们预先就倾向于做的行为的趋势。在简单任务中，人们的倾向性反应是正确的，所以他人的存在可以促进他们的行为；在复杂或者困难任务中，人们的倾向性反应往往不是正确的，所以他人的存在会妨碍他们。
- 许多聪明的实验者已经证明了，即便包括评价顾虑在内的其他因素会强化社会促进作用，他人的单纯存在仍会导致这一效应的发生。此外，分心—冲突理论很好地解释了社会促进作用，即意识到他人的存在会使人分心，并产生一种在关注他人和关注自己手头的事务之间产生矛盾冲突。这一矛盾冲突会提升唤醒水平。
- 社会惰化是指这样一种趋势：当个体的贡献无法被识别、检验时，个体就会在群体事务中付出更少的努力。

群体决策

- 群体思维是在高度团结的群体中，成员处理做重要决策的压力时的倾向，更积极地追求一致性多于对所有可用信息的严格分析。群体思维与已导致多种政策灾难的错误决策有关。
- 群体决策受诸多因素影响，包括群体的团结程度、领导者的管理水平、可导致拒绝其他观点和自我审查的内群体压力，以及在明显的群体一致性面前遏制表达真实情感或意见。
- 与群体成员交换观点可以导致更极端的决策并让人们的态度更极端。风险转移指的是群体比个人更倾向做出冒险决策的情形。
- 群体讨论倾向于产生群体极化：原本有冒险倾向的个体在群体讨论后会变得更冒险，原本有保守倾向的个体在群体讨论后会变得更保守。
- 群体极化部分是由于群体成员接触了比自己能想到的更多的支持一致观点的说服性论据。群体极化也可源于社会比较，让人们在没有客观评价标准时，和其他人比较观点和论据。
- 来自看重冒险文化的人比来自不看重冒险文化的人更有可能在群体讨论后做出冒险的决策。
- 极化是和谐群体中尤为常见的结果，它可能是现代社会中的一个特别的问题，因为人们可能读报纸、看契合他们所持观点的新闻节目。这一极化现象可能在网络交流中得到进一步强化，因为人们现在能更轻易地找到与自己想法相似的人，并和观念相同的人单独交换信息。

领导与权力

- 权力包含控制感与行为的自由。它来自人际资源，比如一个人的权威或专业地位，或者一些个体因素——具体来讲，就是与他人社交并建立强大同盟的能力。
- 权力的接近—抑制理论解释了权力是如何遭到夸大和滥用的，它认为，权力的增长让人们更加简单地看问题并更加不受限制地做出行动。

去个体化与暴民心理

- 一大群人有时会变为一群不受控制的暴民。发生这一现象的原因可能是当人们处于大群体中时，会由于匿名感与责任分散而进入一种去个体化的心理状态，这使得他们变得不那么关注将来、社会对行为的正常制约和自身行为所产生的后果。
- 在人群中迷失自我而引发的去个体化状态与人们对自我身份的明确感知截然相反。自我意识理论认为，关注自身让人们进入了个体化状态，即十分小心地注意并斟酌自己的行为在多大程度上符合内心的道德标准。
- 绝大多数人都高估了自己在他人眼中的醒目程度。这一现象被称为聚光灯效应。

关键概念

第 13 章 攻击性

①

本章要点

- 攻击行为的情境决定因素
- 解释过程与攻击性
- 文化与攻击性
- 进化与攻击性
- 冲突与调解

① 广告上写道："枪支暴力。呯呯呯。这不是游戏。"——译著注。

1994年4月6日的傍晚，一对来自卢旺达的夫妻物理学家奥德特（Odette）和珍－巴普蒂斯塔（Jean-Baptiste）一边听广播一边和一个朋友享用美酒。刚过8点，他们就听到了载有卢旺达胡图人总统朱维纳尔·哈比亚利马纳（Juvenal Habyarimana）的飞机在卢旺达首都基加利附近被击落的消息。这时奥德特知道麻烦要来了，与这个胡图人总统和她的丈夫不同，奥德特是一个图西人。虽然图西人和胡图人说着一

（A）

（B）

大屠杀。种族灭绝并未随着纳粹而消失。在前南斯拉夫、柬埔寨、苏丹和其他地区也发生过种族灭绝惨剧。（A）当英国人在 1945 年的 4 月解放伯根—贝尔森集中营时，发现了一万具裸尸。（B）卢旺达尼特拉马的一所教堂是一个联合国部队在 1994 年 9 月发现的。这所教堂里面存有被胡图联攻派民兵杀害的 400 名图西人的遗物。

种语言，生活在一个国家，拥有共同生活的历史，她却见证了胡图人制造的几场针对图西人的屠杀。她担心总统坠机的事件会激化反图西人的情绪。

然而，奥德特的担心是正确的，悲剧还是发生了。在接下来的100天中，胡图人残杀了约80万图西人和主张怀柔主义的胡图人（Gourevitch，1998）。许多残杀的暴行都是由所谓的联攻派民兵的组织执行的。他们在整个卢旺达设置路障，把图西人从他们的车中拖出来杀掉。在卢旺达的小村庄中，胡图人攻击了他们的图西邻居，残忍地用砍刀杀死他们。胡图族的学校教师会残杀图西族学生，那些在教堂里避难的图西人也没有幸免于难。在卢旺达的山川丘陵，成群的乌鸦和秃鹫盘桓在惨剧发生的地方。

令人遗憾的是，像卢旺达种族灭绝事件这样的屠杀事件在历史上屡见不鲜。2003年，在苏丹的达尔富尔地区，一群因干旱和饥荒而绝望的人攻击了苏丹政府。政府采取了像卢旺达种族大屠杀这样的举措。政府赞助的武装民兵在处理暴动者时采取了焦土政策：他们烧毁村庄，强奸妇女，屠杀了数以万计甚至十万计的平民百姓。

按照被自己的同伴杀死的人的绝对数量来说，20世纪是历史上最暴力的世纪。卢旺达和达尔富尔屠杀仅仅是若干场大规模种族灭绝事件中的两场。社会心理家们是如何理解这类暴力和这一章会涉及的其他类型的暴力（校园枪击案、杀人犯、强奸、家庭暴力）的呢？不同的情境因素是如何导致攻击行为的呢？人们对复杂情况的解释又是如何引起暴力的呢？是什么因素诱发了群体争端，更重要的是，什么因素可以带来和平？

对攻击行为的原因该做何解释，这取决于这种行为是敌意性攻击还是工具性攻击。**敌意性攻击**是指由愤怒或敌意的感觉引起的，以在身体上或精神上伤害另一个人为主要目的的行为。很显然，卢旺达的种族灭绝惨剧部分是出于纯粹的敌意：胡图人出于愤怒而向图西人报仇。相比之下，**工具性攻击**则是指因为故意以外的动机而伤害他人的行为，比如说，想通过伤害他人而获得地位、吸引注意、获取财富或是实现政治上和意识形态上的目的。卢旺达种族屠杀的部分原因便是为了达到政治目的：胡图人想要取代更有权势的图西人。许多攻击行为和以上两种攻击类型都有关。故意伤害他人的足球运动员可能因为挑衅的情绪或是各种工具性的原因做出攻击行为，比如，为了让大家觉得他无所畏惧，为了帮助他的团队取得胜利，或者是以此来确保他在团队中的地位或是获得一份报酬更高的合同。

敌意性攻击（hostile aggression）：由愤怒或敌意的感觉引起的，以在身体上或精神上伤害另一个人为目的的行为。

工具性攻击（instrumental aggression）：因为故意以外的动机而伤害别人的行为（比如，为了吸引注意、获得财富或是实现政治上和意识形态上的目的）。

攻击行为的情境决定因素

卢旺达和达尔富尔的大屠杀表明，在图西人和胡图人之间和平、稳定的关系竟然能如此迅速地演变为双方的敌对攻击，这一点让人十分震惊。就像特定的大气和生态环境能立即将一片充满生机的森林变成咆哮的地狱一样，特定的情境因素组合在一起也能引起暴力——不管是在不同种族群体之间、在不同宗教群体之间、在周五晚上偶遇的一群年轻人之间、在赛场上的运动队之间，还是在操场上玩耍的孩子们之间。

情境因素导致攻击行为的想法可能看起来不符合人们的直觉。人们很容易相信，只有好斗之人（身边恃强凌弱的人、反社会的人和具有犯罪人格的人）才会做出犯罪行为，但社会心理学发现，在理解攻击行为发生的原因时，考虑情境因素也是非常重要的。举例来说，科学家发现，特定的基因会使人更容易做出攻击举动，但只有在这个人的生活中发生了特定的情况时，这些基因才会导致他们真的做出攻击行为（见专栏13.1）。值得注意的是，特定的情境和环境会让人们的攻击性倾向成为可能。所以，让我们接受社会心理学的挑战吧，考虑一下导致暴力的情境因素。在其中，炎热的天气已经成为了一个特殊的研究焦点。

炎　热

Spike Lee 的电影《为所应为》（*Do the Right Thing*）里的第一句台词来自广播里的播音员："各位，那边很热。"清晨，穿着T恤和短袖的主演们就已经感到很不舒服了，各个汗如雨下。在这一天结束的时候，非裔美国人和意大利裔美国人之间的紧张关系升级了，一场种族暴乱随之发生。

专栏13.1 聚焦基因与环境

是自然形成还是后天教育？两者皆有！

许多生物因素使某些人更倾向于做出攻击的行为（White，1997；Yudko，Blanchard，Henne，& Blanchard，1997）。比如说，雄性激素睾酮就可能和更高水平的攻击性相关：行为不良的人的睾酮水平高于大学生的平均睾酮水平（Banks & Dabbs，1996），粗暴的兄弟会成员比更可靠的兄弟会成员的睾酮水平高（Dabbs，2000）。

由 Avshalom Caspi、Terrie Moffitt 及其同事进行的研究表明，攻击行为受到情境因素和基因的交互影响（Capsi et al.，2002）。Caspi、Moffitt 及其同事检测了 MAOA（单胺氧化酶 A）基因。单胺氧化酶会让脑神经突触里的特定神经递质产生代谢变化，从而允许神经间进行信息传递。在非人类物种中，带有一种探测性的短的 MAOA 基因的个体看起来更加具有攻击性，说明这个基因或许可以预测人类的进攻性行为。Caspi 和同事利用这种具有探测性的短基因检测了男性被试，具有这种短基因的人占 37%，而剩下的人带有长基因。为了捕捉到情境因素，他们也鉴定了在儿童期曾被父母虐待过或没被父母虐待过的人。需要注意的是，儿童时期是否遭父母虐待是可引起成年期暴力的最有影响力的因素之一。

总体而言，仅有具探测力的 MAOA 基因并不能够决定男孩在 26 岁前是否会犯罪（比如，强奸、袭击和抢劫）。这个发现表明，个人的遗传易感性本身并不能决定他是否会卷入攻击行为。研究表明，攻击行为的催化剂是短型 MAOA 基因和家暴环境的结合。拥有预测性基因并且小时候被虐待的男孩直到 26 岁犯罪的可能性是有这种探测性基因但是没被虐待的男孩的 3 倍。尽管在研究中带有低 MAOA 活性的基因并且在儿童时期也遭受过虐待的男孩在所有被试中只占 12%，但他们所犯下的暴力罪行占全部被试所犯罪行的 44%。在带有短型 MAOA 基因且遭受过虐待的男孩中，85% 的人形成了某种形式的反社会行为。该实验给我们上的最重要的一课就是：先天和后天因素结合，方能塑造行为。

炎热和攻击行为。在 Spike Lee 的电影《为所应为》中，在炎热的天气下，这家餐馆中的非裔人和白人发生了对峙，并逐步升级成一场种族暴乱。

人们一直相信心情和行为都和天气有紧密的联系。炎热和攻击行为是最常被绑在一起的。我们会说，发怒的人“怒火直冒”、“气得冒烟”、“面红耳赤”。因为血压的升高和血流在身体某些部位（比如，手）的分配，愤怒确实会导致体温上升。但是，愤怒和炎热之间的联系可能也和周围的环境温度对人们情绪和行为的影响有关。

当天气炎热时，人们是否会更加具有攻击性呢？早在 19 世纪，社会理论家就观察到，气温较高的法国南部和意大利南部的暴力犯罪率分别比法国北部和意大利北部高。当然，其他因素（比如，失业率、人均收入、民族构成和平均年龄）可能也会导致攻击行为的地域性差异。

Craig Anderson提供了攻击行为的增加和高于正常值的温度相关的证据（Anderson，1987，1989）。首先，在较热的地区，暴力犯罪率较高。Anderson调查了美国260个城市的犯罪率。他计算了每个城市气温超过32℃的天数。结果发现，炎热（气温在32℃以上）的天数是高暴力犯罪率的一个强有力的预测因素，但不是非暴力犯罪率的预测因素。就连控制了城市失业率、市民的人均收入和平均年龄的影响时，上述结论仍然成立（Anderson，1987）。

“我求你了，善良的茂丘西奥，咱们还是回去吧。天这么热，凯普莱特家里的人满街都是，要是碰到了他们，又免不了吵架；因为在这种炽热的天气里，一个人的脾气最容易暴躁起来。”

——莎士比亚

《罗密欧与朱丽叶》

（*Romeo and Juliet*）

在天气较热的月份中，比如在7月和8月，人们也比在天气较冷的月份中更加暴力。（但是，有一个例外，就是在12月的时候，由于人们去度假，暴力犯罪率也会提高。）比如说，从图13.1中可以看出，在夏季，谋杀和强奸犯罪都增加了。此外，一个有关炎热和攻击行为的巧妙研究表明，当天气变得越来越炎热时，棒球投手更容易击中对方的击球手（Reifman，Larrick，& Fein，1991），尤其是当投手的队友之前被对方球队的投手击中过时（Larrick，Timmerman，Carton，& Abrevaya，2011）。这个现象不能被归因为能力的降低，也不能被归因为温度越高，投手就越疯狂（请参见Kenrick & MacFarlane，1984）。

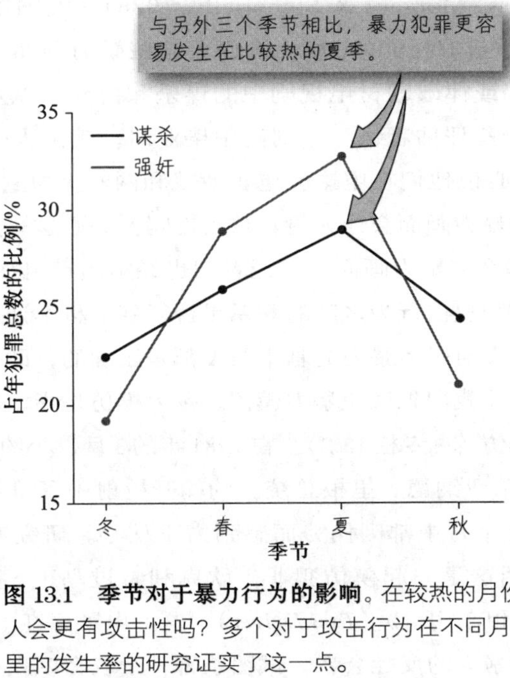

图13.1　季节对于暴力行为的影响。在较热的月份，人会更有攻击性吗？多个对于攻击行为在不同月份里的发生率的研究证实了这一点。

来源：Adapted from Anderson，1989，p.82.

这些发现表明，气候变化会导致潜在的未知结果：随着全球变暖，人们可能会发现全球性的暴力事件也有所增加。最近，气象学家提出了这种可能性，而该结果也成了我们关注气候变化的另一个原因。Solomon Hsiang 及其同事调查了过去50年的数据，发现在厄尔尼诺年（在厄尔尼诺年里，天气异常炎热干燥）中，热带国家发生内战的可能性在显著上升（Hsiang，Meng，& Cane，2011）。

哪些与高温有关的什么因素会让人变得更有攻击性呢？一种解释认为，这主要是归因过程导致的（第5章）。根据归因谬误，人们被炎热激发，但很多人不知道炎热才是真正的原因。当人们遇到会激起愤怒的场景时，比如说，遇到了一个令人崩溃的司机或是伴侣做出了惹人生气的事情时，他们就会把自己的唤醒归因于那个人，这种被错误归因的唤醒反过来放大了愤怒和进攻的感觉。另一种可能性是炎热不仅导致了未分化的唤醒，也引起了一类特殊的愤怒：能增加各种攻击行为的可能性的愤怒感。这种解释将会在本章的后面得到更详细的论述。

媒体暴力

西方媒体上充斥着暴力影像。平均来说，美国儿童每天看3～4小时的电视，并且看的许多节目都充斥着暴力内容。平均而言，黄金时段的电视节目每小时有5～6幕都是暴力的，并且在儿童观看的90%的节目中都含有一些暴力内容（Gerbner，Gross，Morgan，& Signorielli，1986）。美国电视节目的收看者到12岁的时候平均看过100 000幕暴力画面，这些暴力画面包括真人警察秀中的车祸、周播的犯罪或律政题材电视剧中的谋杀和搏斗，以及晚间新闻中常常出现的尸体画面。一些评估者认为，到高中毕业时，美国人平均在电视上看过13 000次谋杀，更不必说他们在电影、电子游戏和网站上看到的谋杀画面了。

在媒体中出现的暴力画面会让人更具攻击性吗？关心这一点的民众年年敦促娱乐业不要再播放那么多暴力画面了。记者们也经常谴责电视和电影中的暴力。关于暴力的媒体内容和攻击行为之间的联系是否得到了科学证据的支持呢？

一些证据表明，反对媒体暴力的基本假设都是正确的，即接触媒体暴力会导致攻击行为的增加。让我们先谈谈暴力模仿。暴力模仿是指，对在媒体中出现的特定的暴力行为的模仿（见专栏13.2）。在1981年的3月，小约翰·欣克利（John Hinckley Jr.）试图暗杀罗纳德·里根总统。约翰开枪射中了里根的胸部，据报道称，里根在随后的几个月中都因伤势而感到力不从心。研究者们随后便发现了让人揪心的证据证明这是一起模仿犯罪。欣克利看过马丁·斯科席思（Martin Scorsese）的电影《出租车司机》（*Taxi Driver*），这部电影捧红了罗伯特·德尼罗。他在剧中饰演了一个暴力的反社会者，试图杀害一个政客以赢得由朱迪·福斯特扮演的年轻妓女的芳心。在欣克利所住的旅馆中留了一封给朱迪的信，欣克利在其中宣称他将为朱迪杀死总统里根。

暴力模仿究竟有多普遍呢？社会心理学针对这个问题给出了一个答案，这个答案不仅适用于短期内，也适用于人的一生。实验研究检测了接触媒体暴力

专栏13.2 聚焦媒体

暴力模仿

David Phillips（1986）搜集的证据表明，自杀——暴力模仿的一种，是对自己的终极暴力——是一种非常真实的现象。在第一项研究中，Phillips鉴定了1947—1968年美国媒体所报道的35起自杀事件，并统计了在自杀事件发生后的几个月内的自杀率的波动。他将这几个月的自杀率和在一年前和一年后的相应月份里观察到的自杀率相比较，并在比较时控制了天气和季节对于攻击行为的影响。

在被广泛报道的35起自杀案件中，在26起自杀案件之后的几个月里，自杀率有了显著的提高。比如，1962年8月，媒体大肆报道了玛丽莲·梦露用药过量的事件，之后美国的自杀率提高了12%，英国提高了10%。也就是说，报纸上报道自杀的版面越大，暴力模仿就增加得越多。更详细的分析表明，人们不仅会因为所钟爱的明星过世而自杀，甚至会模仿受鄙视的人（比如，一名三K党领导人）的自杀行为。

当然，Phillips无法测量很多也可能影响自杀率的变量。比如说，特别抑郁或是有攻击性的人（指原本就更倾向于伤害自己或他人的人）是否最可能模仿被宣传的暴力行为或是自杀？Phillips的数据并没有告诉我们这些信息。但即使抑郁的或是具有攻击性的人更可能模仿别人而自杀，Phillips关于模仿性自杀的观点仍然成立，也许只是这种效应在特定人群中特别明显。

对于随后的攻击行为的影响（Anderson et al.，2003；Geen，1998）。在这些研究中，被试先要观看含有攻击内容的电影，然后会得到一个表现攻击性的机会，比如恐吓一个敌对的人（评论请参见Berkowitz，1993）。这些研究的结果显示，观看具有攻击性内容的电影确实会让人更具有攻击性。比如，一项研究发现，与观看非暴力电影相比，观看具有攻击性内容的电影会使教管所里的问题少年更具攻击性（Leyens，Camino，Parke，& Berkowitz，1975）。另一项研究让一群处于愤怒、烦躁状态下的男大学生观看暴力媒体影像，结果发现，他们随后会对女性表现得更具有攻击性（Donnerstein，1980；Donnerstein & Berkowitz，1981）。暴

（A）

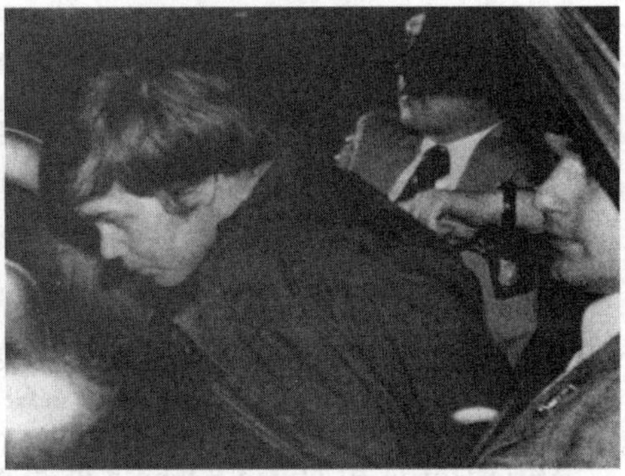

（B）

暴力模仿。人们会在现实生活中模仿媒体中的暴力。（A）在电影《出租车司机》中，罗伯特·德尼罗饰演的角色试图刺杀一位政客。（B）看完《出租车司机》后，小约翰·欣克利试图刺杀总统罗纳德·里根。

力黄色读物尤其会增加针对女性的暴力行为（Allen，Emmers-Sommer，Gebhardt，& Giery，1995）。

通过控制被试观看的暴力影像的种类，这些实验研究已经发现了哪类暴力影像最容易导致攻击行为。比如说，当人们认同电影中的施暴者时，观影后更可能变得具有攻击性（Leyens & Picus，1973）。在看完描写正义暴力（指对"坏人"施行的暴力）的电影后，人们也更可能变得具有攻击性（Berkowitz）。然而，当被试的注意力从暴力电影中的攻击性内容上移开时——比如，去关注电影的美学特征——他们变得更有攻击性的可能性就降低了（Leyens，Cisneros，& Hossay，1976）。

在对媒体暴力的短期影响的基础上，研究者进一步探索了媒体暴力的长期影响。Rowell Huesmann、Leonard Eron 联合多国心理学家发现了早期对媒体暴力的接触与后期的攻击行为有很强的关联。在一项研究中，Eron 和 Huesmann 评估了哥伦比亚县和纽约州北部的211名男孩从童年期到成年期的收视习惯（Huesmann，Moise-Titus，Podolski，& Eron，2003）。他们想知道，能否根据男孩母亲所报告的、孩子8岁时对于暴力电视的喜好，来预测这些男孩在30岁时将会参与多少犯罪活动。这个研究的潜在问题之一是具有攻击性的男孩在8岁时本来就更喜欢看暴力电视。如果真是这样，在8岁时观看暴力电视和后来的攻击行为之间的任何联系都可以归因为男孩的攻击性而不是观看暴力电视。因此，Eron 和 Huesmann 控制了这些孩子8岁时的攻击性水平，以观察看过的暴力电视和之后的攻击行为有怎样的纯粹联系。正如图13.2所显示的，8岁时喜欢看暴力电视的孩子到30岁时更可能卷入严重的犯罪行为中。这一证据证明，导致男孩更可能犯罪的是暴力电视，而不是被试小时候的攻击性。这一证据尽管不是结论性的，但也非常可靠。

暴力电子游戏

普通网站、视频网站和电子游戏等新科技让人更有机会接触攻击性画面。比如，大约有85%的美国儿童经常玩电子游戏（Anderson & Bushman，2001）。最近，一个全美抽样调查（Gentile，2009）发现，8～18岁的美国人每周平均要花13小时玩电子游戏。也许如你所料，男孩玩游戏的时间比女孩长得多（分别是16小时和9小时）。这个调查发现，8%的美国儿童对玩电子游戏上瘾。比如，玩游戏会让他们感觉很爽，但当他们不玩游戏时，他们就会有断瘾症状，并且玩游戏也会在家庭内部和个人生活中引发冲突。

Eric Harris 和 Dylan Klebold 就是这样的电子游戏迷。他们习惯玩暴力电子游戏，最喜欢的游戏是《末日》（*Doom*）。事实上，Harris 制作了一个订制版的《末日》游戏。在这个游戏中，两个带有附加武器和无限弹药的枪手将会枪杀一排无助的毫无还手能力的受害人。不久后，在1999年4月20日，Harris 和 Klebold

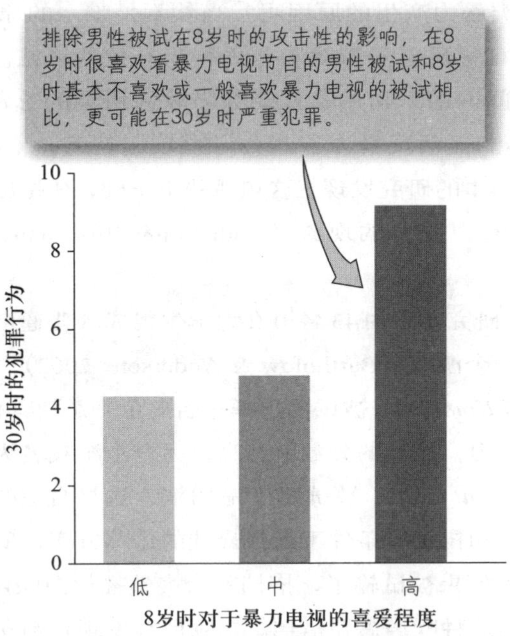

图 13.2　对于媒体暴力的喜爱和攻击性。Y轴代表犯罪行为，反映两个指标：犯罪次数和每次犯罪的严重程度。

来源：Adapted from Huesmann, 1986.

将游戏中的场景搬到了现实中。他们制作了炸弹，拿着几把枪和大量的弹药去了自己的学校科罗拉多州利特尔顿镇的科伦拜恩中学。他们在那里杀害了12名同班同学和1名教师，同时还有23名学生受伤。之后，他们自杀了。

电子游戏和科伦拜恩大屠杀。(A)电子游戏中的一个画面。在实验室中发现的玩暴力电子游戏和攻击性思想及行为之间的联系，也可能出现在现实生活中。(B)Eric Harris和Dylan Klebold花了不少时间玩暴力电子游戏《末日》。一些观察者推断，花这么长时间玩这个游戏可能导致这两个人做出了在科伦拜恩中学安放炸弹和射杀同班同学的决定。1999年4月20日，学校自助餐厅里的摄像机拍下了Harris和Klebold拿着枪准备射杀在桌下挤作一团的同学。他们杀害了12名学生和1名教师，之后饮弹自尽了。

电子游戏是这类暴力产生的原因吗？当然不是唯一的原因。许多电子游戏从业人员强烈反对宣称玩电子游戏和暴力行为有关的说法。2000年5月12日，在美国有线电视新闻网的采访中，互动数字软件协会的总裁 Doug Lowenstein 说："没有任何证据能证明玩暴力游戏会导致攻击行为。"但是 Craig Anderson、Brad Bushman 及其同事的研究发现，这句话并不正确，并指出我们真的有理由担心电子游戏在年轻人中盛行的现象（Anderson& Bushman，2001；Anderson & Dill，2000）。

在一项研究中，研究者将由43名男女大学生组成的普通电子游戏玩家随机分为两组，每组各玩一个游戏（Bartholow & Anderson，2002）。其中一个游戏名为《真人快打》（*Mortal Kombat*），被试要选择一名角色并杀死其他6名角色，而且杀的人越多，死法越暴力，被试的分数就越高。另一个游戏名为《PGA 高尔夫球锦标赛》（*PGA Tournament Golf*），被试要打完18洞、选择合适的俱乐部并在游戏模拟的风力条件、沙坑和树木等条件下选择最佳的击球方案。所有被试都要和一个搭档完成几轮比赛。如果被试输了，搭档就会突然播放白噪声来惩罚他；如果被试赢了，他也可以用这种噪声惩罚搭档。这项研究发现，与玩高尔夫球游戏的被试相比，玩《真人快打》的被试给其搭档播放的噪声更长也更强。

在一份对于35个相似研究的回顾中，Anderson 和 Bushman 指出玩暴力电子游戏有五点令人恐慌的影响（Anderson & Bushman，2001）。玩暴力电子游戏会：(1) 增加攻击行为；(2) 减少亲社会行为，比如助人和利他行为；(3) 增加具有攻击性的想法；(4) 增加具有攻击性的情绪；(5) 增高血压和心率——与逃跑和战斗反应相关的生理反应。在儿童以及成年男女身上都能观察到这些影响。

社会排斥和攻击行为

科伦拜恩惨案在美国激起了强烈反应，人们也为这起事件的发生提出了许多假设，其中之一就是认为暴力电子游戏会增加攻击行为的假设。另一个假设涉及社会排斥，即 Harris 和 Klebold 感觉自己在学校遭到了更受欢迎的同学的排斥，他们的暴力行为是对自己受到的排斥的反应。这场惨案发生后，由美国教育部赞助的一项研究所报告的调查结果和上述假设基本相符，认为像 Harris 和 Klebold 这样的校园杀手往往有被同伴排斥的感觉。（另一种解释将科伦拜恩惨案归因于 Harris 和 Klebold 的精神病态倾向，参见 Cullen，2009）

社会排斥是如何引起攻击行为的呢？社会排斥又是如何引起像科伦拜恩事件这样规模的惨案的呢？ Geoff MacDonald 和 Mark Leary 给出了一个答案（MacDonald & Leary，2005）。MacDonald 和 Leary 认为，在人类进化的漫长历程中，鉴于我们为了获取食物、避难所、保护和喜爱，有依赖他人的强烈需要，所以若遭到群体的社会排斥，就等于被宣判了死刑。因为融入群体将具有许多进化优势，所以社会排斥会激活人们的威胁防御系统，包括与压力有关的心血管系统的激活，压力激素皮质醇的释放，苦恼和痛苦的感觉，还有和当前的讨论最相关的防御性攻击倾向。在灵长类动物进化的早期，这种威胁防御系统和身体攻击(如捕食者的攻击)的线索相联系，让我们的祖先能有效应对攻击行为。当人类进化为最具社会性的灵长类动物时，社会性线索（比如，听到某人对我们说三道四，看到别人嘲笑的表情或轻蔑地翻白眼，听到上司批评的语调)也能激活威胁防御系统和与之相关的情绪，并且增大了表现出攻击行为的倾向。

许多研究揭示了长期的社会排斥，比如 Harris 和 Klebold 经历的那种，是如何激发一系列能够导致攻击行为的情绪的。比如，社会排斥会令痛苦积聚：那些感到被排斥的人报告了更高水平的慢性身体疼痛、更多的身体疾病，甚至是在分娩时更严重的痛苦（MacDonald & Leary，2005)。为了用实验验证社会排斥的痛苦后果，Kip William 发展了一种掷球范式，该范式能让人想起多年前在小学操场上玩的四方块游戏[①]的规则。而在这个范式中，每个被试都要和两个搭档(实验助手)玩掷球游戏。但是这两个搭档在实验之前就设计好要从某一时刻开始不再把球扔给被试，并在接下来的5分钟里只把球扔给彼此。这5分钟对被试来说是十分痛苦的，在游戏中遭到排斥的被试会感到伤心不已、羞愤难当、自我怀疑、唯唯诺诺，并显得无精打采（Williams，2007)。

在一项由 Kip William、Naomi Eisenberger 和 Matthew Lieberman 开展的神经影像研究中（Eisenberger，Lieberman，& Williams，2003)，被试以为他们正在和其他两个人玩扔球游戏。(事实上，他们是在和由主试设定好程序的计算机玩。)当被试经历了虚拟的排斥时，fMRI 影像显示，脑中一个叫前扣带回的区域亮了。这片区域负责处理身体经受的疼痛刺激。换句话说，社会排斥引起了脑中处理身体疼痛信息的脑区的兴奋。Nathan de Wall 及其同事发现，药物泰诺中的活性成分对乙酰氨基酚可以像减轻身体疼痛那样减轻社会性疼痛（de Wall et al.，2010)。这支持了社会性疼痛在本质上和身体疼痛相似的观点。

除了引起疼痛，社会排斥也提高了发生攻击行为的可能性。那些报告说，有长期被排斥感的人更可能在恋爱关系中表现出攻击行为，甚至是身体虐待行为（Dutton，2002)。在一项重要的实验研究中，Jean Twenge 及其同事发现，与受到恰当引导的被试相比，那些在引导下想象自己未来孤独且受社会排斥的被试更容易对陌生人按吵人的喇叭，虽然那些陌生人和被试遭受的排斥并无关联（Twenge，Baumeister，Tice，& Stucke，2001)。将这些发现总结在一起，

---

① 该游戏要求4个游戏者分别站在四等分的带等级的正方形场地中，每个游戏者站在一个小正方形中，并相互抛球。发生失误的游戏者将遭到淘汰，其余人则有了晋升更高等级的空间。——译著注

MacDonald 和 Leary 认为，社会排斥是发生科伦拜恩惨案之类的学校枪击案的根本原因之一（Leary，Kowalski，Smith，& Phillips，2003）。如今，校园枪击案在美国、英国和德国仍时有发生，这真是个悲剧。

收入不均

一些短期因素，比如天气炎热或者接触有暴力内容的媒体，已被证实就像社会排斥一样会导致更高的攻击性。社会心理学家同时也对“个体需要忍受的生活条件越多，是否越会表现出来攻击性”这一问题十分感兴趣，比如个体居住地周围的绿化面积（参见专栏13.3）、当前整体的经济状况。我们将对收入不均（即富人和穷人在年收入和净资产上的差距）这个因素展开讨论。在一些国家，贫富差距问题突出，管理人员、律师和经济主管等专业人员每年可能收入上百万，收入明显高于普通工人。美国就是贫富差异巨大的例子，在美国中央情报局对136个国家的调查中，有近100个国家的贫富差距小于美国（CIA，2011）。

经济不平等问题是否会导致暴力行为的出现呢？ Wilkinson 和 Pickett 对此表

专栏13.3 聚焦环境

街区的绿化有助于人们变得更加平和

一些先验论作家，如梭罗和爱默生，给如今的环保运动带来了很大的启发。他们认为，身处树林之中有助于我们感到平静、平和。这样的文章激励了一位年轻的自然主义者约翰·缪尔（John Muir），青年时代的他有着身处内华达山脉的经历，这帮助他在青年时代就得以接触美国环保组织山峦协会，并为他帮助创立的州立公园和国家公园争取权益。

社会心理学家近日开始研究绿色的自然环境究竟是如何影响我们的心理机能的。有一些研究发现，在丛林中散步（相对于在城镇中散步）有助于成人在注意力集中测试中取得更高的分数（Berman，Jonides，& Kaplan，2008）。另一项研究表明，与其他娱乐活动相比，体验自然环境是最能帮助我们缓解工作压力的方法（Korpela & Kinnunen，2009）。

这些研究引出了另一个问题：环境中的绿化可以降低街区的犯罪率吗？社会心理学家 Frances Kuo 认为是可以的。在一系列的研究中，Kuo 研究了艾达·威尔斯住宅区里98栋底层住宅附近的警局关于暴力事件的报告（Kuo & Sullivan，2001）。其中一些住宅楼周围有草坪和树木；另一些周围就是柏油路，缺少绿色植物。这98栋住宅里的居民背景相似，经济状况和就业情况也很相似，住房也是抽签决定的。Kuo 的研究发现，住在有绿色植物围绕的住宅楼里的人，发生暴力犯罪的可能性明显低。在实验研究中，Kuo 召集了一些更易于表现出攻击行为的患有注意力缺陷多动障碍的儿童，让他们在下列场景中走相同长度的路，并进行相似的强体力劳动，这三种场景分别是：绿化很好的公园、安静的街区、吵闹的芝加哥市中心（Taylor & Kuo，2009）。她发现，在绿色公园中散步的孩子可以在注意力集中测试中得到更高的分数。这些研究似乎说明，充满绿色的环境可以让我们变得更加平静，能够更加轻松地处理日常生活中的挫败感。

示赞同，他们通过测量穷人（后20%的人）和富人（前20%的人）的资产占社会总资产的百分比来衡量经济平等的程度。之后他们研究了地区（如国家、联邦和郡县）间的不平等情况，并求得这种不平等与普遍的暴力行为的多少相关。结果显示，两者的确是相关的。收入高度不平等的国家（比如玻利维亚、伊朗、肯尼亚和美国）和收入不平等问题不那么突出的国家和地区（比如德国、中国台湾、冰岛和挪威）相比，公民犯下谋杀、侮辱和强奸等罪行的频率更高。另外，生活在贫富差距较大国家的儿童更有可能经历同伴的冲突，遭受同龄人的欺凌（见图13.3）。如果将美国的州按照收入不平等的程度来分类，也可以发现相似的模式。比如，在贫富差距严重的州（比如，路易斯安那州和加利福尼亚州）发生杀人罪的比率高于贫富差距不那么严重的州（比如，犹他州和威斯康星州）。

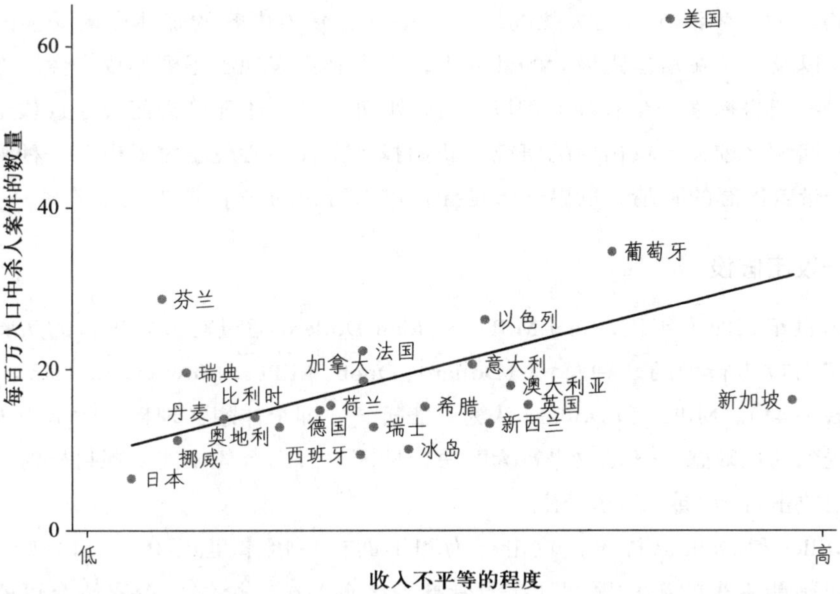

图 13.3　在一些工业化国家，收入不平等和杀人犯罪率的关系。在贫富差距大的国家，杀人犯罪率更高。

来源：Wilkinson & Pickett，2009.

社会心理学家就收入不平等与暴力行为之间的关系给出了一些解释。Wilkinson 和 Pickett 指出，工资微薄、处于社会底层的个体会感受到强烈的社会排斥感，这种观点得到了一些实证研究结果的支持。另一种观点认为，贫富差距会破坏邻里、州际乃至国家间关系的紧密程度。也就是说，个体对他人的信任感和友好程度会降低。Robert Sampson 及其同事发现，在人际关系不紧密的街区会有更高的犯罪率（Sampson，Raudenbush，& Earls，1997）。进化心理学家 Martin Daly、Margot Wilson 和 Shawn Vasdev（2001）提出，经济不平等会促使男性竞争经济资源以获得女性的青睐，这也正是两个会导致大多数谋杀和冲突的直接原因。

小 结

许多环境因素会增加犯罪率，比如高温、媒体中的暴力、社会排斥和经济不平等。

解释过程与攻击性

我们已经在本章里了解到了一些会让人们更具有攻击性的环境因素。正如这本书始终强调的那样，环境本身不会直接导致这些结果，这种影响是通过解释过程施加的。生活在极度炎热的地区、接触有暴力内容的媒体、遭受强烈的社会排斥以及处于贫富差距极大的社会中，人未必会表现出强烈的攻击性。在这一部分，我们将探索一个有趣的问题：究竟如何解释上述环境为何会导致攻击性的加强？回顾之前关于攻击性的研究，我们找到了社会心理学家提出的一种解释过程——带着愤怒的眼睛看世界——是导致攻击行为的一个重要原因。

挫折—攻击假设

挫折(frustration)：伴随着争取目标受阻而产生的内部状态。

19世纪三四十年代，Neal Miller和John Dollard通过对大鼠进行的实验研究提出了对攻击行为的一种解释（Dollard，Doob，Miller，Mowrer，& Sears，1939；Miller，1941）。Miller和Dollard认为，**挫折**——即个体想实现目标的努力失败后所感受到的挫败感——是攻击行为的决定性因素。当个体未能实现目标时，就会表现出攻击行为（或攻击意图）。

Miller和Dollard提出，攻击行为和下面这些因素呈正相关：(1)个体预计实现目标能带来的满意程度（在遭受挫败之前）；(2)个体是否依然有可能实现目标；(3)个体遭受挫败的频率；(4)个体认为自己与实现目标的距离（Miller，1941）。在一项试图验证上述关系的实验中（这可能会让你想起自己以往的攻击行为），排队购买电影票的被试正准备进电影院享受2小时的欢乐时光，研究者安排实验助手在一些耐心等待买票的人前面插队。在一种情况下，实验助手是在队列里第12个人前面插队；在另一种情况下，实验者是在第2个人前面插队。正如挫折—攻击假设预测的那样，当前面只差一个人就能买到票的被试遭遇插队时，会表现得更具攻击性。

对挫折—攻击假设的批判

挫折—攻击假设是理解攻击行为的重要基石。当人在追寻目标时感觉到挫败，就很可能产生攻击行为。但是，这样引人注目的理论解释也遭到了一些研究提出的质疑（Berkowitz，1993）。

首先，遭到批判的观点是所有的攻击行为都由挫败或所感知到的对实现目标的阻挠引起的。让我们再次思考一下气温和攻击行为的关系。温度是如何阻止人们实现目标的呢？研究表明，导致攻击行为的可能是间接阻止人们达成目标的环境因素。当动物受到惊吓时，他们往往会攻击附近的生物（Berkowitz，1993）。当人们暴露于极度严重的污染环境中时，他们也很可能表现得具有攻击性（Rotten & Frey，1985）。同伴欺凌之类的工具性攻击形式并不是目标受阻的直接结果（Olweus，1979，1980）。举例来说，同伴欺凌通常针对弱小的同龄人，并以获得关注、提高地位或者炫耀为目的。在这些情况下，产生攻击行为的环境因素和个体的目标达成没有关系。除目标受阻之外，应该有其他因素来解释刺激是如何引发攻击行为的。

另一个针对挫折—攻击假设的质疑是，挫败未必会导致攻击行为。挫败也可能造成其他类型的反应，这取决于个体是如何解释挫败产生的原因的。在一些关于**习得性无助**的文献中，我们可以找到绝佳的例子。习得性无助是当个体遭受挫败并认为自己对结果无能为力时所产生的消极压抑的反应（Seligman，1975）。对习得性无助的经典研究让狗遭受惊吓却处于无法逃离疼痛的状态。在重复暴露于这样无法控制的充满消极刺激的环境中时，狗并不会表现出攻击行为，而是会崩溃，进入一种可怜、无助、放弃的状态。

习得性无助（**learned helplessness**）：当个体遭受挫败并认为自己对结果无能为力时，所做出的消极、压抑的反应。

新联想理论对攻击性的解释

针对挫折—攻击假设的批判让我们注意到了解释过程对攻击行为产生的巨大影响。目标受阻后，人们会更具攻击性；而且人们对似乎妨碍了他们实现目标的事情的解释也会增加他们的攻击性。举个例子，和把一个行为解释为意外相比，一旦我们把它解释为蓄意破坏，就更可能表现出攻击性（Worchel，1974）。于是，Leonard Berkowitz 提出了新联想理论来解释攻击性：与愤怒相关的解释是使人们对厌恶刺激产生攻击反应的关键。

Berkowitz（1989）认为，任何令人厌恶的事情（包括疼痛、饥饿、疲劳、羞辱、拒绝、焦虑和侮辱等）都可能会引起攻击反应。举例来说，在一个研究中，他让被试把手臂伸平，并保持几分钟。结果，被试遭受了痛苦之后会对自己的母亲和伴侣做出更差、更有敌意的评价（Berkowitz & Troccoli，1990）。决定攻击与否的关键因素是该事件是否带来了愤怒的不愉快的感受。愤怒伴随着抱怨他人、战斗和逃跑心理、感到不公和报复的企图。愤怒一旦被激活，这些想法、感觉和心理反应就会使人更有可能产生伤害他人的意图（见图13.4）。这个思维的流程可以帮助我们看清自己会在什么情况下做出暴力反应，在什么情况下不会这样做。拿高温举例，高温不一定会引起愤怒（比如，高温可以促进放松），攻击行为也并不会发生。有时，高温确实引发了愤怒，于是人们的确会表现出攻击性。

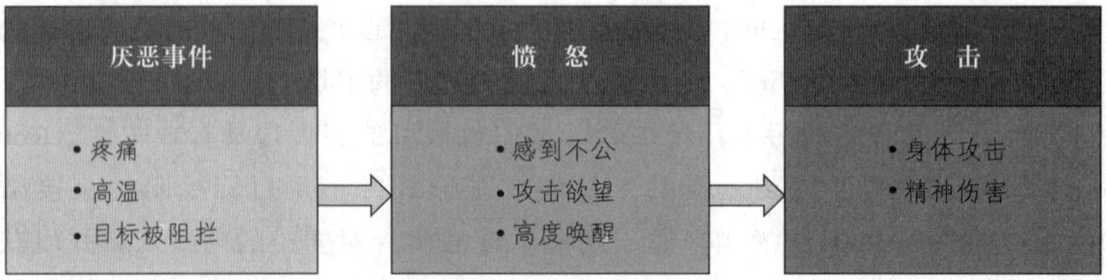

图 13.4 攻击的新联想主义解释。该理论认为，攻击发生在厌恶事件让我们愤怒之后。
来源：Adapted from Berkowitz，1989.

武器与暴力

如今，人们生活在被武器围绕的年代。纵观世界，大概6.5亿支枪械由平民掌控（轻武器调研，2011）。该调研还发现，2007年在美国，每100名市民就拥有89杆枪。枪支管理是现今最让人头疼的几个政治问题之一。枪支管理的反对者们认为，持有枪支是宪法保障的基本权利，而倡议者认为，约束枪支的购买和使用将会大大减小致死性攻击事件的发生率。

Berkowitz 收集了一些支持枪支管理拥护者的数据（见图13.6）。根据 Berkowitz 的数据，枪支供应很可能使攻击行为更容易发生，因为枪支供应是产生与愤怒相关的解释的强有力的线索。为了证明他的理论，Berkowitz 召集了一些男性被试和主试安排的假被试来进行一个据称是“探索心理压力对工作影响的研究”（Berkowitz & LePage，1967）。被试和假被试一起解决了一系列问题，然后“要对彼此的表现给予评分”。评分的方式是，给予对方1～10次电击，电击次数越多，说明他觉得对方越应当有所改善。

研究者让被试先处理一些问题，然后偷偷地按照被试不知情的方式分组并给予电击（而不是按照他们的实际表现打分），收到中立评价的被试得到1次电击，而愤怒组的被试得到了7次电击，之后被试要看着假被试做题，并通过施加电击来给出评价。电击时，被试可能处于三种不同的情境下：“身边什么也没有”、“身边有中立物品”（羽毛球拍和羽毛球），以及“身边有枪支”（即一支左轮手枪和散弹猎枪）。根据新联想主义对攻击的解释，愤怒的并且被枪支启动的被试会带有更强的攻击意图，表现为对假被试的攻击性增强，比对照组被试给出更多次电击。

枪支的攻击启动效应只发生在被试处于愤怒状态时，这一点是很值得注意

专栏13.4 聚焦运动

制服的颜色对攻击性的影响

当人们身边有武器的时候，他们会表现得更具攻击性，这让我们想到了社会心理学中一个重要概念——情境信息，即看似微小的环境改变可以让行为发生质变。那么其他的环境线索是否会导致攻击行为的发生呢？比如，衣服颜色会影响人们的行为（包括攻击性）吗？身着阴森的黑色制服是希特勒的党卫军凶残地对待无辜百姓的一个原因吗？

制服颜色对攻击性的影响得到了竞技体育方面的研究的支持（Frank & Gilovich，1988）。研究者考察了竞技橄榄球比赛和竞技冰球比赛中的队伍在 1970—1985 年收到犯规牌的数量。正如图 13.5 显示的那样，每年收到犯规牌数最多的队伍都是身着黑色制服的队伍。

虽然我们刚刚说这个趋势很可能存在，但这并不能证明穿着黑色衣服就会导致队员变得具有攻击性。还有两种可能：第一，由于对黑色的消极刻板印象（比如，电影里面的坏蛋就经常身着黑色服装），身穿黑色队服的球员即使和其他队伍的球员行为无异，也会看起来更加凶狠。因此，身穿黑色制服的球员更可能在模棱两可的情境下被判犯规。第二，这个研究可能仅仅说明了一种选择效应，球队经理相信，攻击性强一些更有可能获胜，他同时招募几位进攻性较强的球员，并且很巧合地给他们选择了黑色的队服来塑造一副攻击性很强的模样。

第二种可能性其实是可以排除的。说来也巧，一些队伍在这项调查期间将队服从其他颜色换成了黑色，这些改变队服颜色的队伍统统获得了更多的犯规牌。美国职业冰球联盟里一支叫“匹兹堡企鹅”的队伍在赛季中间改变了队服的颜色，不过球员、教练、管理层都没有任何改变，他们在上半赛季每场平均会得到 8 张牌，而在下半赛季改变队服颜色之后，每场平均能拿到 12 张牌，整整提高了 50%。

接下来的实验室研究既支持了对攻击性的感知，也支持了遭到阻碍的运动员的实际攻击行为（见图 13.5）。另一项研究认为，黑衣的队员之所以获得那么多犯规牌是由于裁判对黑衣球员有偏见以及球员穿黑衣时倾向于表现攻击性的联合作用（Frank & Gilovich，1988）。

但是穿黑衣时，我们总是会表现得富有攻击性吗？大概不是这样的。这种效应似乎只在环境提供了对抗和进攻的机会时才会有效果。所以说，如果天主教牧师和信奉哈西德派犹太教的人穿上黑衣服，也许不会变得富有攻击性。但是一旦希特勒的党卫军穿上黑衣服，就很可能变得异常残忍。

(A)

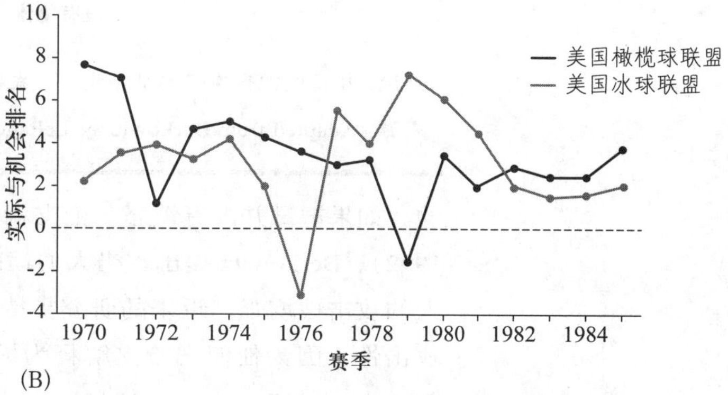

(B)

图 13.5 制服的颜色和攻击性。（A）身穿黑色制服的匹兹堡铁人队，出了名的具有攻击性。（B）美国橄榄球联盟和美国冰球联盟 1970—1985 年对穿黑色制服的球队的处罚记录。（注意，冰球赛季横跨两个日历年，因此，“1985”指的是 1985—1986 赛季。）图中的点代表着穿着黑衣的队伍的平均排名和仅考虑概率的基准水平（即 y 轴的 0 线）。

来源：Adapted from Frank & Gilovich, 1988.

图 13.6 科学方法：启动与愤怒相关的攻击

假设：当环境中的图像和物体启动了你有关暴力的联想，让你感受到了愤怒，你很可能会表现出攻击性。

研究方法：

1. 让一个被试和实验者安排的假被试一起解决一系列问题，然后通过给对方 1 ～ 10 次电击来评价对方表现得如何。被试以为，施加的电击越强，表示对方越需要改进。
2. 被随机分配到“中立”条件下的被试只会接受一次“电击”，而被分配到“愤怒”条件下的被试被电击了若干次。
3. 然后，由被试观看假被试完成问题，然后给他们的表现打分。在“没有物品”的条件下，被试在打分时身边没有任何物体。在“中立物品”的条件下，电击机器旁放着羽毛球拍和羽毛球。在“枪”的条件下，电击器旁边放着一把左轮手枪和一支散弹猎枪。

结果：和电击器旁放置着无害物品的条件相比，旁边放着枪支时，被假被试的电击激怒的被试更可能用电击来实施报复。

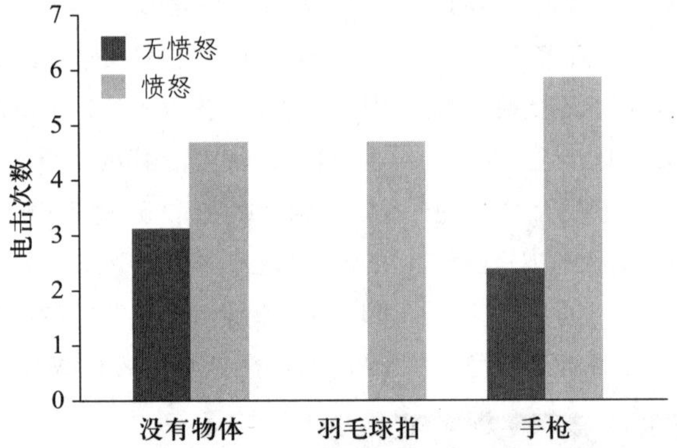

结论：在预先就存在愤怒的情况下，武器的存在可以增加攻击行为。

来源：Adapted from Berkowitz & LePage, 1967.

的。如果被试并没有愤怒，枪支就不会产生影响（Frodi，1975；Turner & Leyens，1992）。Berkowitz 提出，当人们愤怒时，或引起与愤怒相关的解释时，枪支会让人的攻击性增强。近来的研究支持了这个观点：猎人看到枪支时，不会变得更具攻击性，因为他们把枪支解释为娱乐而不是暴力的象征（Bartholow，Anderson，Carnagey，& Benjamin，2005）。

小 结

人们对情境的解释可能是他们是否会表现出攻击行为的决定性因素。我们并不是一受挫就攻击别人的，让我们表现出攻击性的是激起了我们的愤怒感的经历。当我们愤怒的时候，启动攻击性的刺激（比如武器）会增加我们的攻击倾向。

文化与攻击性

人类学家许久前就注意到攻击性的文化差异。在某些文化中，人们是温和的，爱好和平，且与他人相处融洽。比如，阿拉斯加的爱斯基摩人就很少表现出愤怒或者攻击行为，而且他们对其他人的行为也是出了名的温和。但在另一些文化中，人们往往比较暴力，好战尚武，攻击性很强。居住在亚马逊的来诺马米人从小就注意培养孩子的攻击性，并对此加以称赞。以矛和小刀为武器的部落内部战争每周都会造成伤亡，强奸和战争被认为是人类的本能（Chagnon，1997）。

社会心理学家面临着这样的挑战，如何把文化差异引入对攻击性的解释中，又是如何在实验室中研究这个问题。从文化的角度来看攻击行为是有其价值的，这能让我们更加了解自己和他人，并了解文化是如何使得人群更具有攻击性的，如何使得人群倾向做出某种具体的攻击行为。让我们来看一看两条研究文化与攻击性的关系的主线。

文化与攻击。在攻击性上，不仅存在个体差异，还存在文化差异。（A）阿拉斯加的爱斯基摩人很少对其他个体表示愤怒和攻击。（B）来诺马米人鼓励他们的孩子发展攻击性，并且以他们对敌人的暴力行径著称。

荣誉文化

荣誉文化（culture of honor）：一种强烈地关心自己和他人声誉的文化。这种关心造成他们对轻蔑和侮辱非常敏感，并且有着强烈的用暴力报复不公正和侮辱的意愿。

Richard Nisbett 和 Dov Cohen 研究了在美国境内暴力行为的地区差异（Cohen & Nisbett，1997；Cohen，Nisbett，Bowdle，& Schwarz，1996；Nisbett，1993；Nisbett & Cohen，1996）。Nisbett 和 Cohen 认为，**荣誉文化**在美国南部是普遍存在的，在这种文化环境中的人希望能够保持自己不屈不挠和男子气概的声誉，他们看重报复侮辱和侵犯的能力和意愿。这种想法催生了更严格的礼仪规范和其他能够体现对别人的尊重的方式，继而促进社会关系的稳定和社会中暴力数量的减少。这种荣誉观的缺点在于，它让人们对怠慢和侮辱极度敏感，让他们觉得一定要以暴制暴才可捍卫和恢复自己的荣誉。

第2章在两个层面上用各种研究方法证明了“在美国，与北方人相比，当南方人受到侮辱时的更可能采取攻击行为”（Nisbett & Cohen，1996）。在档案研究里，Nisbett 及其同事发现，谋杀作为一项重罪在美国南部、北部和西南部都同样常见。但是和荣誉有关的杀人犯，即因为争吵或者遭受侮辱而杀人的罪犯，在美国南部和西南部远远多于北部（见图13.7）。为了验证被试对轻蔑和侮辱的敏感程度，Cohen 及其同事在实验室中让被试处于受侮辱的情境下。和来自北方的学生相比，来自美国南部的学生受到侮辱后表现得更加愤怒，这体现在他们的面部表情上（Cohen et al.，1996），而且他们睾酮和皮质醇水平更

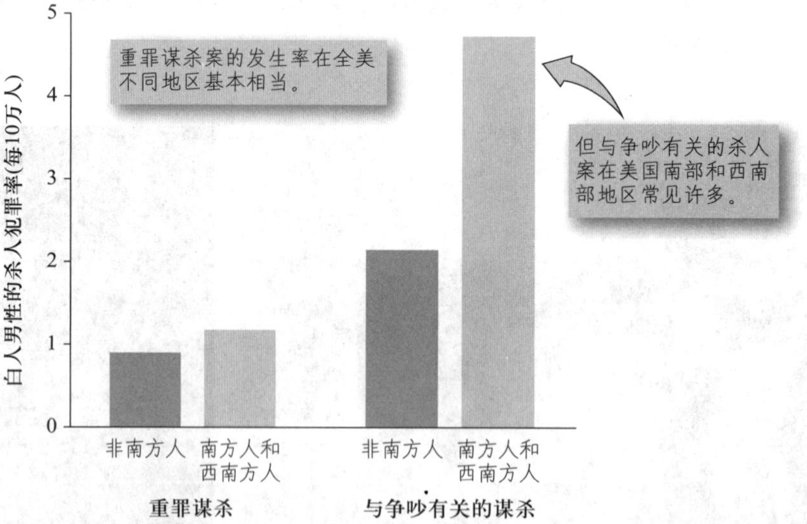

图 13.7 荣誉文化和杀人犯罪。因为对于藐视和侮辱非常敏感而犯下杀人罪的频率正体现了美国南部和西南部的荣誉文化。

来源：Adapted from Nisbett & Cohen, 1996, p.21；based on data from Fox & Pierce, 1987.

高，会更用力地和另一个人握手，并且拒绝在狭窄的走廊上为强势的径直走向自己的实验者让路。在一项现场实验中，Nisbett 和 Cohen（1997）发现，南方的老板对承认为了维护荣誉而杀过人的应聘者表现得更加友好。

攻击性的文化差异有什么深层原因？为什么与荣誉相关的杀人现象在南方更为常见呢？难道仅仅是因为那边的气温更高吗？这不太可能，因为与荣誉相关的杀人犯罪率在南部较冷的山区多于较热的平原。是不是残忍的奴隶制历史造成的呢？这也不是很有可能，理由同样是刚才说的地理因素。杀人在高原更加常见，那里的奴隶制相对于平原来说并不是很普遍。

Nisbett 和 Cohen（1996）认为，美国南部的荣誉文化是全世界范围内以放牧为生的文化的一个变种。牧人有丧失全部家产的风险，自己的猪、牛、羊可能会被偷走。而农民不会承担这种突发的灾难性的风险，至少不用因此去提防其他人。牧人的弱点导致他们不得不展示出他们的强硬，以显示他不会对哪怕最微小的威胁（即使是一句侮辱或者玩笑）袖手旁观，即使会伤害自己也在所不惜。这一差别恰恰能够解释美国暴力分布的模式，因为美国北方人最初大部分是来自英国、德国和荷兰的农场主，而南方人大部分是苏格兰和爱尔兰的殖民者（尤其是北爱尔兰的苏格兰和爱尔兰人，他们从史前时代就以牧民而不是农民的身份生活着）。因此，生活在南方高原的人迄今仍以放牧为经济主体，相对于占据了肥沃土地成为农民的平原人，他们更可能参与暴力犯罪。

与古意大利萨宾女性有关的强奸。强奸是一种很令人困扰的暴力行为，特别是在社会动荡时期和女性权利得不到保障的时候。图中的雕塑展现了传说中古意大利萨宾女性被强迫嫁给征服他们村庄的罗马人的画面。

有强奸倾向的文化

1990年，曾获得诺贝尔经济学奖的 Amartya Sen 提出，世界上缺失的女性人口可达1亿（Sen，1990）。根据生理学背景知识我们知道，女性的平均寿命比男性长，所以在人口的比例中应该是女性高于男性。但是在一些国家，尤其是一些男女地位不平等的国家，女性是更易受到忽视和暴力侵犯的群体，这造成了女性人口的减少，所以我们提出了“缺失的女性”这一说法（Kristof & WuDunn，2009）。比如，在一些国家，父母不会像对待儿子一样，及时带女儿打疫苗或看病，这也导致女性更可能死于本可治愈的疾病。在巴基斯坦，年轻的女孩会因为反抗和不服从而被当地的村民处死。单是烧新娘（惩罚给新郎嫁妆太少的女子）这一习俗就剥夺了印度上千女孩的生命。在世界范围内广泛存在的迫使幼女卖淫的非法性交易每年都会夺去上千名八九岁女童的生命。

强奸是女性所要面对的最令人困扰而常见的暴力犯罪，即一个人（高大的男子）强制另一个人（典型的柔弱女子）与其性交。强奸常常在战争中被用来威吓平民，正如在卢旺达和达尔富尔发生的种族灭绝事件一样。强奸不止发生在战争的混乱之中。近日，美国女权组织估计（2011），在世界范围内，性暴力和强奸在婚姻中也是令人烦恼的问题。一项覆盖86个国家的研究显示，平均有20%的女性在交往中经历过性暴力或者强奸。在一些国家，这些事情不太可能发生，比如在柬埔寨，仅有2.7%的女性报告过这种经历。而在其他国家，这种事情的发生比例高得令人错愕：在埃塞俄比亚，58.6%的女性报告在亲密关系中至少经历过一次性暴力和强奸侵犯。

什么原因使得强奸的发生率存在文化差异呢？实证研究又该如何解决这样一个问题呢？Peggy Reeves Sanday（1981，1997）根据档案记载研究了文化和强奸。她阅览了人类学家和历史学家对156种文化的记载，时间范围从公元前1750年到公元1960年。她仔细地阅读了这些关于强奸的叙述，并且给出了**强奸倾向文化**的定义。她根据强奸在文化中的作用来定义：(1)强奸是不是战争中对待敌方女性的手段；(2)是不是仪式性行为——比如，婚礼的一部分或者年轻男性成人礼的一部分；(3)是不是迫使女性屈从于男性的一种威胁手段。

强奸倾向文化（rape-prone cultures）：把强奸作为施加在敌方女性身上、作为仪式行为、作为迫使女子屈服于男性的威胁手段的文化。

在Sanday研究的156种文化中，47%是没有强奸出现的，在关于文化的描述中没有涉及强奸问题；18%是有强奸倾向的文化；35%是有强奸行为出现的文化，其中强奸并不是一种仪式、战争中的行为或者一种威胁。不难想象，这些数字一定低估了文化中强奸倾向出现的普遍性。这些记载大多数基于人类学家的观察，由于强奸在许多文化中都是禁忌，所以这种行为很难被观察。

不考虑这些，我们来看一看Sanday的特殊发现，她提出了一个疑问：在这156种文化中，对性的态度是否可以预测强奸发生的普遍性。比如，在性压抑的文化中，个体是否会利用强奸作为满足性需要的手段，使得强奸更常见？Sanday并没有在性压抑文化中发现很高的强奸发生率。她用产后禁忌（儿童出生后的一段时间）和婚前性行为禁忌来衡量文化中性压抑的程度。结果发现，强奸的普遍性和文化中的性约束并没有什么关系。

那么强奸和社会中暴力行为的普遍性有没有相关呢？如果强奸本质上是一种暴力侵犯行为，其普遍率应该随着社会文化中的暴力增多而提高。这样的预测符合Berkowitz的攻击解释理论，高度攻击性、好战文化的成员有着更多的与愤怒有关的想法，即更倾向于做出攻击行为，包括强奸。这一点的确得到了数据的支持。存在强奸倾向的文化的确有着更高的暴力水平，有频繁发生战争的历史，强调男子气概和男性的强硬。

最后，许多学者将强奸看作支配行为，一种征服女性的行为，将她们贬低到更低的地位上。这种观点认为强奸在女性地位更低的社会中更为流行。这一预测同样得到了数据的支持。在强奸倾向文化中的女性更难参与到教育和政治决策中去。那些在没有记录强奸文化中的女性得到了更多的权利，并且更可能得到和男性平等的权利。以这些研究中发现的姆布蒂俾格米人为例（Turnbull，1965），在这个（记录中）无强奸的文化中，人际间的暴力冲突很少。良好的声望与抚养儿童紧密相连，女性对社会的贡献也得到了重视。男性和女性有着不同的分工，但是他们的地位平等，男性和女性可平等地参与政治决策的过程。

小 结

对于各种攻击行为，不同文化的应对倾向有很大的不同。生活在崇尚荣誉的文化中的成员在被侮辱时更倾向于用暴力解决问题。而在过去，这些文化大部分都是游牧文化。在那些容易发生强奸的文化里，存在着典型的贬抑女性的情况与极端的性别不平等关系。

进化与攻击性

对很多人来说，进化这个术语会让人想起一种为了生存和繁殖机会而展开的激烈争斗。确实，进化论者已经使用了许多方法来发掘有关攻击性的起源的深刻见解。

暴力与再婚家庭

全世界的文学作品中都充斥着虐待孩子的邪恶继父母的故事。在动物王国，继父母和子女的关系同样意味更大的发生暴力的可能性。比如，在雄性狮子得到了一个新的伴侣后，通常会杀死雌性狮子与其上任伴侣之间的所有幼仔。进化心理学家 Margo Wilson 和 Martin Daly 提出，我们的哺乳动物祖先的这些倾向也

对继子女的暴力。在文学作品和童话中，儿童遭继母虐待的故事尤其多。(A)来自《灰姑娘》：成为继母和继姐妹的仆人的灰姑娘。(B)来自《糖果屋》：在继母的要求下被送到森林里等死的汉赛尔与格蕾特。

在人类的本性里留下了痕迹（Daly & Wilson，1996；Wilson，Daly & Weghorst，1980）。

Daly 和 Wilson 推论，自然选择奖励了那些把资源奉献给自己的孩子的父母。所有与亲代抚育有关的行为（从子女对长辈的爱到母乳喂养）都能帮助我们的后代生存。因此，我们的**广义适应性**——我们和亲代的生存率——提高了。但是，就像新生儿父母会告诉你的一样，亲代抚育代价高昂；它需要时间、精力和物质资源。在进化这个术语中，这些支出都是用拥有后代——让我们的基因得以传递下去——作为补偿的。而继父母承担了相同的代价，却没有提高他们的广义适应性，因为他们和继子女之间没有共享的基因。

广义适应性（inclusive fitness）：一种照顾自己、自己的后代和亲戚及其后代，以便把我们的基因保存下来并在后代中传递下去的进化趋势。

持续的调查研究发现，和有着血缘关系的亲子相比，继父母与继子女之间的关系往往会变得更加疏远和充满冲突，会表现出更少的忠诚性，很难有令人满意的家庭氛围（Hobart，1991）。档案记录的证据更加佐证了这一点。Daly 和 Wilson（1996）发现，在美国，2 岁以下的儿童在继父母手中遭到致命虐待的可能性是在亲生父母那里遭到致命虐待的100倍；而在加拿大，儿童被继父母致命虐待的可能性则是被亲生父母致命虐待的70倍。需要引起我们的注意，即使研究人员控制了大量可能有影响的因素（例如，贫穷、母亲过于年轻、夫妻住在一起的时间、家里孩子的数目或报告偏差），这些发现仍然站得住脚。在研究南美被抚养的人时，43% 的被亲生母亲和继父抚养的儿童在15 岁前就死亡了；这比被亲生父母抚养时的死亡率（19%）的2倍还多。这项统计并不意味着继子女是被杀死的；但是至少说明继父母更可能会拒绝给他们提供资源（例如，食物和生理上的照料），而亲生子女却能够得到这些。

电影《贱女孩》（*Mean Girls*）截图。尽管男性主要进行身体攻击，但是女性会更多地参与“关系攻击”或“情感攻击”。

性别和攻击性

当我们听说校园枪击案或想到青少年暴力事件时，或者当我们读到关于卢旺达和达尔富尔地区的种族屠杀和强奸的内容时，会发现这些攻击行为几乎都是年轻人所为。事实上，从幼年到晚年，身体攻击的性别差异是最明显、最顽固的。在美国，99%的因强奸而被逮捕的人、88%的因谋杀而被逮捕的人、92%的因抢劫而被捕的人和87%的因加重攻击罪而被捕的人都是男性（Kimmel，2004）。同时，男人也成为了绝大多数的暴力攻击的受害者。

当然，女人也是有攻击性的，但是方式不同。女性在“关系攻击”上似乎超越了男性——她们会说别人的八卦、结成联盟并排斥他人（Coie et al., 1999; Dodge & Schwartz, 1997; Mcfayden-Ketchum, Bates, Dodge, & Pettit, 1996)。许多女性读者会有些畏缩地记起中学时代的某些女孩子对待其他女孩的恶劣方式：背地里讲他人的坏话、玷污他人的声誉，等等。显然，这种攻击在情感上是很伤人的。最为明显的是，尽管年轻的男性更容易表现出人身攻击行为，但年轻的女性更容易表现出情感上的攻击行为。

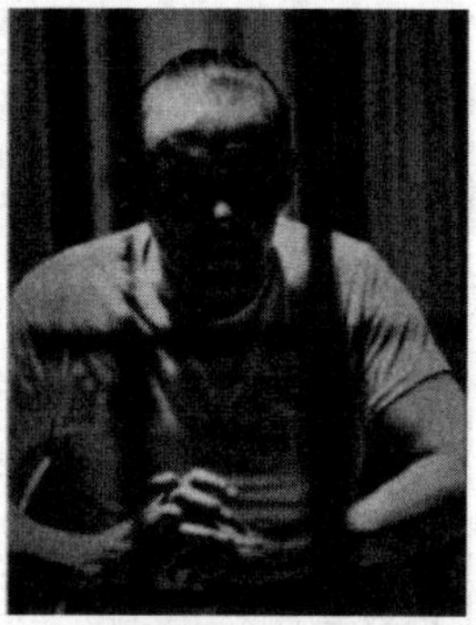

电影中的精神变态者。在《沉默的羔羊》中，演员安东尼·霍普金斯扮演的汉尼拔·莱克特在某种程度上表明，精神病患者缺乏对他人痛苦的同情心。

进化论者和文化学家都认同男性有更高水平的身体攻击性。让我们先看看男性的这种倾向的进化方式。进化论者推论，在人类历史早期的进化适应过程中，男性是猎人和保护者，并且是几乎专门从事暴力和部落战争的人。相比之下，女性更多的是婴儿和孩童的照料者。在我们过去的进化过程中，这种关于劳动的基本划分有助于解释为何今天的男性更具攻击性。他们开发出了更大的上肢力量、更高的肌肉质量和更大的发动攻击行为的倾向，因为某些生存需求（寻找肉的来源以及防御攻击）要求这些特点。女性作为照看者则发展出了更强的同情和关怀能力，这种力量可以抑制攻击行为，产生更多的利他行为（见第14章）。

进化论者也推测，男性交配的权利通常取决于他们在社会结构中的地位（Daly & Wilson, 1988）。在获得伴侣的数量和繁殖后代的数量上，地位高的男性比地位低的男性能获得更大的成功。因此，一些男性和许多女性都有后代，而其他男性的繁殖机会则具有更大的不确定性。相比之下，想要把基因传递下去的生殖能力强的健康女性几乎无一例外都能将基因传递下去。繁殖模式的基本差异要求男性发展一些进化策略（包括暴力），来使得他在和其他男性竞争配偶的比赛中胜出。这场比赛可以部分解释在世界各地看到的暴力：男性杀死其他男性的可能性是女性杀死女性的20倍（Daly & Wilson, 1988）。

文化学家反驳说，男性被社会化成不同的角色，而这些角色给人身攻击赋予了不同的重要性。父母、老师、媒体和社会体制往往会在不知不觉中将男性培养得更加具有攻击性。想一想男孩小时候的经历吧——人们总是期望他们表现得更具攻击性。当父母在视频中看到一个似乎受到了惊吓的婴儿时，若把婴儿描述成男孩，父母会说婴儿是在生气；若把婴儿描述成女孩，父母会说婴儿是在害怕（Condry & Condry, 1976）。母亲会与女儿更多地谈论情绪，而很少和儿子谈论情绪，而这样的对话会培养女性更强的移情（Fivush, 1991）。移情是亲社会行为的重要来源（见第14章），并且是极大多数暴力男性所缺乏的（见专栏13.5）。在这种抚养趋势中，唯一的例外是愤怒情绪，母亲常常以此描述儿子的情绪。事实上，在生命的早期，在愤怒和攻击性的反应方面，男孩就比女孩表现得更加突出。鉴于愤怒是攻击性的主要决定因素，这种社会化过程可以在一定程度上解释本章中提到的攻击性的性别差异。

专栏13.5 聚焦心理健康

冷血的心理变态者

如果没有像《沉默的羔羊》里汉尼拔·莱克特博士那样的冷血杀手，好莱坞的惊悚片会变成什么样？有关这些人物角色的灵感来自一种被称为心理变态者的临床病例——这些人通常是男性，且极易陷入极端的暴力模式中，监狱里被判暴力犯罪的大多数人正是如此（Hare，1991）。一个一直存在的假设是，心理变态者在移情上不足，缺乏对他们所伤害的人的感觉。

最近的科学研究揭示了更加细致入微的一幕，暗示着尽管心理变态的人在理解他人的情绪上和普通人一样娴熟，但是他们在回应他人的痛苦情绪上仍然有缺陷。研究心理变态者的一位重要科学家 James Blair（Blair，Mitchell，& Blair，2005）发现，心理变态者在认知上能相当好地理解他人的情绪。例如，在看到了情绪的面部表情图片时，心理变态者能和一般人一样，通过这些脸部表情来识别情绪。他们也相当擅长评估其他人的心理状态；他们确实能够推断他人的想法，但在回应他人的悲伤时，的确表现出了移情上的缺陷。向一位普通成年人展示一张悲伤的面孔照片时，那个人会产生皮电反应，对手掌出汗反应的测量也表明，他们对他人的痛苦存在生理反应。相比之下，心理变态者并没有表现出这样的生理反应来响应他人的悲伤，但他们的确表现出了对于其他情绪唤醒图片（例如，枪支的图片）的皮电反应。根据 Blair 的研究，我们可以得出这样的结论：心理变态者对他人的情感和心理状态理解得相当好，但他们缺乏对他人痛苦的感觉。

小 结

进化论导致社会心理学家认为继父母比生身父母更有可能攻击孩子。这也导致了对男性比女性更具攻击性，部分原因是攻击行为对获得地位和接近女性有帮助。男性一般比女性更具人身侵犯性，女性通常比男性更具关系攻击性和情感攻击性。一些文化学家反驳说，进化的观点对解释这些不同没有意义，社会实践的解释已经足够。

冲突与调解

本章从一段对卢旺达大屠杀的描述开始，这场屠杀似乎重演了人类历史上令人沮丧的规律。在那场大屠杀后，卢旺达人经历了一段和解的过程，遵循的是类似于在后种族隔离时代的南非用于帮助非裔人和白人从暴力的历史时期过渡到更加和平的时期的原则。在卢旺达，正式的审判程序判定那些大屠杀的领导者有罪，在卢旺达村庄里举行的“真相与和解”非正式集会中，胡图族行凶者向受害者的家属道歉，这也给受害者的家属提供了一个驱散心中愤怒的机会。今天，大多数人认为，卢旺达社会是一个稳定和平的社会。尽管紧张和痛苦依旧存在，但是胡图族和图西族之间的攻击行为和冲突程度却保持在一个较低的水平上。

从卢旺达得到的一个教训是，目标互不相容的组织之间可以很快陷入冲突。

很快，同样的组织也能回归相对平和的、追求共同目标的关系中。在人类冲突的历史中，这堂课会重演。在第二次世界大战中，日本人和德国人是美国人不共戴天的仇人。而今天，他们却是美国最坚定的盟友。

关于冲突和调解之间的转换，社会心理学必须说些什么，一些实证研究认为，是解释带来了冲突和调解。

错误知觉

在卢旺达，胡图族极端分子的《觉醒报》(*Kangura*)刊登了胡图族十条戒律的宣言，从此搅起了对于种族大屠杀的狂热，这份狂热通过当地电台像野火一样蔓延。胡图族的十大戒律警告了图西族人的危险，坚持认为图西族女人都是决心毁灭胡图族的秘密特工，娶了或者雇用了图西族女人的胡图族男人都是叛徒，和图西族人做生意的胡图族人是胡图族的敌人。各种各样的谣言和担心导致胡图族人形成了对图西族人的致命的错误知觉，并为种族大屠杀火上浇油。这种错误知觉并不是卢旺达独有的；它在战时宣传和关于国际危机的修辞中就很常见。当群体之间的冲突升级时，敌对双方会在若干方面误解彼此，会对对方形成所谓的"镜像"印象(Bar-Tal，1990)。冲突升级的双方常常会把对方说成好战的，是帝国主义，本性野蛮。这些对敌人的印象为侵略准备了正义的理由。

组间冲突和误导宣传常常能培养这种错误知觉，导致**去人性化**，即倾向于认为对手处于非人的状态中。群体成员开始假设其他群体里的人很少能经历同情或尴尬等能够使合作关系存在的情感；他们假定，只有他们的群体能够这样通晓人情和具有如此的道德情操(Leyens et al.，2001)。当冲突升级，群体成员会通过把对手比作其他非人物种来使对手丧失人性，尤其是那些肮脏的或是令人厌恶的物种(如猪、鼠和昆虫)。

去人性化(dehumanization)：将非人类的特征归给敌对群体而非自己所在的群体，比如，将他们称为老鼠、狗、猪或害虫。

伴随着这种使对手非人类化的倾向，冲突双方通常认为他们的冲突是善与恶的对抗(Bar-Tal，1990)。群体成员有着强烈的倾向认为自己的群体是道德的和善良的，而对方则是不道德的和邪恶的(Brewer & Kramer，1985)。关于具体事件(如贸易路线、薪酬水平、领土以及和平条约)的群体间冲突也会迅速见诸道德层面。

除了为攻击行为辩护，各种各样的解释还有几个令人遗憾的后果，从而使社会冲突加剧，同时令调解更加困难。首先，他们会使对手忽视彼此一致的地方(Ross & Ward，1995)。例如，在调查研究中，Lee Ross及其同事招募了在许多问题(如堕胎、死刑以及像北爱尔兰和中东的地缘政治冲突问题等)上存在意识形态冲突的人做被试。Ross等人让双方成员说出自己的态度并评估对手的态度(Robinson，Keltner，Ward & Ross，1995)。这些数据表明，群体成员会整体高估对手的态度的极端性，也就是说，他们假设对方是由狂热的极端分子组成的，同时还认为他们自己是更加温和的。这样做的时候，群体成员倾向于高估两个群体之间的差异。然而在社会冲突中的敌对双方的态度通常具有相当多的共同点，但人们往往会假设己方和对方很少有或者几乎没有共同点。关于磋商的研究也揭示了类似的趋势：谈判者们通常低估了双方的态度和喜好的共同之处，往往满足于得到比实际能够达成的结果更差的结局（Thompson & Hrebec，1996）。

当群体成员假设他们的对手的利益跟自己的利益恰好对立时，一个密切相关的趋势和另外一个实现和平关系的障碍就出现了；一方的任何收益对另一方来说即意味着损失（Plous，1985）。在谈判中，这种情况导致了一种被称作**反应性贬值**的倾向：只要对方提出一点让步就足以降低这件事的吸引力（Ross & Stillinger，1991）。为了研究这一现象，Ross 及其同事调查了20世纪80年代的大学生和大学管理者在投资南非公司的问题上出现的持续紧张现象。当时在南非，一项有关种族隔离制度的法律把白人和非裔人分割开来。白人尽管在数量上占少数，却过着位高权重的舒适生活。人数上占据优势的非裔人却居住在贫困的乡镇，几乎没有政治权利。许多美国大学生要求他们的学校卖掉在这些公司里的股份。

反应性贬值（reactive devaluation）：在谈判中，一旦提议是由对手提出的，就认为它没有那么高的价值，这种趋势就叫作反应性贬值。

为了回应这种抗议，斯坦福大学的行政人员一直在考虑（实际上是打算采纳）一项计划，把斯坦福的资金从无法为南非非裔人提供工作机会的公司里撤出。Ross 和 Stillinger 在学校管理部门提出计划之前和之后测量了学生对这个部分撤资计划的评估。图13.8展示了反应性贬值的强有力的证据。在学校采纳部分撤资计划之前，当让学生从理论上考虑该计划的好处时，他们觉得这是一个重要而

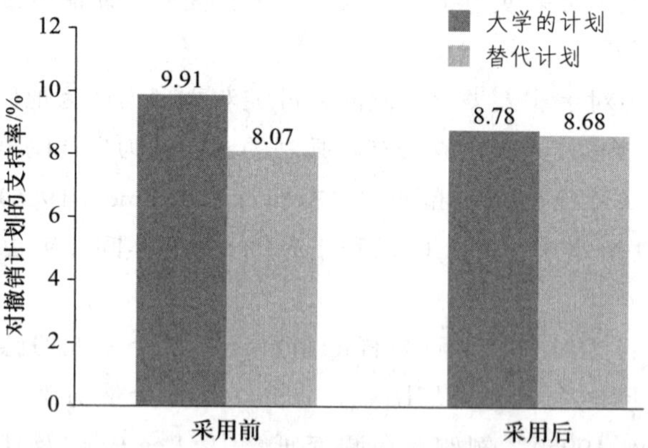

图13.8　一次社会冲突中的反应性贬值。学生评估了两种从南非公司撤资的方案，在学校管理人员最终决定采取其中的一项方案之前，学生看到了其中的巨大价值；在管理人员最终采取那项方案之后，学生从中看到了更少的价值。

且积极的行动，尤其是和启动对一家已经离开南非的公司的投资项目相比。但是在斯坦福大学采取了部分撤资计划后，学生就变得不再那么支持该计划了。事实上，得知“对方”采纳了自己的建议就足以让学生觉得该建议没有那么好。当冲突的各方以这种方式互动时，的确难以找到令他们满意的解决方案。

过分简单化的推理与修辞

在冲突最激烈的时候，群体成员很容易误解他们的对手，不信任他们的行为和决议。心理学家 Phil Tetlock 发现，这种简单化的推理同样会导致简单化的修辞，从而加剧在国际舞台上不断升级的冲突。

Tetlock 提出，冲突中的对手会用相对复杂或简单的方式进行推理或与另一方对话。冲突中某个立场的复杂性（或者简单性）由两个特征决定：(1) 差异水平，或该立场的原则和论据的数目；(2) 一体化水平，或者不同原则和论据之间的联系。在冲突中持复杂立场的人会考虑许多的原则和论据，甚至是矛盾的原则和论据，并在它们之间建立众多联系。而更简单的立场包含更少的论据（尤其是对立方的论据），信息间的关联性也更少。例如，关于同性恋婚姻，复杂的立场可能包含许多原则（个人权利的观念、婚姻观念、判例）和事实论据（同性婚姻合法化的经济效果、同性恋和异性恋的家庭利益数据，同性恋婚姻合法化的政策影响），以及它们之间各种各样的联系（比如说，如果允许同性恋结婚，那么法律判例将如何影响对同性恋者的税收政策）。对同性恋婚姻问题的简单立场则可能是出于对平等权利的尊重而赞同同性恋结婚；或者因为婚姻应该是男人和女人的结合，所以不赞同同性恋婚姻。

推理的简单性与复杂性是如何影响群体间冲突的？为了回答这个问题，Tetlock 及其同事通过对政客的演讲和采访进行编码，来了解政客在推理时的复杂性。你认为谁使用了更加复杂的修辞，是谋求连任的在职者还是在野者？在对10位总统的演讲稿进行分析后发现，从麦金利到卡特，10个候选人中只有1个（赫伯特·胡佛）在竞选活动中使用了更为复杂的修辞（Tetlock，1981）。政客们在竞选活动中拉拢潜在选民时采取的立场会更加简单和极端，但在当选后为制定政策进行意见交换时，则会采取更加复杂的立场。

“竞选时是诗歌，执政时是流水账。”

——前纽约州州长马里奥·科莫（Mario Cuomo）

你认为谁更复杂，是自由派还是保守派？（当然，你的答案可能取决于你的政治背景。）事实证明，二者中的极端分子与温和分子相比，在公开讲话时使用的修辞更简单。在一项研究中，Tetlock 编码了对英国下议院89名议员的近期访谈，发现与温和的社会主义者和保守派相比，极端的社会主义者和保守派的修辞更简单一些（Tetlock，1984）。

Tetlock 及其同事发现，与解决冲突的主题最相关的是，推理和修辞的复杂性实际上可以更有效地为调解铺路。对英国政界人士的研究发现，观点更复杂的政客不再强调两派的差异，并且表达了对对方观点的宽容，反对因英国当时的困境而责怪对方的行为。也就是说，他们避免了在这部分讨论中的错误知觉和极化现象。在另一项研究中，Suedfeld 和 Tetlock 调查了在1914年的第一次世界大战和1962年的古巴导弹危机（在这次危机中，美国总统肯尼迪和前苏联总理赫鲁晓夫避免了一次核碰撞）期间，政治领导人所使用的修辞的复杂度（Suefeld & Tetlock，1977）。图13.9显示，在第一次世界大战危机中，从冲突的初期到战争白热化期间，政治领导人的修辞的复杂度降低了；在古巴导弹危机期间，从冲突的初期到高潮，领导人的修辞的复杂性升高了。

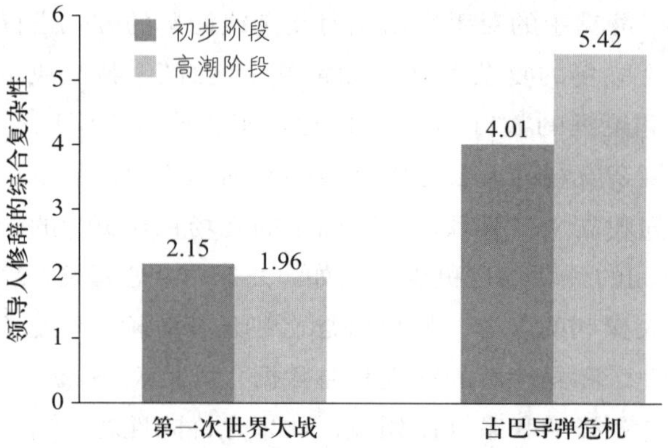

图 13.9　修辞的复杂性。在国际危机中，领导人说话的方式越复杂，越多地考虑另一方的观点，就越容易避免冲突逐步升级。

交流与和解

通常，在冲突最激烈的时候，或者在攻击行为之后，敌对双方会停止沟通，把自己与对方分隔开来。政客们缩在自己的政党内部，为了一个预算案或是制定策略而争吵。交战国驱逐彼此的外交官，并且结束了正式的沟通。在离婚诉讼中，不管出于什么目的，律师都会告诫夫妻双方不要相互沟通。

这种让人们避开对手的方法违背了减少冲突的最有效原则——面对面交流（Frank，1988）。大量的实证研究表明，光是允许对手与自己沟通就可以降低竞争和攻击的水平，增加找到令双方都满意的解决冲突的机会（Thompson，2005）。毫无疑问，交流能够减少争论双方很容易陷入的误解，从而为调解和合作铺平道路。

当对手之间相互沟通的时候，他们通常会表现出一种强大的调解倾向，来使他们之间的分歧和伤害行为得到弥补，从而使双方回到更和平的关系中。我们的灵长类近亲也表现出了倾向于和解的本能（de Waal，1996）。例如，在冲突最激烈的时候，黑猩猩会向对方表现出顺从的姿态，发出顺从的声音，做出能够引起和解的动作，例如，梳毛、大方的姿势。甚至拥抱。人类则使用更为复杂的和解行为，例如，忏悔、道歉、懊悔的姿势。这些都是能够让人宽恕的表现，而且这些行为同时也能够导致报复情绪的下降和彼此之间接受度的增加（McCullough，2008）。

这一和解过程是减少冲突和攻击行为的有力工具。之前在南非种族隔离结束时的当面和解可能也是卢旺达在种族大屠杀之后实现和解的关键。如果父母在家庭冲突中积极地寻找解决办法，鼓励冲突中的宽恕行为，那么随着时间的推移，家庭关系会更加和谐（McCullough，Fincham，& Tsang，2003）。就连想象一下宽恕造成伤害的犯罪者，就可以减轻攻击行为的触发点——战斗或逃跑的愤怒心理（Lawler et al.，2003）。

关于调解的社会心理学研究已经导致刑事司法系统采用了一种新的方法（McCullough，2008）。在许多行政辖区，暴力犯罪的罪犯和受害者往往是分离的，因此他们没有机会进行沟通和调解。而现在，在恢复性司法程序中，训练有素的咨询服务和法律人员会调解肇事者和受害者的关系。这些对话基于几个基本原则：肇事者对所犯的罪行负责（在法院里，罪犯往往拒绝做出这样的忏悔）；罪犯试图通过道歉或者赔偿行为来"偿还"罪行；鼓励罪犯和受害者一起参与充满尊重的对话，尽管发起这样的对话似乎很难，但那的确很有用。和对照组相比，参与恢复性司法程序的受害者报告了更少的复仇想法，而且超过2倍的被试认为，刑事司法制度是公平的，也更愿意去原谅罪犯（Sherman & Strang，2007）。

我们在向建设一个暴力减少的世界前进吗

在过去的100年里，战争和种族大屠杀等事件让全世界人民见证了大量的暴力行为。尽管我们每天都会听到令人失望的消息，但心理学家Steven Pinker提出了一个看待当前这个时代的不同视角（Pinker，2007）。Pinker认为，我们所处的这个时代，是有史以来攻击行为最少、合作最多的时代。他得到的数据更加证实了这一点。例如，与过去相比，今天人类死于战争的可能性更小。在美国和欧洲的文化里，谋杀率也急剧下降。举个例子，在15世纪的英国，谋杀率是每年在每100 000人中平均有24人被谋杀；在1960年的英国，这一数据变成了在每100 000人中平均有0.6人被谋杀。在美国，自从2001年针对世贸中心的袭击发生后，世界各地都在批判有关部门滥用"强化审讯"技术；但是在几百年前，更加残酷的拷问却是常态，甚至是当时公众的娱乐形式之一。

我们该如何解释这种文化转变呢？一种解释是，世界整体来说变得越来越相互关联：我们的利益和其他社区、国家和民族的利益越发紧密地交织在一起。全球化使得商业纷纷跨国发展。要解决全球变暖的问题需要许多国家一起缔结条约。美国和加拿大的许多大学吸引着来自全世界的学生。人们通过网络与远方的人交流。人们更可能和来自不同背景的人结婚或者交朋友。这种扩大的相互依存的关系使得民族间、国家间、社区间的合作关系日益增强（Wright，2000）。Pinker 认为，合作具有拉近人与人之间的关系的积极倾向，而且引起了更强烈的亲社会行为。

小 结

一些解释偏差——去人性化、对共同基础的错误知觉、过分简单化的推理和修辞——能够使群体间冲突升级。调解进程对于提升冲突中的和解倾向而言，是一个卓有成效的方法。

本章总结

攻击行为的情境决定因素

- 敌意性攻击是以愤怒和敌意为动机的，并且把伤害他人（不管是在生理上还是心理上）作为首要目标。工具性攻击是一种为了达到某个目标而采取的行为。
- 温度影响暴力的程度。越炎热的城市，暴力犯罪率越高；同时与凉爽的月份相比，在炎热的月份里，往往会发生更多的暴力事件。
- 媒体报道的暴力事件已被证实会导致现实生活中的暴力和攻击行为。当发生公众熟知度很高的自杀案时，之后往往会发生模仿自杀。纵向研究表明，与在电视上较少看到暴力情节的儿童相比，在电视上观看了更多暴力情节的儿童在成年后会犯下更严重的罪行。在电视上观看暴力行为也导致了短期内暴力事件的增多。暴力的视频游戏也增加了暴力事件发生的可能性。
- 社会排斥是攻击倾向的一个强大的触发器。

解释过程与攻击性

- 根据挫折—攻击行为假设，当为实现目标的努力受到阻碍时，攻击行为就会随之而来。
- 一个可供选择的假设是联想主义模式，也就是说，只有当人们对刺激做出了与愤怒有关的联想解释之后，人才会对其反感的刺激做出攻击性回应。
- 解释的过程对愤怒和攻击性都有影响。与无意的行为相比，有意的行为更容易造成攻击行为。

文化与攻击性

- 包括美国人在内的许多地方的人都秉持着荣誉文化，也就是说，他们倾向于对侮辱和传递着附带暴力的恶意目的或暴力威胁的行为做出回应。这些文化在历史上极有可能是游牧文化，往往面临着失去所有财富的巨大风险。
- 在强奸案易发的文化里，整体的暴力水平一般较高，而强奸则被用来作为斗争的武器。在这种文化里，强奸是一种让女性屈从于男性威胁的仪式。相对来说，没有强奸倾向的文化往往能赋予女性平等的社会地位。

进化与攻击性

- 进化论为家庭暴力提供了十分有用的视角。继子女与携带有遗传基因的亲生子女相比更容易遭受虐待。

- 与女性相比，男性更容易犯下暴力和攻击行为。女性可能以与男性不同的方式变得有攻击性，如讲别人的八卦和从感情上伤害他人的排斥行为。

冲突与调解

- 处在冲突中的群体往往会误解对方，认为对方是极端主义者，并且高估他们之间的差异，把他们的对手去人性化，假设对方的行为都是出于敌意，反应性地贬低对方的帮助或让步。
- 更复杂的推理涉及更多的证据和对思路的整合，而这能促进国际争端的调解。
- 沟通是减少冲突的有效方式。

关键概念

挫折（p512）
敌意性攻击（p501）
反应性贬值（p526）
工具性攻击（p501）
广义适应性（p522）
强奸倾向文化（p520）
去人性化（p525）
荣誉文化（p518）
习得性无助（p513）

第 14 章

利他主义与合作

本章要点

- 利他主义
- 合作

2007年的1月2日，Wesley Autrey 在短短几秒钟内成为了人们心目中的英雄。在纽约市137号百老汇站，这位50岁的建筑工人与他的两个年幼的女儿正准备搭乘地铁。在他们等车的时候，一个名叫 Cameron Hollopeter 的电影系年轻学生突然晕倒在地，样子非常痛苦，就好像癫痫发作一般。Autrey 和他的两个女儿马上赶去帮助那位在地上挣扎的年轻学生，他试图用借来的笔撬开 Hollopeter 的嘴，让他保持

非凡的利他主义。在列车即将进站之际，Wesley Autrey跳下纽约地铁站台，营救不慎跌落的男人。图(A)是他与他的孩子们，图(B)是他在参加美国国情咨文报告。

呼吸通畅，以便令其恢复正常的呼吸和体力。

但这只是Autrey英雄行为的开始。Hollopeter恢复意识后站了起来，摇摇晃晃地走向站台的边缘，又突然脸朝下跌落在两条铁轨之间。此时，列车已经闪烁着车灯迎面驶来，Autrey不得不在瞬间做出决定：是离开女儿去铁轨上救人，还是让列车轧过Hollopeter？ Autrey选择了跳下铁轨，他跳下铁轨并趴在Hollopeter的身上。列车的刹车鸣叫着，但它依然不能及时停下，有五列车厢辗过了Autrey和Hollopeter。伴随着人群的哭喊声，Autrey叫出声来，让那些站在附近的人告诉他的两个女儿说她们的父亲没有事 。列车和Autrey之间的空隙只有2.5厘米，但只在他的蓝色帽子上留下些油渍污迹。

这件事发生后，人们纷纷把Autrey视作英雄。他出现在日常的电视节目中，还被《时代杂志》评为百大最具影响力的人物之一，美国总统乔治·布什(George W. Bush)在演说时盛赞他的见义勇为，并授予他铜质奖章。纽约市还授予了他最高的市民奖。对于这一切，Autrey说："我不觉得我做了一件伟大的事；我只是在看到别人需要帮助时，做了我认为正确的事。"

利他主义

人们冒着生命危险帮助陌生人的报道并不少见，像Autrey这样的人并不是个例。即便是在卢旺达大屠杀期间，这样的事情也经常发生，个体对他人的关心激励着他们的行为。Paul Rusesabagina 是胡图族人，是卢旺达首都基加利最有名的米勒·科林斯酒店的代理经理。在大屠杀期间，他帮助数千名图西族人躲在酒店里。胡图族的民兵每天都会来酒店抓走一些图西族人，而 Rusesabagina 会给他们啤酒和金钱，并恳求这些士兵手下留情，以防止进一步的屠杀。他夜以继日地打电话、发传真，呼吁有影响力的人帮助他们。他与孩子和妻子冒着生命危险，一次又一次地恳求胡图族士兵不要伤害他的顾客，从而保护了他的顾客。

Paul Rusesabagina。基加利的米勒·科林斯酒店的代理经理 Paul Rusesabagina 在卢旺达大屠杀期间庇护了上千名图西人，他把他们安置在酒店中，贿赂联攻派民兵，呼吁有影响力的人士提供帮助。

Autrey 及 Rusesabagina 的**利他行为**是无私行为的例证，是不考虑给自己造成的后果的利他行为。人类很容易产生移情，导致我们常常以自己的方式帮助正经受痛苦的人。与此同时，我们并不总是受既定的社会道德准则影响。许多因素能抑制利他行为，包括自我保护的基本倾向和窘迫恐惧的感觉（例如，怕把一个简单的情况误解为紧急情况）。我们什么时候会采取无私的行动，什么时候又不会这么做呢？

利他行为（altruism）：无私的有利于他人的行为，而不考虑给自己造成的后果。

移情关怀：一个纯粹的利他主义的案例？

在 1992 年的洛杉矶暴乱期间，一名白人卡车司机 Reginald Denny 正被 4 个非裔青年殴打。几个住在附近小区的非裔居民看到后，便迅速赶去救了 Denny 的命，是什么促使人们冒着生命危险做出这样的行为的？

陌生人的同情。通常，即使是陌生人也会在他人危难时做出回应，不思考回报与危险就伸出援手。图（A）显示的是在 1992 年的洛杉矶暴动中，Reginald Denny 被人从其卡车中拉了下来，遭到毒打。图（B）是 Bobby Green，他在电视上看到这一幕后，立即与另外几位当地居民冲去现场营救 Denny。

作为一项重要的研究，Daniel Batson 为无私利他的案例提出了一个有说服力的解释，解释了促使 Wesley Autrey、Paul Rusesabagina 和 Reginald Denny 等人做出利他行为的原因（Batson & Shaw，1991）。Batson 首先提出，任何利他行为之中都可能有几个动机在起作用。其中有两个动机基本是自私的（利己的），而第三种动机是纯粹的无私利他的。

社会报酬（social rewards）：通过帮助他人来获得表扬、积极关注、切实的奖励、荣誉和感激等奖励。

第一种自私动机是**社会报酬**动机。由社会报酬动机所驱动的利他行为是从他人看了会怎么想的角度出发的（Campbell，1975；Nowak & Sigmund，1998；Nowak，Page，& Sigmund，2000）。这种利他行为是为了获得两个非常理想的社会奖励：赢得别人的尊重和提高自尊。例如，Mark van Vugt 及其同事就发现，团体成员会给予做出利他行为的成员较高的社会地位和权力（Hardy & van Vugt，2006）。我们会用许多方式奖励人们的利他行为，如表扬、奖励甚至是在媒体上宣传，都是为了增加我们的团体凝聚力和善意。

个人困扰（personal distress）：通过帮助处于困境中的人来减少自己的困扰。

第二个帮助别人的自私动机是缓解**个人困扰**的动机。人们倾向于通过帮助有需要的人来减少自己的不适感（Cialdini & Fultz，1990；Cialdini & Kenrick，1976）。事实上，人类一出生就会以别人的困扰为我们自己的苦恼。比如在一项研究中，研究者分别让1日龄的婴儿听自己的哭声、另一个1日龄婴儿的哭声或一个11个月大的婴儿的哭声（Martin & Clark，1982）。在这三种情况下，1日龄婴儿对另一个1日龄婴儿的哭声表现出了最大的反应。在往后的生活中也一样，当我们看到有人在哭、有人在经历身体上的疼痛或受困于一个为难的局面时，我们通常会对别人的困扰感同身受。神经科学的研究发现，当我们看到别人经历疼痛时，我们脑中的疼痛区域也会被激活（Singer et al.，2004）。这类感觉导致我们会采取一些能使自己恢复到平和状态的行动。最直接的方式就是减少他人的困扰，所以助人行为就成为了实现这一目标的方法之一。

移情关怀（empathic concern）：对他人的感觉感同身受，并有意帮助有需要的人。

最后，还有一个动机是**移情关怀**，人对他人的需要感同身受，伴随着提高他人幸福状态的意向。当我们遇到一个人需要帮助或在经历痛苦时，我们不仅体验到了感同身受的痛苦，也会想象那个人承受痛苦的压力。随着年龄的增长，我们渐渐学会了从他人的角度来感受他人的需要，并给予其移情关怀，这促使我们帮助那个人满足需要，从而提高其幸福感，甚至以牺牲自己的幸福感为代价。Batson 推断，这种移情关怀是产生无私利他行为的原因。这瞬间解释了是什么原因导致 Wesley Autrey 会在地铁轨道上帮助年轻的学生脱险，又是什么原因让 Paul Rusesabagina 冒着自己和家人的生命危险帮助图西族人。

移情与个人困扰

现在到了关键的部分，如何通过实验证明那些行为是移情关怀引起的？Batson 及其同事采取了一个富有创意的办法解决这一问题，把实验设置在将要让他人陷于困境的情况下。实验设计让持自私动机（减少个人困扰或获得社会奖励）

的人很少能做出助人行为。与此同时，引导被试产生对需要帮助的他人的同情。如果移情关怀带来了助人行为，就可以排除是利己原因，我们可以肯定地推断助人行为不是以利己为动机的，而是以同情心为基础。让我们来看看这些实证研究策略和在以下三个实验中是如何展开的。

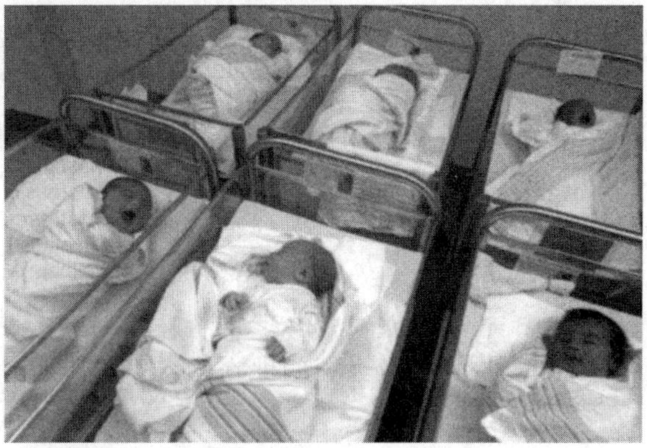

婴儿之间的共情。当婴儿听到其他婴儿的哭泣时，会感受到其他婴儿的痛苦，于是也会开始哭泣，图中展示的就是一家医院育婴室里的婴儿。

第一项研究探讨了利他究竟是出于减少个人困扰的自私动机，还是出于移情关怀。该实验中的被试只要离开实验室就可以远离他们所厌恶的情绪。研究人员预计，如果被试仍然能给予别人帮助，那么这种动机必定是出自移情关怀（Batson，O'Quin，Fultz，Vanderplas，& Isen，1983）。实验者告诉被试，他们将与其他同性别的被试进行互动。在让另一个被试完成几个数字记忆任务的实验中，被试每次犯错都会受到电击惩罚。在可以轻易采取逃避行动的条件下，被试只需要观看同伴所遭受的10次电击中的2次，就可以自行选择离开，留下同伴自己完成剩下的实验。在这种情况下，被试如果只想降低个人痛苦（利己动机），那么应当只会做出较少的助人行为——选择离开即可。然而在不能轻易离开的条件下，被试则被告知需要看着同伴受完10次电击。

在第一组的2次试验中，同伴假装脸色苍白，要了一杯水喝，还讲述了身体不舒服的感觉，并且说自己童年有遭受电击的经历。在这一阶段，被试自我报告了一些困扰情绪（如感到不安、担心、烦恼）和移情关怀（表示同情、怜悯、温柔）。Batson及其同事利用这些报告将被试分成两类：一类是感觉到困扰的人，另一类是表达了移情关怀的人。之后，实验者转向被试并问他是否愿意替对方接受电击。Batson等人推想，如果被试是基于移情关怀的利他主义者，就应该会因看到同伴遭到电击而产生的移情关怀做出真正的利他行为（被试愿意坐下来参与试验），即在可以轻易逃避试验并离开实验室以缓解个人困扰的条件下依然同意做被电击的一方。实验结果和研究人员的推理相一致。大多感到困扰且可以逃避的被试很少会去代替被电击一方，而那些表达了移情关怀的被试在可以轻易离开实验室的情况下仍愿意主动替同伴承受电击。

仍然怀疑纯粹的利他主义是基于移情关怀的学者对于Batson的研究持保留意见：第一，移情关怀不是人为操纵产生的，而是来自被试对同情心的自我报告，因此这项研究或许存在选择性偏差，其中高度移情的被试只是比一般人更愿意向需要帮助的人伸出援手；第二，做实验的人员知道被试的行动，所以本研究不能排除社会奖励的影响——也许被试之所以愿意代替同伴承受更多的电击，是因为他们想给实验者留下某种印象，或者避免自行离开、对同伴置之不理的尴尬局面。

这些质疑进一步表明，要想提升实验效度，完全匿名的实验设计是非常必要的。这促使 Batson 进行了下一个研究。

匿名的利他主义

在这项研究中，Batson 及其同事让女性被试根据坐在隔间的人写的信息，给出对这个人的印象（Fultz，Batson，Fortenbach，McCarthy，& Varney，1986）。在试验中，一位自称珍妮特·阿诺德的学生（表达者）写下了两段信息，看起来都如实地描述了她自己。倾听者（实际上是被试）的任务则是通过这些笔记尽可能准确地在脑海里形成对珍妮特的印象。这一次，移情关怀变量是可控制的，在低移情性环境下，要求被试尽可能客观地阅读表达者的自我描述，从而更加专注于眼前的事实。在高移情性环境下，要求被试尽可能生动地想象如何与其他人交流自己的感想。在被试看的第一段信息中，珍妮特坦白地描述了她在大学时对于新家的感觉。在第二段信息中，珍妮特表达了强烈的结交朋友的愿望，甚至直截了当地问被试是否愿意成为她的朋友。

当看完第二段信息后，研究者告诉被试，珍妮特已经完成了她那部分实验任务并离开了。而在这个时候，实验者给了被试一个选择，称可以参加另一个有关长期关系的研究，并且问被试是否愿意在以后花时间与珍妮特·阿诺德交流。在较低的社会评价条件下，珍妮特的笔记都是装在密封的信封里的，而且研究者也没有读过这些笔记。同时，被试也会把自己愿意与珍妮特交流的时间写下来，装在密封信封里交给实验者，再转交到研究者（一位不会与被试接触的研究者）手中。与被试接触的实验者以及珍妮特都不知道被试的反应。相反，在较高的社会评价条件下，实验者和被试都看过珍妮特的笔记，实验者和珍妮特都知道被试说自己愿意花多少时间与珍妮特进行交流。实验关键是要测量被试自愿与珍妮特交流的时间长短。如图 14.1 所示，在高移情条件下的被试自愿花更多的时间与珍妮特交流，即使没有人会知道他们做了些什么。

移情的生理指标

最后一项研究特别有助于评估某些无私的状态是否会激发利他行为。这样的动机可以表明，移情关怀具有独特的生理指标，可以预测一个人是否会做出利他行为。为了研究这一问题，Nancy Eisenberg 及其同事给二年级和五年级的小学生以及大学生播放了一盘录像带，讲的是一位女士和她的孩子们最近遭遇的一场事故（Eisenberg et al.，1989）。影片中的孩子要在医院中接受治疗、养好伤势，非常怀念校园生活。在被试观看这段感人的电影片段时，他们的面部表情会被录像记录下来，心率也会被记录下来。在观看录像带后，被试得到了帮助这些孩子的机会，他们可以在空闲时间把学校布置的家庭作业带给卧床养伤的孩子（因此被试得牺牲自己的时间，而这些时间对于年轻的被试来说是非常珍贵的）。Eisenberg 等人发现，对事故受害者产生了移情和关注（或移情关怀，在 Batson 团

图 14.1 科学方法：移情与利他主义

假设：移情可以促进利他行为。

研究方法：

1. 女性被试坐在单独的隔间中，参加印象形成任务。表达者是一个名叫珍妮特·阿诺德的学生，她会写两段真实的个人信息，倾听者（真实的被试）的任务是尽可能在脑海中准确地形成对珍妮特的印象。
2. 在低移情条件下，被试要尽可能客观地阅读笔记，专注于眼前的事实。
3. 在高移情条件下，被试要尽可能生动地体会珍妮特的感受。
4. 接下来，实验人员向被试介绍了一项长期关系研究，并问被试是否愿意再花一些时间与感到孤独的珍妮特进行交流。
5. 在低社会评价条件下，珍妮特的信息是装在密封信封中交给实验者的，实验者自己并不知道关于珍妮特的信息。同样，被试的回答（愿意花多少时间与珍妮特做进一步交流）也是密封在信封中的，实验者也不知道。
6. 在较高的社会评价条件下，实验者和被试都能看到珍妮特的信息，而珍妮特和研究者都知道被试愿意花多少时间与珍妮特交流。

结果：被鼓励对珍妮特（报告感觉很孤独）感到同情的被试会自愿与珍妮特相处更长的时间，就连在较低的社会评价条件下（志愿行为是匿名的）也是如此。

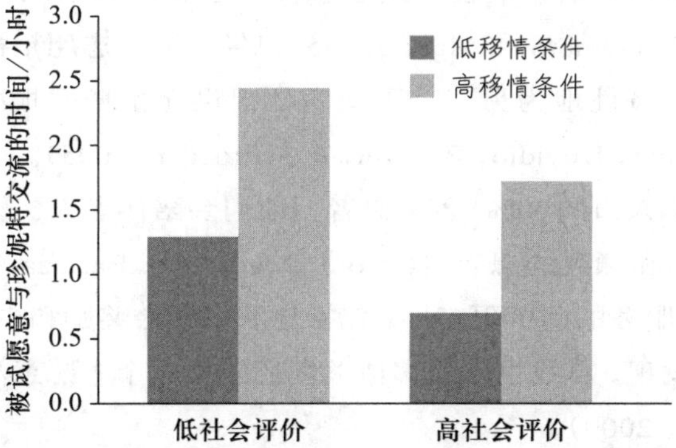

结论：即使是在匿名条件下（并不能得到社会奖励时），同情依然能促进利他行为。

来源：Adapted from Fultz, Batson, Fortenbach, McCarthy, & Varney, 1986.

队看来）的小学生和大学生都会表现出皱起眉毛、目光集中等行为，心率也会下降（与心率加速或产生逃跑反应时正好相反）。这些被试也更可能伸出援手。相反，在观看录像后报告了个人困扰的被试会显示出心率加速，面部出现痛苦回避的表情，他们也不太可能给予帮助。因此，人们的生理反应似乎也证明了移情关怀比

专栏 14.1 聚焦社会趋势

今天的年轻人比上一代人缺乏同情心吗?

自法老时代以来，人们就在抱怨年轻的一代虽然生活得更富足，文明程度却在退化。这样的担心缺乏事实依据，我们大多数人都会同意，现代人比古代人更具有同情心、创造性和道德，因为后者曾把观看角斗士战斗至死、公开绞死犯人当作消遣，还拥有私人奴隶。Stephen Pinker（2011）指出，长期以来，社会整体的暴力水平在稳步下降，而我们对人类同胞的同情心在不断提升。但是有证据表明，近期，移情关怀的水平可能下降了。Sara Konrath 等人收集了 72 项研究的结果，其中包括 13 737 名美国大学生填写的测量移情关怀的自我报告（Konrath，O'Brien，& Hsing，2011）。该七点量表上包括诸如“我经常温柔地关心比我不幸的人”等项目。具有更高水平的移情关怀的人对他人更感兴趣；他们对其他物种也往往持有更积极的态度，正如 Dan Baston 会预测的那样，他们的行为更亲社会，比如，更可能施舍无家可归的人，与别人分享自己的东西，做慈善志愿者，以及退还错误的找零。Konrath 整合了 30 年（1979—2009 年）以来的研究，来比较今天的大学生和 30 年前的大学生，有多么具有同情心。她的研究结果是：大学生所报告的对他人的同情心在过去的 30 年里发生了显著的下降。

“在未来的日子里，我们的地球会不断衰颓。贪污腐败变成了常事，孩子们不再听大人的话；很明显，世界末日即将到来。”

——4800 年前刻在亚述泥片上的文字

志愿精神（volunteerism）：一个人经常非经济性地为另一个人或团体提供无预期报酬的帮助。

个人困扰更容易激发帮助行为。

移情关怀和志愿精神

Dan Batson 的研究表明，移情关怀和同情感情会增加人们做出利他行为并帮助那些陷于困境的人的可能性。这些感情似乎也是其他亲社会行为的主要决定因素。例如，Allen Omoto 和 Mark Snyder 已经研究了**志愿精神**，他们将其定义为一个人经常非经济性地为另一个人或团体提供无预期回报的援助（Omoto & Snyder，1995；Penner，Dovidio，Piliavin，& Schroeder，2005）。在美国，估计有超过6100万（接近总人口的30%）名志愿者，他们会陪伴老人、辅导孩子、辅导问题儿童或帮助生病和濒死的患者（Omoto，Malsch，& Barraza，2009）。与利他主义相比，参与志愿服务的动机更多样，包括想获得社会奖励和希望减少个人痛苦。但是 Omoto 等人发现，自我报告的移情关怀还能预测个人愿意从事志愿服务的可能性（Omoto et al.，2009）。

最近的证据表明，志愿服务对我们的健康有好处。Stephanie Brown 及其同事研究了423个样本，发现在5年中参加过志愿服务的老年夫妇的寿命有所增加（Brown，Nesse，Vinokur，& Smith，2003）。在最初的研究中，研究者测量了伴侣中的每个人为其他人提供帮助（例如，通过跑腿、购物或帮邻居照看孩子）的程度。被试还要指出他们从配偶以外的人那里获得这类帮助的情况，来确定他们在志愿精神中的受益情况。Brown 及其同事在随后的5年内跟踪记录了这些被试，直到其去世才停止（在研究期间共有145人过世）。值得注意的是，在控制了被试的初始健康、性别和社会交往情况后，奉献大于受益的人更有可能活过5年的研究期限。那么受益者会怎么样呢？和没有得到帮助的人相比，他们死亡的可能性并没有减少。也许，付出真的比收获要好。

是什么培养了人们的移情关怀？是什么使得这个世界涌现了 Wesley Autrey 和 Paul Rusesabaginas 这样的人，或者说自愿做出牺牲的善良的志愿者呢？我们可以在 Oliner 夫妇（Oliner & Oliner，1988）的工作报告中得到一个答案，他们采访了100多位在第二次世界大战中拯救过别人的人（即在纳粹大屠杀中冒着生命危险拯救过犹太人的人）。（Sam Oliner 儿时就在波兰被人救过一命。）在采访过程中，施救者纷纷报告，其家庭高度重视利他主义和同情心。施救者报告说，他们的父母和祖父母经常讲以利他的奉献精神为核心的故事给他们听，有的故事来自生活，有的故事来自文化。利他主义也是其家庭教育和所阅读的图书的中心主题之一。他们会在吃饭时讨论当天发生的事情，也会讨论其他人的利他行为和关怀他人的事情。他们的家庭把利他主义作为一个明确的重要伦理原则。移情关怀显然是人类社会中的一种美好而强大的力量，并可以由父母传授给孩子。

利他主义的情境因素

到目前为止，社会心理学证明了移情关怀会激励利他行为和志愿精神。但人们并不总是按照他们的移情关怀行动。让我们来想一想在 Kitty Genovese 身上发生的可怕悲剧。1964年3月13日的清晨，在纽约皇后区住址附近散步的 Kitty Genovese 被凶手 Winston Moseley 在她公寓附近的书店前扑倒，凶手用刀捅了她的胸部。她尖叫着求救，周围公寓的几个窗口都亮起了灯光。一位住在七楼的邻居大喊："放过那个女孩吧！"

Moseley 虽然离开了 Genovese，但他却悄悄跟在步履蹒跚的 Genovese 后面，当她走到公寓前厅时，Moseley 再次出现，刺了她8刀并对她实施了性侵犯。纽约警方在凌晨3:50才接到第一通报警电话，在事发的整整30分钟内，有38名邻居听到了受害者的求救声，却无一人报警。在警察到达的时候，Kitty Genovese 已经死亡。

没能在突发事件中做出适当的干涉。Kitty Genovese 是一名年轻的女性，她在纽约市皇后区的公寓前遭侵犯和杀害，她的邻居看到了这起惨剧却没有去干涉。

邻居中的很多人都由于移情关怀感受到了痛苦，但除了在远处大喊以外，没有人对凶手进行干预，也没有一个人打电话叫警察。而研究人员听到的解释包括："我累了"，"我们认为那是一对情侣的争吵"，"我们害怕"。一对夫妇只是在昏暗的公寓里通过窗帘偷偷看着这一切发生。

Kitty Genovese 事件震惊了美国公众。像斯坦利·米尔格拉姆的权威服从研究（见第1章和第8章）一样，该事件也提出了关于人类本性的基本问题。我们对他人的痛苦真的如此无情吗？从对移情关怀、利他主义和志愿精神的研究来看，情况并不是这样的。Kitty Genovese 事件使得一些社会心理学家试图了解抑制我们表达移情关怀和做出利他行为的心理过程，以及使得人们不愿意介入突发事件的原因。

Darley 和 Batson 对善良的撒玛利亚人的研究

由 John Darley 和 Daniel Batson 在1973年做的一项经典研究或许最能揭示利他主义的情境因素有多强大。他们的研究建立在《圣经》中关于善良的撒玛利亚人的故事之上：一位犹太人在路上被一伙强盗洗劫一空，还被剥去衣裳遭到一顿毒打。强盗把那人打昏后丢在路边。一位行色匆匆的祭司路过，看到了那位受伤的犹太人，身为宗教领袖理应帮助那些需要帮助的人，可是祭司却无动于衷地匆匆离开了。又有一个利未人经过那里，停留片刻后也自顾自地离去了。最后一位撒玛利亚人路过那里，这位信仰着不同的宗教并被主流社会鄙视的人看到躺在路旁伤痕累累的犹太人，立即停下脚步帮助了这个可怜的人，并把他带到一家旅馆，给了他衣服和食物以及足以支撑这个人恢复身体的钱。

Darley 和 Batson 的研究灵感来源于善良的撒玛利亚人这一寓言故事。这个故事告诉我们，微妙的环境因素（如你是时间充裕还是要迟到了）会决定你是否帮助有需要的人。

Darley 和 Batson（1973）请被试到普林斯顿神学院为本科生做报告，地点位于校园里的某个报告厅。在第一种情况下，被试被告知报告的主题是关于神学院的学生在毕业时找工作的事。在第二种情况下，报告的主题则是善良的撒马利亚人的故事。然后实验者给了他们普林斯顿校园的地图，并指出了报告大楼的位置。在时间宽裕的条件下，被试得知自己还有充裕的时间去到指定场所。在这种不那么匆忙的条件下，被试显然会提早一点到达报告厅。在高时间压力的条件中，被试得知自己会比预定时间晚一点才到达，所以会让听报告的学生等着他。

当被试穿过普林斯顿大学的校园时，会遇到一个倒在走廊里呻吟的人（实际上是实验助手）。被试经过他时，会听到他说自己呼吸困难。这个人显然遇上了麻烦，但问题是在不同条件下的被试停下来帮助此人的比例是多少呢？

结果发现，报告的主题对被试能否帮助那个需要帮助之人没有起到统计学上的显著作用。反而是最微妙的变量产生的影响最大：即被试是否迟到了。不赶时间的被试停下脚步帮助人的可能性是赶时间者的6倍多。只有10%的被试在高时间压力的情况下会停下来帮助那个人（见图1.1）。

和许多经典社会心理学研究一样，这个研究告诉我们：情境的影响力是多么强大，迟到的压力会让最应该展现出利他行为的人——学习作为精神领袖的学生——都不太可能停下来伸出援手。该研究本身有许多引人注目的特点：以神学院学生为被试、自然的环境设置、以真实的行为作为测量的基础，现在让我们来看看其他可能影响利他行为的情境因素。

观众效应

决定人们是否会停下来帮助他人的一个重要因素是其他人的存在。**旁观者干预**是说，当有其他人在场的时候，人们有多大可能帮助他人（Latané & Nida, 1981）。旁观者的存在之所以会降低人们帮助他人的可能性，原因之一是**责任扩散**。在知道他人陷入紧急情况时，每个旁观者都认为别人会提供帮助，甚至能比自己更好地提供帮助，这使得每个人分担的责任变少了，而这种责任的分散会减少个体的助人行为。Kitty Genovese 谋杀案的目击证人可以看到别人家的灯光，或者看到已经有人站在窗口了，所以他们可能认为其他人会提供帮助。而最终的结果是令人惋惜的，所有人都没有采取行动。

旁观者干预（bystander intervention）：当目睹了有人陷入紧急情况需要帮助时，给予其帮助。通常来说，随着旁观者人数的增加，旁观者的干预反而会减少，因为每个人都以为其他人会提供帮助。

在一个研究旁观者对助人行为的影响的著名实验中，John Darley 和 Bibb Latené 受 Kitty Genovese 事件的启发设计了实验（Darley & Latané, 1968）。他们让纽约大学的学生通过联络设备在隔开的房间里讨论大学生活中的问题。被试通过设备讨论，并能通过设备听到求助者的呼救声。实验者告诉被试，没人能看到他们，他们的身份是保密的，连实验人员也不会偷听他们的谈话。其中一个讨论者在谈话过程中谈到自己很难适应城市生活，而且时不时地会癫痫发作，尤其是在面对压力时。随着讨论的进行，那位讨论者的声音越来越大，开始变得语无伦次；随后他就喘不上气并发生了窒息。在他再也发不出动静之前，他叫道：

责任扩散（diffusion of responsibility）：每个人的紧迫感被降低，因为每个人都假定在看到这一紧急情况的人中一定有人能比自己提供更好的帮助。

> “如果有人能帮助我就好……好……好了，因为我有点发……发作了，我真的需要一些帮助，如果有人愿意给……给我一点点帮助（哽咽的声音）。我要死了，我要死了，救命……救命，癫痫发作了（发出窒息的声响，然后安静下来）。”（Darley & Latané, 1968, p. 379）

在第一种条件中，被试以为讨论组里只有 2 人（即被试和发病者）。在第二种条件中，讨论组有 3 人（即被试、发病者和另一个人）。在第三种条件中，旁观者人数最多，讨论组里有 6 人（被试、发病者和其他 4 人）。

问题当然是被试是否会去帮助那个患有致命性癫痫的同学。在讨论组只有 2 人的情况下，他们相信除自己以外再没有其他知情人了，这时有 85% 的人离开了自己的房间出手相助。而在讨论组人数为 3 人时，只有 62% 的人伸出了援手；当讨论组人数达 6 人时，只有 31% 的人伸出了援手（见专栏 14.2）。其他人的存在强烈地抑制了人们帮助陌生人的行为（Latané & Nida, 1981）。

几种类型的研究都试图搞清一个问题：人们是在周围有人时不太可能帮助他人，还是在独自一人时更可能袖手旁观（评价见 Latané & Nida, 1981）。在一些研究中，人们见证了一个处于危险或疼痛中的受害者，例如，被试可能会看到一个人在地铁中昏倒了。在其他研究中，被试看到在酒类商店或在海滩上发生的盗窃。

专栏14.2　聚焦日常生活

得到帮助的可能性

如果一个人遇到紧急情况需要帮助，而他周围有旁观者，那么这些旁观者往往不大可能向需要帮助的人伸出援手。怎样做能增加你从任何一个旁观者那里获得帮助的可能性呢？按理说，旁观者越多，难道不是该越有可能会有人施以援手。让我们来思考一下本章描述的“癫痫发作”的研究。当被试以为自己是唯一的知情人时，有85%的人会出手相助。当被试以为还可能有其他人去帮助发病者时，被试做出助人举动的可能性降为62%。如果真的有两位旁观者在场，每个人都有62%的概率去助人，那么发病者获救的可能性是86%（$1-0.38^2=0.86$），与只有一名旁观者时获救的概率基本持平。当被试认为还有其他人可以提供帮助时，他们每个人伸出援手的概率是31%。如果真的有5个旁观者，且他们都有31%的可能性提供帮助，那么发病者获得帮助的概率是85%（$1-0.69^5=0.85$）。这是否意味着有多少个旁观者在场无所谓，反正发病者得到帮助的概率都是一样的。先不要急着下结论。这些研究还测量了人们在不同情况下伸出援手的时间，发现单个旁观者采取帮助的速度比有一群旁观者在场时快很多。在紧急情况下必须争分夺秒，得不到及时救援往往就来不及拯救一条生命。

在这些研究中，当他们是单独一人的时候，有75%的人会去帮助他人；而当他们身边有旁观者的时候，有53%的人去帮助他人。

这些研究通常旨在检验陌生人的存在是否会导致旁观者效应（audience effects），从而降低了人们做出助人行为的可能性。但如果在场的人是自己的朋友呢？许多对现实世界的观察表明，若在场的人是朋友，可能会增加人们做出利他行为的可能性。例如，士兵经常冒着生命危险去拯救他们的战友。小学时的好朋友们经常在朋友受人欺负时挺身而出。

Mario Mikulincer和Phil Shaver所收集的证据表明，旁观者之间为朋友的确可以增加利他行为（Mikulincer，Shaver，Gillath，& Nitzberg，2005）。在他们的研究中，被试要完成的第一个任务是判断10个字母能否组成有意义的单词。被试的第二个任务是看一个熟人的名字（条件一），或一个普通朋友的名字（条件二），或一个让被试能产生强烈依恋的人（通常是好朋友）的名字（条件三）。在第三种条件中，研究人员推断，依恋关系能激活相关的亲社会倾向（见第10章）。然后被试会被转移到“另一个研究”中，他们的任务是评估另一个被试（实际上是实验助手，是协助研究人员打乱字符串的人）。他们会眼看着这些可怜的实验助手得浏览一些暴力血腥的照片，抱着老鼠，把手臂放在冰水里，最后还要拿起一只毛茸茸的狼蛛。在最后这项任务（拿着狼蛛）的中途，实验助手放弃了，并问被试是否可以替他把任务做完。之前看过好朋友的名字的被试比看到其他名字的被试产生了更强的移情关怀。他们也更可能自愿帮实验助手拿那个蜘蛛。因此在出现紧急情况中，陌生人在场会抑制我们的利他行为，而朋友出现则会促进我们的利他行为。

求助者的特点

不用说，利他主义不是盲目的、不加选择的。人们更倾向于帮助受到明确伤害的人以及需求并不模糊的求助者（Clark & Word，1972；Gaertner & Dovidio，1977）。研究人员研究了当需要帮助的人高声尖叫或保持沉默时，旁观者会有怎样的利他行为。旁观者对发出尖叫的求助者提供帮助的可能性在75%～100%，但他们帮助无声的求助者的可能性只有25%～40%。

也就是说，决定助人行为的一个强有力的因素是帮助求助者需要付出代价。研究表明，代价越大，利他行为也就越少。有一项对这一主题的研究是在费城地铁站里进行的，一个“求助者”（实际上是一个实验助手）仰面横躺在铁轨上（Piliavin & Piliavin，1972）。在第一种情况下，可以看见求助者的下巴在流血；在第二种情况下，求助者身上没有流血。研究人员认为，旁观者会觉得帮助流血的求助者代价更高，自己的助人行为可能会使求助者创伤更大，同时求助者也需要更好的医疗救助。在这项有关代价预期对助人行为的影响的研究中，当求助者流血时，他得到帮助的概率是65%；当求助者没流血时，他得到帮助的概率是95%。尽管流血的伤者显然更需要帮助，但助人行为因可能需要付出的代价而被抑制了。

求助者的一些永久性特点也会有力地影响其得到帮助的可能性。首先是求助者的性别会产生影响。一般来说，女性比男性更容易得到帮助（Latané & Nida，1981），但是性别对助人行为的影响会因求助者的外观而改变。更具吸引力的女性和穿着传统服饰的女性往往更容易从旁观者那里获得更多的帮助（Piliavin & Unger，1985）。这个结果至少有两种解释方式：(1) 穿着传统服装的女性可能会给人更无助也更依赖人的感觉，这种性别上的刻板印象令人觉得她们更需要帮助；(2) 男性旁观者给予女性帮助的可能性也受该女子是否具有吸引力影响。

人们更可能帮助与自己相似的人（Dovidio，1984；Dovidio & Gaertner，1981），包括与自己同种同族的人（Latané & Nida，1981）。例如，最近，焦琼及其同事研究了非裔人在看到非裔人和欧裔人陷入痛苦时的反应。结果发现，非裔人在看到非裔人受苦时会产生更强烈的移情和利他反应倾向，即只有看到与被试有相似性的人遭受痛苦时，被试的内侧前额叶皮质的额叶区才会被激活，而这正是参与移情关怀的脑区（Mathur，Harada，Lipke，& Chiao，2011）。其他物种似乎也只对自己的同类产生利他反应。研究发现，一些非人类的灵长类动物如果发现自己不吃东西就能终止同类遭受的折磨，那么它们宁可放弃进食的机会或让自己少吃点、挨点饿——但它们不会对其他物种抱以这样的同情心（Preston & de Waal，2002）。

解释过程和利他主义

如果你遇到一个人呆呆地坐在走廊里，或者见到一个人昏倒在地铁里，这时你会想到什么？如果你快迟到了，或听到了明确的求救声，或有影响我们的助人倾向的其他人在场呢？换句话说，哪些解释过程会影响我们伸出援手？

在日常生活中，许多困境都出人意料得模糊。如果街上有一对男女正在激烈地争吵，有可能是需要路人出手干预的暴力事件，但也可能只是恋人之间的争吵，或者只是两个演员在表演一幕戏剧性的画面。如果一群男孩子殴打一个小男孩，他们也可能只是在半开玩笑地摔跤。

在模棱两可的情况下提供帮助

鉴于许多突发事件的模糊性，潜在的助人者需要在第一时间发现有人身陷麻烦，需要帮助，方可伸出援手。求助者的行为提供了其是否需要帮助的线索。当求助者的痛苦不明显时，他就不太可能得到帮助。如前面所讨论的，当需要帮助的人大声说出自己正遭遇困境时，就更有可能得到帮助（Clark & Word，1972；Schroeder，Penner，Dovidio，& Piliavin，1995）。同样，另一项研究发现，当人们意识到求助者陷入了危机事件时，更有可能提供帮助（Piliavin，Piliavin，& Broll，1976），当时的情况越是生动，旁观者越容易注意到发生了什么，越容易明白是怎么回事。在更生动的情境下，被试会看着实验助手慢慢恢复知觉。在不怎么生动的情境下，被试只看到了实验助手刚刚醒来。如果被试看到了整个事件的发展，就能完全把握发生了什么，也就更可能提供援助（两种情况下伸出援手的比例分别是89%与13%）。

周围的社会情境对旁观者理解援助的需求起着重要的作用。当人众无知（见第5章）发生时，人们若不确定发生了什么事，就会因为他人没有特别的反应或担忧而假设没有发生不正常的情况，这是在公共场合（特到是在紧急情况下）需要保持冷静和风度的社会规范导致的。毕竟，在没有事情发生的情况下，做一个失去冷静的人是令人尴尬的。若人们处在有潜在危险的情况下而表现得若无其事，每个人都会错误地将他人平静的神态当作没有发生紧急事件的标志（Latané & Darley，1968）。

人众无知。如果旁观者不知道当时发生了什么，也没看到别人的反应，他们就可以什么也不做。当遇到图中的情境时，路过的许多孩子可能都以为图中的孩子只是在闹着玩，只因周围孩子的反应是模糊的。殊不知，其中有个孩子正在被其他孩子欺负。

有人研究了人众无知对旁观者的干预作用，研究人员要求被试在实验室里填写一堆问卷（Latané & Darley 1968）。被试会在三个条件下完成这个实验：（1）一个人在一个房间里；（2）和两个被要求表现出平静风度的同伴在房间里（这是为了产生人众无知而准备的情境）；（3）与其他两个真正的被试在一起。当被试分别在这三种条件下填写问卷时，一些能令人感到奇怪和不安的危险信号出现了：浓烟从房间的门缝间冒了进来，整个房间渐渐变得烟雾缭绕。

当被试独自一人而没有受到其他被试对状况理解的影响

时，75%的人离开了房间并向实验者报告了有浓烟。（剩下25%的被试一直在思考些什么呢？）在另外两个条件下，人众无知的作用使得被试不太可能认为情况不对劲。在三人皆为真正的被试并有相互交流时，只有38%的被试离开了房间并报告了浓烟的情况。值得注意的是，当被试与两个表现得满不在乎的实验助手在一起时，只有10%的人离开了房间并报告了浓烟的问题。

"我说过了，不是我当班，我只是回来拿我的人字拖鞋。"

本研究表明，在三种条件下，被试对浓烟的解释是不一样的。没有对实验者报告烟雾情况的被试对实验者说他们不认为这种浓烟是有危险的。向实验者报告了浓烟并认为这是严重的危险信号的独自在房间的被试则大胆地假设这是真的浓烟。

减轻人众无知

当旁观者可以清楚地看到旁人担忧的表情时（之前为了显得不太惊慌而掩饰了最初的表情），是不太可能陷入人众无知的。一项研究对这一假设进行了检验，实验情境是让被试经过研究所中正在更换 Led 灯的走廊（Darley，Teger，& Lewis，1973）。当他们走到实验室时，已经经过了几个木质结构的栈道和似乎在维修什么的木匠工人。在实验室里，被试开始进行假实验任务，尽力画出马的模型。Darley 及其同事让被试能在不同程度上看到他人的非言语表情，这些表情是人在遇到紧急情况时的可靠信号。在第一种对照条件下，被试是独自一人的。在第二种条件下，两个被试面对面坐着设计自己的马模型，因此在紧急情况发生时，他们会直接看到对方真实的情感表达。在第三种条件下，被试会背对背坐着，所以他们也没有看到对方的即时反应。

在被试画图时，他们突然听到了一声巨响，听到工人们疼痛地哭喊道："噢，我的腿！"这项研究结果清楚地发现，看到别人发自内心的情绪表达时会降低人众无知效应。在独自一人的被试里，有 90% 的人离开了房间去帮助工人；而在面对面坐着的被试里，有 80% 的人会这样做；但在背对背而坐的被试中，只有 20% 的人离开了房间去帮助工人。所有的被试都认为，在没有他人在场的状况下，对发生的紧急情况做出没有掩饰的反应是理所当然的。

那么当我们需要帮助时，我们要怎么提高获得帮助的概率呢？根据 John Darley 等人十几年对旁观者干预的研究，有两件事可能是有效的：(1) 明确你的需求，如"我的脚踝扭伤了，我不能行走了；我需要帮助"；(2) 选择特定的人，如"那边那位，你能帮帮我吗"。这样一来，你可以克服两大障碍：(1) 你可以防止人们形成没有紧急状况发生的错误共识（从而消除人众无知效应）；(2) 你还可以防止旁观者认为会有别人伸出援手而无所作为的情形（从而克服责任扩散）。

文化和利他主义

想象一下，在一个深夜，你需要别人的帮助。你觉得在哪种情况下得到帮助的可能性更大？是在一个大都市，还是在一个小城镇？是在贫穷的社区，还是富有的社区？是临近教堂的地方，还是远离教堂的地方？这些关于利他主义的问题涉及不同种类的文化影响——地理区域、社会阶级或是宗教。利他行为在很大程度上会受到文化因素的夸张影响。

城市与乡村的利他主义

全世界的人都在从小村庄移居到大城市，但是最近的研究表明，小村庄里的人可能更加善良和利他。调查研究显示，乡村地区的人更具有同情心，但这是否说明他们的利他行为更多呢？为了验证这一问题，研究人员系统地调查了乡村和城市的帮助率。Nancy Steblay（1987）综合了35份比较城市和乡村帮助率的研究，把有1000到100万人的社区的帮助率统计出来，并且设计了17个不同方面的提供帮助的实验，尤其是在自然情境下的实验。研究者检测了人们是否会提供基本帮助（比如，耽误自己的一些时间来帮助别人），是否会阻止一起犯罪行为，是否会帮助需要帮助的人（比如，一个受伤的行人）。

Steblay分析得出，乡村人明显比城市人更愿意帮助陌生人。在有1000～5000人的城镇内，人口的影响非常明显。你在有1000人的城镇比在有5000人的城镇更可能得到帮助，在有5000人的城镇比在有10 000人的城市更可能得到帮助，依此类推。一旦人口超过50 000人，那么人数的影响就变得很小了。图14.2给出了具体的实例，说明人们在乡村更容易得到各种帮助。

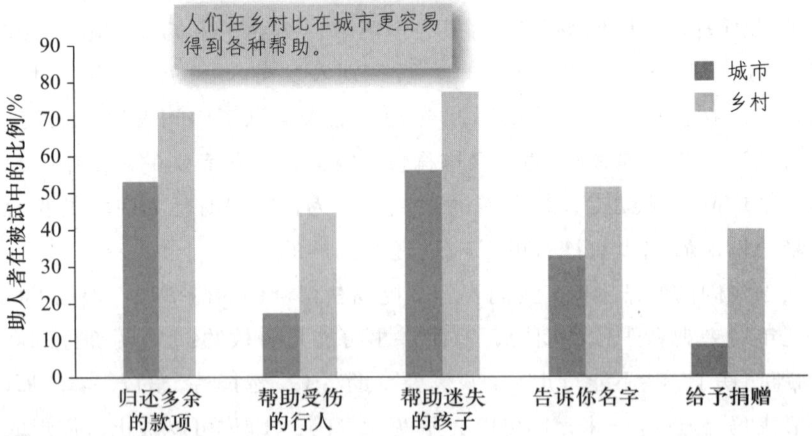

图14.2 城市和乡村的帮助率的对比。
来源：Adapted from Steblay, 1987.

美国人的帮助行为。居住在乡下的人（图 A）比居住在城市的人（图 B）更可能去帮助他人。图中显示了乡村人和城市人对需要帮助的人的不同反应。

让我们仔细分析一下这个发现，你可能会问，哪个影响因素使人们在利他方面存在不同：是人们现在居住的环境，还是成长的环境？比如，如果你在一个小乡村长大，但现在居住在大城市里，哪一个环境更可能影响你是否会帮助需要帮助的人？答案是当前的环境。在分析了35个研究后，Steblay发现，被试当前住在乡村或城市，比他们成长在乡村或城市，对帮助他人的影响更大。这一发现再一次支持了当前环境的影响力。

为何生活在城市或者乡村会影响帮助率呢？研究者给出了三种解释。斯坦利·米尔格拉姆（1970）把它归因于刺激超负荷。在现代城市环境中，刺激非常繁多，人们不可能关注每件事情。比如，当你走在城市街道上，你很难兼顾交通、建筑工地、成群的人。你的注意力不仅要关注周围的事物，还要分一部分帮助你进行思考、感觉和行动。有太多的输入信息，所以你只能过滤一些，这导致你不太可能注意到他人的需求，所以表现得不是很利他。

第二种解释可能只是一个假设的另一种版本。早期我们发现人们更愿意帮助与他们相似的人。城市人口的组成显然有更大差异；而在乡村，你更可能看到与你较为相似的人。这可以解释城市和乡村在帮助率上的不同。第三种解释是，城市人口多，也许人人期待周围的人能提供帮助，所以责任的分散使人们在城市里更少帮助别人。

社会阶级和利他主义

2010年6月，比尔·盖茨和投资领袖沃伦·巴菲特发起的“捐赠誓言”引起了激烈讨论和媒体热议。他们向全美最富有的个人把至少一半财产捐给慈善机构提出了疑问。沃伦·巴菲特宣誓在他临终之际会捐出99%的财产，之后有40多个美国富豪加入了这个行列，包括甲骨文公司的拉里·埃里森和脸书网的马克·扎克伯格。据估算，如果最富有的美国人都宣誓加入这个行列，那么慈善机构会得到大约6000亿美元的捐助。

捐赠誓言提出了一个关于利他主义的有趣问题：穷人和富人，谁给予了别人更多财产？社会学家将富人与穷人划分为不同的社会阶级，这是一种重要的文化身份。社会阶级决定了你是在怎样的邻里环境中长大的，会去怎样的学校念书，你的父母所隶属的俱乐部，你吃什么食物又穿什么衣服，甚至是会喜欢哪种音乐。来自工人阶级的个体通常喜欢强调努力和克服障碍的音乐，比如乡村音乐；来自上层阶级的个体喜欢那种彰显个性和自由的音乐，比如另类摇滚（Snibbe & Markus，2005）。

社会心理学家把社会阶级看作三个因素的结合：家庭财富、你和你父母的教育等级、你和你父母的威望（e.g.，Karus，Piff，Keltner，2011）。这三个因素彼此关联（大部分人如果努力工作并且获得了大学文凭都能挣得更多），综合起来就可以把一个个体归于一个位置——上层阶级、中层阶级或下层阶级。

那么社会阶级怎么影响利他水平呢？盖茨和巴菲特的行为是符合规律的还是特例呢？谈到利他主义，拥有较少财富的个体会向慈善机构捐赠更多，至少在他们的收入中所占的比例更大。对全球范围内慈善捐款的调查发现，富人比穷人捐出的财产在他们的收入中所占的比例较小（Greve，2009）。例如，一个名叫"Independent Sector"的机构发现，年薪低于25 000美元的个体会捐赠自己4.2%的收入，然而年薪超过100 000美元的个体只会捐出2.7%的收入。看上去盖茨和巴菲特更像是特例。

调查者是如何解读穷人比富人更有同情心、更利他的呢？Michael Kraus、Paul Piff等人提出，因为缺乏资源，下层阶级的个体能够更好地理解有困难的人，并且会试图建立强大的关系来帮助他们度过难以预料的、困难的阶段。相反，上层阶级的人享受着更多的资源和机会，这使得他们和有困难的人相差很远。我们常能看到一些真实发生的故事，看到来自下层阶级的人在很多情况下都比上层阶级的人更富有同情心，他们能更好地判断刚开始接触的陌生人的情感，能更好地判断朋友的情绪，能更好地指明照片中人的情感，这些事例都可以支持这个理论（Kraus，Côté，Keltner，2010）。

既然移情问题与社会阶级相关，那么来自下层阶级的人的行为是不是更加具有道德感呢？事实上，Piff及其同事发现是这样的（Piff，Kraus，Côté，Chang，Keltner，2010）。例如，在一项研究中，研究者选取了不同阶级的人参与独裁者游戏：这是一个博弈游戏，最初，每个人都得到了10分，并需要送陌生人一部分分数，被试到最后所得的分数决定了他们有多大的概率赢得稍后（所有被试都完成研究时）可以开奖的彩票。平均来说，被试给出了41%的分数；其中，下层阶级的人给出了更高比例的分数。

另一个研究发现指出，下层阶级的个体对于需要帮助的陌生人会做出更多亲社会举动。在这项研究中，被试有机会帮助一位因迟到而沮丧不已的实验助手，他只有在被试的帮助下才有可能完成实验任务。在有机会为别人提供帮助之前，被试要么观看了一段中性的电影片段（描述“水门事件”的电影《惊天大阴谋》中一个无聊场景），要么观看了一幅感人肺腑的描绘了贫穷孩子受苦的画作。看关于贫穷儿童的画作使得上层阶级的人对下层阶级的人更富有同情心，调查者推测他们会提供更多的帮助。研究结果支持了这一预测。图 14.3 显示了不同阶级的人对于道德行为的区别：在看了中性电影的片段后，下层阶级的人比上层阶级的人倾向于提供更多的帮助；而当上层阶级的人产生共情后，他们提供的帮助和下层阶级的人一样多。

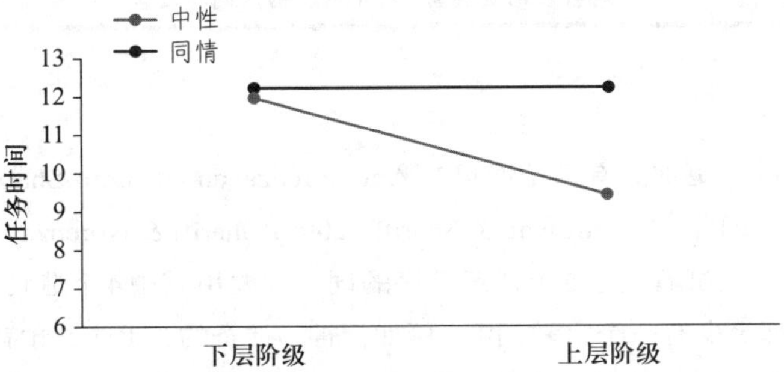

图 14.3　社会阶级和利他主义。下层阶级的人比上层阶级的人提供了更多的帮助，除非两组都产生了同情心。

来源：Adapted from Piff，Kraus，Côté，Keltner，2010.

宗教、伦理和利他主义

全世界的人都把自己归入了某一个宗教中，例如，穆斯林、新教徒、卫理公会派教徒、一位论派教徒、犹太教徒、天主教徒、摩门教徒、佛教徒、印度教徒和锡克教徒等。许多否认自己有正式宗教的人都认为自己是理性而且唯物的人。正如社会阶级一样，宗教影响着社会生活的方方面面，从结婚对象的选择，到道德信仰。

世界上的主要宗教都强调了移情，利他主义，用善心对待他人，即便面对的是陌生人和敌人(表 14.1)。这种行为从宗教活动中的什一税[①]、帮助受难的人等方面就可以看出。从黄金法则（即你希望别人怎么对待自己，就怎么对待别人）等道德准则中也能看到对利他行为的强调。有关主流宗教的文章中也纷纷用寓言和历史悠久的故事来鼓励人们对他人做出亲社会的姿态。不可否认，也有许多宗教故事讲述的是对看似无关痛痒的侵犯进行的复仇和置人于死地，以及对无神论者的残酷暴行。但是除去这些元素，所有宗教提倡的都是同情心和友善地对待他人

① 公元 6 世纪，教会利用《圣经》中有关农牧产品的 1/10 属于上帝的说法，向信徒征收什一税，要求捐纳人把收入的 1/10 捐给宗教事业，主要用于神职人员薪俸和教堂日常经费以及赈济。——译著注

表 14.1　不同文化和宗教里的黄金法则

马修 7:12	"以你所期待的方式对待别人在任何情况下都是真理。"[《美国新圣经》(*New American Standard*), 1995]
第六个毕达哥拉斯	"你希望邻居怎么对你，你也要怎么对他们。"
佛教	"把自己放在别人的立场上，人就不会杀人，也不会造成别人的杀戮。"
印度教	"一个人从来都不应该做伤害其他人的事情。"[《摩呵婆罗多》(*Mahabharata*)]
穆罕穆德	"不伤害别人，别人就不会伤害你。"
道教	"对善良的人友善，对不善良的人同样友善。"

的必要性。

信奉宗教的人更加具有道德性吗？ Ara Norenzayan 和 Azim Shariff 在近期的研究中提出了这个问题（Norenzayan & Shariff，2008；Shariff & Norenzayan，2007）。在第一个研究中，被试看到了5个任意顺序的词，并要用其中4个造句。在宗教导向条件中，其中都至少有一个宗教词汇，例如精神、神圣的、上帝、预言者。比如说，他们看到"感觉、她、消灭、那个、精神"会造出"她感觉到了精神"。在一个中性导向的条件中，被试要整理句子，但是其中没有一个词有宗教含义。之后被试得到了10加元，且需要将一定数量的加元给一个陌生人，图14.4显示了宗教概念（例如，"神圣的"）给人的影响力。与在宗教导向条件中的人相比，中性导向条件中的被试不愿意给陌生人任何东西的情况至少翻了一番（16% 对 36%）。相反，在宗教导向条件下，把钱与陌生人对半分的人数是中性导向条件下的4倍多（52% 对 12%）

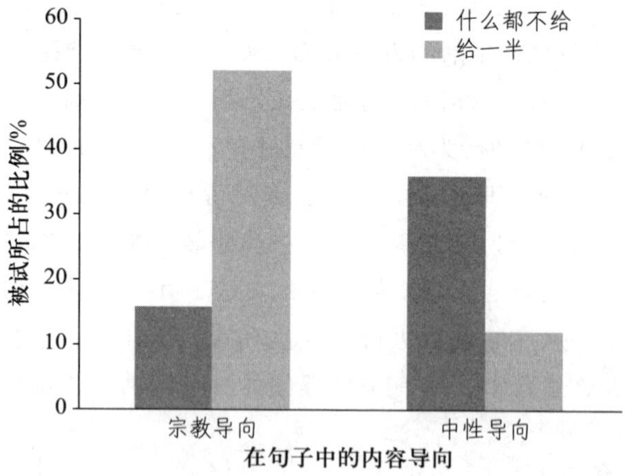

图 14.4　宗教和利他主义。有宗教概念主导会让人们更加慷慨。
来源：Norenzayan & Shariff，2008.

Shariff 和 Norenzayan 还研究了善良和伦理行为等世俗的、与宗教无关的概念是否会引发同样的慷慨行为。在“公民”条件下，被试整理的句子中包括了非宗教机构以及与建构合作型社会的理念有关的词汇，比如公民、陪审团、法庭、警察和契约等词。这些词也能促使人们在博弈游戏中表现得更慷慨，与宗教词汇起到的效果相似。不管是在宗教传统还是世俗伦理中，强调公平、合作、平等都对道德行为有很大的促进作用。

利他主义和进化

没有多少行为能像利他主义这样难以用进化的角度来解释。自然选择了那些能提高生存和成长概率的行为。利他行为的代价是昂贵的，利他行为把自己可以利用的用以基因繁衍的珍贵资源给予了他人。利他行为的代价甚至包括牺牲自己。让我们想想二十来岁的朋友的命运，他们跟单位请了一天假，参加纽约北部的一个夏令营，在一个瀑布旁边的天然游泳洞边玩耍放松。当他们沿着一条陡峭的路往游泳洞走的时候，一个人滑倒掉进了漩涡中。他痛苦地挣扎着，他的3个朋友立刻前来帮忙，接连跳入水中救他。可惜他们都死了。个体的利他主义在进化史中并没有优势。

亲缘选择

在**亲缘选择**的基础上建立的进化论认为，自然选择了有利于个体的基因成活的行为。回顾第13章，Hamilton（1964）指出，适应导致人们朝着关注自己的后

亲缘选择（kin selection）：自然选择偏好能使其基因更易延续的行为倾向。

专栏14.3　聚焦积极的心理学

给别人花钱比给自己花钱更能使人感到快乐

人们努力挣钱来满足他们的需要，这是正确的吗？Elizabeth Dunn 及其同事通过对几百名大学生的调查发现，这是很普遍的想法（Dunn，Aknin，& Norton，2008）。他们对能代表全美国的 632 个美国人进行了调查，发现被调查者花在自己身上的钱或给自己的礼物（每年 1713.91 美元）大概是给别人或慈善机构的钱或礼物的 10 倍（每年 145.96 美元）。但这些研究同样发现，为别人花钱能给人带来更大的幸福感。在一项调查中，他们发现个人的花费与幸福感无关，然而给别人花钱会增加幸福感。在另一项研究中，用奖金给别人买礼物或者捐给慈善机构，会在 6 周后使人们的幸福感增加，然而自己花掉却没有这种感觉。

最后，Dunn 和同事们进行了一项引人注目的实验，让 46 个被试在早上报告他们的幸福程度，然后他们收到了一定数目的钱，并需要把钱花光。在个人消费条件下，被试要在下午 5 点前为自己买一个礼物；在公益消费条件下，被试要在下午 5 点前为慈善机构捐款或者给别人买一个礼物。之后，被试需要再次报告他们的幸福程度。公益消费条件中的被试普遍感到比早上更加幸福，然后个人消费条件下的被试没有感觉到有什么差别。那么进化理论家怎样解释这个确实存在的利他主义行为呢？对此有两个解释：亲缘选择和互惠主义。

代和亲属从而使自己的基因传递下去的方向进化。所以，在亲缘选择的原则上，人们更愿意帮助和自己分享着相同基因的个体，帮助亲兄弟姐妹甚于帮助嫡表兄弟姐妹，帮助嫡表兄弟姐妹甚于帮助远房表兄弟姐妹。通过帮助亲属存活，人们可以把自己的基因传给下一代。

亲缘选择理论说明我们需要有更好地识别亲属的能力，帮助我们决定帮助谁，忽视谁。事实上，有证据证明，一些非人动物还可以通过气味和特殊视觉识别自己的亲属（Rushton，Russel & Wells，1984）。人类的母亲可以通过照片甚至很少的接触（Porter，Cernoch，& Balogh，1984）或者孩子衣服上的味道认出自己的孩子（Porter，Cernoch，& McLaughlin，1983）。（但是据我们所知，父亲没有这样的能力。）

"蛋要生蛋，只能变成鸡。"

——Samuel Butler，《生活和习惯》

"基因想产生基因，只能变成有机体。"

——Richard Dawkins

更为明显的关于亲缘选择理论的证据是，与非亲属相比，我们应该给亲属提供更多直接的帮助。有些证据支持这一假设。举两个动物的例子。研究者观察到，嘲鸫更愿意喂养与它们亲缘更近的饥饿的雏鸟（Curry，1988）。当地松鼠发现天敌郊狼或黄鼠狼的威胁时，更愿意冒着暴露自己的位置的风险去发出警报信号给亲属或是与其同居的同伴，而不大可能为无亲缘关系的松鼠或其他领地的松鼠做这样的牺牲。

人类的基因相关性似乎也影响我们在帮助别人时的做法。在很多文化中可以发现，人们会从近亲中得到更多的帮助（Essock-Vitale & McGuire，1985）。向人们描述类似的假设情境时，人们也表示在这样的情境下更愿意帮助近亲（尤其是那些足够年轻有生殖能力的个体），而不是远房亲属或陌生人（Burnstei，Crandall，& Kitayama，1994）。一项关于肾脏捐赠的研究发现，把肾脏捐赠给亲属的人（73%）是把肾脏捐赠给非亲属的人（27%）的3倍（Borgida，Conner & Manteufel，1992）。在一个需要合作的任务中，同卵双胞胎合作的概率（94%）是异卵双胞胎（46%）的2倍，同卵双胞胎拥有相同的基因，异卵双胞胎只拥有彼此一半的基因。神经影像的研究发现，母亲看自己孩子的照片时，眶额叶皮层（大脑中与亲社会情感和利他行为相关联的部分）会有活动，但是看一个同等可爱的非亲生孩子的照片时没有反应（Nitschke et al.，2004）。

互惠主义

基因相似性很有力地解释了人们的助人行为的原因。但是我们该如何解释对于没有亲缘关系的人的帮助行为呢？我们经常帮助自己的朋友，我们会给他们钱，让他们睡在我们的公寓里，吃我们的食物，帮助他们搬家，等等。有时，我们会不遗余力地出手相助，就像前面提到的年轻人不惜付出生命也要帮助溺水的同伴。更让人惊奇的是，我们经常会帮助完全陌生的人。人们会跳入冰窟窿里救出完全陌生的人，会不定期地捐钱给慈善机构，更不用提做一些平常且代价小的行为了，例如，在公交车上让座，或是帮助别人过马路。这些行为可以用互惠和合作来解释，这也是进化论用来解释利他主义的基本观点之一。

传统上，在尚无文字的社会中，最能互相帮助的群体也是最可能存活下来的群体。为了揭示合作的演变，进化论学者经常用**互惠的利他主义**这个概念，即帮助别人，以期待别人在将来的某个时候帮助我们自己（Trivers，1971）。非亲属关系的合作能带来很多好处，使得人们更有机会存活、更具有生产力。互惠的利他主义减少了发生危险冲突的可能性，有助于克服为了争夺珍贵的资源而发生的问题，而且让个体可以结盟并限制一些更为强大的个体（Preston & de Waal，2002）。

互惠的利他主义（reciprocal altruism）：我们帮助他人以期他们在未来也能帮助我们。

有一些互相帮助的例子可以解释互惠的利他主义。蝙蝠需要饮血来生存，如果60小时没有饮血就会饿死。研究者发现，蝙蝠会给之前与他们分享过血的蝙蝠喂血，但是不会给没有分享过血液的蝙蝠喂血（Wilkinson，1990）。在对黑猩猩的观察中，Frans de Waal（1996）发现，灵长类动物只会与曾和它们分享过食物的灵长类分享食物，帮助彼此照顾后代，喂养之前喂养过它们的灵长类动物。互惠主义是灵长类动物的社会行为的原则。

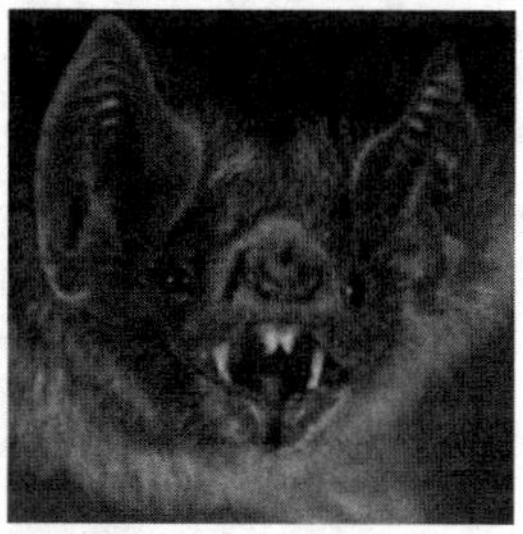

互惠的利他主义。吸血蝙蝠会反喂那些在过去喂过它血的饥饿蝙蝠，而不去喂那些没有喂过它血的饥饿蝙蝠。

人类互惠的动力是得到回报（Gouldner，1960）。请思考下面这个实验，研究者给一些完全不相识的陌生人寄送圣诞卡片，之后大约有20%的人礼尚往来寄送了圣诞卡片给研究者（Kunz & Woolcott，1976）。对这种行为的解释可能是被试多买了一些卡片，或者是他们受到了互惠原则的驱使而寄送圣诞卡片给研究者。非亲属间的利他主义直接遵循着互惠主义，而且这是一项重要社会契约原则。

小　结

人类的利他主义指的是做一些无私的行为而有利于他人。人们可能会为了自私的目的（例如，减压或者得到社会奖励）而表现得利他，但是利他主义者的行为更多地基于同情心这样一种更无私的心态。研究者调查了许多微妙但是有说服力的情形，来看人们是否会在这些情境下帮助他人。旁观者效应会导致责任扩散，认为受难者会得到其他人的帮助。受难人的个人特征也会影响人们是否会施以援手，人们更愿意帮助女人和与自己相似的人。此外，解释过程也影响帮助行为，尤其是人众无知会让人们更不愿意去帮别人。住在乡村的和来自下层阶级的人比住在城市的或来自上层阶级的人更可能为别人提供帮助。另外，两个进化论的概念——亲缘选择和互惠主义——也可以解释利他主义为何存在。

合　作

人类合作的趋势来源于进化的遗传。考古学家研究了被我们的祖先杀死的动物的骨头，从而知道早期人类是通过团体合作猎取食物的（Mithen，1996）。人类的后代非常脆弱，为了适应更庞大的脑，刚出生的人类小孩尚不够成熟，需

合作。在第一次世界大战期间，合作的实例发生在了敌对的士兵之间，在1914年的圣诞节，敌对双方签订了非正式契约。两边的士兵从战壕中走出，友好地与对方共同度过了圣诞节，就像在1915年发表的版画中描绘的一样。

要得到悉心照顾；父母双方都需要承担起照料这个高度依赖他人的婴儿的责任（Konner，2003）。为了同一个目的而合作是人类的特点。

一个令人们惊讶的事情是竞争关系会以多快的速度转化为合作关系。在第二次世界大战期间，美国与德国、日本是敌人，战争结束后不久他们又变成了同盟国。在卢旺达大屠杀期间，胡图人希望歼灭图西人，而在那之后，两族人也开始合作了。这是历史上的重要经验之一，人们从竞争与斗争的关系转至合作关系的速度其实很快。

囚徒困境

囚徒困境实验研究了人们是怎样合作以及为何合作的（第1章也提到过）。假设你在一个实验中被实验者单独带到一间屋子里，并告知你还有另外一个人（之前没有见过）在附近的另一间屋子里，你们俩都要做一个简单的决定，是选择合作（对你俩都有好处）还是欺骗（只对你自己有好处）。你会根据自己的决定得到参与活动的报酬，如果你们两个人都选择合作，你会得到5美元；如果你们都选择欺骗，你会得到2美元；如果一个人合作，另一个人欺骗，欺骗者得到8美元，合作者什么都得不到。实验者告诉你，两个人都做出决定后会立即给你报酬，你和另外那个人也不会再相见。你会怎么做？

从自身利益最大化的角度或者从“理性人”的角度来说，最好的选择就是欺骗。无论你的伙伴选什么，你选择欺骗时总能获得更多的酬劳，图14.5清晰地呈现了这一点。如果你的伙伴选合作，那么当你选欺骗时会得到8美元，当你选择合作时只能得到5美元；如果你的伙伴选欺骗，那么当你选欺骗时会得到2美元，当你选择合作时就什么都得不到。欺骗总是优于合作，那么为什么不选择欺骗呢？

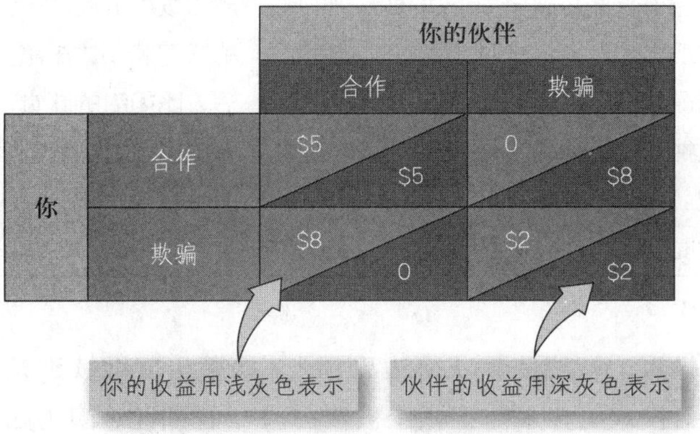

图 14.5　囚徒困境的收益表。

这个问题的陷阱在于：两个参与人的收益相同，所以如果都这么想，都选择欺骗，那么他们只能得到2美元，而不是通过合作得到5美元。对个人而言最好的选择（欺骗）结合在一起就变成了一个比较不好的决定。

有超过2000人参加了这个叫作囚徒困境的游戏，从表面上来看，囚徒困境难以告诉我们关于合作的事情。但与许多真实情况不同，这个游戏没有从合作到竞争的范围选择，只有两个行为——合作或是欺骗。此外，被试之前不可以讨论选择，之后也没有机会解释或者调整自己的选择。总的来说，这个游戏看起来限制重重、太过机械，没法解释真实世界中的合作与竞争关系。

发展合作关系。图中是一个卢旺达的图西族女人与杀了她亲近之人的胡图族男人也能和平共处。

然而，事实中可能存在假象，就像囚徒困境那样，它抓住了真实情形的两个最重要的选择（Dawes，1980；Schelling，1978）。让我们来思考一个真实事例，印度和巴基斯坦打了几十年的仗，和平的努力一次又一次落空，协议最终都失效了，而这个问题的结构就像是囚徒困境。每个国家都要决定是在军备上投入更多的财力，还是停止军事投入而和平友好地发展经济。然而，不管对方如何决定，更好的选择都是投入更多兵力。（如果印度冻结了武器财力，巴基斯坦在

专栏14.4 关注神经科学

合作的脑

合作对人类生存至关重要，但它一直以来也是很脆弱的。当我们合作的时候，我们要冒着被人占便宜的风险，经常在很久之后才会得到合作的回报，比如当我们和同事合作完成了一项长程项目时就要面对这样的问题。James Rilling等人发现，当人们面对这种不确定感时，脑会受到刺激而引发合作（Rilling et al.，2002）。他们发现，当人们合作时，脑部的激活就和得到了奖励时一样。他们找了36个女性在网上和陌生人做囚徒困境的游戏。当她们做出了合作这一常见的决定时，功能性磁共振成像（fMRI）技术发现，当人们合作时，与奖赏相关的区域（伏核、腹侧尾状核、眶额叶皮层或额叶皮层）会兴奋。这些区域的多巴胺受体丰富，能被各种奖励激活，比如甜的味觉、好闻的气味、好看的风景、舒服的触摸。合作似乎与奖赏相连。

军事上的继续投入，就能使其获得边界领土；如果印度继续扩充军备，巴基斯坦就需要在军事上投入更多来防止领土被侵占。）尽管如此，因为如今敌对双方能很快得知彼此武器更新的情况，所以双方的努力都是白费的。两个国家都在给予军队高昂的财政支持，以保持平衡、减少损失。

因此，虽然囚徒困境看上去枯燥而且机械，却能捕获到许多在合作与竞争之间的真实抉择。许多研究用囚徒困境解释了人们内心是如何做出这种艰难的决定的，指导人们为什么有的群体会合作或是欺骗，并建议人们如何培养合作关系。

合作的情境决定因素

你希望和比较有竞争性的人一起工作，还是和合作性强的人一起工作？你希望和很强势的球员一起打球，还是和更关注合作性的球员一同打球呢？你爱和一个视爱情为战争、喜欢在爱情中赢得胜利的人约会，还是和一个把爱情关系看成共赢的人约会呢？ Kelley和Stahelski（1970）的一项重要的研究表明，选择竞争性关系还是合作性关系取决于你的行为和你所面对的人的行为。比如，竞争性强的人造成了更为竞争性的环境，使得对方也变得爱竞争起来，从而适应竞争者的竞争性行为。

在到达实验室前，被试看到图14.5中囚徒困境的收益表，然后问他们，你们的目的在于最大化自己的利益还是最大化共同利益？有一些被试明确表明，自己需要赢得利益，其他一些人暗示他们希望合作。实验分别将合作者与合作者组队，竞争者与竞争者组队，竞争者与合作者组队，并让被试进行多轮的囚徒困境选择。在几轮试验后，被试需要判断他的同伴是竞争者还是合作者。

在这些不同的组合中发生了什么呢？结果解释了竞争的感染性。首先，竞争者使得包括合作者在内的所有人都更加具有竞争性。如果你的伙伴总是欺骗你，你自己的损失使他获得了很高的回报，你难道不会变得更具有竞争性吗？其次，合作者能很清楚地判断他们是在和合作者还是竞争者进行游戏，然而竞争者分辨不出对手是怎样的人。竞争性被试使得对方更具有竞争性，从而错误地认为每个人都很有竞争性。

Kelley 和 Stahelski 的发现揭露了竞争性个体会导致他们周围的人更加具有竞争性，甚至会使得合作者也变得爱竞争了。然而，在实际生活中，我们知道自己在和怎样的人打交道，无论是在亲密关系中、合作时还是进行政治协商时，人们的**名声**会被传出去，社会心理学家把名声定义为人们在群体里或者社交网中建立的信念、评价和印象（Emler，1994）。在每天的调侃、玩笑、闲谈中，我们会发现其他人是合作性的还是竞争性的，这是个体名声的重要部分之一（Frank，1988；Keltner，Van Kleef，Chen，& Kraus，2008）。

名声（reputation）：人们对社交网络内的某个人持有的信念、评价和印象。

在用囚徒困境做的许多研究中，被试要和一个他们之前不认识的人做这个游戏，但是如果他们知道这个人是合作性的还是竞争性的呢？他们的行为会不会因为这个信息受到影响？为了探求名声的影响力，许多研究增加了一个实验，让被试知道对方的一些信息。就像你可能预想到的那样，当人们知道一个人合作的历史时，他会据此决定自己的行为。被试会选择和之前合作较多的人合作，但会和之前比较贪婪或者竞争性强的人竞争（Wedekind & Milinski，2000）。

专栏14.5 聚焦积极心理学

合作有感染性吗？

流行的电影和有感召力的广告提出了“把爱传出去”这样一种说法，认为我们的合作行为也将在日后激发别人的合作。合作具有感染力吗？几年来，James Fowler 和 Nicholas Christakis 汇聚了证明人类行为有感染力的证据，发现抽烟、焦虑、快乐、肥胖等行为会在人群中传播（Christakis & Fowler，2009）。我们是善于模仿的物种，能模仿周围人的行为（看第 8 章中的介绍）。在经济博弈游戏中，Fowler 和 Christakis 发现，在特定的环境下，合作行为会鼓励他人开始合作（Fowler & Christakis，2010）。

在研究中，被试 4 人一组玩了几轮经济博弈游戏，被试在每一轮都可以更换伙伴，在每一轮游戏中，被试有 20 元钱，可进行一次 0 ~ 20 元的投资。每进行 1 元的投资，4 人都将得到 0.4 元钱。这意味着每投资 1 元，投资者都会损失 0.6 元而其他 3 人都能得到 0.4 元。如果他们每个人都把所有钱投资出去，那么所有人都会得到 32 元。这个方式制造了经典的困境，投资会使自己损失，使他人收益，从而能够让 Fowler 和 Christakis 观察一个人的慷慨行为怎样影响其他人在接下来的投资中的反应。他们发现，

《把爱传出去》。电影《把爱传出去》关注的主题是一个人的慷慨会如何引起其他人的慷慨行为。

其他人每投资 1 元，他的伙伴平均会在下一回合多投入 0.19 元，在再下个回合多投入 0.07 元。

解释过程与合作

解释因素会影响人们是更加合作还是更加竞争。在探究解释过程对合作的强大影响力的实验中，Steve Neuberg（1988）邀请了一些男大学生被试参与标准的囚徒困境实验。在做囚徒困境实验前，每个人连续看一或两组刺激性词语。第一组用60毫秒呈现了22个攻击性词语（比如，竞争性、敌意、不友好的），呈现的速度非常快，以至人们无法看清并且有意识地记住这些词。但是研究发现，这个时间已经足够长，并对人们造成了潜意识的影响。他给另一组用同样的时间呈现的是一串中性词（例如，马、看、总是）。问题是，看攻击性词汇是否会使被试格外留意个人利益，觉得"外面就是一个狗咬狗的世界"。

观看攻击性词汇影响了被试的行为。看到攻击性词汇的84%的被试在接下来的囚徒困境实验中选择了欺骗，只有55%的看到中性词汇的人选择欺骗。这个研究告诉人们，外界刺激可能对人们的行为造成影响，周围人的想法，媒体、影片、电影播放的竞争性或者好斗的画面，会造成一个更加具有竞争性的社会。

根据Neuberg的研究结果，我们所处的情境会影响我们竞争或者合作的意愿。如果我们把国际危机当成发动战争的借口，就不太可能采取外交的解决方案。当律师把离婚的协议当作抗衡对手的手段和替客户争取最大利益的机会时，就会不顾配偶的分居，且必然会深深地种下苦果。

有一项研究解释了贴标签的巨大影响，就是第1章讨论过的Liberman等人（2002）为囚徒困境贴上了标签。一半被试被告知他们要进行"华尔街"游戏，另一半被告知他们要进行"社区"游戏。其他的内容都一样，然而标签的作用对被试的行为有着巨大影响。进行社区游戏的被试选择合作的次数是华尔街游戏被试的2倍，而且最初贴在两种条件上的标签所产生的影响一直保持到了游戏的下一个环节。华尔街的标签唤起了被试使自己利益最大化的想法，而社区的标签会激励人们使共同的利益最大化。

"每个个体，都尽他最大可能……用他的资本支持国内产业，这十分直接，以至其催生的产业可能具有很大的价值；每个个体都参加工作，尽他最大可能使社会年收入更高。他……既不是有意去增加公共利益，也不知道他们究竟增加了多少。通过……使其催生的产业具有很大价值，他只关注他个人的收入，与其他情形一样，他也是被无形的手调控着做出了他意图之外的这种促进。"

——经济学家亚当·斯密（Adam Smith，1776）

文化和合作

我们已经讨论了贴标签和解释对合作具有何种程度的影响，你可能会期待文化因素也会影响人的合作或竞争倾向。考虑一下关于合作的亚文化——大学就读专业及最终从事的职业——有何影响。经济学是大学里最热门的专业之一。经济理论假设人们都是理性的，他们的行为是为了让自己的收益最大化。许多人认为这种观点是对人类的嘲讽，但是正如18世纪的经济学鼻祖亚当·斯密认为的，经济学设想人们自私地追求个人利益是对人类和社会最有利的。店主和餐厅老板服务好他们的客户能得到最大的收益，同时会让客户更加满足。

那么受这种经济学原则熏陶，人们是否会变得更加具有竞争性？实验证明是这样的（Carter & Irons，1991；Frank，Gilovich，& Regan，1993；Marwell & Ames，1981）。在一项研究中，康奈尔经济学系的大学生与其他专业的学生进行了一次匿名的囚徒困境的博弈（Frank，Gilovich，& Regan，1993）。72% 的经济学系学生选择了欺骗，47% 的其他专业学生选择了欺骗。在一个包括1000多人的来自23个职业领域的随机样本中，被试要回答他们每年给公共电视和美国多个慈善机构捐多少钱（Frank，Gilovich，& Regan，1993）。在经济学家中，不愿意投一分钱却与别人一样享受福利的人数是其他公民人数的2倍。亚文化中的人们有合作倾向，为的是得到别人的照顾。

为了了解在这个世界上的不同文化中，合作有多普遍，Joseph Henrich 等人招收了15个来自不同社会的人进行终极游戏，这个游戏和囚徒困境非常相似（Henrich et al.，2001）。在终极游戏的传统版本中，一个分配者会拿到一定数目的钱（比如，10美元），他要决定自己留一部分，并把余下的钱分给另外一个人，那个人决定接受或者拒绝分配方案。如果接受分配方案，他们就按照相应的数目得到钱；如果不同意，两个人最后什么都得不到。

在 Henrich 等人的研究中，被试分别是来自非洲、南美洲和印度尼西亚的靠采集饲料、刀耕火种和游牧为生的人，以及定居下来的农业社会的人。他们分给陌生人的东西是其环境决定的，在有些文化里是钱，有些是产品（比如香烟）。研究者努力使得给每个来自不同文化的人的奖励与其收入的比例相当。

第一个发现是不同文化的人的合作程度。根据经济学家的理性人假设，合理的分配方式是分配一小部分给接受者，比如10%（10美元中给1美元）。这种分配方式能够使接受者和分发者都受益。而 Henrich 和同事观察到的结果会让亚当・斯密困惑。在15个文化中，分配者平均分了39% 的物品给陌生人。另一项在西方文化里进行的研究发现，71% 的人给了接受者40% ～ 50% 的钱（Fehr & Schmidt，1999）。

Henrich 等人后来仔细研究了这15个文化，想了解是文化中的什么因素决定了人们在终极游戏中的慷慨度。一个因素是，该文化中有多少人需要其余人的帮助方能生存。需要别人的协助方能生存的人数越多，该文化中的人在终极游戏中分给陌生人的钱就越多。比如，秘鲁的马奇根加人很少依赖家庭以外的人，他们的分配平均数是26%。印度尼西亚的拉莫莱拉人正好相反，他们通过和不同的家庭合作来捕鱼为生，合作对于他们的生活和物质获取很有必要，他们平均给出了58%。互相依赖增加了人们的合作和慷慨度。

合作的演变：以牙还牙策略

在《合作的演变》（*The Evolution of Cooperation*，1984）一书中，政治学家 Robert Axelrod 问了以下几个问题：合作在每个人都追求个人利益的环境中是怎

不同文化中的合作。(A)秘鲁的马奇根加人很少与家族之外的人合作，而且很少玩最后通牒策略。(B)印度尼西亚的拉莫莱拉人在捕鱼活动中会广泛地展开合作并与人分享成果。

样被淹没的？在人类进化的过程中，无亲缘关系的人是怎样开始关注提高他人的福利的呢？

Axelrod假设，合作是进化遗传的产物，不可能在社会中淹没。比如，在第一次世界大战中，法国和英国士兵和敌对的德国之间隔着几百米的无人地带(Axelrod，1984)。一方残忍的攻击往往会导致对方同样猛烈的反击。即使是在这样的境地中，人们也能常常展开合作，士兵们仍然可以平和地坐在一起吃饭，享受长时间的安宁，甚至与彼此结下友谊。敌对的双方会打出特殊的旗子，达成口头协议，射击时故意射偏，一切都是为了在一心要消灭对方的攻击的间隙释放和平信号，维持合作关系。

Axelrod进行研究揭示了合作的进化起源。虽然实验很简单，但是仍发现了一些意义深远的结果。Axelrod举办了一个锦标赛，参赛者是学术研究者、获奖数学家、计算机黑客、普通人，他邀请他们根据前几轮囚徒困境的结果编写程序，做出某一轮的具体选择(Axelrod，1984)。在Axelrod组织的第一次比赛中，收到了14个策略，把每个策略单独运行200轮之后，对结果进行统计，发现胜利最后属于是一个所谓以牙还牙的策略，由数学心理学家Anatol Rapaport提出。

以牙还牙的策略(tit-for-tat strategy)：个体首先选择合作，之后模仿对方的行为，如对手选择背叛，在下一回合个体会选择背叛作为还击。

以牙还牙的策略很简单：第一轮选择合作，之后每一轮都与对手上一轮的选择相同。对手若合作，下回也合作，对手若欺骗，下回也靠欺骗来惩罚。之后，Axelrod举办了第二次比赛，收到了62个策略，这些新的参加者都知道第一轮的赢家是以牙还牙的策略，但是第二轮比赛还是靠以牙还牙策略获得了胜利。值得注意的是，以牙还牙策略和不同的策略对决的时候并没有获胜，但总的来说，得到的效果更好。是什么原因使得以牙还牙策略比较特殊，它和我们的生活又有什么关联呢？

Axelrod 指出，以牙还牙策略基于我们建立友谊关系、在工作上处理偶然遇到的困难、与老板进行协商、维持亲密关系、抚养孩子时所遵循的一系列原则。有五个因素使它成为一个特别有用的策略：(1) 它是合作性的，鼓励相互合作获得更大收益；(2) 它不被人嫉妒，人们通过这个策略可以做得特别好，但是不会被认为具有竞争性；(3) 它不是可利用的，它不是盲目的好心，如果你欺骗了别人，以牙还牙策略也会反过来欺骗你；(4) 以牙还牙策略会选择原谅，它很愿意选择合作，即使经过长时间的欺骗和竞争；(5) 以牙还牙策略使人很容易明白，别人很快就能知道你在用以牙还牙策略。

就像 Axelrod 指出的，"它的和谐避免了不必要的麻烦，它的报复让对方不敢随意欺骗，它的宽容帮助合作恢复并且共赢，它的明晰让对方能够理解，于是引起了长期合作。(Axelrod，1984，p.54)" 以和谐、坚定、宽容、简单的原则生活，真的不错。

小　结

合作是进化的一部分，囚徒困境模型在我们生活的很多情境中都会遇到，欺骗对于个体是最好的选择，但是合作对于整体而言会更好。情境因素，比如交流对象的特点，决定你对合作或是竞争的看法。解释过程也有同样的作用：人们会被合作或者欺骗启动。对于不同文化的研究发现，合作是人类普遍的选择，在经济上更相互依赖的文化展现了更高的合作性。以牙还牙的策略指的是最开始选择合作，之后复制对手之前的每一步行动。这是一个很有用的策略，因为它鼓励合作又不轻易让对手占便宜。

本章总结

利他主义

- 人们帮助他人有时是出于自私的动机，包括想要减轻烦恼和获得赞赏、注意和感谢等社会激励。
- 纯粹的利他的形成基于移情关怀——即在观察到他人的需求并被其打动之后产生的关怀他人的情感。实验已经找到了区分人们是出于移情因素还是非移情因素而帮助他人的巧妙方法。和出于移情因素帮助他人的人相比，出于避免自我困扰的考虑而帮助他人的人显示出了不同的生理模式。
- 移情关怀也激发了志愿精神，即人们采取行动去增加他人的福利（例如，在不期望报酬的情况下照顾病人或垂死的人）。
- 利他主义的情境因素造成的影响比我们以为的要强很多。迟到会使神学院的学生帮助受难者的可能性从60%降到10%。
- 是否给受难者提供帮助（旁观者干预）也在很大程度上取决于目睹事故的人数。其他人的在场导致了责任扩散，在这种情况下没有人主动承担帮助被害者的责任。
- 人众无知发生在人们不确定正在发生什么而不采取行动时，这通常是由于害怕万一异常事件并未发生而变得尴尬。他人的反应强化了每个人得出无害结论的错觉。

- 可以增加受助可能性的受难者特质包括：受难者和目标者是否相似，受难者是否发出了叫喊而使周围人感知到了他的痛苦，受难者是否为女性。
- 乡下居民比城市居民更有可能帮助他人。
- 下层社会的人比上层社会的人更易移情，更可能给予陌生人资源并帮助深陷困境中的人。
- 启动宗教概念能增加人的利他水平。
- 利他主义的进化观点引发了基本的疑问，利他行为为什么会存在。从进化的观点来说，我们的所有行为都是用来增加存活和繁殖的可能性的。亲缘选择假设解释了人们会通过保护近亲以保护他们的基因得以延续，利他行为还是出于对自己的基因库的保护。
- 另一种互利互惠的利他主义是出于自私的动机。人们之所以帮助他人或给予他人支持，是相信自己帮过的人会在未来给予自己同等的支持。

合作

- 合作是我们在进化中继承下来的，它常见于所有的社会。
- 人们用囚徒困境来研究合作。该范式诱使被试以背叛另一个人为代价来使自己的利益最大化。如果另一个人也叛变，这种策略就会导致两败俱伤。对双方而言最佳的结果是通过合作勉强接受逊于最大利益的结果。
- 和更多合作者互动能进一步提升合作率。
- 知晓一个人在合作或竞争方面的声望深刻地影响着合作水平。
- 天生的合作观念导致合作的增加。
- 在某些文化类型中，合作是普遍的，尤其是在成员依赖彼此搜集资源的文化中。
- 在囚徒困境中，以牙还牙的策略是合作的、非嫉妒的、非剥削性的、宽恕的、简洁易懂的互惠策略。这个策略可帮助我们在现实生活中存在的潜在竞争情境下使利益最大化。

关键概念

个人困扰（p536）	旁观者干预（p543）	以牙还牙的策略（p562）
互惠的利他主义（p555）	亲缘选择（p553）	责任扩散（p543）
利他行为（p535）	社会报酬（p536）	志愿精神（p540）
名声（p559）	移情关怀（p536）	

应用模块1

社会心理学与健康

模块要点

- 进化和健康：短期和长期压力
- 文化和健康：阶级、压力和健康状况
- 情境因素和健康：社会联系的益处
- 解释与健康：心理控制感与乐观的好处

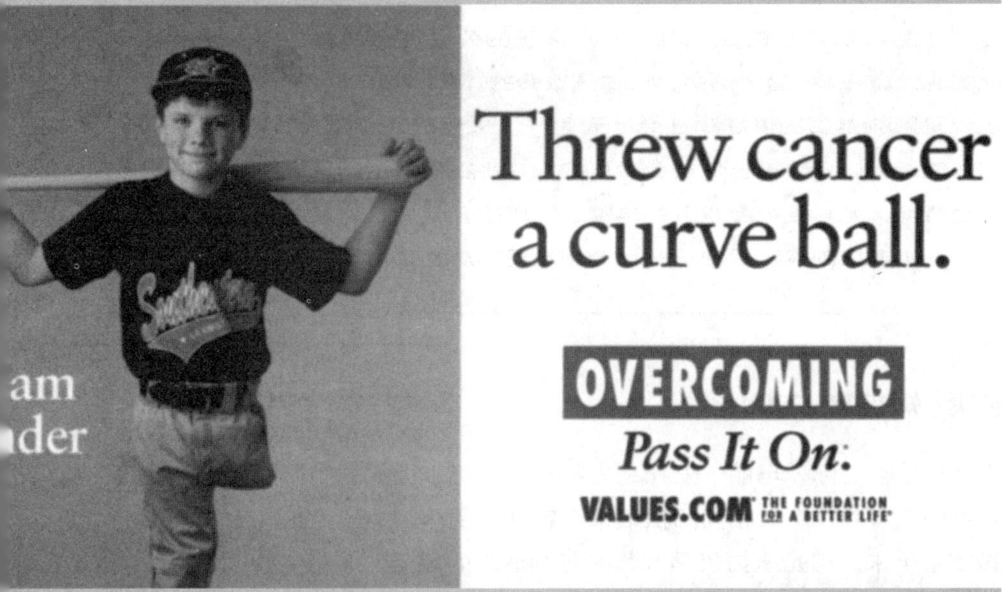

玛丽·安托瓦内特（Marie Antoinette）是18世纪晚期法国一位声名狼藉的皇后。她嗜好赌博、华丽衣服、幕后政治操纵和婚外恋。在法国大革命推翻君主统治的时期，她是革命者最想打倒的目标。传说在玛丽·安托瓦内特被捕后等待上断头台的那个晚上，她的头发一夜间变白了。

现在人们知道，从生理学的角度来说，头发在一天内变白是不可能

玛丽·安托瓦内特。

的。但是在玛丽·安托瓦内特的案例中，她即将到来的死亡、丈夫被处决和她引起的政治剧变等因素带来的压力的确可以摧毁人的身体。进化使得压力反应能在短期内帮助我们承受即将到来的重压，但是长期的压力反应会导致种种健康问题。例如，医生估计，在有心脏病发作症状的病人中，有1% ~ 2%的案例反映的是一种被称为心尖球形综合征（apical ballooning syndrome，简称ABS）的症状。这种情形发生在诸如肾上腺素之类的压力激素流入左心室导致其肿胀到危险水平时。ABS经常被极其情绪化的压力触发——孩子的死亡、配偶的去世、冲突的爆发和极端的暴力。在1%的案例中，ABS是致命的。

压力仅仅是影响健康的情感和社会因素之一。文化因素（例如，社会阶级）会影响我们的健康，这导致来自低社会阶层的人几乎在所有的健康问题中的情况都更糟。社会情境，尤其是社会联系的丰富，可以改善我们的健康水平。就连某些解释过程——心理控制感和乐观——也会带来更健康的生活。

进化和健康：短期和长期压力

在处决之日来临之际，玛丽·安托瓦内特一定经历了惊人的压力。她不会使用压力这一术语或者其他意义相同的法语来形容其感受，因为压力这一术语直到20世纪才被创造出来。但是压力仍是她每时每刻清晰的感受。

心理压力（psychological stress）：我们面对的挑战和需要超出了我们现有的能力、资源和精力的感觉。

心理压力是由我们面对的挑战和需求超出了我们现有的能力、资源和精力的感觉引起的（Lazarus，1966；Sapolsky，1994）。不是所有的挑战和需求都能引发压力。正如一项200多个压力研究进行的回顾所揭示的那样，威胁我们社会身份和与他人的联系的挑战尤其可能引发压力（Dickerson & Kemeny，2004）。在现代生活中，我们的需求经常超出我们的能力范围。因此，在几乎任何情境中都可产生压力，包括工作压力、挚爱的逝世、经济困难、和家庭成员间的冲突、在一段婚姻中几度放弃。就连生活中的积极事件也可以产生令人惊奇的压力效果：毕业、新工作、策划婚礼、新婚燕尔。年幼的孩子在给我们带来无可比拟的欢乐的同时，也给我们提出了新的需求，创造了意想不到的压力。在上述情形中，我们都可能感觉自己没有精力和经验来有效地处理生活需求，因此我们感受到了压力。

压力是如何损害我们的身体健康的？一切开始于身体中的下丘脑—垂体—肾上腺（hypothalamic-pituitary-adrenal，简称HPA）轴线系统，以及与压力有关的皮质醇激素（见图A1.1）。压力事件激活杏仁核，该区域负责处理有关威胁的信息。杏仁核刺激下丘脑的室旁核，传递电化学信号到垂体前叶，产生促肾上腺皮质激素（adrenocorticotropic hormone，简称ACTH）。ACTH刺激肾上腺（在肾脏附近）

释放应激激素皮质醇到血流中。

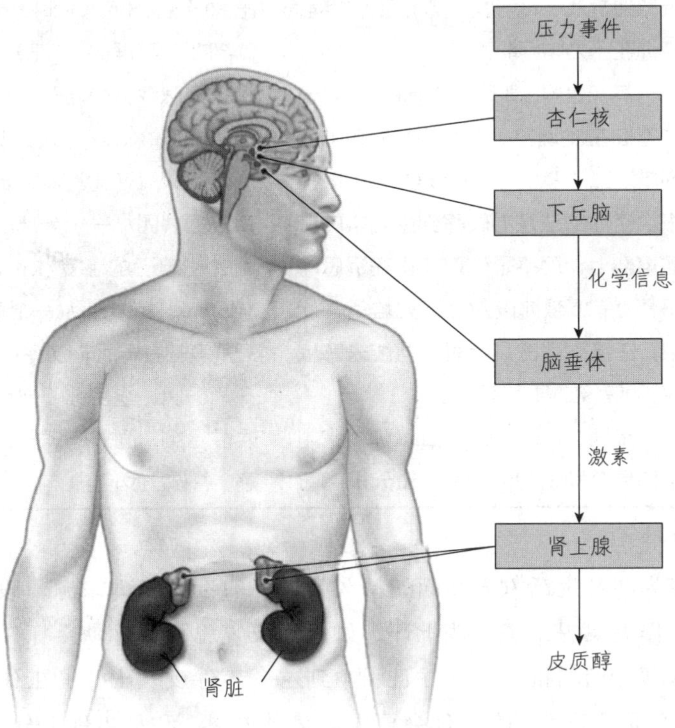

图 A1.1 下丘脑—垂体—肾上腺（HPA）轴线。

皮质醇对身体有很多作用。最值得注意的是，皮质醇可提高心率和血压，让血液分布到参与打斗或逃跑的肌肉群中。我们的手会出汗——有人认为这有助于抓得更牢。皮质醇可抑制免疫系统的活性，把珍贵的资源留给了打斗或逃跑行为所需的新陈代谢。皮质醇甚至参与了海马区形成与压力相关的闪光灯记忆，帮助我们形成有关环境中危险因素的持续记忆。

在短期内，HPA 轴的活动及其伴随的血液中皮质醇的增加，可帮助我们应对突如其来的威胁，保证我们的存活。在原始人类进化的过程中，这种压力反应使得我们的祖先可检测到正在接近的捕食者和暴怒的竞争者，并以正确的行动快速应对。今天，这种压力反应能帮助我们快速浏览讲义以及复习应试、躲避危险、熬夜到凌晨去照顾生病的朋友或小孩。在赛车手、跳伞者和考生身上都能检测到皮质醇水平的提高。

当人们经历长期的压力时，麻烦就开始了，这通常来自于**沉思**（rumination），即一遍一遍地思考某些压力事件的倾向（Nolen-Hoeksema，1987）。当我们沉思时，我们选取了特定的事件，通过思考它所有的深层原因和大量的分支，使这一

沉思（rumination）：一遍一遍地思考某些压力事件的倾向。

专栏A1.1 聚焦日常生活

如何停止沉思？

你现在可能正在反复思量如何停止沉思并避免长期压力的毒性作用。沉思研究的先驱学者（Susan Nolen-Hoeksema）对于减少沉思倾向给出了若干建议(Nolen-Hoeksema，2003)。下面是其中的几个。首先，摆脱你的沉思模式，使你的注意力从那些沉思的想法中转移出来。Nolen-Hoeksema已经证实了在压力下从事分心性活动——做纵横字谜、编织、读小说、玩数独游戏——可以安抚沉思的过程，使你在压力中平静下来。

其次是停止策略。Nolen-Hoeksema推荐你在发现自己沉思的时候对自己简单地说“停止”，甚至是大声地喊出来。使你的注意力转移到生活中的其他事情上，而不是你现在正在沉思的事情上：想想你该为此研究准备些什么，在接下来的几年里你可能去哪旅游，或者你需要联系的朋友。

最后，Nolen-Hoeksema建议，如果你是个彻底的沉思者，每天干脆留出30分钟的沉思时间，且最好是在你感到非常平静时。知晓你每天都有时间去沉思会减少随时进行沉思的可能性。Ethan Kross等人证明了即使是在沉思的深思熟虑期间，**自我疏离**也是有效的，即从一个分离的观察者的视角关注自己的感受(Kross，Ayduk & Mischel，2005)。从一个真实或想象的旁观者的立场而非你最初的视角来重临一个情境，能使你不被负面的影响和唤醒压倒，面对充满压力的想法和情感，并做出反应。

自我疏离（self-distancing）：从一个分离的观察者的视角关注自己的感受。

特定事件转变为涉及生活方方面面的持久的、一般性的压力来源。假设你的老板对你的一项工作提案提出了一些批评，如果你反复思量，你就会抓住某些特定事件——关于这项计划的批评——并且引申到这一事件反映出你的工作中更多的一般性问题、你总是会辜负期望、你会再次让父母失望。和从事件上分心的人相比，那些对负性事件沉思的人会经历漫长的压力（Lyubomirsky & Nolen-Hoeksema，1995；Morrow & Nolen-Hoeksema，1990）。通过沉思，我们的特定压力变为长期压力：婚姻中的一次争吵似乎变成了离婚的“快速通道”；一次经济的下滑感觉就像长期的不景气；一个暂时的健康问题似乎说明了整体健康的恶化。

长期压力会损害健康。研究压力的心理学家已经发现，长期压力可以导致溃疡、心脏病、癌症，甚至是海马区细胞死亡和随之而来的记忆丧失。从某种程度上来讲，长期的高皮质醇水平会损害机体中的不同细胞与器官（Sapolsky，1994）。长期压力会使人们更易得感冒（Cohenet et al.，2008）。长期压力甚至可以让某些细胞早熟。Elissa Epel和她的同事们发现，高压力水平的绝经前期妇女显示出了端粒的缩短（Epal et al.，2004）。在这项研究中，压力最大的妇女的端粒早熟了10年。

关于压力和皮质醇的文献所呈现的信息再清楚不过了。进化使得人们具有即时压力反应，这种压力反应是和HPA的活性提升与皮质醇释放联系在一起的，使得我们具有应对生活中的压力事件的合适反应。然而，短期压力有时会成为长期的压力因素，触发危害我们健康的长期高水平皮质醇。对于压力和负性事件的沉思也有这种效果。

文化和健康：阶级、压力和健康状况

美国小说家弗朗西斯·司各特·菲茨杰拉德（F. Scott Fitzgerald）告诉欧内斯特·海明威（Ernest Hemingway）：“富人和你我不同。”海明威反驳道：“是的，他们有更多的钱。”海明威还应该补充，富人在健康和长寿方面也遥遥领先。

社会科学家根据阶级来思考财富，即通常而言的社会经济地位（socioeconomic status，简称 SES）。我们通常会用诸如“工人阶级”、“上层阶级”等分类来指代社会阶级。而社会科学家以三个变量来测量人们的社会阶级：我们的家庭财富和收入、我们的（和父母的）受教育程度、我们（和父母）的职业的声望（Oakes & Rossi，2003；Snibbe & Markus，2005）。

正如我们在这本书中的其他部分所学的，社会阶级是我们身份中一个重要的文化维度。不同社会阶级背景的人倾向于喜欢不同种类的音乐（Snibbe & Markus，2005），他们会以不同的方式解释经济和政治事件（第5章），他们似乎倾向于不同水平的利他主义（第14章）。

社会阶级和你的身体健康有什么关系呢？事实证明，有很大的关系。最近，很多研究关注了个体的社会阶级和身体健康的关系，几乎每一个健康问题都在低社会经济地位的个体中更普遍（Adler et al.，1994；Coriell & Adler，2001）。低社会经济地位新生儿易有更低的出生体重，而这往往预示着随后的健康问题。

低社会经济地位儿童更容易患上哮喘、糖尿病、肥胖症，这些也往往预示着随后的其他健康问题。在成年期，低社会经济地位的人更容易患上高血压、心

高社会经济地位社区和低经济地位社区。跟社会经济地位更高的社区（B）相比，低社会经济地位社区（A）缺乏绿化和游戏设施来供人玩耍和放松，以缓解压力。

血管疾病、糖尿病、呼吸系统疾病、和血糖水平有关的代谢功能低下。他们也更容易感觉自己的健康状况较差，症状可以从消化不良到头痛和背痛（Adler et al., 1994；Gallo, Bogart, Vranceanu & Matthews, 2005；Lehman, Taylor, Kiefe, & Seeman, 2005；Singh-Manoux, Adler, & Marmot, 2003）。

阶级、居住区和压力

如何解释不同阶级的身体健康水平的不同？你的第一个感觉可能偏向于环境决定论者的观点，认为低社会经济地位者生活的物理环境可能是有损于健康状况的长期压力源。情境很关键，物理环境也是如此。和某人住得近，你就更可能和那个人成为朋友（见第10章）。慷慨的行为在农村比在城市更普遍（见第14章）。很明显，来自更低和更高的社会经济地位背景的人居住在不同的社会和物理环境中（见 Coriell & Adler, 2001）。

住在贫穷居住区的人们更易暴露在空气和水污染中、杀虫剂和危险垃圾中。这些毒素会直接危害神经系统，也可提升焦虑水平。更低社会经济地位者的居住区内的娱乐场所和公园较少，因此低社会经济地位的人也很少有机会去锻炼、到户外散步、放松、平静心情、闲逛。众所周知，锻炼身体可以减少压力，改善身体健康（Lyubomirsky, 2007）。低社会经济地位居住区的暴力犯罪发生率更高，住在这些居住区的人会普遍感受到威胁（Macintyre, Maciver, & Solomon, 1993）。低社会经济地位居住区还缺乏健康食品商店和医疗卫生中心，这些都是用以保证健康生活的。

阶级、等级和健康

另一个对于阶级和健康之间联系的解释与等级或者说权力有关（Adler et al., 1994）。低社会经济地位个体往往缺乏资源和机会，这些在确定一个人的社会等级中起着关键作用。科学家们发现，在人类和非人类物种中处于下属地位会导致长期的被威胁感和压力，伴随着 HPA 轴线的激活和皮质醇水平的提升。例如，Robert Sapolsky 发现，下属狒狒经历着长期的高皮质醇水平和许多健康问题，包括心血管疾病多发，生殖成功率降低（Sapolsky, 1982, 1994）。

社会阶级也可以通过对等级或相对地位的知觉影响身体健康。低社会经济地位个体可能从下属地位的角度解释自己的生活，可能就是这种解释损害了身体健康。为了验证这个想法，科学家开始用著名的阶梯测量来测量对等级的解释。见图 A1.2。把梯子当作代表人们在美国立足的地方，梯子的顶端是生活得最好的人：那些有最多的钱、受了最多的教育、从事最受尊敬的工作的人。在底端是生活得最差的人：那些挣最少的钱、受了最少的教育、从事最不受尊敬的工作或是没有工作的人。在这个梯子上你所处的位置越高，就越接近最顶端的人。你所处的位置越低，就越接近最底端的人。你会把自己放在梯子的哪个位置上呢？

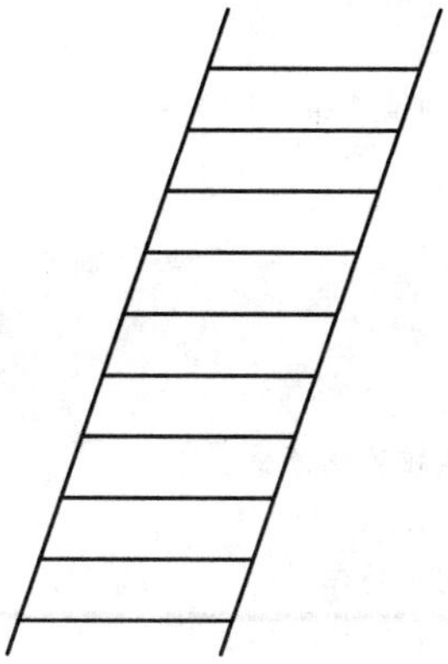

图 A1.2　阶梯测量。把一个大 X 放在你认为自己站的位置上。

这种测量有趣的地方是它基于主观的解释：例如，财富500强企业的 CEO 都是相当富有的人，但他们中也有人把自己放在较低的等级。这种评价会带来重要的健康结果：在梯子上，每向上提升一个等级，你就更可能拥有更好的健康状况。例如，在一项针对英国公务员的研究中，最低等级位置的人（例如，看守）在10年内死亡的可能性是最高等级的行政官的3倍（Marmot, Shipley, & Rose, 1984)。处于下属等级对我们的健康有害（被授予权力的感觉对健康有益）。

Nancy Adler 等人发现，社会等级每向上提升一格，其婴儿的死亡率就更低，个体更不容易患上冠心病、肺癌、支气管炎、呼吸疾病、哮喘、宫颈癌和神经障碍（Adler et al., 1994)。处于下属等级的经历，即使是生活得好的人（即中层或上中层阶级的人），也会导致长期的 HPA 轴线的活动和健康问题。

"做王的感觉很好。"

——梅尔・布鲁克斯（Mel Brooks）

情境因素和健康：社会联系的益处

我们是要和其他人产生联系并享受多重关系的物种。当我们和其他人联系在一起的时候，我们会更加健康。为了更明确地看待社会联系和健康之间的关系，研究者们用诸如表 A1.1 的方法去测量社会支持的强度。这种方法可以测量我们依赖朋友和家人获取支持和关系的程度。使用这种方法，研究者已经证实了社会联系对身体健康是非常重要的。

表 A1.1 对社会支持的测量

1. 当我需要帮助时某个特定的人就在周围。
2. 我可以和某个特定的人分享快乐和痛苦。
3. 我的家庭非常尽力地帮助我。
4. 我从我的家庭里得到了我所需要的情感帮助和支持。
5. 有个特定的人会给我安慰。
6. 我的朋友们非常尽力地帮助我。
7. 当发生问题时，我可以依赖我的朋友。
8. 我可以和我的家庭讨论我的问题。
9. 我有可以分享快乐和痛苦的朋友。
10. 在我的生活中有某个特定的人照顾我的感受。
11. 我的家庭会帮助我做决定。
12. 我可以和我的朋友们讨论我遇到的麻烦。

让我们来思考一些特定的研究。加利福尼亚州阿拉米达郡进行的一项研究发现，和其他人有较少的有意义联系的人在9年后死亡的可能性是正常人的1.9～3.1倍(Berkman & Syme，1979)。那些和其他人有强联系的人会活得更久（Berkman，1995；Coriell & Adler，2001）。Janice Kiecolt-Glaser 等人发现，孤独的人有更高的皮质醇水平，这表明较强的社会联系能让 HPA 轴线平静（Kiecolt-Glaser & Glaser，1995）。

当然，这些相关研究无法给出关于因果关系的答案。紧密的人际关系可以促进身体健康吗？还是说身体健康的人更易与人建立有益心理健康的关系呢？当然，这两种原因貌似都是合理的。

很多实验表明，当有支持自己的人在场时，一个人的心理压力会被缓解。例如，在一项研究中，让女性被试在有一个朋友在场或独处的情况下进行紧张的、有挑战性的任务。当有朋友在场的时候，面对挑战性任务时，人表现出了更少的与压力相关的心血管反应（Kamarck，Manuch，& Jennings，1990）。在另一项研究中，人们要在几乎没有时间准备的情况下做公开演讲，这无疑会导致人们精神慌乱和高水平的皮质醇分泌。和没有支持者的人相比，有一个支持者在旁的人在演讲的过程中表现出了更低的血压水平（Lepore，Allen，& Evans，1993）。在其他研究中，被试必须做一个关于自己为何能在校园行政工作中表现优异的演讲，且有两个面无表情、毫无热情且内心充满怀疑的观众进行旁观（Taylor et al.，2008）。在演讲前后，研究者会测量被试的皮质醇水平。和他人有较强联系、有自主感和健康自尊的被试在压力性演讲中表现出了更不激烈的皮质醇反应。

最有力的证明社会联系具有健康益处的证据来自 David Spiegel 等人的研究（Spiegel，Bloom，Kraemer，& Gottheil，1989）。Spiegel 对社会联系是否会对乳腺癌有更良好的反应产生了兴趣。这个研究中的被试被随机分配到了两种条件中。

在一种条件下，被试和其他乳腺癌患者参加每周的情感支持治疗。在第二种条件下，被试被分配到了无干涉的对照组。如图 A1.3 所示，在小组治疗条件下的女性（37个月）比无干涉对照组的女性（19个月）多活了18个月。

这些发现支持认为社会联系会带来对压力更健康的反应和更好的健康状况的观点。为了完善这些发现，Shelley Taylor 等人提出了一个针对压力的“照料+交友”方法，并且对它的益处提出了有影响力的解释（Taylor et al.，2008）。

Taylor 认为，当我们照顾别人的需求时，平复紧张的 HPA 轴线活动的生理过程被启动，因此带来了更好的健康状况。神经系统中，在“照料+交友”中起核心作用的是催产素。催产素在我们的大脑和血流中扩散，孕育出信任、爱和奉献的情感（见第6章）。在从大鼠到灵长类的非人类物种中，催产素会增加与依恋相关的行为，降低与压力相关的皮质醇水平。Taylor 推论说，当我们为他人付出、关心他人和与他人建立联系时，我们激活了催产素和这种依恋系统，好处之一就是缓解与压力相关的 HPA 轴线活动。健康生活的重要线索之一就是保持与人的联系。

图 A1.3　科学方法：社会联系的健康益处

假设：社会联系能使乳腺癌患者产生更良好的反应。

研究方法：

1. 被试被随机分配到了两种条件下，在一种条件下，被试和其他乳腺癌患者一起参加情感支持治疗的周会。
2. 在第二种条件下，被试被分配到了无干涉的对照组。

结果：参加小组治疗的女性（37个月）比无干涉对照组的女性（19个月）多活了18个月。

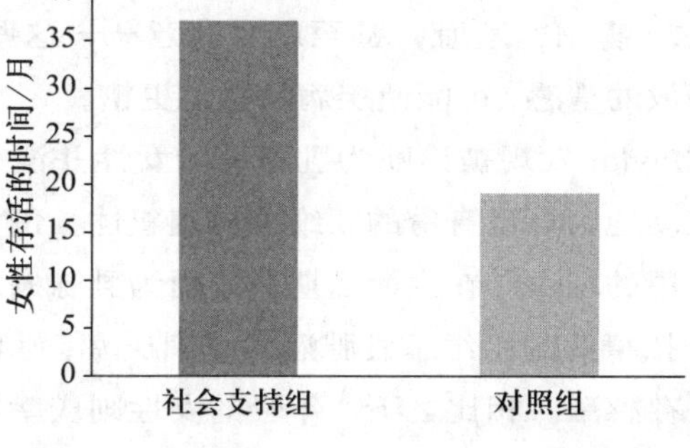

结论：由于社会支持，乳腺癌患者可以存活更长的时间。

专栏A1.2 聚焦积极心理学

减少压力的建议

在关于社会经济地位和健康的文献中，有一件事情是清楚的：经济困难有害健康。这的确是一个在经济困难时更容易思考的问题。怎么办呢？在 Sonja Lyubomirsky 的书《幸福又如何》（*The How of Happiness*）中，她总结了众多关于压力的文献，并提供了一些简单的建议，不会耗费很多的钱，但每一条都会给健康带来巨大的好处 (Lyubomirsky，2007)。

1. 关注一种适应性的应对压力的方式。对于如何应对压力，设计出一次一步的特定策略，并采取实在的行动。如果你对进入研究生院感到紧张，就写下你准备申请需要采取的每个行动——在实验室做志愿劳动、参加课外活动、和不同的教授结交关系、准备 GREs。

2. 锻炼（越多越好）。人们不只可以通过慢跑寻求“跑步者愉悦”，还可以通过各种方式锻炼，包括跳舞、打篮球、在山中远足、和朋友在午餐后散步、越野滑雪。任何锻炼都可以降低压力水平。

3. 培养积极情感。很多研究显示，如果我们培养越多的积极情感，我们的压力就会越少。我们在书中讨论了很多积极的情感——感恩、爱、满足、敬畏，研究发现有这些积极情感的人有更低的死亡率（Moskowitz，Epel，& Acree，2008)。当感受到压力时，花一点时间写下你所感激的事情。如果有人做了伤害你的事，尝试去原谅。出去看一场喜剧。或者只是休息一下和朋友出去逛街。这些经历都能带给你不同种类的积极情感，这将减少你的压力。

4. 冥想。冥想有许多种方式：专注于呼吸、专注于身体上不同的感觉、培养与人为善的待人方式、在吃饭和行走等日常活动中保持正念或让意识集中。越来越多的科学研究发现，冥想能够降低皮质醇的水平，减轻压力。

解释与健康：心理控制感与乐观的好处

在20世纪80年代早期，Shelley Taylor 开始了一项关于患有重病的人如何生活的研究（例如，见 Taylor，1983）。在她的一个研究中，Taylor 采访了接受乳腺癌治疗的女性。美国和加拿大有1/7的女性会在有生之年患乳腺癌。

随着存活率的逐年上升，关于乳腺癌的心理学分歧变得复杂了。一经确诊，女性通常会感到焦虑、害怕、羞耻，甚至产生敌意——这些恰恰是会触发 HPA 轴线活动和皮质醇释放的情感，可能使疾病的影响更糟。

在这些研究中，Taylor 发现被诊断为乳腺癌的女性并没有被动地接受她们的处境。相反，她们主动地为自己身份的新维度构建叙述。例如，很多女性在社会比较中使自己找到感恩的理由。在生命后期被诊断为乳腺癌的女性会对自己没有在需要抚养孩子和开拓事业的年纪患乳腺癌而感到庆幸；她们对曾有机会享受没有癌症的完整人生心存感激。相比之下，年轻的女性则庆幸自己没有在更年长时接到诊断结果，因为她们感觉自己有强健的身体去应对疾病。

一种有益于健康的解释过程是培养控制感——一种掌控感、自主感和影响重要生活结果的效力（Shapiro，Schwartz，& Astin，1996)。在 Taylor 关于乳腺癌病人的研究中，心理控制感被证明是健康的一个来源。Taylor 发现超过2/3的患有乳腺癌的女性对疾病有控制感。癌症患者认定，通过饮食、锻炼和积极的信念，她们能控制自己的疾病。(患有诸如艾滋病和冠状动脉问题的人表现出了相似的能控制疾病进展的信念。)根据医师的评估，一位乳腺癌患者越觉得她对疾病有控制感，就能越好地应对疾病（Taylor，Wood，& Litchtman，1983；Taylor，Litchtman，& Wood，1984）。更普遍的是，有更显著控制感的人有更好的健康结果（Cohen & Herbert，1996）。疾病和其他健康问题威胁着我们拥有对自己的身体和生活的控制力的基本信念；自身缺乏控制力是让人紧张的并会激活 HPA 轴线和皮质醇分泌。培养对控制力的信念可以对抗这种紧张，并改善健康。

这些研究提出了一个有趣的可能性：将控制感引入健康逐渐衰退的人的生活中是否可以改善身体健康？这个问题促使 Ellen Langer 和 Judith Rodin（1976）对于疗养院中的老人进行了一项研究。当人们步入晚年时，在很多情况下，他们会经历控制力的显著丧失：视力、身体协调性和力量的丧失使得他们连简单的体能任务都很难完成；记忆力的丧失可以使社会互动变得更困难。很多人认为，这些与年龄相关的趋势在疗养院的情境中只会被放大。一旦进入疗养院，人们就会失去更多的控制感——无法控制他们的时间表和社交活动。

因此，Langer 和 Rodin 做出了有独创性的研究。他们决定探索在康涅狄格州疗养院里增加控制感的影响。被试是在疗养院居住的65 ～ 90岁的健康老人。在一种条件下，住在某一层的老人被聚集在一起，并由一位男性工作人员引入一个关于个人责任和在疗养院里用不同的方式控制自己的生活的讨论，从安排他们的空余时间到对工作人员讲出不满。每个老人都收到了一株植物并要照料它。在第二种条件下，在一个相邻的楼层，被试得知自己在疗养院里能得到无微不至的照料，但不提及他们能控制什么。相同的，他们也都收到了一株植物但被告知看护人员将给植物浇水并照料它。

3周过去了，Langer 和 Rodin 搜集了关于老年居住者当前状况的数据（见图 A1.4）。果真，和相邻楼层的被试相比，强调了个人控制力的被试显示出了更多的幸福感。他们更可能参加一场免费的观影活动。他们参与工作人员提议的游戏的可能性也是对照组的10倍。据看护的估计，控制感提升的被试的总体机能的提升是对照组的近4倍。培养控制感似乎可以平复会激活 HPA 轴线活动的情绪。

第二种在健康中很重要的解释就是乐观（见第5章）。具有较高乐观态度的人对未来有积极的期待。他们更可能同意“我经常期望最好的”，并且不同意“事情对我来说会变得糟糕”。高乐观水平的人更幸福、更健康——他们有更好的健康结果，例如，Charles Carver 和 Michael Scheier 发现，有更高乐观水平的人能够拥有更健壮的身体，在冠状动脉绕道手术和乳腺癌手术后恢复得更快（Carver &

图 A1.4　个人控制感和幸福。这位老年女性在疗养院里似乎缺乏控制感。
来源：Adapted from Langer & Rodin, 1976.

Scheier，1982）。有悲观情绪的人的免疫系统会更快速地老化（O'Donovan et al.，2009）。在 George Valliant 关于1945年从哈佛大学毕业的男性的纵向研究中，在21岁显示出更高乐观水平的人在35年后表现出了更好的身体健康情况（Peterson，Seligman，& Valliant，1988）。

Taylor 和同事们认为，控制感和乐观的信念在很多方面都可以促进健康。随着控制感的增加，人们更能有效地紧张而较少产生 HPA 反应。此外，控制感提升和乐观的人更容易参与更多的健康锻炼。在一项研究中，乐观的艾滋病患者表现出了更好的习惯（Taylor et al.，1992）。这些病人更容易构建良好的社会支持网，他们更可能参与到与健康相关的行为中，这些都会促进他们的健康。

模块总结

进化和健康：短期和长期压力

- 人类的进化给我们提供了下丘脑—垂体—肾上腺(HPA)轴，它会产生应激激素皮质醇。皮质醇的持续释放会导致慢性应激，若你能避免沉思或者是反复想一些压力事件，慢性应激会得到缓解。

文化和健康：阶级、压力和健康状况

- 较低社会经济地位的个体会比较高社会经济地位的个体的健康状况更差，部分原因是他们有更多的压力。但其实主观上感觉到的更低地位（比如成为一个下属执行人员）也会导致更多的压力相关疾病。

情境因素和健康：社会联系的益处

- 与他人有着更有意义联系的人会更加健康。当你处于某一压力下时，有一个性情相投的人陪伴会降低压力的生理和心理指标。

解释与健康：心理控制感与乐观的好处

- 能控制自己命运的感觉会降低压力，产生健康效益。

关键概念

沉思（p567）　　心理压力（p566）　　自我疏离（p568）

应用模块2

社会心理学与个人财务

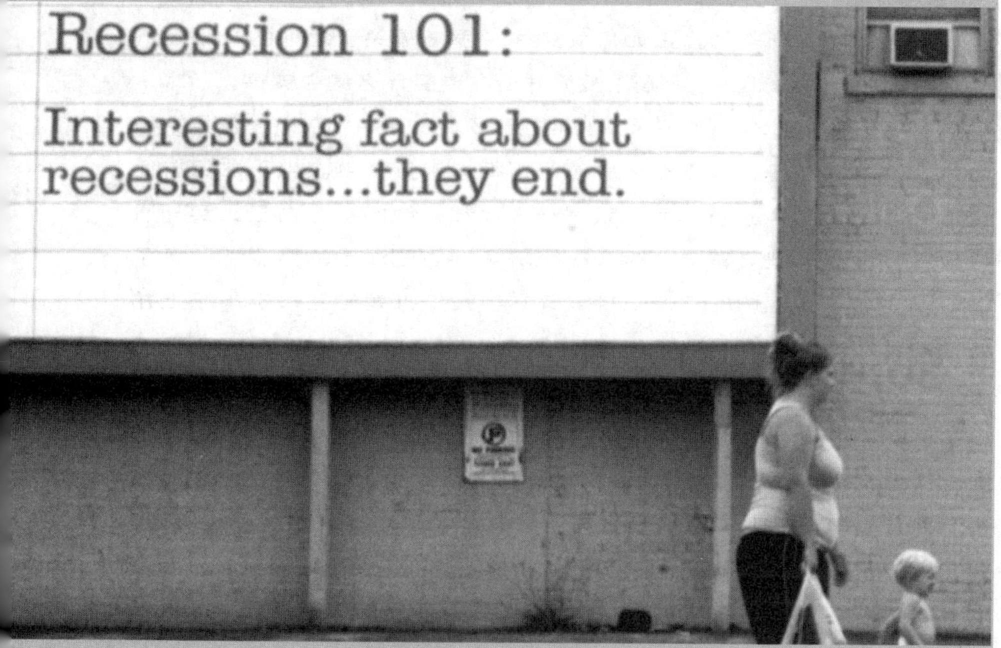

模块要点

- 金融市场中的非理性行为
- 损失厌恶
- 心理账户
- 决策困境
- 开始属于你自己的金融计划

2007年10月10日，美国股市重要指标、美国经济的晴雨表——道琼斯工业股票指数，报收于14 164美元。在股票市场投入大量资本的投资者脸上泛着兴奋的红光。然而仅仅一年后，道琼斯指数就报收于8579美元，蒸发了40%的资金，那是无数家庭的大学基金和养老存款。6个月之后，道琼斯指数报收于6547美元，不到它顶峰时的一半。美国当时的失业率是4.6%；一年半以后，则翻了一番。从那时起，美国和大

股票市场的崩塌。2008年的秋天，全球的住房和股票市场经历了巨大震荡，导致美国乃至世界的大部分国家都进入了美国经济大萧条以来最严重的经济危机。

多数发达国家就已经进入了经济衰退的周期中。这期间到底发生了什么？

并没有发生什么。也就是说，并没有一场巨大的灾难摧毁美国公司的生产能力，或是这个国家生产产品、提供服务的能力。没有龙卷风彻底摧毁他们的炼油能力，也没有新的战争爆发，石油出口国家也没有联合抵制美国。正如富兰克林·罗斯福关于之前的一场经济衰退说的那样：我们并没有遭受什么蝗虫灾害。

一切只是人们在无数次交易中犯下的错误的积累。人们把住房作为抵押向银行贷款。由于在保有住房的同时可以获得一大笔钱，他们认为自己比实际情况更富有。银行在经济条件急剧波动的情况下同意了客户的房产抵押，又转手把抵押卖给了二手市场上并不清楚知道自己买到了什么的买家。“非理性繁荣”（Greenspan，1996；Shiller，2000）使人们相信房价和股市只会涨下去，所以他们“沉浸在这场金融游戏里”，必要的时候甚至会借钱参与。

“如果只从财务方面讲，有钱是比没钱好。”

——美国电影导演伍迪·埃伦（Woody Allen）

但是房价和股市并不会一直上涨。只要稍稍下降，背负沉重贷款的个人和机构就不能偿清债务了。他们如果不能借到更多的钱，就不得不售出房产和股票。而抛售会使房产和股票的价格锐减，从而进一步削弱他们的资产负债能力，而这又将带来更多的抛售。就这样，房市萎缩了，摧毁了大部分的银行系统和建筑产业，还进一步影响到经济的方方面面。

根据标准的经济学思维，这种人为错误的集中爆发不应该发生——事实上，是不可能发生。传统经济学领域基于两个根本假设：人是理性的，而且人是自私的。换句话说，经济学家假设，人们能准确地评估他们从不同结果中会得到多少快乐和痛苦。他们能根据所获得的信息，尽可能估计出不同结果发生的可能性，并且采取措施全力追求个人利益。一直以来，传统的经济学家都是通过这两条假设去观察金融市场以及个体在运作、消费、储蓄和投资方面的行为表现的。

心理学家们对这个问题了解得更清楚。的确，在大多数情况下人们是理性的，会合理地追求他们的个人利益。但是正如第4章所讨论的那样，人们的判断经常受到可预测的误差影响。第14章也讨论过，值得庆幸的是，人们不仅仅关注自己的利益。弄清人们会在何时或为何违反这两条经济学假设对于理解人们的真实经济行为十分重要。从20世纪80年代开始，一批经济学家和心理学家就开始关注标准经济学理论没有认识到或者说不重视的个体判断和行为决策中的缺点。他们创建了一个新的领域，称作**行为经济学**。它从心理学的角度十分精巧地探寻人们

行为经济学（behavioral economics）：该学科运用心理学知识来创造关于经济行为的真实而准确的模型。

是怎么思考的，并应用它去建立一个更加符合实际的、准确的经济行为模型。行为经济学一开始是经济学领域里离经叛道的流派，渐渐才赢得一些人们的支持。然而，在2008年严重的经济衰退后，它得到更多的关注，也赢得了更大的认可。

本模块回顾了行为经济学领域的一些重要观点，并探讨了人们在消费、购物、储蓄和投资上做出值得商榷的决定时的行为模式。在本模块的末尾，我们对你的理财计划提出了一些建议。

金融市场中的非理性行为

如果人们是完全理性的，他们的买卖决定就不会被与其交易内容的内在价值无关的因素影响。但这些决定往往就是会受一些无关的因素影响。例如，人们有时会通过血拼让自己摆脱坏心情，结果只是买了一大堆没用的东西。但是，你可能会说，如果它们能成功地让人们的心情变好，那么这种尝试就是完全理性的。谁说好心情不值得花大价钱买来，配不上随之而来的后悔？也许“遇到麻烦时，坚强的人就去购物”是个完全理性的策略。

“认为钱买不到幸福的人只是不知道到哪里去买。”

——美国乡村音乐歌手
多莉·帕顿
（Dolly Parton）

但是如果人们的情绪影响了他们重要的投资决定，乃至影响了整个市场呢？那就更难维护理性的结果了。而且结果证明，即使是最重要的金融交易事务都被这些短暂的、毫不相关的情绪状态所影响。一份针对过去15年来26个国家的股票市场的分析表明，当天的日照量和市场表现存在正相关。股市往往会在晴天上涨而在阴天下跌。这份报告认为，这种结果的出现是由于投资者把他们的好心情归因于良好的经济环境而不是真正的原因——阳光（Hirshleifer & Shumway，2003；Kamstra，Kramer，& Levi，2003）。另一项研究则发现，在国家足球队遭受重大失败时，一个国家的股票交易量往往也会下降，而且在这个国家受欢迎的其他运动领域也有类似的现象（Edmans，Garcia，& Norli，2007）。很难说这种效应是理性的。

同样，很难说投资者抬升Computer Literacy 公司的股价是理性的——在一天时间内股价上涨了33%，仅仅是因为该公司更名为更潮更上口的名字fatbrain.com.（Cooper，Dimitrov，& Rau，2001；Zweig，2007）。股票波动的非理性（或者至少是刚上市的股票的非理性波动）在一份研究中得到了进一步的说明。这份研究分析了股票交易市场上新上市公司的名字及其表现之间的关系（Alter & Oppenheimer，2006）。和名字不好读的公司（例如，Magyar Tavkolesi Rt.、Inspat International NV）相比，名字更好发音的公司（例如，Belden Inc., Accenture Ltd.）在上市后的2～7天内表现得更好。那些最初被名字吸引的人之后会为此付出一点代价，因为6个月之后，这些公司的股票价格并没有更高。最终，还是公司的表现——它的盈利而不是它的名字——获胜了。

损失厌恶

设想10年前，你的祖父母为你以每股25美元和每股75美元的价格分别买进了ABC公司的1000股股票和XYZ公司的1000股股票。接下来假设，现在两个公司的股票都是每股50美元。这意味着你现在在每家公司都拥有50 000美元的股票。

现在假设你想卖掉一些股票以付清你那25 000美元的学生贷款。但是你只能卖出其中一家公司的股票，你会卖掉哪家呢？是ABC公司的股票还是XYZ公司的股票？令人吃惊的是，证据表明，绝大多数人宁愿售出上涨的股票（ABC公司，从25美元涨到50美元），而不是下跌的股票（XYZ公司，从75美元跌到50美元）。换句话说，人们更倾向于卖掉成功的股票，而不是失败的股票。

尽管这个例子显得有些奇特，但Terrance Odean（1998）发现，人们恰恰是以这样的方式去对待他们的投资的。他追踪了超过10 000名和佣金回扣公司交易的投资人的买卖行为，发现投资者更倾向于售出上涨的股票而不是下跌的股票，而且他们为这种损失厌恶付出了代价。因为在第二年，他们卖出的（成功的）股票的表现比他们保留的（失败的）股票要高出3.4%。如果你把这个年均3.4%的差异积累到一生，那就会导致非常富有和不那么富有之间的差距。那人们到底为什么会做出如此不利的决定？罪魁祸首是一个被叫作**损失厌恶**的心理学现象。既定的损失（例如，丢失100美元）比相同的收获（例如，赢得100美元）会产生更大的心理冲击。请注意损失厌恶是在第4章和第7章讨论的更广泛的心理学现象的一个特别的例子——坏东西带来的伤害比同等强度的好东西带来的好感更强烈。捡到或赢得100美元很爽，但不如丢掉10美元的痛苦程度深。因为损失厌恶，人们往往更竭力避免承受损失——或者尽力去营造一种他们没有遭受损失的假象。所以如果你卖出上涨的股票，你会实现盈利，那感觉很棒。但是如果你卖出下跌的股票，你会承受损失，这感觉很糟糕。人们总是愿意冒险——下跌的股票会跌得更多——避免这种损失。

损失厌恶（loss aversion）：在同等程度下，给定的损失会比相同的收获引起更大的心理感受。

损失厌恶和描述

本书反复讨论的解释原则的核心观点是：同样的刺激可以用不同的方法解释，一些解释无比深刻地影响着人们的行为。当涉及经济交易时，同样的结果可以同时被解释为损失或者获得，这取决于对它的描述。比如，许多年前，商业机构为产品建立了两套价格——刷信用卡需要支付较高的价格，而付现金只需付较低的价格——被认为是违法的。但因为商家要为信用卡机构支付一定费用（转嫁到消费者身上就是较高的定价），所以单一定价机制对用现金支付的消费者是不公平的。他们要为其他人的信用卡交易行为支付成本。最终，有关部门同意更改规定允许双重定价机制。信用卡机构于是积极地游说，以决定如何称呼这种双重定价机制。他们更希望称其为“现金折扣”而不是“信用卡附加费”。因为信用卡机构十分清楚，损失比收获有更大的心理影响力，如果使用信用卡必须支付附加费，人们将不会那么乐于使用信用卡了。支付附加费会被体验为直接的损失，而放弃现金折扣却是被遗忘的收入。

若干年前，本书的一位作者对一家大型人寿保险公司进行了一项调查。一半的调查对象被问及是否能轻松地存下2成收入。他们之中只有一半的人回答说能。另外一半调查对象被问及是否能轻松地依靠8成的收入生活。接近80%的人回答说可以。当然，存下2成的收入意味着依靠8成的收入生活，所以从理性的角度看，这两者并没有差别。但是“存下2成的收入”会被认为是现有支配资源里的损失，而“依靠8成的收入生活”意味着剩下的20%更像是遗忘的收入。

人们对直接损失和遗忘收入的不对称反应使得政府更容易通过有关税收减免法案而不是现金退还法案。为某样东西付钱（例如，用税款支付公共住房项目）被知觉为一种代价或者损失。而税收减免（例如，针对投资公共住房项目的公司的减税）被认为是一种遗忘的收入——本可以收上来却没有收的税务。这种差别也许可以解释为什么即使是最受欢迎的改革者也几乎不会攻击“公司福利”问题。许多选民都很容易被直接针对穷人的福利激怒，因为它涉及政府的直接支出，这被知觉为一种损失。但是通过公司的福利就不那么易引起愤怒，因为它来自税务减免的形式而不是直接支付。

“财富是智者的奴隶，愚者的主人。”

——古罗马哲学家塞内卡（Seneca）

描述方式对于人们是做出冒险还是保守的决定有十分重要的影响。思考一下由 Tversky 和 Kahneman（1986）给出的例子：

> 有人先给了你300美元，然后你必须在下面的两个选择中选一项：
> a. 确定的100美元收益
> b. 有50%的概率能获得200美元收益，有50%的概率什么都得不到。

有3/4的受访者说他们愿意拿到确定的100美元。他们不愿意赌博，反对冒险。但是现在再考虑下面这个问题，仅仅有一点小小的不同：

> 有人先给了你500美元，然后你必须在下面的两个选择中选一项：
> a. 确定的100美元损失
> b. 有50%的概率会遭受200美元损失，还有50%概率不会失去一分钱。

在这种情况下，近2/3的人表示他们会赌一把，他们在冒险。这是一个十分有趣的结果，因为如果你仔细看看这两组选项，就会发现它们在客观上是一样的。在每一个问题中，你都必须在最终结果是确定的400美元收益和一半概率得到500美元、一半概率得到300美元之间选择。但是一组问题使你把这个选择视为两种可能的收益，另一个则让你视为两种可能的损失。在收益之间选择时，相较于更多但是不确定的东西，大多数人更愿意选择确定的。在收益方面的**避险心理**是可以用经济学家口中的“边际效用递减”解释。就是说，你已经拥有的越多，那么你每收到一份额外的收益所产生的效用就越小。所以，在这种情况下得到100美元的愉悦感比得到200美元的愉悦感的一半多，那么人们何必去赌一把赢200美元呢？边际效用递减也适用于损失情况，在确定损失100美元和冒险一点不损失或损失200美元之间，人们更倾向于**冒险心理**。因为损失100美元的痛苦比损失200美元的痛苦的一半更糟，所以为什么不赌一把看看能否规避所有损失？

避险心理（risk aversion）：不愿意选择一个不确定的选项，虽然总的来说它和另一个确定的选项一样好，甚至更好。

冒险心理（risk seeking）：和避险心理相反。倾向于选择一个确定的选项，虽然总的来说它和另一个不确定的选项一样，甚至更糟。

损失厌恶和沉默成本谬误

假设你提前6个月就订好了机票和旅馆，准备和一些朋友去海滩度春假。可是6个月后，你已经和其中的两个朋友闹翻了。现在你发现和他们在一起十分不愉快。随着假日临近，你感觉也不太妙，因为你非常可能挂科。你会继续按计划度假，还是待在家里，独自疗伤，并好好对待你的学业？

现在假设你是在一场抽奖中赢得机票和住宿的，除此之外的情况和上面描述的都一样。那么你还会继续按计划度假吗？

大多数人说，和赢得这一切相比，如果他们已经为度假付款了，他们更有可能去度假。这就是**沉默成本谬误**，在做决策时，不愿意“浪费”的心理使人们更多地考虑过去而不是未来。在这个例子中，度假是否免费并不影响它是否值得去。如果你已经付费了，无论你去不去，钱都不可能回来。问题的关键在于你的整体情况是否会因为待在家或者去度假而改善。从理性的角度，不应该在决策中考虑过去的损失。只有未来的损失和收益才是决策时应该思考的。

沉默成本谬误（sunk cost fallacy）：不愿意“浪费”先前投入的心理会使人们继续坚持，无论这是否符合未来利益，因为他们已经投入了时间、金钱和精力。

就像这个例子所表明的那样，人们并不总是完全理性的。我们中的大多数人都会对过去的损失关注过多。现在看看这个实验。对俄亥俄州立大学剧院的季票订阅感兴趣的人群被随机分为三组：一组支付了正常价格（15美元）；一组得到了每张票2美元的折扣；第三组得到了每张票7美元的折扣。调查人员对这三组成员在购票后实际观看演出的频率进行了跟踪统计。他们发现，花费最多的人的观看频率高于得到较少折扣（优惠2美元）的人；得到较少折扣的人又比得到较大折扣（优惠7美元）的人去得多（Arkes & Blumer，1985）。人们购票花得越多，他们的沉默成本也就越多，他们也就更有可能去看每一场表演。一个类似的效应也出现在医疗健康领域。人们以为安慰剂的价格越高，收效越好（Waber，Shiv，Carmon & Ariely，

2008）。

为了说明沉默成本谬误的非理性，同时又令人信服，调查者又给人们展现了这样一个假设情境：

> 在回家的路上，你在熟食店以3美元的促销价格买了一份即食餐。几小时之后，你觉得吃晚饭的时间到了，所以你准备把快餐放进微波炉。这时你突然有个想法，给你的朋友打了一个电话，问他是否愿意过来一起用餐，然后在电视上看一场电影。你的朋友满口答应了，于是你又出门买了一份即食餐。然而，所有的促销价快餐都卖完了。于是你花了5美元（正常价格）买了一份和你之前花3美元买的一模一样的快餐。回家后你把两份快餐放进微波炉加热。饭快好了的时候，你接到了一个电话，你的朋友突然不舒服不能来了。但你自己吃不下两份即食餐，你也不能把其中一份冷藏起来。所以你必须吃一份丢一份，你会吃哪一份呢？

在意料之中，大部分被试表示两个并没有区别。毕竟，无论你吃哪一个结果都是一样的——你花了8美元吃了一份即食餐。然而，还是有一小部分人说，他们会吃掉5美元的那一份。几乎没有人说他们会吃3美元的。因为我们会把沉默成本纳入考虑，所以扔掉5美元的比扔掉3美元的（虽然它们是完全一样的）显得更浪费——其实理性地看，并不是这样的。

专栏A2.1 聚焦神经科学

可能的损失所引起的紧张

看看另一项由Tversky和Kahneman（1981）进行的关于损失厌恶和框架效应的研究。一组被试要想象美国正准备应对一场预计会造成600人死亡的罕见疫病爆发。两个可选的应对方案已经提出：

如果方案A被采用，200人将会获救。

如果方案B被采用，有1/3的可能性600人都会得救，2/3的可能性没有人能获救。

在这些被试中，有72%的被试更倾向于稳妥的A方案。以完全的把握救下200人比冒着一个人都救不了的危险试图救所有人更吸引人。

另外一组被试拿到了同样的先决条件，但是选项变成了：

如果方案C被采用，400人会丧生。

如果方案D被采用，有1/3的可能所有人都能获救，有2/3的可能是600人全部丧命。

在这些被试中，有78%的人表示倾向于冒险的D方案。1/3的可能性没人会丧生比确定会死400人更可取。然而，请注意，第一组的A选项和第二组的C选项是完全一样的（200人得救意味着400人丧生）。同样的，B方案和D方案也是完全相同的（1/3的可能性600人会得救和1/3的可能性没有人会死去是一样的）。

你可能会发现你每次都和大多数人做出了一样的选择。而且在第一组实验中，感觉十分容易选择。如果你能拯救200条生命，最好就这样做，然后就没有然后了。的确，当人们在扫描仪（fMRI）中做选择的时候，他们大脑活动模式显示了做这个决定是多么轻易。当考虑到确定的收益时，和假设场景以及后果有关的脑区——顶内沟——只有非常少的激活［图A2.1（彩）的左上部分；Gonzalez, Dana, Koshino, & Just, 2005］。但是当这些被试考虑有风险的收益时——试图冒着救不了任何人的风险救下所有人——顶内沟上的活动很剧烈［图A2.1（彩）右上部分］。大多数人都更容易做出不那么让人焦虑的（明确、不模糊的）选择。

但是看看被试考虑损失时的情况。正如图A2.1（彩）的底部所显示的那样，在考虑小的、确定的损失和大的、不确定的损失时，他们的顶内沟都有相当明显的激活，因而做决定更困难也更让人焦虑。他们不想接受死400人的结果，但是他们也不希望冒险令600通通丧生。对于大多数人来说，有可能一个人都不会死去比确定无疑要失去400条生命会令人感觉更好，决定更容易做出。

这些大脑活动图显示了损失厌恶和框架效应的神经生物学基础。考虑损失比收获能激起更多的顶内沟活动，而把结果描述为收获和把结果描述成损失相比，顶内沟激活的方式也非常不同。

心理账户

假设你决定在春季假期去度假，目的地是巴哈马群岛。那里有合法的赌博活动。你给了自己100美元的限额，并且坐下开始玩21点。你下注时会有多谨慎？

现在假设你的运气很好，很快就赢了100美元。你把原先的100美元放入口袋，并限制自己只用刚刚赢得的100美元继续玩。现在，你下注时会谨慎吗？

心理账户（mental accounting）：人们往往会依据得到金钱的方式和在内心的分类而区别地对待金钱。

许多人说，他们在刚开始用自己的100美元玩的时候会更谨慎，但用“庄家的钱”玩时会更大胆。这种情况反映了在行为经济学中的另一种原理——**心理账户**：人们倾向于依据得到金钱的方式和在内心的分类而区别地对待金钱。人们在赌场赢得的100美元的的确确就是他们“自己的”钱，理应和其他钱得到一样的重视。但是当他们认为这些钱是“庄家的钱”时，他们就更容易随便地花这笔钱。来得快的钱，去得也快。（另外，赌场从来不会把从玩家手里赢来的钱视作“顾客的钱”；从你输掉的那一刻起，那就是他们的钱了。）

心理账户的影响还反映在行为经济学的建立者之一经济学家Richard Thaler（1980）的思考实验中。假设你买了200美元的票去看一场戏剧、比赛或者摇滚音乐会。快要进场的时候，你突然发现自己的票丢了。但是你可以再花200美元买一张票，你会这样做吗？许多人说他们不会，觉得花400美元去看一场戏剧、比赛或者摇滚音乐会实在是太贵了。

但是现在，情况稍微有点不同。你预订了一张200美元的票，可等你到场的时候支付。但是在你快要进场的时候，突然发现自己在停车场的某个地方掉了200美元，但你仍然有足够的钱去拿那张票，你会这样做吗？在这种情况下，大多数人说“当然，我想去看这场演出，对我来说它值200美元，而且我有钱”。

但是这两种情况其实并无本质差异。你面对的决定都是一样的：你现在比之前少了200美元，而你还有一笔钱，你得决定是不是值得再花200美元去看演出。那么，从理性的角度来看，人们在这两种情况下应该做出一样的决定。但是大多数人不是这样做的。在一种情况下，失去的200美元在心理上被视作这个活动的支出，使得400美元的价格看上去十分不合理。在另一种情况下，失去的200美元在心理上被视为其他事件的支出或者总支出，使得这张票的心理价格和它原本的价格是一样的——200美元。

为了更好地使用你的钱，经济学家会告诉你应该把你所有的资产和债务都放到一个总的账户里去。然而人们一直在设立不同的心理账户。他们会使用十分复杂的方法决定如何花费和投资他们的钱。比如，一位经济学家分析了一群以色列人的经济学行为。他们会从德国政府那里定期获得一笔针对第二次世界大战的补偿款（Landsberger，1966）。一些人得到的补偿相对较多，另一些人较少（取决于他们的家族在纳粹德国时期的经济状况）。他的发现是证明心理账户的一个惊人实例。收到最多补偿款的人对待这笔钱时更认真，花得相对较少，而把大部分钱存了起来。得到较少补偿款的人则恰恰相反，花得多存得少。事实上，这些人每得到1美元补偿款，就会花2美元。因为这笔钱不大，所以这些人把这笔钱归类到“备用金”或者“日常花费”账户，当有机会的时候就把它们花出去。那些收到更多补偿的人就会把这笔钱“放进”一个更正式的“资产”或者“存款”的账户里，因而不会随便使用。

“不在乎金钱的唯一方法就是有一大笔钱。”

——美国女作家伊迪丝·华顿（Edith Wharton）

这种错误会以很多种方式出现。作者的一个朋友总是收到停车罚款。她解释说，午饭时自己没有出去吃，所以她有一点储备金来避免在工作中途跑到停车计时器那里续费，因而认为这种损失可以接受。停车罚款可以从她通过省去午饭而建立起来的心理账户中“扣除”。

现在考虑一下这种心理账户在全国经济政策中的意义。在过去的几十年里，美国联邦政府数次试图通过给人们退税来刺激经济。例如，在2001年，政府支付了38亿美元向纳税人平均退税300～600美元；在2008年，政府的平均退税达到每人600～1200美元。退税计划背后的基本原理是如果人们有更多钱，他们就会花得更多。尽管这个原理在某种程度上是对的，但是它似乎并没有像政府官员期待的那样奏效。2001年和2008年的退税计划都没有像政策制定者们预期的那样成功，而最大的原因有可能就是心理账户。把给纳税人的钱称为“退款”，会鼓励他们把这笔钱视为自己的钱，只不过是退还回来的。人们因此会十分慎重地对待这笔钱，把很大一部分存进了银行。根据我们对心理账户的了解，政府若把这笔钱称作“税款福利”会收到更好的效果。

这种在命名上的简单改变已被证明会十分有效地影响了消费。在哈佛大学进行的一项研究中（见图 A2.2），参加实验的被试出乎意料地收到了 50 美元的支票。他们被告知这是来自主试的实验预算，是用学费支出的。一些被试被告知这张支票为“退款”；另一些被试则被告知这是“津贴”。一周后，主试又联系了这些被试，询问他们是如何处置那笔钱的。那些收到“退款”的被试平均只花了 9.55 美元，而收到“津贴”的被试平均花了 22.04 美元。同样的效应在一个类似的实验中也被观察到了。在这个实验里，被试可以在从实验室出去以后，到“哈佛实验室商店”买东西。那些以“退款”形式收到钱的被试花得比以“津贴”形式收到钱的被试少（Epley，Mak，& Idson，2006）。

因此，人们用来描述钱时的用词决定了他们是把钱划进更严肃的心理账户中，还是不那么正式的心理账户中。而这会显著影响他们是否会花掉这笔钱。正如一些研究者所描述的那样，“得到一笔退款更像是报销差旅费，而不是年终奖金。这种报销会让人们去银行存钱，而奖金会让人前去巴哈马度假”（Epley，2008）。

图 A2.2 科学方法：心理账户

假设：人们会把他们的钱分类到不同的心理账户中，并且花费方式会根据它们是被叫作“津贴”还是“退款”而不同。

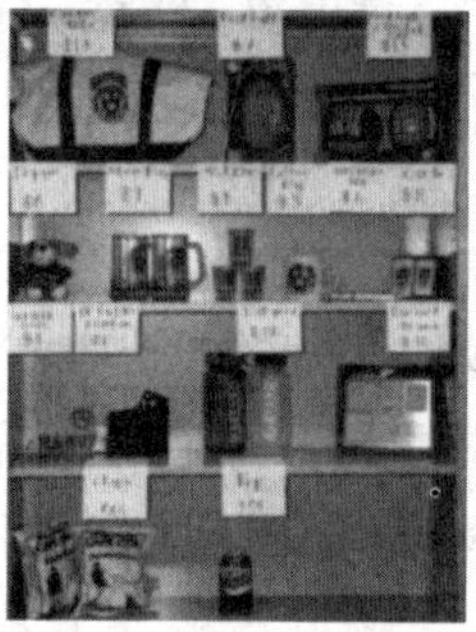

研究方法

1. 参加实验的被试出乎意料地收到了 50 美元的支票。
2. 他们被告知这笔钱是“津贴”或是“退款”。
3. 被试被告知，可以在从实验室出去的途中到“哈佛实验室商店”买东西。

结果：那些以“退款”形式收到钱的被试花得更少。

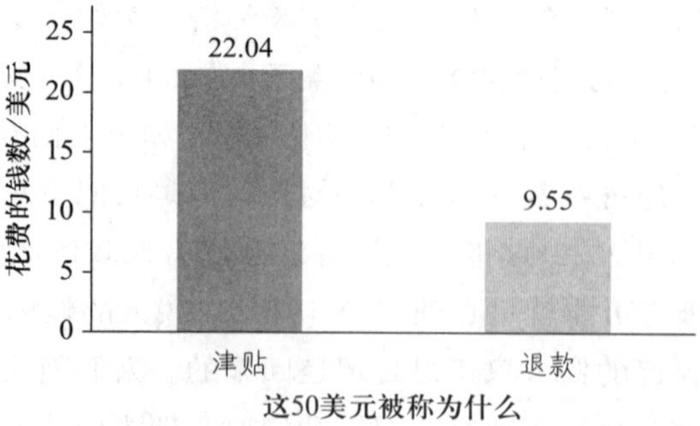

结论：心理账户确实存在影响。人们对待津贴比对待退款更随便。

决策困境

假设你要去杂货店买一盒美味的冰激凌。你会去一个有5台机器提供45种口味的商店，还是会去一个有两台机器提供18种口味的商店呢？这都不用经过脑袋思考，对吗？最好去有更多选择的地方，这样你就有更大的可能选择到你想要的口味。对于经济学家来说，拥有更多选择总是更好的。

但是从心理学的角度来讲，就是另外一回事。做出选择是困难的，人们不总是有足够的精力处理这么多选择。在这么多选择面前，我们会发现自己选择起来很困难，不能决定选择哪一个。看看在加利福尼亚州的一家优质的杂货店里进行的实验吧。为了适应当地消费者的需求，这家店提供了超过300种果酱、250种不同的芥末和75种橄榄油。他们为两位社会心理学家，Sheena Iyengar 和 Mark Lepper，提供了一个机会，设立了一个试吃柜台，摆放着经过选择的果酱。他们每小时都会换一批果酱，有一半时间摆放出6种果酱，有一半时间摆放出24种果酱。在柜台前停下的顾客会得到一张1美元的优惠券，可以在这家商店里购买果酱时使用。这些优惠券上有一个条形码，可让主试跟踪发现最后买了果酱的人是在摆着6种还是24种果酱时到试吃柜台前的。Iyengar 和 Lepper 非常想知道顾客是否会被摆放的24种果酱阻碍，不能决定到底买哪个，从而不太可能去购买。他们发现，尽管在柜台上摆放更多果酱的时候来柜台前驻足的人更多，但实际购买的人数却是在摆放少量果酱时的1/10（Iyengar & Lepper，2000）。有很多种类的选择看上去很棒，也吸引了很多顾客。但是这使得人们更难做出购买决定——实际上，许多人根本就无法做出决定。

但是没能做出一个决定仍然是一个决定——只不过常常是一个代价更大的决

设置多样或少量选择的影响。为了检验可供选择的产品的数量对顾客最终是否购买产品的影响，Iyengar 和 Lepper（2002）设置了6种（A图）或24种（B图）不同果酱的展示。每个果酱优惠券上的条形码使得他们更容易追踪到顾客在看过6种或24种不同的果酱的展示后的购买情况。

定。看看这个代价有多大吧。新雇员面临着是否以及如何加入公司的退休计划的选择。世界上的大多数决策都涉及哪一种计划最好的问题。在这些计划中，雇员的部分薪水被投资到股票、债券或者金融市场基金中。而这往往是和雇主绑在一起的，雇员出一部分（比如，工资的5%），雇主出一部分。比如说，如果你挣了50 000美元，可能会把2500美元拿出来投资到你公司的一项基金中，然后你的雇主就会再投入2500美元。但是因为雇主也会投钱，从经济意义上说就没有不参与的理由了。

但是现在，雇员们有着许多种令人迷惑的基金投资选择。挑选一个基金或者正确的基金组合的过程令人十分焦虑。许多人受到了打击，于是告诉自己"我以后再决定"。但是很多人之后就再也没有做过这种决定，使他们失去了雇主匹配带来的"意外之财"，并严重损害了自己的长期财务利益。从图 A2.3 可以看出这个问题，它展示了不同公司提供的财务计划数目和参加计划的员工的比例关系(Sethi-Iyengar，Huberman，& Jiang，2004)。正如你所看到的，提供的计划越多，选择就越难，以致许多人会避免做出决定，为未来的经济情况付出了可观的代价。有时，更多的选择并不是好事。

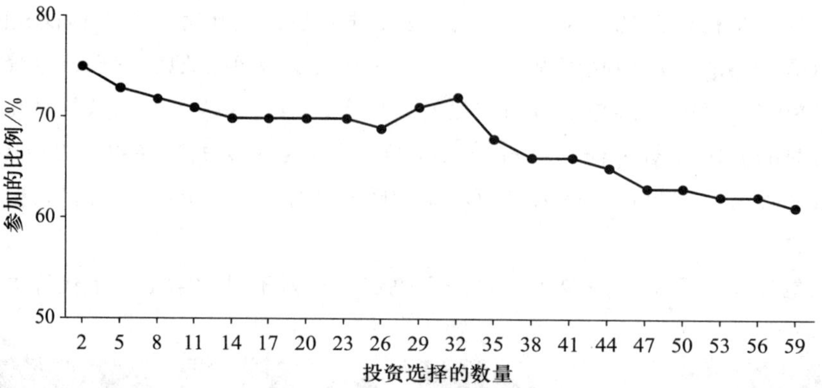

图 A2.3　被选择压倒。选择假日公司 401 退休省钱计划的员工比例是员工可选择的投资选项数目的函数。

来源：Adapted from Sethi-Iyengar, Huberman, & Jiang, 2004.

让我们最后再来看一个和大学生活有关的例子吧。Amos Tversky 和 Eldar Shafir（1992）给了学生5美元让他们完成一份长长的问卷。一组人要在5天内完成，另一组人要在3周内完成，对第三组人则没有任何限制。第一组中有60% 的人准时上交了问卷，第二组有42% 的人准时交卷，而第三组仅有25% 的人准时交卷。这个情境为我们敲响了警钟，你也许应该考虑让老师给你的作业定一个严格的截止日期。看起来，我们完成任务可用的时间越多，感到要开始做任务的压力就越小，以至我们根本就无法开始行动。

开始属于你自己的金融计划

本模块当中所讨论的偏差会导致你在购物、存钱和投资的时候做出不太理智的决定。那么，你能对此做些什么呢？在进行未来收支规划时，你应该考虑些什么？你现在可以做些什么让你未来的财务变得更安全？这有五个简单的办法——又叫作“财务智慧的五大支柱”——可以改善每个人的经济前景，无论你现阶段的经济状况如何。

早 开 始

在未来生活中拥有充足储蓄的关键是尽可能早地开始存钱。你越早开始投资，复利的神奇之处对你越有利。Belsky 和 Gilovich（1999）用下面的例子补充说明了这个观点：

> 吉尔和乔恩是一对21岁的刚刚大学毕业的龙凤双胞胎。吉尔毕业后立刻开始工作，并且每个月投资50美元在股票基金上，在其后的8年中也一直坚持如此，直到她结了婚并发现经济压力开始加大才停住。乔恩在毕业之后立刻和他大学的恋人结了婚，直到他29岁才开始投资。同样，他也是每个月向同一家股票基金投资50美元，但是他坚持了37年，一直到他在65岁退休的时候才停止。综上，乔恩投资了22 200美元，吉尔投资了4800美元。假设他们平均每年获利10%，在65岁的时候，兄妹俩谁拥有更多的钱？（p.121）

令人惊讶的结果是，吉尔仅仅投资了4800美元，却在最后比她的兄弟收获了更多的钱（256 650美元：217 830美元），尽管她的兄弟投资的时间是她的4倍。如果你在投资上迟了一步，那就很难再追上。让数学（复利）站在你这边吧，不要跟它唱反调。

多 样 化

你的生活经历了美国经济史上最大的两次起落——2001年的股市大跌和2008年的房地产崩盘。这两个事件都说明，你很难知道某一种投资何时可以表现得很好让你发财，或是何时会表现很差而导致你破产。但是不同的资产——股票、证券、房地产、流通货币或者是像黄金那样的稀有金属——是不太可能同时涨落的，所以每种投资方式都占有一些是一种保护你的资金的好方法。多样化的投资证券组合可以在像2001年或2008年那样的历史性大萧条中保护你。

投资开放式基金

当然，你可能并没有足够的钱去购买多种多样的股票或是证券，更不用说别的财产了。但是你也没这个必要。你可以从购买小额的开放式基金开始。开放式基金集中了你和其他投资者的钱，然后去买各种公司的各种股票。因为投资公司的类型是广泛的，开放式基金本身就是多样化的。你也可以购买投资证券或是混合资产的开放式基金来让你的投资更加多样化。

不同的基金会为帮助投资者投资而收取不同的费用，但是你可以把它看作非常低的费用。预测市场的表现——这是大部分开放式基金的经营者必须做的——是非常困难的，头一年预测得非常好的经营者往往到第二年会做得很差。因此，为那些有名的基金经理所管理的热门基金支付高额管理费并不值得。指数基金并不会试图在智慧上胜过市场，它们仅仅是广泛的投资能反映总体市场状况的证券组合。因为它们没有被积极地管理，所以只有最低的管理费，因而代表了一种相当好的投资。

设立工资扣款计划

一旦你找到工作，开始领到固定的工资，你就应该注册一个工资扣款计划。在你还没有见到你的工资之前，就拿出其中一部分来投资股票、债券或者金融市场上的开放式基金。一开始就把钱分出一部分投资比后来自己试图储蓄和投资要好得多。如果你拿到你的工资，并想把其中一部分拿出来储蓄，你存的钱感觉就像是收入的一种损失。如果在你看到工资之前就自动地投资，这笔投资就像是一笔遗忘的收益。正如前面的讨论中所说明的，这要比直接的损失更容易接受。如果你的老板为你匹配的工资扣款计划提供一份额外的支付，你就应该选择最多的一份扣款计划。要么这样做，要么就让你的钱躺在桌子上。

付清信用卡债务

很多人明明账户里面有钱，也不用这些钱去结算他们的信用卡。也许这样看起来是有理有据的（“我需要存一些钱去应对突发事件”），但是事实并非如此。存款的利息非常低，但是一张未结算的信用卡会产生高昂的利息（一般超过16%）。这两个比例之间的差别造成的结果就是，钱流了出去——从你这儿流到了信用卡公司。如果你尚未付清信用卡，你就是在和混合利息作战，而你明明想让它为你服务的。如果动你的积蓄依旧会让你不安，你需要知道那些想让你的卡上有欠款的信用卡公司是非常乐意借给你钱的，这也算得上是一场危机。并且，一旦你付清了你的信用卡账单，你依旧可以为紧急事件继续储蓄。

本章总结

■ 行为经济学是心理学家和经济学家在考虑了人们做决策时偶尔会出现的非理性现象后，构造出来的更具实际意义的经济学模型。

金融市场中的非理性行为

■ 非理性行为的例子可以在股市中看到，例如，股市在晴天倾向上涨，而在阴天倾向下跌；当一个国家的国足队踢赢了比赛时，该国的股市会上涨。

损失厌恶

■ 人们在面临可能的收益时倾向于风险规避，而在面临可能的损失时倾向风险寻求。损失和收益的框架选择导致了非理性（至少是不一致的）决策。

■ 人们容易受到沉默成本谬误的影响。他们会倾向消费一些事情（比如，参加一个游戏或是体育比赛）即便它已经不会再给他们带来积极价值了，因为他们想要“经济”一些，不“浪费”已经支出的金钱。

心理账户

■ 人们会持有不同的心理账户，而不是把所有的财产归于单一的心理账户。

决策困境

■ 过多的选择会导致决策困境。你有的选项越多，你越不可能从中做出选择。

开始属于你自己的金融计划

■ 一些简单的规则可以对你的财富有很大的作用：早存钱、多存钱、让财富形式多样化、投资开放式基金而非特定的股票或债券、设定工资扣款计划，还有避免为信用卡欠款支付太大的利息。

关键概念

损失厌恶（p582）
避险心理（p584）
沉默成本谬误（p584）
冒险心理（p584）
心理账户（p586）
行为经济学（p580）

应用模块3

社会心理学与教育

模块要点

- 皮格马利翁效应
- 智力：先天的还是后天的
- 文化与成就
- 在课堂里阻止刻板印象威胁
- 社交恐惧与学术成就
- 借助电视教学
- 统计学、社会科学方法论和批判性思维

①

① 墙上的标语写着："别傻了，请待在学校里。对毒品说不。多动脑！多读书！"——译著注

偶然在帕洛阿尔托（美国旧金山附近的城市）听说一个欧裔（美国白人）高中生知道她的朋友在SAT考试中得了高分之后，恭喜她道："天哪，杰西卡，你分数高得可以和亚洲人相比了。"

通常来说，亚裔学生在学习上的成绩的确给人留下了很深的印象，亚裔学生经常在数学和科学这两门科目上表现得好于美国本土学生。为什么会这样呢？怎么做才能帮助欧裔人和非裔人（美国黑人）在学习上达到和亚洲学生一样的水平呢？你会不会觉得这件事情是不可能实现的？

社会心理学家针对学生在学校好或坏的表现进行了一定的研究，更值得一提的是，通过这些研究，这些心理学家发现了或许有助于提高学习成绩的方法，尤其是针对那些在学习上不能发挥全部能力的学生。

正如我们将看到的，学习社会心理学可使我们提高批判性思考的能力——而这个能力能够通过教育的方式提高，这个过程虽然短暂，但是十分有效的。

皮格马利翁效应

教师在学生学习的过程中会产生多大的影响呢？一个人可以使另一个普通人变成非凡卓越人才的理念可以追溯到很早以前的一则希腊神话：一个名叫皮格马利翁的雕塑家制作了一尊雕像，因为这尊雕像实在是太漂亮了，导致皮格马利翁爱上了这尊雕像，在维纳斯女神的帮助下，这尊雕像最终被赋予了生命。

1968年，Robert Rosenthal 和 Lenore Jacobson（1968）发表了一项研究——他们称之为“皮格马利翁效应”，这个效应在心理学和教育学领域引发了一定的骚动。在一所学校里，所有学生都进行了智力测验。基于测试的结果，Rosenthal 和 Jacobson 在开学之初告诉教师，一些学生的智商非常高，这些人明年的学习成绩会产生很大的飞跃。每个班大约有20% 的学生是这种人。表面上看来，“高智商”学生是通过智力测验选拔出来的，实际上只是随机抽取的。研究者发现，他们在一段时间的学校学习后成绩果然有大幅度提高，一些年纪比较小的学生的成绩更是高得惊人。成绩的提升似乎指出，教师对于这些学生的高期望值使学生产生了自我实现的预言：如果老师相信这个学生有高智商并且能够取得好的成绩，那么这个教师就会做出相应的行为帮助这个学生取得好成绩，会不自觉地给予这些学生更多关注。相对应的，相对于老师所关注的学生，老师在实验对照组里的学生身上没有投入过多的感情和关注，也没有给予过多的机会。一些教育评论家认为这个结果表明，教师是会有偏见的。假如老师更偏心于来自中产阶级的白人学生，那么这些白人学生无论是在学校成绩上，还是在智力测验上，都会表现得更好；相反的，非裔学生、西班牙裔学生和一些社会经济地位较低的学生便会因为老师对他们的消极期待而被影响，从而表现得不尽如人意。

时至今日，Rosenthal 和 Jacobson 的实验结果已经引起了一些反对的观点，一些人称这个实验完全是骗子的说法亦或是骗子的断言，因为这个实验结果低估了

专栏A3.1 聚焦生活

如何进行有效的辅导：5个“C”

当社会心理学家Mark Lepper让一群大学生给在数学学习上有困难的小学生辅导功课时，有一个有趣的发现：一些大学生在他们的学生面前有着迅速而持久的影响，而另外一些大学生却几乎没给他们的学生留下任何印象。于是他着手研究，想弄清究竟是什么在有影响和无影响之间起了作用。你认为在下面列举出的方法里，哪些是有帮助的，哪些是无效的？

1. 只要学生犯了错，哪怕只是一个十分微小的错误，就立刻阻止他，以免学生继续犯错误。

2. 当一个学生犯了错误后，仔细向学生阐述解决问题应采取的正确的方式。

3. 把问题简单化，以避免伤害这个学生的自尊心。

4. 表扬这个学生经常能把事情做得很好。

5. 不要让自己的感情因素介入学生面临的困难，为学生创造一个依靠自己的环境。

实际上，上述方式都是无效的，也都是能够影响学生的辅导员会尽可能避免。这些方法都或多或少地违反了一个成功的辅导者应具有的特征。Lepper和他的同事们提出了“5个C”的理论，可给他人提供有效的辅导(Lepper & woolverton，2001；Lepper，woolverton，Mumme，& Gurtner，1993)：

1. 培养学生的控制感(contro1)，让学生觉得他对一件事情有控制能力。

2. 带给学生挑战(challenge)——但是任务的难度要在学生能够处理的范围内。

3. 逐渐强化学生的自信(confidence)，将成功最大化（告诉学生他完全可以更加自信，并且使这些学生确信他解决的是一个难题）和将失败最小化（为学生的失败找原因，并且强调他至少有一部分做得是对的）。

4. 通过苏格拉底的方法（问学生有启发性的问题）培养学生的好奇心(curiosity)，并且将这些问题与其他的问题结合起来，让这些学生看到问题在表面相似的情形下的不同之处。

5. 联系实际背景(contextualiza)，将遇到的问题和实际相联系，或将问题置于一部电影或者电视剧中。

专业的辅导员总是有很多方法将他们与不太专业的辅导员区别开。他们不会去指正学生忘记写了一个加法符号这样微不足道的错误。当一个学生即将犯错时，他们会非常有礼貌地提供一条解决问题的路线，从而从根本上避免这些错误的出现。或者有些时候，如果一个错误能带给学生有价值的经验，他们干脆就直接让学生犯错误。他们从来不会出于保护学生的自尊心而把一件事情简化得连傻子都能明明白白，而是改变呈现问题的方法，他们会问学生有启发性的问题，要学生解释自己的推理和思考。实际上，他们比那些不太有帮助的辅导员更少给学生积极的反馈，因为这样做会让辅导员太具评价性。最后，专业辅导员总是鼓励学生并与之共情。

在课堂上每时每刻所发生的事情；Lee Jussim和Kent Harber（2005）在原始报告发表后的35年里重新检阅了将近400项学术研究，并且发现了一些重要的模式。第一，Rosenthal和Jacobson所说的巨大影响已经被证实是例外的，后续的调查几乎从没像他们似的发现这些巨大的影响；第二，显而易见，当期望值是被操控的时，老师的期望值有时会影响学生的智商和学习成绩（也就是说，如果期望值没有被操控，老师的期望值和学生表现之间的联系完全是老师的原因，那些被老师赋予了很高期望的学生能够在学校做得更好）；第三，教师期望值的影响其实并不大，通常来讲，智力测验占3分已经算是很高了，而老师期望值的影响占了0分；第四，只有当老师的期望值在一开始的时候（也就是开学的2周之内）被操纵，才能够产生一定的影响；第五，相对于年龄稍大的孩子，老师的期望值对于一、二年级的孩子会产生更大的影响；第六，也是最重要的一点，成绩较差的学生、社会经济状况不太好的学生以及非裔学生更易受老师的期望值影响（Jussim，Eccles & Madon，1996）。因此，换种说法可能更为正确：如果一个老师坚信成绩较差的学生、社会经济状况不太好的学生和非裔学生能够表现好，那么这些学生的成绩会因为老师对他们的良好期望而有所提高。

智力：先天的还是后天的

自我实现预言不仅出于老师的期望，同时也是出于学生对自己智力能力的信念，Carol Dweck 等人（Dweck，2007；Dweck & Leggett，1988）证实了不同的人对于智力有不同的看法。一些人相信智力是一种可塑的品质，可以通过后天努力而提升，Carol Dweck 等人称这个观念为**“智力增量论”**；另一些人认为智力是先天决定的、后天不可改变的，Carol Dweck 等人称这个观念为**“智力实体论”**。

智力增量论（incrementalist theory of intelligence）：智力可以通过后天努力而提升。

智力实体论（entity theory of intelligence）：智力是先天性的、不可改变的。

持“智力增量论”的人认为，他们可以提升个人的能力，并把失败归结于努力不够或是事情的难度过大（Henderson & Dweck，1990），因此，这类人会朝着能够提升能力的目标努力工作，甚至不惜暴露自己的无知，并且很少尝试证明自己的能力；相反的，持“智力实体论”的人不是很相信能让他们变聪明的事物，他们把失败归结于智力不足，他们往往也不做什么改变，因为他们认为没有办法改变，这些人通常会选择做那些能够很好地体现其智力的事情，尽管这些事情不能提供任何学习新东西的机会。不谈自尊的话，我们能清楚地知道哪种态度更有利于提升一个人的智力。

Henderson 和 Dweck（1990）发现，在初中，持“智力增量论”的学生最后取得的成绩往往比持‘智力实体论’的学生好。不管他们之前的成绩如何，而且不管小学成绩的好坏，那些相信自己能控制自己的能力的学生会取得更好的成绩。在另一个研究中，Henderson 和 Dweck 发现，刚上初中时数学成绩差不多的学生通过2年的学习后也会表现出差别，持“智力增量论”的学生会在数学上取得更高的成绩，而持“智力实体论”的学生在数学成绩上则没什么太大的变化（Blackwell，Trzesniewski & Dweck，2007）。

但是究竟谁是对的呢？是“智力实体论”还是“智力增量论”呢？其实哪个都不对，但也可以说两个都是对的。如果你持“智力实体论”，从某方面来说，你不相信你能控制自己的能力，所以你的能力就不会有大幅度提升，而且相较于你相信的其他理念，你的基因会对你的能力产生很大的影响。另一方面，如果你持“智力增量论”，你也是对的：你相信你能控制自己的能力并且能够按你想象的方向行事。因此，这个理论建立在你的基因遗传之上并且能够提升你的能力（Nisbett，2009）。

文化与成就

为什么亚洲人——尤其是中国人、日本人和韩国人以及一些亚裔美国人——在学习上的表现高于一般水准？是因为他们本身比欧美人聪明吗？还是因为他们的基因导致他们的智力很高？

事实上，没有证据表明亚洲人的遗传基因优于美国人的基因；尽管因为文化和语言的不同让我们很难比较双方的智力水平，但是经过对于来自不同文化的亚洲人和西方人的智力进行比较，没有证据显示亚洲人拥有更高的智商（Flynn，1991；Nisbett，2009）。有一个对比不同地区儿童智力的实验，这些一年级的孩子来自明尼阿波利斯市（美国）、仙台市（日本）和台北市（中国）。调查结果表明，相较于两组来自于亚洲国家的孩子，美国孩子的智力要稍微高一些（Stevenson et al.，1990）。考虑到亚洲人和美国人的社会实践，这个结果并不让人感到惊奇：在幼年时期，亚洲人在孩子幼年时更注重对孩子的社会性和情绪的培养；而美国人，尤其是中产阶级或中上层阶级美国人，更重视对孩子智力能力方面的培养（Stevenson et al.，1990）。到了五年级，智力方面的差异就不存在了，但是亚洲孩子在数学方面要比美国孩子领先一些——一部分原因是亚洲国家更注重数学教育以及亚洲学校的学习时间更长（Stevenson & Stigler，1992），另外也是因为亚洲学生在学习数学上更加努力（Stevenson & Lee，1996）。亚洲学生（亚裔美国学生）平均每周会比欧美学生多花很多小时学习。

能最好地证明亚裔美国学生和欧美学生的智商差异的调查来源于1966年针对于美国高中生的一项大型研究（Flynn，1991），几乎所有学生都是美国人，尽管有些学生是第一代美国人。亚裔美国学生的智商要比欧美学生的智商低一些——这一点也不奇怪，因为一些亚裔学生所在的家庭并不是拿英语当母语的；而且，亚裔美国学生的SAT分数要更高一些，SAT分数多多少少能反映出智商测试中的一些能力以及努力学习的结果。更惊人的是当这些研究对象成年之后，55%的华裔美国人（这些华裔组成了一大部分亚裔美国人）占据了专业的、科技的或是管理的工作职位，而只有1/3的欧美人占据了这些职位，这说明亚裔美国人在提高自己的能力方面做得远比欧美人好。

“是故无冥冥之志者，无昭昭之明；无惛惛之事者，无赫赫之功。”

——《荀子·劝学》

专栏A3.2 聚焦文化

孔子及关于能力的理论

一些受“孔子文化”影响的中国、日本和韩国的亚裔美国人所取得的实际成就比根据“能力测试”所预测的未来成就高出了一个等级。这样的结果可能基于一个关于天赋的古老理论。孔子——近代东亚文化的奠基人——很明确地指出，个人能力虽然有一部分的确来自先天，但在很大程度上依然取决于后天的努力。2000多年来，有多少年轻人凭借刻苦的学习，从一个穷苦的农民变成了金榜题名的官员，而在当代社会以前，再没有其他国家对这一社会流动现象的理解达到了相同的高度。就像你所预料的那样，那些从孔子文化中走来的东亚和亚裔美国人都是虔诚的渐进主义者：他们坚信，智力水平的高低更多是后天努力的结果 (Chen & Stevenson, 1995; Choi, Nisbett, & Norenzayan, 1999; Heine et al., 2001; Holloway,1988;Stevenson et al.,1990)。告诉日本和加拿大被试其在一个评估创造力的测验中取得了成功或失败后，被评价为成功的加拿大人会花很长的时间做类似的事情，但是日本人更愿意在他们曾经失败的事上花费更多的时间 (Heine et al., 2001)。

孔子

在课堂里阻止刻板印象威胁

其他少数群体（像非裔美国人和西班牙裔人）和亚裔美国人及欧美人相比，有更低的智力分数以及学习成绩，造成这些差异的有不少是社会原因，大部分原因都是不稳定的。但是在近些年，智力上以及学习上的差距开始大幅度缩小(Nisbett，2009)。

在对于其中原因的调查中，Clande Steele 和 Joshua Aronson 论证道，因为害怕证实以往观念对于其能力的定义，女性和少数群体通常在能力测试中表现得不好（见第11章），因此，Catherine Good、Michael Inzlicht 和 Aronson 决定看看当来自少数群体的学生相信他们能控制自己的能力时，会发生什么。他们在得克萨斯州对少数几个西班牙裔学生的行为和思想进行了干预（Good，Aronson & Inzlicht，2003）。在调查中，所有这些学生都有大学生指导者。对照组的学生指导者给了这些学生一些关于毒品的警告信息，并且鼓励他们避免使用毒品，实验组的指导者告诉这些学生，人的智力是可以改变的，并且在一定范围之内是可以控制的，以及人的大脑是如何在人的一生之中形成各种新的联系的，然后给这些学生看了一个网页用来强调指导者所说的内容。实验组的学生看到的网页是动物大脑的图片，包括了神经以及树突的图片，以及对于大脑解决问题后如何形成新的关联的解释。指导者还帮助学生用自己的语言和图片来设计他们的网页，这些行为加强了关于智力的可延展性的观点。

实验组的干预有很大的影响，在遍及全州的学术水平测试中，那些经过实验干预的男生在数学成绩上高于没被干预的男生；至于女生，由于担心女生在学习数学上更吃力，因此差异更加明显；在阅读考试上，无论是男生还是女生，凡是经过实验干预的人都比没经过干预的人取得了更好的成绩。

Dweck 和她的同事们（Blackwell et al., 2007）在纽约针对少数非裔和拉美裔七年级学生进行了类似的干预实验，如同得克萨斯州的学生一样，研究者向实验组的纽约学生说明了勤能补拙的道理。对于大部分学生来说，初中学习是很艰难的，特别是对一些来自弱势少数群体的学生来说，随着初中学习的进行，对照组学生的数学成绩越来越差，但是成绩下滑是因为对他们进行的干预实验让他们完全相信自己成绩差的原因是不可改变的智力因素。而那些相信智力因素是可以控制的学生则有更好的学习效果。

"教育不是修补水桶，而是点燃火焰。"
——爱尔兰诗人威廉·B.叶慈（William B.Yeats）

Daphna Oyserman 及其同事在美国底特律针对非裔初中学生进行了一次很不一样的干预实验（Oyserman，Bybee & Terry，2006），他们让学生思考自己希望拥有什么样的未来，在这个过程中会遇到什么样的困难，打算怎么应对这些困难，以及哪些朋友能够在遇到困难的时候给予其帮助，Oyserman 和同事们将学生分成小组对这些问题进行讨论补充。在这些小组中，学生讨论每天会遇到的问题、社会问题、学术问题以及中学毕业的过程，这次的干预实验对于学生的平时成绩和考试有适度的影响，而且极大地减低了学生留级的可能性。

Geoffrey Cohen 等人表明，让来自少数群体的中学生在开学之初写下自己认为最重要的价值，能够在学年中提高他们的成绩（Cohen，Garcia，Apfel & Master，2006）。参与实验的学生所在的学校以来自中产阶级家庭的学生为主。通常在这种学校里，非裔学生取得的成绩不如白人学生，而且非裔学生通常都能认识到这一点。而社会心理学家通过调查研究发现，这些学生通常受制于对于刻板印象威胁的担忧。社会心理学家推断，如果鼓励这些学生思考对他们来说最重要的价值观和在学校环境中的自我肯定，则能给他们带来一定的效能感和归属感。实际上，那些得到肯定的非裔学生的成绩优于对照组学生（见图 A3.1）。在这个干预的过程中，被肯定的非裔学生在学习上和白人学生的差距缩小了40%，并且他们得 D 或者更差分数的可能性也降低了一半。Cohen 和同事们密切观察了这些学生2年，发现干预的影响力是持久的（Cohen，Garcia，Purdie-Vaughns，Apfel & Brzustoski，2009）。非裔学生需要补习的可能性也从18% 降到了5%。有趣的是，对于进入中学以前成绩就很好的非裔学生来说，干预实验对他们是没有任何影响的，也许是因为他们已经十分自信，所以灌输自我肯定的信念对他们是不必要的。同时，对于白人学生而言，无论他们之前的成绩好不好，自我肯定信念的灌输也是没有任何用处的。

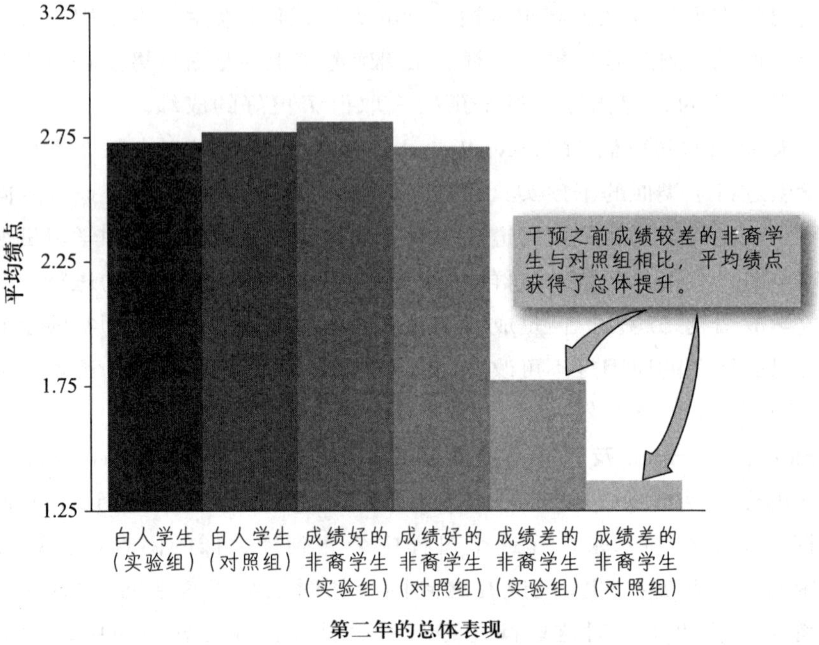

图 A3.1 阻止刻板印象威胁。学生接受干预（要写下他们最重要的价值观）后的平均绩点的变化。非裔人学生被分为成绩好和成绩差的两组，反映了他们在班级里的相对位置。

来源：Adapted from Cohen, Garcia, Purdie-Vaughns, Apfel, & Brzustoski, 2009.

社交恐惧与学术成就

Cohen 和 Walton 又在大学里研究了其他能够影响少数群体学生成绩的因素（Walton & Cohen，2007）。大部分学生都会在刚入学时担忧自己的社会认可度以及对大学生活的适应性。但是对于少数群体学生来说，这些问题更加令人担忧，他们无法很好地交朋友，因为校园里通常没有太多同样来自少数群体的学生，亦或是觉得跟其他背景的同学相处很不舒服。所以他们开始怀疑自己是否属于这个校园，进而缺乏学习动力，然后他们的平时成绩将会受到影响。

Walton 和 Cohen 推论，如果知道无论是对于哪个种族的学生来说，都会遇到社会认可度这个问题，那么少数群体学生的表现将会有所提升（Walton & Cohen，2007）。调查人员在一所知名的私立大学针对非裔学生进行了适度的干预，在大一快结束时邀请白人和非裔大一学生参与了一场心理学习会，以劝学生相信：所有种族的学生都有对于社会认可度的担忧，时间长了且交了很多朋友之后，这些担忧就会消失。这个实验旨在帮助非裔学生意识到他们遇到的社交问题与他们的种族无关（“我猜想和我同种族的人不属于这个地方”），研究者相信只要能够意识到这是普遍存在的问题并找到解决方式，这些学生就不会再担心自己的归属感了，从而能够专注于学习。

Walton 和 Cohen 让实验组的学生针对在社会情境中取得进步的可能性写篇文章，并且在摄像机前做了声明。然后告诉这些学生，这个录像会给以后的新同学看，让他们知道大学生活是怎么样的，这种认知上的失调——让他们公开说出来的内容和他们自己内心所想有所不同——旨在强化他们听到的说服性信息。

Walton 和 Cohen 在下一周衡量了这些学生的学术行为，以及他们在下学期中的平时成绩，发现这个干预实验对于非裔人有很积极的影响，但是对于白人没什么影响。在干预实验之后，非裔学生汇报自己的学习活动更加频繁，和教授的接触增多，并且参加复习课以及学术小组讨论会议的次数也增多了。在随后的学期里，干预实验组的非裔学生看到了努力的回报：他们的成绩比对照组的非裔学生好。

对于第一次从高中升入大学的出身工人阶级家庭的学生来说，大学生活也是一项艰巨的挑战，他们在大学里见到了有别于家人和邻居的处事态度和价值观。相较于来自中上层阶级家庭的学生，来自工人阶级家庭的学生会更加互相依赖，对他们来说，上大学不仅意味着个人的成就，同时也意味着有更深层次的社会和人际意义的成就，Nicole Stephens 及其同事（Stephens，Townsend，Markus & Phillips，2012）为新生提供了两种不同的欢迎信，一种是实际上的大学欢迎信，强调了独立自主的价值观，比如说探索个人的兴趣爱好、表达自己的想法和观点，并且进行独立的调查研究；另一种欢迎信强调了在一个集体中学习，和他人协调工作，向他人学习，并且加入合作调查研究工作。然后，学生要针对自己的大学目标做5分钟的演讲，研究者通过测量皮质醇（一种荷尔蒙激素，随着压力的增大而增加）来衡量学生在演讲过程中的紧张程度，以及演讲中带有的情绪内容。那些工人阶级家庭出身的学生在读那封鼓励独立自主的欢迎信时更紧张，演讲内容带有更多的负面情绪；而无论哪种欢迎信对于中上层阶级出身的学生都没有影响。研究者指出，出身工人阶级家庭的学生的观念和新的大学环境是不相称的，而这可能会阻碍他们的学术发展。

借助电视教学

哪个真人秀电视节目描绘了年轻人在乡下旅游，但不提倡异性同行？我猜你或许找不到答案。答案是手牵手节目，只在印度的拉贾斯坦邦、哈里亚纳邦、德里、北方邦和北安查尔邦播出。这个节目是为了提醒年轻人艾滋病的危险性。这些年轻人在旅行过程中会分性别乘坐不同的公交车。该节目也是**娱乐教育**栏目中的一种。

娱乐教育（entertainment-education）：一种娱乐人们并劝服人们按照符合他们（或者社会）的最大利益的方式行事的媒体呈现。

阿尔伯特·班杜拉（Albert Bandura）是一个教育理论学家——研究动物和人是如何为了学习而在事物之间建立联系的，而这些联系是如何导致奖励或是惩罚的。他是比较早的研究人是如何学习适当的、有效的社会行为的科学家之一（Bandura，1973），他的基础理论是人怎么通过简单地观察相关人物学习接受以及避免某些事物。他们观察他人的行为和结果，并习得好的行为，避免会受到惩罚的行为。他们观察的对象称为行为榜样。

一个叫作 Miguel Sabido 的墨西哥电视制作人阅读了班杜拉的社会学习理论，并决定制作一档电视节目，以教人们有效的、会收到回报的社会行为，避免危险的、无意义的社会行为。他在20世纪七八十年代制作了系列娱乐教育节目（类似于肥皂剧）。

Sabido 的电视系列剧是一系列以特定价值观为中心的播放了整整一年的故事。每一个故事都展示了三种人格类型：积极行为榜样、消极行为榜样和“怀疑者”——混合行为榜样（Singhal，Roger，& Brown，1993）。总有一个人赞同提出的价值观（也有一个人反对），一个人提倡这个价值观（一个人不提倡），一个人履行这个价值观（另一个人不这么做），最后一个人证明了这个价值观（另一个人则没有）。也存在三个怀疑者。一个接受该系列故事中1/3的价值观，一个接受2/3，一个一点也不接受（最后一个往往惨死）。总而言之，那些接受价值观的人马上就会得到回报，不接受价值观的人就受到了惩罚。最后，一个名人会在结尾向观众宣讲以强化这些价值观。

这些电视节目显然对于行为是有影响的，尽管最初的很多证据都只能算是来自班杜拉成功案例的逸事（Bandura，2004）。Sabido 有一集早期的电视系列剧劝说观众加入扫盲计划。在播出后的第二天，大约有25 000人来到墨西哥城的市中心聚集区领取阅读材料，结果造成了城市短暂的交通拥堵。第一个系列片的名字叫作《跟我来》，在它播出的第二年后，参与扫盲计划的人增加了10倍——从90 000增加到了900 000。另一个电视剧《和我一起》则强调了家庭计划。观看了这个节目的人更容易认同少养几个孩子更有社会、经济和心理上的好处。首次使用避孕套的人数有32%的增长，而全国避孕套的销量也有显著的增长。

Sabido 的电视系列节目被广泛地模仿。一部受到 Sabido 激励的印度电视剧就提倡女性权益和家庭计划。令人吃惊的是，播出后的第二年，小学里的女生人数比例由10%上升到了38%。在肯尼亚，关于家庭计划的电视剧播出后（Westoff

& Rodriguez，1995），整个社会范围内的避孕套使用习惯都改变了。

有一部持续了4年的电视节目旨在与坦桑尼亚地区艾滋病的传播进行抗争。由于希望有对照组，因此在头两年，这个肥皂剧在坦桑尼亚的某些地区并未播放。结果发现，在播放了该节目的地区，人们的性伴侣的数量减少了，并且避孕套的使用开始增加。导致行为改变的主要中介因素是增强了人们应对艾滋病的自我效能、认知以及风险意识。在采访中，电视节目的观众清晰地表明，他们能够区分里面的一些电视娱乐元素以及仿真效果，这个过程也包含了社会学习理论的期待值的作用。

利用肥皂剧教学。演员们穿越到了墨西哥肥皂剧《爱的伤口》的一个场景中。

统计学、社会科学方法论和批判性思维

请考虑下列问题：

1. 大卫是一个要在两所大学之间做出选择的高中生。在这两所大学中都有他的朋友，在A大学的朋友很喜欢这所大学的社交与学术环境，而在B大学的朋友则对自己所在的学校不满意，并且不是很有热情。大卫抽出了一天时间去参观这两所学校。在A大学里，他认识了一些根本提不起他兴趣的学生，以及一位只提供了简短介绍的教授；而在B大学，他认识了一些活跃且聪明的学生，以及一些对于他很感兴趣的教授，你觉得大卫应该选择哪所大学呢？为什么？
2. 医学研究表明，饮用适度的酒精可以降低人患癌症和心脏病的可能性。假设你是一个在经济以及精神上的禁酒主义者，你应该开始尝试适度饮酒吗？

如果对于问题1，你的答案是大卫应该选择B大学，因为他应该为自己做选择（而非让他的朋友帮他选择），那你和大部分大学生的观点是一样的。然而你同时会考虑到另一种可能性，尽管大卫的选择是基于他的个人经历，但样本数量不够大，同时实际情况可能会和他用一天时间参观所发现的情况有所不同，他的朋友虽然不能够代表大卫本人，但确实是在各自的学校接触了更多的人，他们的观点是值得大卫参考的，而你的观点就可以放到一边了；此外，可以更加确定的是，相对于在A大学的经历，大卫在B大学拥有更多带有偏见的经历。举个例子，如果一个在B大学的朋友特别希望大卫选择B大学，那么他（她）可能会安排能给大卫留下深刻的好印象的人和事物。

如果对于问题2，你的回答是最好还是不花钱并且不碰酒，这样你会发现因果关系并没有出现。甚至在无数次听到研究者讲起适量饮酒可以预防疾病之后，又有科学家指出适度饮酒和健康之间的联系受到自由挑选的影响，那些完全不喝酒的人之所以还会避免饮酒，是因为他们的健康已经很不好了，或是他们的收入情况不允许他们喝酒（收入情况和个人健康情况是紧密联系的），还有一些人因为经常喝酒而影响了他们的健康。

为什么社会心理学要对每天发生的事情进行统计学或方法论的分析？因为这些原理是社会心理研究的核心，通过学习统计学和科学，能够在不同的科学领域识别数据的缺陷是一个很好的开端。当你有了统计学和方法论的知识后，你可以在实际生活中应用其中的一些理论。

Darrin Lehman 和 Richard Nisbett 研究了大学四年主修人类学、自然科学、社会科学以及心理学对学生的影响。主修心理学和社会科学的学生在运用统计学和方法论原理的能力上有65% 的提升，而学人类学和自然科学的学生的能力只提高了25%（也许你认为学人类学和自然科学的学生在这方面不占优势，然而研究表明，这些学生在逻辑论证方面的能力提高了65%；而学习心理学和社会科学的学生在这方面的能力没有提高）。

2年的研究生水平的心理学训练对人们在日常生活中运用统计学和方法论原理的能力有重大的影响，但是这种影响仅限于学生研究的是正常的人类行为时（Lehman，Lempert & Nisbett，1988），比如社会心理学、发展心理学以及人格心理学，尽管学习生物心理学、认知心理学以及神经系统学的学生也要学统计学和方法论。

为了了解日常生活中的事情，学习行为科学的人很有必要去学习统计学和方法论吗？不是的，社会心理学家通过研究表明，统计学和方法论的原理就像经济学原理中的成本效益理论一样，可以用很简短的章节进行讲解（Fong，Krantz & Nisbett，1986；Larrick，Morgan & Nisbett，1990；Larrick，Nisbett & Morgan，1993；Nisbett，Fong，Lehman & Cheng，1987）。实际上，Richard Larrick 及其同事在一场只有几分钟的讲习会中给被试讲了沉默成本谬误（Larrick et al.，1990），几周之后，他们伪装成民意测验专家对那些被试进行了"意见调查"，这份调查涉及很多个人的和制度上的难题，而解决这些难题需要付出一些代价。听过课的被试更多地认为这个行为其实是不经济的。当抽象地呈现这些理论时，人们就知道如何在实际生活中运用这些理论，可以很容易地把在讲习会上听到的内容推广到更广泛的情况和科学领域中。

本章总结

智力：先天的还是后天的

- 智力实体理论家认为智商是不能被改变的（实体），无法被控制，因此不太可能应对挑战来学习新的东西，可能将小的失败归因为缺乏能力。而相信智力是可以通过后天努力提升的智力增量理论认为，人能通过挑战学到新东西，认为失败是因为任务难度过高，努力程度不够。

文化与成就

- 东亚群体倾向支持智力增量论，因此他们能够从努力工作和能力提高中得到回报。

在课堂里阻止刻板印象威胁

- 当说服少数族裔认为他们的能力能由自己控制时，他们会表现出更高的学业水平。同样，当要求他们思考自己的人生目标以及如何实现它们时，他们也会表现出更高的学业水平。

社交恐惧与学术成就

- 社交恐惧会阻碍少数族裔沉浸在学术事业中。

借助电视教学

- 娱乐教育，基于班杜拉的社会学习理论，它可以对避免危险行为、追求有益目标产生很大的影响。

统计学、社会科学方法论和批判性思维

- 统计学与社会科学方法论，包括社会心理学，都能提升人们的批判性思维能力，使得人们更可能在已经发表的研究中发现错误，也更可能避免在自己的生活中做出错误决定。

关键概念

娱乐教育（p604）　　智力实体论（p598）　　智力增量论（p598）

应用模块4

社会心理学与法律

模块要点

- 案件审判前
- 在法庭上
- 惩罚：我们为什么惩罚，什么使之公平
- 刑事审判制度下对公平的看法

1989年一个晴朗的冬天，29岁的Eileen Franklin突然回忆起一个可怕的经历。她记得20年前，她最好的朋友，8岁的Susan Nason被谋杀了。太阳光映衬出谋杀者的轮廓，谋杀者拿起一块很重的石头，砸碎了Susan Nason的头骨。Eileen回忆着，她捂住耳朵试图不去听Susan Nason头破的声音。但是，当她的记忆越来越清晰时，她意识到那个谋杀者就是她的爸爸，George Franklin。在随后的几天里，更多惨案的细节涌入她的脑海。最后，她报了案并告诉警察她恢复的记忆。仅以Eileen的口供为依据，她的父亲最终被判处终身监禁，尽管Eileen的一些记忆细节只与糟糕的新闻报道一致而和案件事实有出入（Loftus & Ketcham，1994）。尽管有心理学家Elizabeth Loftus的证词："恢复"的记忆会是完全错误的——人们能够"回想起"从未发生的事情，但George还是被定罪了。而事实上，Eileen的记忆是不准确的：因谋杀罪而服刑6年后，George Franklin被证明是无辜的并被释放。Loftus的证词虽然在当时与公众以及很多认知心理学家对记忆的观点相矛盾，但它说明心理学能在理解和改善法庭审判程序上发挥重要作用。

法庭审理案件的程序可以分为三个阶段：（1）审判前事务，包括取得目击者的指认、尝试诱出坦白以及从真诚努力说出的真相中辨别出谎言；（2）与审判本身相关的事务：挑选陪审团、陪审团审议和陪审团的人数；（3）刑罚和公正性。社会心理学家已经通过对法学的研究做出了重大贡献，他们能找出现有审判中出现的错误，并提出改善措施。刑事司法系统已经在这些发现的基础上对警务工作和司法程序进行了不少调整，这证明社会心理学的发现在改善社会制度方面大有用武之地。

案件审判前

你可能在电视上看过很多法律剧，并十分熟悉审理流程了：犯罪事件发生、警方调查、目击者指认一个或多个嫌疑人、审问这些嫌疑人、罪犯或坦白或不坦白。然而在实际生活中，程序并不总是如此简单而又直接的。

目击者口供

有一个目击者当着陪审团的面指着被告说"我确定就是这个男人"（或者是"女人"，但由于大多数被告是男人，所以这里称嫌疑人和被告为男人），几乎是最令人信服的证据了。美国每年有75 000位目击者指控刑事案件中的嫌疑人。但有大约1/3的指认是错误的（Liptak，2011）。事实上，有超过一半的不公正定罪案件与目击者的错误有关系（Kovera & Borgida，in press）。通过DNA证据，一些案件中的人被宣告无罪，他们并不是罪犯，但仍有人错误地将其认成了罪犯。

社会心理学家已经研究了很多能够影响目击者口供准确性的因素。不过，在你继续阅读之前，可以先做下面的测试。你认为，在下列有关目击者指认准确性的陈述中，哪些是正确的，哪些是不正确的。为了保证你在翻看第612页的答案之前是诚实的，请用铅笔在每个陈述后面写上"对"或是"错"。相信你不希望受到“后见之明”效应的影响！

1. 一般情况下，正确的目击者比起不正确的目击者更自信。
2. 一般情况下，目击者在指认与之同种族和不同种族的罪犯时，有相同的准确性。
3. 一般情况下，和使人的唤醒水平不高的犯罪情境相比，在非常紧张、唤醒水平很高的犯罪情境中，目击者的记忆更有可能是正确的。
4. 一般情况下，和拥有较少犯罪细节记忆的目击者相比，拥有很多犯罪细节记忆（比如，屋内有多少门）的目击者关于罪犯的口供更准确。
5. 一般情况下，让目击者帮忙进行面部画像可以提高辨认罪犯的准确性。
6. 一般情况下，在让目击者从一堆照片或是一排人中辨认一个罪犯之前，先让其描述该罪犯的特征，能提高目击者指认的准确性。
7. 一般情况下，能立刻从照片或是一排人中挑出一个个体的目击者比用了很长时间考虑哪个是罪犯的目击者的准确性要低。
8. 一般情况下，陪审团有能力辨别口供的准确性。

记忆的持久性

在心理学领域中，最让人感到欣喜的事情之一就是发现记忆并不是对所遇信息的被动记录。Elizabeth Loftus 收集了很多证据表明，回忆是个积极的建构过程。在一系列从20世纪70年代末至80年代初的具有独创性的研究中，她证实了记忆更像是推论，而不是储存的照片或是绝对可靠的陈述，在一件事情发生后，它们可以被各种可利用的信息影响。

“回忆可以改变一间屋子的形状；回忆可以改变一辆小轿车的颜色。回忆会被扭曲，它们只是一种解释而非记录。”

——克里斯托弗·诺兰（Christopher Nolan）导演的电影《记忆碎片》（*Mememto*）

在一项惊人的实验中，研究者向被试展示了一系列关于一起交通事故的幻灯片（Loftus，Miller，& Burns，1978；如图 A4.1 所示）。每张幻灯片都略有不同。一辆红色的达特桑牌轿车停在“停车标志”旁或是“让行标志”旁。然后研究者询问被试关于他们所“目击”的事故。两组被试会听到不同的问题：“当红色的达特桑停在停车标志旁时，有没有另一辆车超过它？”或“当红色的达特桑停在让行标志旁时，有没有另一辆车超过它？”之后，研究者向被试展示了两张图片，问哪张图片是他们之前真正看到过的。事实上，在被问及其真正所见的标志的被试中，有75%的人认出了正确的图片；而在被问及他们其实并未见过的标志的被试中，只有41%的人辨别出了正确的图片。在其他研究中，Loftus（2001）发现，人们会被诱导着相信本来没胡子的抢劫者长着络腮胡，或错把红灯当绿灯。当然，在大多数情况下，研究者给目击者提供误导性信息时并不是要故意误导他们，但是研究者经常使用拼凑的或是错误的信息，所以会传递这样的错误信息给目击者。不过在法庭上，律师为了促使目击者走向某个方向，第 610 页小测验的答案：

1. 自信与准确性。自信与准确性无关，除非罪犯有相当独特的外表。尽管如此，陪审团仍会受到目击者表达的确信程度的影响（Wells Memon，& Penrod，2006）。

2. 种族与指认准确性。通常，人们在指认与之有不同种族（Brigham，Bennett，Meissner，& Mitchell，2007；Johnson & Fredrickson，2005）或年纪的罪犯时，更不准确。

3. 紧张度与准确性。在一项研究中，500 名军人在模拟的战俘集中营中被剥夺了食物及睡眠，并遭受了不同紧张度的审讯。一天后，集中营生活结束，在低紧张度下受审的军人正确辨认出审讯者的概率是 62%，而在高紧张度下受审的军人则只有 30%（Morgan et al.，2004）。

4. 记忆细节与罪犯指认的准确性。目击者知道的犯罪细节越多越精确，越少越不精确（Wells & Leippe,1981）。不过，陪审团更倾向于相信相反的关系（Bell & Loftus，1989）。

5. 对面部的重构。最终的面部结构经常与犯罪嫌疑人不相像。更重要的是，正是这种重构过程破坏了对实际犯罪嫌疑人的记忆（Wells，Charman，& Olson，2005）。

6. 口头描述犯罪者。写出犯罪者描述的目击者在随后往往不太能够从一组照片中锁定正确的嫌疑人。

7. 速度与准确性。快速的指认往往更准确（Dunning & Stern，1994），特别是在几秒内就完成的指认（Dunning & Perretta，2002）。

8. 陪审团判断指认准确性的能力。Wells、Lindsay 和 Ferguson（1979）伪造了盗窃案，并让被试作为目击证人，从 6 张照片中指认罪犯。其他被试作为陪审团评估证词的准确性，结果认为 80% 的证词都是准确的，不论其真实的情况是怎样的。

图 A4.1　误导性问题效应。被试看了左边的或是右边的图片。之后，很多被询问了关于“停车标志”问题的被试报告自己看到的图片中有停车标志，尽管他们实际看到的是让行标志；而很多被询问了关于“让行标志”问题的被试报告自己看到的图片中有让行标志，可事实上他们看到的是停车标志。

有时候会让措辞有些诗意。

Loftus 的研究与心理治疗师的观点紧密相关。后者声称他们的病人“恢复”了已经忘记的或是压抑了数十年的记忆。基于在心理治疗师“帮助下回忆”出被虐待甚至是谋杀片段，有的人被判了重罪。有时候，仅仅是因为那些被警察询问的孩子的口供，人们就被定罪为是虐待儿童。的确，这些恢复的记忆中有一些是真实的。不过，Loftus 和 Pickrell（1995）报告称，他们成功地把记忆“植入”了24名华盛顿大学学生的脑中。Loftus 和 Pickrell 劝说这些学生的亲属去讲述许多发生在对应学生 5 岁时的事情——尽管该事并未发生。被试中有 6 个人“回想”起了那件事，经过一系列的采访，有时还会提供大量的细节。于是，在随机抽取的大学生中，有25% 的人轻易地相信了莫须有的事件，甚至提供了关于该事件的细节。当研究者告诉被试其中有一件事情并未发生过时，学生还是无法清晰地辨别出是哪一件。

在对儿童的相似研究中，Stephen Ceci 和 Maggie Bruck（1995）让学龄前儿童尽力回忆他们因为被捕鼠器夹住手指而去医院的事，每周一次，共进行了10次。之后，在接受另一个成人的采访时，58% 的小孩可以说出这件事（捏造的）的具体细节。一个男孩回忆称——我们去了医院，是我妈妈、爸爸还有科林载我去的，用我们自己的厢式送货车去的医院，因为那儿很远，医生还在我的指头上缠上了绷带。因此研究者下结论说，在知觉和评判中，记忆是推断的结果，而非事实的直接输出。

影响目击者准确性的因素

假设记忆是非常不完美的且非常容易受到事后信息的干扰，目击者口供当然就不是完全可靠的。是什么因素影响了这种口供的准确性和可信度？回想你在本模块刚开始读到的关于目击者口供的陈述。如果你觉得每个陈述都是错误的，那么你就全答对了。

提升目击者指认准确性的程序

> “我最好的表演是少年时在法庭上。”
>
> ——说唱歌手、模特兼演员马克·沃尔伯格（Mark Wahlberg）

幸运的是，大量关于目击者口供准确性的社会心理学研究在法律上产生了重要影响。加拿大聚集了一组研究者、律师和警察，经反复讨论，得出一套程序来降低目击者错误。10年后，美国也出版了《目击者证词：执法手册》（*Eyewitness Evidence: A Guide for Law Enforcement*），为美国广大的执法机构使用。

非常值得称道的是，心理学家发现了如此多的关于目击者口供可信度以及陪审团可能出现偏差的有用知识，而政策的制定者们允许该类研究改善警方和法庭的实践。

从犯罪嫌疑人身上得到真相

有时候，罪犯承认了他们的罪行，于是案件处理过程就变的相当简易。陪审团和法官只需要简单地一致达成对其所供认罪行的惩罚。但是有的时候，罪犯并不承认他的罪行。在过去，警方会频繁使用刑讯逼供来让嫌疑人认罪。这里有个假设：如果人们真的是无辜的，他们将不会供认。但事实上，即使没有刑讯逼供，人们有时候也会供认他们没有犯过的罪行。

错误的供认

1989年，5个青少年男孩由于对一位正在纽约中央公园慢跑的妇女进行了令人震惊的人身攻击和性侵而被逮捕。该妇女几乎被打死，最初预测其很难活下去，不过经过一段时间的治疗，奇迹出现了，她只是受了轻微的永久伤害。5个男孩都认罪了，他们被长年监禁。在罪行发生的13年后，一名叫Matias Reyes的人承认他才是那次罪行的唯一罪犯，而不是那5个男孩。通过DNA检测证实了Reyes的供认。

为什么那些男孩会供认他们没有犯的罪行呢？首先，事实上他们也没干什么好事。他们当时就在进行人身攻击，在审讯期间，他们可能处于极度紧张中，因为他们知道自己事实上在为某些事而感到内疚。另外，他们服从于对于警方来说非常正规的操作程序。重要的是，犯罪嫌疑人被安置在一个空荡的隔音室里，使得犯罪嫌疑人感到寂寞和无助。被最广泛使用的警方审讯指南（Inbau，Reid，Buckley， & Jayne，2001）提出了九步方针来审讯犯罪嫌疑人：（1）坚持说该犯罪嫌疑人犯了罪；（2）对于犯罪嫌疑人为什么犯罪提供有帮助的辩解；（3）当犯罪嫌疑人试图坚持他的无辜时，打断他；（4）阻挠犯罪嫌疑人对控告的反驳；（5）不让越来越沉静的犯罪嫌疑人成功忽视审讯者；（6）对犯罪嫌疑人为什么犯罪表达同情之心，以努力使之承认罪行；（7）提供能够让犯罪嫌疑人觉得承认罪行很公平的解释；（8）如果有可能，让犯罪嫌疑人详细说明犯罪的细节；（9）将那些细节转

专栏A4.1 聚焦合法口供

确信，但错了

1984年，我还是一个22岁的大学生。一天晚上，有人闯入我的住所，用刀指着我的喉咙，之后强暴了我。

在煎熬中，我仔细搜寻着强奸犯脸部的每个细节。我注意到他的发际线、寻找伤疤、寻找文身，寻找任何能够帮助我辨认出他的东西。如果我能从中脱险，我一定会让他进监狱。

在警局，在这一系列照片中，我认出了袭击我的人。我知道就是这个男人，我非常确信。我肯定！

我在指认队列中挑出了相同的男人。又一次，我肯定。我知道。我选了右边的那个人，他将被关进监狱。如果有死刑的可能性，我想让他死。我想让他永远不能再伤害别人。

以我的口供为依据，Ronald Junior Cotton被判终身监禁。那是我生命中最开心的一天，因为我可以开始将之抛在脑后了。

1995年，也就是我初次指认的Cotton的11年后，警方要求我提供血样，进行DNA检测。

我不会忘记我得知DNA结果的那天。探长和律师告诉我，“强暴你的人不是Ronald Junior Cotton，而是一个叫Bobby Poole的男人。”

我曾胸有成竹地控告的那个男人完全是无辜的。

服刑11年后，Ronald Junior Cotton从监狱获释。他和我有相同的年纪，所以我知道在这11年中他错过了什么。我的生活继续着，我结婚了、大学毕业了、工作了、为人父母了。Ronald Junior Cotton则什么也没有做成。

（摘自Jennifer Thompson写的《我很确信，但错了》(*I Was Certain But I Was Wrone*).《纽约时报》(*New York Time*).2000年6月18日。）

Poole

Cotton

Bobby Poole和Ronald Cotton。注意罪犯Poole与被错误指控的Cotton之间的极其相似性。

变成手写的自白。如果这些策略还不够，警官就会表现出同情，并承诺宽大处理。这些程序经常成功地使犯罪嫌疑人认罪。

问题在于警方的这些策略是完全有效的，有时候会导致错误的供认，就像中央公园慢跑者案件那样。事实上，在之后由DNA检验证明被告无罪的案件中，有多于1/5的被告都承认了罪行（Garrett，2008）。年轻人和没有经验的人更容易受到影响。中央公园慢跑者案件中的5个青少年在他们认罪前被审讯了30小时，这被录了下来。被告之后说他们遭到了威胁，同时被给予了各种承诺。（警方否认这些指控。）这些男孩太天真了，他们说他们相信只要承认了他们的所作所为就可以回家了。

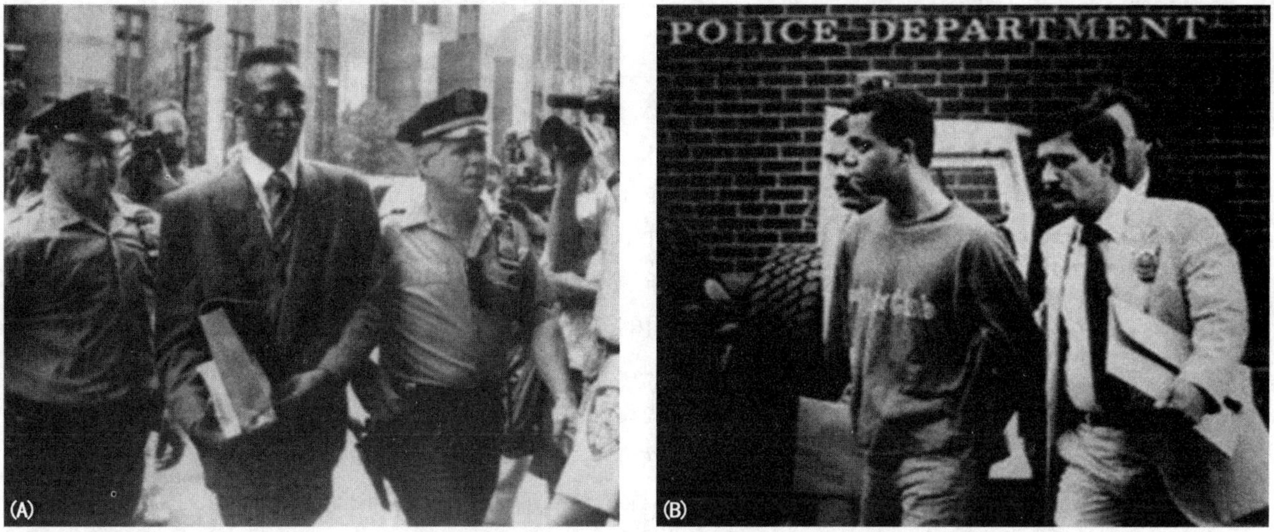

Yusef Salaam 和 Matias Reyes。（A）Yusef Salaam，由于在中央公园慢跑者案件认罪而被捕入狱的 5 个人之一。（B）Matias Reyes 承认他是实施人身攻击的唯一罪犯，从而免除了在前些年被错误定罪的 5 个人的责任。

陪审团和供认

Saul Kassin 和 Holly Sukel（1997）认为，在不确定的情境下做出的供认还是会让陪审团相信表面现象。为了检验这一假设，他们让模拟陪审团对一起案件进行审判。在第一种条件下，犯罪嫌疑人从未承认罪行。在这种条件下，陪审团认为他有罪的概率为19%。在第二种条件下，据说犯罪嫌疑人供认了，指控比率上升至62%。在第三种条件下，犯罪嫌疑人已供认，但是他被铐着，非常害怕，处于痛苦之中。通常，被试能够判断出供认是受胁迫的，但尽管如此，还是有50%的陪审团投向了有罪判决。虽然他们发现可能已经发生了胁迫，但他们选择相信被告的供认。这些被试坚持说供认没有影响他们的判断。这个发现与揭示人们难以辨认什么因素影响了他们的判断的研究具有一致性（Nisbett & Wilson，1977）。

"预算削减——我是优秀的警察，也是糟糕的警察。"

当陪审团观看一段审讯录像时，他们能辨认供认是真的还是假的吗？未必。Kassin、Meissner 和 Norwick（2005）录制了同狱犯人供认他们或犯或未犯的罪行。大学生和警方调查者看完录像后要判断同狱犯人是否真的犯了罪。学生和警察的判断都不是很准确，但多半的警察对他们的判断相当自信。

作为对 Kassin 等人以及其他研究者回应，一些国家以及当地政府会把对犯罪嫌疑人的整个审讯过程录下来。但正如 Kassin 的研究所表明的那样，这样做不能对供认的真实性以及陪审团能否辨认出供认的真实性提供任何保证。

在法庭上

美国宪法第六次修正案（The Sixth Amendment to the U. S. Constitution）明确要求："在所有刑事诉讼中，被指控者应享有获得犯罪发生的国家和地区的一个公正陪审团的迅速而公开的审判的权利。"相关国家和地区的政府如何组织一个公正的陪审团？该陪审团的规模应该有多大？我们通常认为应该是12人，但规模能不能更小呢？最后，陪审团在裁决时应服从什么决策规范？一般情况下，是需要一致的决策，但一些司法机构并不能十分严格地达成这一共识。这些不同是如何影响陪审团商议以及这类裁决的本质的？社会心理学家通过努力，已对这些问题进行了研究，来弄清楚哪种程序最有利于实现司法公正。

陪审团挑选

预先审查（vair dire）：（来自旧式法语，意思是"说出真相"）美国审判中的一部分。候补陪审员在法庭中被问及关于潜在偏见的问题，再选出陪审团。

建立一个陪审团的第一步发生于公众视野之外。当地政府——通常是国家或地方政府的法院——用多种多样的公开记录（如电话簿和投票人注册名单）来编纂陪审员的候选列表。当审判将要举行时，法院从列表中随机挑选个体。之后这些人会出现在法庭上，与法官、控方以及辩方进行面谈，这一陪审团挑选过程即是为人所知的**预先审查**。这三方会向候选陪审员提出问题以判断其是否算得上公平，不过控方与辩方经常对确保一个陪审员不偏向反对己方感兴趣。于是，控方与辩方的律师会参考他们关于人类本性以及各类人对不同类型的论点和证据的可能反应的直觉。比如，很多律师认为工程师是坚韧的（因此不大可能为情感流露所动）；认为蓄须的男人是不因循守旧的（因此不太可能为对现状的威胁所动）；或者认为有德国血统的人很可能是严厉而保守的。也有些律师遵循一个假设，那就是在特定的情况下，特定的陪审员有特殊的关注点，使得他们很可能对是否支持被告产生偏见——母亲对关于包含孩子的控告表现得尤为同情；富人阶层对针对财产的控告表现得尤为同情；非裔人对控告警方失职的案件表现得尤为同情，等等。

基于候选陪审员在预先审查阶段对问题的回答，控方和辩方可以"由于某个原因"要求法官将某人剔除——也就是说，因为该候选人可能并不公正。各方也有权要求某陪审员绝对回避（peremptory challenges），或者说不提供任何理由而取消某一候选陪审员的资格。尽管在陪审团的挑选上投入了大量的时间和精力，但心理学研究发现，无论是律师对特定人群的直觉，还是陪审员在预先审查阶段对问题的回答，对于陪审团可能达成的决策都没有可靠的指导意义（Kerr，Kramer，Carroll， & Alfini，1991；Olczak，Kaplan， & Penrod，1991；Zeisel & Diamond，

1978）。

科学的陪审团挑选

意识到律师的直觉以及候选陪审员在预先审查阶段回复信息的局限性，越来越多的律师求助于**科学的陪审团挑选**法，它是一种用来挑出（或排除）那些很可能受到确定声明或呼吁影响的陪审员的统计方法。由控方和辩方的律师雇用的陪审团挑选专家使用问卷询问候选陪审员在信任政府、仰慕企业高管、关心环境、怀疑警方等方面的倾向性，并收集各种与之相关的人口统计学变量（收入、性别、民族等）。特别要指出，在科学的陪审团挑选过程中，候选陪审员不用经过问询。专家会在整个社会中建立特定态度和与人口统计学特征之间的关系。研究已确定该做法相当成功（Moran，Cutler，& DeLisa，1994；Seltzer，2006），这让律师们能够以合理的准确性知晓一个候选陪审员对某件事的态度，比如是否有拥护商业或反对商业的态度（Hans，2000）。

科学的陪审团挑选（scientific jury selection）：利用统计的方法进行陪审员选拔，来自社会不同人口群体的成员要回答对与审判有关的各种问题的态度，辩护律师和检察官因此也会努力影响陪审团的选拔。

死刑案陪审团

正如你所知，死刑是美国刑事系统中极具争议的部分。美国有14个州保留了死刑，尽管反对者质疑其威胁犯罪的有效性、应用时的一致性以及伦理性。在有死刑的州，故意杀人罪的发生率并未比无死刑的州低。当一个州采用了死刑时，故意杀人罪的发生率没有下降的趋势；而当一个州摒弃了死刑时，故意杀人罪的发生率也没有上升的趋势（Costanzo，1997；Haney & Logan，1994）。很多被判处死刑的都是穷人，他们付不起昂贵的律师费来加大无罪判决概率或获得减轻判决。近几年，DNA证据已证明，许多被指控犯死罪的人其实并未犯罪。

在很多司法机构中，陪审团不仅要决定被指控犯死罪的人有没有罪，还要决定是否对其实行死亡刑罚。如果你是陪审员，你愿意判处有罪的被告死刑吗？如果你的答案是不愿意，那么你是不是应该被排除在审判的量刑阶段之外呢？那么从心底对死刑持保留意见的人到底应不应该在死刑案件中作为陪审员？

法院坚持认为，让这种人当死刑案的陪审员不好，并允许采用死刑资格审查（death qualification），这样法官就可以将声称自己不会为死刑判决投票的候选陪审员排除了。但系统地将持强烈保留意见的人剔除会改变由死刑案陪审团提交的裁决吗？心理学研究表明，的确改变了。那些愿意建议死刑的人——因此死刑陪审团作为一个整体——往往比起那些不愿意建议死刑的人更关注犯罪、更信赖警方。总体上讲，他们还往往对保护被指控者权利的公民的自由程序持有更怀疑的态度，也往往对辩护律师有相对负面的态度（Fitzgerald & Ellsworth，1984；Haney，Hurtado，&

"好消息。你的死刑判决经过上诉被撤销了。"

Vega，1994）。实验会招募被试模拟的陪审团，被试要在看完一个真实审判的录像后给出一个裁决。死刑案陪审团比起未排除对死刑持保留意见的个体的陪审团更可能判被告有罪（Cowan，Thompson，& Ellsworth，1984）。在另一项研究中，只是听到通常在预先审查阶段的死刑资格审查部分的问题，陪审员往往就会偏向定罪，这大概是因为这些问题中包含对有罪的暗示（Haney，1984）。考虑到死刑案陪审团与非死刑案陪审团的诸多不同，很多人怀疑死刑案陪审团是否真的公平（Bersoff，1987）。然而，美国最高法院已支持使用死刑案陪审团，首先是在 Witherspoon 诉伊利诺州案中（1968），然后是在 Lockhart 诉 McCree 案中（1986）。

陪审团商议

电影常常会刻画坚定而又开明的少数派战胜充满激情但持有错误观点的多数派的场景。尽管这样的剧情很好看，但很少在真实的生活中发生。在一个具有里程碑意义的关于陪审团决策制定的研究中，Kalven 和 Zeisel（1966）采访了225个陪审团的成员。有215个陪审团在最初的非正式投票中，大多数人站在了一方，而最后有209个陪审团正式宣布的裁决与最初多数派支持的一致。用模拟陪审团进行的研究得到了相似的结果：给予一群有偿被试一场真实审判的信息，让他们提交一个假设的裁决。在这些研究中，最初的多数派几乎总是取胜（Kerr，1981；Stasser & Davis，1981）。考虑到为人所知的从众压力和社会影响，最初的大多数人会如此频繁地取胜也就不足为奇。事实上，对陪审团商议的本质的研究表明，多数派能够成功地做到这一点，正是通过第9章所讨论的信息性和规范化社会影响过程（Kaplan & Schersching，1981；Stasser & Davis，1981）。不过，应特别指出，尽管少数人几乎不可能成功带来他们最初认为是正确的裁决，但他们能在量刑的时候让多数派的观点发生一些偏移（Pennington & Hastie，1990）。

陪审团规模

大多数陪审团有12个成员，但该数字未在美国宪法中明确规定，一些州允许非死刑案件中出现小规模陪审团。如果你被一个由6人组成的陪审团定罪，你会认为自己得到了公平的审判吗？ Johnny Williams 在佛罗里达被一个由6人组成的陪审团判决犯了抢劫罪，他认为如果有一个更大规模的陪审团，结果可能会是不同的，所以他上诉了，这可以理解。在 Williams 诉佛罗里达案中（1970），美国最高法院支持裁决，申明支持6人陪审团，称："由不同规模的陪审团达成的结果没有明显的区别。"之后，在 Ballew 诉 Georgia 案中（1978），法院再次申明其之前的观点，不过这次还做出了正式决定——少于6人的陪审团是违宪的。

在申明由6人或12人组成的陪审团"无明显区别"时，最高法院部分根据的是第9章讨论过的从众研究。很多法律学者都关注防止“多数派的专政”，即一个几乎一致的多数派胁迫弱势的少数派吞下他们自己的定罪意见，屈服于其他人。法院固执地认为阿希（1956）的研究证实了少数派感受到的从众压力的大小与多数派的规模成比例。按照这个逻辑，在5对1和10对2的情况中的少数派屈服于多数派的可能性相同，但回顾第9章，你会发现那并不是阿希发现的结果。当少数派坚持他们的定罪意见时，有没有盟友会有非常大的区别，所以5对1中那个孤独的坚持者比12人中的2个持异见者中的任意一位都更难坚守立场。比起6人团队，12人团队中与多数派持不同意见的人更可能有一个盟友——一个令人精神焕发的持异议的同伴。最高法院误解了相关的证据。事实上，最高法院宣布裁决之后实施的两个研究发现，6人陪审团更有可能达成一致性意见（Saks & Marti，1997）。

电影中的陪审团审议。在电影《十二怒汉》中，Henry Fonda扮演了唯一一个没有在初始表决中投有罪票的陪审员。经过逐个游说，他赢得了陪审团中的其他11位成员的支持，从而做出了无罪判决。

陪审团决策准则

回想一下，第六次修正案做出了所有人都有权获得“迅速且公开的审判”的承诺。比12人更小规模的陪审团是试图加快通过法庭审理案件流程的方法。另一个加快审判步伐的方法是允许不完全一致的裁决。最高法院已两次允许州法院的不完全一致的裁决，但不允许该情况出现在联邦刑事审判中。在Apodaca、Cooper和Madden诉俄勒冈州案中（1972），法院支持在12进9的决策准则下定罪。法院坚持认为，“一个一丝不苟的陪审员”关心的是公正，而不是简单地达成裁决，所以不完全一致决策准则的存在不应缩短陪审团审议的时长以及热情。法院指出，在多数派的意见形成后仍可继续进行热烈的讨论。

“推迟的正义就是被否定的正义。”

——英国前首相威廉·格莱斯顿（William Gladstone）

法院裁决的核心是一个经验性声明，于是社会心理学家迅速着手检验。在一项耗资巨大的研究中，Hastie、Penrod和Pennington（1983）招募了800多人，将其整合成69个模拟陪审团，让他们看一个由真实的刑事案件改编的电影，并要求他们用不同的决策准则（12进10或者12进8）达成裁决。结果是明显的：尽管由不同的陪审团达成的裁决无显著性差异，但无须达成一致的陪审团只用了非常少的时间讨论案件事实及法律问题。比如，12进8的陪审团通常在多数派达到8个及以上后，商议时间少于5分钟。换句话说，一旦达到标准，他们几乎都忽略了拒不同意者，继而结束讨论，宣布他们的裁决。在美国亚利桑那州，同样的结果从一个对非一致性决策准则下民事审判的录像的分析中得出：一旦一个足够多的多数派意见形成，少数派的意见将无法获得足够的关注（Diamond，Rose，& Murphy，2006）。注意到在一致性决策准则与非一致性决策准则下，少数派的观点得到的待遇有诸多不同是很重要的，就算两类陪审团最终达成了相同的决策（如果案件相对直接，他们经常会如此）。在 Hastie 等人（1983）的研究中，模拟陪审员之后评价了他们的商议结果的质量，那些需要达成一致的陪审员更多地深入考虑了商议结果的完整性和严谨性。当在场的被试都相信正义得到了伸张时——当必须达成一致性意见时，被试更可能这样认为——才会更加支持法律体系。

损失赔偿

决定被告是否有罪有时候是非常困难的，但至少只有几个能考虑的可能结果——有罪对无罪、故意杀人对过失杀人，等等。比较而言，民事审判中的陪审员经常需要做出一个几乎无边界的决定。陪审员经常须决定一个胜诉的原告应该得到多少补偿性损失赔偿以及处罚性赔偿。陪审员如何解决这一复杂的问题呢？他们赔偿损失的有效性如何呢？基于这些问题，心理学研究提供了令人振奋又令人泄气的消息（Kahneman，Schkade， & Sunstein，1998；Sunstein，Kahneman，Schkade，& Ritov，2002）。

补偿性损失赔偿可以是直接的：给原告一笔钱去弥补其遭受的任何损失或伤害。陪审员所能给予的补偿性损失赔偿通常严格受限于对被试所造成的伤害的经济分析。处罚性赔偿更主观些，用来阻止被告及其他人在未来做出相似的过失行为或有相似的意图，所以陪审员经常会有赔偿什么的自行决定权。一个服装生产商应该为一个由于其宽松裤不足以抑制火焰而受伤的孩子赔多少钱？一个原油公司如果由于环境方面的法律要求不严而导致原油泄漏，污染了当地居民的饮用水，该赔多少钱？

研究表明，陪审员着手做决定时，首先会参考他们对被告行为的愤怒感。如图 A4.2 所示，这种愤怒感往往受到被告行为的鲁莽程度以及被告行为中包含的恶意的影响（比起对 CEO 或鬣狗的伤害，对孩子或树袋熊的相同伤害可能激起更多的处罚性意图）。问题出在下一步：将一个人的处罚性意图转换成实际的金额。和你不觉得某人应该受到惩罚相比，你觉得某人应该受到惩罚时，应罚他多少钱？

好消息是人们往往赞成他们对被告的行为有多愤怒以及他们想要惩罚的意愿。人们往往觉得，对孩子的伤害应比对健康的退休者的伤害得到更多的惩罚，蓄意失误比简单的过失需要更严厉的处罚，对杀戮海豚或鲨鱼的赔偿应该比对杀戮鲤鱼或软体动物的赔偿多。

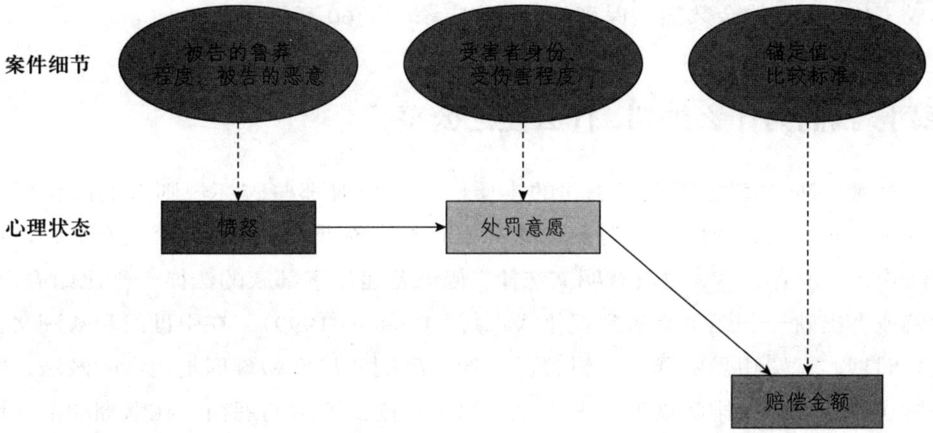

图 A4.2　确定惩罚性损害赔偿金的心理模型。当决定惩罚性损失赔偿金的多少时，陪审员最初要评价他们对于案件事实感到多么愤怒，然后再考虑谁是受害者以及他遭受了多大的伤害，之后才会形成一种施加惩罚的意愿感。惩罚意愿的转化也许很难，且常受突然涌上心头的锚定值或比较标准等外在因素的影响。

来源：Adapted from Kahneman，Schkade，& Sunstein，1998.

坏消息是最后一步——将处罚性意图转换成实际的金额——会受到各种无关变量的影响，因此会是随机的。比如，由一个情境自然引起的许多比较标准会为最后的赔偿金增加令人烦恼的随机性。假设你听说一个公司使得有毒的化学物质污染了一家小型私立养老院的水源供给，导致许多居民早死。毫无疑问你会被激怒，但通过比较这次事故与你之前听说过的其他致命污染事故——在更大的社区、有更多受害者（包括小孩子）的事故——你的愤怒很可能会受到影响。这种比较也许会使你觉得，尽管此事令人愤怒，但没有有些恶行造成的问题那么严重，因此，处罚性赔偿不应该太高。事实上，研究已经显示，比起对人造成的伤害，对惹人喜欢的物种（如海豚）的伤害会得到更重的处罚（Kahneman et al.，1998；Sunstein et al.，2002）。将我们的道德观念转换成钱是个艰难的过程，易受到可预见的偏见的影响。

在其他案件中，明显的锚定值或者自动的比较会影响裁定的赔偿金。在一个非常著名的激起了对民事审判改革要求的案件中，一个陪审团决定赔偿79岁的Stella Liebeck 270万美元，因为她将一杯麦当劳（McDonald's）的咖啡撒到了她的大腿上造成了三级烧伤。陪审团接受了Liebeck的律师所谓麦当劳的咖啡太烫了（又没有标记为烫）的争辩，他们似乎赞同律师提出的认为麦当劳应被处以与之1～2天的咖啡销售平均收益相当的数额赔偿（每天135万美元）。但如果引用另一个合理的数字，比如说1～2天的麦当劳咖啡纯利益，或者Liebeck的恢复期普通人的收入，赔偿金将会是多少？用不同的锚定值必然会产生一个不同的结果。（法官将陪审团提出的赔偿金降至48万美元，Liebeck上诉该裁决，最终与麦当劳达成了协议，赔偿金数额是保密的，相信应该少于60万美元。）

惩罚：我们为什么惩罚，什么使之公平

社会心理学家已研究了惩罚的本质——社会对那些破坏规则者的所作所为的处理——以及其跨时间、跨文化的实施形式。游猎采集部族社会没有法庭，没有陪审团，没有法官，也没有明文法律，但谁若违反了部族的法律——比如偷窃、欺骗或者出轨——经常会遭到报仇式毒打（Boehm，1999）。在中世纪和欧洲文艺复兴时期，惩罚相当残暴——斩首、绞刑、吊剖分尸刑和鞭刑是通常的做法，并经常让镇上所有人排队观刑，即使是小罪也会遭到严厉的惩罚。在欧洲的部分地区，如果一个面包师卖的面包胆敢缺斤短两，他将被施以类似今天所说的水刑。在14世纪的苏格兰，冒充镇上的傻子的人将遭到其耳被钉在柱子上或手指被切断的惩罚。

今天，惩罚主要被归入了刑事审判制度，如果给一个被指控的犯人定罪，就要决定该人必须遭受的惩罚。在刑事审判制度中，由警察、律师、法官、陪审员做出审判并定出适当的惩罚。惩罚是人类意志的体现，社会心理学家已揭露了关于我们为什么惩罚以及让惩罚似乎公平的重要基础。

惩罚的动机与类型：罪有应得与威慑

惩罚指的是因果报应，需要人们对伤害和违法行为进行赔偿。在因果报应的范围内，社会心理学家区分了两种影响对各种惩罚的偏好的动机（Carlsmith，Darley，& Robinson，2002；Weiner，Graham，& Reyna，1997）。一种动机叫作罪有应得动机。通俗来讲，这是以牙还牙的公正，其目的在于为先前的恶行报仇，而不是防止以后再次发生恶行。这类惩罚要依罪行的道德失范程度做调整。对美国大学生的实验研究表明：他们要求的惩罚紧紧依赖于他们的道德愤怒；人们希望惩罚能与由被指控的罪行造成的可察觉的伤害的轻重相一致（Carlsmith & Darley，2008）。

第二种能够指导处罚性审判的动机叫作威慑，其目的是降低罪犯或其他人在未来犯罪的可能性。受威慑动机指导的人认为，惩罚会改变犯罪的成本效应分析，其使得犯罪成本（比如监禁时间或罚款）更高，犯罪成本应重于犯罪可获得的任何潜在效益，于是可阻止人们犯罪。受威慑动机支配的惩罚可以是多种多样的。罪犯可以通过在社区参加特殊项目或劳动，然后恢复正常生活。监禁犯人显然是一个防止个体在未来犯罪的方式 。在今天以及过去实施的很多惩罚反映了威慑动机。违反法律或其道德准则的律师将被永久取消律师资格；祭司做出不道德行为就要被免去圣职；性侵者将被阉割。在过去以及现在，很多国家会把盗贼的

罪有应得惩罚。(A)早期，对于犯了多种罪的人，人们将会用足枷将之固定于公众集会地点，让其遭众人嘲笑。(B)在几百年前的欧洲，说太多闲话的妇女会被迫戴上像这样的“羞愧面罩”。这些惩罚都是受罪有应得需要支配的。

手砍断。其潜在的逻辑是这些惩罚都是为了阻止罪犯在未来犯同样的罪。

惩罚的归因描述

了解罪有应得和威慑动机有助于思考为什么要惩罚。比如，这些动机可在惩罚方面带来有趣的文化变异。如在日本和挪威，监狱是开放式的，犯人可以很方便地融入附近的社区。这个惩罚方式似乎是由以威慑为基础的矫正实践所指导。比较而言，美国有更多严厉的判决方法，可能是受到罪有应得动机的巨大影响(不过也可以被很自然地认为是用严厉的判决防止罪犯再犯)。什么解释过程能够阐明这种文化变异，阐明这种对罪有应得和威胁取向的惩罚的偏好?

Bernard Weiner 和他的同事已经给出了一个答案。他们的理论靠的是所谓基于情感的直觉促成了不同的处罚性评判(Weiner et al.,1997)。按照 Weiner 的描述，两种归因导致个体对犯罪行为感到愤怒：(1)认为罪犯对罪行负有责任且有意使罪行发生的信念；(2)认为罪行稳固地反映了罪犯人格的一部分。许多研究表明，一旦愤怒，人们更偏好罪有应得形式的惩罚——他们想让违法的人遭受与其造成的伤害均等的痛苦(Lerner, GoldBerg, & Tetlock, 1998)。

一套不同的归因会导致个体对罪犯的犯罪行为感到同情而非愤怒。特别是当人们相信(1)包括罪犯的过往历史(比如，作为一个受虐者)在内的情境因素部分导致了罪行；(2)罪行并不稳固地反映了罪犯人格的一部分时，人们往往会感到同情。这两种归因削减了人们想要看到违法者遭受与造成的伤害均等的痛苦的意愿(Rudolph, Roesch, Greitemeyer & Weiner, 2004)。感到同情也会使人更易宽恕，使得人们更偏好能保护罪犯与社会的惩罚，比如改造(Weiner et al., 1997)。

跨文化的监禁。(A)在美国，监禁时间往往长于其他工业化国家，且监狱本身也将更具攻击性的犯人与其他人隔离。(B)在其他国家，如挪威和日本，犯人可以很方便地融入当地。

Weiner 和其同事已研究了老师对惩罚违规学生的态度、美国市民对惩罚由于谋杀其妻子而上法庭的著名足球运动员 O.J.Simpson 的态度，并在其中检验了这个框架。结果支持了他们的框架：归因产生愤怒或同情，这些情感导致不同的处罚性评判。相似的法则也会在原告（关注责任和被告的劣质人格）和被告（关注情境角色）所用的合法策略上展现。或考虑最近在法庭上关于被告生平的相关性的争辩（Toobin，2011）。很多有暴力行为的罪犯早已在孩童时期遭到严重的肉体摧残。渐渐地，这项证据在审判中被考虑，特别是在死刑案件中。在审判中如果允许呈现这类信息，将很有可能引起对被告的更多同情和更多宽容的处罚性评判。

刑事审判制度中的偏见

美国比除俄罗斯外的工业化国家监禁了更高比例的本国公民。超过200万人在监狱中，几乎占成人人口的1%（Bureau of Justice Statistics，2011）。长期以来，社会科学家都在设法解决一个令人不安的事实：非裔人和拉美裔人在美国监狱中所占的比例比他们在整个人口中的比例高。或许这种比例过高的现象在一定程度上反映了制度中的偏见、人们的刻板印象以及对非裔人与拉美裔人的偏见。一个事实表明或许就是如此。年轻的非裔人与拉美裔人更有可能由于与毒品相关的指控——最常见的送人进监狱的罪行——而坐牢，尽管近期调查表明：他们并没有比有类似年纪和阶级背景的白人更可能吸毒。

社会心理学家 Jennifer Eberhardt、Phoebe Ellsworth 和 Jack Glaser 以不同的方式声明，基于刻板印象的决策制定可能部分解释了刑事审判制度中的偏见（Eberhardt，Davies，Purdie-Vaughns，& Johnson，2006；Ellsworth，2009；Glaser，2012）。他们的理由是，对非裔人与拉美裔人的跨文化刻板印象认为，他们更危险、更有暴力倾向、很可能吸毒。这些刻板印象引领了人们在很多刑事审判制度中做出的决定，因此对被定罪且因不同罪行而被惩罚的人产生了种族偏见（Plant & Peruche，2005）。比如，刻板印象很可能会影响警察叫谁停车靠边，在谁身上搜查毒品，或最终给谁开罚单。出于类似的原因，刻板印象会塑造陪审员如何为罪行分配责任、他们感到愤怒或同情的程度，以及他们裁决的可能性和监禁年限。

支持刑事审判制度中可由刻板印象解释的偏见的证据在增加。比如，美国最高法院给予了警察很大的行动自由去叫停某人的车，且不用给出合理的根据就可对其进行搜查。最近的美国司法统计局（Bureau of Justice statistics）发现，当靠边停车时，非裔人与拉美裔人被搜查的可能性是其他人的3倍，尽管这些搜查并没有太大可能性产生显示其有罪的证据（Durose，Smith，& Langan，2007；Plant & Peruche，2005）。在审判中，非裔人与拉美裔人也不会得到一致的待遇：在一个假设案件中，对于相同的罪行，模拟的陪审团更可能定一个非裔被告的罪而不是一个白人被告的罪（Sommers & Ellsworth，2001）。在实验室外，一个对77 000个罪行的监禁时长的总结表明，对于相似的罪行，非裔人被给予了更长的监禁（Mustard，2001）。总结一下，这些发现表明，对种族的刻板印象可能部分解释了警察行为中的种族偏见、定罪率以及在刑事审判制度下的判刑偏见。

刑事审判制度下对公平的看法

从理论上讲，法律与惩罚应该在社会上逐渐培养一种秩序。实际上，我们的刑事审判制度以及它的法律与惩罚关键取决于社会心理学家研究的另一种正义——**程序性正义**，指的是对于导致奖惩分配的过程是否公平的看法。程序性正义取决于奖惩是如何分配的。我们对于程序性公义的关注是最重要的，比如，当我们认真琢磨雇主是否在以相同的标准分发红利时；当出现用什么标准来录取学生进入中学和大学的问题时；或当我们关心逮捕与监禁年限是否取决于个体的种族或者社会阶层时。

程序性正义（procedural justice）：指的是对于过程是否能够导致合法、公平的结果的评定。

根据社会心理学家 Tom Tyler（1994）所说，有三个因素塑造了我们的程序性正义感。第一，对权威人物中立状态的关注。当花样滑冰裁判给来自他们国家的滑冰选手非常高的评分时，他们的中立状态很明显需要被质疑，于是程序性正义感被危及。就惩罚而言，一个市民的程序性正义感关键取决于法律体系看起来是否是公正的。第二，制度中必须有信赖。我们必须对于权威人物——警察、律师、法官——是公平的以及他们会以一致的原则和标准对待他人抱有信心。第三，个体必须觉得他受到了尊重。伸张正义的权威人物——比如发交通罚单的警察或宣布判决的法官——对他们将要惩罚的人礼貌吗？ Tyler 推断，权威人物的尊重给人的一种感觉是法律体系是公平的。

Tyler 和他的同事们认为，与结果本身的实际内容好或坏相比，程序性正义的这三个部分对我们所谓的结果——特别是奖励和惩罚——公平与否的认识有很大影响（Tyler，1994）。在民意调查研究中，他们联系了有与权威人物在一起的经历的人。在一项研究中，被试最近收到了对其已承认的罪行的判决（Tyler，1987；

Tyler & Caine，1981）。被试还要指出他们所认为的权威人物的中立程度、可靠程度以及尊重他们的程度。因变量是被试对权威人物公平性的感觉。

有两个发现非常引人瞩目。第一，人们在最近与刑事审判制度的接触中受到的惩罚的大小与他们的程序性正义感不相关。这是一个重要的发现，因为它表明人们能将惩罚与宣布惩罚的方式分开。第二，或许更让人震惊的是，比起人们实际得到的惩罚，人们对中立、信赖和尊重的评价是他们对于刑事审判制度的公平性信念的更强决定因素。

因此，我们的正义感不只以个人得失为中心。我们极其在乎权威人物的中立状态、制度的可靠性以及我们从别人那里得到的尊重。一方面，你可能会由于这些结果而重新振作起来：社会要在群体中建立普遍的公平正义感，可以通过确保奖惩分配是中立的、可信赖的、表示尊敬的，而不用改变物质资源的分配方式。另一方面，对 Tyler 的发现更险恶的推测是，无论是公司裁员，还是不合理的监禁，只要权威人物是以中立的、可信赖的、表示尊敬的风格宣布这些结果时，就不会遭到抗议。

本章总结

案件审判前

- 证人即使尽了最大的努力去讲真话，也会在识别罪犯时犯错。让外行人来猜测哪些因素会影响目击者的准确性，猜测的结果往往十分离谱。警方调查人员和陪审团成员无法有效地评估目击者的证词是否准确。幸好，警察和法庭可以通过司法程序减少因为错误的指认而导致错判的可能性。
- 即使没有实施严重的威逼利诱，仍可以得到一些虚假口供。为了回应这一证据，一些司法管辖区要求对整个审讯过程进行录像。陪审员很难判断口供的真伪。

在法庭上

- 挑选陪审团时，先要进行陪审员资格审查，在这个过程中，法官、原告律师以及辩护律师要弄清楚陪审员是否公正。利用科学的陪审员选任制度，律师可以根据人口学信息和统计数据决定接受或拒绝陪审员候选人名单。是不是只有愿意判决罪犯死刑的陪审员才可以参与死刑案件呢？这是存在争议的。研究发现，死刑案陪审团比对死刑判决持保留态度的陪审员更有可能宣判被告有罪。
- 当有少数陪审团成员不赞同其他成员的裁定时，最初的多数人的裁定通常能成为最后的判决。在一些司法管辖范围内是可以有小于12人的陪审团的，但是关于从众的社会心理学研究告诉我们，规模更大的陪审团更可能考虑少数族裔陪审员的意见。当不需要全体陪审员达成一致就可做出裁定时，一旦有足够多数的人达成了一致，陪审团进行讨论的时间就会缩短。
- 补偿性损失赔偿旨在赔偿原告遭受的任何损失；惩罚性赔偿旨在阻止被告或其他人在未来做出相似的过失行为。补偿性损失赔偿通常是直截了当的，但是惩罚性赔偿可能非常主观，并基于任意的比较和参考。

惩罚：我们为什么惩罚，什么使之公平

- 指导惩罚的两种动机分别是罪有应得动机（旨在报复罪犯）和威慑（旨在预防犯罪行为的再次发生）。
- 不同的归因和情绪可能让人偏爱不同类型的惩罚。当相信罪犯行为是故意的，而且罪犯需要为他的行为负责时，人们往往会感觉愤怒，更偏爱罪有应得形式的惩罚。相信犯罪行为主要是情境使然的人可能会同情罪犯，且偏爱威慑取向的惩罚。
- 社会心理学研究发现了美国刑事司法系统中存在种族偏见。觉得非裔人和拉美裔人更可能实施犯罪的刻板印象导致来自这些族裔的人更可能被调查、定罪和惩罚。

刑事审判制度下对公平的看法

- 程序性正义指的是对奖惩分配的过程是否公平的评估。如果人们觉得系统是中立的、值得信任的，而且人们在其中得到了尊重，他们就更可能相信系统给出结果是公平的，无论惩罚是轻是重、奖励是大是小，都没有关系。

关键概念

程序性正义（p625）　　科学的陪审团挑选（p617）　　预先审查（p616）

参考文献①

Aarts, H., & Dijksterhuis, A. (2003). The silence ofthe library: Environment, situational norm, and social behavior.*Journal of Personality and Social Psychology,* 84, 18-28.

Aarts, H., Gollwitzer, P. M., & Hassin, R. R. (2004). Goal contagion: Perceiving is for pursuing. *Journal of the Personality and Social Psychology,* 87, 23-37.

Abell, G. O. (1981). Astrology. In G. O. Abell & B. Singer (Eds.), *Science and the paranormal: Probing the existence of the supernatural.* New York: Charles Scribner's Sons.

Abrams, D., Viki, G. T., Masser, B., & Bohner, G. (2003). Percepdons of stranger and acquaintance rape: The role of benevolent and hostile sexism in victim blame and rape proclivity. *Journal of Personality and Social Psychology, 84*, 111-125.

Abu-Lughod, L. (1986). *Veiled sentiments.* Berkeley, CA: University of California Press.

Acevedo, B. P., & Aron, A. (2009). Does a long-term relationship kill romantic love? *Review of General Psychology,* 13, 59-65.

Adler, N. E., Boyce, T., Chesney, M. A., Cohen, S., Folkman, S., Kahn, R. L., et al. (1994). Socioeconomic status and health: The challenge of the gradient. *American Psychologist,* 49, 15-24.

Agnew, C. R., Van Lange, P. A. M., Rusbult, C. E., & Langston, C. A. (1998). Cognitive interdependence: Commitment and the mental representation of close relationships. *Journal of Personality and Social Psychology, 74,* 939-954.

Ainsworth, M. D. S. (1993). Attachment as related to mother-infant interaction. *Advances in Infancy Research*, 8, 1-50.

Ainsworth, M. D. S., Blehar, M., Waters, E., & Wall, S. (1978). *Patterns of attachment.* Hillsdale, NJ: Erlbaum.

Ajzen, I. (1977). Intuitive theories of events and the effects of base-rate information on prediction. *Journal of Personality and Social Psychology, 35*, 303-314.

Ajzen, I. (1987). Attitudes, traits, and actions: Dispositional prediction of behavior in personality and social psychology. In L. Berkowitz (Ed.), *Advances in experimental social psychology* (Vol.20, pp.1-63). San Diego, CA: Academic Press.

① 为了环保，也为了减少您的购书开支，本书参考文献不在此一一列出。如需要完整参考文献，请登录 www.wqedu.com 下载。您在下载中遇到任何问题，可拨打 400-698-1619 咨询。

Akerlof G. A., Yellen, J. L., & Katz, M. L. (1996). An analysis of out-of-wedlock childbearing in the United States. *Quarterly Journal of Economics, 111,* 277-317.

Aldag, R. J., & Fuller, S. R. (1993). Beyond fiasco: A reappraisal of the groupthink phenomenon and a new model of group decision processes. *Psychological Bulletin,113*, 533-552.

Alicke, M. D., & Govorun, O. (2005). The better-than-average effect. In M. D. Alicke, D. A. Dunning, & J. I. Krueger (Eds.), *The self in social judgment* (pp. 85-106). New York: Psychology Press.

Allan, G. A. (1979). *A sociology of friendship and kinship.* London: Allen & Unwin.

Allee, W. C., & Masure, R. H. (1936). A comparison of maze behavior in paired and isolated shell-parakeets (*Melopsittacus undulatus Shaw*) in a two-alley problem box. *Journal of Comparative Psychology, 3,* 159-182.

Allen, M., Emmers-Somrner, T. M., Gebhardt, L., & Giery, M. (1995). Pornography and rape myth acceptance.*Journal of Communication, 45,* 5-26.

Allen, V. L. (1965). Situational factors in conformity. In L. Berkowitz (Ed.), *Advances in experimental social psychology* (Vol. 2, pp. 133-175). New York: Academic Press.

Allen, V. L., & Wilder, D. A. (1979). Group categorization and attribution of belief similarity. *Small Group Behavior, 10,* 73-80.

Allport, F. H. (1920). The influence of the group upon association and thought. *Journal of Experimental Psychology, 3,* 159-182.

Alluisi, E. A., & Adams, O. S. (1962). Predicting letter preferences: Aesthetics and filtering in man. *Perceptual and Motor Skills, 14*, 123-131.

Alter, A. L., & Oppenheimer, D. M. (2006). Predicting stock price fluctuations using processing fluency. *Proceedings of the National Academy of Sciences, 103,* 9369-9372.

Alter, A. L., Oppenheimer, D. M., Epley, N., & Eyre, R. N. (2007). Overcoming intuition: Metacognitive difficulty activates analytic reasoning. *Journal of Experimental Psychology: General, 136,* 569-576.

Alterovitz, S. S., & Mendelsohn, G. A. (2009). Partner preferences across the life span: Online dating by older adults. *Psychology and Aging, 24*(2), 513-517.

Al-Zahrani, S. S. A., & Kaplowitz, S. A. (1993). Attributional biases in individualistic and collectivistic cultures: A comparison of Americans with Saudis. *Social Psychology Quarterly, 56,* 223-233.

Amato, P. R., & Keith, B. (1991). Parental divorce and well-being of children. *Psychological Bulletin, 110,* 26-46.

Ambady, N., Hallahan, M., & Rosenthal, R. (1995). On judging and being judged in zero-acquaintance situations.*Journal of Personality and Social Psychology, 69,* 518-529.

万千心理 心理学专业主干课教材

代号	书　　　名	著、译者	定价(元)
X1151	发展心理学（第九版）	D. R. Shaffer等著　邹泓等译	88.00
X1156	生理心理学（第九版）	N. R. Carlson著　苏彦捷等译	96.00
X1099	变态心理学（第12版）	A. M. Kring等著　王建平等译	85.00
X1150	认知心理学（斯腾伯格著，第六版）	R. J. Sternberg等著　邵志芳译	88.00
X1075	心理与教育中高级研究方法与数据分析	D. Dimmitrov著　王爱民等译	60.00
X1179	认知心理学（第三版）	E. B. Goldstein著　张明等译	96.00
X1209	心理学之旅（第五版）（全彩）	D. Coon等著　郑钢等译	158.00
X1094	现代心理学史（第十版）	D. P. Schultz著　叶浩生 杨文登译	75.00
X1187	人格心理学（第八版）	Jerry M. Burger著　陈会昌译	68.00
X1052	心理学导论（第13版）	D. Coon等著　郑钢等译	98.00
X1048	心理统计学（第二版）	邵志芳著	56.00
X742	认知神经科学——关于心智的生物学（全彩）	Michael S. Gazzaniga著　周晓林等译	180.00
X787	心理学研究方法	A.N.Evans等著　周海燕译	48.00
X733	发展心理学（第八版）	D. R. Shaffer等著　邹泓等译	70.00
X704	心理测量	McIntire S. A.等著　骆方 孙晓敏译	56.00
X655	教育心理学（第十版）	Anita Woolfolk著　何先友等译 莫雷审校	68.00

……

致教师的一封信

尊敬的老师：

您好！

感谢您选择“万千心理”的教材！

为了支持您的教学工作，我们将特别为您提供以下周到贴心的服务：

1. **免费样书**：如果您选用了“万千心理”的教材进行授课，我们将免费提供教师样书；

2. **免费教辅**：丰富的教学辅助资料，包括教师用书、教学演示PPT及习题库等；

3. **好书推荐**：我们将定期以电子邮件和宣传手册的形式为您推荐优秀教材、教辅，以及您感兴趣领域的最新书目和“万千心理”畅销书单；

4. **会员折扣**：您可享受全年最优购书折扣以及不定期的会员特惠活动；

5. **出版机会**：您将有可能成为我们优先选择的签约作者或译者。

北京万千电子图文信息有限公司（简称“万千公司”）是中国轻工业出版社与美国万国图文公司共同投资兴办的合资企业。“万千心理”是万千公司推出的心理学类图书品牌。十多年来，万千公司与美国心理学会（APA）、美国咨询协会（ACA）等心理机构进行了多项卓有成效的合作，并与世界排名前十位的出版集团，如培生教育有限公司（Pearson Education）、圣智学习出版集团（Cengage Learning）、麦格劳希尔公司（McGraw Hill）、约翰威利父子有限公司（John Wiley & Sons Inc.）等著名出版机构建立了良好的版权贸易与合作关系。时至今日，万千公司成功地策划并引进了数百种心理类图书，包括“心理学专业教材与教辅系列”、“心理学公共课教材系列”、“跨专业心理学教材系列”、“心理咨询与治疗系列”以及“心理自助系列”等心理学读物，共10余个系列、480余种图书。“万千心理”得到了心理学科领域专业人士的一致认同，受到了广大读者的喜爱。

“万千心理教学支持计划”，真诚期待您的加入！

此致

敬礼！

“万千心理”敬上